KLARTEXT

Schriften der Bibliothek für Zeitgeschichte – Neue Folge

Herausgegeben von Gerhard Hirschfeld

Band 27

Inhaltsverzeichnis

Die Titelabbildung zeigt das Titelbild „Die junge Front" der „Hitler-Jugend-Zeitung" vom August 1929

Vorliegende Studie ist die überarbeitete Fassung der im Oktober 2009 unter dem Titel „Erziehung durch den Krieg – Erziehung zum Krieg. Der Erste Weltkrieg in Politik und Ideologie der Hitler-Jugend" an der Heinrich-Heine-Universität Düsseldorf angenommenen Dissertation.

D61

1. Auflage Januar 2013
Satz und Gestaltung: Griebsch & Rochol Druck GmbH & Co. KG, Hamm
Umschlaggestaltung: Klartext Medien Werkstatt GmbH, Essen
ISBN 978-3-8375-0644-0

www.klartext-verlag.de

Arndt Weinrich

Der Weltkrieg als Erzieher

Jugend zwischen Weimarer Republik und Nationalsozialismus

Arndt Weinrich

Der Weltkrieg als Erzieher

Jugend zwischen Weimarer Republik und Nationalsozialismus

Die Titelabbildung zeigt das Titelbild „Die junge Front“ der „Hitler-Jugend-Zeitung“ vom August 1929

Vorliegende Studie ist die überarbeitete Fassung der im Oktober 2009 unter dem Titel „Erziehung durch den Krieg – Erziehung zum Krieg. Der Erste Weltkrieg in Politik und Ideologie der Hitler-Jugend“ an der Heinrich-Heine-Universität Düsseldorf angenommenen Dissertation.

D61

1. Auflage Januar 2013
Satz und Gestaltung: Griebsch & Rochol Druck GmbH & Co. KG, Hamm
Umschlaggestaltung: Klartext Medien Werkstatt GmbH, Essen
ISBN 978-3-8375-0644-0

www.klartext-verlag.de

Vorwort

Eine Doktorarbeit ist ein Abenteuer, das Höhepunkte und Tiefschläge bereithält. Momente, in denen alles wie von selbst zu gehen scheint und Phasen, in denen mühsam um jedes Wort gerungen und in aller Regelmäßigkeit an der Sinnhaftigkeit des ganzen Unterfangens gezweifelt wird, sind wohl jedem vertraut, der sich schon einmal darin versucht hat, mit kleinen Steinen am großen Haus der Wissenschaft mitzubauen. Egal, ob in der individuellen Retrospektive die Tränen-und-Schweiß-Momente oder die Zwischenhochs überwiegen, eines kann wohl kaum bezweifelt werden: ohne den täglichen Austausch mit Kollegen, ohne die Unterstützung von Familie und Freunden fällt es schwer, das Ziel – und bei dem Versuch, es zu erreichen, auch sich selbst – nicht aus den Augen zu verlieren.

Das vorliegende Buch ist daher Resultat einer kaum überschaubaren Menge kleiner und großer Dienstleistungen, Hilfestellungen und Freundschaftsdienste. Nicht allen unmittelbar und mittelbar Beteiligten kann hier gedankt werden. Dennoch möchte ich stellvertretend für alle anderen denjenigen Einzelpersonen und Institutionen danken, ohne die das Buch in der vorliegenden Form nicht möglich gewesen wäre.

Die ersten Dankesworte gebühren ganz ohne jeden Zweifel meinem Doktorvater, Prof. Dr. Gerd Krumeich, der das Projekt von Anfang bis Ende in seiner unnachahmlichen, kritisch-aufmunternden Art und Weise begleitet und kreativ Lösungen für alle nur erdenklichen Probleme gefunden hat. Prof. Dr. Irmtraud Götz von Olenhusen hat als Zweitgutachterin immer wieder wohldosierte Kritik geäußert und mich vor manch einem Irrtum bewahrt. Prof. Dr. Gerhard Hirschfeld danke ich für die Aufnahme der Arbeit in die Schriftenreihe der Bibliothek für Zeitgeschichte, Prof. Dr. Annette Becker, Prof. Dr. Oliver Janz und Prof. Dr. Paul Nolte für die Gelegenheit, meine Forschungsergebnisse in ihren Kolloquien vorzustellen und zu diskutieren. Der Direktorin des Deutschen Historischen Instituts Paris, Prof. Dr. Gudrun Gersmann, möchte ich für die Möglichkeit danken, neben meinen Aufgaben am Institut die Überarbeitung und Drucklegung der Arbeit abzuschließen.

Prof. Dr. Jürgen Reulecke und Dr. Michael Buddrus haben mich mehrfach von ihrer profunden Kenntnis der Geschichte der Jugendbewegung und der Hitler-Jugend profitieren lassen. Dr. Silke Fehlemann und Nils Löffelbein schulde ich großen Dank für unzählige freundschaftliche Diskussionsrunden und die Bereitschaft, Teile des Manuskriptes kritisch zu lesen. Ihr Beitrag zum Gelingen der Arbeit ist kaum zu überschätzen. Irina Renz und Christoph Roolf haben mit großer Akribie und Sachkenntnis aus einer Doktorarbeit ein Buch gemacht. Edith Gruber, Marlene Keßler, Marie-Christine Lux und Byron Schirbock waren eine unersetzliche Hilfe bei der Erstellung des druckfertigen Manuskriptes. Anke Hoffstadt, Susanne Brandt und weitere Kollegen vom Historischen Seminar II der Heinrich-Heine-Universität waren nicht nur jederzeit bereit, Forschungsergebnisse zu diskutieren und kritisch zu hinterfragen, sondern sie haben auch dazu beigetragen, dass ich mich zuerst als Projekt- später dann als Wissenschaftlicher Mitarbeiter in Düsseldorf sehr wohlgefühlt habe.

Pecunia nervus rerum – ohne ein mehrjähriges Promotionsstipendium der Gerda-Henkel-Stiftung hätte die Arbeit in dieser Form nicht entstehen können. Dem Centre international de recherche des Historial de la Grande Guerre in Péronne danke ich für die *bourse*, die ich im Jahr 2007 bekommen habe und die mir eine finanzielle ganz sicher aber auch eine „moralische" Hilfe gewesen ist. Dank gebührt nicht zuletzt auch meinen Eltern, die mir ein privates „Abschluss-Stipendium" gewährt haben und die mich – wie schon zu Zeiten des Studiums – jederzeit bedingungslos unterstützt haben.

Den weitaus größten Anteil am Gelingen dieser Arbeit hat jedoch Ricarda Oeler, die das Manuskript nicht nur mehrfach kritisch gelesen, sondern die mir darüber hinaus immer wieder – und allzu oft gegen hartnäckigen Widerstand meinerseits – vermittelt hat, dass es auch jenseits des Kriegsgedenkens der Hitler-Jugend ein Leben gibt.

Paris, April 2012 | Arndt Weinrich

I. Einleitung

Am Anfang des 20. Jahrhunderts stand der Erste Weltkrieg als „Urkatastrophe“ (George F. Kennan). Wie ein „gewaltiger Transformator“ veränderte er die europäischen Gesellschaften tiefgreifender als jedes andere „Großereignis seit 1789“.[1] An seinem Ende waren nicht nur die drei europäischen Kaiserreiche, Deutschland, Österreich-Ungarn und Russland, sowie das Osmanische Reich zusammengebrochen; auch die europäischen Siegermächte Großbritannien und Frankreich waren durch die immensen Kosten des vier Jahre dauernden industriellen Krieges an den Rand des Ruins geraten. Zwar beherrschten sie nach wie vor einen Großteil der Welt, ja sie hatten durch den Zerfall des Osmanischen Reichs und die Übernahme der ehemaligen deutschen Kolonien in Afrika ihren Kolonialbesitz sogar noch vergrößern können. Dennoch verlagerte sich das weltpolitische Schwergewicht von West- und Mitteleuropa eindeutig zu den USA hin. Und mit der nach einem verheerenden Bürgerkrieg sich nur langsam stabilisierenden Sowjetunion schickte sich ein, wenn man so will, Kind des Krieges an, zu einem entscheidenden Akteur auf der Weltbühne aufzusteigen.[2]

Insgesamt waren von 1914 bis 1918 über 60 Millionen Soldaten mobilisiert worden. Von ihnen kamen knapp neun Millionen, d. h. ca. 15 Prozent ums Leben. Von den 13 Millionen deutschen Soldaten überlebten zwei Millionen (15 %) den Krieg nicht, pro Tag fielen damit rund 1 300 Mann; für Frankreich lauten die entsprechenden Zahlen 8,1 Millionen, 1,3 Millionen (16 %) und 830.[3] Darüber hinaus waren längst nicht alle, die das Glück hatten, dem weithin anonymen Massentod zu entgehen, körperlich und geistig unversehrt geblieben. Allein in Deutschland waren Anfang der 1920er Jahre 1,4 Millionen Kriegsversehrte in Kriegsbeschädigtenverbänden organisiert.[4] Und Krankheitsbilder wie z. B. die posttraumatische Belastungsstörung (PTSD), die aktuell bei immerhin gut zehn Prozent der im Irak und fünf Prozent der in Afghanistan im ‚war on terror‘ eingesetzten amerikanischen Soldaten diagnostiziert wird, waren dabei noch nicht einmal entdeckt.[5]

Diese Zahlen erlauben es, eine Ahnung davon zu entwickeln, warum der Waffenstillstand vom November 1918 und die Pariser Vorortverträge mit dem Versailler

1 Hans-Ulrich Wehler: Die Urkatastrophe. Der Erste Weltkrieg als Auftakt und Vorbild für den Zweiten Weltkrieg, in: Der Spiegel, 2004, Nr. 8, 16. 2. 2004, S. 82–89, S. 83; vgl. auch: Eric Hobsbawm: Das Zeitalter der Extreme, München 1995; Gerd Krumeich: Einleitung: Die Präsenz des Krieges im Frieden, in: Jost Dülffer/Gerd Krumeich (Hg.): Der verlorene Frieden. Politik und Kriegskultur nach 1918, Essen 2002, S. 7–17, S. 7; Gerd Krumeich: Kriegsgeschichte im Wandel, in: Gerhard Hirschfeld/Gerd Krumeich/Irina Renz (Hg.): „Keiner fühlt sich hier mehr als Mensch …“. Erlebnis und Wirkung des Ersten Weltkriegs, Essen 1993, S. 11–24, S. 11; Hans Mommsen: Einleitung, in: Ders. (Hg.): Der Erste Weltkrieg und die europäische Nachkriegsordnung. Sozialer Wandel und Formveränderung der Politik, Köln u. a. 2000, S. 7–12, S. 8.

2 Vgl. Hans-Ulrich Wehler: Deutsche Gesellschaftsgeschichte, Bd. 4: Vom Beginn des Ersten Weltkriegs bis zur Gründung der beiden deutschen Staaten 1914–1949, München 2003, S. 222 ff.

3 Rüdiger Overmans: Kriegsverluste, in: Gerhard Hirschfeld/Gerd Krumeich/Irina Renz (Hg.): Enzyklopädie Erster Weltkrieg, aktualisierte und erweiterte Studienausgabe, Stuttgart 2009, S. 663–666.

4 Vgl. Sabine Kienitz: Beschädigte Helden. Zur Politisierung des kriegsinvaliden Soldatenkörpers in der Weimarer Republik, in: Dülffer/Krumeich (Hg.), Der verlorene Frieden, S. 199–214.

5 Charles Hoge/Jennifer Auchterlonie/Charles Milliken: Mental Health Problems, Use of Mental Health Services, and Attrition From Military Service After Returning From Deployment to Iraq or Afghanistan, in: Journal of the American Medical Association, 295 (2006), Nr. 9, S. 1023–1032.

Vertrag vom 28. Juni 1919 nur in einem sehr engen, politisch-militärischen Sinne wirklich das Ende des Ersten Weltkriegs bezeichneten. Der Demobilisierung der bis dahin größten Heere der Weltgeschichte musste die „kulturelle Demobilmachung"[6] der Kriegsgesellschaften folgen, und die sozialpsychologische Verarbeitung der Kriegserfahrungen in den Gesellschaften der ehemaligen Kriegsgegner konnte erst nach Kriegsende richtig beginnen. Wie konnte der Gefallenen angemessen gedacht werden? Wie ließen sich Kriegsversehrte und demobilisierte Kriegsteilnehmer am besten integrieren? Welche Lehren waren aus der Erfahrung entgrenzter Gewalt mitten in Europa zu ziehen? Und überhaupt: Was war der Sinn des industrialisierten Massensterbens und -tötens gewesen? Fragen wie diese mussten in Deutschland, den Nachfolgestaaten der Habsburgermonarchie, Frankreich, Italien und Großbritannien, um nur einige der wichtigsten kriegführenden Mächte zu nennen, individuell wie kollektiv beantwortet werden. Es ist ein Verdienst der neueren kulturgeschichtlichen Forschung, diesen Nexus der mentalitätsgeschichtlichen und sozialpsychologischen Spät- und Langfolgen des Ersten Weltkriegs stärker in den Blick genommen zu haben.[7] Die europäischen Gesellschaften der Zwischenkriegszeit erscheinen seither als in wesentlichem Maße durch das Kriegserlebnis bzw. die diskursive Interpretation eines komplexen Bündels teils widersprüchlicher, teils einander ergänzender Erfahrungen strukturiert und geprägt.

Insbesondere für den Kriegsverlierer Deutschland stellte die Verarbeitung der Kriegsfolgen eine große Herausforderung dar. Die Niederlage und vor allem die harten Bedingungen des ‚Diktats von Versailles' führten den massiven Kriegseinsatz der Bevölkerung ad absurdum und ließen die erbrachten Opfer als sinnlos erscheinen. Verschärfend kam hinzu, dass der militärische Zusammenbruch trotz aller Ermüdungserscheinungen im Heer und in der Heimat überraschend kam: Zum Zeitpunkt der Unterzeichnung des Waffenstillstandes standen die deutschen Truppen schließlich weit in Feindesland. Im Osten war Russland besiegt aus dem Krieg ausgeschieden (Vertrag von Brest-Litowsk, März 1918), und noch im Frühjahr 1918 hatte die letzte deutsche Großoffensive, das Unternehmen „Michael", die Hoffnung genährt, auch an der Westfront siegen zu können. Nicht umsonst war die achte deutsche Kriegsanleihe im März 1918 von immerhin 6,5 Millionen Deutschen gezeichnet worden, die damit eindrucksvoll belegten, dass sie auch im vierten Kriegsjahr noch bereit waren, in die ‚deutsche Sache' zu investieren. Nur die sechste Anleihe aus dem Frühjahr 1917 war mit knapp sieben Millionen Subskribenten noch etwas erfolgreicher verlaufen.[8] Hier liegen die Wurzeln für das spezifisch deutsche Trauma von 1918, für die problematische „Kultur der Niederlage"[9], welche die junge Weimarer Republik nachhaltig belastete und zu einer permanenten Politisierung des ‚Kriegserlebnisses' führte. Kaum ein Themenkomplex provozierte leiden-

6 Zum Begriff der „kulturellen Demobilmachung" vgl. John Horne: Kulturelle Demobilmachung 1919–1939. Ein sinnvoller historischer Begriff?, in: Wolfgang Hardtwig (Hg.): Politische Kulturgeschichte der Zwischenkriegszeit 1918–1939, Göttingen 2005, S. 129–150.

7 Vgl. ausführlich: Antoine Prost/Jay M. Winter: Penser la Grande Guerre. Un essai d'historiographie, Paris 2004; Stéphane Audoin-Rouzeau/Annette Becker: 14–18, retrouver la guerre, Paris 2000.

8 Gerald D. Feldman: The Great Disorder. Politics, Economics and Society in the German Inflation, 1914–1924, New York 1993, S. 42 f.

9 Wolfgang Schivelbusch: Die Kultur der Niederlage. Der amerikanische Süden 1865, Frankreich 1871, Deutschland 1918, Berlin 2001.

schaftlichere Kontroversen als das ‚Erbe der Front' und dies nicht erst 1929/30, als die Deutungskämpfe um das ‚Fronterlebnis' mit den öffentlichen Auseinandersetzungen um Erich Maria Remarques *Im Westen nichts Neues* und den gleichnamigen Film ihren Höhepunkt erreichten. Insbesondere der Dolchstoß-Vorwurf an die Adresse der SPD und führender republikanischer Politiker (der so genannten Novemberverbrecher) gehörte zum Standardrepertoire rechter Republikfeinde und vergiftete das politische Klima die ganzen 1920er Jahre hindurch nachhaltig.[10]

„Wir mussten den Krieg verlieren, um die Nation zu gewinnen"[11] – getreu diesem Diktum Franz Schauweckers, neben Ernst Jünger einer der wichtigsten Protagonisten des soldatischen Realismus, wurde das heroische ‚Fronterlebnis' für die nationale Rechte insgesamt zu einer „magischen Beschwörungsformel"[12], zum Gründungsmythos eines neuen, ‚frontsoldatischen' Deutschland. Dies galt insbesondere für die NSDAP, die sich früh und systematisch zur ‚Frontsoldaten-Bewegung' stilisierte und das Weltkriegsgedenken nach Kräften instrumentalisierte.[13] „Hitler wäre ohne den Ersten Weltkrieg nicht möglich gewesen"[14], diese Feststellung Ian Kershaws ist mehr als nur ein Verweis auf die banale Selbstverständlichkeit, dass die Geschichte Deutschlands ohne den Großen Krieg – wie der Erste Weltkrieg in Anlehnung an die heute noch gebräuchlichen Bezeichnungen *Great War* und *Grande Guerre* in England bzw. Frankreich in der Zwischenkriegszeit auch in Deutschland genannt wurde – irgendwie anders verlaufen wäre. Der Erste Weltkrieg war vielmehr in einem sehr konkreten Sinne fundamental für das Dritte Reich: Auf der einen Seite determinierte das ‚Fronterlebnis' des Ersten Weltkriegs bzw. seine mediale Ausdeutung das Weltbild der Protagonisten der NS-Bewegung. Von ihrer Genese her war die NS-Ideologie schließlich letztlich nichts anderes als die Fortsetzung des radikalen Kriegsnationalismus unter den Bedingungen von Kriegsniederlage und Revolution. Auf der anderen Seite schuf die Erfahrung von Krieg, Niederlage und Revolution

10 Vgl. z. B. Bernd Ulrich/Benjamin Ziemann (Hg.): Krieg im Frieden. Die umkämpfte Erinnerung an den Ersten Weltkrieg. Quellen und Dokumente, Frankfurt a. M. 1997. Grundlegend ist nach wie vor: Kurt Sontheimer: Antidemokratisches Denken in der Weimarer Republik, München 1962, besonders S. 115–139; vgl. auch Alan Kramer: The First World War and German Memory, in: Heather Jones/Jennifer O'Brien/Christoph Schmidt-Supprian (Hg.): Untold War. New Perspectives in First World War Studies, Leiden u. a. 2008; Benjamin Ziemann: Republikanische Kriegserinnerung in einer polarisierten Öffentlichkeit. Das Reichsbanner Schwarz-Rot-Gold als Veteranenverband der sozialistischen Arbeiterschaft, in: Historische Zeitschrift, 267 (1998), S. 357–398; Bärbel Schrader: Der Fall Remarque: Im Westen nichts Neues. Eine Dokumentation, Leipzig 1992; Boris Barth: Dolchstoßlegenden und politische Desintegration. Das Trauma der deutschen Niederlage im Ersten Weltkrieg 1914–1933, Düsseldorf 2003; Edgar Wolfrum: Geschichte als Waffe. Vom Kaiserreich bis zur Wiedervereinigung, Göttingen 2001, S. 26–31.

11 Franz Schauwecker: Aufbruch der Nation, Berlin 1929, S. 403.

12 Sontheimer, Antidemokratisches Denken, S. 115; vgl. George L. Mosse: Fallen Soldiers. Reshaping the Memory of the World Wars, New York 1990; Frank Bösch: Militante Geselligkeit. Formierungsformen der bürgerlichen Vereinswelt zwischen Revolution und Nationalsozialismus, in: Hardtwig (Hg.), Politische Kulturgeschichte, S. 151–182; Karl Führer: Der Deutsche Reichskriegerbund Kyffhäuser 1930–1934. Politik, Ideologie und Funktion eines ‚unpolitischen' Verbandes, in: Militärgeschichtliche Mitteilungen, 1984, H. 2/36, S. 57–76; Volker R. Berghahn: Der Stahlhelm. Bund der Frontsoldaten 1918–1935, Düsseldorf 1966; Ann Linder: Princes of the Trenches. Narrating the German Experience of the First World War, Columbia 1996; Karl Prümm: Die Literatur des soldatischen Nationalismus der 20er Jahre 1918–1933. Gruppenideologie und Epochenproblematik, Kronberg/Ts. 1974.

13 Vgl. Gerd Krumeich (Hg.): Nationalsozialismus und Erster Weltkrieg, Essen 2010; ders: Nationalsozialismus, in: Hirschfeld/Krumeich/Renz (Hg.): Enzyklopädie Erster Weltkrieg, aktualisierte und erweiterte Studienausgabe, Paderborn u. a. 2009, S. 997–1001; Sabine Behrenbeck: Der Kult der toten Helden. Nationalsozialistische Mythen, Riten und Symbole 1923 bis 1945, Vierow 1996.

14 Ian Kershaw: Hitler. 1889–1936, München 2002, S. 109.

überhaupt erst eine politische Kultur, in der die NSDAP mit dem ‚unbekannten Gefreiten' an ihrer Spitze zur einzigen Volkspartei aufsteigen konnte. Angesichts fortdauernder wirtschaftlicher und politischer Instabilität verfing die radikale Anti-Versailles-Propaganda ebenso wie das diffuse Versprechen einer nationalsozialistischen ‚Volksgemeinschaft' bei immer größeren Teilen der Wahlberechtigten, bevor ab 1933 eine NS-konforme Interpretation des Ersten Weltkriegs endgültig zur „Grundlage der politischen und ideologischen Formierung des neuen Deutschlands"[15] wurde.

Schon vor einigen Jahren hat Timothy W. Mason darauf hingewiesen, dass die appellative NS-Politik partiell als Versuch verstanden werden muss, „die Erfahrungen vom August 1914 als permanenten Zustand zu reproduzieren".[16] Doch erst in jüngerer Zeit ist die Forschung dazu übergegangen, die Jahre 1914–1918 tatsächlich als „starting point" der Geschichte des Nationalsozialismus bzw. der Weimarer Republik ernster zu nehmen.[17] Insbesondere für Peter Fritzsche markieren der August 1914 und die sich anschließende nationale (Selbst-)Mobilisierung der Massen „genau den Augenblick, in dem das Dritte Reich möglich wurde".[18] Die durch den Krieg katalysierte Nationalisierung der deutschen Bevölkerung hat nach dieser Lesart einen affektiven Resonanzraum geschaffen – zentral ist hier die Beschwörungsformel der ‚Volksgemeinschaft' –, den die nationalsozialistische Rhetorik vor dem Hintergrund der Kriegsniederlage und der sich insbesondere zu Beginn der 1930er Jahre zuspitzenden politischen und ökonomischen Krisenlage mit einem politischen Kampfprogramm füllen konnte.

Dieser Rückblick auf den Ersten Weltkrieg zur Erklärung der deutschen Geschichte im 20. Jahrhundert spiegelt in gewisser Weise die durch die internationale Forschung und nicht zuletzt durch die Kulturgeschichte vollzogene Relativierung der These eines im 19. Jahrhundert beginnenden deutschen Sonderwegs.[19] Ironischerweise nähert sich die vorherrschende Forschungsmeinung damit – allerdings ohne apologetische Agenda – tendenziell der bereits unmittelbar nach dem Zweiten Weltkrieg z. B. von Friedrich Meinecke und Gerhard Ritter vertretenen Deutung des Ersten Weltkriegs als fataler „Hauptwendepunkt" auf dem Weg in die „deutsche

15 Ulrich Herbert: Was haben die Nationalsozialisten aus dem Ersten Weltkrieg gelernt?, in: Krumeich (Hg.), Nationalsozialismus und Erster Weltkrieg, S. 21–34, S. 22; vgl. die Darstellung der Vorgeschichte des Nationalsozialismus in den folgenden Überblicksdarstellungen: Richard J. Evans: The Coming of the Third Reich, London 2003, S. 42–59; Michael Wildt: Geschichte des Nationalsozialismus, Göttingen 2008, S. 17 ff.; Kurt Bauer: Nationalsozialismus. Ursprünge, Anfänge, Aufstieg und Fall, Wien 2008, S. 53–59.

16 Timothy W. Mason: Sozialpolitik im Dritten Reich. Arbeiterklasse und Volksgemeinschaft, Opladen 1977, S. 26.

17 Matthew Stibbe: Germany, 1914–1933. Politics, Society and Culture, Harlow u. a. 2010, S. 2; vgl. auch Peter Fritzsche: Wie aus Deutschen Nazis wurden, München 2002; Nicolas Beaupré: Deutsch-Französische Geschichte, Bd. 8: Das Trauma des Großen Krieges 1918–1932/33, Darmstadt 2009; Jason Crouthamel: The Great War and German Memory. Society, Politics and Psychological Trauma 1914–1945, Exeter 2009.

18 Fritzsche, Wie aus Deutschen Nazis wurden, S. 13; vgl. auch Steffen Bruendel: Volksgemeinschaft oder Volksstaat. Die „Ideen von 1914" und die Neuordnung Deutschlands im Ersten Weltkrieg, Berlin 2003.

19 Vgl. Helmut Walser Smith: Jenseits der Sonderweg-Debatte, in: Sven Oliver Müller/Cornelius Torp (Hg.): Das Deutsche Kaiserreich in der Kontroverse, Göttingen 2009, S. 31–50, besonders S. 32.

Katastrophe" an.[20] Hier wird in Zukunft sicherlich darauf zu achten sein, dass die (wieder) dominierende Interpretation des ‚Großen Krieges' als Urkatastrophe nicht den Blick auf die historischen Tiefendimensionen der deutschen Geschichte verstellt.

Trotz des unumstritten zentralen Stellenwertes des Ersten Weltkriegs in Politik und Ideologie des Nationalsozialismus sind die vielfältigen Formen der Rezeption und Instrumentalisierung der Jahre 1914–1918 durch die NS-Bewegung – und zwar sowohl während der so genannten Kampfzeit als auch während der Jahre des Dritten Reichs – bei der Erklärung des ungeheuren Mobilisierungserfolges der NSDAP in der historischen Forschung überraschenderweise noch nicht ausreichend berücksichtigt worden.[21] Hier ist z. B. die systematische Symbolpolitik zur ‚Wiederherstellung der Ehre des deutschen Frontsoldaten' verbunden mit der Frage ihrer systemstabilisierenden Wirkung zu nennen, mit der die NS-Regierung ab 1933 Repräsentationsbedürfnisse weiter Teile der Kriegsteilnehmer und Kriegshinterbliebenen virtuos bediente.[22] Wenn die „symbolische Konversion der Trauer in soziales Kapital"[23] auch untrennbar mit dem politischen Totenkult der europäischen Moderne insgesamt verbunden ist, so war die psychosoziale Erwartung einer symbolischen Wiedergutmachung für das 1914–1918 erlittene Leid im Deutschland der Zwischenkriegszeit vor dem Hintergrund der Kriegsniederlage und der damit verbundenen prekären Sinngebung des vierjährigen Kriegseinsatzes doch besonders virulent und verhalf dem NS-Regime zu einem nicht zu unterschätzenden Legitimitätsgewinn.

Das geradezu exzessive Weltkriegs-Gedenken in den Jahren 1933–1939 diente jedoch keineswegs nur der symbolpolitischen Konsolidierung der NS-Herrschaft. Im Hinblick auf die außenpolitische Agenda des Regimes, dessen Politik spätestens seit 1936 massiv auf einen Krieg zusteuerte,[24] stellt sich die Frage nach der Rolle des Kriegsgedenkens bei der mentalen Mobilmachung der deutschen Bevölkerung. George L. Mosse, auf dessen einflussreiche Brutalisierungs-These noch eingegangen werden wird, und Sabine Behrenbeck haben in diesem Zusammenhang auf die mobilisierende Funktion des wesentlich auf das ‚Fronterlebnis' des Ersten Weltkriegs rekurrierenden heroischen Mythos in der NS-Herrschaftspraxis hingewiesen.[25] In seiner wichtigen Untersuchung zur Bedeutung der Kameradschafts-Ideologie in der Wehrmacht hat Thomas Kühne ebenfalls die Bedeutung des Ersten Weltkriegs bzw.

20 Friedrich Meinecke: Die deutsche Katastrophe. Betrachtungen und Erinnerungen, Wiesbaden 1946, S. 44; Gerhard Ritter: Europa und die deutsche Frage. Betrachtungen über die geschichtliche Eigenart des deutschen Staatsdenkens, München 1948; vgl. auch Ian Kershaw: Hitler and the Uniqueness of Nazism, in: Journal of Contemporary History, 39 (2004), Nr. 2, S. 239–254, S. 239 f.

21 Vgl. Gerd Krumeich: Nationalsozialismus und Erster Weltkrieg. Eine Einführung, in: Ders., Nationalsozialismus und Erster Weltkrieg, S. 11–20.

22 Vgl. Nils Löffelbein: „Die Kriegsopfer sind Ehrenbürger des Staates!" Die Kriegsinvaliden des Ersten Weltkriegs in Politik und Propaganda des Nationalsozialismus, in: Ebd., S. 207–226, S. 207 f.; Silke Fehlemann: „Heldenmütter"? Deutsche Soldatenmütter in der Zwischenkriegszeit, in: Ebd., S. 227–242; Ralph Winkle: Der Dank des Vaterlandes. Eine Symbolgeschichte des Eisernen Kreuzes 1914–1936, Essen 2007, S. 8 ff.

23 Oliver Janz: Das symbolische Kapital der Trauer. Nation, Religion und Familie im italienischen Gefallenenkult des Ersten Weltkriegs, Tübingen 2009, S. 370.

24 Vgl. zusammenfassend Klaus Hildebrand: Das Dritte Reich, 7. Aufl., München 2009, S. 253–270.

25 Mosse, Fallen Soldiers; Behrenbeck, Der Kult der toten Helden; vgl. auch Jay W. Baird: To Die for Germany. Heroes in the Nazi Pantheon, Bloomington 1990.

der Weltkriegserinnerung für die kulturelle Hegemonie und Handlungsrelevanz männerbündischer Vorstellungen im Dritten Reich unterstrichen.[26] Eine Vielzahl von Studien befassen sich darüber hinaus mit wichtigen Einzelaspekten der Rezeption des ‚Großen Krieges' im Nationalsozialismus.[27] Insgesamt bleibt eine genauere Darstellung von Transmissionsmechanismen und Traditionsagenten des Weltkriegsgedenkens im nationalsozialistischen Deutschland jedoch ebenso ein wichtiges Desiderat wie eine genauere Analyse der sozialen Reichweite und Anschlussfähigkeit der NS-offiziellen Gedenkpolitik zu Ehren der ‚Helden des Weltkriegs'.

Diese Forschungslücken partiell zu schließen und zu weiteren Untersuchungen anzuregen, ist das Ziel des von Gerd Krumeich (Heinrich-Heine-Universität Düsseldorf) geleiteten Forschungsprojekts „Nationalsozialismus und Erster Weltkrieg". Neben der vorliegenden Arbeit, die sich der Rezeption des Ersten Weltkriegs in ausgewählten Jugendverbänden der Weimarer Zeit und insbesondere in der Hitler-Jugend widmet, entstehen weitere Einzelstudien, die die für die deutsche Geschichte des 20. Jahrhunderts so verhängnisvollen erinnerungskulturellen Spätfolgen des Großen Krieges herausarbeiten.[28]

Jede Arbeit zur Rezeption des Ersten Weltkriegs in der Zwischenkriegszeit steht vor dem Problem, dass ‚Weltkrieg' als Schlagwort über einem diffusen semantischen Feld steht, auf dem eine Vielzahl von teilidentischen, komplementären und antagonistischen Deutungsnarrativen koexistieren. Von ‚Augusterlebnis' und ‚Fronterlebnis' über die großen Schlachtenmythen Tannenberg, Langemarck, Verdun und Skagerrak bis zum ‚Dolchstoß' vom November 1918 reichen die gesellschaftlich reproduzierten Mythenerzählungen der 1920er und 1930er Jahre; von einzelnen ‚Heldenleben', wie z. B. jenen von Walter Flex, Gorch Fock, Manfred von Richthofen, Paul von Lettow-Vorbeck, Otto Weddigen ganz zu schweigen. Und zu den heroischen Deutungen gab es jeweils noch pazifistische bzw. kriegskritische Gegendeutungen.

Für die Zwecke dieser Studie erscheint es daher zwingend notwendig, zu abstrahieren und sich auf den semantischen Kern des Weltkriegsgedenkens in den Jahren

26 Vgl. Thomas Kühne: Kameradschaft. Die Soldaten des nationalsozialistischen Krieges und das 20. Jahrhundert, Göttingen 2006.

27 Dazu gehören z. B.: Alexandra Kaiser: Von Helden und Opfern. Eine Geschichte des Volkstrauertags, Frankfurt a. M./New York 2010, insbesondere S. 176–209; Susanne Brandt: Vom Kriegsschauplatz zum Gedächtnisraum: Die Westfront 1914–1940, Baden-Baden 2000; vgl. auch Rainer Rother/Karin Herbst-Meßlinger (Hg.): Der Erste Weltkrieg im Film, München 2009; aus literaturgeschichtlicher Perspektive liegen umfangreiche Studien zum soldatischen Realismus vor, die sich zumeist auf die Weimarer Zeit konzentrieren, aber nichtsdestotrotz die zentralen Elemente der für den Nationalsozialismus so eminent wichtigen Frontkämpfer-Ideologie herausarbeiten. Vgl. z. B. Linder, Princes of the Trenches; Prümm, Die Literatur des soldatischen Nationalismus; Jörg Vollmer: Imaginäre Schlachtfelder. Kriegsliteratur in der Weimarer Republik. Eine literatursoziologische Untersuchung, Berlin 2003; Thomas Schneider/Hans Wagener (Hg.): Von Richthofen bis Remarque. Deutschsprachige Prosa zum Ersten Weltkrieg, Amsterdam/New York 2003.

28 Neben und komplementär zur vorliegenden Arbeit werden im Rahmen des Projekts folgende Forschungsvorhaben verfolgt: Silke Fehlemann: Die Mutter des Soldaten. Öffentlicher Raum und individuelle Gefühle im 19. und 20. Jahrhundert (Arbeitstitel); Anke Hoffstadt: Soldatischer Nationalismus. Der „Stahlhelm. Bund der Frontsoldaten" und der Nationalsozialismus (Arbeitstitel); Florian Kotscha: Die Darstellung des Ersten Weltkriegs im nationalsozialistischen Film (Arbeitstitel); Nils Löffelbein: „Ehrenbürger der Nation". Die Kriegsbeschädigten des Ersten Weltkrieges in Politik und Propaganda des Nationalsozialismus (Diss. Düsseldorf 2011). Wesentliche Zwischenergebnisse des Forschungsprojektes finden sich in dem 2010 von Gerd Krumeich herausgegebenen Sammelband „Nationalsozialismus und Erster Weltkrieg".

der Weimarer Republik und des Dritten Reichs, d. h. auf den heroischen Mythos und die im heroischen Kriegsgedenken transportierten Kriegs- und Soldatenbilder, zu konzentrieren. Andere Aspekte, wie z. B. das ‚Augusterlebnis' und der Dolchstoß-Vorwurf, die für die Weltkriegs-Gedenkpraxis der Jugend allerdings ohnehin nur eine untergeordnete Bedeutung besaßen, werden daher nur am Rande thematisiert. Dies gilt auch für die Instrumentalisierung des Versailler Vertrages, wenngleich aus anderen Gründen: Die allgemeine, in der Forschung gut belegte Ablehnung des Friedensvertrags in der deutschen Bevölkerung lässt das Erkenntnisinteresse einer genauen Untersuchung der Versailles-Rezeption in der Jugend als eher gering erscheinen. Schließlich würde sich im Kleinen nur bestätigen, was im Großen längst klar ist – dass nämlich in der Frage einer Revision des Versailler Vertrags die Schnittmengen zwischen NS-Bewegung und dem Rest des politischen Spektrums ausgesprochen groß waren.[29] Interessanter erscheint es daher, der Frage nachzugehen, wo jenseits der Versailles-Kritik die Formen des Kriegs- und Gefallenengedenkens der verschiedenen weltanschaulichen Lager für den Heldengedenkdiskurs des Dritten Reichs anschlussfähig waren.

Das Gefallenengedenken der Jugend erfüllte eine Doppelfunktion, die konstitutiv für die Instrumentalisierung des Ersten Weltkriegs in der Jugenderziehung war. Dies wird besonders deutlich am Beispiel der Hitler-Jugend: Einerseits zielte das HJ-Weltkriegsgedenken immer auf die mentale Mobilmachung der in der NS-Jugend organisierten Jugendlichen ab („Erziehung zum Krieg"). Der ‚Frontsoldat' und ‚Grabenkämpfer' des industriellen Krieges sollte als Rollenvorbild der Jugend die Soldaten der Zukunft auf kommende Kriege vorbereiten und die Erziehung zur Härte legitimieren, mit der die HJ ihre Angehörigen kriegsadäquat konditionierte. Andererseits erfüllte der sich nach der ‚Machtergreifung' schrittweise intensivierende Kult um die Gefallenen des Großen Krieges eine immanent innenpolitische Funktion. Indem sich die Jugend als Trägerin des „erfolgreichsten Generationenprojekts des 20. Jahrhunderts"[30] vor der so genannten Frontkämpfer-Generation verneigte, signalisierte sie stellvertretend für das Regime, dass die Zeit des in der ‚Kampfzeit' so virtuos geschürten Generationenkonfliktes vorbei war und dass es – anders als von Teilen der SA und HJ gefordert – keine zweite Revolution geben würde. Indem es den Geltungs- und Gestaltungsanspruch der NS-Jugend öffentlichkeitswirksam einhegte, unterbreitete das HJ-Gefallenengedenken den bürgerlichen Traditionsverbänden ein Integrationsangebot. Damit wirkte die „Erziehung durch den Krieg" systemstabilisierend und jugenddisziplinierend.

Im Mittelpunkt der Untersuchung stehen die Hitler-Jugend und ihre Weltkriegs-Gedenkpolitik. Damit ist auch der zeitliche Rahmen der Untersuchung vorgegeben. Allerdings hat es sich als notwendig erwiesen, in einem ersten Schritt weiter zurückzugehen und gewissermaßen hinführend den Weltkrieg als zentrale Kindheitserfahrung der Kriegsjugendgeneration zu behandeln (Kapitel II). Das Beispiel des 1907

29 Vgl. jüngst: Thomas Lorenz: „Die Weltgeschichte ist das Weltgericht!" Der Versailler Vertrag in Diskurs und Zeitgeist der Weimarer Republik, Frankfurt a. M. u. a. 2008; Gerd Krumeich in Zusammenarbeit mit Silke Fehlemann (Hg.): Versailles 1919. Ziele – Wirkung – Wahrnehmung, Essen 2001; Rainer Bendick: Kriegserwartung und Kriegserfahrung. Der Erste Weltkrieg in deutschen und französischen Schulgeschichtsbüchern (1900–1939/40), 2. Aufl., Pfaffenweiler 2003, besonders S. 394–402; Eberhard Kolb: Der Frieden von Versailles, München 2005, S. 91–110.

30 Götz Aly: Hitlers Volksstaat. Raub, Rassenkrieg und nationaler Sozialismus, Frankfurt a. M. 2005, S. 15.

geborenen Baldur von Schirach zeigt in diesem Zusammenhang einen typischen ‚victory-watcher',[31] der früh die heroischen Deutungsmuster verinnerlichte, deren Weitergabe an die HJ-Angehörigen er ab 1931 als Reichsjugendführer maßgeblich verantworten sollte.

Um die soziale Reichweite heroisierender Kriegsdeutungen zu belegen, wird in Kapitel III die Weltkriegs-Rezeption in der bürgerlichen Jugendbewegung, der katholischen Jugend und dem sozialdemokratisch dominierten Jungbanner untersucht. Dabei wird deutlich, dass sich gegen Ende der 1920er, Anfang der 1930er Jahre eine erinnerungskulturelle Schnittmenge herausbildete, die als vorpolitischer Wertekonsens die Grenzen zwischen den weltanschaulichen Lagern transzendierte. Dazu gehörten eine ausgeprägte Tendenz zur Heroisierung der Gefallenen, ein ausgesprochen positives Soldatenbild und nicht zuletzt die Vorstellung, die Jugend sei verpflichtet, das wie auch immer verstandene ‚Vermächtnis der Gefallenen' einzulösen. Dass die katholische Jugend und insbesondere das Jungbanner dabei eine dezidiert kriegskritische Grundeinstellung beibehielten, darf nicht als Widerspruch verstanden werden. Zwischen den Extrempolen Bellizismus und (radikaler) Pazifismus gab es ein großes Kontinuum von Einstellungen und Deutungen, denen ein latent heroisches Kriegs- und Soldatenbild gemeinsam war. Es steht zu vermuten, dass kaum etwas die Jugend der späten Weimarer Republik so gut auf das Leben im Frontsoldaten-Staat Hitlers vorbereitete wie dieser Kult des Soldatischen, der sich aus dem Weltkriegsgedenken der Weimarer Jugendverbände entwickelte.

Kapitel IV schließt hier nahtlos an und widmet sich der Bedeutung des Ersten Weltkriegs in Ideologie und Politik der Hitler-Jugend, wobei unter Hitler-Jugend in diesem Zusammenhang sowohl die HJ im engeren Sinn, also die Organisation der 14- bis 18-jährigen männlichen Jugendlichen, als auch das Deutsche Jungvolk (10- bis 14-jährige Jungen) verstanden werden.[32] Es geht darum, die Konjunkturen der Weltkriegs-Rezeption der NS-Jugend aufzuzeigen und die semantischen Verschiebungen im HJ-Gedenkdiskurs als Bestandteil der nationalsozialistischen Integrationspropaganda zu kontextualisieren. Dabei muss vor allem die ambivalente Einstellung der Jugend zur so genannten Heldengeneration der ‚Frontkämpfer' dargestellt und das integrative Potential des im Dritten Reich verstaatlichten Kriegsgedenkens reflektiert werden.

In diesem Zusammenhang wird es dabei auch um die Funktionalität des Weltkriegsdiskurses im Rahmen der kriegsadäquaten Erziehung zum Helden bzw. zur Heldenmutter gehen. Unter dem Einfluss des Kriegsteilnehmers und ‚frontsoldatischen' Kriegsschriftstellers Helmut Stellrecht verfolgte die Reichsjugendführung (RJF) ein wehrerzieherisches Konzept, das sich zentral am Leitbild des ‚stahlgewittergehärteten Frontsoldaten' orientierte. Die in der HJ-Presse transportierten, zum Teil ausgesprochen gewalttätigen Kriegs- und Soldatenbilder sollten in diesem Zusammenhang ein möglichst authentisches Bild von der Realität der ‚Front' ver-

31 Peter Merkl: The Making of a Stormtrooper, Princeton 1980, S. 231 ff.

32 ‚Hitler-Jugend' ist im Dritten Reich erstens als Bezeichnung für die Gesamtorganisation der NS-Jugend (HJ, DJ, BDM, JM), zweitens für die männlichen Jugendorganisationen (HJ, DJ) und drittens für die HJ im engeren Sinn als Organisation der 14- bis 18-jährigen männlichen Jugendlichen belegbar. Der Bund Deutscher Mädel (BDM) und die Jungmädel (JM) können aus Kapazitätsgründen leider nur am Rande behandelt werden. In Kapitel IV.4 werden gleichwohl spezifisch weibliche Rezeptionsmuster der ‚Kriegserfahrung' untersucht.

mitteln und die heranwachsenden Jugendlichen so gut wie möglich auf den Krieg der Zukunft vorbereiten. Der nationalsozialistische Härtediskurs wäre ohne das pädagogische Leitbild des ‚Frontsoldaten' ebenso wenig möglich gewesen wie der ausgeprägte Gesinnungsmilitarismus im Deutschland der 1930er Jahre. Die mentale Mobilmachung der HJ-Generation für den Zweiten Weltkrieg fand damit im Wesentlichen im Zeichen des ‚Fronterlebnisses' des Ersten Weltkriegs statt.

Eine besonders wichtige Rolle spielt im gesamten Verlauf der Arbeit der Langemarck-Mythos. Er soll daher im letzten Kapitel ausführlich dargestellt werden. Der Aufstieg Langemarcks zum populärsten Schlachtenmythos der Zwischenkriegszeit, ja zu einem der „einflussreichsten Mythen der neueren deutschen Geschichte"[33] überhaupt, erlaubt es, die erinnerungskulturellen Brücken aufzuzeigen, die von der Weimarer Republik ins Dritte Reich führten. Darüber hinaus belegt das Langemarck-Gedenken der Hitler-Jugend besonders eindrücklich, in welchem Maße die Selbstinszenierung als ‚Träger des Frontgeistes' im nationalsozialistischen Surrogat von Öffentlichkeit immer auch Geltungs- und Gestaltungsansprüche zum Ausdruck brachte. Der Aufstieg dieser Schlacht vom November 1914 zur institutionellen Klammer des HJ-Weltkriegsgedenkens ist ohne den erbitterten Deutungskampf, den sich Reichsjugendführung und Reichsstudentenführung (RSF) in den Jahren 1936–1940 um den Mythos der Freiwilligenregimenter lieferten, nicht zu verstehen. Die Auseinandersetzung um Langemarck wirft daher ein Schlaglicht auf die weitgehend eigenständige Gedenkpolitik der RJF und auf die von ihr forcierte Intensivierung und Systematisierung des Weltkriegsgedenkens in der HJ-Erziehung.

Mit diesen Fragestellungen versteht sich die vorliegende Studie in erster Linie als Beitrag zu einer Kulturgeschichte der Epoche der beiden Weltkriege. Man muss nicht mit Hans-Ulrich Wehler die These Raymond Arons von einem „neuen, [...] modernen Dreißigjährigen Krieg"[34] vertreten, um angesichts des Gefallenenkults der Hitler-Jugend zu dem Schluss zu kommen, dass das Gedenken an den Ersten Weltkrieg in NS-Deutschland einen zweiten Weltkrieg keineswegs ausschloss, sondern sogar massiv vorbereitete. In diesem Sinne erscheint die gescheiterte kulturelle Demobilmachung bzw. die sich im Zeichen des Weltkriegsgedenkens Ende der 1920er Jahre abzeichnende kulturelle *Remobilisierung* weiter Teile der deutschen Jugend als die erinnerungskulturelle Folie, vor welcher der massive Kriegseinsatz junger Männer und Jugendlicher im Zweiten Weltkrieg überhaupt erst verständlich wird. Darüber hinaus vermag die Fokussierung auf das Kriegs- und Gefallenengedenken im Dritten Reich am Beispiel der HJ aber auch einen Beitrag zur Erklärung des ungeheuren Integrations- und Mobilisierungserfolgs der Regierung des ‚unbekannten Gefreiten' leisten. Indem sie die ‚Wiederherstellung der Ehre des deutschen Frontsoldaten' zur Staatsräson erhob, gelang es der NS-Bewegung, Repräsentationsansprüche großer Teile der Kriegsteilnehmer symbolpolitisch geschickt auszunutzen und damit Teile derjenigen, überwiegend bürgerlichen Frontkämpferverbände an sich zu binden, die der NS-Revolution skeptisch gegenüber standen.

33 Bernd Hüppauf: Schlachtenmythen und die Konstruktion des ‚Neuen Menschen', in: Hirschfeld/Krumeich/Renz (Hg.), Keiner fühlt, S. 43–84, S. 45.
34 Wehler, Deutsche Gesellschaftsgeschichte, S. 222.

Methodische Überlegungen

„Wenn Menschen Situationen als real definieren, so haben sie reale Konsequenzen." Dieser als Thomas-Theorem bekannte grundlegende Satz der Sozialwissenschaft[35] liegt implizit jeder kulturgeschichtlichen Arbeit zugrunde. Er beschreibt die Tatsache, dass menschliches Handeln immer in einem subjektiven Handlungskontext steht bzw. in einen subjektiven Legitimations- und Deutungsrahmen eingebettet ist, der wissenschaftlich ernst genommen werden muss, wenn historisches Handeln adäquat beschrieben und interpretiert werden soll. Um nur ein Beispiel zu nennen: Die in den Jahren vor 1914 zunehmend die öffentliche Meinung bestimmende Vorstellung, das Deutsche Reich sei ‚eingekreist' bzw. müsse jederzeit Angriffe ‚einer Welt von Feinden' gewärtigen, mag aus der ex-post-Perspektive des Historikers als nicht den Tatsachen entsprechend, irrational, ja sogar als paranoid erscheinen. Dennoch strukturierte sie die individuellen wie kollektiven Wahrnehmungsmuster der politisch-militärischen Akteure auf deutscher Seite entscheidend, führte zur desaströsen Vabanque-Politik des Deutschen Reichs in der Julikrise und war damit ein wichtiger Knoten im kausalen Netz des Kriegsausbruchs von 1914.[36]

An kaum einem kulturgeschichtlichen Analysebegriff lässt sich die Mitte der 1980er Jahre einsetzende Verschiebung des Forschungsinteresses hin zu jenem summarisch als Kultur bezeichneten Bereich des Kollektiv-Imaginärem, in dem soziales Handeln mit Sinn versehen und legitimiert wird, so gut festmachen wie an dem des *Mythos*. Politik- und Sozialgeschichte hatten sich zuvor nicht oder nur aus einer ideologiekritischen Perspektive für die sozialen Mythenerzählungen der von ihnen untersuchten historischen Subjekte interessiert. Durch Verweis auf ihre historische Unwahrheit sollten zeitgenössische Mythen kritisiert und damit letztendlich destruiert werden. Dieser aufklärerische Impetus fehlt der jüngeren Kulturgeschichtsschreibung vollkommen. Für sie ist Mythos nicht gleichbedeutend mit Lüge und Unwahrheit im Sinne der Verfälschung historischer Tatsachen, sondern ein Narrativ, in dem sich die „affektive Aneignung" der eigenen Geschichte vollzieht.[37] Mythos in diesem Sinne bezeichnet in wertneutraler Weise gesellschaftlich relevante Geschichtsbilder und -deutungen, die konstitutiv für die Selbstwahrnehmung sozialer Gefüge sind und normativ in deren Zukunftsentwürfe einfließen. Die kulturwissenschaftliche Untersuchung von derart verstandenen Mythen zielt daher nicht auf das historische Ereignis, auf das diese verweisen, sondern auf die Diskursgemeinschaft, die sie her-

35 Vgl. z. B. Hartmut Esser: Soziologie. Spezielle Grundlagen, Bd. 1: Situationslogik und Handeln, Frankfurt a. M. 1999, S. 63 ff.; Robert King Merton: Soziologische Theorie und soziale Struktur, Berlin 1995, S. 399 ff.

36 Vgl. Wolfgang J. Mommsen: Der Topos vom unvermeidbaren Krieg. Außenpolitik und öffentliche Meinung im Deutschen Reich im letzten Jahrzehnt vor 1914, in: Jost Dülffer (Hg.): Bereit zum Krieg. Kriegsmentalität im wilhelminischen Deutschland, Göttingen 1986, S. 194–224; Ute Daniel: Einkreisung und Kaiserdämmerung. Ein Versuch, der Kulturgeschichte der Politik vor dem Ersten Weltkrieg auf die Spur zu kommen, in: Barbara Stollberg-Rilinger (Hg.): Was heißt Kulturgeschichte des Politischen?, Berlin 2005, S. 279–328; Jean-Jacques Becker/Gerd Krumeich: Der Große Krieg. Deutschland und Frankreich 1914–1918, Essen 2010, S. 46–56; Hans-Ulrich Wehler: Deutsche Gesellschaftsgeschichte, Bd. 3: Von der ‚Deutschen Doppelrevolution' bis zum Beginn des Ersten Weltkrieges 1849–1914, München 1995, S. 1145–1152.

37 Vgl. Aleida Assmann: Der lange Schatten der Vergangenheit. Erinnerungskultur und Geschichtspolitik, München 2006, S. 40 ff.

vorbringt und reproduziert. Im Blickpunkt stehen damit, in den Worten Aleida Assmanns, „mnemohistorische Fragen nach der Nachwirkung, der imaginativen Ausdeutung und der Aneignung von Geschichte im Medium von identifikationsfördernden Erzählungen".[38]

Für die Erforschung der sozialpsychologischen Folgen des Ersten Weltkriegs im Europa der Zwischenkriegszeit hat sich dieser nicht-normative Mythos-Begriff als ausgesprochen fruchtbar erwiesen.[39] Die politikzentrierte Forschung der 1960er und 1970er Jahre sowie die Sozialgeschichte der 1970er Jahre hatten über die Untersuchung von Kriegsschuld und Kriegszielen einerseits und die Analyse der Kriegswirtschaften bzw. der sozioökonomischen Folgen des Ersten Weltkriegs (sozialer Wandel, Inflation etc.) andererseits den Krieg als individuelle und kollektive Grenzerfahrung zunehmend aus dem Blick verloren.[40] Gewalt und Tod als distinktive Merkmale des Kriegsalltags der europäischen Gesellschaften im Ersten Weltkrieg kamen in der Geschichtsschreibung dieser Jahre allenfalls am Rande vor. Die „Aktualisierung des ‚Kriegserlebnisses' auf allen Ebenen",[41] welche die Kriegskultur-Forschung seit den späten 1980er Jahren auszeichnet, stellte in vielerlei Hinsicht eine Reaktion auf diese Tendenz dar, die Geschichte der „Maschine zur Brutalisierung der Welt"[42] – wie Eric Hobsbawm den Ersten Weltkrieg genannt hat – zu schreiben, ohne die multiplen Formen der kulturellen Vergesellschaftung der Gewalterfahrung im Krieg, aber auch in der Nachkriegszeit, zur Kenntnis zu nehmen. Mit Hilfe eines mentalitäts-, alltags- oder regionalgeschichtlichen Forschungsansatzes begann die historische Weltkriegsforschung sich dementsprechend verstärkt der Kriegserfahrungen des ‚kleinen Mannes' und ihrer kulturellen Kodierung anzu-

38 Ebd., S. 41.

39 Vgl. auch Gerd Krumeich: Einleitung. Schlachtenmythen in der Geschichte, in: Gerd Krumeich/Susanne Brandt (Hg.): Schlachtenmythen. Ereignis – Erzählung – Erinnerung, Köln u. a. 2003, S. 1–18, sowie die zahlreichen Arbeiten, die sich in diesem Zusammenhang einzelnen Mythenerzählungen des Ersten Weltkriegs widmen, z. B.: Barth, Dolchstoßlegenden; Richard Bessel: Die Heimkehr der Soldaten. Das Bild des Frontsoldaten in der Öffentlichkeit der Weimarer Republik, in: Hirschfeld/Krumeich/Renz (Hg.), Keiner fühlt, S. 221–239; Bruendel, Volksgemeinschaft oder Volksstaat; Tanja Fransecky: Der Langemarck-Mythos und seine Funktion als ideologischer Wegbereiter des Dritten Reiches, in: Ingeborg Siggelkow (Hg.): Erinnerungskultur und Gedächtnispolitik, Frankfurt a. M. 2003, S. 51–78; Hüppauf, Schlachtenmythen und die Konstruktion des ‚Neuen Menschen', S. 43–84; Gerd Krumeich: Langemarck, in: Etienne François/Hagen Schulze (Hg.): Deutsche Erinnerungsorte, München 2001, S. 292–309; Jesko von Hoegen: Der Held von Tannenberg. Genese und Funktion des Hindenburg-Mythos, Köln u. a. 2007; Kühne, Kameradschaft; Matti Münch: Verdun. Mythos und Alltag einer Schlacht, München 2006; René Schilling: Kriegshelden. Deutungsmuster heroischer Männlichkeit in Deutschland 1913–1945, Paderborn u. a. 2002; Jeffrey Verhey: The Spirit of 1914. Militarism, Myth and Mobilization in Germany, Cambridge 2000. Oder auch mit allerdings etwas anderem Schwerpunkt: Baird, To Die for Germany; Behrenbeck, Der Kult der toten Helden; Matthias Sprenger: Landsknechte auf dem Weg ins Dritte Reich? Zu Genese und Wandel des Freikorpsmythos, Paderborn u. a. 2008.

40 Gerhard Hirschfeld/Gerd Krumeich: Die Geschichtsschreibung zum Ersten Weltkrieg, in: Hirschfeld/Krumeich/Renz (Hg.), Enzyklopädie Erster Weltkrieg (2009), S. 304–315; vgl. auch: Prost/Winter, Penser la Grande Guerre, S. 15–50.

41 Krumeich, Kriegsgeschichte im Wandel, S. 11–24, S. 13. Es ist bezeichnend, dass einer der ersten Sammelbände in Deutschland, die sich mit kulturhistorischen Fragestellungen dem Ersten Weltkrieg näherten, das ‚Kriegserlebnis' als Titel führte: Klaus Vondung (Hg.): Kriegserlebnis. Der Erste Weltkrieg in der literarischen Gestaltung und symbolischen Deutung der Nationen, Göttingen 1980.

42 Hobsbawm, Das Zeitalter der Extreme, S. 163.

nehmen.[43] Dabei rückten neben dem so genannten Fronterlebnis der Soldaten auch Formen kollektiver Trauerbewältigung[44] und insbesondere die ständig umkämpfte Deutung des Krieges in den Mittelpunkt des Forschungsinteresses.[45] Für Deutschland steckten u. a. mehrere Sammelbände das Feld der Untersuchungen zu den letztlich (kriegs)kulturell fundierten „Formverwandlungen“[46] von Politik und Gesellschaft in der Kriegs- und Zwischenkriegszeit ab.[47] „Mentalitäten, Erfahrungswelten, Propaganda und Ideologie“ fließen in der international dominierenden Kulturgeschichte zusammen[48] und erlauben einen differenzierten Blick auf die Art und Weise, in der die kriegführenden Gesellschaften (bzw. die in ihnen ausgeprägten sozialmoralischen Milieus) auf den Krieg reagiert haben und durch den Krieg geprägt wurden.

Auch wenn die umfangreiche internationale Forschung zum Ersten Weltkrieg hier in diesem Zusammenhang nicht einmal ansatzweise gewürdigt werden kann, ein Trend erscheint unverkennbar: Seit Ende des letzten, Anfang dieses Jahrhunderts stellt sich vermehrt die Frage nach der historischen Verortung des Ersten Weltkriegs im Kontext des 20. Jahrhunderts.[49] Welchen Stellenwert hat der Erste Weltkrieg im historischen Kontinuum des 20. Jahrhunderts? Inwieweit sind die Jahre 1914–1918 als „Matrix eines tragischen Jahrhunderts“[50] zu verstehen? War der Erste Weltkrieg lediglich Auftakt zum „Zeitalter der Extreme“ (Hobsbawm) oder wird man dem Phänomen der entgrenzten Gewalt in der ersten Hälfte des letzten Jahrhunderts am ehesten gerecht, wenn man – wie Hans-Ulrich Wehler und vor ihm schon Charles de Gaulle – die beiden Weltkriege zu einem neuen Dreißigjährigen Krieg zusam-

43 Etwa Benjamin Ziemann: Front und Heimat. Ländliche Kriegserfahrungen im südlichen Bayern 1914–1923, Essen 1997; Wolfram Wette (Hg.): Der Krieg des kleinen Mannes, München 1992; Wolfgang Kruse: Krieg und nationale Integration. Eine Neuinterpretation des sozialdemokratischen Burgfriedensschlusses 1914/15, Essen 1993; Christian Geinitz: Kriegsfurcht und Kampfbereitschaft. Das Augusterlebnis in Freiburg. Eine Studie zum Kriegsbeginn, Essen 1998; Bernd Ulrich/Benjamin Ziemann (Hg.): Frontalltag im Ersten Weltkrieg, Essen 2008; vgl. insbesondere auch das komparative Großprojekt: Jay Winter/Jean-Louis Robert: Capital Cities at War. Paris, London, Berlin 1914–1919, 2 Bde., Cambridge 1997 und 2007.

44 Vgl. dazu insbesondere Audoin-Rouzeau/Becker, 14–18, retrouver la guerre, S. 231–300; Prost/Winter, Penser la Grande Guerre, S. 227–229.

45 Z. B. Ulrich/Ziemann (Hg.), Krieg im Frieden; Christian Saehrendt: Der Stellungskrieg der Denkmäler. Kriegerdenkmäler im Berlin der Zwischenkriegszeit (1919–1939), Bonn 2004; Christine Beil: Der ausgestellte Krieg. Präsentationen des Ersten Weltkriegs 1914–1939, Tübingen 2004.

46 Hans Mommsen: Militär und zivile Militarisierung in Deutschland 1914–1938, in: Ute Frevert (Hg.): Militär und Gesellschaft im 19. und 20. Jahrhundert, Stuttgart 1997, S. 265–276, S. 265.

47 Vgl. auch: Hirschfeld/Krumeich/Renz (Hg.), Keiner fühlt; Hirschfeld/Krumeich/Langewiesche/Ullmann (Hg.), Kriegserfahrungen; Hans Mommsen (Hg.): Der Erste Weltkrieg und die europäische Nachkriegsordnung. Sozialer Wandel und Formveränderung der Politik, Köln u. a. 2000; Dülffer/Krumeich (Hg.), Der verlorene Frieden; Wolfgang Hardtwig (Hg.): Politische Kulturgeschichte der Zwischenkriegszeit 1918–1939, Göttingen 2005.

48 Hirschfeld/Krumeich: Die Geschichtsschreibung zum Ersten Weltkrieg, S. 312.

49 Hobsbawm, Das Zeitalter der Extreme; Marc Mazower: Der dunkle Kontinent. Europa im 20. Jahrhundert, Berlin 2000; Stéphane Audoin-Rouzeau/Annette Becker/Christian Ingrao/Henry Rousso (Hg.): La violence de guerre 1914–1945. Approches comparées des deux conflits mondiaux, Paris 2002; Wehler, Deutsche Gesellschaftsgeschichte; Nicolas Beaupré/Anne Dumenil/Christian Ingrao (Hg.): 1914–1945. L'ère de la guerre, 2 Bde., Paris 2004; Omer Bartov/Jean-Jacques Becker u. a. (Hg.): Les sociétés en guerre 1911–1946, Paris 2003; Volker R. Berghahn: Europa im Zeitalter der Weltkriege. Die Entfesselung und Entgrenzung der Gewalt, Frankfurt a. M. 2002.

50 Prost/Winter, Penser la Grande Guerre, S. 285.

menfasst,[51] zu einem „europäischen Bürgerkrieg“,[52] an dessen Ende Europa allgemein und Deutschland im besonderen endgültig den Übergang zu einer modernen Massenkonsum-Gesellschaft geschafft habe?[53] Ist – überspitzt formuliert – Auschwitz ohne Verdun überhaupt denkbar? Fragen wie diese beschäftigen die historische Zunft und sind weit davon entfernt, eine auch nur vorläufige Klärung zu erfahren.

Als besonders einflussreich hat sich in diesem Zusammenhang die von George L. Mosse in die Diskussion eingeführte Formel der „Brutalisierung“ erwiesen, die in seinem 1990 erschienenen Buch *Fallen Soldiers* systematisch entwickelt wurde. Im Mittelpunkt stand die Interpretation des Ersten Weltkriegs als „great brutalizer“. Dabei galt Mosses Interesse u. a. den Auswirkungen des vierjährigen, erbarmungslosen Schützengraben-Kampfes auf die Kriegsteilnehmer (Brutalisierung im engeren Sinne, hier auch als primäre Brutalisierung bezeichnet). Die permanente Konfrontation mit dem Tod, die Allgegenwart des Tötens und Getötet-werdens hätten bei diesen langfristig zur moralischen Entwertung des Individuums bzw. des individuellen Lebens und – jedenfalls phasenweise – zur Umkehrung des „civilizing process“ geführt und damit evolutionsgeschichtlich ältere Gewaltinstinkte enttabuisiert. So habe sich ein Männlichkeits- und Soldatenbild entwickelt, das in bewusster Ablehnung ziviler Wert- und Normvorstellungen einen Kult der Gewalt inauguriert und die kulturelle Demobilmachung nachhaltig erschwert habe. An männerbündische Vergemeinschaftungsmodelle[54] und das radikale Denken in Freund-Feind-Schemata gewöhnt, hätten die Kriegsveteranen sich nur unter Schwierigkeiten in die Nachkriegsgesellschaft zu integrieren gewusst. An den Beispielen der gewaltintensiven Freikorps-Einsätze in der Republik, aber auch im Osten (Baltikum/Polen) und der rechtsextremen Fememörder der Organisation Consul illustriert Mosse diese „continuation of wartime attitudes into peace“ und stellt als distinktive Merkmale der Perpetuierung des Kriegszustandes „an attitude of mind derived from the war“ und ein „vocabulary of political battle, the desire to utterly destroy the political enemy“ heraus.[55]

Diese sehr weit gehenden Schlussfolgerungen, die tendenziell einem Automatismus zwischen dem Kriegserlebnis des Ersten Weltkriegs und dem Scheitern der Weimarer Republik bzw. dem Erfolg der NSDAP das Wort redeten, stießen schnell auf Widerspruch. Kritisiert wurde zu Recht, dass Mosse seine Analyse einseitig auf Quellen nationalistischer Provenienz (z. B. aus dem Dunstkreis des soldatischen Realismus) stützte und mit den Kriegsfreiwilligen von 1914 und den Freikorps-Kämp-

51 Wehler, Deutsche Gesellschaftsgeschichte, S. 222; Charles de Gaulle: Discours et messages, Bd. 1: 1940–1946, Paris 1971, S. 103; zu Schwächen und Stärken dieses Theorems vgl. Jörg Echternkamp: 1914–1945. Ein zweiter Dreißigjähriger Krieg? Vom Nutzen und Nachteil eines Deutungsmodells der Zeitgeschichte, in: Müller/Torp (Hg.), Das Deutsche Kaiserreich, S. 265–280.

52 Vgl. Michael Geyer: Urkatastrophe, Europäischer Bürgerkrieg, Menschenschlachthaus – wie Historiker dem Epochenbruch des Ersten Weltkriegs Sinn geben, in: Rainer Rother (Hg.): Der Weltkrieg 1914–1918. Ereignis und Erinnerung. Katalog zur Ausstellung im Deutschen Historischen Museum Berlin, Berlin 2004, S. 24–33; vgl. auch: Enzo Traverso: À feu et à sang. De la guerre civile européenne 1914–1945, Paris 2007.

53 Berghahn, Europa im Zeitalter der Weltkriege, S. 167 ff.

54 Vgl. zu diesem Aspekt auch die bahnbrechende, psychoanalytisch angelegte Studie von Klaus Theweleit: Männerphantasien, Frankfurt a. M. 1986.

55 Mosse, Fallen Soldiers, S. 159 f.

fern nach 1918 quantitativ kaum ins Gewicht fallende Phänomene der Kriegs- und Nachkriegszeit in unzulässiger Weise verallgemeinert.[56] Richard Bessel wies dementsprechend kritisch darauf hin, dass der Typus des durch den Krieg entwurzelten Front- und Freikorpskämpfers keinesfalls Repräsentativität beanspruchen könne, sondern ganz im Gegenteil die relativ reibungslose Reintegration der Veteranen in die Zivilgesellschaft der Normalfall gewesen sei.[57]

Ganz ähnlich argumentiert Benjamin Ziemann in seiner Untersuchung des Zäsurcharakters des Fronterlebnisses für die Kombattanten: Anders als von Mosse angenommen, sei der Fronteinsatz im ‚Stahlgewitter des Grabenkrieges' keinesfalls von den Angehörigen aller sozio-kulturellen Milieus in gleichem Maße als biographische Zäsur erlebt worden. Sozialdemokraten bzw. mit der politischen Arbeiterbewegung sympathisierende Arbeiter und Bauern (also die überwiegende Mehrheit der Soldaten) hätten den Krieg schlichtweg anders erlebt als etwa kriegsfreiwillige Studenten und höhere Schüler. Und auch nach dem Krieg hätten sie den nihilistisch-revolutionären Kriegsdeutungen etwa eines Ernst Jünger ablehnend-verständnislos gegenüber gestanden. Anders als von Mosse implizit behauptet, habe es zu keinem Zeitpunkt so etwas wie eine nationale Erlebnis- und Deutungsstruktur gegeben. Der Erste Weltkrieg bzw. die aus ihm zu ziehenden Lehren seien in der Weimarer Republik stets leidenschaftlich umkämpft gewesen; die interpretatorischen Bruchlinien seien dabei mehr oder minder entlang der politischen Lager verlaufen. Insgesamt müsse deshalb die soziokulturelle Fragmentierung der deutschen Gesellschaft bei der Beurteilung der psychosozialen Folgen des Krieges stärker berücksichtigt werden.[58]

Wie wenig die Gewalterfahrung an der Front als solche zwangsläufig einen langfristig brutalisierenden Effekt hatte, zeigt darüber hinaus ein Blick auf die Kombattanten der Siegermächte England und Frankreich. Nicht anders als die deutschen Soldaten hatten sie den alltäglichen Kampf um wenige Quadratzentimeter Boden über sich ergehen lassen, hatten im Granatfeuer gelegen, deutsche Angriffe abgewehrt und selbst versucht, die deutschen Linien zu überrennen. Der Tod war auch ihr ständiger Begleiter gewesen. Trotzdem waren es gerade die Organisationen der *war veterans* bzw. *anciens combattants*, die in den 1920er und 1930er Jahren besonders eindringlich vor der Gefahr eines neuen Krieges warnten und mit besonderem

56 Vgl. zusammenfassend: Thomas Kühne: Der nationalsozialistische Vernichtungskrieg im kulturellen Kontinuum des Zwanzigsten Jahrhunderts. Forschungsprobleme und Forschungstendenzen der Gesellschaftsgeschichte des Zweiten Weltkrieges, Teil 2, in: Archiv für Sozialgeschichte, 40 (2000), S. 440–486, S. 444–447. Entgegen der kriegsoffiziellen Angabe von 2 Millionen Kriegsfreiwilligen in den ersten Kriegsmonaten geht die Forschung mittlerweile von lediglich 185 000 Freiwilligen im August 1914 (vgl.: Verhey, The Spirit of 1914, S. 97 f.) bzw. 300 000 in den ersten Kriegsmonaten aus; vgl.: Bernd Ulrich: Die Desillusionierung der Kriegsfreiwilligen von 1914, in: Wolfram Wette (Hg.): Der Krieg des kleinen Mannes, München 1992, S. 110–126, S. 114. Die Zahl der Freikorps-Angehörigen kann mit 250 000 beziffert werden, viele von ihnen waren darüber hinaus noch nicht einmal Kriegsteilnehmer, sondern Studenten und höhere Schüler der Kriegsjugendgeneration, vgl. Hagen Schulze: Freikorps und Republik 1918–1920, Boppard 1969, S. 36, 47 ff.

57 Vgl. Richard Bessel: Germany after the First World War, Oxford 1993; ders.: Die Heimkehr der Soldaten: Das Bild der Frontsoldaten in der Öffentlichkeit der Weimarer Republik, in: Hirschfeld/Krumeich/Renz (Hg.), Keiner fühlt, S. 221–240.

58 Vgl. Benjamin Ziemann: Das ‚Fronterlebnis' des Ersten Weltkriegs – eine sozialhistorische Zäsur? Deutungen und Wirkungen in Deutschland und Frankreich, in: H. Mommsen, Der Erste Weltkrieg und die europäische Nachkriegsordnung, S. 43–82; ders.: Germany after the First World War – A Violent Society? Results and Implications of Recent Research on Weimar Germany, in: Journal of Modern European History, 1 (2003), Nr. 1, S. 80–95.

Nachdruck pazifistische Positionen vertraten.[59] In diesem Zusammenhang hat Antoine Prost darauf hingewiesen, dass die Gewaltbereitschaft der im Weltkrieg eingesetzten Soldaten sich keinesfalls direkt proportional zur Dauer ihres Kriegseinsatzes verhielt, sondern ganz im Gegenteil tendenziell abnahm, je länger sie an der Front standen.[60] Genaueres Zahlenmaterial liegt dazu jedoch nicht vor. Allerdings erlaubt ein Blick auf den Zweiten Weltkrieg durchaus, die Zahl derjenigen Soldaten, die durch die Befolgung des militärischen Tötungsgebots im Krieg brutalisiert worden sein könnten, zu relativieren: Die quantifizierende Studie des US-Colonels Marshall über das Kampfverhalten amerikanischer Infanteristen im Zweiten Weltkrieg kommt zu dem überraschenden Ergebnis, dass lediglich 15 Prozent der im Krieg eingesetzten amerikanischen Infanteristen überhaupt von ihrer Waffe Gebrauch gemacht haben. Selbst in Eliteeinheiten wie z. B. den Landungstruppen in der Normandie im Juni 1944 habe der Prozentsatz derer, die für Marshall als „Schützen" gelten, d. h. der Soldaten, die im Gefecht wenigstens einmal mit ihrer Waffe in Richtung Feind gefeuert haben, kaum über 20 Prozent gelegen.[61] Angesichts der Tatsache, dass der Krieg von 1939–1945 in viel stärkerem Maße ein Bewegungskrieg war (dies galt insbesondere für die amerikanischen Truppen) als der Erste Weltkrieg und er damit den einzelnen Kombattanten mehr Möglichkeiten eröffnete, aktiv an den Gefechten teilzunehmen, als der artillerielastige Krieg von 1914–1918, erscheint es plausibel anzunehmen, dass der Prozentsatz derjenigen Soldaten, die im Ersten Weltkrieg tatsächlich getötet haben, noch weitaus niedriger gelegen haben muss.

Zweifellos sind diese Einwände gegen eine allzu enge Fassung der Brutalisierungs-These Mosses berechtigt und haben die Diskussion um die Folgen der Kriegserfahrung des Ersten Weltkriegs bereichert. Dennoch werden sie Mosse nur bedingt gerecht.[62] Unter Brutalisierung versteht Mosse schließlich explizit einen komplexen Prozess, der nicht nur die Verrohung der Soldaten im Kriegseinsatz bedeutete (primäre Brutalisierung), sondern der durch Trivialisierung einerseits und Mythisierung andererseits auf die Kriegs- und Nachkriegsgesellschaften ausstrahlte (sekundäre und tertiäre Brutalisierung).[63] Von Anfang an betont er damit die herausragende Bedeutung der medialen Vermittlung, Multiplikation und Transformation des Kriegserlebnisses, die es zu einem zentralen Mythos der Weimarer Jahre werden ließen. Nicht

59 Vgl. Antoine Prost: Les anciens combattants et la société francaise 1914–1939, Bd. 3, Paris 1977, S. 78–119; zu Großbritannien vgl. Niall Barr: The Lion and the Poppy. British Veterans, Politics and Society. 1921–1939, Westport, Conn. 2005, S. 151–195.

60 Vgl. hierzu und zum Folgenden: Antoine Prost: Les limites de la brutalisation. Tuer sur le front occidental 1914–1918, in: Vingtième siècle. Revue d'histoire, 81 (2004), S. 5–20.

61 Samuel Marshall: Men against Fire. The Problem of Battle Command in Future Wars, Washington 1947; die Zahlen nach Prost, Les limites de la brutalisation, S. 8.

62 Vgl. Beaupré, Deutsch-Französische Geschichte, Bd. 8: Das Trauma des Großen Krieges 1918–1932/33, S. 230–237.

63 Unter sekundärer Brutalisierung werden hier in Abgrenzung von der primären Brutalisierung der Kriegsteilnehmer die Auswirkungen des medial vermittelten Kriegserlebnisses an der Heimatfront – z. B. auf Teile der Kriegsjugend –, aber auch die Konstruktion von problematischen Deutungs- und Gedenknarrativen im Lager der Veteranen verstanden. Bei ihrer Untersuchung steht der diskursive Charakter kollektiver Deutungsmuster im Vordergrund und damit der kulturelle Kontext, in dem aggressive Kriegs- und Soldatenbilder entstehen. Die tertiäre Brutalisierung unterscheidet sich von der sekundären nur marginal: Während die sekundäre Brutalisierung trotz ihres diskursiven Charakters auf lebensgeschichtlich ‚reale' Erlebnisse an der ‚Front' und in der Heimat referiert, betrifft die tertiäre Brutalisierung die Nachkriegsjugend, die keinerlei eigene Erinnerung an den Krieg hat und nur im öffentlichen und Familiengedenken bzw. in den Medien mit ‚brutalisierenden' Kriegs-Repräsentationen konfrontiert wird.

nur die individuellen Erlebnisse der Kombattanten hätten zur Brutalisierung insbesondere der deutschen Gesellschaft geführt, sondern vor allem die aggressiven Deutungen des ‚Fronterlebnisses' und des ‚Frontsoldaten'. Um mit Mosses eigenen Worten zu sprechen: „The Myth of the War Experience was central to the process of brutalization because it had transformed the memory of war and made it acceptable, providing nationalism with some of its most effective postwar myths and symbols."[64]

Der Umstand, dass es, wie die Diskussion um die primäre Brutalisierung gezeigt hat, nicht die Gewalterfahrung des Krieges an sich war, die die weitere Entwicklung bestimmte, sondern die jeweilige politische Kultur, in der diese Erfahrung gedeutet und gewichtet wurde, kann daher nicht – wie es zuweilen geschieht – gegen Mosse vorgebracht werden.[65] Seine Originalität bestand ja gerade darin, die kulturellen Repräsentationen des Krieges in den Mittelpunkt seiner Analyse zu stellen und damit ein Forschungsfeld zu erschließen, das nach wie vor viele perspektivisch interessante Fragen bereithält. Gerade wenn man „modische Verallgemeinerungen"[66] vermeiden will, gilt es nach wie vor, die Mechanismen sekundärer bzw. tertiärer Brutalisierungs-Erscheinungen analytisch fein nachzuzeichnen und die sozialpsychologischen Lang- und Spätfolgen des Ersten Weltkriegs in den Sozialmilieus der Weimarer Republik zu untersuchen. Die Ergebnisse der jüngeren Forschung zur Kriegsjugendgeneration und besonders zu den so genannten *victory-watchers*, die im nächsten Kapitel referiert werden, zeigen jedenfalls deutlich, in welchem Maße das Brutalisierungs-Konzept nach wie vor helfen kann, die „mentale Mauer"[67] der kriegskulturellen Deutungs- und Wahrnehmungsmuster zu verstehen, die in den 1920er Jahren zur politischen Radikalisierung gerade bürgerlicher Jugendlicher und junger Erwachsener beitrug.

Begreift man den Krieg in Mosses Sinne als soziales, kulturelles und kommunikatives Ereignis, dessen Sinn immer wieder neu verhandelt werden musste, wird deutlich, welch zentrale Rolle die verschiedenen konkurrierenden Erinnerungskulturen der Weimarer Republik für die Perpetuierung oder Pazifizierung im Krieg entstandener Wert- und Normvorstellungen spielten. Sie stellten die informellen Stützstrukturen, in denen die Deutungen validiert, kommuniziert und ritualisiert wurden, und wirkten damit mal konsensuell mal konfliktuell an der Entstehung eines kollektiven Gedächtnisses mit.[68] Die mit Aleida und Jan Assmann verbundene Gedächtnisgeschichte (Mnemohistorie) hat in den vergangenen Jahren in Anknüpfung an Maurice Halbwachs' Konzept der *mémoire collective* aus den 1920er Jahren den sozioge-

64 Mosse, Fallen Soldiers, S. 181.

65 So z. B. Dirk Schumann: Europa, der Erste Weltkrieg und die Nachkriegszeit. Eine Kontinuität der Gewalt?, in: Journal of Modern European History, 1 (2003), Nr. 1, S. 24–43.

66 Ziemann, Das „Fronterlebnis", S. 82.

67 Bendick, Kriegserwartung und Kriegserfahrung, S. 267.

68 Zum Konzept des kollektiven Gedächtnisses vgl. allgemein: Aleida Assmann, Der lange Schatten der Vergangenheit; dies.: Geschichte im Gedächtnis. Von der individuellen Erfahrung zur öffentlichen Inszenierung, München 2007.

nen Charakter menschlicher Gedächtnisleistungen betont.[69] Im Einklang mit den Ergebnissen der Neurowissenschaften erscheint das autobiographische Gedächtnis nicht mehr als statischer und verlässlicher Speicher von vergangenen Bewusstseinsinhalten, sondern als dynamisches „constructive memory framework“[70], das assoziativ verfährt und – für den Historiker besonders wichtig – sozial und kulturell geprägt ist. Wie ein „normatives Raster“[71] legt sich der Gedächtnisrahmen sozialer Diskurs- und Erinnerungsgemeinschaften über die individuellen Erinnerungen und bettet sie in ein Deutungsnarrativ ein, das es ermöglicht, fremde Erfahrungen und Erlebnisse zu integrieren. Dies kann im Extremfall sogar zu „implanted memories“ führen, d. h. zu erinnerungskulturell „implantierten“ Erinnerungsinhalten, z. B. von Kampfhandlungen, an denen der Betreffende nachweislich nicht teilgenommen hat.

In dem Maße, in dem verschiedene Erinnerungs(sub)kulturen Teile eines größeren, z. B. nationalen, Diskursraumes sind, stehen sie nicht unverbunden nebeneinander, sondern reagieren aufeinander, stützen sich gegenseitig (bei weitgehender inhaltlicher Übereinstimmung) oder konkurrieren miteinander (im Falle divergierender Interpretationsschemata). Die anhaltenden Auseinandersetzungen um die Bewertung des Kriegs- bzw. Fronterlebnisses in der Weimarer Republik gehören sicherlich zu den besten Beispielen für einen solchen Kampf um die Deutungsmacht. Pazifistische und nationalistische Kriegsdeutungen konkurrierten z. B. im Remarque-Skandal um ihren Platz im nationalen Gedächtnis. Die Frage, wie das allgemein, wenngleich aus verschiedenen Gründen, als katastrophal empfundene Ereignis des Krieges Eingang in das Funktionsgedächtnis der Nation finden sollte, war gleichbedeutend mit der Frage nach dem Sinn des Krieges und rührte damit existenziell an den Kern rechter wie linker Weltentwürfe.

Genauso wenig wie das individuelle Gedächtnis im Zeitablauf stabil bleibt, ist das kollektive Gedächtnis immun gegenüber Veränderungen. Auch hier kann es zu erheblichen inhaltlichen Verschiebungen kommen, wenn sich die Rahmenbedingungen ändern – sei es durch das Altern und Verschwinden der Träger des Erfahrungsgedächtnisses und den damit einhergehenden Generationswechsel, sei es durch einschneidende Veränderungen des Diskursraumes insgesamt. So schwierig es auch im Einzelnen sein mag, Zeitpunkt und Virulenz der erbitterten Auseinandersetzung um das ‚Fronterlebnis‘ am Ende der 1920er und zu Beginn der 1930er Jahre zu erklären: Die Tatsache, dass es nun – über zehn Jahre nach Kriegsende – verstärkt darum ging, welche Wertung des Krieges an die kommenden Generationen weitergegeben wer-

69 Maurice Halbwachs: Les cadres sociaux de la mémoire, Paris 1925. Die eminente Bedeutung von Halbwachs für die aktuelle Diskussion belegt u. a. die Tatsache, dass der Suhrkamp-Verlag 2006 eine deutsche Neuauflage herausbrachte, die inzwischen auch schon wieder eine zweite Auflage erlebt hat. Zu den Grundzügen einer geschichtswissenschaftlichen Gedächtniskritik vgl. auch: Johannes Fried: Der Schleier der Erinnerung. Grundzüge einer historischen Memorik, München 2004, insbesondere S. 358–393; für eine kritische Würdigung des anhaltenden „memory booms“ in den Kultur- und Geisteswissenschaften vgl. Hans-Jürgen Grabbe/Sabine Schindler (Hg.): The Merits of Memory. Concepts, Contexts, Debates, Heidelberg 2008.

70 Daniel Schacter/Kenneth Norman/Wilma Koutstaal: The Cognitive Neuroscience of Constructive Memory, in: Annual Review of Psychology, 49 (1998), S. 289–318, S. 290. Vgl. dazu auch den Aufsatz von Patrick Krassnitzer: Historische Forschung zwischen „importierten Erinnerungen“ und Quellenamnesie. Zur Aussagekraft autobiographischer Quellen am Beispiel der Weltkriegserinnerung im nationalsozialistischen Milieu, in: Michael Epkenhans (Hg.): Militärische Erinnerungskultur. Soldaten im Spiegel von Biographien, Memoiren und Selbstzeugnissen, Paderborn 2006, S. 212–222.

71 A. Assmann, Der lange Schatten der Vergangenheit, S. 157.

den sollte, ist kaum von der Hand zu weisen.[72] Nicht umsonst koinzidierten der Remarque-Skandal und die ungeheure Weltkriegs-Konjunktur in Literatur und Film mit der Entdeckung der Jugend als wichtiger Zielgruppe der Gedächtnispolitik, und nicht umsonst waren es gerade die heroisierenden Kriegs- und Soldatenbilder eines Großteils der organisierten Jugendverbände, die im pazifistischen Lager resignativ zur Kenntnis genommen wurden und schon vor 1933 die „kollektiven Bedingungen möglicher Erinnerungen“[73] tendenziell zu Ungunsten kriegskritischer Narrative verschoben.[74]

Mit der ‚Machtergreifung‘ der NS-Bewegung und der sukzessiven Gleichschaltung der deutschen Öffentlichkeit wurden pazifistische Deutungsdiskurse endgültig marginalisiert. Im verstaatlichten Kriegs- und Heldengedenken des Dritten Reichs war kein Platz mehr für diejenigen, die in den Augen der nun herrschenden Meinung das Heldentum des deutschen ‚Frontsoldaten‘ herabwürdigten und die zwei Millionen Gefallenen verspotteten. Eine drastische Maßnahme war in diesem Zusammenhang die groß inszenierte, öffentliche Verbrennung missliebiger Bücher. Unter dem ‚Feuerspruch‘ „Gegen literarischen Verrat am Soldaten des Weltkriegs“ wurden im Rahmen der „Aktion wider den undeutschen Geist“ vom 10. Mai 1933 überall in Deutschland Erich Maria Remarques Bücher verbrannt. Und auch die Kriegsbücher anderer pazifistischer Autoren, wie beispielsweise Max Barthel, Ernst Johannsen, Edlef Köppen, Arnold Zweig und Fritz von Unruh, gingen in Flammen auf.[75] Natürlich wäre es absurd anzunehmen, die systematische Entfernung des vor 1933 so präsenten Antikriegs-Diskurses aus dem öffentlichen Raum und die damit einhergehende Vereinheitlichung der im öffentlichen Kriegsgedenken transportierten heroischen Wert- und Normvorstellungen hätten langfristig aus überzeugten Kriegsgegnern nicht weniger überzeugte Kriegsbefürworter gemacht, indem sie mnemopolitisch die individuellen Erinnerungen an die Gräuel des Krieges modifiziert hätten. Die nur „widerwillige Loyalität“, mit der das Gros der deutschen Bevölkerung 1939 in den Krieg zog, bezeugt ganz im Gegenteil, dass auch sechs Jahre nach der ‚Machtergreifung‘ die Erinnerung an die Schrecken des Ersten Weltkriegs nach wie vor sehr lebendig gewesen ist.[76] Dennoch darf nicht unterschätzt werden, dass mit der vollständigen Ausschaltung einer kritischen Öffentlichkeit eben auch

72 Zur besonderen Bedeutung von Generationalität für das kollektive Gedächtnis vgl. A. Assmann, Geschichte im Gedächtnis, S. 31–69.

73 Reinhart Koselleck: Gebrochene Erinnerungen? Deutsche und polnische Vergangenheiten, in: Deutsche Akademie für Sprache und Dichtung. Jahrbuch 2000, Göttingen 2001, S. 20.

74 Zur Einschätzung der Resonanz idealisierender Kriegsliteratur bei der Jugend vgl. z. B.: Anna Siemsen: Zur Mode der Kriegsliteratur, in: Reichsbund. Organ des Reichsbundes der Kriegsbeschädigten, Kriegsteilnehmer und Kriegshinterbliebenen, 13 (1930), Nr. 8, 25. 4. 1930, abgedruckt in: Ulrich/Ziemann (Hg.), Krieg im Frieden, S. 102–104. Vgl. Ziemann, Republikanische Kriegserinnerungen, S. 394 f.; vgl. ebenfalls, wenngleich mit anderem Schwerpunkt, die Aussprache zum Referat „Jugend und Partei“ auf dem SPD-Parteitag von 1931, in: Protokoll. Sozialdemokratischer Parteitag in Leipzig 1931, Bonn 1974, S. 206–222.

75 Neben den genannten Autoren wurden die Kriegserzählungen folgender Autoren aus dem Verkehr gezogen: Alexander Moritz Frey, Oskar Wöhrle, Adrienne Thomas, Victor Meyer-Eckhardt, Theodor Plevier, Emil Schulz, Leonhard Frank, Emil Ludwig, Otto Linck, Josef Hofbauer, Richard Hofmann und aus dem Ausland Ernest Hemingway, Henri Barbusse und Jaroslav Hasek, vgl. Volker Weidermann: Das Buch der verbrannten Bücher, Köln 2008.

76 Wolfram Wette: Zur psychologischen Mobilmachung der deutschen Bevölkerung 1933–1939, in: Wolfgang Michalka (Hg.): Der Zweite Weltkrieg. Analysen, Grundzüge, Forschungsbilanz, München/Zürich 1989, S. 205–223.

jene medialen Multiplikatoren und Stabilisatoren von abweichenden Sinndeutungen verschwanden, ohne die „nur im kleinen Kreis oder gar nur vom einzelnen allein vorgetragene Realitätsdeutungen leicht der Anwandlung von Sinnverlust verfallen".[77] Dies gilt umso mehr, als zentrale Elemente des öffentlichen Weltkriegsgedenkens im Dritten Reich über die politischen Lagergrenzen hinweg anschlussfähig waren und als Elemente der „relativ-natürlichen Weltanschauung" fraglos und selbstverständlich galten, d. h. als das, was James Joll in einem anderen Zusammenhang „unspoken assumptions" genannt hat, die soziale wie kulturelle Praxis der deutschen Gesellschaft strukturierten.[78]

Thomas Kühne hat zu Recht in der Kriegserinnerung einen treibenden Faktor des Aufbrechens der „festgefahrenen Milieustrukturen der politischen Kultur" erblickt.[79] Der Kameradschaftsmythos als „moralische Grammatik" sei bereits zu Beginn der 1930er Jahre allgemein akzeptiert worden und habe dann nach 1933 problemlos verstaatlicht werden können. Der allgegenwärtige Bezug auf die soldatisch-männliche Kameradschaft im Ersten Weltkrieg legitimierte die aggressive NS-Volksgemeinschaftsideologie und sanktionierte Terror nach innen sowie den Krieg nach außen.[80] Zusammen mit dem heroischen Mythos und den im Gefallenengedenken transportierten, positiven Soldatenbildern, erlaubte der soziale Mythos Kameradschaft dem Regime, eine Resonanz für seine Gedächtnispolitik zu erzeugen, die die politische Zustimmung der Bevölkerung zur NSDAP deutlich übertraf. Das politische Kapital, das sich daraus schlagen ließ, war – so eine These der vorliegenden Arbeit – ein wichtiger Knoten im kausalen Netz der nationalsozialistischen Mobilisierungserfolge.

Grundsätzlich stellt sich hier die Frage nach der Sozial- und Herrschaftsrelevanz der in die kulturelle Praxis eingeschriebenen Deutungsmuster und Repräsentationen. Dabei wird im Folgenden im Einklang mit den Prämissen der so genannten Neuen Politikgeschichte die Aneignung und Verkörperung im soziopolitischen Diskursfeld verankerter Symbole, Mythen und Deutungsmuster als bedeutende Herrschaftsressource verstanden, die für die Legitimierung und Durchsetzung politischer Ordnungsvorstellungen eine entscheidende Rolle spielt.[81] Angesichts der Tatsache, dass die politische Kultur der Weimarer Republik in ganz erheblichem Maße durch die Auseinandersetzung um den Sinn des Krieges, des ‚Fronterlebnisses' und nicht zuletzt der Kriegsniederlage strukturiert war, wird man der These Wolfram Pytas zustimmen müssen, derzufolge der Erfolg im Spektrum der politischen Kräfte Weimars wesentlich von der Fähigkeit abhing, die „aus der imaginativen Verarbeitung

77 Ulrich Linse: Das wahre Zeugnis. Eine psychohistorische Deutung des Ersten Weltkriegs, in: Vondung (Hg.), Kriegserlebnis, S. 90–114, S. 97.

78 Das Konzept der relativ-natürlichen Weltanschauung stammt von Max Scheler: Die Wissensformen und die Gesellschaft (1926), 2. Aufl., Bern/München 1960 (Gesammelte Werke, Bd. 8), S. 63; James Joll: 1914. The Unspoken Assumptions, London 1968; zu der besonderen Bedeutung kultureller Selbstverständlichkeiten für die Untersuchung politischer Kulturen vgl. auch Karl Rohe: Politische Kultur und ihre Analyse. Probleme und Perspektiven der politischen Kulturforschung, in: Historische Zeitschrift, 250 (1990), Nr. 2, S. 321–346, S. 331.

79 Kühne, Kameradschaft, S. 66.

80 Ebd., S. 276.

81 Vgl. Wolfram Pyta: Die Privilegierung des Frontkämpfers gegenüber dem Feldmarschall. Zur Politikmächtigkeit literarischer Imagination des Ersten Weltkrieges in Deutschland, in: Ute Daniel/Inge Marszolek/Wolfram Pyta/Thomas Welskopp (Hg.): Politische Kultur und Medienwirklichkeiten in den 1920er Jahren, München 2010, S. 147–180, S. 146.

des Weltkrieges abgeleiteten [neuen] politischen Ordnungsvorstellungen“ zu besetzen.[82] Die Konjunktur des Weltkriegs-Gedenkens in den späten 1920er und frühen 1930er Jahren und die mit ihr einhergehende Artikulation des Führungsanspruchs der ‚Frontsoldatengeneration‘ schuf in diesem Sinne einen „überaus politikmächtigen kulturellen Resonanzboden“,[83] der die politische Ausgangslage für den Weltkriegsgefreiten Hitler dramatisch verbesserte. In dem Maße, in dem es diesem nämlich gelang, als ‚einfacher Frontsoldat‘ die ‚Schützengrabenkameradschaft‘ als Vorläufer der ‚Volksgemeinschaft‘ zu verkörpern, stieg er zum Symbol der politischen Ordnungsvorstellungen seiner Partei auf und erschloss sich damit „einzigartige herrschaftliche Ressourcen“,[84] denen die Konkurrenz – etwa der amtierende Reichspräsident Hindenburg – nichts entgegen zu setzen hatte.

Dieser analytische Rahmen liegt der vorliegenden Arbeit zugrunde. Besonders die Frage der soziokulturellen Reichweite bestimmter im Kriegs- und Gefallenengedenken formulierter Deutungsmuster wird im weiteren Verlauf immer wieder gestellt und verfolgt werden. Wenn davon ausgegangen werden kann, dass die Bedeutung von kulturell codierten Wertvorstellungen für das individuelle wie das kollektive Handeln in politischen und gesellschaftlichen Umbruchphasen gerade dann besonders groß ist, wenn die Wertvorstellungen, die den Umbruch legitimieren, auch jenseits der Trägergruppen politischer bzw. sozialer Veränderungen akzeptiert werden,[85] dann ist es kaum zu bezweifeln, dass der (partiell) gemeinsame Deutungsrahmen, den die NS-Bewegung mit ihren politischen Gegnern teilte, den relativ reibungslosen Übergang zur totalitären NS-Diktatur in den Jahren 1933–34 maßgeblich erleichterte. Wohl nirgendwo war diese Wertekonvergenz so augenfällig wie im Weltkriegsgedenken, das wird der Blick auf die Jugendkultur der späten 1920er Jahre im Folgenden zeigen. Die kollektive Forderung, das Opfer der zwei Millionen Gefallenen dürfe nicht umsonst gewesen sein, konnte legitimierend an das Regime und seine revisionistische Politik gebunden werden. Insofern stellte die zur Staatsräson gewordene ‚Wiederherstellung der Ehre des deutschen Frontsoldaten‘ das erinnerungskulturelle Fundament der ansonsten nicht hinreichend erklärbaren Popularität des Regimes und seines Führers dar.

Der Quellenkorpus der vorliegenden Studie besteht neben disparaten Archivbeständen,[86] Einzelpublikationen der behandelten Verbände bzw. ihrer Führerschaft sowie der innerhalb der Jugendverbände rezipierten Kriegsliteratur und Tageszeitungen im Wesentlichen aus einer Auswahl relevanter Jugend- und Jugendführerzeitschriften der 1920er und 1930er Jahre. So wurden im Rahmen der Analyse des Hel-

82 Ebd., S. 166.
83 Ebd., S. 165.
84 Ebd., S. 148.
85 Vgl. hierzu und zum Folgenden: Rainer Lepsius: Interessen und Ideen. Die Zurechnungsproblematik bei Max Weber, in: Ders.: Interessen, Ideen und Institutionen, Opladen 1990, S. 31–43. Vgl. auch: Bruendel, Volksgemeinschaft oder Volksstaat, S. 22–28.
86 Leider sind die Akten der Reichsjugendführung und der HJ-Gebietsführungen im Zweiten Weltkrieg größtenteils verloren gegangen (vgl. Heinz Boberach: Inventar archivalischer Quellen des NS-Staates. Die Überlieferung von Behörden und Einrichtungen des Reichs, der Länder und der NSDAP, Bd. 1, München u. a. 1995, S. 497–501). Als einigermaßen hilfreich erwies sich die fragmentarische Überlieferung in den Beständen des Bundesarchivs Berlin, des Staatsarchivs München und des Archivs der Republik in Wien. Archivaufenthalte in Szczecin, Wiesbaden, Darmstadt, Ludwigsburg, Koblenz, Augsburg und Würzburg sowie im Hauptstaatsarchiv Düsseldorf halfen, Lücken zu schließen.

den- und Opfergedenkens in der Jugendkultur der Weimarer Jahre die wichtigsten Periodika der untersuchten Jugendverbände aus den bürgerlichen, katholischen und sozialdemokratisch-republikanischen Sozialmilieus systematisch ausgewertet.[87]

Die dicht überlieferten zahlreichen HJ-Periodika der Jahre 1926–1944 erlauben eine eingehende Analyse des HJ-Weltkriegsdiskurses und der in ihm transportierten Deutungsmuster und Bilder.[88] Zusätzlich zu den von der Reichsjugendführung herausgegebenen ‚Reichszeitschriften' wurde den Publikationen der HJ-Gebiete in diesem Zusammenhang besondere Aufmerksamkeit geschenkt.[89]

Um über den Kreis der Zeitschriftenleser hinaus eine möglichst große Anzahl jugendlicher und erwachsener Leser zu erreichen, gab die Reichsjugendführung ab 1932 einen Pressedienst heraus. Der *Nationalsozialistische Jugendpressedienst* (1932–1934) und sein Nachfolger, der *Reichs-Jugend-Pressedienst* (1934–1939, dann aufgegangen in *Innere Front. Nationalsozialistische Parteikorrespondenz,* NSK), wurden genauso in die Untersuchung mit einbezogen wie die Jugendbeilagen des *Völkischen Beobachters* und des *Angriffs* sowie die angesichts der jugendlichen Zielgruppe interessante Wochenbeilage des *Völkischen Beobachters, Der SA-Mann.*

Im Verlauf der Untersuchung stellte sich heraus, dass die Presseorgane der Jugendverbände nicht immer die genauesten Beobachter der Rezeption des Ersten Weltkriegs unter den Jugendlichen waren, sondern dass andere Organisationen ebenfalls sehr aufmerksam, wenn nicht sogar aufmerksamer, die Schritte insbesondere der NS-Jugend auf dem symbolisch überfrachteten Terrain des Weltkriegsgedenkens verfolgten. Dies geschah häufig auf eine Art und Weise, die es erlaubt,

87 Das junge Deutschland (hg. vom Reichsausschuss der deutschen Jugendverbände, 1926–1933); Die Kommenden. Überbündische Wochenschrift der Deutschen Jugend (1926–1933); Deutsche Freischar. Rundbrief der Bundesführung (1928–1932); Die Jungenschaft (Deutsche Freischar, 1930–1931); Nationale Jugend. Zeitschrift des Großdeutschen Jugendbundes (1926); Die Heerfahrt. Bundeszeitung des Großdeutschen Jugendbundes (1926–1933), Nachrichtenblatt des Bundes Jungdeutschland (1926–1933); Die Wacht. Zeitschrift Katholischer Jungmänner (1924–1933); Jungwacht (1924–1934); Jugendführung. Werkblatt für Jungführer (ab 1930: Jungführer, 1924–1936); Stimmen der Jugend. Blätter der katholischen Jungmännerbewegung (1921–1932); Junge Front. Wochenzeitung ins deutsche Jungvolk (1932–1935); Sturmschar. Rundbrief der Sturmschar des KJMV (1930–1937); Jungbanner (1928–1933); Das Reichsbanner. Zeitung des Reichsbanners Schwarz-Rot-Gold (1924–1933).

88 Zur HJ-Presse vgl. Tatjana Schruttke: Die Jugendpresse des Nationalsozialismus, Köln u. a. 1997.

89 HJZ Hitler-Jugend Zeitung. Kampfblatt schaffender Jugend (ab 1930 HJZ Sturmjugend, erschienen 1927–1931); Die junge Front (Führerblätter der Hitlerjugend, 1929–1930); Der Aufmarsch (Organ des Nationalsozialistischen Schülerbundes, 1929–1932); Die Kommandobrücke (1931); Die Deutsche Zukunft (Führerzeitschrift, erschienen 1931–1933); Der junge Nationalsozialist. Bundesblatt der Hitler-Jugend (1932); Junge Nation. Bundesblatt der Hitlerjugend (1933); Die Fanfare. Hitler-Jugend-Illustrierte (1933–1937); Wille und Macht (Führerorgan der NS-Jugend, 1933–1944); Das Deutsche Mädel. Zeitschrift des Bundes Deutscher Mädel in der HJ (1934–1938); Der deutsche Sturmtrupp. Kampfblatt der werktätigen Jugend Großdeutschland (1933–1934); Die HJ. Kampfblatt der Hitlerjugend (1935–1939); Junge Welt. Die Reichszeitschrift der Hitler-Jugend (1939–1944); Das junge Deutschland (1933–1944). Darüber hinaus wurden die Zeitschriften des Deutschen Jungvolks: Jungvolk (1932–1934); Der Morgen. Nationalsozialistische Jugendblätter (1935–1937) und Der Pimpf. Nationalsozialistische Jugendblätter (1937–1943) ausgewertet. Als wertvolle Quelle erwiesen sich darüber hinaus Die Kameradschaft und Die Jungenschaft, Blätter für Heimabendgestaltung der HJ und des DJ (1933–1939) sowie die Zeitschrift Die Spielschar. Amtliche Zeitschrift für die Feier und Freizeitgestaltung (1936–1944). Die untersuchten Gebietszeitschriften waren: Der Ostdeutsche Sturmtrupp. Kampfblatt der ostdeutschen Jugend (1933–1934); Der Thüringer Sturmtrupp. Kampfblatt der deutschen Jugend (1933–1936); Die Junge Front (1934–1935); Die junge Garde (1933–1937); Die junge Gefolgschaft (1935–1936); Die Fanfare (Ausgaben Niederrhein, Westfalen, Hessen-Nassau, Westmark, Kurhessen und Mittelrhein, 1933–1937); Die Niederrheinische Fanfare (1935–1939); Junger Wille (1933–1937); Nordmark-Jugend (1934–1939) und Reichssturmfahne (1934–1939).

die HJ-offizielle Darstellung der großen Gedenkveranstaltungen kritisch ‚gegenzulesen'. Die Zeitschriften *Kriegsgräberfürsorge* (Volksbund Deutsche Kriegsgräberfürsorge), *Kyffhäuser* (Kyffhäuser-Bund), *Die Bewegung* (NSDStB) und *Deutsche Kriegsopferversorgung* (NSKOV) wurden ebenso wie das *Nachrichtenblatt der Vereinigung ehemaliger 234er* und das Presseorgan der ehemaligen 239er herangezogen, um einerseits die Rhetorik der HJ-Spitze auf ihren historischen Realitätsgehalt hin zu überprüfen, andererseits aber auch um zu verstehen, auf welchem diskursiven ‚Kriegsschauplatz' sich die Reichsjugendführung bewegte, wenn sie sich die Pflege des Weltkriegsgedenkens angelegen sein ließ.

Ein wichtiger Indikator für die Reichweite von Presseerzeugnissen sind Auflagenzahlen. Leider lassen sich nicht für alle der rund 50 seriell ausgewerteten Zeitschriften verlässliche Auflagenstärken ermitteln. Zuverlässige Zahlen liegen insbesondere für die Presse der Hitler-Jugend nach 1933 sowie für die katholische Jugendpresse vor: Nach Angaben der Reichsjugendführung kam die HJ-Presse (inklusive BDM) im Jahr 1935 auf eine 25 Periodika umfassende Gesamtauflage von ca. 1 400 000 Exemplaren, d. h. rein statistisch entfiel (bei einer Mitgliederzahl von fast vier Millionen Ende 1935) auf immerhin jedes dritte HJ-Mitglied ein Presseerzeugnis der Organisation.[90] Aufgrund des anhaltend rapiden Anwachsens der NS-Jugend – bis 1939 stieg die Zahl der Mitglieder auf über neun Millionen an – ließ sich diese Quote nicht halten, zumal parallel die Zahl der Gebietszeitschriften und ihrer Bezieher schrumpfte.[91] Angesichts des schwer quantifizierbaren Umstandes, dass die Zeitschriften innerhalb von Familien und Einheiten weitergegeben wurden, in HJ-Heimen auslagen und darüber hinaus, und das ist insbesondere der Fall bei den *Heften für Heimabendgestaltung*, durch die nach ihren Vorgaben gestalteten Veranstaltungen eine über den Kreis ihrer Leserschaft hinausgehende Zahl von HJ-Mitgliedern erreichten, erscheint es jedoch angemessen, der HJ-Presse eine insgesamt erfolgreiche Durchdringung der NS-Jugend zu attestieren.[92]

Noch deutlich erfolgreicher war die katholische Jugendpresse. Alle Periodika der Düsseldorfer Zentrale des Katholischen Jungmännerverband Deutschlands (KJMV) zusammengenommen erreichten 1933 eine Auflage von über 320 000 Exemplaren.[93] Bezogen auf 375 000 Mitglieder zu diesem Zeitpunkt ergibt dies eine sehr beeindruckende Quote, die allerdings für die Weimarer Jahre etwas relativiert wer-

90 Vgl. Schruttke, Die Jugendpresse des Nationalsozialismus, S. 101–113. „Die HJ" steigerte ihre Auflage von knapp 40 000 (1936) auf über 60 000 (1938), das wichtigste Organ des DJ, „Morgen" bzw. „Der Pimpf", konnte seinen Absatz von 50 000 im Jahr 1936 auf knapp 100 000 im Jahr 1938 steigern. Die wichtige HJ-Führerzeitschrift „Wille und Macht" legte von 35 000 (1934) auf 70 000 (1938) zu. Die aufwendig gestaltete Hitler-Jugend-Illustrierte „Die Fanfare", die Anfang 1934 auf eine Auflage von 300 000 Exemplaren kam, verlor in der Folge deutlich an Auflage und wurde 1937 eingestellt.

91 Bei den Gebietszeitschriften ist die Entwicklung der Zeitschrift des Obergebiets West, „Die Fanfare", typisch. Während man 1934 noch auf eine gigantische Auflage von ca. 520 000 Exemplaren pro Ausgabe kam, ging es 1935 rapide bergab (180 000). 1936 wurden nur noch 60 000 Exemplare pro Ausgabe abgesetzt. Daraufhin wurde die Zeitschrift eingestellt. Ganz ähnlich erging es den meisten anderen Gebietszeitschriften. Lediglich „Nordmark-Jugend", „Reichssturmfahne" und „Niederrheinische" Fanfare hielten sich bis 1939 und stellten erst mit Kriegsausbruch ihr Erscheinen ein. Der massive Einbruch der Abonnentenzahlen der Gebietszeitschriften nach 1934 ist vor allem der Aufhebung des Zwangsbezugs für HJ-Mitglieder nach der ‚Machtergreifung' geschuldet. Darüber hinaus machte die RJF den Gebieten bewusst stärker Konkurrenz und erschwerte ihnen nach Kräften die Herausgabe eigener Periodika.

92 Vgl. Michael Buddrus: Totale Erziehung für den totalen Krieg. Hitlerjugend und nationalsozialistische Jugendpolitik, München 2003, S. 91–104.

93 Statistische Zahlen aus dem Jugendhaus, in: Jungführer, 1936, Nr. 6, S. 192–194, S. 192.

den muss.[94] Insgesamt kann jedoch davon ausgegangen werden, dass in den letzten Jahren der Weimarer Republik auf jedes zweite Mitglied ein Presseerzeugnis kam. Die tatsächliche Reichweite wird aber wie im Fall der HJ-Presse signifikant höher gelegen haben.

Für die untersuchten Zeitschriften der bürgerlichen Jugendverbände liegen keine oder nur sehr punktuell Auflagenzahlen vor. Aufgrund der traditionell großen Affinität der Jugendbewegung zu Textproduktion und -rezeption und in Anbetracht der größeren finanziellen Mittel ihrer Angehörigen ist jedoch von einer hohen Rezeptionsrate auszugehen, zumal die meisten Bünde von ihren Mitgliedern den Bezug des Bundesblattes verlangten.[95] Gleiches gilt für die Jungbanner-Zeitschrift: Als zweiwöchentliche Beilage des Reichsbanner-Zentralorgans *Das Reichsbanner. Zeitung des Reichsbanners Schwarz-Rot-Gold* war ihr eine größtmögliche Verbreitung nicht nur innerhalb der Organisation, sondern im gesamten Arbeitermilieu sicher.

Der Großteil der in dieser Arbeit untersuchten Presseerzeugnisse muss in die Kategorie Propaganda eingeordnet werden. Dies gilt weniger für die Jahre vor der ‚Machtergreifung', jedenfalls nicht in dem Sinne, dass es in dem pluralistischen Diskursfeld der politisch-weltanschaulich stark divergierenden Jugendorganisationen der Weimarer Republik so etwas wie einen einzigen, konkurrenzlosen und staatlich forcierten Propagandadiskurs gegeben hätte, als für die Zeit der NS-Herrschaft, in der totalitäre Repression und Presselenkung unerwünschte (also z. B. pazifistische Diskurse) aus dem nationalsozialistischen Simulakrum von Öffentlichkeit verdrängten.[96] Propaganda darf dabei trotz aller berechtigten Skepsis gegenüber ihrem Quellenwert jedoch nicht als Synonym für Lüge, Täuschung und Manipulation verstanden werden, sondern ist als spezifischer Kommunikationsmechanismus zu begreifen, der trotz monopolistischer Produktions- und Distributionsbedingungen einen Einfluss der Rezipienten auf die Propagandaproduzenten zulässt.[97] Propaganda funktioniert – das lehrt das Beispiel des Nationalsozialismus besonders eindrücklich – offensichtlich nur, wenn sie Erwartungsdispositionen der Zielgruppe aufgreift und thematisch einbringt. Nicht umsonst kann im Falle des kriegführenden Dritten Reichs ab 1941/42 vom „totalen Akzeptanzverlust des Propagandasystems"[98] gespro-

94 Die Zahlen für 1933 können wegen des großen Erfolgs der 1932 gegründeten „Jungen Front", die allein auf eine wöchentliche Auflage von 120 000 kam und in den Folgejahren als wichtigstes Sprachrohr katholischer Resistenz mit einer Auflage von 300 000 sogar in die Regionen des „Völkischen Beobachters" vorstieß, nur bedingt auf die Weimarer Republik übertragen werden. Rechnet man die „Junge Front" komplett heraus und geht für ihren Vorläufer, die „Stimmen der Jugend", von einer Auflage von 20 000 aus, kommt man für die letzten Jahre der Weimarer Republik auf eine Gesamtauflage von 220 000. Zur „Jungen Front" vgl. Klaus Gotto: Die Wochenzeitung ‚Junge Front/Michael'. Eine Studie zum katholischen Selbstverständnis und zum Verhalten der jungen Kirche gegenüber dem Nationalsozialismus, Mainz 1970.

95 Vgl. Stefan Breuer/Ines Schmidt: Die Kommenden. Eine Zeitschrift der Bündischen Jugend (1926–1933), Schwalbach/Ts. 2010, S. 8.

96 Dass der Begriff der Öffentlichkeit per definitionem eine unregulierte, pluralistische Kommunikationssphäre bezeichnet und daher streng genommen nicht von einer NS-Öffentlichkeit oder einer öffentlichen Meinung im Dritten Reich gesprochen werden kann, darauf weist z. B. Peter Longerich: „Davon haben wir nichts gewusst!" Die Deutschen und die Judenverfolgung 1933–1945, München 2006, S. 23 ff., hin.

97 Vgl. Thymian Bussemer: Propaganda und Populärkultur. Konstruierte Erlebniswelten im Nationalsozialismus, Wiesbaden 2000, S. 89; Bernd Sösemann: Das ideologische, rechtliche und kommunikationshistorische Profil der verordneten „Volksgemeinschaft", in: Ders. (Hg.): Propaganda. Medien und Öffentlichkeit in der NS-Diktatur, Stuttgart 2011, S. XIX-LX, insbesondere S. XLI ff.; vgl. auch weiterführend: Thymian Bussemer: Propaganda. Konzepte und Theorien, Wiesbaden 2005.

98 Bussemer, Propaganda und Populärkultur, S. 75.

chen werden; die Durchhaltepropaganda der letzten Kriegsjahre widersprach nicht nur der durchsickernden Realität fortwährender militärischer Niederlagen, sondern deckte sich auch einfach nicht mehr mit den Erwartungen und Verhaltensdispositionen der Bevölkerung. Denn diese wollte alles andere als Kampf bis zum Letzten und akzeptierte damit nicht länger die Propaganda-Deutung des Krieges als eine dem deutschen Volk vom Schicksal auferlegte Prüfung.

In der Phase ihres größten Erfolges, der Phase der „Integrationspropaganda“[99] von 1934–1938, waren die NS-Meinungsmacher und unter ihnen vor allem Goebbels hingegen durchaus in der Lage, durch thematische Flexibilität und Pragmatismus eine hohe Akzeptanz des der Bevölkerung unterbreiteten Informations- und Unterhaltungsangebotes zu erzeugen. Tatsächlich stand in diesen Jahren der ideologische Kernbestand des Nationalsozialismus – nach Martin Broszat waren dies Antisemitismus und völkische Lebensraumpolitik – keinesfalls im Vordergrund des Kommunikationsangebotes.[100] Stattdessen wich man auf diejenigen Themenfelder aus, von denen angenommen werden konnte, dass sie relativ populär waren (z. B. Revision des Versailler Vertrages etc.).[101] Es ging der NS-Propaganda vor allem darum, allgemein akzeptierbare Themen in den semiöffentlichen Kommunikationshaushalt einzubringen und dann vorsichtig auszuloten, in welchem Maße sich NS-spezifische, aber eben nicht generell akzeptierte Inhalte gleichsam nebenher thematisieren ließen.[102]

In Analogie dazu darf auch die in diesen Zeitraum fallende Pressearbeit der Reichsjugendführung nicht einfach als rezipientenunabhängige Kommunikation von oben nach unten abgetan werden. Wie die NS-Propaganda allgemein orientierte sie sich soweit wie möglich an den Interessen und Präferenzen ihrer Zielgruppe und bemühte sich, attraktiv zu sein. Dabei bediente sie sich vorzugsweise mutmaßlich un- bzw. vorpolitischer Deutungsmuster und Motive. Wie bereits angedeutet – und im Folgenden wird darauf zurückzukommen sein – gehörten zentrale Elemente des HJ-Weltkriegsgedenkens aus zeitgenössischer Sicht eindeutig zu jenem nur annäherungsweise definierbaren Bereich kultureller Selbstverständlichkeit, der die Hitler-Jugend als Teil der Jugendkultur der späten 1920er Jahre für Angehörige anderer Jugendorganisationen anschlussfähig machte. Im Sinne der berühmten Metapher Aldous Huxleys, „The propagandist is a man who canalises an already existing stream. In a land where there is no water, he digs in vain“,[103] war das in weiten Teilen der männlichen Jugend verbreitete, heroische Gefallenengedenken eine weitgehend konsensfähige Sinnressource, auf die die HJ-Erziehung problemlos rekurrieren konnte.

Mit anderen Worten: Auch wenn mit dem verfolgten Ansatz keine quantitativ exakte Aussage zur Propaganda- und Medienwirkung auf die jugendliche Zielgruppe

99 Vgl. ebd., S. 15–18.

100 Vgl. Martin Broszat: Der Staat Hitlers, München 1969, S. 34, vgl. auch Longerich, „Davon haben wir nichts gewusst!“, S. 55 ff.

101 Vgl. Bussemer, Propaganda und Populärkultur, S. 16; Bernd Sösemann: „Auf Bajonetten lässt sich schlecht sitzen“. Propaganda und Gesellschaft in der Anfangsphase der nationalsozialistischen Diktatur, in: Thomas Stamm-Kuhlmann/Jürgen Elvert/Birgit Aschmann/Jens Hohensee (Hg.): Geschichtsbilder. Festschrift für Michael Salewski zum 65. Geburtstag, Stuttgart 2003, S. 281–409, S. 388.

102 Siehe Bussemer, Propaganda und Populärkultur, S. 88.

103 Aldous Huxley: Notes on Propaganda, in: Harper's Monthly Magazine, December 1936, S. 32–41.

getroffen werden kann, erlaubt der dieser Studie zugrunde liegende Quellenkorpus durchaus, das Weltkriegsgedenken der Jugend in Weimarer Republik und Nationalsozialismus in der Kulturgeschichte des 20. Jahrhunderts zu verorten und jene Kontinuitäten herauszuarbeiten, die als erinnerungskulturelle Brücke von der Weimarer Republik ins Dritte Reich führten. Damit kann die vorliegende Untersuchung zugleich den Anspruch erheben, einen Beitrag zur Mentalitätsgeschichte männlicher Jugend in der ersten Hälfte des 20. Jahrhunderts zu leisten.

II. „Als wir noch Kinder, dröhnten die Kanonen.“[1] Der Erste Weltkrieg als Kindheitserfahrung

Die Geschichte der Weltkriegsrezeption der Jugend in der späten Weimarer Republik und im Nationalsozialismus lässt sich nicht losgelöst von der Kindheitserfahrung der Kriegsjugendgeneration betrachten. Dies waren Kinder und Jugendliche, die, zu jung für einen Kriegseinsatz, unter Kriegsbedingungen gleichwohl wichtige Sozialisationserfahrungen machten. Denn auch wenn im Verlauf der 1920er Jahre bei den einfachen Mitgliedern der Jugendverbände ein schleichender Generationswechsel stattfand und die Angehörigen der Nachkriegsgeneration die Alterskohorte der zwischen 1900 und 1910 Geborenen zunehmend majorisierten und schließlich ganz verdrängten: Die Kriegsjugendgeneration spielte auf den verschiedenen Führungsebenen der untersuchten Verbände und in den Redaktionen der Jugendzeitschriften eine entscheidende und in den späten 1920er, frühen 1930er Jahren an Bedeutung noch zunehmende Rolle. Sie hatte damit großen Einfluss auf das Weltkriegsgedenken der Jugend.

Dies gilt insbesondere für die Hitler-Jugend, deren Führerschaft in der so genannten Kampfzeit und den ersten Jahren des Dritten Reichs eindeutig von der Kriegsjugendgeneration dominiert wurde. Während der Anteil der jüngeren ‚Frontgeneration‘ (Geburtsjahrgänge 1890–1899) und der älteren Kriegsgeneration (1875–1889) am HJ-Führerkorps nur rund 14 Prozent betrug, stellte die Kriegsjugendgeneration (1900–1910) über 70 Prozent der höheren HJ-Führer, darunter auch den ersten HJ-Reichsführer Kurt Gruber sowie Reichsjugendführer Baldur von Schirach und seine engste Entourage. Rund 16 Prozent sind schließlich zur Nachkriegsgeneration (1911–1921) zu zählen. Der zahlenmäßig am häufigsten vertretene Geburtsjahrgang war 1907.[2] Berücksichtigt man darüber hinaus, dass gerade die älteren Kriegsteilnehmer häufig für bestimmte Aufgabenbereiche kooptiert wurden und innerhalb der Organisation über keinen besonderen Einfluss verfügten, verschiebt sich der operative Einfluss noch weiter zugunsten der Kriegsjugendgeneration, die auch – und hier spielte besonders von Schirach eine große Rolle – die Rezeption des Ersten Weltkriegs in der NS-Jugend bestimmte.

Nun war die Hitler-Jugend, und das war ihre große Stärke und ein wesentliches Alleinstellungsmerkmal der NS-Bewegung insgesamt, hinsichtlich der Altersstruktur

1 Baldur von Schirach: Des Daseins Sinn, in: Ders.: Die Feier der neuen Front, München [1929], S. 11.

2 Die Zahlen ergeben sich aus der Auswertung der von Peter D. Stachura gesammelten Kurzbiographien der frühen HJ-Führerschaft, vgl. Peter D. Stachura: Nazi Youth in the Weimar Republic, Santa Barbara u. a. 1975. Im Großen und Ganzen hat sich die Geschichtsschreibung an der bereits von Zeitgenossen in den 1920er Jahren vorgenommenen Generationseinteilung orientiert. Grundlegend dazu Günther Gründel: Die Sendung der jungen Generation. Versuch einer umfassenden revolutionären Sinndeutung der Krise, München 1932; abweichend in der Terminologie z. B. Detlev J. K. Peukert: Jugend zwischen Krieg und Krise. Lebenswelten von Arbeiterjungen in der Weimarer Republik, Köln 1987, der unter Nachkriegsgeneration die Geburtenjahrgänge 1900–1914 versteht. Es ist darauf hinzuweisen, dass bis Kriegsende 1918 zwei Drittel der jungen Männer des Jahrgangs 1900 noch eingezogen worden sind (vgl. Sanitätsbericht über das deutsche Heer, Bd. 3, Berlin 1934, S. 15 ff.). Streng genommen verläuft die Grenze zwischen junger ‚Frontgeneration‘ und Kriegsjugendgeneration daher mitten durch das Jahr 1900. Da von der Mobilisierung aber noch nicht auf einen Kriegseinsatz geschlossen werden kann (das erste Drittel des Jahrgangs wurde im April 1918, das zweite erst im September eingezogen), bleibe ich bei der gängigen Periodisierung.

ihrer Führerschaft im Spektrum der Weimarer Jugendverbände keinesfalls repräsentativ. Für keinen zweiten Jugendverband – darauf wird noch genauer einzugehen sein – galt das berühmte und permanent propagandistisch ausgeschlachtete Diktum Hitlers „Jugend muss von Jugend geführt werden"[3] mit einer ähnlichen Berechtigung wie für die NS-Jugend. Bei der bündisch-bürgerlichen Konkurrenz der HJ, unter der hier das diffuse Spektrum eher rechtsstehender, zum Teil bündisch organisierter, zum Teil wehrsportlich-jugendpflegerisch eingestellter Jugendorganisationen verstanden werden soll, wurden die Spitzenpositionen in aller Regel von Weltkriegs-Veteranen besetzt, die aus der älteren Kriegsgeneration, der ‚Frontgeneration', stammten. Insofern es sich um ehemalige höhere Stabsoffiziere handelte, agierten sogar noch Militärs aus der Vorkriegsgeneration der vor 1875 Geborenen.[4] Auch in der Führungsspitze der katholischen Verbände überwogen die älteren Jahrgänge eindeutig.[5]

Dieser Befund muss jedoch deutlich relativiert werden. Ab Mitte der 1920er Jahre wurde die Dominanz der älteren und jüngeren Kriegsgeneration in allen Verbänden zunehmend infrage gestellt, und die Kriegsjugendgeneration drängte in verantwortliche Positionen. So kam der Katholische Jungmännerverband Deutschlands (KJMV) z. B. nicht umhin, seine 1930 neu geschaffene Sturmschar – ein nach bündischem Vorbild gestalteter und dementsprechend paramilitärisch auftretender Eliteverband – mit Franz Steber (geb. 1904) einem Angehörigen der Kriegsjugendgeneration zu unterstellen.[6] Auch die 1932 u. a. auf Anregung Stebers ins Leben gerufene Wochenzeitung *Junge Front*, die wie keine andere katholische Jugendzeitschrift zuvor auf heroisierende Deutungen des Ersten Weltkriegs zurückgriff, befand sich, und das war ein Novum in der Verbandsgeschichte, fest in den Händen der Kriegsjugendgeneration.[7]

Den partiellen Generationswechsel bzw. die Verjüngung der Führerschaft in der komplexen Verbandslandschaft im Einzelnen nachzuzeichnen, ist im Rahmen der

3 Baldur von Schirach: Die Hitler-Jugend. Idee und Gestalt, Berlin 1934, S. 1.

4 Bei der Bündischen Jugend z. B. wurde der Großdeutsche Jugendbund von Admiral Adolf von Trotha (geb. 1868) geführt, im Jungnationalen Bund hatte zunächst Admiral Reinhard Scheer (geb. 1863), dann der Kriegsteilnehmer Heinz Dähnhardt (geb. 1897) die Führung inne. Der Jungsturm wurde unter der Schirmherrschaft August von Mackensens (geb. 1849) durch den ‚Frontsoldaten' Leo von Münchow geleitet, und auch die zahlenmäßig sehr starke Turnerjugendbewegung ‚unterstand' in der Weimarer Republik einem ehemaligen ‚Frontoffizier', Edmund Neuendorff (geb. 1875). Zu den Jugendorganisationen des Stahlhelm (Jungstahlhelm, Scharnhorstbund), der Kyffhäuser-Jugend sowie des Jungdeutschen Ordens erübrigt sich ein Kommentar, sie waren durchweg von Kriegsteilnehmern dominiert.

5 Carl Mosterts (geb. 1874, Generalpräses 1913–1926) und Ludwig Wolker (geb. 1887, Generalpräses 1926–1939) waren die beiden prägenden Generalpräsides des KJMV in der Weimarer Republik. Das Amt des Generalsekretärs wurde von Johannes Veen (geb. 1881, Generalsekretär von 1913–1926) und Jakob Clemens (geb. 1890, Generalsekretär von 1926–1935) ausgeübt. Auf der Ebene der Diözesanpräsides ergibt sich ein ganz ähnliches Bild, so befand sich z. B. unter den vier Diözesanpräsides der Rheinprovinz (Köln, Trier, Münster, Aachen) mit Klaus Mund (geb. 1902) in Aachen nur ein einziger Vertreter der Kriegsjugendgeneration. Prälat Peter Anheier, sein Trierer Gegenpart, war hingegen 72 Jahre alt (biographische Angaben aus Barbara Schellenberger: Katholische Jugend und Drittes Reich, Mainz 1975).

6 In etwa zeitgleich wurde Albert Steiner (geb. 1907) zum Reichsobmann des KJMV ernannt. Steiner und Steber waren vor 1933 die einzigen Vertreter der Kriegsjugendgeneration in der KJMV-Führungsspitze, vgl. Irmtraud Götz von Olenhusen: Jugendreich, Gottesreich, Deutsches Reich. Junge Generation, Religion und Politik 1928–1933, Köln 1987, S. 93.

7 Neben dem bereits erwähnten Franz Steber, der in der Anfangszeit gemeinsam mit Georg Wagner als Herausgeber der Zeitschrift fungierte, gehörte ein Großteil des engeren Mitarbeiterkreises der Kriegsjugend- bzw. sogar der Nachkriegsgeneration an, vgl. Gotto, Die Wochenzeitung ‚Junge Front/Michael', S. 211–223.

vorliegenden Studie nicht möglich. Hier wären weitergehende prosopographische Untersuchungen zum Führungspersonal der einzelnen Verbände notwendig. Eines ist jedoch kaum zu bestreiten: Die Zuspitzung intergenerationeller Spannungen und die Dynamik generationeller Statuskämpfe, die den politischen Auseinandersetzungen der späten Weimarer Jahre die Signatur eines Generationenkonfliktes verliehen,[8] fielen zeitlich genau mit der so häufig diagnostizierten Wiederentdeckung des ‚Fronterlebnisses' und der Herausbildung – und das gilt insbesondere für die organisierte (männliche) Jugend – einer zunehmend heroischen Erinnerungskultur zusammen.[9] Allerdings lassen sich die unten ausführlich zu behandelnden semantischen Verschiebungen des Weltkriegsdiskurses in dieser Phase nicht analytisch trennscharf als generationsspezifisch charakterisieren. Zu offensichtlich ist die Übernahme bereits von Teilen der jüngeren Kriegsgeneration entwickelter Deutungsmuster und Sinnstiftungen, zu eindeutig auch die fortbestehende Dominanz der ‚Frontgeneration' auf relevanten Feldern des Kriegsgedenkens, so z. B. auf dem wichtigen Feld der Kriegsliteratur, das fest in den Händen der einschlägigen Protagonisten blieb. Dennoch lässt sich die Frage, wie es in den letzten Jahren der Weimarer Republik überhaupt zur Übernahme eines darüber hinaus ja keinesfalls von allen Kriegsteilnehmern vertretenen heroisierenden Gedenkdiskurses in weiten Teilen der Jugendverbände kommen konnte, nicht ohne Rückgriff auf generationelle Sozialisationserfahrungen beantworten.

Denn es ist alles andere als selbstverständlich, sondern ganz im Gegenteil sogar einigermaßen paradox, dass die Gefallenen des Ersten Weltkriegs und die ihnen zugeschriebenen Sekundärtugenden ausgerechnet in einer Zeit virulenten Generationenkonfliktes Vorbildcharakter für die überwiegende Mehrheit der Jugendorganisationen erlangten. Schließlich bestand aus Sicht der Jugend die Gefahr, durch Glorifizierung der ‚toten Helden' die Frontkämpfer-Generation insgesamt aufzuwerten und dadurch den eigenen generationellen Geltungsanspruch tendenziell zu verwässern. Hier hätte es theoretisch auch andere Möglichkeiten gegeben: In England z. B. kamen intergenerationelle Spannungen in den 1920er Jahren insbesondere in der Distanzierung der Kriegsjugendgeneration von den Idealen und Werten der Kriegsgeneration zum Ausdruck.[10] Eine derartige Emanzipation war im besiegten Deutschland jedoch unmöglich. Die Jugend vermochte sich zu keinem Zeitpunkt aus dem erinnerungskulturellen Schlagschatten der zwei Millionen Gefallenen zu

8 Vgl. Hans Mommsen: Generationenkonflikt und politische Entwicklung in der Weimarer Republik, in: Jürgen Reulecke (Hg.): Generationalität und Lebensgeschichte im 20. Jahrhundert, München 2003, S. 115–126, S. 126; ansonsten auch: Irmtraud Götz von Olenhusen: Vom Jungstahlhelm zur SA: Die junge Nachkriegsgeneration in den paramilitärischen Verbänden der Weimarer Republik, in: Wolfgang Krabbe (Hg.): Politische Jugend in der Weimarer Republik, Bochum 1993, S. 146–180; Michael Kater: Generationenkonflikt als Entwicklungsfaktor in der NS-Bewegung vor 1933, in: Geschichte und Gesellschaft, 11 (1985), S. 217–243; Detlev J. K. Peukert: Alltagsleben und Generationserfahrung von Jugendlichen in der Zwischenkriegszeit, in: Dieter Dowe (Hg.): Jugendprotest und Generationenkonflikt in Europa im 20. Jahrhundert. Deutschland, England, Frankreich und Italien im Vergleich, Bonn 1986, S. 139–150; Thomas Koebner/Rolf-Peter Janz/Frank Trommler (Hg.): „Mit uns zieht die neue Zeit". Der Mythos Jugend, Frankfurt a. M. 1985.

9 Vgl. auch Bernd-A. Rusinek: Der Kult der Jugend und des Krieges. Militärischer Stil als Phänomen der Jugendkultur in der Weimarer Zeit, in: Dülffer/Krumeich (Hg.), Der verlorene Frieden. Politik und Kriegskultur nach 1918, Essen 2002, S. 171–198.

10 Vgl. Sonja Levsen: Elite, Männlichkeit und Krieg. Tübinger und Cambridger Studenten 1900–1929, Göttingen 2006, S. 273–306.

befreien. Am ehesten gelang dies noch der NS-Bewegung, der es als einziger politischer Kraft gelang, durch die Verschmelzung von Kriegsgefallenen und ‚Blutzeugen', d. h. den im Kampf um die Macht ums Leben gekommenen NS-Aktivisten, einen integrativen Gedenkdiskurs zu entwickeln, der den Frontsoldaten-Mythos produktiv weiterentwickelte. Darauf wird weiter unten ausführlich einzugehen sein. Hier soll es vorerst nur um die Frage gehen, warum weite Teile insbesondere der bürgerlichen Kriegsjugendgeneration, wenn auch nicht den politischen Primat der Kriegsgeneration, so doch wesentliche Elemente des von dieser entwickelten Deutungsnarrativs so bereitwillig akzeptierten. Bevor diese Frage hier unter Verweis auf die Sozialisationserfahrungen der Kriegsjugend in den Jahren 1914–1918 beantwortet werden soll, gilt es, den Analysebegriff der ‚Generation' klarer zu fassen und nach den Bedingungen der Entstehung generationeller Kollektive zu fragen.

Generationenkonflikt in der Weimarer Republik

Generationalität ist in der Geschichtswissenschaft als heuristische Kategorie weitgehend akzeptiert.[11] Besondere Erklärungskraft wird dem Generationen-Ansatz gemeinhin für die Umstände des Scheiterns der ersten deutschen Republik 1933 zugebilligt.[12] Schließlich waren ‚Jugend' und ‚Generation' als politische Kampfbegriffe in den krisenhaften letzten Jahren der Weimarer Republik allgegenwärtig und strukturierten keinesfalls nur die nationalsozialistische Agitation: Rechte wie linke Revolutionäre betonten gleichermaßen die Jugendlichkeit ihrer radikalen Bewegungen und kontrastierten die aktionistische Dynamik ihrer Eroberung des öffentlichen Raumes mit der in ihren Augen pazifistisch-feigen Handlungsunfähigkeit einer „Republik der Greise",[13] die in ihrer materialistischen Verkrustung nur eine Übergangsphase zu einem völkisch oder kommunistisch gefassten Endzustand der Geschichte zu markieren schien. In der Tat schien diese Zuspitzung der politischen Auseinandersetzung auf die Generationenfrage vielen Zeitgenossen evident. So ist es kein Zufall, dass der bahnbrechende Aufsatz *Das Problem der Generationen* von Karl Mannheim in der zweiten Hälfte der 20er Jahre (1928) entstanden ist.[14] Die nach wie vor klassische Unterscheidung Mannheims von Generationslagerung, Generationszusammenhang und Generationseinheit versuchte ein als brennend empfundenes Problem durch die Entwicklung eines nüchternen Instrumentariums soziologischer Analyse konzeptuell in den Griff zu bekommen.[15] Was soll hier – in Anlehnung an Mannheim – im Folgenden nun unter ‚Generation' verstanden werden?

Offensichtlich ist, dass ‚Generation' im Kontext der geschichtswissenschaftlichen Durchdringung komplexer sozio-kultureller Verhältnisse nicht einfach ein statisti-

11 Vgl. die jüngere Diskussion zusammenfassend: Ulrike Jureit: Generationenforschung, Göttingen 2006; dies. (Hg.): Generationen. Zur Relevanz eines wissenschaftlichen Grundbegriffs, Hamburg 2005.

12 Vgl. auch Anm. II, 8.

13 Joseph Goebbels: Die zweite Revolution. Briefe an Zeitgenossen, Zwickau 1926, S. 5.

14 Karl Mannheim: Das Problem der Generationen, in: Kölner Vierteljahreshefte für Soziologie, 7 (1928), S. 157–184.

15 Vgl. dazu Robert Wohl: The Generation of 1914, London 1980, S. 42–84; Götz von Olenhusen, Jugendreich, S. 11–28.

sches Analyseinstrument zur Erfassung und Aggregierung von innerhalb eines beliebig festlegbaren Zeitraumes geborenen Individuen sein kann. Eine derartige Reduktion liefe auf eine simplizistische Geschichtsphilosophie hinaus, die den biologischen Wechsel der Generationen als Motor geschichtlicher Entwicklung festschreibt. Um aus Angehörigen einer Alterskohorte eine ‚Generation'[16] im Sinne eines politisch relevanten Akteurskollektivs werden zu lassen, bedarf es eines Katalysators. Die Erfahrung von Krieg, Revolution oder anderen gesamtgesellschaftlich relevanten Krisen zu einem bestimmten Sozialisationszeitpunkt mag dabei für die betroffenen Alterskohorten diese Rolle spielen und zu intergenerationellen Spannungen führen, die ein gesellschaftliches Konfliktpotential verschärfen. Diese generationsschaffenden Sozialisationserfahrungen müssen über den milieuspezifischen Kontext des Erlernens kultureller Codes hinausgreifen und soziale Festlegungen aufbrechen. Das realhistorische Fundament der Konstitution von Generationen im historischen Sinn ist anders gewendet also die lebensgeschichtliche Gleichzeitigkeit der Erfahrung eines Bruches.[17] Diskontinuität, die Entwertung der von den Elterngenerationen entwickelten Kulturtechniken und die Konfrontation mit den als neu empfundenen Herausforderungen sind der Nährboden, auf dem generationelle Kollektive entstehen.

Strukturell ähnliche Erfahrungen einer oder mehrerer Alterskohorten bestimmen aber – und das ist ein Aspekt, den Mannheim, anders als die jüngere Forschung, vernachlässigt hat – nicht eo ipso einen spezifischen Generationsstil.[18] Generation muss zuerst gedeutet und mit Inhalten gefüllt werden, um politisch operationalisierbar zu sein. Generationen konstruieren sich durch Selbst- und Fremdzuschreibung erst im öffentlichen Diskursraum. Ihr Selbstbild ist Verhandlungssache in dem Maße, in dem ‚von außen' stammende Interpretationsmuster inkorporiert werden. Dieses ‚von außen' steckt genau den Raum ab, in dem generationell definierte Kollektive politisch instrumentalisiert werden können.

Gründe für den manipulativen Rekurs auf das Deutungsmuster ‚Generation' gibt es viele: So kann ihre Inklusions- respektive Exklusionsfähigkeit als besonders hoch gelten. Die Zugehörigkeit zu einer Generationseinheit ist evident, die Kohärenz der Bezugsgruppe muss damit nicht rational begründet werden, sondern kann durch Inszenierung des generationsspezifischen ‚Erlebens' immer aufs Neue evoziert werden.[19]

Dementsprechend gibt es zwei notwendige Bedingungen für die erfolgreiche Entwicklung eines politischen Generationsdiskurses – einerseits die biographische Gleichzeitigkeit einer als Zäsur empfundenen Erfahrung, andererseits ein gesellschaftlicher Kontext, in dem die mediale Ausdeutung und generationelle Aufladung dieser Primärerfahrung politisiert und instrumentalisiert wird.

16 Nach Mannheims Terminologie müssten wir hier eigentlich von „Generationseinheit" sprechen; vgl. Götz von Olenhusen, Jugendreich, S. 22.

17 Diesen Aspekt betont auch Hans Jaeger: Generationen in der Geschichte. Überlegungen zu einer umstrittenen Konzeption, in: Geschichte und Gesellschaft, 3 (1977), S. 429–452.

18 Vgl. zum Folgenden insbesondere Bernd-A. Rusinek: Krieg als Sehnsucht. Militärischer Stil und junge Generation in der Weimarer Republik, in: Reulecke (Hg.), Generationalität und Lebensgeschichte, S. 127–147.

19 Ebd., S. 131–132.

Historische Forschung zu Generationen und ihrem Einfluss auf den geschichtlichen Prozess muss daher eine große Sensibilität für vielgestaltige Aspekte entwickeln: Das realgeschichtliche Fundament der Sozialisationserfahrung muss sozialgeschichtlich abgestützt sein. Sozio-ökonomische und demographische Krisensituationen zum Zeitpunkt des ‚Generationenprotestes‘ dürfen ebenso wenig vernachlässigt werden wie die verschiedenen medien- und produktionshistorischen Aspekte der virtuellen Konstruktion einer politischen Generation. Ist all dies aber gewährleistet, erklärt der Generationen-Ansatz die Virulenz gesellschaftlicher Krisen über sozio-ökonomische Kennziffern hinaus und hilft zu verstehen, wie „konfligierende Generationseinheiten“[20] die Initialzündung für gesellschaftliche Krisen größeren Ausmaßes geben und soziale Tendenzen entscheidend katalysieren können.

Die ersten, den Generationen-Ansatz aufgreifenden Arbeiten zur deutschen Kriegs- und Zwischenkriegszeit von Robert Wohl und Walter Struve interpretierten die Genese des ‚Mythos Jugend‘ noch primär als Gegenangriff einer durch die massiven gesellschaftlichen Modernisierungs- und Transformationsprozesse verunsicherten und desillusionierten bildungsbürgerlichen Altersgruppe[21] und bezweifelten damit die Generalisierbarkeit der in der Tat weit verbreiteten bildungsbürgerlichen Generationen-Rhetorik über dieses zahlenmäßig sehr enge Sozialmilieu hinaus. Seit den 1980er Jahren kam die historische Forschung jedoch zu dem Ergebnis, dass intergenerationelle Spannungen schicht- und klassenübergreifend ein Leitmotiv der Weimarer Kultur gewesen sind.[22] Dass die junge Generation sich von der Weimarer Demokratie weitgehend abwandte, gehört seitdem zu den gesicherten Erkenntnissen der Forschung zur deutschen Zeitgeschichte.[23]

Ein Blick auf die Altersstruktur der extremen Parteien des Weimarer Systems (NSDAP und KPD) zeugt von der großen Attraktivität radikaler Lösungsvorschläge insbesondere bei jungen Erwachsenen: Während das Durchschnittsalter beispielsweise der SPD-Mitglieder gegen Ende der Weimarer Republik 46 Jahre betrug, war das statistische Durchschnittsmitglied der NSDAP 1932 gerade einmal 30 Jahre alt. Die zahlenmäßig am häufigsten vertretene Altersgruppe war die der 22- bis 24-Jährigen.[24] Die altersmäßige Schichtung der SA-Angehörigen erlaubt den gleichen Schluss. Die Jahrgänge 1900–1910 stellten 1931 in einem durchaus verallgemeiner-

20 Ebd., S. 130.

21 Wohl, The Generation of 1914; Walter Struve: Elites against Democracy. Leadership Ideals in Bourgeois Political Thought in Germany 1890–1933, Princeton 1973; zur Kritik auch grundlegend: Barbara Stambolis: Mythos Jugend. Leitbild und Krisensymptom. Ein Aspekt der politischen Kultur im 20. Jahrhundert, Schwalbach/Ts. 2003.

22 Vgl. Detlev J. K. Peukert: Jugend zwischen Krieg und Krise. Lebenswelten von Arbeiterjungen in der Weimarer Republik, Köln 1987, und Stambolis, Mythos Jugend, S. 55–74, haben die Virulenz des Generationenkonfliktes im Arbeitermilieu bzw. im sozialdemokratischen Lager nachgewiesen; vgl. Klaus Tenfelde: Generationelle Erfahrungen in der Arbeiterbewegung bis 1933, in: Klaus Schönhoven/Bernd Braun (Hg.): Generationen in der Arbeiterbewegung, Oldenburg 2005, S. 17–50; Götz von Olenhusen, Jugendreich, unterstreicht die Relevanz des Generationen-Konzeptes auch für konfessionelle Jugendverbände.

23 Vgl. Anm. II, 8.

24 Vgl. Sven Reichardt: Faschistische Kampfbünde. Gewalt und Gemeinschaft im italienischen Squadrismus und in der deutschen SA, Köln u. a. 2002, S. 349 ff. Vgl. auch: Jürgen Falter: The Young Membership of the NSDAP between 1925 and 1933, in: Conan Fischer (Hg.): The Rise of National Socialism and the Working Classes in Weimar Germany, Providence/Oxford 1996, S. 79–98; Peter Longerich: Die braunen Bataillone. Geschichte der SA, München 1989, S. 85 ff.; Jürgen Falter/Michael Kater: Wähler und Mitglieder der NSDAP. Neue Forschungsergebnisse zur Soziographie des Nationalsozialismus 1925 bis 1933, in: Geschichte und Gesellschaft, 19 (1993), S. 155–177.

baren Sample Berliner SA-Angehöriger nahezu 90 Prozent der ‚braunen Soldaten'. Mit diesem Umstand ist das reale Fundament des nationalsozialistischen Kults um die Jugend aufgedeckt. Die NSDAP konnte sich berechtigter Weise ihrer dynamischen Jugendlichkeit rühmen, zogen sie und ihr angeschlossener Wehrverband, die SA, doch tatsächlich viele junge Männer an. Selbst die KPD, deren Altersstruktur sich sonst am ehesten mit der altersmäßigen Gliederung der NSDAP vergleichen ließ, fiel in punkto Jugendlichkeit gegenüber der NSDAP zurück: 1927 war die stärkste Altersgruppe diejenige der 30- bis 40-Jährigen, während der Anteil der 18- bis 25-Jährigen gerade einmal 12,3 Prozent betrug.[25] Paradoxerweise erscheinen damit die Kommunisten als in größerem Maße von der ‚Frontkämpfergeneration' dominiert als die Partei, die in der Binnen- und durchaus auch in der Außenwahrnehmung als „erste Positivierung des Kriegserlebnisses"[26] gesehen wurde: die NSDAP. Das Gros ihrer Mitglieder bestand, daran kann kein Zweifel bestehen, sowohl in der Partei- als auch in der Kampforganisation aus jungen Männern, die aufgrund ihres Alters den Krieg nicht als Soldaten erlebt haben konnten.

Wirtschaftskrise und Prekarität als generationeller Erfahrungsraum

Wie erklärt sich nun dieses generationelle Protestpotential? Es liegt auf der Hand, dass die ökonomisch-demographischen Rahmenbedingungen der politischen Sozialisation der Kriegsjugend in den ausgehenden 1920er Jahren hier eine große Rolle spielen.[27]

Sofort ins Auge springt die einmalige demographische Situation, mit der die „überflüssige Generation"[28] konfrontiert war: Die Jahrgänge 1900–1914 stellten den größten Geburtenberg der deutschen Geschichte, d.h. niemals zuvor (und nachher) war der Anteil einer Alterskohorte an der Gesamtbevölkerung so groß gewesen. Mit dem Kriegsbeginn fand die Phase des wilhelminischen Babybooms ein Ende, und nach Kriegsende erreichten die Geburtenziffern nicht mehr das Vorkriegsniveau. Zusammen mit dem hohen Aderlass der vor 1900 geborenen ‚Frontgeneration' sorgte das Absinken der Fruchtbarkeitsrate für das Entstehen einer demographischen Welle, die gesellschaftlich integriert werden musste.

Dass diese Integration im Kontext relativ geringer ökonomischer Dynamik (Stabilisierungsphase 1925–1929) oder katastrophaler Depression (Weltwirtschaftskrise 1930–1932) stattfand – oder besser: oft genug eben nicht stattfand – führte zu von Prekarität geprägten Arbeitsbiographien. Peukert konnte überzeugend belegen, dass die Arbeitslosigkeit der hier interessierenden Altersgruppe der 18- bis 25-Jährigen in

25 Reichardt, Faschistische Kampfbünde, S. 352.

26 Günther Gründel: Die Sendung der jungen Generation. Versuch einer umfassenden revolutionären Sinndeutung der Krise, München 1932, S. 269.

27 Vgl. weiterführend z. B.: Peukert, Jugend zwischen Krieg und Krise; Michael Kater: Studentenschaft und Rechtsradikalismus in Deutschland 1918–1933. Eine sozialgeschichtliche Studie zur Bildungskrise in der Weimarer Republik, Hamburg 1975.

28 Peukert, Jugend zwischen Krieg und Krise, S. 29; vgl. hierzu und zum Folgenden: Ders., Alltagsleben und Generationserfahrung von Jugendlichen, S. 145 f.; ders.: Die Erwerbslosigkeit junger Arbeiter in der Weltwirtschaftskrise, in: Vierteljahrschrift für Sozial- und Wirtschaftsgeschichte, 72 (1985), S. 305–328, S. 308 f.

den Jahren der Weltwirtschaftskrise besonders hoch gewesen ist, während jugendliche Arbeitnehmer (14–18 Jahre) als vergleichsweise kostengünstige Arbeitskräfte unter Arbeitslosigkeit in deutlich geringerem Maße zu leiden gehabt hätten.[29] Demographische Struktur und ökonomische Krise seien sozusagen zusammengekommen und hätten zu einem Überflüssigkeitsgefühl vieler junger Arbeitnehmer geführt, deren durchschnittliche Verweildauer in einer Anstellung aller Wahrscheinlichkeit nach nicht sehr hoch gewesen sein kann.[30] Als besonders desillusionierend sei in vielen Fällen wohl die Unmöglichkeit empfunden worden, den erlernten Beruf auch tatsächlich auszuüben. In einem Sample von 1015 jugendlichen Arbeitslosen im Alter von 18–21 Jahren (1931)[31] haben 80 Prozent der gelernten jungen Arbeiter Tätigkeiten als ungelernte Arbeiter verrichtet, um wenigstens irgendwie ihren Unterhalt bestreiten zu können.

Die demographisch-ökonomische Problemlage transzendierte traditionelle Milieugrenzen, dem proletarischen entsprach ein akademisches Prekariat. So können die Lebensbedingungen weiter Teile der deutschen Studentenschaft wohl als beispiellos schlecht gelten.[32] Schon Zeitgenossen prognostizierten die Entstehung eines akademischen Proletariats und fürchteten studentisches Protestpotential. Angesichts des sich verschlechternden Verhältnisses von Absolventenzahlen und Akademikerstellen grassierte eine regelrechte „Deklassierungspanik",[33] die in der frühzeitigen Radikalisierung der deutschen Studentenschaft, die sich als intellektuelle Generation ohne Zukunft begriff, ihren Ausdruck fand.

Im Sinne seiner Argumentation spricht Peukert von einem „gemeinsamen Generationenschicksal"[34] der Angehörigen der überflüssigen Generation. Ihre Erfahrung von Arbeitslosigkeit und Strukturlosigkeit habe überdurchschnittlich viele junge Männer der Nachkriegsgeneration für militärbündische Organisationsformen optieren lassen.[35] Im Vordergrund habe dabei weniger die radikale politische Programmatik, sondern eher das Strukturangebot gestanden: Der kämpferische Aktivismus der extremistischen Bewegungen half den Aktivisten, ihren Alltag zu strukturieren und bot ihnen zugleich Perspektiven sowie komplexitätsreduzierende Sinndeutungen.[36]

Peukert hält die von ihm diagnostizierten generationsspezifischen Konturen der Jugenderfahrungen in der Zwischenkriegszeit damit im Wesentlichen für sozioökonomisch-demographisch bedingt. Für ihn determinieren die Erfahrungen in der Weltwirtschaftskrise die Akzeptanz (proto)faschistischer bzw. linksextremistischer Organisations- und Denkschemata. Im Kausalnexus des Aufstiegs Hitlers und der NSDAP seien die Anfälligkeit der männlichen Jugend und ihre Selbstthematisierung als Generationseinheit insbesondere auf die Erfahrung der wirtschaftlichen Krisensituation zurückzuführen.

29 Ebd., S. 313 f.
30 Ebd., S. 317.
31 Vgl. ebd.
32 Vgl. z. B. Kater, Studentenschaft und Rechtsradikalismus, S. 44.
33 Rusinek, Der Kult der Jugend und des Krieges, S. 184.
34 Peukert, Die Erwerbslosigkeit junger Arbeiter in der Weltwirtschaftskrise, S. 308.
35 Ebd., S. 325.
36 Peukert, Alltagsleben und Generationserfahrung von Jugendlichen, S. 148; ders., Die Erwerbslosigkeit junger Arbeiter in der Weltwirtschaftskrise, S. 325.

Dieser Erklärungsansatz hat einiges für sich und hilft zweifelsohne, die Radikalisierungsdynamiken des politischen Jugendprotestes in der Spätphase Weimars zu verstehen. Die spezifische (paramilitärische) Form des Generationenprotestes lässt sich durch ihn jedoch nicht hinreichend erklären. Schließlich vernachlässigt er den kulturellen Kontext, in dem die ökonomische Krise gedeutet und kollektive Problemlösungsstrategien entwickelt wurden. In diesem kulturellen Kontext spielte Ende der 1920er und Anfang der 1930er Jahre ganz eindeutig die Präsenz des ‚Großen Krieges' eine entscheidende Rolle. Die Gefallenen avancierten hierbei zu Vorbildern der Gesellschaft im Allgemeinen und der Jugend im Besonderen und fungierten als Legitimationsfolie für die sich durchsetzenden Leitbilder soldatisch-heroischer Männlichkeit. Dies ist nicht zu verstehen ohne die weiter zurückliegende generationelle Erfahrung des Ersten Weltkriegs an der Heimatfront und die sich besonders in der bürgerlichen Jugend der unmittelbaren Nachkriegszeit herauskristallisierenden Deutungsdiskurse, welche die ‚junge Generation' schnell zur eigentlichen Trägergruppe des ‚Kriegserlebnisses' werden ließen.[37] Unter den Bedingungen der vielschichtigen Krise der späten Weimarer Republik konnten zentrale Interpretamente eines ursprünglich vor allem im studentisch-jugendbewegten Milieu verankerten heroischen Kriegsgedenkens zunehmend eine wichtige Orientierungsfunktion für weite Teile der organisierten männlichen Jugend übernehmen.

Kriegserlebnis als Zäsur? ‚Victory-watchers' als Traditionsagenten

Peter Merkl, der in den 1970er Jahren teilweise gegen den sozialgeschichtlichen Mainstream ein generationelles Erklärungsmodell für die Attraktivität von NSDAP und SA entwickelte, war einer der ersten, der den vor der Wirtschaftskrise 1930–1932 liegenden Sozialisationserfahrungen entscheidende Bedeutung für die Genese antirepublikanischer Militanz beimaß.[38] In seiner (später zu Recht kritisierten) Analyse der „Abel-Collection", einer von Theodore Abel im Jahre 1934 angelegten Sammlung autobiographischer Skizzen früher NS-Anhänger, kommt Merkl zu dem Ergebnis, dass die politische Sozialisation der späteren Nazi-Sympathisanten und -Anhänger schon lange vor der Weltwirtschaftskrise die Grundlagen für ihre weltanschauliche Radikalität gelegt hat.[39] Insbesondere seine analytisch weiterführende Bezeichnung der Kriegsjugend als ‚victory-watchers'[40], die den Blick auf die spezifischen Jugenderfahrungen an der Heimatfront öffnet, ist hier besonders hervorzuheben: In seinem Buch *Political Violence under the Swastika* diagnostiziert Merkl die neoautoritäre Disposition insbesondere derjenigen jungen Männer, die als Kin-

37 Gründel, Die Sendung der jungen Generation, S. 27.

38 Merkl, The Making of a Stormtrooper; ders.: Political Violence under the Swastika: 581 Early Nazis, Princeton 1975.

39 Merkl, The Making of a Stormtrooper, S. 191. Zur Kritik am Erkenntniswert der autobiographischen Konstruktion ‚des' Kriegsveteranen vgl. grundlegend Benjamin Ziemann: Die Konstruktion des Kriegsveteranen und die Symbolik seiner Erinnerung 1918–1933, in: Dülffer/Krumeich (Hg.), Der verlorene Frieden, S. 101–118.

40 Ebd., S. 231 ff.

der und Jugendliche in den Jahren 1914–1918 der allgegenwärtigen Siegespropaganda ausgesetzt gewesen seien und den Krieg vor allem medial vermittelt erlebt hätten.[41]

In einem wichtigen Diskussionsbeitrag, *The Psychohistorical Origins of the Nazi Youth Cohort* hatte Peter Loewenberg schon einige Jahre vorher eine ähnliche These aufgestellt und in der schichtenübergreifenden Kriegserfahrung der Jugendlichen (Prekarität der familiären Bindungen, Vaterlosigkeit, wirtschaftliche Mangelsituation durch Blockade und Kriegswirtschaft, häufig auch der Tod des Vaters bzw. dessen Rückkehr als ein gebrochener Mann) einen wesentlichen Faktor für die spätere politische Radikalität ausgemacht. [42]

In jüngerer Zeit hat Andrew Donson diese These von der (sekundären) Brutalisierung der Kriegsjugendgeneration an der Heimatfront aufgegriffen und zugespitzt.[43] In seiner Untersuchung, die sich zum Teil – wie Merkl – auf die „Abel-Collection" stützt, betont Donson, „that the First World War was a far greater rupture than historians who emphasize continuity have sometimes argued".[44] Nicht so sehr die Erfahrungen der Weltwirtschaftskrise, sondern vielmehr die durch Kriegspropaganda und kriegszentrierten Unterricht militarisierte Jugendkultur habe Teile der männlichen Jugend der Jahrgänge 1900–1910 einen Glauben an die Überlegenheit der ‚deutschen Wehr' entwickeln lassen. Dieser sei durch die für sie unerklärliche Niederlage erschüttert worden, habe aber durch die Interpretation des Zusammenbruchs als Ergebnis jüdisch-bolschewistischer Zersetzungsarbeit (Dolchstoß) stabilisiert werden können. Seine innovative Analyse der unter den Kriegsjugendlichen zirkulierenden Landser-Hefte, in denen ein wegen seiner Brutalität von den Erwachsenen nicht goutiertes, aggressives Heldentum transportiert worden sei, lässt Donson zu dem Ergebnis kommen, dass eine Art „epigonales Minderwertigkeitsgefühl"[45] die Angehörigen dieser Alterskohorte für militaristisch-totalitäre Gegenentwürfe zur Republik empfänglich gemacht habe. Nicht zuletzt in der SA sei es ihnen möglich gewesen, als nationalistische Soldaten genau dem Soldaten-Helden nachzueifern, der in der ‚Kriegsschundliteratur' ein ständiger Begleiter ihrer Jugend gewesen sei.[46]

Diese These hat den Vorteil, dass sie sich mit den überlieferten generationellen Selbstbildnissen der 1920er Jahre deckt. Barbara Stambolis hat in ihrem grundlegenden Buch zum *Mythos Jugend* diese zumeist bildungsbürgerlichen Selbstzeugnisse umfassend untersucht. Sie kommt zu dem Ergebnis, dass „das Weltkriegserlebnis der Frontgeneration [...] für die Weiterentwicklung des Mythos der jungen Generation nach dem Krieg kaum zu überschätzen" sei und durch die Überlieferungspflege der ehemaligen Frontkämpfer auch für die Kriegsjugendgeneration zu einer wichtigen biographischen Referenz wurde.[47]

41 Merkl, Political Violence under the Swastika, S. 173–188; vgl. auch Longerich, Die braunen Bataillone, S. 89 ff.; Reichardt, Faschistische Kampfbünde, S. 374–384.

42 Peter Loewenberg: The Psychohistorical Origins of the Nazi Youth Cohort, in: The American Historical Review, 76 (1971), Nr. 5, S. 1457–1502.

43 Andrew Donson: Why did German Youth Become Fascists? Nationalist Males Born 1900 to 1908 in War and Revolution, in: Social History, 31 (2006), Nr. 3, S. 337–358; ders.: Youth in the Fatherless Land. War Pedagogy, Nationalism, and Authority in Germany, 1914–1918, Cambridge, Mass. u. a. 2010.

44 Donson, Why did German Youth Become Fascists?, S. 339.

45 Rusinek, Krieg als Sehnsucht, S. 141.

46 Donson, Why did German Youth Become Fascists?, S. 339.

47 Stambolis, Mythos Jugend, S. 40; vgl. auch ebd., S. 102 f.

Als exemplarisch für diese Art des Rekurses auf das generationsverbindende ‚Kriegserlebnis' kann wohl Günther Gründels *Die Sendung der jungen Generation* von 1932 gelten, auf das hier kurz näher eingegangen werden soll.[48] Ganz entscheidend für Gründels Buch, das die Begründung der revolutionären Mission der jungen Generation beabsichtigte, ist die zentrale Rolle des Ersten Weltkriegs. Auf den Krieg als „vereinendes Kollektiverlebnis"[49] gehe die generationstypische „Einheit des geistig-seelischen Ausgangspunktes"[50] zurück. Alle drei Alterskohorten, die junge Frontgeneration (1890–1900), die Kriegsjugendgeneration (1900–1910) und die Nachkriegsgeneration (1910–1919), die bei Gründel zusammen die junge Generation bilden, werden als vom Krieg gezeichnet verstanden, wenngleich in durchaus unterschiedlichem Maße.

Werden die Angehörigen der ‚jungen Frontgeneration' als „eigentlichste Träger des Kriegserlebnisses"[51] dargestellt, die vielleicht nicht alle vom Kriege zerbrochen, aber auf jeden Fall „irgendwie aus dem Gleis geworfen"[52] worden seien, so habe das Jugenderleben der Kriegsjugendgeneration andere „Kapitelüberschriften" getragen: Kriegsbegeisterung 1914, Siegesschulfeiern und Heeresberichte, gemeinsamer Kriegseinsatz, Entbehrungen etc. Das eigentliche Kriegsjugenderlebnis sei aber das Gefühl der nationalen Gemeinschaft gewesen, das Wissen um die „großen Zusammenhänge" der Geschichte sowie das Leiden am Zusammenbruch der Welt der Väter.[53] Die Nachkriegsjugend hingegen habe den Krieg selbst nicht mehr bewusst erlebt, sondern nur an seinen Folgen zu leiden gehabt (Versorgungsengpässe in der frühen Kindheit, später Inflation) und sei dann durch die Weltwirtschaftskrise in einen „Lebenskampf" geworfen worden, der sie einen ähnlichen, revolutionären Blick auf die Probleme der Zeit habe werfen lassen wie ihre älteren „Generationsgenossen".[54] Die um den Krieg kreisende Konstruktion einer Generationseinheit verbindet der junge Rechtsintellektuelle mit dem politischen Aufruf zur Revolution: Als „geschlossene Aktionseinheit" sollte die Jugend als Träger des für die ‚konservative Revolution' so charakteristischen, aggressiv-irrationalistischen Antimaterialismus eine neue Zeit einleiten.[55]

Gegenüber einer derartig homogenisierenden Darstellung der mutmaßlich generationsschaffenden Kriegserfahrung der Jugend in den Jahren 1914–1918 ist, zumal aus der ex-post-Perspektive, ein großes Maß an Skepsis angebracht. So etwas wie ‚das' Kriegserlebnis der Jugend im Ersten Weltkrieg hat es nur bedingt gegeben, zu vielgestaltig waren einerseits Erlebnisse und Erfahrungen der betroffenen Jugendlichen, zu unterschiedlich die Wahrnehmungen und Deutungen des Krieges in den

48 In diese Richtung gehen auch z. B.: Frank Matzke: Jugend bekennt: So sind wir!, Leipzig 1930; Leopold Dingräve: Wo steht die junge Generation?, Jena 1931; Friedrich Franz von Unruh: Nationalistische Jugend, in: Die neue Rundschau, 43 (1932), S. 577–592; Eduard Wechsler: Die Generation der Jugendgemeinschaft, Berlin 1927.

49 Gründel, Die Sendung der jungen Generation, S. 22.

50 Ebd., S. 23.

51 Ebd., S. 27.

52 Ebd., S. 25.

53 Ebd., S. 32 f.

54 Ebd., S. 42 ff.

55 Weitere literarische Beispiele finden sich bei Stambolis, Mythos Jugend, S. 89–112.

verschiedenen Milieukulturen des kriegführenden Kaiserreichs.[56] Was Benjamin Ziemann in anderem Zusammenhang in Bezug auf das ‚Fronterlebnis‘ als biographische Zäsurerfahrung der Kombattanten gesagt hat, nämlich dass die soziokulturelle Gruppenzugehörigkeit die Art und Weise bestimmt, in der der Krieg wahrgenommen und gedeutet wird,[57] bestätigt sich auch hier: Zwischen dem Kriegserlebnis eines im Bund Jungdeutschland aktiven Jugendlichen aus nationalbürgerlichem Elternhaus und eines auf der SPD-Linken politisch aktiven Arbeiterjungen lagen Welten.

Ganz sicher gab es jedoch ein Bündel an Erfahrungen, die milieuübergreifend in gleicher oder ähnlicher Form gemacht wurden. So muss z. B. im Kriegsausbruch ganz ohne Zweifel ein tiefer Einschnitt für die kindliche Mentalität gesehen werden.[58] Die vorübergehende Außerkraftsetzung alltäglicher Regeln, die Mobilisierung von Familienmitgliedern und die forcierte Mobilisierungspropaganda in den Schulen beeindruckten in der Frühphase des Krieges das Gros der heranwachsenden Jungen und Mädchen zweifelsohne nachdrücklich. Wenigstens bis 1916 gelang es der Kriegspädagogik durch eine präzedenzlose Emotionalisierung, Nationalisierung und Militarisierung des Unterrichts (in Form heroisierender Siegesfeiern, des täglichen Verfolgens des Heeresberichts etc.), den Mobilisierungsgrad der Kinder und Jugendlichen auf einem hohen Niveau zu halten[59] und ihnen die „Bedeutung des männlich-nationalen Kollektivs“[60] einzuimpfen.

Trotz der anhaltenden Bemühungen der Institution Schule, die in der ersten Kriegsphase herrschende Faszination für Krieg und Gewalt aufrechtzuerhalten, wurde der Krieg jedoch auch für die Heranwachsenden schnell Alltag. Die Begeisterung, die insbesondere in der „Siegfrei“-Zeit im August 1914 spürbar gewesen sein mag, verschwand. Nicht anders als bei der Elterngeneration führte der nicht enden wollende Krieg mit seinen Opfern zur Desillusionierung weiter Teile der Jugendlichen.[61] Die Erfahrung der zunehmenden Fragmentierung der Familie, von Tod und Trauer und nicht zuletzt von materieller Not bzw. Hunger übersprang die Klassengrenzen, ohne jedoch im Kontext zunehmender gesellschaftlicher Polarisierung zu einer einheitlichen Reaktion der Jugendlichen zu führen. Auf der einen Seite nahmen Jugendkriminalität und politische Devianz massiv zu, während es auf der anderen Seite zur Radikalisierung nationalistischer Deutungsmuster kam.[62] Die Revolution bzw. der deutsche Zusammenbruch von 1918 ließen die ohnehin brüchige jugendliche Heimatfront dann endgültig kollabieren. Zwischen der traumatischen

56 Vgl. Donson, Youth in the Fatherless Land; zum Thema Kindheit während des Ersten Weltkriegs vgl. auch Eberhard Demm: Deutschlands Kinder im Ersten Weltkrieg. Zwischen Propaganda und Sozialfürsorge, in: Militärgeschichtliche Zeitschrift, 60 (2001), S. 51–98; Christa Hämmerle (Hg.): Kindheit im Ersten Weltkrieg, Wien u. a. 1993, und vor allem die bahnbrechende Arbeit von Stéphane Audoin-Rouzeau: La guerre des enfants 1914–1918, Paris 1993 und jüngst die vorzügliche Arbeit von Manon Pignot: Allons enfants de la patrie. Génération Grande Guerre, Paris 2012.

57 Vgl. Ziemann, Front und Heimat und ders., Das „Fronterlebnis“.

58 Siehe Demm, Deutschlands Kinder im Ersten Weltkrieg, S. 92; für Frankreich vgl. Pignot, Allons enfants de la patrie, S. 23–37.

59 Vgl. Donson, Youth in the Fatherless Land, S. 87.

60 Reichardt, Faschistische Kampfbünde, S. 375.

61 Vgl. Jo Michaly: … da gibt’s ein Wiedersehen. Kriegstagebuch eines Mädchens 1914–1918, Freiburg 1982.

62 Donson, Youth in the Fatherless Land, S. 206–222; Demm, Deutschlands Kinder im Ersten Weltkrieg, S. 68–73.

Wahrnehmung des Kriegsendes als ‚Zusammenbruch der Welt der Väter' im bürgerlichen Lager und der offenen Begeisterung über das Ende des Kaiserreichs auf Seiten der organisierten Linken ließ sich offensichtlich nur schwer vermitteln.

Von einem einheitlichen Kriegserlebnis bzw. einer einheitlichen Deutungskultur des Krieges lässt sich also nur sehr bedingt sprechen. Dies heißt jedoch nicht, dass der Erste Weltkrieg sich nicht als Referenzpunkt eines generationellen Narrativs geeignet hätte. Generationen sind eher „Problemgemeinschaften" als „Problemlösungsgemeinschaften",[63] d. h. sie zeichnen sich nicht so sehr durch gemeinsame Problemlösungsstrategien, sondern vielmehr durch ein ähnliches Problembewusstsein bzw. konvergierende Problemwahrnehmungen aus. Auch wenn die Reaktion auf den Ersten Weltkrieg wie gesehen je nach soziokultureller, konfessioneller und geschlechtlicher Bindung variierte, lässt sich daraus also nicht schlussfolgern, dass die Kriegsjugend als besonders formbare Gruppe in den Jahren 1914–1918 nicht besonders tief geprägt wurde.[64]

Besonders spürbar ist diese Prägung zweifelsohne bei der bürgerlichen Jugend. Teile der Jugendbewegung und der Studentenschaft gehörten seit den frühen 1920er Jahren zu den wichtigsten Trägergruppen des so genannten heroischen Kriegserlebnisses. Sie entwickelten schon früh einen Deutungsdiskurs, der sich, wie zu zeigen sein wird, wenigstens zum Teil gegen Ende der 1920er Jahre für junge Männer und männliche Jugendliche aller Schichten als anschlussfähig erwies.[65] Vorerst soll die Repräsentativität der ‚victory-watchers' hier jedoch nicht interessieren. Wenn gezeigt werden kann, dass bei der bürgerlichen Jugend von einer (sekundären) Brutalisierung durch das Aufwachsen an der Heimatfront gesprochen werden kann, dann ergeben sich daraus angesichts der Alters- und Sozialstruktur insbesondere der HJ-Führung Schlussfolgerungen für den mentalen Rahmen maßgeblicher Jugendführer, innerhalb dessen sie die Geschichte des Ersten Weltkriegs und ihren eigenen Einsatz für das Dritte Reich mit Sinn versahen.[66]

Die bürgerliche Jugend ist der angesichts zahlreicher Ego-Dokumente und anderer literarischer Quellen am besten erforschbare – und auch am besten erforschte – Teil der deutschen Jugend. Den ‚Krieg als Spiel' an der Heimatfront hat wohl niemand so luzide beschrieben wie Sebastian Haffner, der auf seine Begeisterung 1914 zurückblickend schrieb:

> *Was zählte, war die Faszination des kriegerischen Spiels:* [...] *Hätte es Gefallenenstatistiken gegeben, ich würde sicher auch unbedenklich die Toten „umgerechnet" haben, ohne mir vorzustellen, wie das in der Wirklichkeit aussah, womit ich da rechnete. Es war ein dunkles, geheimnisvolles Spiel, von einem nie endenden, lasterhaften Reiz, der alles auslöschte, das wirkliche Leben nichtig machte, narkotisierend wie Roulette oder Opiumrauchen. Ich und meine Kameraden spielten es den ganzen Krieg*

63 Reichardt, Faschistische Kampfbünde, S. 365.

64 Siehe ebd.

65 Vgl. auch Ziemann, Republikanische Kriegserinnerung, S. 394 f.; Rusinek, Der Kult der Jugend und des Krieges, S. 171 ff.; Götz von Olenhusen, Jugendreich, S. 83 ff.; Kühne, Kameradschaft, S. 22.

66 Auch wenn die Gruppe der einfachen Mitglieder der HJ vor 1933 weitgehend aus Arbeiterjungen bestand, wurde die Führerschaft eindeutig von jungen Männern mit bürgerlichem Hintergrund dominiert, vgl. Stachura, Nazi Youth in the Weimar Republic, S. 58 f.; Buddrus, Totale Erziehung für den totalen Krieg, S. 306 f.

> *hindurch, vier Jahre lang, ungestraft und ungestört – und dieses Spiel, nicht die harmlosen „Kriegsspiele", die wir nebenbei auf Straßen und Spielplätzen aufführten war es, was seine gefährlichen Marken in uns allen hinterlassen hat.*[67]

Der Krieg als „Spiel der Nationen", von „1914 bis 1918 die tägliche Erfahrung von zehn Jahrgängen deutscher Schuljungen", ist für Haffner die „positive Grundvision des Nazitums geworden". „Nicht etwa im ‚Fronterlebnis', sondern im Kriegserlebnis des deutschen Schuljungen" sah er die Wurzel des Nazismus.[68]

Krieg als Spiel, Krieg als Herausforderung, Krieg als Verpflichtung: Die Neigung, bei der politischen Bewertung des eigenen Lebens dem Ersten Weltkrieg Zäsurcharakter beizumessen, muss wohl als „konstitutiv für das Selbstverständnis der politischen Generationen der bürgerlichen Jugend" betrachtet werden.[69] In seiner Untersuchung zu Werner Best analysiert Ulrich Herbert den Zusammenhang von Kriegserfahrung und späterer weltanschaulicher Radikalität systematisch. Härte, Kühle, Sachlichkeit – die „Übernahme des Frontkämpferideals für den Kampf im Innern" präpariert er dabei als „generationellen Lebensstil" heraus. Um den Tod seines im Weltkrieg gefallenen Vaters mit Hilfe der „Wiedererhebung Deutschlands" vergessen zu machen, betätigte sich Werner Best äußerst aktiv in der völkischen Rechten und trat schließlich in die SS ein, für die er das Reichssicherheitshauptamt maßgeblich mit aufbaute. Den mimetischen Druck, die Verpflichtung, dem gefallenen Vater in nichts nachzustehen, beschrieb er 1946 in seinen Memoiren folgendermaßen:

> *Mein Leben stand deshalb schon von der Kindheit an unter dem Zeichen der Pflicht, sich ganz für eine Wiedererhebung Deutschlands einzusetzen, damit der Heldentod meines Vaters nicht umsonst gewesen sei.*[70]

Sehr schön spiegelt sich in dieser Aussage – die natürlich ein gerütteltes Maß an apologetischer Selbststilisierung enthält, schließlich saß Best zum Zeitpunkt der Niederschrift wegen Kriegsverbrechen bereits in dänischer Untersuchungshaft – das moralische Gewicht der Toten gegenüber den Lebenden wider. Die Verlagerung des Sinns des ‚Opfertodes' in die Zukunft, Grundmotiv des heroischen Mythos, zeugt von der Schwierigkeit, einer Niederlage integrativ zu gedenken. Gefangen in der mythomotorischen Mechanik[71] aus Gedenken und Verpflichtung zum Kampf war es insbesondere den bürgerlichen ‚victory-watchers' nur schwer möglich, kriegskulturell bedingte Denkschemata hinter sich zu lassen. Michael Wildt hat vor einigen Jahren gezeigt, dass Bests Lebenslauf (und seine Selbstinterpretation) durchaus repräsentativ

67 Sebastian Haffner: Geschichte eines Deutschen. Die Erinnerungen 1914–1933, Stuttgart/München 2000, S. 20 f., Hervorhebung im Original; ähnlich bei Klaus Mann: Kind dieser Zeit, Berlin 1932; Ernst Gläser: Jahrgang 1902, Potsdam 1928.

68 Haffner, Geschichte eines Deutschen, S. 21 f.; vgl. dazu auch: Michael Wildt: Generation des Unbedingten. Das Führungskorps des Reichssicherheitshauptamtes, Hamburg 2002.

69 Ulrich Herbert: Best. Biographische Studien über Radikalismus, Weltanschauung und Vernunft 1903–1989, Bonn 1996, S. 42.

70 Zitiert nach Herbert, Best, S. 47.

71 Der Begriff Mythomotorik stammt von Jan Assmann und betont den handlungsmotivierenden Antrieb durch formierende oder identitätsstiftende Narrative (Mythen), vgl. Jan Assmann: Das kulturelle Gedächtnis. Schrift, Erinnerung und politische Identität in frühen Hochkulturen, München 1997, S. 80 ff.

für das Führungskorps des Reichssicherheitshauptamtes, der „Kerngruppe der Genozidpolitik",[72] gewesen ist, das sich zu 77 Prozent aus ehemaligen ‚victory-watchers' rekrutierte. In seiner Charakterisierung der ‚Weltanschauungslage' dieser „Generation des Unbedingten" betont Wildt wie Herbert die Bedeutung der Kriegssozialisation an der Heimatfront und die daraus hervorgehende Stilisierung des Soldatischen, des Kämpferischen, des Harten und Erbarmungslosen zu ihren Primärtugenden.[73] Unter den Bedingungen eines neuen Krieges konnte diese ideologische Unbedingtheit zu einer präzedenzlosen, eliminatorischen Radikalität führen, die den totalen Rassenvernichtungskrieg gegen Juden und andere Opfergruppen ermöglichte.

Die Ergebnisse der historischen Forschung zu einer weiteren relativ homogen bürgerlichen Bevölkerungsgruppe, der deutschen Studentenschaft, untermauern den Befund der Brutalisierung an der Heimatfront eindeutig. Nicht nur waren die Studenten (zu Beginn der 30er Jahre etwa 100 000 an der Zahl) das erste Sozialmilieu, in dem die NSDAP bzw. ihre Gliederungen, hier der NSDStB, eine dominante Position erreichten. Es waren vor allen Dingen Studenten, die sich schon sehr früh der in ihren Augen brachliegenden Gedenkpolitik annahmen (z. B. durch das seit 1919 regelmäßig durchgeführte Langemarck-Gedenken in Berlin) und einen bellizistischen Gedenkdiskurs entwickelten, der den „Krieg als Sehnsucht"[74] glorifizierte und die Geburt des ‚neuen Menschen' aus dem Schützengraben proklamierte.[75] Nicht nur durch ihr massives Engagement in den Freikorps unmittelbar nach Kriegsende,[76] sondern während der ganzen Weimarer Republik forderte die überwiegend völkisch eingestellte Studentenschaft die demokratischen Kräfte heraus und trug als einer der Hauptschöpfer des Mythos Jugend (Mit-)Verantwortung für die Destabilisierung der Republik.[77] In einer inspirierenden Regionalstudie hat Sonja Levsen jüngst die Studentenschaften in Tübingen und Cambridge in den Jahren 1900–1929 vergleichend untersucht.[78] Während vor dem Krieg englische und deutsche Studenten noch sehr ähnliche Deutungs- und Verhaltensmuster an den Tag legten, entwickelten sich nach Kriegsende deutlich unterschiedliche Studentenkulturen. In Deutschland radikalisierte sich der studentische Militarismus und stärker als vor dem Krieg rückte das männerbündische Kollektiv in den Vordergrund. In England kam es zu einer Modernisierung der Selbst- und Geschlechterbilder. Insbesondere jüngere Studenten distanzierten sich in Cambridge – wie auch anderswo in England – „überraschend deutlich vom Leitbild einer militarisierten Männlichkeit"[79] und

72 Siehe Herbert, Best, S. 13.
73 Wildt, Generation des Unbedingten, S. 45.
74 Rusinek, Krieg als Sehnsucht. Zu den rechtsextremistischen Tendenzen in der Studentenschaft vgl. ausführlich Kater, Studentenschaft und Rechtsradikalismus.
75 Vgl. Hüppauf, Schlachtenmythen und die Konstruktion des ‚Neuen Menschen'.
76 Ein großer Teil der rund 250 000 Freikorpskämpfer hatte gar nicht am Krieg teilgenommen und bestand zum großen Teil aus Schülern und Studenten, die ihr Kriegserlebnis nachholen wollten, vgl. Schulze, Freikorps und Republik, S. 36, S. 47 ff.
77 Vgl. Stambolis, Mythos Jugend, S. 113–132; vgl. hierzu und zum Folgenden auch: Christian Ingrao: Étudiants allemands. Mémoire de guerre et militantisme nazi; Étude de cas, in: 14–18 aujourd'hui – today – heute: Demobilisations culturelles après la Grande Guerre, 5 (2003), S. 55–71; Rusinek, Der Kult der Jugend und des Krieges, S. 182–190.
78 Levsen, Elite, Männlichkeit und Krieg.
79 Ebd., S. 356.

suchten ihr Leben auch außerhalb traditionell-studentischer Gemeinschaftsformen in die Hand zu nehmen.

Von einer mentalen Demobilisierung kann also im Fall der deutschen Studenten keine Rede sein, ganz im Gegenteil. Der allgegenwärtige Bezug auf den Weltkrieg und die ungerechte Kriegsniederlage schufen vor dem Hintergrund der ökonomischen Mangelsituation, unter der die Studenten stark zu leiden hatten, ein Klima radikaler Protestbereitschaft, das schon sehr früh die wesentlichen Formen und Topoi des nationalsozialistischen Kultes um den Ersten Weltkrieg vorwegnahm. Auf diese Art konservierte das studentische Sozialmilieu in gewisser Weise die binäre Grundstruktur der Kriegskultur und trug ihre Deutung des Weltkriegs in die Weimarer Gesellschaft hinein.

Einen Eindruck davon, in welchem Maße zentrale Elemente dieses militanten Weltkriegsdiskurses auch für die Minderheit republikanisch bzw. sozialdemokratisch orientierter Studenten zustimmungsfähig waren, gibt eine bemerkenswerte Initiative des Reichsausschusses der deutschen Jugendverbände aus dem Jahr 1931. In zwei Sonderheften des *Jungen Deutschlands*[80] bemühten sich mehrheitlich linksstehende Studenten der Zeitungs- und Theaterwissenschaften, ein Bild ihrer Generation zu entwerfen. Auch ihr Generationenporträt wählt interessanterweise das ‚Kriegserlebnis' an der ‚Heimatfront' als Ausgangspunkt:

> *Als wir zu denken und zu fühlen begannen, als in uns dämmernd das Bewußtsein einer eigenen Existenz aufstieg,* [...] *war Krieg. Das war unser erster Eindruck, damit begann für uns das Leben. Das Thema Krieg beschäftigte alle, von der Kinderstube bis zum Bezirkskommando; die Vorgänge im Privatleben des einzelnen waren nur Randbemerkungen dazu. Seltsame Jahre des Werdens, da der Vater für viele von uns den Nimbus einer Märchenfigur erhielt, er war fort, weit weg, „im Krieg".* [...] *Unser Spielzeug bestand aus Granatsplittern, Patronenhülsen, Kokarden, Koppeln, Achselstücken und dergleichen.* [...] *und unsere Schulmappen trugen die Bilder von Seeschlachten, feuernden Geschützbatterien, Reitern, Soldaten, Fahnen – es waren die Embleme unserer Kindheit. Unser Gehirn war davon voll, und unsere Phantasie gab die Bilder wieder in Traum und Spiel.*[81]

Eine wie auch immer geartete Kriegssehnsucht leiteten sie daraus nicht ab. Ganz im Gegenteil: Alle Teilnehmer der Arbeitsgruppe bezeichneten sich als Pazifisten, eine Selbstbezeichnung, der sich übrigens selbst der einzige nationalsozialistische Parteigänger nicht widersetzte. Ihnen schien evident, dass es Ziel einer rationalen Politik sein müsse, Kriege zu verhindern, und sie sahen im modernen „Maschinenkrieg" „kein irgendwie geartetes menschenerhöhendes Ethos", sondern nur die Zerstörung von Menschen, Sachwerten und Kultur.[82]

Und dennoch, trotz dieser ausgesprochen kritischen Sicht auf den Krieg, konnten auch sie sich der Faszination des Frontsoldaten-Mythos nicht entziehen. Selbstkri-

80 Vgl. Sonderheft: Junge Generation spricht. Erste Folge, in: Das junge Deutschland, Juli 1931; Sonderheft: Junge Generation spricht. Zweite Folge, in: Ebd., August 1931.

81 Carl Schneider: Wir in der Zeit, in: Ebd., Juli 1931, S. 386–391, Zitat S. 386.

82 Wilhelm Eichhorn: Unsere Stellung zu Krieg und Frieden, in: Ebd., S. 412–417, S. 413.

tisch und beinahe widerwillig erklärten sie, „manchmal die, die ihn miterleben durften", zu beneiden:

> *Und trotzdem* [...] *hegen wir ein geheimes Bedauern: wir beneiden geradezu manchmal die, die ihn miterleben durften. Wir sind dabei nicht (!) kriegslüstern und würden sicherlich keineswegs heroischer denken und wirken als der letzte Gemeine in den Schützengräbenlöchern der zusammenbrechenden deutschen Novemberfront von 1918. Wir erscheinen uns ihnen gegenüber nicht vollwertig genug, das ist es; – obwohl wir nicht an das reinigende Stahlbad glauben können, obwohl wir wissen, daß es um die Vertiefung des Nationalbewußtseins und die Förderung zur wahren Volksgemeinschaft durch den Krieg ein heikles Ding ist, obwohl wir haben einsehen müssen, daß eher der gegenteilige Effekt, die Zersplitterung und Zermürbung des Volkskörpers und seiner ideellen und materiellen Kräfte, ungleich wahrscheinlicher ist.*[83]

Einerseits distanzierten sie sich von der Stahlbad-Rhetorik der radikalen Rechten, andererseits fühlten sie sich Veteranen mit ‚Fronterfahrung' gegenüber nicht vollwertig. Sie akzeptierten, dass die Kriegsteilnehmer durch ihren Einsatz für Deutschland Vorrang in der Gesellschaft genossen. Diese Ambivalenz wird uns bei der Untersuchung der Weltkriegsrezeption im KJMV und im Jungbanner wiederbegegnen. Sie ist Ausdruck einer latenten Heroisierung des Kriegseinsatzes selbst auf Seiten der kriegskritischen Kräfte und wirft damit ein Schlaglicht auf die Reichweite zentraler Bedeutungselemente des Frontkämpfer-Mythos weit über die bürgerliche Rechte hinaus.

Doch das greift schon voraus. Weiter unten wird die Kompatibilität von pazifistischer Grundüberzeugung und Heroisierung des Soldatentodes ausführlich zu behandeln sein. Hier soll es vorerst nur um das Führerkorps der im Mittelpunkt der vorliegenden Untersuchung stehenden Hitler-Jugend gehen, und den jungen Männern und Frauen, die die Geschicke der NS-Parteijugend bestimmten, waren Zweifel am Sinn des Krieges fremd. Geboren zwischen 1900 und 1910, bürgerlicher Hintergrund – das Gros der HJ-Führerschaft gehörte eindeutig in das Diskursumfeld des hier beschriebenen militanten Weltkriegsgedenkens.

Hierzu bietet sich ein kurzer Blick auf Baldur von Schirach und Eberhard Wolfgang Möller einerseits und auf Emil Klein, Hartmann Lauterbacher und Jutta Rüdiger andererseits an. Die beiden ersteren können aufgrund ihrer dichterischen Auseinandersetzung mit dem Kriegserlebnis als wichtige Mythosproduzenten gelten und sollen daher etwas ausführlicher behandelt werden. Wie sehr ihre Deutung des Krieges als autobiographische Zäsur von weiten Teilen der höheren HJ- bzw. BDM-Führer(inne)n geteilt wurden, zeigen exemplarisch die Erinnerungen Kleins, Lauterbachers und Rüdigers. Allen fünfen ist gemeinsam, dass sie ihren eigenen Lebensweg in der von Ulrich Herbert hervorgehobenen Weise durch das Prisma des ‚Schicksals ihres Volkes' verstanden wissen wollten.

83 Ebd., S. 412.

Inwieweit die Erinnerungen Emil Kleins (geboren 1905), Hartmann Lauterbachers (Jahrgang 1909) und Jutta Rüdigers (geboren 1910) tatsächlich die authentischen Jugenderlebnisse ihrer Autoren widerspiegeln, darf nicht zuletzt angesichts ihrer späten Entstehung in den 1980er und 1990er Jahren mit einem Fragezeichen versehen werden. Da das autobiographische Gedächtnis immer sozial und kulturell geprägt ist,[84] lässt sich davon ausgehen, dass kulturell eingeübte Deutungen des Weltkriegs aufgenommen wurden. Der breite Raum, den die drei ehemaligen Angehörigen der Reichsjugendführung dem Ersten Weltkrieg in ihren Erinnerungen einräumen, belegt aber auf jeden Fall eindrucksvoll, wie zentral das Kriegserlebnis für ihre autobiographische Selbstkonstruktion und damit auch für ihr Weltbild gewesen ist. Bei Klein heißt es z. B.:

> *Ich bin ein Kind des Ersten Weltkrieges. Bei Kriegsbeginn war ich neun Jahre alt. Mein Vater wurde 1915 zum Kriegsdienst eingezogen, kämpfte in Frankreich und lag im Stellungskampf in den Ardennen.* (S. 4)
> *Als der Erste Weltkrieg seine Schatten vorauswarf, kam zum Gleichschritt, in welchem wir immer zur Turnhalle marschierten, eine Schwarz-Weiß-Rote Fahne an der Spitze der Klasse und ein Lied. Einmal war es „Es braust ein Ruf wie Donnerhall" oder „Siegreich wollen wir Frankreich schlagen" und andere Kriegslieder als Marschweisen. Lieder wie wir sie auch bei den Soldaten hörten. Einer unserer Lehrer, den wir sehr gerne hatten, war der Erste, der Soldat wurde und in den großen Krieg zog. Wir waren sehr stolz auf ihn. Es war kein Zweifel für uns, daß es selbstverständliche nationale Politik war und eine Ehre, als Soldat dem Vaterland zu dienen.* [...] *Als im August 1914 die Mobilmachung erfolgte und die ersten Truppenteile vom Laimer Bahnhof an die Westfront abrückten, standen wir Buben oft unter den mit Blumen geschmückten Soldaten und der jubelnden Menge. Hatte der Zug den Bahnhof verlassen, bemerkten wir viele Mädchen und Frauen, die traurig und allein auf dem Heimweg waren. Wir aber schwenkten unsere Fahnen und waren Stolz auf die Soldaten; am liebsten wären wir mit ihnen in den Krieg gezogen.* (S. 7)
> *Schon in der Schule wurden wir mit dem Vormarsch der deutschen Truppen beschäftigt. Im Klassenzimmer hing eine große Landkarte, auf der wir, unter Anleitung unserer Lehrer, mit bunten Nadeln die täglichen Frontbewegungen mit großer Teilnahme abstecken.* (S. 8)
> *1916 nun mußte mein Vater in den Krieg. Ich erinnere mich noch genau. Das Regiment wurde zusammengestellt im Biergarten vom Augustiner Keller an der Arnulfstraße, unweit davon war der Verladebahnhof, von wo aus die Soldaten an die Front fuhren.* (S. 9)
> *Mein Vater war in den Vogesen und lag im Stellungskrieg gegen die Franzosen. Mit Freude hörten wir, daß er zum Unteroffizier befördert wurde, die 1. Stufe zum Reserveoffizier. Einige Wochen später wurde ihm das Eiserne Kreuz verliehen. Ich war stolz auf meinen Vater.* (S. 10)[85]

84 Vgl. Krassnitzer, Historische Forschung zwischen „importierten Erinnerungen" und Quellenamnesie; Fried, Der Schleier der Erinnerung.

85 Mein Leben. 25 Jahre umsonst? Von 1920–1945: Ein Lebenslauf mit Dokumentationen im Blickfeld der Politik, betrachtet im Jahre 1985. (Bundesarchiv Koblenz, Nachlass Klein, Kleine Erwerbung 832–1).

Ungeachtet aller anzunehmenden nachträglichen Aneignungen und Überformungen deckt sich Kleins Beschreibung seiner Kriegskindheit soweit mit den Erkenntnissen der historischen Forschung zur Auswirkung des Ersten Weltkriegs auf die Sozialisationsbedingungen in Deutschland zwischen 1914 und 1918, dass wohl von einem authentischen Kern ausgegangen werden kann. Von 1927–1939 konnte Emil Klein als HJ-Führer (die meiste Zeit davon als Führer des prestigeträchtigen Gebiets Hochland) seinen Zöglingen den Heldengeist der deutschen Soldaten, den er als ‚victory-watcher' vermittelt bekommen hatte, weitergeben. Im Krieg gab es für ihn folgerichtig wie für die ganze höhere HJ-Führerschaft nur eine Aufgabe: den ‚Waffendienst'.

Ganz ähnlich klingt die Erinnerung an den Ausbruch des Ersten Weltkriegs bei dem vier Jahre jüngeren Hartmann Lauterbacher (geboren 1909), von 1934 bis 1940 als Stabschef der RJF der zweite Mann in der HJ:

> *Dann kam der Erste Weltkrieg. Ich war mit meinen fünf Jahren noch sehr jung, kann mich aber noch gut an die Mobilmachung erinnern. Von unseren Fenstern sahen wir, wie die jungen Männer zusammenkamen, alle mit langen bunten Bändern geschmückt und begleitet von ihren Angehörigen. Es schien gar nicht traurig zuzugehen, es war eher ein Volksfest, das sich da auf dem kleinen Marktplatz in Reutte abspielte. So etwas hatte ich bis dahin weder erlebt noch davon träumen können. Es waren mehr Menschen zusammengekommen als je vorher zu irgendeiner kirchlichen Feier. Ich begriff, es war etwas Besonderes geschehen.* [...] *Es war auf jeden Fall ein sehr starker Eindruck, den ich mein ganzes Leben über behalten habe. Nun war das Leben von dieser Stunde an verändert.* [...]
> *Ich erlebte dort* [in Kufstein] *die letzte Kriegszeit, sah die täglichen Militärtransporte mit deutschen Einheiten, die den Österreichern an der Südfront zu Hilfe gekommen waren und schließlich im Frühjahr 1918 eine große Rolle spielten. Das war irgendwie ein ganz besonderer Anstoß für mich in meinem jungen Leben. Es gab für mich nur Deutschland. Und eben dieses Deutschland kam nun im Augenblick der größten Not den Kaiserjägern, den Gebirgsjägern, den treuen Verbündeten der westösterreichischen Länder zu Hilfe.*[86]

Besonders Albert Leo Schlageter, jener ‚Frontoffizier' und Freikorpsführer, der 1923 im Ruhrkampf von einem französischen Militärgericht der Sabotage für schuldig befunden und hingerichtet worden war, hatte es dem nachmaligen Gauleiter von Südhannover-Braunschweig und SS-Obergruppenführer angetan. Noch in seinen Memoiren beklagte er sich darüber, dass kaum noch jemand diesen „Freiheitshelden" kenne, und belegte damit, dass heroische Deutungsmuster selbst für den über 70-Jährigen ihre Gültigkeit nicht verloren hatten: „Aber tote Helden schlafen nicht. Das müssten unsere heutigen Politiker eigentlich aus der Geschichte der Antike und des Mittelalters wissen."[87]

Nicht anders als ihre männlichen Altersgenossen erinnert sich Jutta Rüdiger, Reichsreferentin des BDM von 1937 bis 1945 und damit oberste BDM-Führerin,

86 Hartmann Lauterbacher: Erlebt und mitgestaltet. Kronzeuge einer Epoche 1923–1945. Zu neuen Ufern nach Kriegsende, Preußisch Oldendorf 1984, S. 22 ff.
87 Ebd., S. 90.

auch in den 1990er Jahren noch fasziniert an den 1. August 1914, den sie als gerade einmal 4-jähriges Mädchen in Düsseldorf erlebt hatte:

> *Mein erstes Erlebnis, an das ich mich heute noch erinnern kann und das mich damals sehr bewegte, hatte ich, vier Jahre alt, am 1. August 1914.* [...] *ich empfand, es mußte etwas Großes und Bedeutendes in unser Leben eingegriffen haben.*
> *Ich erinnere mich auch noch an die Düsseldorfer Ulanen, die mit bunten Uniformen, Tschakos und Lanzen auf Pferden in den Krieg zogen. Wir wohnten gegenüber einem Krankenhaus* [...]. *So konnte ich später beobachten, wie in Straßenbahnwagen Verwundete ins Krankenhaus gebracht wurden. Als ich mir dann auf einem Kinderspielplatz beim Turnen das Schlüsselbein brach, was sehr schmerzhaft war, war dieser Schmerz bald vergessen, kam ich mir doch mit meiner Armbinde wie ein verwundeter Soldat vor.* [...]
> *Mein Bruder bekam zu seinem Geburtstag eine Schallplatte, die einen erfolgreichen Angriff des Unterseebootes U 9 von Otto Weddigen auf englische Kriegsschiffe wiedergab. Wir spielten sie uns immer wieder vor und jubelten jedes Mal, wenn der Torpedo das englische Schiff getroffen hatte. Im Zimmer meines Bruders hingen an der Wand Schattenbilder aller erfolgreichen deutschen Jagdflieger* [...]. *Später kam noch ein Bild von der Seeschlacht gegen die Engländer im Skagerrak hinzu. Ich sehe noch heute vor mir das sinkende Schiff, auf dessen Heck ein Matrose mit wehender Flagge stand. Damals, mit sechs Jahren, hatte ich mir vorgenommen, auch mit wehender Flagge unterzugehen, wenn es einmal sein müßte. Mit Begeisterung wirkte ich auch bei den Kampfspielen meines Bruders mit Zinnsoldaten mit. Als ich mir aber selbst zu Weihnachten Soldaten wünschte, bekam ich nur eine Puppe in feldgrauer Uniform sowie Sanitätssoldaten aus Zinn mit einer Bahre und einem Zelt mit Rotem Kreuz. Irgendwie war ich etwas enttäuscht, weil es eben keine richtigen Soldaten waren.*[88]

Die Vita des am 9. Mai 1907 in Berlin geborenen Baldur von Schirach weist auch den nachmaligen Reichsjugendführer eindeutig als ‚victory-watcher' aus. Seine bürgerliche Sozialisation, sein frühzeitiger NSDAP-Eintritt, besonders aber die sich in seinen Gedichten niederschlagende Verarbeitungsstrategie des Weltkriegs und der Kriegsniederlage lassen ihn als paradigmatischen Fall eines sekundär brutalisierten Kriegskindes erscheinen. Beim „Dichter der Bewegung" und Jugendführer des deutschen Reiches handelte es sich um einen Angehörigen der Kriegsjugendgeneration, der die zentralen Ideologeme der völkisch-nationalistischen Kriegsdeutung offensichtlich sehr früh aufnahm, sie verinnerlichte und der schließlich durch eigene Arbeit am Weltkriegsmythos (erst Gedichte, dann Gedenkpolitik der HJ) ein wichtiges Rad in der gedächtnispolitischen Maschinerie der Rechten wurde.

Der Aufstieg des verkrachten Studenten von Schirach zu einer der wichtigsten Personen des Dritten Reichs, ja zum „Kronprinzen" des Führers, kann hier nicht weiter interessieren;[89] wichtiger für die vorliegende Untersuchung ist die Rolle, die der Erste Weltkrieg als zentrales Jugendereignis für seine Selbst- und Weltwahrnehmung gespielt hat.

88 Jutta Rüdiger: Ein Leben für die Jugend. Mädelführerin im Dritten Reich, Preußisch Oldendorf 1999, S. 7–8.
89 Michael Wortmann: Baldur von Schirach. Hitlers Jugendführer, Köln 1982, S. 188.

Aufgewachsen im teilweise ausgesprochen reaktionären bürgerlichen Milieu Weimars, in dem sein Vater, Carl von Schirach, als ehemaliger Offizier der kaiserlichen Armee und Intendant des Weimarer Hoftheaters – also als Angehöriger sowohl der militärischen als auch der bildungsbürgerlichen Elite – gleich doppelt angesehen war, erlebte von Schirach den Krieg, soviel darf vermutet werden, in der von Altersgenossen so häufig beschriebenen Weise: als Einbruch des Abenteuers in den Alltag. In der Ex-post-Perspektive gerann allerdings ein anderes Erlebnis zur entscheidenden Zäsur: das aufgrund einer „familiären Doppelkatastrophe" als traumatisch erlebte Kriegsende. Zum einen verlor nämlich der Vater nach dem Sturz seines obersten Dienstherrn (des Großherzogs von Sachsen-Weimar-Eisenach) seine Stellung am Weimarer Theater; ein Vorgang, der, umso mehr als mit ihm empfindliche finanzielle Einbußen einhergingen, geeignet war, den Hass des ohnehin antirepublikanisch gesinnten von Schirach senior auf die neue republikanische Ordnung noch zu steigern. Zum anderen erschoss sich 1919 Karl von Schirach, Baldurs älterer Bruder, aus – wie er in seinem Abschiedsbrief schrieb – Verzweiflung über das „Unglück Deutschlands"[90]. Ähnlich wie Best will auch Schirach sich durch den subjektiv mit dem Krieg verknüpften ‚Opfertod' eines nahen Verwandten verpflichtet gesehen haben, das Erbe des Toten anzutreten. Den Selbstmord des ‚zu spät gekommenen' Gymnasiasten stilisierte er in seinen Memoiren dementsprechend zum Erweckungserlebnis seiner „Liebe zum Vaterland".[91] Dem geliebten Bruder nacheifernd wollte der 12-jährige Baldur, so will es jedenfalls die Erinnerung des verurteilten Kriegsverbrechers Schirach, nur dem Vaterland dienen.[92]

Natürlich sind Erinnerungen bzw. Memoiren immer Konstruktionen von Kohärenz und Zwangsläufigkeit, deren Erkenntniswert skeptisch bewertet werden muss. Dies gilt umso mehr, wenn der Autor (wie Schirach nach seiner Haftentlassung 1966) unter erheblichem Rechtfertigungsdruck steht. Da liegt es nahe, auf jedenfalls innerhalb der eigenen Altersgruppe akzeptierte Narrative zurückzugreifen (wie hier die traumatisierende Erfahrung des Weltkriegs und des Versailler Vertrages), um die Relevanz des eigenen Handelns zu relativieren und sich tendenziell zu exkulpieren.

Aussagekräftiger für den mentalen Rahmen des Germanistik-Studenten Schirach sind deswegen seine relativ früh verfassten Gedichte, denen er seinen Ruf als ‚Dichter der Bewegung' verdankt. Auch wenn opportunistische Taktiererei und Gefallsucht als Movens für die künstlerischen Gehversuche nicht von der Hand zu weisen sind, so darf doch angenommen werden, dass in ihnen der ‚frühe' Schirach authentischer und von machtpolitischem Kalkül weniger verbaut zutage tritt als in den späteren Äußerungen des versierten Parteipolitikers und Funktionärs.

Schirachs vier Jahre vor der ‚Machtergreifung' publizierter Gedichtband *Die Feier der neuen Front*[93] erscheint insgesamt als ein keinesfalls originelles Kondensat völ-

90 Vgl. ebd., S. 31.

91 Baldur von Schirach: Ich glaubte an Hitler, Hamburg 1967, S. 15.

92 Michael Wortmann betont in seiner Schirach-Biographie ebenfalls die Bedeutung dieses doppelten Schicksalsschlags für dessen weiteren Lebensweg. Der Verlust des Bruders und die Entlassung des Vaters hätten sein späteres Optieren für die nationalsozialistische Ideologie entscheidend katalysiert, indem sie den „Boden für die nationalsozialistische Heilslehre [...] in ihm bereitet" hätten. Michael Wortmann: Baldur von Schirach – Studentenführer, Hitlerjugendführer, Gauleiter in Wien, in: Ronald Smelser/Enrico Syring/Rainer Zitelmann (Hg.): Die braune Elite, Bd. 1, Darmstadt 1999, S. 247.

93 Baldur von Schirach: Die Feier der neuen Front, München 1929.

kisch-nationalistischer Topoi und Symbole. In meistens zwei bis drei Strophen glorifiziert der ‚Dichter der Bewegung' Schirach die Person des Führers und den nationalsozialistischen Kampf um die Macht. Die „extreme Symbolhaftigkeit" der Gedichte, das Fehlen von dezidierten Bezügen auf die nationalsozialistische Programmatik, der lyrische „Nebel von Rausch und Gefühl"[94] ermöglichten ihre Rezeption über die NS-Parteigrenzen hinaus und ließen sie besonders bei Jugendbünden aus dem Umfeld der deutschen Jugendbewegung und im bürgerlichen Lager Anklang finden.[95]

Der dichterische Brückenschlag in die Mitte der Gesellschaft wurde inhaltlich durch das emphatische Weltkriegsgedenken erleichtert, das meistens als Ehrung der Toten Schirachs „Minutenlyrik" leitmotivisch durchzog. ‚Heldengedenken', ‚Vermächtnis der Toten' und die ‚Verpflichtung der Jugend' zu Opfergeist und Heldenmut nahmen als zentrale Bestandteile des lyrischen Gedenkdiskurses des aufstrebenden Studentenführers die Hauptmotive der später von ihm orchestrierten Gedenkpolitik vorweg. Die Grundintention, den gefallenen Soldaten ein Denkmal zu setzen, lässt sich anhand des in der HJ-Publizistik am häufigsten abgedruckten Gedichts Schirachs, *Den Soldaten des großen Krieges*, besonders gut illustrieren:

Sie haben höher gelitten als Worte sagen.
Sie haben Hunger, Kälte und Wunden
schweigend getragen.
Dann hat man sie irgendwo gefunden:
Verschüttet, zerschossen oder erschlagen.

Hebt diesen Toten hoch zum Gruß die Hand!
Sie sind so fern vom Vaterland gefallen,
die Türme aber ihrer Treue ragen
uns allen, allen
mitten im Land.[96]

Getreu dem Motto: „Wer nicht an Euren Leichen/ gelobte, Euch zu gleichen,/ der ist kein Kamerad ...", wie es an anderer Stelle heißt,[97] baute der dichtende Jungfunktionär mimetischen Druck auf: Der Generation der Kriegsteilnehmer nacheifernd sollten die Nachgeborenen beweisen, dass sie ihrer todesmutigen Väter und Brüder würdig seien; Kriegsbereitschaft und Opfermut wurden auf diese Weise zum Lebenssinn der gesamten Kriegsjugend- und Nachkriegsgeneration erhoben. Als Reichsjugendführer mit der Wehrerziehung der männlichen Jugend betraut, sollte Schirach Gelegenheit haben, die kriegerische Revision der Nachkriegsverhältnisse, die er in *Des Daseins Sinn* postulierte, voranzutreiben:

94 Wortmann, Baldur von Schirach, S. 61.
95 Vgl. auch: Jürgen Hillesheim/Elisabeth Michael: Lexikon nationalsozialistischer Dichter. Biographien – Analysen – Bibliographien, Würzburg 1993, S. 387–394.
96 Baldur von Schirach: Den Soldaten des großen Krieges, in: Ders., Die Feier der neuen Front, S. 9.
97 Ders.: Auf einem Gefallenen-Denkmal, in: Ders.: Die Fahne der Verfolgten, Berlin 1935, S. 14.

[...]
Als wir noch Kinder, dröhnten die Kanonen
und manches Kinderlachen brach entzwei,
kam eine Meldung aus den Todeszonen:
„Dein Vater starb, damit die Jugend frei!"

Wehe dem Sohn, der das je kann verwinden
und nach so großem Preis vom Kampfe schwieg!
Wir wollen unsres Daseins Sinn verkünden:
uns hat der Krieg behütet für den Krieg! [98]

Der Kotau der Jugend vor den Gefallenen des Weltkriegs, der in der beschwörenden Evokation der „Todeszonen" zum Ausdruck kommt, war für Schirach, und in diesem Punkt war der spätere Reichsjugendführer repräsentativ für die ganze bürgerliche Kriegsjugendgeneration, unverhandelbar. Als besonders traumatisch wurde in diesem Zusammenhang offensichtlich gar nicht so sehr der ‚Heldentod' der Generation der Väter als solcher empfunden, sondern vielmehr die Tatsache, dass er angesichts der Kriegsniederlage umsonst bzw. sinnlos gewesen sein sollte. In dem drohenden „Wehe dem Sohn, der das je kann verwinden" und den sich anschließenden Gedichtzeilen scheint exemplarisch die deutsche Schwierigkeit auf, den Krieg hinter sich zu lassen. In dem Maße, in dem eine externe Sinngebung des Soldatentods vor dem Hintergrund des Versailler Vertrags unmöglich war, wurde der Krieg zum einen durch die Glorifizierung soldatisch-männlicher Werte und Tugenden internalisiert, d. h. als erzieherisch wertvolles ‚inneres Erlebnis' zum Selbstzweck erhoben. Zum anderen wurde der Sinn des Krieges in die Zukunft verlagert. Solange die Jugend in der Perpetuierung des vorgeblichen Heldentums der deutschen ‚Frontsoldaten' ihres „Daseins Sinn" erblickte, so lange war der Krieg nicht wirklich verloren, sondern konnte im Extremfall im Krieg der Zukunft noch rückwirkend ‚gewonnen' werden.[99]

Internalisierung und Verpflichtung der Jugend, mit diesen beiden zentralen Elementen des heroischen Mythos ist der erinnerungskulturelle Rahmen abgesteckt, den das Weltkriegsgedenken der großen Mehrheit der Jugendorganisationen in der Zwischenkriegszeit nicht verlassen konnte. Nur vor diesem Hintergrund ist die paramilitärische Signatur des Generationenprotestes Ende der 1920er Jahre adäquat zu erklären. Während auf Seiten der Siegermächte die kritische Auseinandersetzung mit dem europäischen Vorkriegsmilitarismus (auch) generationelle Züge annehmen konnte und die Kriegsjugend- und Nachkriegsgeneration mit den Wert- und Normvorstellungen der Kriegsgeneration auch den Ersten Weltkrieg zunehmend hinter sich ließ,[100] machte die Kriegsniederlage diesen Weg in Deutschland ungleich schwerer gangbar. Unter dem Einfluss von ‚victory-watchers' wie etwa Schirach, die sich den heroisierenden Diskurs der jungen ‚Frontgeneration' zu eigen machten, kam es hier ganz im Gegenteil zur Stabilisierung und Radikalisierung überkommener Soldaten- und Geschlechterbilder. Die zeitgenössischen intergenerationellen

98 Ders.: Des Daseins Sinn, in: Ders., Die Feier der neuen Front, S. 11.
99 Vgl. zum heroischen Mythos allgemein Behrenbeck, Der Kult der toten Helden, S. 65–76.
100 Vgl. Levsen, Elite, Männlichkeit und Krieg.

Spannungen spielten in diesem Prozess eine katalysierende Rolle: Der ‚Frontsoldat' des Ersten Weltkriegs entwickelte sich zunehmend zum Rollenvorbild der aktivistischen Elemente der Jugend. Seine kämpferische Unbedingtheit und seine Männlichkeit konnotierende Selbstbeherrschung und Opferbereitschaft kontrastierten mit dem ‚Parteienhader' der um ihr Überleben ringenden Republik und dienten lagerübergreifend der generationellen Selbstabgrenzung und Mobilisierung der Jugend.

Die Heroisierung der Kriegsgefallenen, die in Schirachs Gedichten zum Ausdruck kommt, war für den NS-Studentenführer nicht unproblematisch – und diese Ambivalenz ist konstitutiv für das NS-Weltkriegsgedenken insgesamt. Schließlich lief eine politische Bewegung, deren Aktivisten sich überwiegend aus Nicht-Kriegsteilnehmern rekrutierten, Gefahr, durch die Glorifizierung der ‚Frontsoldaten' des Ersten Weltkriegs ihren eigenen Gestaltungsanspruch zu relativieren. Die NSDAP und ihre Gliederungen spürten früh, dass es darauf ankam, einen integrativen Gedenkdiskurs zu entwickeln, der es der Kriegsjugend- und Nachkriegsgeneration erlaubte, am Frontsoldaten-Mythos zu partizipieren.[101] Darauf wird später noch genauer einzugehen sein. Bei Schirach liest sich die Parallelisierung des ‚Kampferlebnisses' der NS-Aktivisten im Straßenkampf mit dem ‚Fronterlebnis' der Kriegsteilnehmer folgendermaßen:

Nie dienten wir und doch sind wir Soldaten,
wir kämpften nie in einem wahren Kriege,
in einem Krieg der Kugeln und Granaten.
Und doch bekannt sind Kämpfe uns wie Siege –
Nein, nicht im Krieg schlug man uns unsre Narben,
und doch war's Krieg! Denn viele, viele starben ...
[...].[102]

Im Kampf für Hitler erblickte der Jungfunktionär die Möglichkeit, ein dem Kriegserlebnis strukturell gleichwertiges Kampferlebnis zu erfahren. Die spezifische Differenz von Material- und Saalschlacht wird zugunsten einer generationsübergreifenden Erlebniseinheit aufgehoben. In den Straßenkämpfen der späten Weimarer Zeit trat die Kriegsjugend, so sah es jedenfalls der junge NS-Funktionär, endlich aus dem Schatten der Kriegsgeneration. In dieser Konstruktion einer direkten Kontinuitätslinie von den Kriegsteilnehmern hin zu den NS-Aktivisten wird die generationelle Dynamik des NS-Weltkriegsgedenkens deutlich: Die radikale Usurpation und Politisierung des Kriegserlebnisses erlaubte ‚victory-watchers' wie Schirach, mnemopolitisch neben die Helden ihrer Kindheit zu treten und ihren politischen Gestaltungsanspruch gerade auch gegenüber ehemaligen Kriegsteilnehmern zu legitimieren.

Während Baldur von Schirach in der Folgezeit gleichsam als „Geschichtspolitiker" eine Rolle spielte, hatte Eberhard Wolfgang Möller (Jahrgang 1906) als bedeutendster Schriftsteller der HJ in erster Linie künstlerischen Anteil an der Inszenie-

101 Vgl. Götz von Olenhusen, Vom Jungstahlhelm zur SA; Donson, Why did German Youth Become Fascists?, S. 339.

102 Schirach, Die Fahne der Verfolgten, S. 12.

rung der toten Helden des Weltkriegs.[103] Vor allem seine nach der ‚Machtergreifung‘ entstandene, den ‚Helden von Langemarck‘ gewidmete Kantate *Die Briefe der Gefallenen*[104] entwickelte sich in der Vertonung von Georg Blumensaat zu einem absolut unverzichtbaren Element der HJ-offiziellen Langemarck-Liturgie.[105] Hier jedoch soll ein Blick auf Möllers Frühwerk, das 1929 uraufgeführte Drama *Douaumont oder: Die Heimkehr des Soldaten Odysseus* und die Kantate *Anruf und Verkündung der Toten* (1932), verdeutlichen, wie sehr die literarische Thematisierung des Weltkriegs ein Grundmotiv seines Werkes lange vor 1933 gewesen ist.

In einem Interview mit der *Berliner Illustrierten* führte der soeben mit dem Nationalen Buchpreis ausgezeichnete HJ-Dichter 1935 den von ihm eingeschlagenen Weg auf den Krieg 1914–1918 zurück. Nicht die Erfahrung an der Heimatfront als solche habe allerdings seine dichterische Sendung beeinflusst, sondern vielmehr – die Parallele zu Schirach ist unverkennbar – die Deutungskämpfe um den Sinn der gefallenen Soldaten. Nach seiner Darstellung hat er sich ganz bewusst entschieden, sein Talent einzusetzen, um „den Toten ein Denkmal zu setzen“:

> *Auch für mich stand die erste seelische Erschütterung im Schatten des Weltkrieges. Es war bei einer Heldengedenkfeier nach dem Zusammenbruch. Ich war noch sehr jung, vielleicht 16 Jahre. In dem Augenblick, in dem eine Minute Schweigen die Gefallenen ehren sollte, raste in die feierlich ergriffene Stille der haßerfüllte Gesang der Internationale. Das war die Sekunde, wo ich Dichter wurde, die mein späteres Fühlen und Denken bestimmte. Als ich nach einer wüsten Prügelei, seelisch bis ins letzte aufgewühlt, nach Hause kam, wußte ich, daß ich den Toten ein Denkmal setzen müßte, so gut ich es eben können würde. Und so entstand der Wunsch, aus dem dann zuerst mein „Douaumont“ und später die „Briefe der Gefallenen“ reiften.*[106]

Möller begriff sein Schicksal in diesem Zusammenhang als generationstypisch: „denn nicht nur das äußere Gefüge des Lebens war zerbrochen, sondern auch das innere Gerüst. Hundertfach unheilbarer als alles Chaos in der Welt war damals das

103 Möller war einer der meistgespielten Dramatiker des Dritten Reichs und als Träger des wichtigsten deutschen Literaturpreises, des Nationalen Buchpreises, einer der bekanntesten NS-Dichter, vgl. Jay W. Baird: Hitler's Muse. The Political Aesthetics of the Poet and Playwright Eberhard Wolfgang Möller, in: German Studies Review, 17 (1994), Nr. 2, S. 269–286; Thomas Eicher/Barbara Pause/Henning Rischbieter: Theater im ‚Dritten Reich‘. Theaterpolitik, Spielplanstruktur, NS-Dramatik, Leipzig 2000, S. 648–671; vgl. auch: Stefan Busch: „Und gestern, da hörte uns Deutschland“. NS-Autoren in der Bundesrepublik. Kontinuität und Diskontinuität bei Griese, Beumelburg, Möller und Ziesel, Würzburg 1998. Exemplarisch für die zeitgenössische Verehrung Möllers vgl. Herbert Frenzel: Eberhard Wolfgang Möller, München 1938.

104 Die Kantate „Die Briefe der Gefallenen“ ist abgedruckt in: Eberhard Wolfgang Möller: Berufung der Zeit. Kantaten und Chöre, Berlin 1935.

105 Von Teilen der Langemarck-Kantate Möllers und Blumensaats existiert eine Rundfunkaufnahme im Deutschen Rundfunkarchiv Wiesbaden: Langemarck-Feier der Hitler-Jugend in der Berliner Volksbühne am Horst-Wessel-Platz vom 10. 11. 1935 (DRA B00. 48. 92224).

106 Charlotte Köhn-Behrens: Die Sekunde, da ich Dichter wurde. Der Träger des Nationalbuchpreises 1935 Eberhard Wolfgang Möller erzählt, in: Berliner Illustrierte, Nachtausgabe, 4. 5. 1935, zitiert nach: Herbert Schönfeld: Eberhard Wolfgang Möllers Dichtung im Deutschunterricht, in: Zeitschrift für Deutsche Bildung, 12 (1936), S. 504. Laut Baird, Hitler's Muse, S. 270 f., hat sich Möller auch schon 1930/31 in den „Saarbrücker Theaterblättern“ in diesem Sinne geäußert.

Chaos in uns Jungen."[107] Über die Kindheit im Krieg lässt er dementsprechend eine Figur in *Douaumont* sagen:

> *Denken Sie doch, diese lange unglückselige Zeit: Angst und Frontbericht sein Spielzeug. Seine Jugend ein kleines Stück Himmel über der Straße. Ein Kanten Maisbrot seine ganze Sehnsucht. Was habe ich ihm geben können? Wissen Sie nicht mehr, daß sein Vater im Kriege war?*[108]

Douaumont oder Die Heimkehr des Soldaten Odysseus war 1929 Möllers erster größerer Erfolg. Uraufgeführt von der traditionell linken Volksbühne Berlin war das Stück seine Eintrittskarte in den PEN-Club und machte ihn über Deutschland hinaus bekannt: In England war *Douaumont* eines der ersten deutschen Stücke, die nach dem Weltkrieg aufgeführt wurden. Zum Waffenstillstandstag 1932 wurde darüber hinaus eine Hörspielfassung des Dramas im Radio ausgestrahlt.[109]

Der Plot ist schnell erzählt: Odysseus, der Verdun-Kämpfer, kehrt zehn Jahre nach Kriegsende zu seiner Familie zurück. Frau und Sohn erkennen ihn nicht, er scheint vergessen, die Opfer der Soldaten sind unwichtig. Gegenspieler des Soldaten (Freier am Hofe Penelopes) sind ein Studienrat und ein Makler, deren libertäre Bonhomie (Makler) und reaktionäre Strenge (Lehrer) in ihrer scheinheiligen Oberflächlichkeit den Sieg der Gegenwart über die Vergangenheit verkörpern. In posttraumatischen Stresszuständen durchlebt der heimgekehrte Odysseus seine Kriegserlebnisse im *Douaumont* immer wieder aufs Neue. Unter dem Eindruck der kraftvollen Kriegsevokationen des Vaters erkennt der Sohn als erster die Sendung des Frontsoldaten und ruft („berauscht") „Weiter Vater! Wir hören."[110] In einer für das spätexpressionistische Theater charakteristischen Konfrontation zwischen den Kontrahenten, in der die Grenze zwischen Erzählzeit und erzählter Zeit verschwimmt, führt Odysseus die Freier und seine Familie zurück in den Krieg, wo der Makler und der Studienrat im Trommelfeuer die Überlegenheit des Soldaten anerkennen müssen und ihm sodann das Feld überlassen.

Möller betont in *Douaumont*, dass „hinter uns allen der Schatten des Douaumont und seines Soldaten [steht]. Warten wir nicht alle auf den Morgen, der diesen Alb hebt?"[111] Metonymisch entwirft der 23-jährige Autor das Bild einer deutschen Nachkriegsgesellschaft, auf der der Weltkrieg wie ein „Leichentuch aus Beton"[112] lastet und an Jugend, Frauen und Weltkriegsteilnehmer gleichermaßen wie der „Krebs" frisst.[113] Die Odyssee des ‚Frontsoldaten' ist darum zugleich die Odyssee des ganzen deutschen Volkes, das nicht weiß, wie es die Erfahrungen des Krieges in seinen Erfahrungsraum integrieren soll. Zwar suggeriert Möller die spirituelle Höherwertigkeit der ehemaligen ‚Frontsoldaten' und sieht in ihren existentiel-

107 Möller in den „Saarbrücker Theaterblättern" zitiert nach Baird, Hitler's Muse, S. 272.

108 Eberhard Wolfgang Möller: Douaumont oder: Die Heimkehr des Soldaten Odysseus, Berlin 1929, S. 54.

109 Vgl. Baird, Hitler's Muse, S. 270 f.; vgl. auch Brandt, Vom Kriegsschauplatz zum Gedächtnisraum, S. 216–221.

110 Möller, Douaumont, S. 83.

111 Ebd., S. 7.

112 Ebd., S. 82.

113 Ebd.

len Kriegserfahrungen ein Heilmittel gegen den seiner Ansicht nach grassierenden materialistischen Zeitgeist; auch konstruiert er latent die Dichotomie Etappe-Front und lässt den Odysseus-Soldaten in der kathartischen Schlussszene die Führung übernehmen. Daraus lässt sich jedoch nicht, wie beispielsweise Jay W. Baird es tut, eine radikalnationalistische Stoßrichtung des ganzen Dramas ablesen.[114] Ebenso wenig ist es möglich, *Douaumont* als politische Propaganda ohne künstlerischen Gehalt abzuqualifizieren und das politische Engagement Möllers, der 1931 in die SA und 1932 in die NSDAP eintrat, bevor er 1934 wichtige Aufgaben in der RJF übernahm, auf das Jahr 1929 quasi vorzuverlegen. *Douaumont* ist im Gegenteil ein unterschiedlich interpretierbares Drama: Der ‚Frontsoldat' erscheint ganz und gar nicht als sendungsbewusster Kriegsheld, der zurückkehrt, um wie Hitler die Dinge als Politiker in die Hand zu nehmen, sondern kommt vielmehr als Protagonist mit Brüchen und Schwächen daher. Die Rückkehr zu seiner Familie ist keine ‚Machtergreifung', sondern eher eine Traumatherapie, und die Schilderungen des Stahlgewitters vor Verdun lassen sich pazifistisch lesen, zumal in ihnen die Soldaten primär als passive Opfer beschrieben werden. Es war diese Polyvalenz, die den Erfolg des Stückes begünstigte und es aus heutiger Sicht als typisches Beispiel für die semantische Offenheit eines Großteils der Kriegsliteratur der späten 1920er Jahre erscheinen lässt.

Ganz anders klang dahingegen drei Jahre später die Kantate *Anruf und Verkündung der Toten*, die 1932 erstmals erschien und in der die Frage nach dem Sinn des Kriegsopfers im Vordergrund steht.

Wie sie gestorben? Wozu
reihte sich Grab an Grab?
Antworte, der du uns nahst
aus den dunklen Grotten des Lebens.
Antworte, Wissender du,
wie du die Toten sahst.
Jahre sahen wir hinab
in die schweigende Nacht, doch vergebens.[115]

Das „Rätsel des Opfers" konnte jahrelang nicht gelöst werden, „die Äcker eurer Seele sind brach" bis „der große Erwecker" kam und den ‚Geist der Front' wiederbelebte. „Die Toten marschieren" jetzt, in Langemarck begann ihr Marsch, sie rufen die Lebenden und klagen Opferbereitschaft ein:

Stieg und schwoll zum Orkan [der Gesang]
über den steinernen Damm.
Und von Langemarck her
sah ich schwankend die ersten Kolonnen
aus der Finsternis nahn.
Auf dem schaukelnden Meer

114 Baird, Hitler's Muse, S. 271.
115 Eberhard Wolfgang Möller: Anruf und Verkündung der Toten, in: Ders., Berufung der Zeit, S. 45.

ihrer Stahlhelme schwamm
der Mond in tausend nächtlichen Sonnen.[116]

In der Zwischenzeit schlief Deutschland und vergaß seine Toten, ja, „gab sich Mühe, den Krieg zu vergessen". Nur sehr langsam konnten sich die Toten Gehör verschaffen, die einzige Möglichkeit, sie zum Leben zu erwecken, sie „im großen heiligen Bunde" zu treffen, ist ihrem Ruf zu folgen, zur *imitatio heroica*, zum Kampf für das Dritte Reich:

Wenn es der Gott euch bestimmt.
Wenn ihr die Ketten zerbrecht
und die Trompeten ergehn.
Wenn das Heer der Starken, Freien und Helden
stürmend die Höhen erklimmt
und die Nebel verwehn.
Wenn ein erneutes Geschlecht
aufsteht auf den dampfenden Äckern und blühenden Feldern,
um mit erhobnem Gesicht
furchtlos und ohne Graun
vor der Berufung des Tods
meine Rede zu hörn und mein bleiches
Gleichnis des Krieges zu schaun
und des dämmernden Rots
Jubel und ersten Bericht
von der Ankunft des dritten, des heiligen Reiches.[117]

Zwischen 1929 und 1932 ist es ganz offensichtlich zu einer Radikalisierung der Möllerschen Weltkriegssicht gekommen. Steht bei *Douaumont* noch ein Frontkämpfer-Typ im Mittelpunkt, der zwar grundsätzlich positiv konnotiert ist, aber Schwächen zeigt und politisch kaum instrumentalisierbar ist, so findet sich in Anrufung und Verkündung der Toten ein im nationalsozialistischen Sinn ausgedeutetes Bild der Verpflichtung der Lebenden zum Kampf. Wegen dieser Tendenzverschiebung ist Möller besonders interessant: Sein Beispiel illustriert den an anderer Stelle weiter zu verfolgenden Vormarsch der heroischen Weltkriegsdeutungen bei Jugendlichen und jungen Erwachsenen.

Der kurze Blick auf Schirach, Möller, Klein, Lauterbacher und Rüdiger zeigt exemplarisch die große Bedeutung des Ersten Weltkriegs in den autobiographischen Selbstentwürfen ausgewählter HJ-Führer. Schirach und Möller haben darüber hinaus bereits in den 1920er Jahren erkennbar die Gefallenen des Ersten Weltkriegs in den Mittelpunkt ihres künstlerischen Schaffens gestellt. Damit soll nicht etwa gesagt werden, dass sich das später in der HJ entwickelnde Helden- und Gefallenengedenken quasi automatisch aus der Kriegserfahrung an der Heimatfront ihrer Führerschaft ergeben hätte. Dazu waren die Vorgänge, die zur Institutionalisierung des

116 Ebd., S. 49.
117 Ebd., S. 59.

HJ-Weltkriegsgedenkens führten, letztlich zu komplex. Ganz ohne Zweifel aber besaß die Erfahrung des Ersten Weltkriegs bzw. die spätere Interpretation dieser Erfahrung ganz entscheidenden Anteil an der Entstehung des heroischen Weltbildes der genannten HJ-Führer. An den Schalthebeln der Reichsjugendführung sorgten sie folgerichtig dafür, den soldatischen Heroismus der ‚Front‘ in der HJ-Generation zu verankern. Dadurch trugen sie dazu bei, Schirachs prophetische Gedichtzeile „Uns hat der Krieg bewahrt für den Krieg“[118] Wirklichkeit werden zu lassen.

118 Baldur von Schirach: Des Daseins Sinn, in: Ders., Die Feier der neuen Front, S. 11.

III. Helden- und Opfergedenken in der Jugendkultur der späten 1920er und frühen 1930er Jahre

Der Organisationsgrad der deutschen Jugendlichen und jungen Erwachsenen in der Weimarer Zeit war bemerkenswert hoch: Mehr als die Hälfte der männlichen und immerhin ein Viertel der weiblichen Angehörigen der Alterskohorte der 14- bis 25-Jährigen war in die vielgestaltige Verbandslandschaft der Weimarer Zeit integriert.[1] 1927 stellten die Sport bzw. Körperertüchtigung betreibenden Verbände mit über 1,5 Millionen Mitgliedern die größte Gruppe der im Reichsausschuss der deutschen Jugendverbände organisierten Jugendorganisationen dar, gefolgt von den katholischen und evangelischen Verbänden (880 000 bzw. 600 000 Mitglieder) und den berufsständigen Organisationen (400 000 Mitglieder). Parteijugendorganisationen kamen nur auf rund 100 000 Mitglieder,[2] gefolgt von den Bünden der so genannten Bündischen Jugend, auf die zwischen 30 000 und 100 000 Mitglieder entfielen.[3]

Auch wenn diese Zahlen sich gegen Ende der Weimarer Republik tendenziell zugunsten der politischen Extreme verschoben – SA und HJ entwickelten sich erst ab den 1930er Jahren zu veritablen Massenorganisationen, Januar 1933: SA ca. 700 000, HJ ca. 50 000 Mitglieder –, besteht doch insgesamt kein Zweifel daran, dass bis zur nationalsozialistischen ‚Machtergreifung' eben nicht der Typus des parteipolitisch engagierten Hitler-Jungen unter den Jugendlichen vorherrschend war. Vielmehr blieben die Sport- und Turnverbände auf der einen und die konfessionellen Organisationen auf der anderen Seite (nahezu ein Drittel aller katholischen Jungen war konfessionell organisiert, gegenüber nur sieben Prozent ihrer protestantischen Altersgenossen)[4] quantitativ die weitaus wichtigeren Organisations- und Sozialisationsformen jugendlicher Gemeinschaft.

An diesem Befund kann die vorliegende Untersuchung unmöglich vorbeigehen. Schließlich liefert die qualitative Beschreibung der Weltkriegsrezeption in ausgewählten Teilen der jugendlichen Subkultur erst die Kontrastfolie, vor der einerseits die Besonderheit des HJ-Kriegsdiskurses nachweisbar wird, andererseits aber vor allem die erinnerungskulturellen Schnittmengen trennscharf hervortreten. Es wird zu zeigen sein, dass in den letzten Jahren der Weimarer Republik trotz aller politischen Divergenzen eine ‚Jugendgedenkkultur' entstanden ist, in der eine heroisierende Thematisierung des ‚Opfers der Frontsoldaten' stattfand.

1 Wolfgang Krabbe: Die gescheiterte Zukunft der ersten Republik. Jugendorganisationen bürgerlicher Parteien im Weimarer Staat (1918–1933), Opladen 1995, S. 37; Günther Ehrenthal: Die deutschen Jugendbünde. Ein Handbuch ihrer Organisation und ihrer Bestrebungen, Berlin 1929, S. 156. Die Komplexität der Jugend-Verbandslandschaft zeigt deutlich: Rudolf Kneip: Jugend der Weimarer Zeit. Handbuch der Jugendverbände 1919–1938, Frankfurt a. M. 1974.

2 Innerhalb dieser Gruppe kamen allein die sozialistischen Organisationen auf über 50 000 Mitglieder. Da die HJ ebenso wie die Kommunistische Jugend dem Reichsausschuss nicht angeschlossen war, gibt die Statistik des Reichsausschusses nicht den wahren Stand der Zahl der politisch engagierten Jugend wieder.

3 Stachura, Nazi Youth in the Weimar Republic, S. 49: 60 000; Jürgen Reulecke: Hat die Jugendbewegung den Nationalsozialismus vorbereitet? Zum Umgang mit einer falschen Frage, in: Ders.: „Ich möchte einer werden so wie die ...". Männerbünde im 20. Jahrhundert, Frankfurt a. M./New York 2001, S. 151–176, S. 153: 50 000–100 000.

4 Krabbe, Die gescheiterte Zukunft der ersten Republik, S. 61.

Dies ist gerade vor dem Hintergrund der nach 1933 verordneten, absichtsvollen Erinnerungspolitik ein wichtiges Ergebnis: Die Akzeptanz, ja die Popularität der semantischen Ausweitung des ursprünglich religiösen Opferbegriffs auf die Kriegsgefallenen des Weltkriegs, die (1.) zur Sakralisierung des Tötens und Getötet-Werdens, (2.) zur Verherrlichung des Getöteten führt und (3.) nachfolgende Generationen auf das Vermächtnis der Opferhelden verpflichtet,[5] in weiten Teilen der Jugend belegt nachdrücklich, dass die NS-Machtergreifung vom Januar 1933 für die Weltkriegsrezeption der Jugend keine Zäsur darstellt. Vielmehr machte die HJ mit zentralen Elementen ihres Kriegs- und Heldengedenk-Diskurses ein weitgehend konsensfähiges Deutungsangebot, das gemeinhin nicht als NS-spezifisch betrachtet, sondern eher als selbstverständlich hingenommen wurde und damit – so kann vermutet werden – die Integration in die sich rapide zur Staatsjugend entwickelnden HJ erleichterte.

Es ist hilfreich, in diesem Zusammenhang Aleida Assmanns Unterscheidung zwischen sakrifiziellem und viktimologischem Opferbegriff aufzugreifen.[6] Anders als beispielsweise im Englischen oder Französischen, wo es mit *sacrifice* und *victim* bzw. *victime* verschiedene Begriffe für einerseits das bewusste Willensentscheidungen voraussetzende, aktive sich (oder etwas) Opfern und andererseits das passiv-erleidende Opfer-werden gibt, ist ‚Opfer' im Deutschen semantisch ambivalent und kann je nach Kontext beide Bedeutungsinhalte zum Ausdruck bringen. Stellt der ‚viktimisierende' Opfer- und Gefallenendiskurs die Absurdität des industriellen Massensterbens auf den europäischen Schlachtfeldern in den Mittelpunkt, so betont das sakrifizielle Narrativ in erster Linie die bewusste Opfer- und Leidensfähigkeit der Kombattanten, deren Tod dadurch als heroisches Selbstopfer erscheint, und erhebt die Fähigkeit zum Opfern tendenziell zur Quintessenz soldatischen Heldentums.

Inwieweit trägt die analytische Zweiteilung des Opferbegriffs etwas zum Verständnis der Weltkriegsrezeption in den deutschen Jugendverbänden zwischen 1926 und 1933 bei? Kreiste das Kriegsgedenken der bürgerlichen Jugend ausschließlich und invariant um den sakrifiziell-heroischen Opfertod der deutschen Soldaten, so bewegte sich die Gedenkpraxis in politisch in der Mitte bzw. weiter links stehenden Verbänden im breiten Kontinuum von Kriegsopfer- und Heldengedenken. Der Umstand, dass viktimologische und sakrifizielle Soldaten- und Kriegsbilder hier koexistierten, belegt eindeutig, dass es zwischen den Extrempolen der Dichotomie Radikalpazifismus und radikaler Nationalismus einen erinnerungskulturellen Zwischenbereich gegeben hat, in dem kriegskritische und heroisierende Diskurse einander nicht nur nicht ausschlossen, sondern sogar gegenseitig stützten. Die weitgehende Kompatibilität von Kriegsverurteilung und Glorifizierung soldatischer Opferbereitschaft gehört zum Signum der Weimarer Kultur und muss analytisch ernst genommen werden, wenn man die komplexen Deutungskämpfe um den Sinn des Krieges verstehen will. In stärkerem Maße als der elitäre Bellizismus Jüngerscher Prägung, dessen Anhängerschaft lediglich im fünfstelligen Bereich gelegen haben

5 Vgl. Behrenbeck, Der Kult der toten Helden, S. 65–76; Hildegard Cancik-Lindemaier: Opfer. Religionswissenschaftliche Bemerkungen zur Nutzbarkeit eines religiösen Ausdrucks, in: Hans Joachim Althaus (Hg.): Der Krieg in den Köpfen. Beiträge zum Tübinger Friedenskongress Krieg – Kultur – Wissenschaft, Tübingen 1988, S. 109–120; auch Mosse, Fallen Soldiers; Klaus Latzel: Vom Sterben im Krieg. Wandlungen in der Einstellung zum Soldatentod vom Siebenjährigen Krieg bis zum II. Weltkrieg, Warendorf 1988, S. 99.

6 A. Assmann, Der lange Schatten der Vergangenheit, S. 72 ff.

mag,[7] war es die durch das allgegenwärtige Gefallenengedenken katalysierte, Milieukulturen überschreitende Identifizierung mit soldatischen Werten, die sozialpsychologisch betrachtet die deutsche Jugend auf das Leben im Soldatenstaat Hitlers vorbereitet hat.

Leider kann aus arbeitsökonomischen Erwägungen hier kein den strengen Kriterien statistischer Repräsentativität entsprechendes Sample Weimarer Jugendorganisationen untersucht werden. Gleichwohl wurde mit ausgewählten Bünden der bürgerlichen Jugendbewegung, dem Katholischen Jungmännerverband Deutschlands (KJMV) und der katholischen Sturmschar sowie dem sozialdemokratischen Jungbanner eine Auswahl getroffen, die verallgemeinerbare Aussagen erlaubt.

Trotz ihrer zahlenmäßig kleinen Mitgliederbasis entwickelte die aus der Jugendbewegung hervorgegangene so genannte Bündische Jugend in der zweiten Hälfte der 1920er Jahre eine weit über den engen Kreis der ihr zuzurechnenden Verbände hinausgehende Strahlkraft: Ihre jugendbewegten Gemeinschaftsformen verloren in der Weimarer Republik schnell ihren elitär-bildungsbürgerlichen Charakter und setzten sich sukzessive in der ganzen organisierten Jugend durch.[8] Es ist daher nicht übertrieben, von einer Vorbildfunktion der Bündischen Jugend zu sprechen. Das gilt auch für das Weltkriegsgedenken – so übernahm die bürgerliche Turnerjugend ab 1931 den von unterschiedlichen Bünden getragenen Langemarck-Marsch und machte sich damit die Pflege des Vermächtnisses der Freiwilligenregimenter zu eigen.[9] Aufgrund ihrer großen ideologischen Affinität zu den zahlenmäßig bedeutsameren Jugendverbänden der bürgerlichen Wehrverbände (wie Stahlhelm, Jungdeutscher Orden und Jungsturm etc.) erlaubt die bündische Gedenkpraxis den Einblick in das Kontinuum bürgerlicher Kriegsdeutungen, ohne welchen der nationalsozialistische Totenkult aus seinem historischen Kontext gerissen und als unzugängliches Kuriosum erscheinen würde.[10]

7 Rusinek, Der Kult der Jugend und des Krieges, S. 176.

8 Zur Bündischen Jugend vgl. z. B.: Reulecke, „Ich möchte einer werden so wie die…"; Werner Kindt (Hg.): Die deutsche Jugendbewegung 1920 bis 1933. Die bündische Zeit. Quellenschriften, Düsseldorf 1974; Peter D. Stachura: The German Youth Movement 1900–1945. An Interpretative and Documentary History, New York 1981; Hermann Giesecke: Vom Wandervogel bis zur Hitler-Jugend, München 1981; Walter Laqueur: Die deutsche Jugendbewegung. Eine historische Studie. Studienausgabe, Köln 1978; Harry Pross: Jugend. Eros. Politik. Die Geschichte der deutschen Jugendverbände, Bern u. a. 1964; die Einrichtung der Sturmschar im KJMV (1930) sowie das betont jugendbewegte Auftreten der Turnerjugendbewegung sind nur zwei Beispiele für den Vorbildcharakter ‚bündischer' Stilelemente über die bildungsbürgerlich-elitären Bünde hinaus, vgl. Götz von Olenhusen, Jugendreich, S. 89 ff.; Jürgen Dieckert: Die Turnerjugendbewegung, Stuttgart 1968, S. 15. Zum ‚bündischen' Charakter des Jungbanners vgl. Karl Rohe: Das Reichsbanner Schwarz Rot Gold. Ein Beitrag zur Geschichte und Struktur der politischen Kampfverbände zur Zeit der Weimarer Republik, Düsseldorf 1966, S. 121 f.

9 Vgl. Dieckert, Die Turnerjugendbewegung, S. 135. Leider kann hier aus Platzgründen der interessante Komplex der Jugendabteilungen der bürgerlichen Sport- und Körperertüchtigungsverbände nicht näher behandelt werden. Es kann aber davon ausgegangen werden, dass die von Christiane Eisenberg für die Weimarer Zeit belegte Militarisierung des gesamten – nicht nur des wehrsportlichen – Sportbetriebes nach dem Beispiel der Turnerjugendbewegung mit der Intensivierung des Gedenkens an die im Weltkrieg gefallenen Soldaten einhergegangen ist. Christiane Eisenberg: ‚English Sports' und Deutsche Bürger. Eine Gesellschaftsgeschichte 1800–1939, Paderborn u. a. 1999, vgl. auch Hajo Bernett: Die deutsche Turn- und Sportjugend im letzten Jahr der Weimarer Republik, in: Hans-Georg John (Hg.): Jugendsport im ersten Drittel des 20. Jahrhunderts, Clausthal-Zellerfeld 1988, S. 37–69.

10 Zu den Jugendabteilungen der bürgerlichen Wehrverbände vgl. pars pro toto: Joachim Tautz: Militaristische Jugendpolitik in der Weimarer Republik. Die Jugendorganisationen des Stahlhelm. Bund der Frontsoldaten, Jungstahlhelm und Scharnhorst, Bund deutscher Jungmannen, Regensburg 1998.

Um die Fixierung auf primär bürgerliche Gruppierungen aufzubrechen, werden mit dem KJMV bzw. der Sturmschar und dem republikanischen Jungbanner wichtige Jugendorganisationen aus den gegenüber den ideologischen Heilsversprechen der NS-Bewegung relativ resistenten katholischen und sozialdemokratischen Sozialmilieus zum Vergleich herangezogen. Dabei wird sich zeigen, dass es bei allen fundamentalen politischen Differenzen zwischen den weltanschaulichen Lagern Katholizismus, Sozialismus und Nationalsozialismus gerade beim Gefallenen- und Weltkriegsgedenken einen gemeinsamen Wertebereich gab, der als „Kult der Jugend und des Krieges“[11] nur unzureichend beschrieben ist und der sich eher in der gemeinsamen Wertschätzung der individuellen wie kollektiven Opferbereitschaft der deutschen Soldaten von 1914–18 sowie einer ausgeprägten Neigung zu Führertum, Kameradschaft und Männlichkeit äußerte. Ob damit wirklich weite Kreise beileibe nicht nur der rechts stehenden Jugend schon „Teil einer destruktiven, aus der Republik von Weimar hinausweisenden Erinnerungskultur des Ersten Weltkrieges“[12] waren, sei hier dahingestellt. Ganz sicher trugen die genauer herauszuarbeitenden Schnittmengen mit der nach der ‚Machtergreifung‘ einsetzenden, staatlichen Weltkriegs-Erinnerungskonjunktur jedoch dazu bei, den Übergang ins nationalsozialistische Dritte Reich, dessen Dauerappell zu *imitatio heroica* und Opfergeist man bereits aus der Zeit vor 1933 bestens kannte, zu erleichtern.

1. Der ‚Große Krieg‘ in der bürgerlichen Jugendkultur

Angesichts der Zersplitterung der Jugendbewegung in der Weimarer Republik ist es weder möglich noch zielführend, alle Jugendbünde zu behandeln.[13] Genauer untersucht werden sollen hier vor allem die Deutsche Freischar und der Großdeutsche Jugendbund, die zusammen gegen Ende der 1920er Jahre mit etwa 20 000 Mitgliedern die größten Bünde waren. Darüber hinaus erlaubt die überbündische Zeitschrift *Die Kommenden*, in der u. a. die Geusen, Adler und Falken, Artamanen, Deutsche Pfadfinder, Schilljugend (also insgesamt die kleinen, weit rechts stehenden Bünde) eigene Rubriken für ihre Mitteilungen unterhielten, einen Blick auf die Rezeption des Ersten Weltkriegs im nationalistisch-völkischen Lager der Bündischen Jugend zu werfen.[14]

Auf die Bedeutung des Ersten Weltkriegs für Entwicklung und Selbstverständnis der bürgerlichen Jugendbewegung ist in der Forschung bereits hingewiesen worden.[15] Insbesondere die Radikalisierung des „Männerbund-Syn-

11 Rusinek, Der Kult der Jugend und des Krieges; vgl. auch: Benno Hafeneger/Michael Fritz (Hg.): Wehrerziehung und Kriegsgedanke in der Weimarer Republik. Ein Lesebuch zur Kriegsbegeisterung junger Männer, Bd. 2: Jugendverbände und -bünde, Frankfurt a. M. 1992.

12 Rusinek, Der Kult der Jugend und des Krieges, S. 171.

13 Einen guten Überblick über die verschiedenen Jugendverbände liefert Kneip, Jugend der Weimarer Zeit.

14 Zur Zeitschrift „Die Kommenden“ vgl. Breuer/Schmidt, Die Kommenden.

15 Z. B. Gudrun Fiedler: Jugend im Krieg. Bürgerliche Jugendbewegung, Erster Weltkrieg und sozialer Wandel 1914–1923, Köln 1989; Stachura, The German Youth Movement 1900–1945, S. 46 f.; Giesecke, Vom Wandervogel bis zur Hitler-Jugend, S. 82; vgl. auch Otto-Ernst Schüddekopf: Linke Leute von rechts. Die nationalrevolutionären Minderheiten und der Kommunismus in der Weimarer Republik,

droms",[16] die ‚bündische' Kameradschaft als Idealvorstellung männlicher Vergemeinschaftung, die beispielsweise dazu führte, dass sich die Geschlechtertrennung sukzessive durchsetzte, und schließlich die Militarisierung des Jungenlebens – an die Stelle der wandernden Gruppe trat die marschierende Kolonne unter dem Befehl eines Führers – wären ohne die Prägekraft des Mythos der soldatischen ‚Frontgemeinschaft' nicht vorstellbar gewesen.

Ohne Anspruch auf Vollständigkeit sollen hier einzelne Aspekte der bündischen Weltkriegsrezeption herausgegriffen werden. Die Untersuchung des quellenmäßig gut fassbaren Weltkriegs-Diskurses der Bündischen Jugend in der zweiten Hälfte der 1920er Jahre soll schließlich in erster Linie die Kontrastfolie bereitstellen, vor der sich die Konturen des Kriegs- und Gefallenengedenkens im KJMV und im Jungbanner überhaupt erst abheben.

Der Ansatz ist in diesem Kontext notwendigerweise integrativ, d. h. es kann nicht darum gehen, die ausgeprägten (politisch-weltanschaulichen) Differenzen zwischen den genannten Jugendverbänden zu würdigen.[17] Im Mittelpunkt werden stattdessen die Konvergenzen in der Weltkriegsrezeption und insbesondere das Bild des Frontsoldaten des Großen Krieges stehen. Die entscheidende These ist dabei die folgende: In der gesamten Bündischen Jugend wurde ein in die Zukunft gerichteter Kult um die gefallenen Helden betrieben, der organisationsübergreifend eine heroische Jugendkultur schuf, die spätestens ab den frühen 1930er Jahren auf nichtbürgerliche Jugendorganisationen ausstrahlte und wesentliche Elemente des Weltkriegsgedenkens der HJ nach 1933 bereits vorwegnahm.

Schon auf den ersten Blick fällt auf, dass die hier untersuchte Presse der Bündischen Jugend dem Ersten Weltkrieg qualitativ sowie quantitativ mehr Platz einräumt als die Blätter der anderen in diesem Kapitel untersuchten Organisationen, KJMV und Jungbanner. Im gesamten Untersuchungszeitraum widmeten *Die Nationale Jugend*, *Die Heerfahrt*, die *Deutsche Freischar* oder *Die Kommenden* dem Weltkrieg allesamt ausführliche Artikel, die häufig in der November-Ausgabe (Langemarck-Gedenken), zu Weihnachten (Erinnerung an die Weihnachtsfeiern im Schützengraben) oder im August (Wiederkehr des Kriegsausbruchs) erschienen.[18] Kriegsbücher wurden in extenso rezensiert bzw. auszugsweise abgedruckt, wobei das

Stuttgart 1960, S. 164 ff. Zur ganz zentralen Bedeutung des Langemarck-Mythos für das Geschichts- und Selbstbild der bürgerlichen Jugendbewegung vgl. z. B. Uwe-K. Ketelsen: Die Jugend von Langemarck. Ein poetisch-politisches Motiv der Zwischenkriegszeit, in: Koebner/Janz/Trommler (Hg.), „Mit uns zieht die neue Zeit", S. 68–96.

16 Jürgen Reulecke: Einleitung, in: Ders., „Ich möchte einer werden so wie die…", S. 9–18, S. 10, vgl. auch: Ulrike Brunotte: Zwischen Eros und Krieg. Männerbund und Ritual der Moderne, Berlin 2004.

17 Die Deutsche Freischar galt als liberalster Bund, der Großdeutsche Jugendbund als relativ nationalkonservativ, während die rechts stehenden völkischen Splittergruppen nationalrevolutionäre Tendenzen entwickelten. Zu den verschiedenen Flügeln der Bündischen Jugend vgl. z. B. Stachura, The German Youth Movement 1900–1945, S. 38–70.

18 Vgl. z. B. Ernst Buske: Die Wimpel gesenkt!, in: Deutsche Freischar. Rundbrief der Bundesführung, November 1928; Arnold Bergsträsser: Erinnerung des Krieges, in: Ebd., November 1929; Gedicht von unbekannt, in: Ebd., November 1930; Johann Gottlieb Brockdorff-Ahlefeld: Verdun, in: Die Jungenschaft, Dezember 1930; Ein Weihnachtskriegserlebnis, in: Die Heerfahrt, Dezember 1926; ebenso die sich ausschließlich dem Weltkrieg widmende gesamte August-Nummer der „Heerfahrt" 1927 sowie Die Heerfahrt, August 1928, 1929 und 1931, in denen ausgiebig des Kriegsausbruchs gedacht wird; vgl. auch Helmut Gollwitzer: Der Anspruch der Weihnacht, in: Ebd., Dezember 1928; Gerhard Rebsch: Langemarck, in: Ebd., Oktober/November 1930; Günther Landsberg: Weihnachtsfeier, in: Ebd., Dezember 1931; Otheinrich Schulze: Langemarck, in: Die Kommenden, 24. 11. 1926.

Spektrum hier von dem eher konventionellen Kriegsdichter Walter Flex bis zu dem appellativen Bellizismus Ernst Jüngers reichte.[19] Sicherlich war in diesem Zusammenhang die Rezeption einschlägiger Protagonisten des soldatischen Realismus (Jünger, Schauwecker, Beumelburg) in dem zeitweise von Jünger zusammen mit Werner Laß herausgegebenen Periodikum *Die Kommenden* stärker ausgeprägt als in den Organen der liberaleren Freischar oder des Großdeutschen Jugendbundes. Damit war der Kriegsdiskurs des radikalnationalistischen Blattes nicht repräsentativ für die Bündische Jugend insgesamt. Dennoch gilt: Das Leitbild des stahlgewittererprobten Grabenkriegers mit den Attributen Zähigkeit, Disziplin und vor allem Härte gegen den Feind wie auch sich selbst fand starken Anklang bei den Großdeutschen ebenso wie bei der gemäßigten Freischar. Bevor hier jedoch ausführlicher auf die Frontsoldaten- und Körperbilder in der Bündischen Jugend eingegangen werden soll, ist die Frage nach dem Stellenwert des Weltkriegsgedenkens auf allgemeiner Ebene zu stellen.

„Totenklage ist ein arger Totendienst...". Weltkriegsgedenken in der Bündischen Jugend

„Totenklage ist ein arger Totendienst, Gesell! Wollt ihr eure Toten zu Gespenstern machen oder wollt ihr uns Heimrecht geben?"[20] lässt Walter Flex seinen Freund Ernst Wurche im *Wanderer zwischen beiden Welten* sagen. Diese beiden Zeilen aus dem in jugendbewegten Kreisen stark rezipierten Kriegsbuch des 1917 an der Ostfront gefallenen Kriegsfreiwilligen Walter Flex formulierten die Verpflichtung der Jugend, der toten Helden auf eine bestimmte Art und Weise zu gedenken, sie nicht passiv-kontemplativ zu betrauern, sondern ihr Vermächtnis aktiv anzutreten. Dieser ‚Ruf aus dem Jenseits' an die Lebenden, der auch beredten Ausdruck in den ungleich bekannteren Versen: „Blüh', Deutschland, überm Grabe mein / Jung, stark und schön als Heldenhain!"[21] findet, die „Dankesschuld" der Überlebenden den Toten gegenüber betont und der insbesondere die Nachgeborenen durch Rekurs auf die Kriegstoten auf soldatische Werte zu verpflichten im Sinn hat, ist Grundmotiv nicht nur des Flexschen,[22] sondern überhaupt des bündischen Weltkriegsdiskurses. In Reinform findet sich hier die opfermythische Vorstellung, durch ein bestimmtes Verhalten den durch den militärischen Zusammenbruch 1918 mutmaßlich entwerteten Tod von zwei Millionen deutschen Soldaten rückwirkend mit Sinn versehen zu können. Dies war keinesfalls eine Besonderheit der Bündischen. Vielmehr bezeichnet dieses Deutungsmuster den Grundkonsens in der Kriegsdeutung des bür-

19 Ernst Jünger, Auszug aus „Feuer und Blut", eingeleitet von Gerhard Rossbach, in: Ebd., 10.3.1926; Fine Hüls: Walter Flex. Der Dichter und Mensch, in: Ebd., 21.4.1926; Walter Flex: Der Wanderer zwischen beiden Welten, in: Ebd., 3.11.1926; Hans-Gerd Techow: Hermann Löns zum Gedenken, in: Ebd., 17.11.1926; Walter Flex: Der Patrouillengänger, in: Ebd., 24.11.1926; Gerhart Keller: Ich hatt' einen Kameraden, in: Ebd.

20 Walter Flex: Der Wanderer zwischen beiden Welten, in: Ders.: Gesammelte Werke, Bd. 1, 8. Aufl., München 1944, S. 185–265, S. 263.

21 Walter Flex: Die Dankesschuld, in: Ebd., Bd. 1, S. 146–147.

22 Vgl. Justus Ulbricht: Der Mythos vom Heldentod. Entstehung und Wirkungen von Walter Flex' „Der Wanderer zwischen beiden Welten", in: Jahrbuch des Archivs der deutschen Jugendbewegung, 16 (1986/87), S. 111–156.

gerlichen Lagers insgesamt: Die Stilisierung der Gefallenen zu (sakrifiziellen) Opferhelden half in diesem Zusammenhang das Trauma zu bewältigen, indem sie die toten Helden mit Gegenwart und Zukunft verflocht und sie damit in einen größeren nationalgeschichtlichen Kontext stellte. So lange ihr Mahnen, ihr ‚Ruf aus dem Jenseits' von den Überlebenden und der Jugend gehört wurde, war ihr Tod auf dem Schlachtfeld nur der Übergang von einer Existenzform in eine andere. Im übertragenen Sinn ‚überlebten' sie in dem handlungsleitenden Wertekosmos der nationalen Kultgemeinschaft.[23]

Es ließen sich noch viele Beispiele für den zentralen Stellenwert dieser opfermythischen Deutung des Soldatentodes in der bündischen Gedenkpraxis anführen: So betonte der Führer der Deutschen Freischar, Ernst Buske, die Forderung insbesondere der gefallenen Langemarck-Kämpfer an die Jugend. Walter Flex zitierend gab er den Angehörigen seines Bundes auf den Weg: „Totenklage ist ein arger Totendienst. Wir wissen: der Sinn des großen Sterbens unserer Brüder war: Ein Volk zu werden. Das Werk der Toten haben wir still und entschlossen anzutreten."[24] Insbesondere die Schlacht von Langemarck wurde zum Gründungsmythos der Freischar stilisiert: Die ‚Brüder des Bundes', die Kriegsfreiwilligen von 1914, die während dieser Schlacht ihr Leben gelassen hatten, wurden zum heroischen Bezugspunkt der Erziehung zu ‚wahren' Freischärlern. Die Freischar, die sich „als Trägerin der würdigsten Langemarck-Feier Deutschlands"[25] bezeichnete, entwickelte auf diese Art und Weise eine Gedenkpraxis, in der die Kriegstoten als zentrales Kultobjekt die Legitimationsfolie für den Einsatz der deutschen Jugend abgaben. „Fordernd und bittend schauen auf uns die Augen der geliebten Toten, die den Sinn vergossenen Blutes von den Lebenden erwarten."[26]

Der Großdeutsche Jugendbund, der sich aufgrund seiner Gründungsgeschichte stärker noch als die Freischar aus dem Weltkrieg herleitete,[27] stand letzterer hinsichtlich der Beschwörung des Frontsoldaten und seiner heroischen Sendung in nichts nach. Im Rahmen einer Weihnachtsfeier etwa formulierte ein großdeutscher Führer 1928 den pädagogisch-instrumentellen Charakter des Kriegsgedenkens unumwunden:

> *Warum beschwören wir heute dieses Bild* [das Bild eines Weihnachtsabends im Schützengraben, A.W.], *da nun schon über zehn Jahre seit einem solchen Abend verflossen sind? Aus dem einen Grunde, weil wir es für unsere stete Pflicht erachten, bei allem, was wir ernsthaft tun und denken, das Bild des Soldaten des Großen Krieges fordernd vor uns hinzustellen und der Mahnung der Toten zu gedenken.*[28]

23 Vgl. zum heroischen Mythos allgemein Behrenbeck, Der Kult der toten Helden, S. 65 ff.

24 Ernst Buske: Die Wimpel gesenkt!, in: Deutsche Freischar, November 1928; ähnlich formuliert auch: Ludwigsteintreffen der Gaujugendschaftsführer, in: Ebd., November 1929; Dem neuen Bunde, in: Ebd., September 1930.

25 Wernigerode und Ilsenburg (29.9. bis 5.10.1930), in: Ebd., November 1930.

26 Arnold Bergsträsser: Erinnerung des Krieges, in: Ebd., November 1929.

27 Der Großdeutsche Jugendbund wurde im November 1918 unter dem Namen Deutschnationaler Jugendbund als Freikorps gegründet, vgl. Kneip, Jugend der Weimarer Zeit, S. 108.

28 Helmut Gollwitzer: Der Anspruch der Weihnacht, in: Die Heerfahrt, Dezember 1928, S. 270–271, S. 270.

P. A. Weber Das graue Heer

Abb. 1: A. Paul Weber: Das graue Heer. Illustration aus der Zeitschrift „Die Heerfahrt", März 1929

Oder an anderer Stelle (interessanterweise wieder im Zusammenhang mit einer Weihnachtsfeier):

> *In unserem Herzen wird es weit, und das Opfer der vielen grauen Soldaten wird uns offenbar. Sehen uns nicht die toten Helden fragend und mahnend in die Augen? – und da fühlen wir plötzlich die Verpflichtung den Gefallenen gegenüber. Sie starben für Deutschland!* [...] *Sind wir bereit das Erbe zu wahren* [...]*? – in uns brennt die Glut: Deutschland, ja, wir wollen dir ganz gehören und dienen!*
> *Auch wir trinken an diesem Abend aus dem goldenen Becher des heimlichen Königs* [Anspielung auf Flex' Wintermärchen, A.W.], *aus dem Opferquell unserer toten Soldaten. Ein Ruf aus der Höhe ist an uns ergangen! Wir sind bereit!*[29]

Es ist müßig, hier weitere Belege für die Verbreitung der Nachfolge-These z. B. aus den *Kommenden* zu erbringen. Die Bündische Jugend insgesamt stilisierte sich zur Fortsetzung der ‚Front' des Weltkriegs und erblickte in der Pflege des Kriegsgedenkens eine ihrer vornehmsten Aufgaben.

Der Zweck des von ihr in diesem Zusammenhang geforderten Einsatzes blieb dabei – und auch das ist typisch für das bürgerliche Kriegsgedenken insgesamt – ideologisch vage: Letztendlich beschwor man einen unspezifischen ‚Geist des Opfers' für die ‚Volksgemeinschaft', eine politisch nicht weiter gefüllte Verpflichtung, für das ‚Volk' (auch jenseits der Grenzen) und für Deutschland einzutreten und zu kämpfen.

Die Unfähigkeit, die Verpflichtung zum ‚Dienst an Deutschland' mit politisch verwertbaren Zielen zu verbinden, spielte dem Entstehen einer messianischen Grundstimmung in die Hände, die hochsymbolisch um die Auferstehung, die Erweckung der toten Helden kreiste, vor denen die Jugend zum Appell anzutreten habe. Dass sich die Bünde mit anderen Worten als Bewahrer des ‚Erbes der Front' verstanden, daran kann kein Zweifel bestehen. Wie jedoch das ‚Fronterlebnis' aktualisiert, d. h. für die gesamte deutsche Jugend verbindlich werden sollte, bzw. welche konkreten Folgerungen sich aus dem ‚Mythos der Tat' für den sich in den letzten Jahren der Weimarer Republik verschärfenden politischen ‚Kampf' ergaben, darüber konnten sie wenig sagen. So blieb das Weltkriegsgedenken entgegen ihren Ambitionen, den ‚Frontgeist' in die Zukunft zu tragen, letzten Endes der Vergangenheit zugewandt und ließ sich nicht in positive, auf die Zukunft gerichtete Energie ummünzen. ‚Wecken', in anderen Worten, zurück zum Geist der Frontsoldaten führen, konnte es die deutsche Jugend nicht. Die Bünde konnten damit in letzter Konsequenz nichts tun, als auf eine gesellschaftliche Kraft zu warten, die diese Führung gewährleisten konnte:

> [...]
> *Wer führt den Schlag,*
> *Wer weckt das müde Blut,*
> *Daß es die Wahl,*

29 Günther Landsberg: Weihnachtsfeier, in: Ebd., Dezember 1931, S. 370–371, Zitat S. 370.

Die einzig bleibt, verspürt,
Das uns zum Mal
Der toten Helden führt? [30]

Der Dauerappell zur *imitatio heroica* nicht nur im bündischen, sondern allgemein im Diskurs der konservativen Rechten implizierte zwangsläufig eine Hierarchisierung der Generationen: Das Kriegserlebnis der Frontsoldatengeneration verschaffte dieser einen Erfahrungsvorsprung, der angesichts der Singularität ihres Erlebens durch nichts kompensiert werden konnte. Im Prinzip blieb der Nachkriegsgeneration damit nichts anderes übrig, als mit Dankbarkeit und Verehrung zu der überlebensgroßen Generation der Väter aufzuschauen. Auch wenn hier ganz sicher noch umfangreichere Studien nötig wären, um den im radikalen Wortsinn ‚konservatorischen' Charakter des Weltkriegsgedenkens im nationalkonservativen und bündischen Lager genauer herauszuarbeiten,[31] vermittelt die folgende Passage einen guten Eindruck von der Erwartungshaltung an die Jugend im nationalen Lager:

> *Wir vermessen uns nicht, von einer „Sendung der Jugend an die Nation" zu reden, als ob wir, die Unfertigen, schon vollkommen seien und an uns selbst nichts mehr zu bessern hätten* [...]. *Die Lebenden stehen immer in einer doppelten Schuld: den Toten und den noch Ungeborenen gegenüber.* [...] *Wir aber, die Nachkriegsjugend Deutschlands, stehen in einer besonderen Schuld: unseren gefallenen Brüdern gegenüber. Von der Jugend der Nation, die auszog in Deutschlands Daseinskampf, kehrt nach der grausamen Gegenauslese des Krieges die Mehrzahl gerade der Besten nicht mehr zurück.* [...] *Sie trugen in der Reinheit ihrer Hingabe und ihres Opfers ihren Lohn dahin. Die Kleinheit und Erbärmlichkeit unserer Tage, auch ein Versagen unserer Generation, selbst die endgültige Auflösung und Vernichtung Deutschlands vermögen den Sinn und Wert ihres Lebens und Sterbens nicht anzutasten.* [...] *Wir, die heute heranwachsende Jugend, sollen und müssen der Nation, deren Zukunft in ihren Menschen beschlossen liegt, die reichen Kräfte zum Guten und Edlen ersetzen, die unsere gefallenen Brüder mit sich in die zahllosen Gräber des großen Krieges genommen haben. Erschrecken wir nicht, wie tief wir in der Schuld der Nation stehen?*[32]

Wichtig sind der Anfang und das Ende der zitierten Textstelle: Einerseits wird in Anspielung auf die in dieser Zeit (1930) an Virulenz gewinnende Rhetorik des Generationenkonfliktes eine ‚Sendung der Jugend' negiert, zum anderen betont der Autor die Schuld der Jugend der Nation gegenüber. Der hier offen zutage tretende paternalistische, da Dienstpflicht und Dankesschuld in den Vordergrund rückende, Duktus des Weltkriegsgedenkens nicht nur bei der überwiegenden Mehrzahl der Jugendbünde, sondern auch in den Jugendabteilungen der Wehrbünde (Stahlhelm,

30 Anonymes Gedicht ohne Titel, in: Ebd., November 1930, S. 73.

31 Zum Stahlhelm, Bund der Frontsoldaten, vgl. Götz von Olenhusen,Vom Jungstahlhelm zur SA, S. 146–181; Tautz, Militaristische Jugendpolitik in der Weimarer Republik, S. 493. In ihrem Dissertationsprojekt mit dem Arbeitstitel „Soldatischer Nationalismus. Der ‚Stahlhelm. Bund der Frontsoldaten' und der Nationalsozialismus" geht Anke Hoffstadt diesem Nexus auf den Grund.

32 Walther Kayser: Von der Schuld der Jugend gegen die Nation, in: Nachrichtenblatt des Bundes Jungdeutschland, Mai und Juni (Fortsetzung) 1930.

Jungdeutscher Orden, Jungsturm etc.) ließ den durch den Rekurs auf die Kriegstoten aufgebauten mimetischen Druck obsolet werden. Für die jugendlichen Rezipienten des Kultes um die Gefallenen gab es keine Möglichkeit, durch kämpferischen Einsatz mit den Kultobjekten gleichzuziehen. Mit dem Unglück der späten Geburt geschlagen stand die Nachkriegsgeneration in der sozialen Hierarchie unwiderruflich unter der ‚Heldengeneration' von 1914–1918.

Ein Beispiel soll die Konsequenzen dieser im bürgerlichen Weltkriegsgedenken implizit mitschwingenden Unterordnung der Kriegsjugend- und Nachkriegsgeneration unter die Frontgeneration veranschaulichen: Nach dem Scheitern des Volksentscheids gegen den Young-Plan und der Annahme der als ‚Volksversklavung' diffamierten Regelung der deutschen Reparationszahlungen durch den Reichstag im März 1930 fanden sich in der ‚Aktion der Jugend' HJ, NSS, NSDStB, Adler und Falken, Bismarckjugend, Deutscher Pfadfinderbund, Jungstahlhelm, Jungnationaler Bund, Deutschnationaler Handlungsgehilfen-Verband, Wehrwolf u. a. zusammen, um den Protest der nationalen Jugend zu koordinieren. Während diese Neuauflage der von NSDAP, Stahlhelm und DNVP gebildeten ‚Nationalen Front für das Volksbegehren' in mehreren deutschen Großstädten (z. B. Berlin, Braunschweig, Bremen, Hamburg, München) stark beachtete Protestkundgebungen organisierte[33] und damit vielerorts zum ersten Mal das Protestpotential dieser Jugend andeutete,[34] standen die großen Bünde abseits. Das lag nicht nur an ihrer tief verwurzelten Abneigung gegen jegliches Politisieren. Hindenburg, gegen den sich der Ärger der protestierenden Jugend nach dessen Unterzeichnung des ‚Schandvertrages' richtete, war für die Deutsche Freischar und den Großdeutschen Bund als legendäre Führerfigur letztlich unverhandelbar. Das Charisma des Generalfeldmarschalls forderte Gehorsam, Respekt und Hochachtung, der ‚Held von Tannenberg' war über jede Kritik erhaben. Stimmen wie die von Karl Paetel, Angehöriger der Deutschen Freischar und Mitinitiator der ‚Aktion der Jugend', der in einem Artikel in den *Kommenden* Hindenburg Verrat an den „Ideen von Langemarck" vorwarf, wurden rasch zum Schweigen gebracht: Paetel wurde aus dem Bund ausgeschlossen, weil er, wie das Bundeskapitel statuierte, auf „ehrfurchtslose und jede Achtung vor der Person Hindenburgs ermangelnde Art" unter Vernachlässigung der in „der Deutschen Freischar geübten menschlichen Zueinanderordnung aufgeschlossener Jugend zu verdientem Rang des Alters" die Grenzen des Akzeptierbaren überschritten hatte.[35] Die Botschaft war eindeutig: Die Jugend sollte sich mit Bewunderung an die Heldentaten der Frontgeneration erinnern und unter ihrer Führung die deutsche Zukunft gestalten, jedoch keineswegs alleine, und schon gar nicht gegen die Verkörperung deutschen Feldherrngeistes, den Reichspräsidenten, politisch Stellung beziehen.

Die großen Schnittmengen in der Weltkriegsrezeption der Bünde, wozu letztlich auch die ihnen gemeinsame Unfähigkeit gehörte, das von ihnen verehrte ‚Front-

33 Vgl. VB, 28. 3. 1930, 19./20. 3. 1930; Auszug aus dem Lagebericht 3/30 vom 31. 5. 1930 (StA München, Pol. Dir. 6840); Hermann Bolm: Hitler-Jugend in einem Jahrzehnt. Ein Glaubensweg der niedersächsischen Jugend, Berlin u. a. 1938, S. 106.

34 Für Otto-Ernst Schüddekopf artikulierte sich in der „Aktion der Jugend" zum ersten Mal der revolutionäre Wille einer neuen, politischen Generation, siehe Schüddekopf, Linke Leute von rechts, S. 236 f.

35 Vgl. Karl Paetel: An die Kameraden der Deutschen Freischar, in: Die Kommenden, 6. 7. 1930; der inkriminierte Artikel Paetels mit dem Titel „Unglaubliche Antwort Hindenburgs an die Jugend" war am 21. 3. 1930 erschienen.

erlebnis' mit konkretem Gehalt zu füllen, ermöglichten das Abhalten von Gedenkveranstaltungen, die zum Teil auch gemeinsam mit der NS-Jugend (HJ und NSS) durchgeführt wurden.[36] Vor allem aber kam es zu gesamtbündischen Versuchen, das Gedenken an den Ersten Weltkrieg zu systematisieren und derart zu verstetigen. Eine dieser Initiativen war die Walter-Flex-Gedächtnis-Stiftung e. V. von 1926, eine weitere der Versuch der Schriftleitung der *Kommenden*, Fahrten ins ehemalige Kriegsgebiet zentral zu organisieren (1927). Drittens entwickelte sich – das wurde bereits angedeutet und wird wegen der herausgehobenen Bedeutung dieses Mythos für das bürgerliche Weltkriegsgedenken an anderer Stelle genauer herausgearbeitet werden – Langemarck zum Schlüssel-Narrativ bündischer Weltkriegs-Rezeption. Angefangen mit der großen Langemarck-Feier zum zehnten Jahrestag der Schlacht 1924 auf der Rhön bis hin zu den ab 1929 regelmäßig durchgeführten Langemarck-Märschen kristallisierte sich im Gedenken an die Kriegsfreiwilligen von 1914 ein suggestiver Gedächtniskult heraus, der in den frühen 1930er Jahren die engen Grenzen der bürgerlichen Jugendbewegung überschritt und im Dritten Reich schließlich zur institutionellen Klammer des Weltkriegsgedenkens der NS-Jugend avancierte.

Die Bedeutung Walter Flex' für den bündischen Weltkriegsdiskurs kann kaum überschätzt werden.[37] Zusammen mit Gorch Fock (gefallen in der Skagerrak-Schlacht 1916) und Hermann Löns (gefallen in Frankreich 1914), die er beide an Bedeutung übertraf, bildete er das wohl meistverklärte Dreiergespann im Großen Krieg gefallener Dichter. In der kollektiven Erinnerung rangierte Flex direkt neben Theodor Körner, dem unumstrittenen Nationalhelden der Befreiungskriege.[38] In seinem 1916 erschienenen *Wanderer zwischen beiden Welten*, der sich bis Kriegsende knapp 40 000 Mal verkauft hatte und bis Ende der 1940er Jahre mit knapp einer Million Exemplaren zu einem der erfolgreichsten deutschsprachigen Bücher überhaupt werden sollte,[39] seinen populären Gedichten, wie vor allem seinem *Weihnachtsmärchen des 50. Regiments*, den berühmten *Wildgänsen* oder der bereits erwähnten *Dankesschuld*, verdichtete sich der ganze Komplex bürgerlich-bündischer Kriegsdeutungen, die er wie kein zweiter literarisch zu verarbeiten verstand. Formal wie ästhetisch dem bildungsbürgerlichen Kanon (Zarathustra, Christus, Goethe) verpflichtet transportierte Flex das zeittypische Kondensat aus nationalistischem Idealismus, sozialdarwinistisch-vitalistischer Kriegsbejahung, Sehnsucht nach Volkseinheit (Ideen von 1914), bedingungsloser Hingabe des einzelnen für das Vaterland und opfermythischem Heldenkult.[40] Sein Erfolg beruhte dabei insbesondere darauf, dass er – ähnlich wie der Langemarck-Mythos – die mit konventionellen Erzählschemata nicht mehr zu fassende Realität des industriellen Krieges in ein bekanntes Nar-

36 Langemarck-Feier des Gau Nordmark der Geusen, in: Ebd., 29. 11. 1929.

37 Zu Walter Flex und seinem Werk vgl.: Ulbricht, Der Mythos vom Heldentod; Lars Koch: Der erste Weltkrieg als kulturelle Katharsis – Anmerkungen zu den Werken von Walter Flex, in: Jahrbuch des Archivs der deutschen Jugendbewegung, 20 (2002), S. 178–195; Lars Koch: Der Erste Weltkrieg als Medium der Gegenmoderne. Zu den Werken von Ernst Jünger und Walter Flex, Würzburg 2006; Hans Rudolf Wahl: Die Religion des deutschen Nationalismus. Eine mentalitätsgeschichtliche Studie zur Literatur des Kaiserreichs: Felix Dahn, Ernst von Wildenbruch, Walter Flex, Heidelberg 2002, S. 283–358; Raimund Neuß: Anmerkungen zu Walter Flex. Die „Ideen von 1914" in der deutschen Literatur. Ein Fallbeispiel, Schernfeld 1992.

38 Vgl. Ebd., S. 17.

39 Auflagenzahlen aus Wahl, Die Religion des deutschen Nationalismus, S. 348.

40 Vgl. Koch, Der Erste Weltkrieg als kulturelle Katharsis.

rativ kleidete, traditionelle heroisierende Deutungen des Krieges damit stabilisierte und den Krieg konzeptuell handhabbar machte.

Um Walter Flex als Vorbild der Jugend noch weiter zu popularisieren, riefen einige rechtsstehende Bünde im März 1926 die Walter-Flex-Gedächtnis-Stiftung ins Leben, die sich die Pflege seines Grabes auf der Insel Ösel (heute Saaremaa) und die Errichtung eines Flex-Denkmals in Thüringen auf die Fahnen schrieb und nicht ohne Erfolg für die Abhaltung von Walter-Flex-Veranstaltungen warb.[41] Zwar war dem Versuch, die Walter-Flex-Arbeit zu systematisieren, langfristig kein Erfolg beschieden, zu stark wurde letztlich die Konkurrenz durch die ästhetischen Antipoden des Wandervogel-Dichters, die neusachlichen Protagonisten des soldatischen Realismus. Der Höhepunkt der Flex-Rezeption in der Bündischen Jugend in den Jahren 1926/27 veranschaulicht nichtsdestoweniger die integrative Kraft des Weltkriegsgedenkens: Der Kult der toten Helden führte die Angehörigen der zersplitterten Bündischen Jugend zusammen und bestätigte einen gemeinsamen Wertehorizont, in dessen Mittelpunkt das kriegerische Eintreten für Volk und Vaterland stand und der von den ‚Bündischen' nach dem Beispiel Flex' bedingungslose Opferbereitschaft forderte. Auch wenn der radikale Bellizismus der Jüngerschen Stahlgewitter-Erzählungen dem durchaus revolutionären Selbstverständnis großer Teile der Bündischen Jugend zunehmend besser entsprach als der konventionelle Flex, blieb der Verfasser des *Wanderers* doch jederzeit ein Vorbild, auf das sich die bürgerliche Jugend problemlos verständigen konnte. Und nicht nur sie: Dass Flex auch im KJMV und sogar im Jungbanner keinesfalls auf Ablehnung stieß, illustriert seine große Popularität auch außerhalb der Bündischen (und studentischen) Jugend. Die Wertschätzung, die Flex im Dritten Reich zuteil wurde – der *Wanderer* durfte in keiner Schul- bzw. HJ-Bücherei fehlen, dem Dichter wurden zahlreiche Rundfunksendungen, ‚Heimabende' etc. gewidmet und der NSDStB übernahm schließlich die Patenschaft für sein Grab –, sollte daher nicht zu der Schlussfolgerung verleiten, Flex sei ein ausschließlich im nationalen Lager gelesener Autor gewesen.[42] Vielmehr steht er exemplarisch für die starken Kontinuitäten im deutschen Weltkriegsgedenken der 1920er und 1930er Jahre.

Den programmatischen Appell Flex', den Toten „Heimrecht" zu gewähren, stellte auch Erich Müller, Schriftleiter der *Kommenden*, an den Beginn eines Aufrufs vom 22. Juni 1927. Zehn Jahre nach Ende des Krieges, im Sommer 1928, sollten die

41 Vgl. Walter-Flex-Gedächtnis-Stiftung, in: Die Kommenden, 31. 3. 1926; Unterzeichner waren: Adler und Falken, Bismarck-Jugend, Bund der Kaufmannsjugend im Deutschnationalen Handlungsgehilfen-Verband, Bund deutscher Jugendvereine, Burschenschaft Bubenruthia, Deutscher Jungmädchendienst, Deutscher Pfadfinderbund, Fahrende Gesellen, Großdeutscher Jugendbund, Jungdeutschland, Jungnationaler Bund, Märkische Jungenschaft im Alt-Wandervogel, Neulandkreis, Normannstein, Reichsjugendausschuss der Deutschen Volkspartei; zur Arbeit der Stiftung: Walter-Flex-Gedächtnis-Stiftung, in: Ebd., 3. 11. 1926; Praktische Ausgestaltung eines Walter-Flex-Abends, in: Ebd.; Walter-Flex-Feier, in: Ebd., 14. 9. 1927; Am Grabe von Walter Flex, in: Ebd., 31. 8. 1928.

42 Leider kann die Flex-Rezeption im Dritten Reich ebenso wenig wie die Gorch Focks und Hermann Löns' im Rahmen dieser Arbeit weiter verfolgt werden. Die Rundfunksendung des Deutschlandsenders und der Reichssender Breslau, Frankfurt, Hamburg, Königsberg, Leipzig und München im Rahmen des Schulfunks vom 4. 11. 1936 unter dem Titel „Dichter sterben für Deutschland. Walter Flex, Gorch Fock und Hermann Löns" kann aber als typisches Beispiel für die Instrumentalisierung dieser drei konventionell-bürgerlichen Kriegsdichter gelten. Zur Übernahme des Flex-Grabes durch die deutsche Studentenschaft vgl. Der Wanderer zwischen beiden Welten. Die Deutsche Studentenschaft übernimmt die Patenschaft über das Walter-Flex-Grab, in: Die Bewegung, 7. 6. 1938.

Bünde ihrer „Ehrenpflicht“ nachkommen und den Soldatenfriedhöfen im Ausland einen Besuch abstatten.[43] Die Fahrten der Bündischen Jugend dienten dabei keineswegs in erster Linie der Pflege der Soldatengräber, dies wäre – wie Müller zu Recht feststellt – jenseits des Machbaren gewesen. Vielmehr zielte der Besuch der ehemaligen Schlachtfelder und die geplante Totenwache an den Soldatengräbern darauf ab, gewissermaßen erlebnispädagogisch, „tiefen Einfluss“ auf die reisenden Jungen auszuüben, indem er das „große Opfer unserer toten Soldaten“ anschaulich machte und die Verpflichtung, die von ihrem „vergossenen Blut“ ausgehe, unterstrich. Koordiniert und vorbereitet werden sollte die Fahrt von bis zu 30 Gruppen zu 30 verschiedenen „Kampfplätzen“[44] von der Schriftleitung der *Kommenden*, die sich damit anschickte, zur überbündischen Organisationsstelle für Frontfahrten zu werden. Besonderer Wert wurde darauf gelegt, dass zu jeder Gruppe ein Teilnehmer gehörte, der am Fahrtziel gekämpft hatte und die Führung der Gruppe übernehmen konnte. Auf diese Art und Weise sollten die Fahrtteilnehmer aus erster Hand erfahren, „wo die Fronten liefen und wie der Kampf tobte“.[45]

Inwieweit dem Aufruf gefolgt wurde, lässt sich leider im Einzelnen nicht feststellen. Die Tatsache, dass *Die Kommenden* lediglich Ankündigungen der Schill-Jugend und der Adler und Falken (für Fahrten an die ehemalige Westfront) abdruckten, lässt allerdings vermuten, dass die Resonanz im Jahre 1927 noch nicht allzu groß gewesen ist.[46] Dennoch bezeichnet diese Initiative einen Anfang. Ab 1929 finden sich in der untersuchten bündischen Presse verstärkt Berichte von Frontfahrten. In den Jahren 1929 bis 1932 druckten *Die Kommenden* und die Presse der Freischar sowie des Großdeutschen Jugendbundes immerhin 16 Artikel zu Fahrten auf die Schlachtfelder. Die Zahl der tatsächlich durchgeführten Jugendfahrten dürfte noch erheblich größer gewesen sein.

Die Berichte von den Schlachtfeldern spielten in der publizistischen Rezeption des Weltkriegs auf Seiten der Bündischen Jugend eine große Rolle. Als literarische Gattung eigener Art lassen sich an ihnen wesentliche verbindende Elemente des Weltkriegsdiskurses exemplifizieren.

In der ‚Pilgerliteratur‘, den Fahrtberichten der Bündischen Jugend, treten zwei Motive in stereotyper Weise immer wieder auf: zum einen die Beschreibung des Schlachtfelds, dessen ödes Trichterfeld unmittelbaren Zugang zu der destruktiven Wirklichkeit der Materialschlacht garantiere, zum anderen die kontemplative Einkehr an den Gräbern der gefallenen Helden, wo der ‚Ruf aus dem Jenseits‘ die Jugend eindrücklich an ihre abstrakte Verantwortung erinnere.

Der Subtext der Schilderungen des ‚wüsten Trichterfeldes‘ ist grundsätzlich ein heroisierender: Das massive Destruktionspotential des mechanisierten, des modernen Krieges, das den Schlachtfeldbesuchern in Form von endlosen, mondgleichen

43 Zu dem sich in den 1920er Jahren entwickelnden Schlachtfeld-Tourismus vgl. allgemein Brandt, Vom Kriegsschauplatz zum Gedächtnisraum.

44 Geplant waren insbesondere Fahrten nach Flandern, Nordschleswig (Skagerrak), Mazedonien, Russland (Rokitno-Paß), in die Karpathen, die Türkei (zum Grab von Colmar von der Goltz), in die Champagne sowie nach Ösel zum Grab von Walter Flex, siehe Erich Müller: Und schmückt auch unsre Urne mit dem Eichenkranz! Ein ernstes Wort an alle Bünde, in: Die Kommenden, 22. 6. 1927.

45 Alle Zitate aus: Erich Müller: Und schmückt auch unsre Urne mit dem Eichenkranz!.Ein ernstes Wort an alle Bünde, in: Die Kommenden, 22. 6. 1927.

46 Ebd., 27. 7. 1927 und 28. 12. 1927.

Trichterfeldern, zerschossenen Unterständen, zerstörten Städten etc. vor Augen geführt wird, liefert die Folie, vor der das Heldentum der deutschen Soldaten überhaupt erst angemessen beurteilt werden kann. Die folgenden Beispiele mögen dies illustrieren:

> *Das ist ein Weg, den vergeß ich nicht! Monate hat hier das Feuer beider Parteien ununterbrochen getobt. Es ist unmöglich, einigermaßen schnell vorwärts zu kommen. Granatloch neben und über Granatloch. Knäule von Stacheldraht, Spaten, Feldflaschen, Stahlhelme sehen aus dem wuchernden Gestrüpp hervor* [...]. *Ich hebe einen rostzerfressenen deutschen Stahlhelm auf: Fünf Durchschläge auf der Stirnseite! – Gedanken steigen auf: Wer konnte hier 1 Minute leben?! Was waren das für Menschen, die hier monatelang kämpfend aushielten!*[47]

Mit diesen Worten beschreibt das Jugendblatt der Deutschen Freischar den Gang eines Besuchers über das Schlachtfeld. In einem Bericht des Jungnationalen Bundes findet sich folgende Passage:

> *Ein paar nackte, schwarze, zersplitterte Stämme ragen stumm in den Himmel* [...]. *Über ein Trichterfeld* [...] *schreiten wir durch das dichte Unterholz weiter in den Wald, über Splitter und Stümpfe, und da taucht plötzlich eine wüste Landschaft vor uns auf, braun, verbrannt, zerfetzt, öde; in den Trichtern stehen braunrote Lachen, Eisensplitter, Waffenreste, ein paar Pferdeknochen liegen herum. Das war der Krieg ... fürwahr, so muss es gewesen sein, wenn Feuerhagel stundenlang herniedergewirbelt war, wenn das Gas in trägen Schwaden dicht über die Erde kroch.*[48]

Die Motive sind im Wesentlichen austauschbar, die Schlachtfeldbeschreibungen deklinieren den Kanon der Landschaftszerstörung durch den Krieg. Handgranaten, Patronengurte, Spaten, Stücke von Stacheldraht und, als Schlüssel-Reliquie, der Stahlhelm avancieren in nahezu jedem Artikel zu Devotionalien, deren Aura das Nacherleben der Kriegsereignisse befördert und den Grabenkrieg im Wortsinn begreifbar macht. Immer wieder wird betont, dass der pädagogische Zweck der Fahrten, also die Vermittlung der Kampfformen des modernen Krieges, erfüllt wird. Sätze wie „Das war der Krieg!", „So muss es gewesen sein!"[49] suggerieren, dass die jungen Schlachtfeld-Touristen den Krieg trotz des ‚Unglücks' ihrer späten Geburt zu verstehen beginnen. Die beeindruckende Zerstörung der Landschaft durch den massiven Artillerieeinsatz entrückt in diesem Zusammenhang die Akteure der ‚Stahlgewitter' menschlichen Beurteilungskriterien und macht aus den ‚stahlhelmbewehrten Frontkriegern' turmhoch ragende Heldenfiguren, vor denen die Jugend Rechenschaft ablegen muss:

> *Bin ich noch allein? Stehen dort am Wegrand nicht lange Reihen in grauen, fleckigen Mänteln und sehen so ruhig und fragend auf mich? Bin ich noch allein? Geht da*

47 Brockdorff-Ahlefeld: Verdun, in: Die Jungenschaft, Dezember 1930.
48 Otto Maull: Fahrt in Flandern, in: Die Kommenden, 4. 10. 1929.
49 Fahrt in Flandern, in: Ebd., 4. 10. 1929; Frankreichfahrt der Geusen, in: Ebd., 11. 10. 1931.

> *nicht neben mir, mit mir in Glied und Gruppe, eine ganze Generation, meine Generation?*
> *Und jetzt ist es wie ein Vorbeimarsch, ich muß den Tritt fester fassen, den Kopf nach links wenden und nun die langen grauen Reihen entlang marschieren und den fragenden, prüfenden Blicken feste Zusage geben.*[50]

Hier kommt das spirituelle Moment stärker zum Tragen. Zwiesprache halten mit den Toten, ‚die Gemeinschaft erneuern',[51] Totenwacht halten – zu diesem Zweck gingen die Jugendbünde nach Möglichkeit nachts auf die Schlachtfelder bzw. übernachteten in Unterständen und Bunkern.[52] Damit grenzten sie sich bewusst von dem in vielen Berichten regelrecht verdammten kommerziellen Tourismusbetrieb um die Schlachtfelder ab, dessen „Kaufhäuser mit Kriegserinnerungen"[53] allgemein als Ausdruck französischer Oberflächlichkeit angesehen wurden („Krieg war Geschäft für Frankreich und ist es heute immer noch."[54]), und stilisierten sich zu ‚besseren' Frontbesuchern, zu Pilgern erster Klasse, wenn man so will, die auf dem Marsch wie die ‚Frontsoldaten' von einst eines ‚wahrhaftigeren' Erlebnisses teilhaftig wurden. Der Bundesführer der Adler und Falken, Alfred Pudelko, formulierte den in seinen Augen kategorialen Unterschied zwischen seinen jugendlichen Schlachtfeldfahrern und den Touristen pointiert so:

> [...] *es* [ist] *recht, wenn ein deutscher Junge auch einmal auf den Schlachtfeldern im Westen steht. Aber nur abseits der großen Automobilstraßen und der Knotenpunkte eines neuen Touristenverkehrs findet er noch eine letzte, herbe Verbindung zum Ausharren seiner Brüder und Väter auf den Feldern Frankreichs. Und hart muß die Fahrt sein und Entbehrungen fordern.*[55]

Die Vermittlung des ‚Frontgeistes' sah mit anderen Worten also nicht nur den Besuch des ehemaligen Frontgebietes vor, sondern schon der Weg dorthin sollte von den Fahrtteilnehmern jene Härte verlangen, die den ‚Frontsoldaten' das Überleben ermöglicht hätte. Dieses historische Nachstellen des Aufmarschwegs der Infanterieregimenter verbürgte noch mehr Authentizität, gelangte man doch unter denselben Mühen wie zuvor die Kriegsteilnehmer ins Kampfgebiet und durfte sich damit den ‚Feldgrauen' besonders verbunden fühlen.

Für die *unio mystica* zwischen den jugendlichen Besuchern aus dem Reich und den toten Helden spielten darüber hinaus die Soldatengräber eine besondere Rolle. Die großen Friedhofsanlagen beeindruckten durch die schiere Zahl der Kreuze, die kleinen vergessenen – wohlmöglich seit ‚jener' Zeit nicht mehr betretenen – Fried-

50 Brockdorff-Ahlefeld: Verdun, in: Die Jungenschaft, Dezember 1930.
51 Kurcho: Loretto-Höhe, in: Kriegsheft der Jungenschaft der Deutschen Freischar, September 1931.
52 Von nächtlichen Schlachtfeldbesuchen berichten z. B.: Brockdorff-Ahlefeld: Verdun, in: Die Jungenschaft, Dezember 1930; Verdun, in: Die Kommenden, 31. 10. 1930, S. 525; Hochvogesen, in: Ebd.; Land im Westen, in: Ebd. 29. 5. 1932, S. 254.
53 Zitat aus: Rudolf Hotz: Verdun, in: Ebd., 2. 10. 1932; ansonsten vgl. auch: Brockdorff-Ahlefeld: Verdun, in: Die Jungenschaft, Dezember 1930; Loretto-Höhe, in: Ebd., September 1931; Fahrt in Flandern, in: Die Kommenden, 4. 10. 1929.
54 Rudolf Hotz: Verdun, in: Ebd., 2. 10. 1932.
55 Alfred Pudelko: Verdun, in: Ebd., 31. 10. 1930.

höfe oder auch ein Grab, das die Gruppe für einen noch nicht beigesetzten deutschen Soldaten gemeinsam aushob, erlaubten es, eine Gedenkstunde durchzuführen und die Größe des Opfers der ‚Feldgrauen' zu reflektieren.

> *Niemals wohl haben wir die Größe jener Zeit vor zehn und zwölf Jahren so erlebt wie hier oben, als wir eben unterhalb des Kammes in einem großen Felsenkessel einen Soldatenfriedhof finden, der wohl seit jener Zeit nicht mehr betreten worden ist. Ein Stacheldrahtzaun umgibt die zwanzig Gräber, einfache Holzkreuze mit verwaschenen Buchstaben.*[56]

Die angestrebte Kameradschaft von pilgernder Jugend und Toten ist besonders augenfällig, wenn beschrieben wird, wie junge Deutsche die umgekippten Holzkreuze eines verfallenen Soldatenfriedhofs wieder aufrichten.[57] Durch spontane Grabpflege übernahm die Jugend Verantwortung für die Gefallenen, eine symbolische Handlung, welche die über den konkreten Handlungskontext hinausreichende Verpflichtung der Jugend unterstrich, die pflichtbewusste Opferbereitschaft der ‚Feldgrauen' zum Leitprinzip ihres eigenen Lebens zu machen.

Wenn die ästhetische Form der Schlachtfeldbeschreibungen, ihre heroisierende Tendenz sowie das Motiv der ‚Vereinigung' mit den gefallenen Helden von der Deutschen Freischar bis zu den Geusen sich nicht nennenswert unterscheiden, so gibt es bei der Formulierung der mutmaßlichen ‚Verpflichtung' der kommenden Generationen doch teilweise deutliche Unterschiede zwischen den völkischen Bünden (die Geusen, Adler und Falken, Artamanen) und der moderaten Freischar. Während beispielsweise in dem oben zitierten Textausschnitt der Deutschen Freischar die „feste Zusage"[58] an die Toten letztlich nur eine abstrakte Verpflichtung dokumentiert, die nicht weiter politisch operationalisierbar erscheint, verknüpften die radikalnationalistische Minderheit und insbesondere die bei Schlachtfeldreisen besonders rührigen Geusen ihre Schlachtfeldimpressionen mit einer aggressiven, radikalen politischen Deutung:

> *Die Faust krallt sich in das Barett* [am Massengrab stehend]. *Mit harten Lippen gedenken wir ihrer – und – derer, die heute vorgeben, Deutschland zu verkörpern. Ihr sollt nicht umsonst gefallen sein – wartet – wartet!* [...] *Vergeßt nie, daß dort im Osten Hunderttausende sitzen, in denen euer Blut rollt, die heute aber unter der Knute slavischer Bedrücker schmachten,* [...]. *Vergeßt nie, daß ihr es seid, die eine Schmach abzuwaschen haben, daß ihr es seid, die dereinst die Fesseln zu sprengen und aus einem Sklavenvolk ein freies Volk zu machen habt!*[59]

Deutlicher als anderswo tritt hier eine rassistisch aufgeladene, radikale Revisionsforderung in den Vordergrund. Auf den Schlachtfeldern der Toten gedenkend schwor die völkische Jugendbewegung ihre Anhänger auf den Kampf gegen das republikanische ‚System' Weimars ein. Der radikale Revisionismus, der Verweis auf die

56 Otto Bleicken: An der italienischen Grenze, in: Die Heerfahrt, Oktober/November 1928.
57 Auf Spielfahrt in Flandern, in: Die Kommenden, 20. 12. 1929.
58 Zitat zu Anm. III, 50.
59 In deutschen Schicksalslanden, in: Die Kommenden, 14. 11. 1930.

,Volksdeutschen' im Ausland, war dabei im gesamtbündischen Diskurszusammenhang ebenso wie die sich abzeichnende Verehrung der ,NS-Märtyrer'[60] sicher eine Extremposition, die ihre Legitimität und Eingängigkeit aber aus dem überbündisch stark verbreiteten Kult um die Frontsoldaten und aus der Selbststilisierung zu Nachfolgern der ,Feldgrauen' schöpfte. Wo die relativ moderate, d. h. politisch vage Weltkriegsexegese vor allem der Freischar die Pflichterfüllung und Einsatzbereitschaft der Frontsoldaten tendenziell für die ,innere', d. h. individuell-charakterliche Vervollkommnung ihrer Mitglieder pädagogisch einsetzte, wurde der ,Ruf aus dem Jenseits' von der völkischen Seite radikal veräußerlicht und damit politisiert. Die Verpflichtung zur *imitatio heroica* war damit kein Appell zur Charakterbildung, sondern ein bedingungsloser Kampfaufruf.

Für die bündische Kriegserinnerung und vor allem für die Tradierung der Werte der ,Front' spielten die Fahrten ins ehemalige Kriegsgebiet eine wichtige Rolle, wie allein die große Zahl der Berichte belegt. Die publizistische Begleitung der ,Pilgerfahrten' erlaubte der Bündischen Jugend zudem, das Thema der Schlachtfeldfahrten für sich zu besetzen und ihren Anspruch zu untermauern, das Erbe der Frontsoldaten angetreten zu haben. Dass die *Kriegsgräberfürsorge*, das Zentralorgan des Volksbundes Deutsche Kriegsgräberfürsorge, im Juni 1932 und im Juli 1933 lange Berichte über Fahrten des Christlichen Pfadfinderbundes nach Frankreich brachte, belegt, dass sie dabei in der Außenwahrnehmung Erfolg hatte.[61] 1933 hätte der Volksbund im Kontext der allgemeinen Selbstgleichschaltung ganz sicher einen Bericht über den Friedhofsbesuch von HJ-Einheiten präferiert, hätte er sich doch von Bildern einer wichtigen NS-Organisation an den von ihm betreuten Grabstätten eine Aufwertung des Verbandes versprechen können. Dass es 1933 keine solchen Berichte gab, lag daran, dass die Hitler-Jugend sich erst in der zweiten Hälfte der 30er Jahre systematisch um die Organisation von Fahrten an die alten Frontlinien bemühte und damit erst zehn Jahre nach der ersten bündischen Initiative der *Kommenden* ein neuer großer Versuch gestartet wurde, die Kriegsschauplätze für die Jugenderziehung zu instrumentalisieren.[62]

Die Beschreibungen der Schlachtfelder des Weltkriegs kommunizierten den modernen Krieg. Sie waren eine Hommage an die Männer, die auf ihnen gekämpft hatten. Dementsprechend trugen sie dazu bei, das Bild des stahlgewitterumtosten Grabenkriegers zu kultivieren und damit eine bestimmte Deutung des Kriegserlebnisses zu suggerieren. Der Repräsentation des Frontsoldaten bei den ,Bündischen' soll hier daher etwas genauer nachgegangen werden.

60 Dem Gedenken der Toten von Langemarck und des 9. Novembers 1923, in: Ebd., 14. 12. 1928.

61 Walter Hotz: Christliche Pfadfinder auf Frankreichfahrt, in: Kriegsgräberfürsorge, 1932, H. 6, S. 90 f.; ders.: Deutsche Jugend auf Fahrt zu den Friedhöfen der Westfront, in: Ebd., 1933, H. 7, S. 98–100.

62 Vor der ,Machtergreifung' gab es nur sehr vereinzelt Berichte über Frontfahrten der HJ, z. B.: Im Niemandsland. Hamburger Hitlerjungen auf großer Frankreichfahrt, in: Vormarsch der Jugend, Jugendbeilage zum VB, Reichsausgabe, 5. 9. 1931; An der Isonzofront. Fahrtenbericht des Grenzland-Amtes der HJ, in: Ebd., 18. 11. 1931, die beide auch in bündischen Periodika hätten abgedruckt sein können. Nach 1933 blieb die Auswahl der Fahrtziele erst einmal den Bannen vorbehalten, ohne dass hier Fahrten an die Westfront systematisch organisiert worden wären.

Krieg als Stahlbad – der Soldat des Schützengrabens

Zu Ernst Jüngers Phantasmagorien des schlackenlosen Grabenkämpfers, zu seinen semifiktionalen Konstruktionen maschinenharter Männlichkeit ist aus literatur- und ideengeschichtlicher Perspektive bereits viel geschrieben worden. Weniger Aufmerksamkeit wurde Jüngers literarischen Weggefährten und Mitwirkenden am soldatischen Mythos Franz Schauwecker, Werner Beumelburg und Hans Zöberlein zuteil. Dabei können doch insbesondere die beiden letztgenannten als prototypische Vertreter der NS-Weltkriegsliteratur bezeichnet werden.[63] Das von den genannten Autoren mit zunehmendem Erfolg verkaufte, neue, antibürgerlich-revolutionäre Bild des Frontsoldaten lässt sich wie folgt charakterisieren: Unter den Bedingungen des Stellungskrieges entstand im Trommelfeuer eine neue Kriegerkaste, die sich kategorial von dem Soldaten der Vorkriegszeit und der ersten Kriegszeit unterschied. Gewohnt, abgeschnitten und führerlos im Niemandsland der Granattrichter zu operieren, führte der Soldat des soldatischen Realismus selbstinitiativ und pflichtbewusst seine Waffen für sein Volk. Ein erhaltener Befehl wurde von ihm mit äußerster Härte sich selbst als auch anderen gegenüber durchgeführt. Zäh und verbissen kämpfend, verrichtete er seinen täglichen Dienst zuverlässig und maschinengleich. Er geriet zum alterslosen *homme-machine* des Schützengrabens, zum entmenschlichten durch eine enorme Willensanstrengung befähigten Funktionsteil des mythisch aufgeladenen Ganzen, der ‚Front'. Zur Schlüsselikone dieser Weltkriegsdeutung wurde der Stahlhelm, dessen magische Aura kalter Effizienz in den Kriegserzählungen des rechten Lagers affektiv aufgeladen war.[64]

Erst im Dritten Reich avancierte diese radikale Repräsentation des Frontsoldaten zur hegemonialen Interpretation des Kämpfers des Schützengrabens. Daher wurde auch Ernst Jünger erst zu Beginn der 1930er Jahre zu einem wirklich bekannten Schriftsteller, während sein Ruf noch in den 1920er Jahren über radikalnationalistische Kreise kaum hinaus gedrungen war. Im Lager der bürgerlichen Jugendbewegung hatte diese Radikalisierung oder auch Brutalisierung des Frontsoldaten-Bildes sich jedenfalls in der Tendenz schon eher durchgesetzt und einen bellizistischen Dis-

63 Die beste Einführung in die Literatur des soldatischen Nationalismus ist nach wie vor Prümm, Die Literatur des soldatischen Nationalismus; vgl. auch Karl-Heinz Bohrer: Die Ästhetik des Schreckens. Die pessimistische Romantik und Ernst Jüngers Frühwerk, München 1978; Linder, Princes of the Trenches; Hans-Harald Müller: Der Krieg und die Schriftsteller. Der Kriegsroman der Weimarer Republik, Stuttgart 1986, insbesondere S. 211–295; Jörg Vollmer: Imaginäre Schlachtfelder. Kriegsliteratur in der Weimarer Republik. Eine literatursoziologische Untersuchung, Berlin 2003. Das anhaltende Interesse an Ernst Jünger belegen die jüngsten Jünger-Biographien: Helmuth Kiesel: Ernst Jünger. Die Biographie, München 2007; Heimo Schwilk: Ernst Jünger. Ein Jahrhundertleben. Die Biographie, München 2007; zu Beumelburg, Schauwecker und Zöberlein vgl.: Walter Delabar: „Aufhören, aufhören, he, aufhören – hört doch einmal auf!". Hans Zöberlein: Der Glaube an Deutschland (1931), in: Thomas Schneider/Hans Wagener (Hg.): Von Richthofen bis Remarque. Deutschsprachige Prosa zum Ersten Weltkrieg, Amsterdam/New York 2003, S. 399–421; Heidrun Ehrke-Rotermund: „Durch die Erkenntnis des Schrecklichen zu seiner Überwindung?". Werner Beumelburg: Gruppe Bosemüller (1930), in: Ebd., S. 299–319; Ulrich Fröschle: „Radikal im Denken, schlapp im Handeln". Franz Schauwecker: Aufbruch der Nation (1929), in: Ebd., S. 261–298; Jay Baird: The Great War and Literary Reaction. Hans Zöberlein as Prophet of the Third Reich, in: George Kent (Hg.): Historians and Archivists, Fairfax 1991, S. 45–62.

64 Vgl. Hüppauf, Schlachtenmythen und die Konstruktion des ‚Neuen Menschen', insbesondere S. 62–72.

kurs befördert, der bis in die moderateren Teile der Jugendbewegung konsensfähig gewesen ist.[65]

Auch wenn die Schriften Ernst Jüngers und anderer Protagonisten des soldatischen Realismus (Schauwecker, Beumelburg) bereits seit der ersten Ausgabe der mit Abstand radikalsten Zeitschrift des bündischen Lagers, *Die Kommenden* (erster Jahrgang: 1926), ausführlich besprochen wurden und der Redaktion von Anfang an immer wieder eine Titelseite wert waren,[66] setzten sich die von ihnen vertretenen Männer- und Soldatenbilder erst Ende der 1920er Jahre sukzessive durch. Berücksichtigt man nämlich die Rezeption des ästhetischen Gegenpols Jüngers, Walter Flex, dessen jugendbewegt-idealistisches Kriegs- und Soldatenbild sich fundamental von der revolutionären (Selbst-)Stilisierung des Autors der *Stahlgewitter* unterscheidet,[67] so wird eine eindeutige Entwicklung deutlich. Von 1926–1928 war Flex mit seinem ästhetisch und semantisch dem bildungsbürgerlichen Kanon der Vorkriegszeit verpflichteten Werk auch im radikalvölkischen Lager noch eine durchaus präsente Identifikationsfigur; nicht umsonst wurde die Gedächtnisarbeit der Walter-Flex-Gedenkstiftung von so vielen radikalen Bünden getragen. Auch in den *Kommenden* spielte Walter Flex in dieser Phase noch eine wichtige Rolle,[68] während er von 1929–1933 kaum mehr gewürdigt wurde. Besonders die Jahre 1926 und 1927 markieren in dieser Hinsicht einen Höhepunkt. Bildungsbürgerliche Traditionsbestände waren offensichtlich in diesem Zeitraum selbst in einem Blatt, das sich wie kaum ein zweites zum Sprachrohr einer futuristisch-aggressiven Weltkriegs-Deutung machte, noch hoffähig, bevor sie ab 1928 sukzessive über Bord geworfen wurden und die Bilderwelten des Stahlgewitters endgültig die Rezeption des Krieges zu dominieren begannen.

Betrachtet man das Bild des ‚Frontsoldaten' in den moderateren Bünden ergibt sich ein weniger eindeutiges Bild, in dem idealistisch-jugendbewegte Deutungen mit dem Stahlgewitter-Paradigma koexistieren. Die Deutsche Freischar beispielsweise kultivierte insgesamt ein von den Kriegsdarstellungen der völkischen Bünde abweichendes, an Wandervogel- und Vorkriegsliteratur anknüpfendes Bild des Krieges. Neben Berichten von Frontfahrten, in denen der ‚Krieger der Materialschlacht'

65 Zu dem fundamentalen Wandel der Soldatenbilder nach dem Ersten Weltkrieg vgl. Hüppauf, ebd.; Paula Diehl: Macht – Mythos – Utopie. Die Körperbilder der SS-Männer, Berlin 2005, S. 62–76; Jürgen Reulecke: Vom Kämpfer zum Krieger. Zum Wandel der Ästhetik des Männerbildes während des Ersten Weltkriegs, in: Ders., „Ich möchte einer werden so wie die…", S. 89–102; Koch, Der Erste Weltkrieg als Medium der Gegenmoderne, S. 334–346.

66 Z. B. Ernst Jünger: Feuer und Blut (Auszug), eingeleitet von Gerhard Rossbach, auf der Titelseite von: Die Kommenden, 10. 3. 1926; Ernst Jünger: Der Aufmarsch des Nationalismus, Titelseite von: Ebd., 14. 4. 1926; Ernst Jünger: Nationalismus, Titelseite von: Ebd., 16. 2. 1927; Ernst Jünger: „Nationalismus" und Nationalismus, Titelseite von: Ebd., 11. 10. 1929; Hans Teichmann: Aufbruch der Nation (Schauwecker-Besprechung), Titelseite von: Ebd., 1. 11. 1929; Ernst Jünger: Kriegsausbruch!, Titelseite von: Ebd., 1. 8. 1930; Werner Laß: Der Vormarsch des Nationalismus (zu Jünger, Schauwecker, Franke, Beumelburg), Titelseite von: Ebd., 6. 2. 1931; Jünger – Schauwecker – Hielscher, Titelseite von: Ebd., 1. 8. 1931.

67 Zum Spannungsfeld Jünger–Flex vgl. ausführlich Koch, Der Erste Weltkrieg als Medium der Gegenmoderne.

68 Bei Fine Hüls: Walter Flex, der Dichter und Mensch, in: Die Kommenden, 21. 4. 1926; und Konrad Flex: Wie Walter Flex den Heldentod starb. Zum 16. Oktober, in: Ebd., 5. 10. 1927, handelt es sich z. B. um zwei Titelgeschichten, die sich um Flex drehen. Darüber hinaus wurde den Aktivitäten der Flex-Gedächtnisstiftung in diesen Jahren größere Aufmerksamkeit gewidmet: 1926–1928 wird Flex einmal rezensiert, fünfmal werden Auszüge aus seinen Büchern abgedruckt, und zehn Artikel nehmen sich seiner Person an.

heroisiert wurde, werden Kriegsepisoden geschildert, die mit bildungsbürgerlichen Interpretamenten konform gehen und z. B. den Marsch in den Krieg 1914 oder die Meldung von kriegsfreiwilligen Wandervögeln thematisieren.[69] Idealismus und Abenteuerlust stehen im Vordergrund, die klassische Langemarck-Trias ist eingewoben: Jugend, Einsatz, Opfer. Allerdings gewinnt auch in den gemäßigten Bünden die Frontkämpferästhetik ganz ohne Zweifel an Bedeutung: Die Buchempfehlungen der Redaktion der Freischar loben Jünger und insbesondere Beumelburg stark.[70]

Radikaler fällt der Kriegsdiskurs des Großdeutschen Jugendbundes aus. Auch wenn dieser durch die Person seines Bundesführers, des Vize-Admirals von Trotha (ehemaliger Stabschef der deutschen Hochseeflotte und als solcher Veteran der Skagerrak-Schlacht), stärker als andere Bünde den Seekrieg rezipierte und insbesondere aus der Skagerrak-Schlacht einen Pfeiler seines Weltkriegsgedenkens machte,[71] entwickelte er doch spätestens seit Ende der 1920er, Anfang der 1930er Jahre ein Bild des Krieges, das die Materialschlacht zunehmend in den Mittelpunkt stellte. Damit entwarf er einen Frontsoldatentypus, dessen Attribute Härte, Pflichterfüllung und Erfahrung waren. Die Fokussierung auf den deutschen Soldaten der letzten Kriegsjahre, ja der Abwehrschlachten 1918, tritt deutlich in den in der *Heerfahrt* abgedruckten Illustrationen zutage, in denen eine futuristische Bildsprache dominiert. Besonders auffallend ist das Motiv des Tankangriffs, dem sich deutsche Frontsoldaten ausgesetzt sehen: Ihr Kampf gegen die zahlenmäßige und waffentechnische Überlegenheit des Feindes in den letzten Kriegsmonaten, gewissermaßen die Apotheose des namenlosen Heldentums des Heeres, hat mit den konventionellen Heldenerzählungen jugendbewegter Kriegsrezeption (Langemarck) nichts mehr zu tun. Er verhält sich ihnen gegenüber geradezu diametral entgegengesetzt, indem die Stilisierung der Soldaten zu entmenschlichten Kampfmaschinen alle Attribute von Jugend eliminiert.[72]

Mit dieser Bildsprache korrespondieren die Beschreibungen des deutschen ‚Soldatengesichtes'. Der Topos des „harten, gemeißelten Gesichtes, das längst das Lachen verlernte",[73] ja überhaupt des „erzenen Geschlechts"[74] setzte ein Männlichkeits-Bild in Szene, das einen aggressiven Kult des unbekannten Soldaten propagierte.

69 Für diese Interpretation spricht z. B. auch die fortgesetzte Flex-Rezeption in der Freischar: Briefe von Walter Flex, in: Die Gefolgschaft, Januar 1931; Walter Flex: Ernst Wurche wird begraben, in: Die Jungenschaft, September 1931. Vormarsch, in: Ebd., April 1931; Die Letzten, in: Ebd.

70 In einer Sammelbesprechung aus dem November 1929 werden Remarque (negativ), Renn (positiv), Jünger (+), Carossa (+) und Witkop (+) besprochen. Im September 1931 werden Flex (+), Bröger (+-), Beumelburg (+), Remarque (-), Schauwecker (+-), Jünger (+) und Dwinger (++) gewürdigt. Neben Flex (vgl. Anm. III, 69) ist Beumelburg von diesen Autoren der einzige, von dem Auszüge gebracht werden. Vgl. die Ausschnitte aus „Sperrfeuer um Deutschland" und „Die Gruppe Bosemüller", in: Deutsche Freischar, November 1929, und Die Jungenschaft, April 1931.

71 Vgl. z. B.: Tagung des Großdeutschen Ringes in Wettin, in: Die Heerfahrt, März 1927, S. 75–76, S. 76; Hugo Lübeß: Ein Jahr einer Gruppe, in: Ebd., Juni 1928, S. 142–144; Günter Fieguth: Das Leuchtfeuer von Brüster-Ort, in: Ebd., September 1928, S. 203–205; Das Bild, in: Ebd., März 1929, S. 62–64; Unsere Flotte, in: Ebd., September 1929, S. 219–220.

72 Vgl. Illustration des futuristischen „Kriegers", in: Ebd., August 1927; die Illustrationen: „Kameradschaft", „Wir sind bereit" und „Verzage nicht, du Häuflein klein" von Karl Bartsch und Hektor Kirsch, in: Ebd., Juli 1928; „Das graue Heer" von A. P. Weber, in: Ebd., März 1929, und die Titelillustration „Vom Werden des Bundes" von C. A. Haensel, in: Ebd., Mai 1929 (s. Abb. 1–3).

73 Zum Geleit, in: Ebd., August 1927.

74 Vermächtnis, in: Ebd., Februar 1933.

Abb. 2: C. A. Haensel: Vom Werden des Bundes. Holzschnitt aus der Zeitschrift „Die Heerfahrt“, Mai 1929

Besonders illustrativ für diese Tendenz der Umcodierung überkommener Interpretations- und Wahrnehmungsmuster ist der Langemarck-Artikel von Gerhard Rebsch vom Oktober/November 1930, in dem nicht etwa die Begeisterung der Stürmenden, ihr Singen, ihre Opferfreude thematisiert werden, sondern ganz im Gegenteil das Ende des todesverneinenden Rausches:

> *Vier Tage sind seit dem ersten Sturm auf die feindlichen Gräben vergangen. Vier Tage, die die Freiwilligen zu Soldaten hatten reifen lassen. Wie war doch alles so anders gekommen, als man es sich als Junge geträumt und gehofft hatte! Im Hintergrund lag die unbezwungene Stadt.* [...] *Auf dem Schlachtfeld die toten Kameraden, die dem ersten Sturm entgegengejubelt und ihn mit ihrem jungen Leben hatten bezahlen müssen. Die Gedanken sind trübe. Wo ist der Rausch, wo ist die Begeisterung geblieben? Es ist einem gottsjämmerlich zumute. Seit Tagen kein warmes Essen.* [...] *Der Hunger quält. Dazu der Regen* [...], *der die Stellungen in Schlamm und Wassergräben verwandelt. Und dann die Müdigkeit.* [75]

Abb. 3: Hektor Kirsch: Wir sind bereit. Illustration aus der Zeitschrift „Die Heerfahrt", Juli 1928

Der Sturm auf Langemarck ist gescheitert, desillusioniert liegen die Kriegsfreiwilligen im Niemandsland. Ihr Rausch hat sie nicht zum Sieg getragen. Der ‚Todeslauf' der ‚singenden Blüte der deutschen Jugend' wird ihnen zum Initiationserlebnis: Sie reifen zu Soldaten, die jenseits kurzlebiger Begeisterungsfähigkeit ihre Pflicht erfüllen:

75 Gerhard Rebsch: Langemarck, in: Ebd., Oktober/November 1930.

Aber der Krieg, dieser Krieg, den Deutschland kämpft, braucht Soldaten. Jugend in heiligem Rausch ist gewiß etwas Schönes. Aber im Krieg der Maschine sind Zähigkeit, Härte und Nüchternheit besser.

Die Absage an die vom Langemarck-Mythos transportierten Werte Begeisterung, Idealismus und Rausch könnte deutlicher nicht ausfallen. Der Sturm auf Langemarck wird hier zur Geburtsstunde des ‚Frontsoldaten', dessen Zähigkeit im Alltag des Krieges die Unerschütterlichkeit der Front verbürgte.

Man darf diese Passage aber nicht als Abkehr von Langemarck insgesamt verstehen, da Langemarck auch für die Anhänger des Großdeutschen Jugendbundes der kultische Referenzpunkt ihres Kriegsgedenkens blieb. Vielmehr muss man hier den Versuch eines ehemaligen Kriegsteilnehmers und hochrangigen Offiziers der kommenden Wehrmacht sehen, ein im Rahmen der Wehrerziehung der Jugend verwertbares Frontsoldaten-Bild mit Langemarck zu verknüpfen. Es ist eine Arbeit am Mythos, die später von der HJ fortgeführt werden sollte. Doch darauf wird noch ausführlich einzugehen sein. Für den Augenblick reicht hier der Hinweis auf das sukzessive Vordringen der ‚Erz und Eisen'-Metaphorik in die Frontsoldaten-Bilder der Bündischen Jugend, deren pädagogische Zielvorstellungen sich zunehmend an dem aggressiven Typus des Grabenkämpfers orientierten.[76] Eingebettet in die allgemeine, von allen Bünden getragene Politik der Wehrertüchtigung lieferte dieses Frontsoldaten-Bild einen anschlussfähigen Prototypen des Soldatischen, der politisch auf der Rechten beheimatet war und die Wirkung nationalistischer Ideologeme und Deutungsmuster verstärkte.

2. „Das Reich ist, wo wir opfern!"[77] Die Rezeption des Weltkriegs im KJMV und der Sturmschar

Das Konzept der sozialmoralischen Milieus hat sich für die Untersuchung des Katholizismus in Deutschland als heuristisch wertvoll erwiesen, das so genannte ‚katholische Milieu' ist als Analyse- und Kontrastbegriff aus der zeitgeschichtlichen Forschung nicht mehr wegzudenken.[78] Ausgehend von den Ergebnissen Martin Bros-

76 So spricht Trotha nicht selten von der Aufgabe für die Zukunft, die Jugend „zusammenzuschmelzen zu Stahl und Eisen", z. B. in: Ebd., Juni 1931, S. 166. Das Leitbild des Soldaten findet sich keineswegs nur am rechten Rand der Jugendbewegung. Eberhard Köbel (genannt Tusk), einer der wenigen bündischen Führer, die sich zur KPD bekannten, schreibt in seinem ‚Abschiedsbrief' an d. j. 1.11.: „[…] Werdet zuverlässig, beständig. Keine Flackeraugen! Nicht heute so und morgen anders! Kein Zurückfallen in die Harmlosigkeit! Mit zehn Jahren dürft ihr singen: ‚… rennen wir und kennen kein bewahren.' Aber es ist eine Verpflichtung. Mit zwanzig müsst Ihr sie einlösen. Dann möchte ich keinen von Euch als Student x oder Lehrling y sehen, sondern als fanatische Soldaten einer gerechten Zukunft." (zitiert nach Pross, Jugend. Eros. Politik, S. 391–392, Zitat S. 392), und redet damit ebenso dem ‚soldatischen Tatmenschentum' das Wort.

77 Sinnspruch aus dem 1931 anlässlich der Trierer Reichstagung des KJMV erstmals aufgeführten Laienspiel „Der Reichssucher" von Ludwig Hugin.

78 Vgl. z. B. die Forschungsberichte: Christoph Kösters: Katholische Kirche im nationalsozialistischen Deutschland. Aktuelle Forschungsergebnisse, Kontroversen und Fragen, in: Rainer Bendel (Hg.): Die katholische Schuld? Katholizismus im Dritten Reich zwischen Arrangement und Widerstand, Münster 2004, S. 25–46; Benjamin Ziemann: Der deutsche Katholizismus im späten 19. und im 20. Jahrhundert. Forschungstendenzen auf dem Weg zu sozialgeschichtlicher Fundierung und Erweiterung, in: Archiv für Sozialgeschichte, 40 (2000), S. 402–422.

zats, der für Bayern die Existenz einer resistenten, „mächtigen traditionellen katholischen Struktur“[79] diagnostizierte, hat die Historiographie in den letzten beiden Jahrzehnten zu einem nuancierten Bild der katholischen Sozialmilieus gefunden: Während auf der einen Seite die relativ hohe weltanschauliche Undurchlässigkeit weiter Teile der katholischen Bevölkerung bestätigt wurde, treten auf der anderen Seite insbesondere hinsichtlich national(istisch)er Wertvorstellungen und Weltbilder keinesfalls nur marginale Schnittmengen zwischen den katholischen und protestantischen Teilkulturen so deutlich zutage, dass die scharfe Unterscheidung zwischen international (ultramontan) orientierter Subkultur und national-protestantischer Nationalkultur wohl als obsolet gelten muss. Norbert Fasse beispielsweise stellt ausdrücklich den Gefallenenkult der 1920er Jahre mit seiner nationalen Symbolik und Semantik als überkonfessionell konsensfähig heraus, und Holger Arning unterstreicht in seiner jüngst erschienenen, vielleicht auf etwas zu schmaler Quellenbasis aufgebauten, exemplarischen Diskursanalyse die Bindekraft zentraler Begriffe der NS-Ideologie wie ‚Blut‘, ‚Kampf‘, ‚Führer‘ und ‚Held‘ im katholischen Milieu.[80]

Mit den Studien von Irmtraud Götz von Olenhusen und Georg Pahlke liegen zur Sozial- und Organisationsgeschichte der katholischen Jugend in der Weimarer Republik und im Dritten Reich ausführliche Forschungsarbeiten vor.[81] Götz von Olenhusen gelang mit ihrer Dissertation *Jugendreich, Gottesreich, Deutsches Reich* aus dem Jahr 1987 eine der ersten konsequent dem Generationen-Ansatz verpflichteten sozialgeschichtlichen Studien zur deutschen Gesellschaftsgeschichte. Der von ihr erbrachte Nachweis, „welche Bedürfnisse und Bewusstseinsformen [in der katholischen Nachkriegsgeneration] neu entstanden und wie diese zum großen Teil quer zu den Vorstellungen der alten Eliten lagen“,[82] zeichnete das Bild einer zwischen Tradition und Moderne oszillierenden katholischen Jugend, die sich zwar hinsichtlich ihres starken „Harmonie- und Friedensbedürfnisses“ wesentlich vom organisierten „Durchschnittsjugendlichen“ unterschied,[83] gleichwohl aber generationstypische Strategien zur Bewältigung des durch den Ersten Weltkrieg und seinen für Deutschland unglücklichen Ausgang beschleunigten Säkularisierungsprozesses entwickelte. Obwohl die Kirchenhierarchie insgesamt einem konservativen, ‚jugendpflegerischen‘ Erziehungskonzept anhing und ‚Jugend‘ unter keinen Umständen als Wert an sich anzuerkennen bereit war, duldete sie doch die sich ab 1926 anbahnende, in den Jahren von 1928 bis 1932 beschleunigte Modernisierung der jugendlichen Gemeinschaftsformen im KJMV und stärker noch in der Sturmschar: Laienführer erhielten ein größeres Gewicht, an die Stelle der großen Kongregationsversammlungen trat die gemeinschaftszentrierte, nach dem Führer-Gefolgschaftsprinzip funktionierende Gruppenarbeit, die alten Kirchenfahnen wurden durch das kämpferischere Christus-

79 Martin Broszat: Resistenz und Widerstand, in: Ders. (Hg.): Bayern in der NS-Zeit, Bd. 4: Herrschaft und Gesellschaft im Konflikt, Teil C, München/Wien 1981, S. 691–709, S. 703.

80 Norbert Fasse: Katholiken und NS-Herrschaft im Münsterland, Bielefeld 1997, S. 164 ff.; Holger Arning: Die Macht des Heils und das Unheil der Macht. Diskurse von Katholizismus und Nationalsozialismus im Jahr 1934 – eine exemplarische Zeitschriftenanalyse, Paderborn u. a. 2008, S. 480 ff.

81 Götz von Olenhusen, Jugendreich; Georg Pahlke: Trotz Verbot nicht tot. Katholische Jugend in ihrer Zeit, Bd. 3: 1933–1945, Paderborn 1995; Karl Hofmann: Eine katholische Generation zwischen Kirche und Welt. Studien zur Sturmschar des Katholischen Jungmännerverbandes Deutschlands, Augsburg 1993; vgl. auch die ältere Arbeit von Schellenberger, Katholische Jugend und Drittes Reich.

82 Götz von Olenhusen, Jugendreich, S. 155.

83 Ebd., S. 154.

banner abgelöst, der alte Gruß „Tapfer und Treu“ durch das von der Jugendbewegung inspirierte „Treu-Heil“ ersetzt.[84]

Zur Modernisierung, oder besser: zur Anpassung an den zunehmend militanten Habitus der organisierten Jugend, gehörten vor allem auch die 1930 einsetzende, im „Sturmjahr 1932“ des KJMV kulminierende Politisierung der katholischen Jugendarbeit[85] sowie die faktische Militarisierung des öffentlichen Auftretens, die zunehmend in Widerspruch zu dem invariant vorgetragenen Antimilitarismus des Verbandes geriet:

> *Wir marschieren – schweigend. – In feiner, straffer Haltung und Ordnung. Die Banner ziehen jedem Zuge voraus, Fanfaren rufen. Trommelschläge und Klampfenrhythmus machen unseren Marsch bestimmt und fest. Nacht ist über uns.* [...] *Auf den Bürgersteigen drängen sich die Menschen. Auch sie schweigen! Sie stehen alle im Banne dieses Marsches. Die Straßen zittern im Takt. Was ist das für ein Feuer? Was ist das für ein Wollen?*[86]

Mit diesen Worten beschreibt – ein Beispiel unter vielen – ein Bericht vom Trierer Reichstreffen des KJMV (1931) stolz den diszipliniert-wuchtigen Aufmarsch der katholischen Jugend. „Disziplin“, „eiserne Zucht“ und „Ordnung“ werden permanent eingefordert und zugleich anerkennend bescheinigt.[87]

Die Leitidee der VI. Reichstagung des KJMV: „Unser Reichsgedanke – im Gottesreich, im Jugendreich, im Deutschen Reich“, dokumentiert, wie sich zu diesem Zeitpunkt die diffuse Sehnsucht nach ‚dem‘ „Reich“ als irrationaler Fluchtbegriff auch in der katholischen Jugend Bahn gebrochen hatte. Mit dem semantisch vagen „Deutschen Reich“ verbanden sich dabei säkulare Heilserwartungen, die das theologische Konzept des Gottesreiches als heilsgeschichtliche Erlösung des Christentums in den Hintergrund zu drängen drohten, wie *Die Wacht* bemerkenswert offen zugab:

> *Kampf für Deutschland! Kampf fürs Reich! Wir lasen in der schmucken Tagungsschrift* [...] *die Leitidee.* [...] *„Unser Reichsgedanke – im Gottesreich, im Jugendreich, im Deutschen Reich.“ Der Dreiklang packte uns. Am stärksten vielleicht dieser eine Klang vom Deutschen Reich.*[88]

84 Ebd., S. 69.

85 Vgl. z. B. Die Stimmen der Jugend 1930, H. 5, die als politisches Heft erschienen sind, und die Anweisung zur Organisation von politischen Kundgebungen im Rahmen des offensiv proklamierten „Sturmjahrs“ 1932: Sturm 1932, in: Jungwacht, März 1932, S. 68 ff.; Sturm 1932, in: Die Wacht, April 1932.

86 Das Feuer vom Apostelgrab, in: Ebd., August 1931, S. 236–240, Zitat S. 239; vgl. auch: Jakob Clemens: Ruf von Trier. Bericht über die VI. Reichstagung des Katholischen Jungmännerverbandes Deutschlands 1931 zu Trier, Düsseldorf 1931, S. 17, und den Bericht vom Treffen der Sturmschar in Koblenz 1932: Der Aufmarsch der 3000, in: Sturmschar-Treffen, 18. 5. 1932, S. 1.

87 Vgl. auch: Jungenschaft, in: Sturmschar, Januar 1930, S. 26 f.; Wir stählen und üben unseren Körper und halten fern von uns, was schädlich ist, in: Ebd., März 1930, S. 48 ff.; Die Zeiten ändern sich, in: Ebd., Februar 1931, S. 24 f.; Zucht oder Drill, in: Jugendführer, Januar 1931, S. 27 f.; Wie stehen wir? Eisern!, in: Ebd., Februar 1931, S. 67 f.

88 Triers Ruf, in: Die Wacht, August 1931, S. 241–248, Zitat S. 241; bezeichnender Weise thematisierte auch Ludwig Hugins in Trier uraufgeführtes Laienspiel „Der Reichssucher“ eine ausgesprochen weltliche Suche nach dem Reich.

Das massive Eindringen so genannter heldischer Ideale in den Verbandsdiskurs[89] blieb nicht ohne Auswirkungen auf die liturgische Praxis der jungen Katholiken. Pointiert lässt sich die von Götz von Olenhusen herausgearbeitete Verschiebung des jungkatholischen Kultes weg vom noch bis in die 1920er Jahre hinein vorherrschenden Marienkult hin zur Christozentrik, in der Jesus als männlicher „Führer" verehrt wird,[90] als Militarisierung und Virilisierung des katholischen Kultes interpretieren. An die Stelle des traditionellen Patrons der Jugend, des ‚engelsgleichen Jünglings' Aloysius von Gonzaga, trat in diesem Zusammenhang die Verkörperung des jungen, starken Helden, der Erzengel Michael, der sich als aktivistische Heldenfigur, als Held und Heiliger, viel besser mit dem eindringenden, Härtediskurs („Wir wollen Männer, wie von Stahl und Eisen"[91]) in Deckung bringen ließ.[92]

Der spürbar martialischer werdende Duktus des KJMV und dessen straff organisierte Großkundgebungen hatten für die Zentrumspartei Vorbildcharakter und inspirierten den (partei)politischen Arm des Katholizismus zu ähnlich gestalteten Massenveranstaltungen – dies wiederum unter enger Einbindung der katholischen Jugendverbände, die damit als „Ornament der Masse"[93] den Gestaltungsanspruch des Zentrums öffentlichkeitswirksam bekundeten. Günter Plum hat deswegen im Jungmännerverein im Allgemeinen und in der Sturmschar im Besonderen ein Beispiel für den ‚Extremismus der Mitte' gesehen, der „erheblich [zur] Verkennung und Missdeutung des Kommenden" beigetragen habe.[94] Diese These hat nach wie vor einiges für sich. Jenseits des rasseideologischen Kerns der NS-Ideologie bestanden auf der formalen (Uniformierung, militärähnliche Märsche, Geländespiele etc.) wie auf der semantischen Ebene (härtebetonter Männlichkeitsdiskurs, emphatische Bejahung von Heldentum und Opfermut, entsagungsvolle Dienstbereitschaft) derart viele Schnittmengen mit den dann nach 1933 von der HJ bestimmten Vergemeinschaftungs- und Lebensformen der Jugend, dass die Rahmenbedingungen der HJ-Sozialisation wohl zu einem großen Teil von den betroffenen katholischen Jugendlichen als normal empfunden wurden. Die große Bereitwilligkeit jedenfalls, mit der katholische junge Männer ihren Dienst in dem ausführenden Organ der Hitlerschen Expansionspläne, der Wehrmacht, leisteten, ja überhaupt die Wertschätzung, derer sich das Militär gerade auch im Unterschied zu den NS-Organisationen erfreute, hat sicherlich zum Teil ihre Wurzeln in der gegen Ende der Weimarer Republik forcierten Erziehung zum *miles Jesu Christi*, eine Ideologisierung des Soldatenberufs, die später insbesondere mit Beginn des ‚Ostfeldzuges' gegen die gottlose Sowjetunion Konjunktur hatte und es katholischen Soldaten ermöglichte, dem brutalen Vernichtungskrieg im Osten einen Sinn zu geben.[95]

89 Vgl. auch Pahlke, Trotz Verbot nicht tot, S. 275.
90 Vgl. hierzu und zum Folgenden: Götz von Olenhusen, Jugendreich, S. 77 ff.
91 Was wir wollen, in: Die Wacht, Februar 1931; vgl. auch das exemplarische Gedicht „Mann und Held" von Ludwig Kessing, in dem auf appellative Weise Männlichkeit beschworen wurde (z. B.: „Sei ein Mann und sei ein Held, Führer sei im Kampf der Welt!"), in: Ebd., September 1931.
92 Vgl. z. B. das Michael-Heft der Sturmschar, September 1931.
93 Siegfried Kracauer: Das Ornament der Masse, Frankfurt a. M. 1977.
94 Günter Plum: Gesellschaftsstruktur und politisches Bewußtsein in einer katholischen Region, 1928–1933. Untersuchung am Beispiel des Regierungsbezirks Aachen, Stuttgart 1972, S. 113 f.
95 Vgl. Pahlke, Trotz Verbot nicht tot, S. 274 ff.

Dennoch wäre es zu kurz gegriffen, unterstellte man dem KJMV allzu pauschal eine kryptomilitaristische Ausrichtung.[96] Nicht zuletzt die rege Auseinandersetzung um die Teilnahme des Verbandes am Reichskuratorium für Jugendertüchtigung 1932 (gegen den erklärten Willen der Verbandsspitze sprach sich eine Mehrheit gegen die Teilnahme an der staatlichen Initiative zur Wehrertüchtigung der Jugend aus) sowie die auch 1933 noch starken pazifistischen Tendenzen selbst innerhalb der Sturmschar[97] zeigen deutlich, in welchem Maße ein antimilitaristischer Impetus noch in der Spätphase der Weimarer Republik vorhanden war.

Wie lassen sich diese beiden auf den ersten Blick widersprüchlichen Befunde vereinbaren? Zuerst einmal erscheint es wesentlich, die kategorischen Selbstabgrenzungen der katholischen Jugend von dem von ihr mit Vehemenz verurteilten Militarismus der Wehr- und Rechtsverbände nicht einfach in der ex-post-Perspektive als ‚objektiv' falsch oder unreflektiert abzutun, sondern sie ernst zu nehmen. Für die Zeitgenossen war es, und das zeigt sich besonders im Erinnerungsdiskurs des KJMV, keineswegs paradox, sich auf der einen Seite für Völkerverständigung und Frieden einzusetzen und auf der anderen Seite im Kriegs- und Gefallenengedenken soldatische Werte und Tugenden zu ehren und diese damit zu perpetuieren. Das Weltkriegsgedenken des KJMV, dessen Sozialstruktur die ganze männliche Jugend abbildete,[98] muss daher gerade in seiner Ambivalenz wohl als typisch für die spezifische, deutsche Problemlage verstanden werden, d. h. die Schwierigkeit, vor dem Hintergrund des verlorenen Krieges die massiven Kriegsopfer als sinnvoll in die National- und Individualgeschichte zu integrieren. Es lohnt sich daher, den Konturen und Konjunkturen des katholischen Jugenddiskurses über den Weltkrieg hier genauer nachzugehen. Dabei wird deutlich werden, dass nichts – und schon gar nicht eine wie auch immer gefasste Kriegsbegeisterung – den katholischen Jugendverband derart anfällig für die Übernahme eines heroisierenden Gefallenenkultes und ‚soldatischer' Wert- und Normvorstellungen machte wie der theologisch fundierte, aber sukzessive säkularisierte Kult des Opfers und des Opferns. Wenn es Adolf Hitler und der NSDAP gelang, sich über den Kreis der ihm weltanschaulich verpflichteten NS-Anhänger hinaus „psychopolitisch gesehen" zum „Abgesandten der Kriegsgräber" zu stilisieren – so die schöne, essayistisch zugespitzte Formulierung von Peter Sloterdijk[99] –, dann tritt in der Verbreitung des Opfer-Mythos im KJMV eine entscheidende Ursache dafür exemplarisch zutage.

Vom Kriegs- zum Heldengedenken. Konjunkturen der Erinnerung an den Ersten Weltkrieg im KJMV

Die Rezeption des Ersten Weltkriegs im Katholischen Jungmännerverband zeichnete sich bis in die späten 1920er Jahre hinein insgesamt durch eine ausgesprochen pazi-

96 Z. B. Rusinek, Der Kult der Jugend und des Krieges, S. 172 ff.

97 Bei einem Gauführertreffen der Sturmschar wurde noch im April 1933 Kriegsdienstverweigerung als „Vaterlandsrettung" gepriesen, auch wenn ein derart dezidierter Pazifismus ganz sicher nicht repräsentativ für den Verband – und schon gar nicht für die Verbandsspitze – gewesen ist, vgl. Pahlke, Trotz Verbot nicht tot, S. 274.

98 Schellenberger, Katholische Jugend und Drittes Reich, S. 16.

99 Peter Sloterdijk: Kritik der zynischen Vernunft, Frankfurt a. M. 1983, S. 760.

fistische Interpretation der Kriegsjahre aus. Immer wieder stellten die Verantwortlichen „den Wahnwitz eines vierjährigen Völkermordens", in dessen Verlauf „die Blüte der europäischen Jugend sinnlos geschlachtet"[100] worden sei, in den Mittelpunkt ihres Plädoyers für eine europäische Friedensordnung, an der die Katholiken Deutschlands allgemein, und insbesondere die katholische Jugend, mitarbeiten sollten:

> *Es ist nicht bloß eine Augenblicksmission, für den Gedanken des Friedens zu arbeiten, weil es vielleicht aussichtslos wäre, unter den heutigen Verhältnissen* [der Artikel erscheint zum Zeitpunkt des passiven Widerstandes gegen die Ruhrbesetzung durch Frankreich, A.W.] *einen neuen Krieg zu führen, weil der Krieg die herrlichsten Gebiete unseres Rheinlandes und vielleicht weit darüber hinaus unser Land in Schutt und Trümmer legen würde, nicht weil Tausende unserer Brüder in einem für uns vollkommen aussichtslosen Kampfe verbluten würden; sondern wir lehnen den Krieg ab, weil er mit christlichen Grundsätzen in seiner Auswirkung und Nachwirkung nicht zu vereinbaren ist.*
> *Wir lehnen ihn ab, weil er immer verleitet zu Haß und Rache; wir lehnen den Krieg ab, weil wir katholisch sind.*[101]

Nationalistischen „Lobrednern des Krieges" wurde vorgeworfen, unter der Jugend eine „innerlich unwahre Kriegslegende"[102] zu verbreiten und an die Stelle des Geistes der Völkerversöhnung die „Pflege des militaristischen, kampflustigen Geistes"[103] zu setzen, der so oft Völker und Staaten gegen ihren Willen in den Krieg getrieben habe. Intensiv diskutierte man daher die Frage, wie es gelingen könne, den Krieg der Zukunft zu verhindern, positionierte sich eindeutig gegen die allgemeine Wehrpflicht, die als „Lehrzeit zum Massenmorden"[104] galt und dementsprechend verurteilt wurde,[105] und sprach sich emphatisch für das Recht, ja, die „heilige Pflicht" zur Kriegsdienstverweigerung aus.[106] Sicherlich waren in dieser Frage die intellektuellen *Stimmen der Jugend* ein gutes Stück radikaler als der Verbands-Mainstream und die Verbandsleitung, die sich vorsichtiger positionierte und – bei weitgehender Anerkennung pazifistischer Prämissen – den Staat als weltliche Autorität verstand, der jeder Katholik Gehorsam schulde.[107] Insgesamt ist jedoch die Stärke pazifisti-

100 Heinrich Braun: Wir Jungmänner und die Politik, in: Stimmen der Jugend, 1923, H. 5/6, S. 41–44, Zitate S. 42.

101 Die Friedenssendung der Katholiken Deutschlands, in: Ebd., 1923, H. 3/4, S. 35–37, Zitat S. 35. Vgl. z. B. auch: Katholische Sendung, in: Ebd., S. 22–24; Georg Wagner: Der Papst – der Hirte der Völker, in: Ebd., 1923, H. 5/6, S. 45–47; Ein Denkzeichen für die Kriegsopfer, in: Die Wacht, 1924/1925, H.7; Wahnsinn des Krieges, in: Ebd., März 1928, S. 93; Noppel: Um den Frieden der Welt, in: Ebd., Dezember 1928, S. 359–363.

102 Die Lobredner des Krieges. Zu einem kriegsverherrlichenden Artikel des Großdeutschen Jugendbundes, in: Jugendführung, 1925, H. 1, S. 20; vgl. auch den kritischen Artikel zur Gedenkpraxis des bürgerlichen Lagers: Gefallenen-Gedenkfeiern, in: Stimmen der Jugend, 1928, H. 3, S. 148.

103 Noppel: Um den Frieden der Welt, in: Die Wacht, Dezember 1928, S. 360.

104 Heinrich Braun: Die neue Wehrpflicht, in: Stimmen der Jugend, 1923, H. 7/12, S. 88–89, Zitat S. 88.

105 Vgl. auch Noppel: Um den Frieden der Welt, in: Die Wacht, Dezember 1928, S. 360.

106 Die Ächtung des Krieges, in: Stimmen der Jugend, 1928, H. 4, S. 147; Kriegsdienstverweigerung, in: Ebd., 1928, H. 6, S. 211 f.; vgl. auch Pahlke, Trotz Verbot nicht tot, S. 274.

107 Vgl. dazu die exemplarischen Stellungnahmen: Emil Ritter: Krieg und Christentum, in: Jugendführung, 1925, H. 5/6, S. 68–76; ders.: Pazifismus und Friedensbewegung, in: Ebd., 1925, H. 7/8, S. 104–111.

scher Überzeugungen vor allem auf der unteren und mittleren Verbandsebene nicht zu bestreiten.

Manifest wurde der Einfluss des pazifistischen Flügels des KJMV insbesondere in dem einzigen nennenswerten Konflikt zwischen der Düsseldorfer Verbandsführung unter Generalpräses Wolker und der mittleren bis unteren Führerschaft des Verbandes in der Weimarer Zeit, der sich an der Frage entzündete, ob der KJMV dem Reichskuratorium für Jugendertüchtigung unter General a. D. von Stülpnagel – einer 1932 vom Reichswehrministerium angestoßenen Initiative zur Wehrertüchtigung der Jugend – beitreten sollte.[108] Während sich die Verbandsspitze vorbehaltslos zu dem in den Richtlinien des Reichskuratoriums formulierten Bild des wehrhaften Mannes bekannte: „Die Grundeigenschaften des wehrhaften Mannes sind körperliche Leistungsfähigkeit, Gewandtheit und Härte, Willensstärke, Mut und Entschlußkraft, Zucht, Ordnungsliebe, Kameradschaft, Wehr- und Opferbereitschaft für Volk und Land“,[109] und die Beteiligung des KJMV vorantrieb, agitierte die wichtige *Junge Front* massiv gegen den Geländesport, den sie, allerdings ohne dabei das Ideal der Wehrhaftigkeit als solches in Frage zu stellen, als „Soldatenspielerei“ und „überflüssigen Drill“ zu diskreditieren suchte.[110] Der Protest zwang die Reichsführerschaft schließlich zum Einlenken, der KJMV trat dem Reichskuratorium nicht bei, lediglich die Deutsche Jugendkraft, der katholische Sportverband, beteiligte sich an den Bestrebungen des Reichskuratoriums, freilich auch hier die „grundsätzliche Ablehnung des Krieges, [...] der äußeren und inneren Aufrüstung zum Krieg [...] und des Militarismus“ betonend.[111]

Es ist wichtig zu verstehen, dass sich neben – und ausdrücklich nicht gegen, sondern eher komplementär dazu – der relativ stabilen pazifistischen Grundtendenz der katholischen Verbandspresse im Gefallenengedenken bereits in der ersten Hälfte der 1920er Jahre ein Rezeptionsmuster entwickelte, dem es nicht genügte, immer nur die Grausamkeit des Krieges und die sich daraus ableitende Forderung „Nie wieder Krieg!“ in den Vordergrund zu rücken, sondern das nach einer positiven Sinngebung für den Soldatentod suchte und in der „Heldengesinnung der Millionen“, ihrer exemplarischen „Pflichttreue“, ein pädagogisch verwertbares Bild der Gefallenen entwarf:

> *Als werdende Männer soll uns die Heldengesinnung der Millionen vor Augen stehen. Ja, es waren Helden, und es entspricht durchaus der Wirklichkeit, wenn die Engländer und die Franzosen „dem unbekannten Soldaten“ ein Nationaldenkmal errichtet haben. Nicht bloß der Krieger, von dem Heldenstücklein berichtet werden können, sondern der einfache Mann, der ungesehen und unbelohnt seine Pflicht getan hat,*

108 Zum Reichskuratorium für Jugendertüchtigung vgl. Henning Köhler: Arbeitsdienst in Deutschland. Pläne und Verwirklichungsformen bis zur Einführung der Arbeitsdienstpflicht im Jahre 1935, Berlin 1967, S. 212 ff.; Hans-Joachim Teichler: „Lernen zu gehorchen, den Mund zu halten, Autorität anzuerkennen ...“. Das Reichskuratorium für Jugendertüchtigung und der deutsche Sport, in: John, Jugendsport im ersten Drittel des 20. Jahrhunderts, S. 70–83.

109 Ludwig Wolker: Reichskuratorium und Deutsche Jugendkraft, in: Junge Front, 16. 10. 1932, Titelseite.

110 Geländesport = Soldatspielen, in: Ebd., Wochenzeitung ins deutsche Jungvolk, 25. 9. 1932, Titelseite; Abrüstung für alle. Jugendertüchtigung durch Wehrsport?, in: Ebd., 2. 10. 1932, Titelseite; zur Wochenzeitung „Junge Front“ und ihrer großen Bedeutung für katholische Jugendliche vgl.: Gotto, Die Wochenzeitung ‚Junge Front/Michael‘.

111 Ludwig Wolker: Reichskuratorium und Deutsche Jugendkraft, in: Junge Front, 16. 10. 1932, Titelseite.

> *war ein Held. [...] Und wie viele unter den Gefallenen haben auch bewußt und freudig ihr Leben für eine Sache hingegeben, an die sie glaubten. [...]*
> *Als Deutsche wollen wir nie vergessen, daß kostbares Bruderblut in Strömen vergossen worden ist um Deutschlands willen. Das Land so furchtbarer Opfer muß uns heilig sein. Wir dürfen die Verantwortung für das Schicksal Deutschlands nicht abschütteln, sonst werden wir zu Feiglingen vor dem Angesicht der Toten.*[112]

Wenn die in diesen Zeilen zum Ausdruck kommende Heroisierung der Kriegsgefallenen auch bis in die zweite Hälfte der 1920er Jahre hinein keine besonders große Rolle in der Weltkriegs-Gedenkpraxis des KJMV spielte, so wird hier doch die nicht nur für das katholische Weltkriegsgedenken konstitutive Ambivalenz aus Kriegsopfer- und Heldengedenken deutlich: Während nämlich auf der einen Seite die Ablehnung der ‚Schrecken der Materialschlacht' einhellig war, so bestand auf der anderen Seite das manifeste sozialpsychologische Bedürfnis, die Frage nach dem Sinn der zwei Millionen deutschen Gefallenen im kollektiven Gedächtnis so zu beantworten, dass ihr Tod nicht einfach als ‚sinnlos' im Sinne von ‚umsonst' erschien, vielmehr seine heroische Verklärung zur Bewältigung des Traumas helfen konnte. Die beiden Deutungsstränge schlossen einander nicht aus, sie funktionierten lange Zeit komplementär; die Heroisierung der Gefallenen schloss dabei die Sinnlücken, welche die pazifistische Verurteilung des Krieges als ‚Verbrechen' bzw. ‚Wahnsinn' offen lassen musste. Politisch bedenklich wurde die Rezeption des Weltkriegs erst, als die Tendenz zum Heldengedenken stärker wurde, ihre ursprünglich feste Bindung an einen stabilen, pazifistischen Konsens zunehmend verlor und einen Gefallenenkult förderte, der das ‚heilige Opfer' für Deutschland glorifizierte und sich damit eine Deutung des Soldatentodes zu eigen machte, die der nationalistischen bis nationalsozialistischen Interpretation der Kriegsgefallenen nahe kam.

Dieser Übergang vom Kriegsopfer- zum Heldengedenken begann sich in der katholischen Jugendpresse etwa seit 1927 abzuzeichnen. Mehr und mehr begann man, den „Krieg als seelisches Erlebnis zu werten und fruchtbar zu machen" und im Kriegserlebnis eine gerade auch für die Jugenderziehung unverzichtbare, „unversiegbare Kraft- und Seelenquelle" zu erblicken.[113] Zunehmend rückte nun das Ethos der Soldaten in den Vordergrund sowie das Bemühen, die Rahmenbedingungen des ‚heiligen Opfers' der Gefallenen zu verstehen. Mit Paul Raynals Tragödie *Das Grab des unbekannten Soldaten* und den von Philipp Witkop herausgegebenen *Kriegsbriefen gefallener Studenten*[114] rezipierte die katholische Jugendpresse nunmehr Werke über den Krieg, die die Frage nach dem Sinn des Krieges in den Mittelpunkt stellten und die ‚Frontsoldaten' zu überlebensgroßen Heldenfiguren stilisierten. Ihr Heldentum leitete sich vor allem aus ihrer altruistischen Selbstaufgabe, aus ihrem Selbst-

112 Der Türmer: Vergesst die Toten nicht! Wacht-Rufe, in: Die Wacht, November 1924, S. 169 f. (Titelseite); vgl. auch: Der Türmer: O ihr Toren und Feigherzigen! Wacht-Rufe, in: Ebd., April 1925, Titelseite.

113 Georg Koepgen: Die Seele des Krieges und die Jugendführung, in: Jugendführung, 1927, H. 7, S. 195–198, Zitate S. 196, S. 198.

114 Paul Raynal: Das Grab des unbekannten Soldaten. Tragödie in 3 Akten, Strassburg 1926; Phillipp Witkop (Hg.): Kriegsbriefe gefallener Studenten, München 1929. Zu Witkops „Kriegsbriefe gefallener Studenten" vgl. Manfred Hettling/Michael Jeismann: Der Weltkrieg als Epos. Philipp Witkops „Kriegsbriefe gefallener Studenten", in: Hirschfeld/Krumeich/Renz (Hg.), Keiner fühlt, S. 175–198.

opfer für die Utopie einer spirituellen Erneuerung (Katharsis) des Vaterlandes und der ganzen Menschheit ab.[115]

Bevor mit Ludwig Renns *Krieg* (1928) und Erich Maria Remarques *Im Westen nichts Neues* (1929) – beide Bücher wurden im Übrigen ausgesprochen positiv besprochen, auch wenn sich im Fall Remarques durchaus Widerspruch gegen die vermeintlich nihilistische „Verleumdung und Entehrung der Toten" regte[116] – die große Konjunktur der Kriegserinnerung in Literatur und Film einsetzte, hatte in Teilen der katholischen Jugend damit bereits eine Neuverortung des Kriegserlebnisses begonnen,[117] deren ideologischer Kern in der Betonung des ‚heiligen' Opfers für Deutschland bestand. Katholische Märtyrerideologie und säkularer Gefallenenkult gingen tendenziell ineinander über, der Krieg erschien weniger denn zuvor als „Verbrechen" und „Wahnsinn", sondern mehr denn je als „prüfende Vorsehung",[118] als inneres Erlebnis, das dem Einzelnen Zugang zu spiritueller Wahrheit verschaffte. Aus dem Kontext des industriellen Krieges gelöst, wurde das individuelle ‚Fronterlebnis' zur intensiven Gotteserfahrung verklärt, an der ‚Front' zeigte sich die Kraft der Seele, ihre Gewalt über die unbeseelte Materie:

> *Ganz still sind sie geworden, in sich gekehrt, und sie sahen auf Vorposten oftmals zu den klaren Sternen. Da haben sie den Herrn erkannt: „Im Angesicht des Todes muß man an die Ewigkeit glauben." Wenn der beste Kamerad, der Freund, gefallen ist, da schließen sie mit Christus Gottesfreundschaft.*
> *Mit ihm feierten sie in den armseligen Unterständen Weihnachten. So echt wie einst in Bethlehem war ihre Not und Armut, aber auch ihre Freude.* [...]
> *Schwerverwundet lagen sie oft unmittelbar gebettet vor Gottes Heiligtum; da wurde sein Haus, die Kirche, auch ihr leiblicher Schutz. Jetzt tritt allen wieder der Sinn des Glaubens vor Augen;* [...] *In dieser Haltung schließen sie mit dem Leben ab. ‚Was haben wir zu verlieren? Nichts als unser ärmliches Leben, die Seele vermögen sie doch nicht zu töten.*[119]

Die opfermythischen Vorstellungen vom Soldatentod in der katholischen Jugendpresse, die weiter unten näher behandelt werden, ja, der ab den frühen 1930er Jahren verstärkt aufgegriffene Topos vom Opfer als Wert an sich sind konstitutiv für das Weltkriegsgedenken des KJMV in den letzten Jahren der Weimarer Republik. Die spürbare Schwerpunktverlagerung vom Kriegsopfer- zum Heldengedenken bereiteten im Kontext der allgemeinen Konjunktur der Weltkriegserinnerung den Boden für eine quantitativ stärkere und qualitativ andere Weltkriegsrezeption, die

115 Georg Wagner: Das Grab des unbekannten Soldaten, in: Stimmen der Jugend, 1928, H. 8, S. 271 ff.; Siegfried Kuhn: Briefe von Tod und Auferstehung, in: Ebd., 1929, H. 4, S. 114 ff.; Paul Raynal: Vermächtnis von den Fronten, in: Ebd., 1930, H. 5, S. 157; Ehrung der Gefallenen. Eine Feierstunde im Heim, in: Jugendführung, 1929, H. 5, S. 144–147.

116 Im Westen nichts Neues!, in: Stimmen der Jugend, 1929, H. 4, S. 149 f.; Krieg, in: Ebd. S. 150; Im Westen nichts Neues?, in: Ebd., 1929, H. 5/6, S. 217 f., Zitat S. 218; Krieg und Schule, in: Ebd., S. 218; Wiederum: Im Westen nichts Neues, in: Ebd., 1929, H. 7, S. 263 f.; Ein Echo zu Remarque, in: Ebd., 1929, H. 8, S. 300.

117 Vgl. auch: Gedanken, die einem auf der Flandernfahrt kamen, in: Die Wacht, September 1929, S. 235 f.

118 Im Westen nichts Neues?, in: Stimmen der Jugend, 1929, H. 5/6, S. 217 f., S. 218.

119 Siegfried Kuhn: Briefe von Tod und Auferstehung, in: Ebd., 1929, H. 4, S. 114 ff., Zitat S. 116 f.; vgl. auch: Es ist eine Kraft in der Seele, in: Die Wacht, Dezember 1927, S. 255 f.

sich insbesondere aber nicht nur in der ab Juli 1932 erscheinenden jungkatholischen Wochenzeitung *Junge Front* niederschlug: Das modern aufgemachte Wochenblatt, das ein jugendliches (katholisches) Massenpublikum ansprechen wollte und sich nach der ,Machtergreifung' tatsächlich zu einem viel gelesenen Organ des katholischen Alternativdiskurses entwickelte,[120] griff stärker als sein Vorgänger, die *Stimmen der Jugend*, den Themenkomplex Weltkrieg auf und scheute sich nicht, Narrative zuzulassen, die bis zu diesem Zeitpunkt in der katholischen Jugendpresse kaum eine Rolle gespielt hatten.

Zum 18. Jahrestag des Kriegsausbruchs 1914 z. B. feierte man „mit Stolz" die kriegsfreiwilligen „Helden des August 1914" und ihren „heiligen Idealismus". Dass „schon in den ersten Monaten [...] ganze Regimenter dieser großen deutschen Jungmannschaft [verblutet waren]", wurde anders als noch wenige Jahre zuvor nicht nur nicht kritisiert, sondern im Gegenteil geradezu in den höchsten Tönen gelobt und das mythische ,Augusterlebnis' zu einem Schlüsselereignis der deutschen Geschichte erhoben:

> *Vom Jahre 1914 muß der Jahrgang 1914 und wir alle lernen, daß leidenschaftliche Hingabe wahrer Dienst am Volke und Vaterlande sind, wenn die ganze Jungmannschaft über alle Mauern hinweg eine Sorge für das Vaterland hat und wenn die Sorge wahrhaft dem ganzen Volke und ganzen Vaterlande gilt.*[121]

Zur Glorifizierung der „leidenschaftlichen Hingabe" für Volk und Vaterland passte es auch, dass die *Junge Front* – ein Novum für die katholische Jugendpresse – die ,Kriegsfreiwilligen von Langemarck' und ihren „großen Glauben an Deutschland" nun für sich entdeckte und durch den zunehmenden Abdruck von Kriegserzählungen und Kriegsbriefen der Interpretation des Krieges als „eine der heiligsten und größten Offenbarungen, mit denen er [Gott] Licht in unser Leben schüttet", Vorschub leistete.[122]

Vor dem Hintergrund der verstärkten Rezeption des Weltkriegs im Allgemeinen und des Opfermythos im Besonderen kam es insgesamt ab den späten 1920er und frühen 1930er Jahren zur Identifikation mit den soldatischen Idealen eines Teils der Kriegsgeneration, zu dem oben bereits angesprochenen Eindringen ,heldischer', männlicher Werte in die katholische Jugenderziehung. Nicht überall trat dabei die sich maßgeblich aus dem Gefallenengedenken speisende Militarisierung des Verbandsdiskurses so pointiert zutage wie in der Selbststilisierung der Sturmschar zum „grauen Heer"[123] oder in der Beschreibung des idealen ,Jungführers' von Ludwig Hugin:

120 Gotto, Die Wochenzeitung ,Junge Front/Michael', S. 225 f., geht für 1932 von einer Auflage von 30 000 aus, bis 1936 stieg die Auflage bis auf 330 000 an.

121 1914, 1. August, in: Junge Front, 7. 8. 1932, Titelseite.

122 Ludwig Hugin: Die Orgel von Langemarck, in: Ebd., 31. 7. 1932; Zitat aus: Walter Flex, in: Ebd., 16. 10. 1932; vgl. außerdem: Ludwig Hugin: Vor dem Schnitt, in: Ebd., 17. 7. 1932; Edwin Erich Dwinger: Zwischen Weiß und Rot, in: Ebd., 13. 11. 1932; Reinhard Johannes Sorge, in: Ebd., 18. 12. 1932; Weihnacht in Briefen, in: Ebd., 25. 12. 1932; Ludwig Hugin: Das Mirakel von Cherify, in: Ebd., 8. 1. 1933.

123 Der Aufmarsch der 3000, in: Sturmschar-Treffen, 18. 5. 1932, S. 1; Sturmschar – Wir berichten, in: Die Wacht, März 1932, S. 77 f.

Deshalb stell ich mir den richtigen Jungführer unserer Tage auch immer so vor: den Stahlhelm des Heiles auf den jungen Locken, die Handgranate der Unerschrockenheit in der Rechten, bereit sie dem Teufel an den rauchigen Schädel zu werfen, das Gesicht aber voll heller Freude und Sonnigkeit am fröhlichen Streiten.[124]

Dennoch kann kein Zweifel daran bestehen, dass sich die ‚Frontsoldaten' und insbesondere die Gefallenen in der Presse des KJMV zu Leit- und Idealbildern der katholischen Jugend entwickelten. Dies schlug sich beispielhaft im Kult um Heinrich Brüning, den „Führer im politischen Kampf",[125] nieder, der in seinem ‚Fronterlebnis' einen „positiven Fixpunkt" in seinem Leben sah[126] und dessen Charisma sich in erheblichem Maße aus seinem Status als dekorierter Weltkriegs-Veteran speiste:

Da bricht Begeisterung los [...] *als der Führer, Dr. Brüning, ins Stadion tritt.* [...] *In gleißendem Sonnenlicht flattern wiederum die vielhundert Banner, die in die Kampfbahn getragen werden, voran die Führer, zumeist alte Kämpen, deren Brust geschmückt ist mit dem Eisernen Kreuz erster und zweiter Klasse. Orden, die künden von heißem Kämpfen und Ringen, von Unerschrockenheit und Standhalten in den schwersten Stunden des Weltkrieges. Das ist Zeichen und mehr als das. Es ist Kunde, daß diese Männer in ihrer Zeit kämpften und standen für deutsche Ehre und Größe.*[127]

Wenn im KJMV noch vor 1930 mit Remarque, Renn und Raynal drei der Tendenz nach pazifistische Autoren[128] enthusiastisch aufgenommen worden waren, so verschoben sich jetzt die literarischen Präferenzen spürbar. Mit Werner Beumelburg, dessen *Sperrfeuer um Deutschland* in impliziter Distanzierung von Remarque als „das Volksbuch vom Weltkrieg" bezeichnet wurde, sowie Edwin Erich Dwinger fanden nun neben Walter Flex zwei Protagonisten der rechts stehenden literarischen ‚Front-

124 Ludwig Hugin: Lustig, lustig mit den Buben. Eine ganz ernsthafte Besprechung mit meinen Führern, in: Jugendführung, März 1929, S. 68–70.

125 Die Kundgebung der Ungezählten, in: Die Wacht, September 1932, S. 264 f.

126 Peer Oliver Volkmann: Heinrich Brüning (1885–1970). Nationalist ohne Heimat, Düsseldorf 2007, S. 40. Vgl. auch: Rüdiger Beer: Heinrich Brüning, Berlin 1931, S. 13 f.; Alphons Nobel: Brüning, Leipzig 1932, S. 13 f.; Heinrich Brüning: Memoiren. 1918–1934, Stuttgart 1970, S. 17–22, S. 40, S. 108, S. 195, S. 341, S. 454 f., S. 579 f.

127 Die Kundgebung der Ungezählten, in: Die Wacht, September 1932, S. 264 f.; vgl. auch: Kriegsgeneration in Führung?, in: Stimmen der Jugend, 1930, H. 2, S. 77.

128 Kühne, Kameradschaft, S. 65, weist zu Recht auf die Schwierigkeit hin, dass selbst Bücher wie „Im Westen nichts Neues" dem Rezipienten soviel Interpretationsspielraum bieten, dass sie je nach kulturellem Kontext durchaus nicht zwangsläufig als „pazifistisch" wahrgenommen werden. Vgl. dazu auch Thomas Schneider: Erich Maria Remarques Roman „Im Westen nichts Neues". Text, Edition, Distribution und Rezeption (1928–1930), Tübingen 2004, insbesondere S. 364–372, der auf die relative Offenheit der zeitgenössischen Rezeption hinweist. Ein gutes Beispiel für die semantische Offenheit der ‚Anti-Kriegsliteratur' stellt auch Renns „Krieg" dar, ein Buch, das auch im rechten Lager positiv aufgenommen wurde und selbst nach Auflösung des Pseudonyms des Autors – Arnold Friedrich Vieth von Golßenau alias Ludwig Renn war in der KPD aktiv – noch als Vorläufer des Frontsoldaten-Romans akzeptiert wurde; siehe hierzu auch Kühne, Kameradschaft, S. 66.

generation' und mit ihnen die ihre Werke auszeichnenden, nationalistischen Kriegs- und Soldatenbilder verstärkt Aufnahme in die katholischen Jugendzeitschriften.[129]

In der lange vor der ‚Machtergreifung' einsetzenden erinnerungskulturellen Aufwertung des deutschen Soldaten des Weltkriegs in der katholischen Jugend, eine Entwicklung, die sich nach 1933 fortsetzte und in der absurden Selbststilisierung „Frontkämpfer Christi sind wir!" gipfelte,[130] muss die zentrale Ursache für die verhängnisvoll stabile Asymmetrie in der Wahrnehmung von NSDAP und ihrer Gliederungen einerseits und Reichswehr/Wehrmacht andererseits gesehen werden. Auch wenn die deutschen Streitkräfte schon längst unter dem Hakenkreuz marschierten, galten sie eben nicht als bewaffneter Arm des Regimes, sondern gerade auch im Unterschied zu den NS-Parteiangehörigen als überparteiliche Verkörperung des Vaterlandes. Wann immer das Regime sich ‚feldgrau' gab, d. h. sich, etwa im Rahmen des verstaatlichten Weltkriegsgedenkens, in die Tradition des ‚alten Heeres' stellte, konnte es sich der Zustimmung großer Teile des katholischen Lagers gewiss sein und damit das im katholischen Sozialmilieu eher schlechte Ansehen der ‚braunen Uniform' ein Stück weit kompensieren. Folgende, aus der Zeit unmittelbar nach dem Januar 1933 stammende Reflexionen machen deutlich, wie man sich mit ‚feldgrau' anders als mit ‚braun' durchaus zu identifizieren geneigt war und dass man mit dem „Feldgrau des Krieges" trotz aller Vorbehalte gegen den Kasernenhofdrill der „Leutnantswelt" einen positiven Wertehorizont verband:

> *In der öffentlichen Meinung ist heute das braune Hemd durch das feldgraue Kleid abgelöst worden. Feldgrau ist wieder besserer Ton geworden. Die Braunhemden können Sonntag für Sonntag Straßensammlungen machen und die Promenaden belegen, sie ändern nichts an der Lage.* [...] *Ob mit dem Feldgrau die Leutnantswelt und die Leutnantsbildung wieder kommandiert, oder ob wirklich etwas ganz Neues kommt, das mit dem Feldgrau des Krieges den Idealismus gemeinsam hat, die Aufgaben aber aus dem Jahr 1933 nimmt? Man weiß es nicht. Wahrscheinlich werden sich die Elemente mehr oder weniger mischen.*[131]

Trotz der erkennbaren Skepsis gegenüber dem ‚Frontsoldatenstaat' manifestiert sich hier die Bereitschaft, von katholischer Seite die Erziehung zum ‚feldgrauen Geist' mitzutragen und in den nationalsozialistischen Bemühungen um die symbolische Herstellung der Ehre des ‚Frontkämpfers' das ehrliche Bestreben zu erkennen und zu begrüßen, den ‚feldgrauen Idealismus' des Krieges zur Grundlage des deutschen Staatsgefüges zu machen.

Was jedoch stand hinter dem Konzept des ‚feldgrauen Idealismus', das mitverantwortlich dafür war, dass sich der KJMV letzten Endes nahtlos in die nach 1933 vor

129 Riedl: Sperrfeuer um Deutschland, in: Stimmen der Jugend, 1931, H. 2, S. 83; Walter Flex, in: Junge Front, 16. 10. 1932; Edwin Erich Dwinger: Zwischen Weiß und Rot, in: Ebd., 13. 11. 1932; Kameraden. Gedanken zu einem Jungmännerabend, in: Jungführer, 1933, H. 1, S. 33 ff.

130 Knappendienst für Christkönig, in: Ebd., 1933, H. 3/4, S. 234–237, Zitat S. 235; vgl. die zahlreichen Artikel der Verbandspresse zum Thema Soldatentum: Priester und Soldaten, in: Sturmschar, 1935, H. 11; Seid Soldaten!, in: Ebd., 1936, H. 4/5; Heinz, dem Soldaten, in: Ebd., 1936, H. 9; Soldaten schreiben, in: Ebd., 1936, H.12; Seid Soldaten!, in: Ebd., 1937, H. 3; Kameraden im Dienst, in: Jugendführer, 1936, H. 6. Vgl. Pahlke, Trotz Verbot nicht tot, S. 274 ff.

131 Kameraden. Gedanken zu einem Jungmännerabend, in: Jungführer, 1933, H. 1, S. 33 ff., Zitat S. 33.

allem von der HJ verantwortete Erziehung zum Krieg einfügte und auch nach 1939 jungen Katholiken ein Deutungsangebot machte, das Zweifel an der Berechtigung ihres Kriegseinsatzes zu unterdrücken half? Kein Deutungsangebot spielte der nationalsozialistischen Instrumentalisierung der Kriegsjahre 1914–1918 so sehr in die Hände wie die Übertragung der christlichen Märtyrer- und Opferideologie auf die Gefallenen des Ersten Weltkriegs, die einen Pflicht- und Opferkult inaugurierte, der mit großen Teilen der radikalnationalistischen Weltkriegsdeutung kompatibel war.

Opfer der Helden – Helden des Opferns

Wenn die Verklärung des Kriegstodes als Opfertod in Deutschland bereits ab dem 19. Jahrhundert nachweisbar ist,[132] so stieg sie erst im Verlauf des Ersten Weltkriegs und gerade auch während der Zwischenkriegszeit zu einer gesellschaftlich akzeptierten Deutungskategorie auf, deren Reichweite sich eben nicht nur auf das pauschal nationalistischer Wert- und Normvorstellungen verdächtige protestantische Lager beschränkte, sondern auch weite Teile des katholischen Sozialmilieus umfasste.[133] Die Untersuchung der opfermythischen Vorstellungen im KJMV hilft zu verstehen, wie und warum die erinnerungskulturelle Verabsolutierung des Opfers und die Heroisierung des Soldatentodes eine Gedenkpraxis hervorbrachten, in der die Glorifizierung der Gefallenen die Erinnerung an die Realität der industriellen Vernichtung auf den Schlachtfeldern verdrängte und damit eine Deutung des Krieges transportierte, welche Gefahr lief, die ursprünglich pazifistische Grundstruktur des Weltkriegsgedenkens in der katholischen Jugend in ihr Gegenteil zu verkehren.

Es ist bereits dargelegt worden, wie sich Ende der 1920er Jahre in der katholischen Jugendpresse ein Perspektivwechsel weg vom Kriegsopfergedenken hin zum Heldengedenken vollzog. Mit dem Nachweis, dass die Gedenkpraxis im KJMV in den letzten drei Jahren der Weimarer Republik zentral und beinahe exklusiv um die Idealisierung des Soldatentodes als Opfertod fürs Vaterland kreiste und die jugendlichen Rezipienten auf analogen Opfermut festzulegen beabsichtigte, sollen nun die Inhalte des jungkatholischen Gefallenenkults ergänzt werden.

Der Akzentverschiebung weg vom Kriegsopfer- hin zum Heldengedenken entspricht die zeitlich etwas früher einsetzende Umcodierung des Opferbegriffs im jungkatholischen Diskurs, d.h. der Übergang von der primär viktimologischen Semantik des Kriegsopfer-Begriffs zu dem sakrifiziellen Opferheldentum. Wenn die ‚viktimisierende' Deutung bis 1929 vorherrschend war, so hatte doch ab 1927, z.B. im Rahmen der Rezeption Raynals und Witkops, der Tod der Gefallenen als heiliges *sacrificium* für Volk und Vaterland zunehmend an Bedeutung gewonnen. Es ist bezeichnend und unterstreicht die Reichweite des sakrifiziellen Opferbegriffs, dass mit Paul Raynals Tragödie *Das Grab des unbekannten Soldaten* ausgerechnet ein von

132 Vgl. z.B. Mosse, Fallen Soldiers, S. 9f.; Latzel, Vom Sterben im Krieg, S. 99; Behrenbeck, Der Kult der toten Helden, S. 75.

133 Zur Parallelisierung des Soldatentodes mit dem Kreuztod Christi während des Krieges vgl. Wolfgang J. Mommsen: Die nationalgeschichtliche Umdeutung der christlichen Botschaft im Ersten Weltkrieg, in: Gerd Krumeich/Hartmut Lehmann (Hg.): „Gott mit uns". Nation, Religion und Gewalt im 19. und frühen 20. Jahrhundert, Göttingen 2000, S. 249–261.

der Grundstimmung tendenziell pazifistisches Werk dazu diente, die ‚Frontkämpfer' auf eine zuvor in der katholischen Jugendpresse nicht gekannte Art und Weise zu heroisieren.

Das Grab des unbekannten Soldaten handelt von dem (letzten) Fronturlaub eines unbekannten, französischen Soldaten bei seiner Braut und seiner Familie. Der Protagonist, der sich als Freiwilliger für ein Himmelfahrtskommando gemeldet hat, weiß, dass er am nächsten Morgen abreisen muss und kaum Aussicht hat, den anstehenden Angriff auf die deutschen Linien zu überleben. In den Gesprächen mit seinem Vater und seiner Braut nimmt er Abschied vom Leben und hinterlässt ihnen als Vermächtnis: „Die Neugeburt des Vaterlandes wird von uns ausgehen. [...] Bewahrt unser Andenken! Die Männer der Front bitten euch inständig darum."[134]

Auch wenn der Krieg immer wieder als „stumpfsinnig" und „verachtenswert",[135] als menschengemachter „Wahnsinn" und als „lächerlich" verdammt wird,[136] so erscheinen auf der anderen Seite die Soldaten und insbesondere der namenlose Protagonist als übermannsgroße Opferhelden, die ihr Leben bereitwillig für die spirituelle „Neugeburt der Nation" lassen. Ganz heroische Selbstverleugnung gibt der todgeweihte Soldat seiner Braut mit auf den Weg:

> *Ich will, daß Du Deinen Beruf als Frau voll erfüllst. Du wirst von neuem geliebt werden. Und es muß eine volle und reine Liebe werden. Schenke Dein Herz keinem, der nicht im Kriege war ... Einem der mitgekämpft hat, der sich geschlagen hat ... der dann, schlicht sein früheres Leben wieder aufgenommen hat.*[137]

Sie, die sich vorher noch klein vor dem heldenhaften Opfer der toten Kameraden ihres Geliebten gefühlt hatte, wird durch sein altruistisches Beispiel zu ähnlicher opferbereiter ‚Seelenstärke' aufgerüttelt: „Dass ich dies schweigend angehört habe, ist ein Opfer, das dem Deinen gleichkommt. Ich habe Dich eingeholt. Und nun stehe ich auf Deiner Höhe."[138]

Der Tod des ‚unbekannten Soldaten' erhält durch die emphatische Betonung des Opferwillens eine schicksalhaft tragische Note, die der Erfahrung der Kampfhandlungen letztendlich entgegensteht. Äußerer Zwang wird nicht thematisiert, die Soldaten erscheinen als Akteure, welche aus innerer Notwendigkeit und Konsequenz ihre Pflicht tun.

Der u. a. in dem wiederholten Abdruck von Auszügen aus Raynals *Grab des unbekannten Soldaten* zum Ausdruck kommende Trend, die sakrifiziellen Elemente des Soldatentodes stärker in den Vordergrund zu stellen,[139] verfestigte sich und begann endgültig um 1929 die Weltkriegsrezeption auf Seiten der katholischen Jugendorga-

134 Das Grab des unbekannten Soldaten, in: Stimmen der Jugend, 1928, H. 8, S. 271–277, S. 276.
135 Ebd., S. 274.
136 Ebd., S. 275.
137 Ebd., S. 272.
138 Ebd.
139 Vgl. Georg Wagner: Das Grab des unbekannten Soldaten, in: Ebd., 1928, H. 8, S. 271 ff.; Siegfried Kuhn: Briefe von Tod und Auferstehung, in: Ebd., 1929, H. 4, S. 114 ff.; Paul Raynal: Vermächtnis von den Fronten, in: Ebd., 1930, H. 5, S. 157; Ehrung der Gefallenen. Eine Feierstunde im Heim, in: Jugendführung, 1929, H. 5, S. 144–147.

nisation zu bestimmen.[140] Die großen öffentlichkeitswirksamen Toten-Gedenkfeiern etwa, die der KJMV bzw. die Sturmschar oder die Deutsche Jungenkraft in den frühen 1930er Jahren erstmals durchführten, waren allesamt von dem Bestreben getragen, „nicht bei einer negativen Ablehnung des Krieges stehen [zu] bleiben, erst recht nicht aus feiger Angst vor den Leiden und Opfern", sondern im Gegenteil das ‚heilige Opfer' der deutschen Soldaten im Weltkrieg zu glorifizieren und der Jugend „eine zu jedem Opfer bereite Einstellung"[141] anzuerziehen. Der zentrale Stellenwert des Gefallenengedenkens für Selbstbild und Selbstdarstellung des KJMV trat dabei nirgendwo so zutage wie anlässlich der VI. Reichstagung des Verbandes 1931 in Trier, auf deren Verlauf genauer eingegangen werden soll.

Dass der ‚Ruf', der als „Sammelruf, Weckruf und Kampfruf"[142] von der teilweise im Rundfunk übertragenen Reichstagung ausgehen sollte, primär ein Ruf zum Opfern für das Vaterland war und dass es in diesem Zusammenhang die Kriegsgefallenen waren, die als historisches Vorbild und Träger exemplarischen Opfergeistes pädagogisch instrumentalisiert wurden, illustriert schon die Gedenkansprache David Gäthens im Rahmen der zentralen Totengedenkfeier an der Porta Nigra. Der Führer der katholischen Industriejugend beschwört die Gefallenen, „die da ruhen in den Dünen Flanderns, in den Wäldern der Argonnen, in den Kalkfelsen bei Verdun, in den Tundren und Steppen des Ostens", und appelliert zugleich in ihrem Namen an die Jugend, mit „heiliger Begeisterung" deren Vermächtnis zu erfüllen:

> *Alle ihre* [die der Gefallenen] *Seelen, sie stehen jetzt ringsum wachend und lauschend, was deutsche katholische Jugend deutschem Volk als Erbgut weitergeben und tragen und neu erkämpfen will. Sie lebten für uns, sie starben für uns, für unser Leben, für unsere Heimat, für unsere heiligsten und höchsten Güter.* [...] *Wo sie nur standen und kämpften, wo sie nur ihr Herzblut hingaben, immer war es das Opfer ihres Lebens um höchster Güter willen. Ihr Herzblut, das sie hingaben, ist uns, deutscher katholischer Jugend, Losung und Gebot geworden, und damit Verpflichtung, voll heiliger Begeisterung dies zu erfüllen.*[143]

Die Dramaturgie der feierlichen Abendveranstaltung wollte es so, dass die Gedenkrede von zwei eindringlichen Ermahnungen zur *imitatio heroica* eingerahmt wurde: von der Darbietung eines Jungmannes, der einen frühchristlichen Märtyrer spielend vom Opfertum der ersten Christen berichtete und an „die jungen Christen der Jetztzeit" die Mahnung richtete: „Seid auch Ihr bereit!", und von dem ‚Feuerspruch':

> *Apostelstunde, Sendestunde!*
> *Feuer vom Himmel, Feuer in den Herzen!*

140 Vgl. dazu z. B. die Musterheimabende des KJMV: Theodor Körner. Eine Monatsversammlung, in: Ebd., 1929, H. 2, S. 48–51; Ehrung der Gefallenen. Eine Feierstunde im Heim, in: Ebd., 1929, H. 5, S. 144–147; Von der Freiheit. Heimabend der Sturmschar, in: Ebd., 1930, H. 4, S. 117–119, die allesamt das „Opfer des Lebens als des Lebens größte Tat" (Ehrung der Gefallenen, S. 147) feierten.

141 Karl Hilger: Gedanken aus der Friedens-Feierstunde am Deutschen Eck, in: Die Wacht, August 1932, S. 230 f.

142 Jakob Clemens: Ruf von Trier. Gesamtschau, in: Ders., Ruf von Trier, S. 7–12, Zitat S. 12.

143 Worte des Gedenkens, in: Ebd., S. 125 f.

Gedenken der Opfer mach uns stark zum Opfer!
Apostelfeuer zünde durchs deutsche Land![144]

Unterschiede zwischen den ‚Blutzeugen' der Kirchengeschichte und den ‚Helden' der Zeitgeschichte wurden dabei ganz offensichtlich nicht gemacht. Es ist bemerkenswert, wie problemlos christliche Märtyrerideologie und Gefallenengedenken hier nebeneinander herlaufen und ineinander übergehen. Ganz ohne Zweifel nimmt das Opfer Christi und der Märtyrer als höchste Manifestation christlicher Liebe und Glaubens in der christlichen Lehre eine zentrale Systemstelle ein.[145] Ebenso wenig ist zu bezweifeln, dass die Erziehung zur Opferbereitschaft im Rahmen des Aufrufs zur Hingabe an Gott, Kirche und (Glaubens-)Gemeinschaft gleichsam von Anfang an ein wichtiges ideologisches Anliegen katholischer Jugendarbeit gewesen ist, dies umso mehr als sich in der Betonung des Werts altruistischen Opferns der gesamte Komplex antiliberaler, antimaterialistischer und antiindividualistischer Einstellungen der konservativ-katholischen Kritik an der modernen Gesellschaft pädagogisch operationalisieren ließ. Nichtsdestotrotz war es erst die Verquickung von (älterem) theologisch-moralisch begründetem Opferkult und Intensivierung des gesellschaftlichen Helden- und Gefallenengedenkens, die dazu führte, dass die Erziehung zu Opferbereitschaft zum Leitprinzip der katholischen Jugenderziehung avancierte. Pars pro toto sei hier nur auf die Ableitung und Rechtfertigung der Erziehung zu heldenhafter „Opferkraft" aus dem Opfer der „vielen Tausenden vor Verdun und Flandern" verwiesen, mit dem die Sturmschar – sich bewusst auf die Eliteverbände des deutschen Heeres in den letzten Jahren des Ersten Weltkriegs, die Sturmtrupps, beziehend – für ihre Gemeinschaft warb:

Wie viele Tausende liegen vor Verdun und auf den Feldern von Flandern; junge Menschen, denn die Jungen hat man zum Sturmtrupp befohlen, junge Menschen haben sich zum Sturmtrupp gedrängt! War der Krieg auch ein furchtbares Unheil, die Opferkraft der jungen Stürmer war etwas ungeheuer Großes und Herrliches! – Darum brauchen wir Begeisterung in der Sturmschar, aber keine schwulstige Wortbegeisterung – Opferkraft des Dienens, des Sichbescheidens, des Opfers an Zeit, des Opfers an Eigenwillen, des Opfers an eigener Lust – das alles ist ein Stück des Lebens opfern. [...] *Sturmschar ist nur, wer in der Gemeinschaft steht und die Opfer der Gemeinschaft zu bringen bereit ist.*[146]

Was auf der einen Seite durch eine exzessive Stilisierung der Gefallenen zu ‚Opferhelden' als Säkularisierung des kirchlichen Märtyrer-Kultes verstanden werden kann,

144 Das Feuer vom Apostelgrab, in: Die Wacht, August 1931, S. 236–240, Zitat S. 239. Bereits zuvor, während des Gottesdienstes am Grab des Apostels Matthias, waren die jungen Katholiken von Bischof Franz Rudolf ermahnt worden, dass ihr Opfergeist bis zum „Märtyrertum" reichen müsse, eine Ermahnung, die von der „Wacht" begeistert aufgegriffen wurde: „In uns allen springt der heiße Wunsch auf. ‚Herr, sende mich! Lass mich zeugen für dich! Alles, was ich habe, für dich! Deutschland, für dich!'" (S. 238).

145 Man denke nur an die berühmten, nicht nur im kirchlichen Gefallenengedenken immer wieder aufgegriffenen Zeilen aus dem Johannes-Evangelium: „Niemand hat größere Liebe als die, dass er sein Leben gibt für seine Freunde." (Joh. 15, Vers 13).

146 „Sturmschar". Aus der Rede unseres Generalpräses beim Diözesansturmschartreffen in Düsseldorf, in: Sturmschar. Rundbrief der Sturmschar des Katholischen Jungmännerverbandes Deutschlands, November 1930, S. 142 ff., Zitat S. 144.

führte auf der anderen Seite zur Sakralisierung des soldatischen Opfertodes fürs Vaterland. Es ist dies eine Tendenz, die in der Verehrung des 1916 an der Westfront gefallenen katholischen Dichters Reinhard Johannes Sorge besonders pointiert zutage tritt.[147] Sorge, der im religiösen Heft der *Stimmen der Jugend* vom September/ Oktober 1930 unter die „heiligen Gestalten" aufgenommen und als „heiliger Künstler" gefeiert wurde, verdankte diese Ehre vor allem seinem Kriegseinsatz, der als „letztes Zeichen seines völligen Aufgehens in Gottes Willen" gedeutet wurde, und dem anschließenden Soldatentod, der geradezu als Krönung seiner irdischen Existenz galt: „Vielleicht hat Sorge den Höhepunkt seiner Größe als Künstler und Mensch im feldgrauen Rock erlebt?"[148]

Zurück zur Trierer Reichstagung von 1932: Die Verabsolutierung des Selbstopfers, die Hypostasierung des Opfers als Wert an sich, die sich leitmotivisch durch zahlreiche Redebeiträge zog,[149] wurde in Ludwig Hugins Festspiel *Der Reichssucher*, das im Rahmen der Abschlusskundgebung uraufgeführt wurde, auf die Spitze getrieben: Der Protagonist, ein junger Mann, macht sich auf die Suche nach dem ‚wahren' Deutschland, kann aber in der bürgerkriegsartig angespannten Situation der frühen 1930er Jahre nirgends erkennen, was das Deutsche Reich ausmacht, ja ob es überhaupt noch besteht. Erst die Begegnung mit einem Schulmädchen, das ihm sein Butterbrot überlässt, „weil er auch ein Deutscher ist", lässt ihn „den Glauben an das Reich der Deutschen" wieder finden. Endgültig erkennt er ‚das Reich' jedoch erst im Moment seines Todes. Er gerät zwischen die Bürgerkriegsfronten und wird von einer Maschinengewehrgarbe (!) tödlich getroffen. Im Moment seines Opfers für ein besseres Deutschland begreift er endlich: „Das Reich ist, wo wir opfern!".[150] Anstatt die politisch verfängliche Frage zu beantworten, wofür (für welche Gesellschaft, welche Staatsform) sich der Einsatz des Lebens lohnen könnte, welchem Zweck also letztendlich das eingeforderte Opfer dienen soll, wird hier aus der Opferbereitschaft ein Selbstzweck, dessen Erfüllung allein schon die Realisierung des Reichsgedankens mit sich bringe.

„Das Reich ist, wo wir opfern!" – es entsprach dieser Logik, das Reichstreffen des KJMV dort enden zu lassen, wo ‚geopfert' worden war wie niemals zuvor in der europäischen Geschichte: auf den Schlachtfeldern von Verdun. Stellvertretend für die gesamte katholische Jugend stattete eine Delegation von Jugendführern und Präsides den deutschen Soldatenfriedhöfen in Frankreich einen Besuch ab und ließ die Suche nach dem ‚Reich' hochsymbolisch „vor den Totenkammern von Douaumont, vor

147 Die Sakralisierung der Kriegsgefallenen knüpft letztlich an Deutungsmuster aus der Kriegszeit an und ist damit eine interessante Reaktualisierung eines nach Kriegsende nicht mehr propagierten, kriegskulturellen Deutungsmusters. Vgl. W. J. Mommsen, Die nationalgeschichtliche Umdeutung der christlichen Botschaft im Ersten Weltkrieg.

148 Herbert Stützer: Reinhard Johannes Sorge, ein heiliger Künstler, in: Stimmen der Jugend, 1930, H. 9/10, S. 347–352; vgl. auch: Reinhard Johannes Sorge, in: Junge Front, 18. 12. 1932.

149 Z. B. durch die Rede Ludwig Wolkers „Um deutsches Vaterland!", die mit den Worten schließt: „Deutschland ist, wo wir opfern. Jene, die vor uns kamen, jene die drüben [jenseits der Grenze nach Frankreich und Belgien] ihr Blut vergossen haben, die haben ihr Vaterland geliebt und haben im Tode ihr Blut geopfert für ihr Vaterland. Ihr aber, Freunde, eure Vaterlandsliebe wird sein, wenn ihr das Leben opfert für eure Brüder, jeder an seinem Platz.", in: Clemens, Ruf von Trier, S. 153 f., Zitat S. 154.

150 Vgl. Neue Spiele von Ludwig Hugin, in: Jungführer, 1931, H. 5, S. 188 f.

den Granattrichtern von Fort Vaux" zum Abschluss kommen.[151] „Grausig und überwältigend, heldenhaft groß" sollte sich das Bild der Schlachtfelder in die „Seele" der jungkatholischen ‚Reichssucher' einbrennen, „groß und gewaltig" stand die „unbedingte Bereitschaft" der Toten vor den Besuchern, hier war „wirkliches Vaterland gebaut" worden.[152] Nur wenn die Jugend bewies, dass sie ihrer Helden wert sei, so der opfermythische Subtext dieser Heroisierung der Kriegsgefallenen, hätte auch sie die Möglichkeit, ‚Deutschland' zu finden bzw. das ‚Reich' neu zu errichten, oder wie es der Generalsekretär des KJMV in seinem Resümee der Reichstagung formulierte:

> *Vor den Totenkammern von Douaumont, vor den Granattrichtern von Fort Vaux, da brannte es in unseren Seelen, da glühte es in unseren Herzen. Der Ruf der Toten war ein Ruf zum Leben. Wir wollen leben und opfern und kämpfen. „Das Reich ist, wo wir opfern."*[153]

Wenngleich in der katholischen Erinnerungskultur auch noch der frühen 1930er Jahre und besonders im Kriegsgedenken im Rahmen des Trierer Reichstreffens der Aufruf zu Friedensgeist und Völkerverständigung niemals fehlte und die Gedenkpraxis damit anders als die weiter Teile der bürgerlichen Jugendverbände zu keinem Zeitpunkt bellizistisch grundiert war, ist in der Sakralisierung des heroischen Opfers für Volk und Vaterland eine Tendenz zur Ideologisierung des Soldatentodes zu erkennen, welche das Weltkriegsgedenken der katholischen Jugend für nationalistische Deutungsangebote anschlussfähig machte. Die Überhöhung der Kriegsgefallenen zu Opferhelden und die Verabsolutierung des Selbstopfers für ein nicht weiter definiertes Kollektiv im KJMV seit den späten 1920er Jahren führten nicht automatisch zu einer sich etwa im Eintritt in nationalsozialistische Organisationen niederschlagenden inneren Faschisierung der katholischen Jugend. Gleichwohl steckte der Gefallenenkult einen Raum von NS-kompatiblen Wert- und Normvorstellungen ab, der nach der ‚Machtergreifung' einerseits die Diffusionsfähigkeit der NS-Propaganda vom ‚Frontsoldatenstaat' und der öffentlich inszenierten Wiederherstellung der ‚Ehre des deutschen Frontsoldaten' begünstigte, andererseits insbesondere durch die Erziehung zur Opferbereitschaft der vom Regime betriebenen Wehrhaftmachung der katholischen Jugend in die Hände arbeitete. Baldur von Schirachs Losung „Dass wir uns selbst vergessen, dass wir uns opfern, dass wir treu sind, das

151 Clemens, Ruf von Trier, S. 7–12, Zitat S. 12; vgl. auch: An den Gräbern der Gefallenen, in: Ebd., S. 175–180; Albert Steiner: Niemandsland der Toten, in: Stimmen der Jugend, August 1931, S. 321–323; die Berichte von der Fahrt nach Verdun unterschieden sich nicht von den Artikeln über andere ‚Frontfahrten' der katholischen Jugend in den späten 1920er und frühen 1930er Jahren, vgl.: Franz Steber: Kleinigkeiten aus Flandern, in: Ebd., 1929, H. 8, S. 276–280; Allerseelen um Verdun, in: Junge Front, 10. 10. 1932; Karl Maximilian Prévot: Ypern Mai 1929, in: Jungwacht, 1929, H. 8, S. 244–247; Joseph Perrot: Bilder aus dem ehemaligen Kriegsgebiet, in: Die Wacht, August 1927, S. 235–237; Gedanken, die einem auf der Flandernfahrt kamen, in: Die Wacht, September 1929, S. 281 f.

152 An den Gräbern der Gefallenen, in: Clemens, Ruf von Trier, S. 178; Albert Steiner: Niemandsland der Toten, in: Stimmen der Jugend, August 1931, S. 321.

153 Clemens, Ruf von Trier, S. 12.

ist die Botschaft der Gefallenen an die Lebenden“[154] und das emphatische „Das Reich ist, wo wir opfern!“ der Trierer Reichstagung unterschieden sich eben hinsichtlich ihrer instrumentalisierenden Interpretation des Opfertodes nur marginal: Beide machten aus einer Sekundärtugend einen pädagogischen Selbstzweck,[155] beide rekurrierten zur Legitimierung ihres erzieherischen Appells auf die sozial akzeptierten Kriegsgefallenen.

Die katholische Jugend und ihre Führung hatten nichts gemein mit den zum Zweiten Weltkrieg führenden aggressiven Revisionsabsichten des NS-Regimes hinsichtlich der Versailler Nachkriegsordnung. Doch die Schnittmengen im Weltkriegsgedenken, insbesondere das auch im KJMV forcierte opfermythische Heldengedenken, versperrten erst den Blick auf das Aggressionspotential des Dritten Reiches, dessen williger Vollstrecker die im katholischen Milieu nach wie vor hoch angesehene Wehrmacht war, und stellten dann, während des Zweiten Weltkriegs, eine Sinnorientierung bereit, die es erlaubte, den Kriegseinsatz der katholischen jungen Wehrmachtssoldaten zu legitimieren.[156] Insgesamt trug das heroisierende Weltkriegsgedenken der katholischen Jugend, das hier nur bis zur ‚Machtergreifung‘ näher untersucht werden konnte, sich aber im Dritten Reich nicht mehr kategorial änderte, dazu bei, einen erinnerungskulturellen Rahmen zu schaffen, innerhalb dessen die NSDAP und die HJ den Ersten Weltkrieg und speziell den deutschen ‚Frontsoldaten‘ zur mentalen Mobilmachung der deutschen Jugend instrumentalisieren konnten.

3. Überlegungen zur Rezeption des Ersten Weltkriegs im Jungbanner des Reichsbanners Schwarz-Rot-Gold

Die für das Weltkriegs- und Gefallenengedenken im KJMV konstitutive Spannung aus pazifistischer Grundüberzeugung und der stärker werdenden Tendenz, den millionenfachen Tod auf den Schlachtfeldern Europas in einem heroisierenden Narrativ ex post mit Sinn zu versehen, liegt mit Einschränkungen auch der Weltkriegsrezeption im sozialdemokratisch dominierten Jungbanner zugrunde. Die bedingungslose Kritik an jedweder Verklärung des Kriegs- bzw. Fronterlebnisses in der sich überwiegend aus Angehörigen des proletarischen Milieus rekrutierenden Nachwuchsorganisation des Reichsbanners Schwarz-Rot-Gold wurde, anders als in der katholischen Jugend, zu keinem Zeitpunkt von einem unreflektierten Heldenkult um die Gefalle-

154 Baldur von Schirach: Langemarck-Rede 1935, in: Ders.: Revolution der Erziehung. Reden aus den Jahren des Aufbaus, München 1938, S. 29–32, S. 31.

155 Die Gefahr einer solchen Aufwertung von Sekundärtugenden beschreibt sehr schön Klaus Vondung: Die Apokalypse in Deutschland, München 1988, S. 154 f.

156 Besonders frappierend erscheint in diesem Zusammenhang die Stilisierung Hans Niermanns zur Heldenfigur. Nach seinem Tod am 18. 6. 1940 wurde der letzte Reichsführer der Sturmschar von Ludwig Wolker ausgiebig als „Totenopfer für Volk und Vaterland“ gefeiert. Tagebuchauszüge und Briefe des Gefallenen wurden auf Anregung Wolkers als Broschüre herausgegeben und glorifizierten in genau der gleichen Art und Weise, in der das Weltkriegsgedenken der katholischen Jugend die Weltkriegs-Gefallenen heroisiert hatte, den Tod für Volk und Vaterland als höchste Form des Opfers. Johannes Niermann: Der Weg des Soldaten Johannes. Aus seinen Briefen und Tagebüchern, o. O. 1940; vgl. Pahlke, Trotz Verbot nicht tot, S. 286 ff.

nen aufgeweicht. Sie blieb damit unveräußerlicher Kernbestand der linksrepublikanischen Sicht auf den Ersten Weltkrieg. Dennoch gibt ein Blick auf die Gedenkpraxis der republikanischen Jugend zu erkennen, dass sich gewissermaßen im Windschatten des verbandsoffiziellen Kriegsopfergedenkens selbst in Teilen der proletarischen Jugendkultur ein positives Kriegs- und Soldatenbild entwickelt hatte. Mit der Evokation des ,Vermächtnisses der Kriegsgefallenen' verband sich für das Jungbanner ein affektiv starker Appell an die Jugend zu einem bestimmten, mutmaßlich vom Gefallenenkult inspirierten Verhalten. Die darin zum Ausdruck kommende Instrumentalisierung der Kriegstoten – denn darum handelte es sich, unabhängig davon, ob im Namen der Gefallenen zum nationalistischen Führer- und Frontsoldatenstaat oder zu Internationalismus und Frieden aufgerufen wurde – zeigt, wie wenig die Gefallenen aus dem „Lebens- und Gestaltungsraum des zukünftigen Deutschlands hinwegzudenken",[157] ja in welchem Maße sie „als Akteure der großen Mythenerzählungen der Weimarer Republik"[158] akzeptiert waren.

Republikanische Kriegserinnerung in der Weimarer Zeit – eine Skizze

Wenn das Reichsbanner Schwarz-Rot-Gold, der Bund der republikanischen Kriegsteilnehmer, mit seinen je nach Schätzung 1 bis 3,5 Millionen Mitgliedern der mit Abstand größte Wehrverband der Weimarer Zeit,[159] in der historischen Forschung bislang auf überraschend wenig Interesse gestoßen ist – Karl Rohes Dissertation von 1966 bleibt nach wie vor die einzige wissenschaftlich verwertbare Monographie zum Thema –, so trifft dieser Befund noch mehr zu auf das Jungbanner, die Nachwuchsorganisation für 14- bis 25-jährige Mitglieder.[160] Dabei war das Jungbanner mit seinen angeblich über 700 000 Mitgliedern zweifelsohne die zahlenmäßig bedeutsamste Jugend- bzw. Jungerwachsenenorganisation im republikanischen Lager und

157 Erwin Frehe: Das Heer der Toten, in: Das Reichsbanner, 29. 10. 1932.

158 Ziemann, Republikanische Kriegserinnerung, S. 361.

159 Diese große Spanne allein ist symptomatisch sowohl für die desolate Quellenlage als auch für das fehlende Interesse der Forschung. Die 3,5 Millionen (im Jahre 1926) als absolute Obergrenze stammen von der Verbandsführung, Karl Rohe beurteilt die Mitgliederzahl mit einer Million weitaus skeptischer, vgl. zu beiden Zahlen: Rohe, Das Reichsbanner Schwarz-Rot-Gold, S. 73. Ziemann, Republikanische Kriegserinnerung, S. 369 f., der seiner Schätzung die Mitgliederzahl der SPD gegen Ende der 1920er Jahre zugrunde legt (1 Million) und davon ausgeht, dass das Reichsbanner insgesamt stärker gewesen sei als die Parteiorganisation, geht dagegen von ein bis zwei Millionen Mitgliedern aus.

160 Zum Reichsbanner: Rohe, Das Reichsbanner Schwarz-Rot-Gold; Ziemann, Republikanische Kriegserinnerung; ders.: Die Zukunft der Republik?. Das Reichsbanner Schwarz-Rot-Gold, 1924–1933, Bonn 2011; Carsten Voigt: Kampfbünde der Arbeiterbewegung. Das Reichsbanner Schwarz-Rot-Gold und der Rote Frontkämpferbund in Sachsen 1924–1933, Köln u. a. 2009; Jacob Toury: Das Reichbanner Schwarz-Rot-Gold. Stiefkind der Republik. Zur Gründungsgeschichte republikanischer Wehren, in: Ders. (Hg.): Deutschlands Stiefkinder. Ausgewählte Aufsätze zur deutschen und deutsch-jüdischen Geschichte, Gerlingen 1997, S. 11–92; Günther Gerstenberg: Freiheit! Sozialdemokratischer Selbstschutz im München der zwanziger und frühen dreißiger Jahre, München 2001; Die Monographie Helga Gotschlich: Zwischen Kampf und Kapitulation. Zur Geschichte des Reichsbanners Schwarz-Rot-Gold, Berlin (Ost) 1987, ist ganz aus der Perspektive der offiziellen DDR-Historiographie geschrieben und kann kaum mit Gewinn gelesen werden. Zum Jungbanner: Wolfgang Uellenberg: Die Auseinandersetzungen sozialdemokratischer Jugendorganisationen mit dem Nationalsozialismus in der Ausgangsphase der Weimarer Republik, Köln 1981.

damit fast zwangsläufig auch derjenige Jugendverband, der am stärksten mit dem Nationalsozialismus konfrontiert wurde.[161]

Die Rolle des Reichsbanners in den ‚Deutungskämpfen' um das ‚Fronterlebnis' und das so genannte ‚Erbe der Front' in der Weimarer Republik ist von Karl Rohe und Benjamin Ziemann vollkommen unterschiedlich bewertet worden. Rohe erblickt im militanten Auftreten des Veteranen-Verbandes vor allem einen radikalen Bruch mit der SPD-Tradition und diagnostiziert die „unbesehene Übernahme frontsoldatischer Wertkategorien und Qualitätsvorstellungen".[162] Er beschreibt das Reichsbanner damit in erster Linie als defensiv agierenden Bund, welcher nicht habe verhindern können, dass „Formen, Symbole und Vokabular des demokratischen Parlamentarismus" durch die ‚Frontgeist'-Propaganda der rechten Wehr- und Traditionsverbände in den Hintergrund gedrängt wurden. So sehr die Deutung des Kriegserlebnisses auch durch ältere (politische) Überzeugungen konditioniert worden sei, lasse es sich doch nicht von der Hand weisen, dass das diskursiv verstandene ‚Fronterlebnis' auch auf der Linken die „politischen Grundeinstellungen modifiziert und umgeformt" habe.[163] Dies habe, z. B. durch die Betonung des Führergedankens – man denke nur an den Kult um den Reichsbanner-Führer Höltermann – und durch die Glorifizierung der soldatischen Kameradschaft, zu einem Erinnerungskult an die Kriegsgefallenen geführt, der „die Bedeutung jener [politisch auf der Rechten beheimateten] Strömungen und Stimmungen, die [...] mit Begriffen wie ‚Frontgeist' und ‚Kriegserlebnis' zu erfassen" seien, exemplarisch vor Augen führe.[164]

Gegen die Annahme weitgehender Schnittmengen zwischen den rechten Verbänden und dem Reichsbanner sowie Rohes These von der Adaption ‚frontsoldatischer' Denk- und Deutungsmuster von Seiten des Reichsbanners wendet sich Ziemann entschieden. In einem Plädoyer für die stärkere Berücksichtigung des sozialmoralischen Milieus bei der historiographischen Bewertung der kulturellen Lang- und Spätfolgen des Ersten Weltkriegs hebt er die starke „subkulturelle Einhegung"[165] des Kriegsgedenkens im Reichsbanner hervor und erklärt den in zahlenmäßiger Hinsicht beeindruckenden Organisationserfolg des Bundes republikanischer Kriegsteilnehmer durch die vom Reichsbanner geleistete „symbolische Ausdeutung und Repräsentation" des spezifischen Kriegserlebnisses der „Arbeiter-Soldaten".[166] Mit der Betonung des Kastengeistes und der Privilegien der Offiziere („Frontoffiziers-

161 Auch hier sind die Zahlen freilich alles andere als eindeutig. Der Verband gab sehr hohe Zahlen an, die sein eigener Bundesjugendführer allerdings für stark übertrieben hielt: 1928: 220 000 Mitglieder im Alter von 14–18 Jahren, 495 000 Mitglieder zwischen 18 und 25 Jahren, vgl. Uellenberg, Die Auseinandersetzungen sozialdemokratischer Jugendorganisationen, S. 40 f. Unstrittig ist hingegen, dass das Jungbanner auch in der Spätphase der Republik für viele Jugendliche attraktiv war, während andere Arbeiterjugend-Organisationen auch aufgrund der politischen Krise der SPD-Jugendarbeit herbe Mitgliederverluste zu verzeichnen hatten, vgl. Ebd., Kapitel D: Die Krise sozialdemokratischer Jugendarbeit; vgl. auch: Voigt, Kampfbünde der Arbeiterbewegung, S. 160–163; Cornelius Schley: Die Sozialistische Arbeiterjugend Deutschlands (SAJ). Sozialistischer Jugendverband zwischen politischer Bildung und Freizeitarbeit, Frankfurt a. M. 1987, S. 298–301.

162 Rohe, Das Reichsbanner Schwarz-Rot-Gold, S. 129.

163 Ebd., S. 155.

164 Ebd., S. 156 f.

165 Ziemann, Republikanische Kriegserinnerung, S. 392.

166 Ebd., S. 389 ff.; vgl. auch Voigt, Kampfbünde der Arbeiterbewegung, S. 343–355; Vanessa Ther: „Humans are Cheap and the Bread is Dear". Republican Portrayals of the War Experience in Weimar Germany, in: Jones/O'Brien/Schmidt-Supprian (Hg.), Untold War, S. 357–383.

geist"), der körperlichen Entbehrungen (Hunger, Erschöpfung) der einfachen Soldaten sowie der Solidarität mit den Klassengenossen auf der anderen Seite des Niemandslandes habe sich im Reichsbanner ein Gedenknarrativ entwickelt, das nahtlos an „Interpretationsmuster der Arbeiterexistenz" angeknüpfte und damit überkommene subkulturelle Selbstbilder und Deutungsmuster reaktualisiert und stabilisiert habe.[167] Umgekehrt sei in dieser Milieugebundenheit der Deutung der Jahre 1914–1918 auch der entscheidende Grund für die Unfähigkeit des Reichsbanners zu sehen, über das Arbeitermilieu hinaus Wirkung zu entfalten. Erst durch die in der Spätphase der Weimarer Zeit entstehende kommerzialisierte Massenkultur sei der vom Reichsbanner angelegte soziokulturelle „Quarantänegürtel"[168] gegen nationalistische Kriegsdeutungen partiell brüchig geworden. Besonders bei den Jugendlichen aus der Arbeiterschaft hätten in diesem Zusammenhang heroisierende Kriegserzählungen und -filme Anklang gefunden.[169]

Es ist ohne Weiteres ersichtlich, dass der Frage, ob das Reichsbanner auf dem diskursiven ‚Schlachtfeld' um die Deutung des Kriegserlebnisses nun eher als autonomer Akteur mit einem eigenen, proletarischen Deutungsangebot oder als von der ‚Frontgeist'-Rhetorik der bürgerlichen Verbände gleichsam getriebener, zur passiven Aufnahme ‚frontsoldatischer' Ideologeme gezwungener Verband zu betrachten ist, auch im Kontext der vorliegenden Arbeit entscheidende Bedeutung zukommt. Schließlich geht es letzten Endes um nichts weniger als um die Frage, ob und, wenn ja: in welchem Maße, die im Weltkriegs- und Gefallenengedenken der bürgerlichen Traditionsagenturen transportierten Bilder und Werte auch auf der Linken konsensfähig waren. Inwieweit sind damit zumindest Teile der klassischer Weise auf der Rechten verorteten Kameradschafts- und Frontsoldatenideologie nicht doch auch integraler Bestandteil der Sicht der ‚Arbeiter-Soldaten' und der proletarischen Kriegsjugend- und Nachkriegsgeneration auf den Krieg gewesen?

Natürlich kann der fundamentale Unterschied in der Bewertung hier nicht einfach en passant aufgelöst werden. Die Positionen verlieren jedoch viel von ihrer Unvereinbarkeit, wenn man stärker berücksichtigt, wie wenig es gerade im republikanischen Lager so etwas wie einen homogenen Weltkriegsdiskurs gegeben hat und wie sehr pazifistische und nationalrepublikanische Tendenzen die Perzeption des Großen Krieges innerhalb des größten Veteranenverbandes der Weimarer Zeit bestimmt haben. Wenn Rohe auf der einen Seite den durchaus vorhandenen wehrhaften Nationalrepublikanismus bzw. die nationalisierende Wirkung des Krieges im Sinne von Höltermanns „Wir sind der Meinung, dass das deutsche Volk im Feuer des Weltkriegs zur Nation geworden ist"[170] über- und die relativ stabile pazifistische Strömung an der Basis in der Tendenz unterschätzt, so übersieht Ziemann auf der anderen Seite, dass neben der von ihm in den Vordergrund gerückten spezifisch subkulturellen Lesart des Krieges durchaus so etwas wie Stolz auf die Leistungen des deutschen ‚Frontsoldaten' zu finden ist. Davon zeugt beispielsweise das wiederkeh-

167 Ebd., S. 391.
168 Formulierung von Erik Nölting, vgl. Ziemann, Republikanische Kriegserinnerung, S. 395; Rohe, Das Reichsbanner Schwarz-Rot-Gold, S. 106.
169 Vgl. Ziemann, Republikanische Kriegserinnerung, S. 395.
170 Bundesführer Höltermann auf der letzten Bundesgeneralversammlung des Reichsbanners im Februar 1933, Rohe, Das Reichsbanner Schwarz-Rot-Gold, S. 155.

rende Motiv, in den langen Kriegsjahren „der Hölle Damm" gewesen zu sein und die Heimat vor „Invasion" und den Schrecken des Krieges bewahrt zu haben, oder die Betonung der „unbestreitbaren Tatsache", dass der deutsche Soldat der tapferste Soldat des Weltkriegs gewesen sei.[171] Dass das Reichsbanner, ähnlich wie die rechten Verbände, den „verdeckten Militärstreik" (Wilhelm Deist) des deutschen Feldheeres in den letzten Kriegswochen mit keiner Silbe erwähnte und stattdessen den Mythos der unverbrüchlichen Loyalität der deutschen ‚Frontsoldaten' pflegte, muss daher nicht unbedingt – wie Ziemann meint – rein taktisch motiviert gewesen sein (um der Polemik gegen das Reichsbanner als „Verband von Deserteuren" keine weitere Nahrung zu geben),[172] sondern entsprach sicherlich auch dem Selbstbild wenigstens eines Teils der im Reichsbanner organisierten Arbeiter-Soldaten.

Ein weiterer Aspekt aus dem diffusen Komplex der ‚Kriegserfahrung', der sich problemlos in die individuelle wie auch arbeiterkulturelle Interpretation des Krieges inkorporieren ließ, war die positive Betonung der Kameradschaft ‚im Felde'. Zwar wurde im Unterschied zu den bürgerlichen Traditionsverbänden der Gedanke einer das ganze Heer durchdringenden ‚Frontkameradschaft' vom einfachen Soldaten bis zum Generalfeldmarschall durch die Schilderung schikanöser Offiziere und Unteroffiziere desavouiert;[173] jenseits der Kritik an der nationalistischen Fiktion der klassenlosen ‚Frontgemeinschaft' aber wurde der kameradschaftliche Zusammenhalt der einfachen Feldsoldaten gefeiert und die soldatische Kameradschaft als besonders reine Form menschlicher Gemeinschaft verklärt.[174] Nicht umsonst blieb Johann Ludwig Uhlands Lied vom *Guten Kameraden* fester Bestandteil des Totengedenkens im Reichsbanner. In diesem Sinne hatte das Reichsbanner sicherlich Anteil an der 1930 „abgeschlossenen Vergesellschaftung" des Kameradschaftsgedankens als „moralische Grammatik", die durch „sakrale Überhöhung der altruistischen Praktiken der Kameradschaft" Handlungsnormen vorschrieb, welche Dissidenz, Opposition und Individualität zusehends negativ konnotierten und der „Verstaatlichung" der Kameradschaft der Frontsoldaten nach 1933 in die Hände spielten.[175]

Das Gefallenen- und Weltkriegsgedenken des Reichsbanners behielt in den annähernd zehn Jahren seines Bestehens zu jedem Zeitpunkt eine ausgesprochen kriegskritische Note, die sich von dem nationalistischen Heldengedenken fundamental unterschied; die Tatsache, dass im Reichsbanner der Ruf „Nie wieder Krieg!" das Scheitern der Friedensbewegung in Deutschland überlebte und die Kriegstoten im Rahmen der zahllosen Gedenkveranstaltungen stets vor allem als (viktimologische) Opfer verstanden wurden, mag dafür als Beleg ausreichen. Vollständig aufgehen in

171 Die Formulierung „der Hölle Damm" stammt aus Gustav Leuteritz' Gedicht „Der Rückmarsch", Reichsbanner, 19. 12. 1931; vgl. auch: Ludwig Mütze: Der unbekannte Soldat, in: Ebd., 15. 4. 1927; Wilhelm Kiefer: Der unbekannte Soldat, in: Ebd., 2. 12. 1928; Der Verlauf der Veranstaltungen [zur Bundesverfassungsfeier in Koblenz 1931, A.W.], in: Ebd., 15. 8. 1931; Rede Hörsing, in: Münchener Post, 19. 1. 1925.

172 Ziemann, Republikanische Kriegserinnerung, S. 376.

173 Vgl. ebd., 373 f.

174 Vgl. z. B. Karl Bröger: Kameradschaft, in: Das Reichsbanner, 15. 10. 1926; Heinrich Lersch: Kriegskameraden, in: Ebd., 15. 1. 1927; Willibald Seemann: Soldatentod am Weihnachtsabend, in: Ebd., 23. 12. 1928; Hugo Esseroth: Frontkämpfer-Regierung, in: Ebd., 12. 4. 1930; Hog: Vom Abend zum Morgen, in: Ebd., 26. 4. 1930.

175 Kühne, Kameradschaft, S. 276, S. 62.

pazifistischen Deutungsschemata tat es deswegen aber eben noch lange nicht.[176] Die Aussage Karl Brögers, des berühmten ‚Arbeiterdichters' in der Weimarer Zeit und vielleicht bedeutendsten Autors des Reichsbanners, er wolle sich „das Erlebnis der Front und das Vermächtnis [der] toten Freunde nicht verschleimen lassen, nicht von den Romantikern der Vaterländer, nicht von den Hysterikern des Menschheitsfriedens",[177] bringt die ganze Ambivalenz der Weltkriegs-Rezeption im Reichsbanner auf den Punkt. Bei Anerkennung „der Tiefpunkte des Grauens, der Todesangst und der menschlichen Erniedrigung" galt es doch auch „die Höhepunkte des gesteigerten Lebensgefühls, der Gläubigkeit, des Opfersinns, der oft bitter erworbenen, harten und haltbaren Kameradschaft"[178] nicht zu vergessen, wollte man der Komplexität ‚des' Kriegserlebens gerecht werden. Die Tatsache, dass das Reichsbanner aufgrund seiner pazifistisch grundierten Gedenkrhetorik ein Solitär im Lager der Veteranenverbände gewesen ist und sich als Multiplikator eines prorepublikanischen Gedenkkultes auch aus politischen Gründen isoliert sah, bedeutet also nicht, dass es jenseits der politisch neuralgischen Punkte nicht so etwas wie einen mutmaßlich vorpolitischen Konsens in der Beurteilung der Leistungen des deutschen Heeres bzw. des deutschen Soldaten und der Kameradschaft im Schützengraben gegeben hätte. Ganz im Gegenteil: Wenn die Angehörigen des Jungbanners (und darüber hinaus allgemein: die Arbeiterjugend) sich anfällig für heroisierende Elemente im Kriegsgedenken zeigten, mag das durch die moderne Massenkultur befördert worden sein, lässt sich aber nicht verstehen ohne die tiefe Verwurzelung problematischer Deutungsmuster (Kult des guten Kameraden, Treue der Front gegen Übermacht der Feinde etc.) eben auch in weiten Teilen der Arbeiterschaft, als deren wichtigstes gedächtnispolitisches Sprachrohr das Reichsbanner fungierte.

Problematisches Gedenken. Zur Weltkriegs-Rezeption im Jungbanner

Nach ihrem beispiellosen Erfolg bei den Reichstagswahlen vom 14. September 1930 wurde die NSDAP von der SPD endgültig als die größte Gefahr für den Fortbestand der noch jungen deutschen Republik erkannt. Besondere Besorgnis erregte dabei im republikanischen Lager der Umstand, dass die nationalsozialistischen Heilsversprechen ganz augenscheinlich insbesondere die Jugendlichen und jungen Erwachsenen der Kriegsjugend- bzw. Nachkriegsgeneration ansprachen.[179] „Wer die Jugend hat, hat die Zukunft" – diese Plattitüde hatte gerade in der politisch aufgeheizten Stimmung der frühen 1930er Jahre ihre Geltung. Wer sollte schließlich den politischen Fortschritt vom wilhelminischen Scheinkonstitutionalismus zur republikanischen

176 Die Auseinandersetzung mit den Radikalpazifisten und ihrer Forderung nach Wehrdienstverweigerung wurde im Reichsbanner bis zum Ende der 1920er Jahre intensiv geführt. Spätestens 1928 kam es endgültig zum Bruch, so dass das „wehrhaft-nationale Element" fortan den Verbandsdiskurs verstärkt bestimmte, vgl. dazu Rohe, Das Reichsbanner Schwarz-Rot-Gold, S. 187 ff.

177 Karl Bröger: Das andere Deutschland, in: Das Reichsbanner, 9. 11. 1929. Bröger war der Verfasser des seinerzeit sehr bekannten Kriegsgedichts „Bekenntnis", vgl. Anm. III, 197.

178 Carl Zuckmayer: Eine Ansprache. In unserem Lager ist Deutschland [auf einer Kundgebung des Reichsbanners gegen das Verbot des Films „Im Westen nichts Neues"], in: Ebd., 14. 2. 1931.

179 Vgl. dazu allgemein Heinrich August Winkler: Der Weg in die Katastrophe. Arbeiter und Arbeiterbewegung in der Weimarer Republik 1930 bis 1933, Berlin/Bonn 1987, S. 194 ff.; vgl. zum Generationenkonflikt auch Kapitel II.

Verfassung sichern und ausbauen, wenn der Republik noch nicht einmal in der Nachkriegsjugend endlich Republikaner nachwuchsen? Auf dem Leipziger Parteitag der SPD wurde daher im Frühjahr 1931 ausgiebig Ursachenforschung betrieben und erstmals auch das Verhältnis von Partei und Jugend kritisch beleuchtet. Im Referat des Vorsitzenden der Sozialistischen Arbeiterjugend, Erich Ollenhauer, und der sich anschließenden Aussprache betonten die Delegierten dabei verschiedentlich die Attraktivität heroisierender Kriegsdeutungen und militärischer Organisationsformen für die Jugend. So war man sich beispielsweise weitgehend einig, dass „Nie wieder Krieg!“, immerhin die zentrale Schlussfolgerung der politisch organisierten Arbeiterschaft aus den Erfahrungen des Krieges 1914/18, auf die Jugend nur einen geringen Eindruck mache und beklagte die Popularität der „Parole: kämpfend sterben! Jeder, der der Jugend das sagt, ist ihres Beifalls sicher.“[180] Auch wenn sich diese aufrecht sozialdemokratischen Gravamina primär auf die bürgerliche Jugend und nicht so sehr auf ‚eigene‘ Jugendorganisationen bezogen, ist es aufschlussreich zu sehen, wie das Presseorgan des sich augenscheinlich angesprochen fühlenden Jungbanners der fatalistischen Diagnose der Parteitags-Delegierten keineswegs widersprach, sondern vielmehr offen erklärte, tatsächlich Schwierigkeiten mit dem „Nie wieder Krieg!“-Postulat zu haben: Zwar distanzierte sich Erwin Frehe in einem Grundsatzartikel zum Thema „Jugend, Krieg und Frieden“ deutlich von den rechtsstehenden Jugendbünden, „für die der Krieg keinen Schrecken besitzt, sondern eine Gloriole“, und griff ihre „heidnische Liebe zum Waffenhandwerk“ und ihre „Landsknechtsfreude am kriegerischen Abenteuer“ scharf an. Gleichzeitig musste er aber zugeben:

> *Zwar sind wir Feinde des Krieges. Aber auf dem kürzlich stattgefundenen Parteitag der Sozialdemokratischen Partei konnte Nölting erklären, daß der Ruf „Nie wieder Krieg!“ einen erstaunlich geringen Eindruck auf die Jugend mache. Das gilt für die Jugend im weitesten Sinne. Wenn uns jemand fragt: seid ihr für Krieg oder Frieden, dann – scheltet mich nicht – stutzen wir, und die Nennung des Friedens geschieht kühl. Wie kommt das? Warum entflammen wir nicht – gegen den Vernichter Krieg, für den Baumeister Frieden? Wir sind jung: das besagt alles.*[181]

„Wir sind jung: das besagt alles“ – die anthropologische Erklärung Frehes für mutmaßliche Vorbehalte der Jugend gegenüber pazifistischen Überzeugungen zeigt eins ganz deutlich: wie sehr der Aktivismus und Kampfbereitschaft konnotierende Jugendmythos der Weimarer Jahre dem Selbstbild der republikanischen Jugend entsprach. Jung sein hieß auch für Frehe Sehnsucht „nach einer Front“, nach „Tapferkeit, Unerschrockenheit und Heroismus“.[182] Dass man zur Befriedigung dieses jugendspezifischen Bedürfnisses anders als die nationale Jugend nicht einfach die „Romantik des Unterseeboot- und Flugzeugführers“[183] für sich entdecken und

180 Vgl. insbesondere die Redebeiträge von Nölting und Renner in der Aussprache über das Referat Partei und Jugend, in: Protokoll. Sozialdemokratischer Parteitag in Leipzig 1931 vom 31. Mai bis 5. Juni im Volkshaus, Berlin 1974, S. 206–231, Zitate S. 216, S. 227.

181 Erwin Frehe: Jugend, Krieg und Frieden, in: Jungbanner, 1. 8. 1931; vgl. auch den Artikel von Erwin Frehe: Republikanische Jugend und Frontkämpfergeneration, in: Ebd., 1. 6. 1929.

182 Ebd.

183 Ebd.

heroisierende Kriegserzählungen bzw. -mythen übernehmen konnte, lag auf der Hand und machte das gedächtnispolitische Dilemma des Jungbanners aus. Zwischen der kritiklosen Übernahme von Deutungsmustern des nationalen Frontsoldatentums und der Vernachlässigung der „leider nun einmal bestehenden Einstellung der Jugend"[184] bestand ein problematisch schmaler Grat, auf dem das Jungbanner sich behaupten musste, wollte es einerseits seinen sozialdemokratischen Wurzeln treu bleiben, andererseits aber auch als republikanische Wehrorganisation attraktiv bleiben.[185]

Wie schlug sich diese Problemlage auf die Rezeption des Weltkriegs im Jungbanner nieder? Auf den ersten Blick wird deutlich, dass die oben angesprochene Ambivalenz im Weltkriegsgedenken des Reichsbanners auch für das Jungbanner gilt: Die Kriegserzählungen und -gedichte in der Jungbanner-Beilage der Reichsbanner-Zeitung behandeln den Krieg fast ausschließlich aus der Perspektive der Kriegsjugend.[186] Eine kurze Hochphase im August 1914 wird dabei nicht verschwiegen, insgesamt jedoch ein äußerst düsteres Bild der Kriegserfahrung der Jugend vermittelt: Der alltägliche Kampf gegen Hunger und Not in der Heimat und die Verrohung der Jugend stehen im Vordergrund. Subtext ist stets: „Jungbanner kämpfe mit aller Leidenschaft gegen den Krieg – für den Frieden!"[187] Dazu passte auch, dass das Jungbanner wie keinen zweiten Kriegsschriftsteller Erich Maria Remarque rezipierte und sich immer wieder vehement gegen die Romantisierung des Krieges durch nationalistische Verbände einsetzte.[188]

Die pazifistische Grundierung der Kriegserinnerung, d. h. die einhellige Verdammung des Krieges, schloss eine latente Heroisierung der Kriegsgefallenen und -teilnehmer allerdings keineswegs aus. Ähnlich wie im Fall des KJMV lässt sich ganz im

184 Das Reichsbanner, 2. 7. 1932, zitiert nach Rohe, Das Reichsbanner Schwarz-Rot-Gold, S. 106.

185 Rohe, Das Reichsbanner Schwarz-Rot-Gold, betont zu Recht immer wieder den „Trend zum Soldatisch-Militärischen" und weist auf die „unkomplizierte Freude am militärischen Betrieb" (S. 107) sowie den „unverkennbaren Drang nach Führertum und Gefolgschaft, nach bündischem Zusammenschluss und persönlichem Führererlebnis" (S. 121) hin; vgl. vor allem auch: Geist unsrer Jugend. Der Jungbanner-Charakter, in: Bericht des Bundesvorstandes des Reichsbanners Schwarz-Rot-Gold, Bund Deutscher Kriegsteilnehmer und Republikaner e. V. zur Bundesgeneralversammlung vom 16. bis 19. Februar 1933 in Berlin, S. 7 f. (BA Berlin-Lichterfelde, RY 12 II 113/1), in dem es u. a. heißt: „Ja, Kämpfer sind wir auch; denn freie Menschen werden immer kämpfen. Nicht nur so, sondern wirklich. Mit Hingabe und Hintansetzung des eigenen Schicksals und Lebens. So bringen wir zu allem auch Opfer und sind jede Stunde bereit, unsre Opfer zu vervielfältigen, wenn die Masse, unsre Schicksalsgemeinschaft, es erheischt und unsre Zielsetzung der Verwirklichung nahe kommen soll. [...] Es gibt für uns junge Kameraden kein Ausruhen, keinen Müßiggang. Einmal eingereiht in die Bataillone der Freiheitswehr, gibt es nur noch unerbittlichen Kampf. Unsre Väter waren unser Vorbild. Wir müssen dergleichen sein für alle Mitmenschen, und wenn der Kampf kein siegreiches Ende findet, auch für unsre Nachkommen. Unser Auge soll einen heiligen Fanatismus aussprechen, aber jede unsrer Handlungen soll so sein, dass damit für unsre große Sache geworben wird."

186 Walter Wiebeck: Jahrgang 1910, in: Jungbanner, 5. 7. 1930; Kinder 1917, in: Ebd., 7. 3. 1931; Erinnerung an die Kriegsküche, in: Ebd., 7. 3. 1931; Hugo Grönner: Kriegserinnerungen eines Arbeiterkindes, in: Ebd., 14. 3. 1931, 21. 3. 1931 und 28. 3. 1931; Ernst Schneider: Jugend im Krieg, in: Ebd., 16. 1. 1932 und 2. 4. 1932; Ernst Schneider: Ein Landesverrat, in: Ebd., 25. 6. 1932; Erinnerst du dich noch?, in: Ebd., 17. 12. 1932; Jugend im Krieg, in: Ebd., 11. 2. 1933.

187 So explizit Hugo Grönner: Kriegserinnerungen eines Arbeiterkindes, in: Ebd., 28. 3. 1931.

188 Im Westen nichts Neues, in: Ebd., 9. 2. 1929; Gustav Leuteritz: Mahnung an die Nachkriegsgeneration, in: Ebd., 23. 2. 1929; ders.: Wie eine Generation zerstört wurde. Gedanken über Remarques neues Buch, in: Ebd., 20. 6. 1931; Sie wollen die Jugend opfern!, in: Ebd., 15. 11. 1930; Nie wieder! Machtvolle Kundgebung des Vortrupps Mannheim für den Frieden, in: Ebd., 29. 8. 1931.

Gegenteil am Beispiel des Jungbanners die Kompatibilität von Gewaltverdammung und Soldatenverherrlichung besonders gut darstellen.

Streng genommen zeichnet sich die Tendenz zur Heroisierung der Kriegsteilnehmer bereits in der Remarque-Rezeption des Jungbanners ab: Heute wird *Im Westen nichts Neues* als Reinform pazifistischer Antikriegsliteratur gesehen, dies ist nicht zuletzt auch ein Resultat der nationalistischen Anti-Remarque-Propaganda. Nicht jeder zeitgenössische Leser folgte dieser Interpretation, tatsächlich lässt sich nämlich wie jeder anspruchsvolle Autor auch Remarque auf unterschiedliche Art und Weise auslegen.[189] Während die Rechte ihm vorwarf, das Andenken des deutschen ‚Frontsoldaten' zu besudeln, spürte der Rezensent des Jungbanners in Remarques Werk im Gegenteil „die Ehrfurcht vor dem unbekannten toten Soldaten, dem Remarque ein gigantisches Grabmal schuf".[190] Er artikulierte damit implizit ein auch für weite Teile der Linken zentrales Kriterium für die Beurteilung von Kriegsliteratur: Die Leiden der ‚Frontsoldaten' mussten realistisch dargestellt sein. Daneben waren die einfachen Soldaten aber so zu schildern, dass man „Ehrfurcht" vor ihnen und ihrem Erleben haben konnte, ja haben musste.

Einen ersten Hinweis auf die Art und Weise, in der im Jungbanner der ‚Arbeiter-Soldat' wahrgenommen wurde, gibt die Artikelserie, mit der sich das *Jungbanner* 1928 als Beilage der Reichsbanner-Zeitung einführte: Im ersten Quartal widmete man sich Arbeiterdichtern, die im Krieg gefallen (Otto Braun, Gerrit Engelke) oder durch ihre Kriegsgedichte berühmt geworden waren (Karl Bröger, Heinrich Lersch). Mit Ludwig Frank, dem im September 1914 gefallenen kriegsfreiwilligen Reichstagsabgeordneten, kam noch eine weitere Figur aus dem Arbeitermilieu hinzu, die ihre Bekanntheit nicht zuletzt dem Krieg verdankte.[191] Wenn auch sorgfältig darauf geachtet wurde, den Eindruck zu vermeiden, die Kriegsfreiwilligen Otto Braun und Ludwig Frank hätten sich aus ‚Abenteuersucht' zu den Fahnen gemeldet, so wurde ihr Verhalten, ihre „tief empfundene" Verpflichtung, Deutschland zu dienen, doch als vorbildlich heraus gestellt. Damit bekannte man sich ausdrücklich zur Kriegsbereitschaft der SPD im August 1914. So heißt es zu Braun:

> *Er tut seine Pflicht wie jeder „unbekannte Soldat" und beweist auch „da draußen" sein führerisches Können. Was man in Soldatenkreisen Tapferkeit und Heldentum nennt, lebt auch in ihm, einem Menschen des Bauens und Schaffens.*

Oder zu Frank, „einem der Edelsten aus dem Heldensaal des freiheitlichen Deutschland":

> *Ludwig Frank bekannte sich bei Ausbruch des Krieges ohne Zögern zur Landesverteidigung, weil er die Existenz Deutschlands gefährdet sah und sein Vaterland liebte,*

189 Vgl. Kühne, Kameradschaft, S. 65; Schneider, Erich Maria Remarques Roman, S. 364–372.

190 Gustav Leuteritz: Mahnung an die Nachkriegsgeneration, in: Jungbanner, 23. 2. 1929; ders.: Wie eine Generation zerstört wurde. Gedanken über Remarques neues Buch, in: Ebd., 20. 6. 1931.

191 Otto Braun. Ein Jüngling und ein Vorbild, in: Ebd., 1. 4. 1928; Ludwig Frank, ein Volksmann und Jugendführer, in: Ebd., 8. 4. 1928; Karl Bröger, unser Kamerad und Dichter, in: Ebd., 29. 4. 1928; Mensch im Eisen [zu Heinrich Lersch, A.W.], in: Ebd., 13. 5. 1928; Rhythmus des neuen Europa. Über den Arbeiterdichter Gerrit Engelke, gefallen am 13. Oktober 1918, in: Ebd., 10. 6. 1928.

[...] *Frank war nicht der Mann, deutschen Arbeitern Blutopfer zuzumuten, selbst aber in sicherm Port zu bleiben. Führertum hieß ihm: vorangehen in jeder Lage!*

Es ist schon einigermaßen ironisch, dass mit Ludwig Frank nun ein Angehöriger des rechten Flügels der SPD Gegenstand der Verehrung des Reichs- und Jungbanners wurde, dessen freiwilliger Kriegseinsatz noch im Herbst 1914 in der Partei ausgesprochen kritisch gesehen worden war. So hatte sich z. B. nach Franks Tod an der Westfront Ende Oktober 1914 breiter Protest gegen eine Ehrung Franks in der Zeitschrift *Arbeiter-Jugend* formiert: Von 200 Verteilern hatten etwa 150 ihren Dienst verweigert.[192] Fünfzehn Jahre nach seinem Tod machte der republikanische Wehrverband den jüdischen Patrioten nun dagegen zu seinem „Schutzpatron",[193] ein deutliches Bekenntnis zur nationalen Verantwortung der Arbeiterschaft und damit auch zu der in der Partei mittlerweile kritisch gesehenen Politik der nationalen Integration zu Kriegsbeginn.

Die Einsatzbereitschaft der deutschen Arbeiter steht auch in dem Artikel über Karl Bröger im Mittelpunkt. Es würde zu weit führen, auf diesen interessanten Dichter hier ausführlich einzugehen.[194] Nicht zuletzt wegen seiner herausragenden Bedeutung für die Weltkriegsrezeption des Reichsbanners müssen zentrale Aspekte seines umfangreichen Werkes hier jedoch wenigstens kurz vorgestellt werden. Die dabei zutage tretende folgenschwere Spannung in seiner Interpretation des Krieges und der Rolle der Arbeiterschaft kann zugleich als exemplarisch für die Schwierigkeit des Reichsbanners insgesamt gesehen werden, seine Rhetorik der nationalen Mobilisierung mit seiner dezidierten Verurteilung des Krieges in Einklang zu bringen.

Kriegsgedichte wie vor allem *Bekenntnis* vom Dezember 1914 und untenstehendes Gedicht zum Gedenken der Toten aus dem Gedichtzyklus *Deutschland* von 1925 begründeten den dichterischen Ruhm Karl Brögers und ließen ihn als Dichter des Burgfriedens während des Ersten Weltkriegs zu einem vornehmlich in bürgerlichen Kreisen gefeierten ‚Arbeiterdichter' aufsteigen:

Immer schon haben wir eine Liebe zu dir gekannt,
bloß wir haben sie nie mit einem Namen genannt.
Als man uns rief, da zogen wir schweigend fort,
auf den Lippen nicht, aber im Herzen das Wort.
Deutschland.[195]

192 Vgl. hierzu: Kruse, Krieg und nationale Integration, S. 180 f.; zur Arbeiterjugend im Krieg vgl. Martin Stadelmeier: Zwischen Langemarck und Liebknecht. Arbeiterjugend und Politik im I. Weltkrieg, Bonn 1986.

193 Rohe, Das Reichsbanner Schwarz-Rot-Gold, S. 138; vgl. auch Stefan Vogt: Nationaler Sozialismus und Soziale Demokratie. Die sozialdemokratische junge Rechte 1918–1945, Bonn 2006, S. 120–124; Karl Otto Watzinger: Ludwig Frank. Ein deutscher Politiker jüdischer Herkunft, Sigmaringen 1995, S. 84–89, S. 172–202. Ein typisches Beispiel für die Frank-Verehrung ist Hedwig Wachenheim (Hg.): Ludwig Frank. Ein Vorbild der deutschen Arbeiterjugend, Berlin 1924.

194 Zu Bröger ausführlich: Gerhard Müller: Für Vaterland und Republik. Monographie des Nürnberger Schriftstellers Karl Bröger, Pfaffenweiler 1986; Gudrun Heinsen Becker: Karl Bröger und die Arbeiterdichtung seiner Zeit. Die Publikumsgebundenheit einer literarischen Richtung, Nürnberg 1977.

195 Karl Bröger: Bekenntnis, in: Ders.: Kamerad, als wir marschiert. Kriegsgedichte, Jena 1916, S. 3; abgedruckt z. B. in: Jungbanner, 29. 4. 1928.

Von deinen Toten bist bewacht,
Teures Land!
Sie schweben um dich in jeder Nacht
Und wirken aus ihrer geheimen Macht,
Aus Glut und Blut, aus Brand und Schlacht,
Ein Band
Von ewigem Bestand.
Liebe der Toten in Sumpf und Sand
Ruft uns an:
Denkt daran!
Vergeßt es nicht,
Was uns in euer Leben verflicht!
Opfert wie wir und sollt ihr vergehn:
Deutschland muß immer und immer bestehn.[196]

Sofort nach Gründung des Reichsbanners begann Bröger, sich in dem republikanischen Verband zu engagieren. Als Gründungsmitglied des Nürnberger Reichsbanners gehörte er lange dem fränkischen Gauvorstand an. Sein Renommee und seine rege Publikationstätigkeit – man denke nur an seine Romane und Gedichtbände, an seine zahlreichen Artikel, Rezensionen und dergleichen mehr nicht nur in der Presse des Reichsbanners – machten aus ihm ein kulturpolitisches Schwergewicht des Verbandes. Schnell wurde er zum Exponenten einer starken Strömung innerhalb des Reichsbanners, die danach trachtete, jenseits von Radikalpazifismus und nationalistischer Kriegsverherrlichung eine Praxis des Kriegsgedenkens zu entwickeln, die dialektisch sowohl das Grauen der Materialschlacht als auch positive Erfahrungen (etwa von Kameradschaft, altruistischer Opferbereitschaft oder Volkseinheit) in ein Deutungsnarrativ zu integrieren in der Lage wäre.[197]

Gerhard Müller hat einen solchen Mittelweg als „hilflosen Pazifismus" bzw. als „sanften Militarismus" kritisiert.[198] Er formulierte die These, dass das für Bröger charakteristische Festhalten am Topos der Schicksalsgemeinschaft vom August 1914 und seine fortwährende Betonung des Pflichtbewusstseins der deutschen Soldaten – Prototyp eines solchen Soldaten ist etwa der Unteroffizier Alois Schmalz aus Brögers erfolgreichstem Kriegsbuch, *Bunker 17*[199] – sowie seine unerschütterliche Bereitschaft, mit der Waffe in der Hand „das Vaterland zu schützen", einer konsequenten Analyse und Kritik der Kriegsursachen und -ziele und damit einer stringenten Kriegsgegnerschaft des fränkischen Autors im Wege gestanden hätten. Dem ist nicht viel hinzuzufügen: Wie so viele Schriftsteller seiner Generation sah Bröger in der Beschwörung des Vermächtnisses der gefallenen Kameraden die einzige Möglichkeit, dem Opfer der Kriegsgefallenen gerecht zu werden. Gedichtzeilen wie „Opfert wie wir und sollt ihr vergehn: Deutschland muss immer und immer bestehn"[200] oder

196 Karl Bröger: Deutschland. Ein lyrischer Gang in drei Kreisen, Konstanz 1923, S. 42; z. B. Jungbanner, 29. 4. 1928.
197 Siehe dazu auch das Zitat zu Anm. III, 177.
198 Gerhard Müller, Für Vaterland und Republik, S. 323.
199 Karl Bröger: Bunker 17. Geschichte einer Kameradschaft, Jena 1929.
200 Bröger, Deutschland, S. 42; z. B. Jungbanner, 29. 4. 1928.

„Drum ist der toten Brüder letztes Gebot: Haltet am Leben das Werk, so ist kein Geopferter tot!“[201] fügten sich mit dem opfermythischen Appell an die Überlebenden des Krieges, vor allem aber an die deutsche Jugend, den Gefallenen in Einsatz- und Opferbereitschaft nachzueifern und sie damit als Leitbilder lebendig zu halten, nahtlos in den bürgerlichen Gedenkdiskurs ein.

Was konkret unter dem „Werk“ der „toten Brüder“ zu verstehen wäre, ja wie das permanente ‚Raunen aus dem Jenseits‘ politisch konkretisiert werden könnte, in dieser Frage blieb Bröger unbestimmt und vage. Kein Wunder, dass er als Kriegsdichter trotz seiner Zugehörigkeit zum Reichsbanner auf Seiten der politischen Rechten rezipiert wurde und nach 1933 als Dichter der legendären Volkseinheit von 1914 weiter publizieren durfte. Auch sein Roman *Bunker 17* konnte weiter erscheinen und wurde 1937 in einer um das sozialkritische Schlusskapitel gekürzten Fassung sogar neu aufgelegt. Nach seinem Tod 1944 wurde er in einer großen öffentlichen Trauerfeier der NSDAP-Franken als wackerer Nationalsozialist gewürdigt. Und all das, obwohl er anders als der andere große Arbeiter- und Kriegsdichter dieser Jahre, Heinrich Lersch, der als SS-Mitglied und Mitarbeiter der HJ sein dichterisches Renommee bereitwillig in den Dienst des NS-Regimes gestellt hatte,[202] wohl zu keinem Zeitpunkt seine innere Ablehnung des NS-Staates aufgab.

Kommen wir an dieser Stelle zurück zum Jungbanner: So wenig wie das von der republikanischen Wehrjugend stark rezipierte Werk Karl Brögers eindeutig eingeordnet werden kann, so wenig decken sich auch die vom Bundesvorstand herausgegebenen Lektüreempfehlungen an die Jungbannerangehörigen mit dem, was als typisch sozialdemokratisch galt. Neben den als pazifistisch einzustufenden Romanen von Remarque (*Im Westen nichts Neues*) und Henri Barbusse (*Das Feuer*) finden sich außer Brögers *Bunker 17* auch Kriegsbücher von Ludwig Renn (*Krieg*), Hans Carossa (*Rumänisches Tagebuch*), Rudolf Binding (*Aus dem Kriege*), Walter Flex (*Der Wanderer zwischen beiden Welten*) und Philipp Witkop (*Kriegsbriefe gefallener Studenten*).[203] Zwar wird in der Einführung vorweggeschickt, dass „in dem ein oder anderen Buche nicht immer Reichsbannerauffassungen vertreten“ werden. Gleichwohl wird der Auswahl aber attestiert, sie diene im Großen und Ganzen „der Untermauerung republikanischen Fühlens und Wollens.“ Wenn also etwa für Ernst Jünger im Kanon des Jungbanners so wenig Platz war wie für Remarque im Jungstahlhelm, so gab es doch – und das wird häufig übersehen – mit Alverdes, Flex,

201 Karl Bröger: Das Vermächtnis, in: Ders.: Soldaten der Erde. Neue Kriegsgedichte, Jena 1918, S. 55 f.

202 Vgl. Müller, Für Vaterland und Republik, S. 54; in der Kurzbeschreibung einer der zahlreichen Lersch-Feiern im Schulfunk (21. 10. 1936) hieß es: „Heinrich Lersch ist gerade den Jungen kein Unbekannter. Er, der ehemalige Gefreite des Weltkrieges, war zuletzt Jungzugführer im Jungvolk und Stammschulungsleiter [...]. [Zitat Lersch, A.W.]: In der Hitlerjugend zu arbeiten, heißt den Kampf der Vergangenheit in der Gegenwart für die Zukunft fruchtbar zu machen.“, in: Schulfunk, Oktober 1936.

203 Das Jungbanner. Jugendpflege im Reichsbanner Schwarz-Rot-Gold, Magdeburg 1930, S. 109 f.; Remarque, Im Westen nichts Neues; Henri Barbusse: Das Feuer. Tagebuch einer Korporalschaft, Zürich 1918; Bröger, Bunker 17; Renn, Krieg; Hans Carossa: Rumänisches Tagebuch, Leipzig 1924; Rudolf Binding: Aus dem Kriege, Frankfurt a. M. 1925; Flex, Der Wanderer zwischen beiden Welten; Witkop, Kriegsbriefe gefallener Studenten.

Binding, Carossa und Witkop u. a. ein erstaunlich breites Spektrum von Kriegsschriftstellern, die ‚rechts' wie ‚links' lesbar waren.[204]

Ein ähnliches Bild bietet sich, wenn man sich den Vorschlag der Jungbanner-Bundesführung zur Gestaltung eines Weltkriegs-Heimabends von 1930 anschaut: Zwar fehlte es nicht – und das wäre im rechten Lager ganz und gar unvorstellbar gewesen – an Vorlesestoffen, mit eindeutig pazifistischer Stoßrichtung: Tetzloffs *Auferstanden* beispielsweise erzählte von Soldatenverbrüderungen an der Ostfront, ein Abschnitt aus Max Barthels *Die Mühle zum Toten Mann* thematisierte offen Kriegsdienstverweigerung und Insubordination in den letzten Kriegsmonaten.[205] Doch die überwiegende Mehrzahl der empfohlenen Gedichte (*Bekenntnis* und *Gräber* von Bröger, *Brüder* und *Der Schwur* von Heinrich Lersch, *Die Dankesschuld* von Flex) hätten ebenso wie das obligate Lied vom Soldatentod, „Ich hatt' einen Kameraden" (*Der gute Kamerad*), ohne weiteres auch einen Gedenkabend der bürgerlichen Jugend umrahmen können, so sehr waren die in ihnen zum Ausdruck kommende Sakralisierung der Gefallenen und das mahnende Bekenntnis zu ihrem „selbstvergessenen Heldentum"[206] mit dem Appell der bürgerlichen Jugend zur *imitatio heroica* kompatibel.

Deutlich wird diese Ambivalenz insbesondere in dem zum Vorlesen empfohlenen Kapitel „Finale" aus Ernst Johannsens *Vier von der Infanterie.*[207] Auf der einen Seite mangelt es in diesem Textausschnitt nicht an äußerst drastischen Schilderungen des Kampfgeschehens: Einer der Protagonisten wird schwer verwundet und leidet schrecklich, bis ihn seine Kameraden auf sein Flehen hin erschießen. Auch der Rest des Quartetts überlebt den Krieg nicht, einer nach dem anderen sterben sie auf verlorenem Posten stehend in einer der letzten feindlichen Offensiven des Krieges. Keiner der beschriebenen Soldaten weiß, wofür er kämpft. Illusionslos und abgekämpft verzweifeln sie an dem „vom Teufel geschaffenen Mistzeug Mensch", das sie durch die Hölle des Krieges treibt.[208] Auf der anderen Seite finden sich aber auch Passagen wie die folgende:

> *Die letzte Viertelstunde schleicht heran.* [...] *Fünf deutsche Divisionen sind nicht mehr. Und doch würden die letzten Reste halten, wäre die stürmende Übermacht nicht so groß. Immer noch ist nicht alles Leben auf deutscher Seite erloschen. Härter als Stahl, unüberwindlicher als Gas vermag der Mensch zu sein. (S. 105)*
> *Und nun* [nach Beginn des Sturmangriffs] *doch wieder das Unglaubliche – erwachen die Toten! Ein deutsches Maschinengewehr knattert auf, dort rechts noch eins. Handgranaten bellen. Sind das Menschen, die auch jetzt noch kämpfen, die auch*

204 Ebd., S. 108. Analog zum Jungbanner ist die Rezeption bestimmter, rechts stehender Kriegsschriftsteller im Reichsbanner teilweise erstaunlich positiv. So wurde beispielsweise Werner Beumelburgs „Sperrfeuer um Deutschland" in der Reichsbanner-Zeitung ausgesprochen positiv besprochen (RB, 19. 10. 1929, S. 344). Paul Coelestin Ettighofers „Gespenster am Toten Mann" wurde sogar vom Reichsbanner-Buchversand vertrieben (siehe Jungbanner, 12. 12. 1931).

205 Tetzloff: Auferstanden. Ein Ostererlebnis im Kriege, in: Das Reichsbanner, 9. 9. 1928; Max Barthel: Die Mühle zum Toten Mann, Berlin 1927.

206 Karl Bröger: Gräber, in: Aus meiner Kriegszeit, Nürnberg 1915, S. 19.

207 Ernst Johannsen: Vier von der Infanterie. Ihre letzten Tage an der Westfront 1918, Hamburg 1929, S. 101–109.

208 Ebd., S. 105.

jetzt nicht an Gefangenschaft denken, sind sie wahnsinnig, diese letzten Lebenden, sind es Automaten? Aber was sind diese Letzten gegen die grauen Wellen. (S. 107) Die lebendige Mauer hat eine große, tiefe Wunde. Was wird geschehen? [...] *Da geht deutsche Reserve vor; Geschütze fahren in wilder Hast auf. Die Front steht. Im Gegenstoß wird die Geschützstellung wieder erreicht. (S. 108)*

„Härter als Stahl, unüberwindlicher als Gas" – eine partielle Affinität zu den Frontkrieger-Phantasmagorien des politischen Gegners ist nicht von der Hand zu weisen. Sicherlich standen die oben angesprochenen, ganz und gar unpathetischen Schilderungen des Grabenkampfes der vorbehaltlosen Verehrung der Frontsoldaten entgegen. Dennoch zeigen sich hier Schnittmengen mit der bündisch-bürgerlichen Kriegsdeutung in der Bewertung der letzten Kriegsmonate und des Ausharrens der ‚Front' gegen die überwältigende materielle Überlegenheit des Feindes. Die Reichweite dieses Deutungsmusters sollte nicht unterschätzt werden.[209] Die Anerkennung der ‚Leistung' der Frontsoldaten und die implizit heroisierende Vorstellung der bis zuletzt haltenden ‚Front' gehörten ganz ohne Zweifel zum nicht unumstrittenen, aber doch allgemein akzeptierten Gründungsmythos des Reichsbanners und waren dementsprechend Bestandteil des erinnerungskulturellen Erbes der Reichsbanner-Jugend. Das Alfred Kantorowicz' politischem Drama *Erlangen* zugrunde liegende Frontsoldaten-Bild steht daher trotz des erkennbaren politischen Kalküls durchaus exemplarisch für die Heroisierung der deutschen Kriegsteilnehmer im Jungbanner:

Ich bin Oberleutnant a. D. Körber, Ritter des EK I und II und des Ordens Pour le Mérite. [...] *Wenn ich hier vor ihnen erwähne, daß mir der Orden Pour le Mérite verliehen worden ist, so geschieht es nur, damit sie wissen, daß sie jemand vor sich haben, der wirklich an der Front war, an der vordersten Front, der bis zum letzten Tage alle Kämpfe mitgemacht hat* [...]. *Wir sind von einer zwanzigfachen Übermacht feindlichen Materials und von einer vielfachen Übermacht immer frischer, feindlicher Truppen, die sich jeden Tag um Zehntausende frischer Truppen vermehrten, Mann für Mann in Fetzen geschossen worden. Eine Stellung wurde immer erst geräumt, wenn niemand mehr lebendig war, der sie hätte verteidigen können. Wir waren Wochen ohne Schlaf, Monate ohne regelmäßiges Essen, mit Ungeziefer bedeckt, ganz gleich ob Offizier oder Mann; wir kämpften nicht mehr gegen Menschen, sondern waren dem feindlichen Material ausgeliefert, wir kämpften gegen Maschinen, die stärker waren als wir.*[210]

So ehrenwert die Intention des Autors, durch Verweis auf die „zwanzigfache Übermacht" der Entente den permanenten Dolchstoß-Vorwurf der Rechtsopposition als Propaganda zu entlarven, auch gewesen sein mag: Das Bild des verdreckten, einem

209 Es wird immer wieder übersehen, dass auch Remarques „Im Westen nichts Neues" dieser Deutung keinesfalls widerspricht: Auch die Soldaten um Paul Bäumer halten schließlich bis zuletzt aus (Kapitel XI) und kämpfen verbissen gegen die Übermacht der Feinde, und auch für Remarques Erzähler ist klar: „Wir sind nicht geschlagen, denn wir sind als Soldaten besser und erfahrener; wir sind einfach von der vielfachen Übermacht zerdrückt und zurückgeschoben." (S. 280).

210 Alfred Kantorowicz: Studentenversammlung in Erlangen, in: Jungbanner, 14. 2. 1931. Zu dieser diskursiven Delegitimierungsstrategie des Reichsbanners in den frühen 1930er Jahren vgl. auf allgemeinerer Ebene Winkle, Der Dank des Vaterlandes, S. 297–309.

überlegenen Gegner tapfer widerstehenden Frontsoldaten, der sich eher „in Fetzen schießen" ließ, als seine Stellung aufzugeben, war politisch bedenklich. Wie bei Johannsen erscheint der Frontsoldat zwar nicht etwa als Übermensch, und die militärische Niederlage wird auch nicht geleugnet; gleichwohl wird er als namenloser Held gefeiert, der bis zum Schluss seine Pflicht getan hat. So schwierig sich das Verhältnis von republikanischer Jugend und rechtsstehenden Frontsoldatenverbänden angesichts der diametralen politischen Positionen daher auch gestalten mochte, eine „höllische Achtung vor denen, die Jahre in Dreck, Hunger und Geschosshagel verbrachten",[211] blieb stets integraler Bestandteil des Jungbanner-Gedenkdiskurses. Durchaus plausibel erscheint daher die These, dass die später vom NS-Regime so virtuos inszenierte ‚Ehrung des deutschen Frontsoldaten' auch auf der Linken als vorpolitische Selbstverständlichkeit galt. Der große Zuspruch, den das von der NS-Regierung gestiftete „Ehrenkreuz für Frontkämpfer" in der Bevölkerung genoss, deutet jedenfalls in diese Richtung.

Dass das Jungbanner, um ein weiteres Beispiel zu nennen, nicht umhin kam, sich – bei aller Kritik an dem für das bürgerliche Lager so zentralen Langemarck-Mythos – zum „Opfergeist" der Jugend von Langemarck zu bekennen („Den Opfermut, den die deutsche Jugend in den Novembertagen 1914 bei den Kämpfen um Langemarck aufgebracht hat, den wollen auch wir. Wir, die republikanische Jugend!"[212]) und damit in bisher ungekanntem Maße soldatische Sekundärtugenden glorifizierte, zeigt überdeutlich, in welchem Maße der Antimilitarismus in der Arbeiterjugend seine Selbstverständlichkeit einzubüßen begann. Eine Arbeiterjugend-Organisation, die sich stolz als „Armee der Freiheit" sah, ihre Mitglieder als „Frontkrieger" bzw. „Soldaten" der deutschen Republik bezeichnete und das soldatische Kameradschaftsprinzip auf ihre Fahnen schrieb,[213] wäre noch in den ersten Jahren der Weimarer Republik – ganz zu schweigen von der Vorkriegszeit – unmöglich gewesen. Zu Beginn der 1930er Jahre war die Übernahme militärischer Organisationsformen hingegen normal geworden. Formal betrachtet unterschied sich ein Jungbanner-Aufmarsch dementsprechend in nichts von einer analogen SA-, HJ- oder Jungstahlhelm-Veranstaltung.

Zweifellos ist die de-facto-Militarisierung der Arbeiterbewegung Ende der 1920er Jahre primär der Gefährdung der Republik durch links- und vor allem rechtsextreme Tendenzen im Kontext der Weltwirtschaftskrise geschuldet. Die Tatsache, dass sie weitgehend reibungslos verlief und insgesamt die Attraktivität der republikanischen Wehrverbände erhöhte, lässt sich aber nur verstehen, wenn man berücksichtigt, dass sich im Kriegs- und Gefallenengedenken des Reichs- bzw. Jungbanners schon vorher eine linksrepublikanische Erinnerungskultur entwickelt hatte, in der neben das Kriegsopfergedenken (viktimologischer Opferbegriff) der frühen 1920er Jahre die Erinnerung an die heroische Einsatz- und Opferbereitschaft des Heeres (sakrifizieller Opferbegriff) trat. Die Kriegsgefallenen avancierten in diesem

211 Erwin Frehe: Republikanische Jugend und Frontkämpfergeneration, in: Jungbanner, 1. 6. 1929.

212 Willi Brundert: Langemarck, in: Ebd., 26. 11. 1932. Vgl. außerdem: Werner Jacobi: Student und Republik, in: Ebd., 12. 8. 1928; Karl Bröger: Das Vaterland der Jugend, in: Ebd., 12. 8. 1928.

213 Z. B.: Jahrgang 1900 hat das Wort, in: Ebd., 21. 3. 1931; Höltermann an die Jugend, in: Ebd., 29. 10. 1932; Jungbanner vor die Front, in: Ebd., 24. 9. 1932; Erwin Frehe: Kameradschaft, in: Ebd., 30. 4. 1932.

Zusammenhang zu Vorbildern auch der linksrepublikanischen Jugend; ein Prozess, der die Identifikation mit soldatischen Tugenden und Wertvorstellungen förderte und die Uniformierung und Paramilitarisierung von Reichs- und Jungbanner kulturell unterfütterte. Die von Alfons Kenkmann diagnostizierte anhaltende Faszination für männerbündisch-soldatische Ideale unter Jugendlichen und jungen Männern aus dem Arbeitermilieu über das Ende des Zweiten Weltkriegs hinaus wirft ein Schlaglicht auf die Reichweite der im Weltkriegsgedenken des Jungbanners artikulierten Werte und macht deutlich, in welchem Maße sich auch proletarische Milieustrukturen der suggestiven Wirkung heroischer Deutungsangebote nicht entziehen konnten.[214]

Insgesamt stützen die genannten Beispiele die These, dass es trotz der nicht zu vernachlässigenden Fragmentierung der deutschen Gesellschaft so etwas wie einen erinnerungskulturellen Minimalkonsens gab, dessen Inhalte Klassen- bzw. Milieugrenzen durchbrachen. Pflichterfüllung und Opferbereitschaft der deutschen Soldaten galten auch in weiten Teilen der proletarischen Kriegsteilnehmergeneration bzw. bei deren Kindern als vorbildlich, und die Legitimität des Kriegsdienstes wurde kaum hinterfragt. Damit leistete der heterogene Reichsbanner-Diskurs einer impliziten Heroisierung der Gefallenen Vorschub, vor allem trug er aber dazu bei, den Schatten der Vergangenheit zu verlängern: Die Einübung der opfermythischen Vereinnahmung der Jugend nahm die Zukunft für die Vergangenheit in die Pflicht, die Lebenden mussten sich an den Toten messen lassen. Dass diese Instrumentalisierung der Kriegsgefallenen eine kriegskritische Komponente hatte, ändert nichts an ihrem problematischen Charakter. Die allgemeine Akzeptanz des Rekurses auf die Gefallenen bzw. deren mutmaßliche Sendung als Argumentationsmuster zur Legitimierung politisch-moralischer Forderungen eröffnete letztendlich jedem, der sich glaubwürdig als ‚Erbe der Front' in Szene zu setzen verstand, die Möglichkeit, politisches Kapital aus dem Weltkriegsgedenken zu schlagen. Dies galt vor allem für das NS-Regime, das nach Ausschaltung pazifistischer Neben- bzw. Gegendiskurse ab 1933 die Deutungshoheit über das so genannte Kriegserlebnis gewann und unter den Kommunikationsbedingungen einer sich totalisierenden Diktatur das ‚Vermächtnis der Front' politisch definieren konnte.

4. Der Heldenkult in der Weimarer Zeit – Versuch einer sozialpsychologischen Erklärung

Unter Berufung auf die Arbeiten insbesondere von Sabine Behrenbeck wurde in diesem Kapitel dafür plädiert, die Virulenz opfermythischer Vorstellungen im Deutschland der 1920er Jahre als Reaktion auf die sich angesichts der deutschen Kriegsniederlage 1918 verstärkt stellende Frage nach dem Sinn des Krieges und der Kriegsopfer zu verstehen. Die sich durch alle Sozialmilieus ziehende, mal eher latente (Jungbanner), zumeist aber explizite (KJMV, bürgerliche Jugend), in Ausnahmefäl-

214 Alfons Kenkmann: Wilde Jugend. Lebenswelt großstädtischer Jugendlicher zwischen Weltwirtschaftskrise, Nationalsozialismus und Währungsreform, Essen 2002, S. 363 ff.

len auch aggressive (nationalrevolutionäre Bünde, radikale Studenten) Heroisierung der Gefallenen und die damit einhergehende Stabilisierung soldatischer Wert- und Normvorstellungen machte den Tod der zwei Millionen deutschen Soldaten auf gesamtgesellschaftlicher Ebene erträglicher. Das war möglich, indem sie die Gefallenen als Akteure beschrieb und ihnen damit die Würde wiedergab, die die Realität des industriellen Krieges ihnen genommen hatte. Zudem wurde durch die Verpflichtung der Jugend, das ‚Vermächtnis der Front' zu erfüllen, die Frage nach dem Sinn des Krieges offen gehalten bzw. in die Zukunft verlagert. Wenigstens ein moralischer Sieg schien trotz der militärischen Niederlage noch möglich.

Die Annahme derartig tief gehender sozialpsychologischer Prozesse verlangt ein Minimum an sozialpsychologischer Theorie, schließlich erscheint die Frage, wie sich historiographische Thesen mit Ergebnissen der empirischen Wissenschaften in Einklang bringen lassen, durchaus berechtigt. Deswegen soll hier mit der auf Leon Festinger zurückgehenden Theorie der kognitiven Dissonanz wenigstens in Grundzügen ein sozialpsychologisches Instrumentarium skizziert werden, das zur Erklärung der Bedeutung heroischer Deutungsmuster einen Beitrag leistet.

Der Grundgedanke der 1957 erstmals ausführlich entwickelten, heute weitgehend akzeptierten Dissonanz-Theorie[215] ist relativ einfach: Zentral ist die Annahme, dass Menschen nach Konsistenz streben, d. h. normalerweise in ihren Urteilen, Meinungen, Handlungen etc. konsistent (oder besser: konsonant) mit ihrem Selbst- und Weltbild sind. Ist dies nicht der Fall, liegt mit anderen Worten Dissonanz zwischen zwei Wahrnehmungen – Festinger spricht von Kognitionen – vor, etwa dem Wissen einer Person, dass Rauchen schädlich ist, und ihrer Wahrnehmung, dass sie raucht. Dissonanz wird – so die Theorie weiter – als unangenehm empfunden und vom Kognitionsapparat zu reduzieren versucht, um den Normalzustand der Konsonanz wiederherzustellen. Dies kann auf verschiedene Art und Weise geschehen: durch Verhaltensänderungen (ein Raucher könnte aufhören zu rauchen), Änderung bzw. Hinzufügen von Kognitionen (dem Raucher würde z. B. einfallen, dass es unter seinen Vorfahren starke Raucher gab, die ein hohes Alter erreicht haben, oder er würde sich überlegen, dass das Rauchen ein existenzieller Genuss ist auf den er nicht verzichten möchte etc.), und aktives Meiden von Informationen, die Dissonanz auslösen oder verstärken könnten (so wird der Raucher aus unserem Beispiel sich nicht mit Studien zu den Gesundheitsschäden durchs Rauchen beschäftigen, sondern eher aktiv vermeiden, mit ihnen konfrontiert zu werden).

Dissonanzreduktion ist nicht nur ein individualpsychisches, sondern auch ein soziales Phänomen. Auch Gruppen können unter Dissonanz und der Notwendigkeit, sie zu reduzieren, leiden. Je mehr Personen innerhalb einer Population dabei „in ihren Kognitionen die gleiche Dissonanz haben",[216] desto eher wird die Dissonanzreduktion sozial wie auch individuell gelingen. Soziale Unterstützung ist demnach ein wichtiger Faktor für erfolgreiche Dissonanzreduktion.

215 Leon Festinger: Theorie der kognitiven Dissonanz, Bern u. a. 1978; Joel Cooper: Cognitive Dissonance. Fifty Years of a Classic Theory, London u. a. 2007.

216 Festinger, Theorie der kognitiven Dissonanz, S. 191.

Die starke Heroisierung der Gefallenen in Deutschland scheint ein Beispiel für eine solche Dissonanzreduktion zu sein. Anders als in den „Siegerstaaten“ des Ersten Weltkriegs, wo der Sieg die schweren Opfer rechtfertigen konnte, gab es in Deutschland ganz offensichtlich eine große Diskrepanz zwischen Einsatz und Ergebnis. Eine Niederlage, die umso unerklärlicher schien, als der Krieg sich ausschließlich im ‚Feindesland‘ abgespielt hatte. Die Dissonanz bestand zwischen dem *factum brutum* der Kriegsniederlage und dem Bewusstsein der ungeheuren Opfer, die – wollte man sie vor sich selbst rechtfertigen – nicht einfach umsonst gewesen sein durften. Dissonanzverstärkend kamen die Realitäten des industriell geführten Massenkrieges hinzu: Auf dem Schlachtfeld des totalen Krieges waren die Soldaten primär Dispositionsmasse, ihrer Individualität und damit auch ihrer Würde beraubte, jederzeit austauschbare Teile eines großen Ganzen, letztlich also Schlachtvieh, was einzugestehen allerdings nur die radikale Antikriegsbewegung wagte. Vor dem Hintergrund des Schreckens der Materialschlacht, welche – da war man sich einig – die Leiden der Soldaten kategorial verschlimmert hatte, musste die Niederlage umso unerträglicher erscheinen. Vermutlich erklärt sich der geradezu hysterisch anmutende Hass der Rechten auf radikalpazifistische Tendenzen gerade damit, dass diese mit der Heroisierung der Gefallenen das wichtigste Vehikel der Dissonanzreduktion massiv angriffen.

Nach dem Gesagten dürfte klar sein, warum sich das heroische Narrativ hervorragend zur Dissonanzreduktion eignete: Einerseits hob es, indem es die Verantwortung für den Sinn des Krieges zukünftigen Generationen übertrug, die Niederlage tendenziell auf. Andererseits reduzierte es die Schrecken des Grabenkrieges, indem es den Soldaten als handelndes Subjekt wiedereinsetzte und damit die Vorstellung des Soldatentodes erträglicher machte.[217]

So sehr die Theorie der kognitiven Dissonanz auch dabei behilflich ist, die Popularität der heroisierenden Deutung der Gefallenen zu verstehen, eins vermag sie nicht zu erklären: warum die Heroisierung als praktisch die ganze Jugend erfassende Tendenz erst spät in der zweiten Hälfte der 1920er Jahre greifbar wird und sich erst dann von einer beinahe exklusiv von bürgerlichen Verbänden getragenen ‚Elitekultur‘ zu einer sicherlich nicht homogenen, aber doch um einen konsensfähigen Kern kreisenden Massenkultur entwickelte. Die sich in Deutschland erst ab 1930 bemerkbar machende Weltwirtschaftskrise – zweifelsohne ein entscheidender Katalysator der Militarisierung weiter Teile der organisierten Jugend – fällt hier als Ursache aus. Vielmehr ist die im Kontext der gesamtgesellschaftlichen Neuverhandlung des Kriegserlebnisses, man denke nur an die Konjunktur der Weltkriegsliteratur nach Renn (1928) und Remarque (1929), stehende Bezugnahme der Jugendorganisationen auf den Krieg und insbesondere auf die Gefallenen wohl als Resultat der zunehmenden Distanz zum Weltkrieg zu betrachten. Es mag paradox erscheinen und auch angesichts des Fehlens einer ‚Theorie sozialen Vergessens‘ unbefriedigend sein, aber erst das langsame Verblassen der Erinnerung an die Kriegsjahre ermöglichte die Verortung des Weltkriegs im kollektiven Gedächtnis. Erst das ‚Vergessen‘ der Schrecken

217 Der hier beschriebene Mechanismus, das sei hier nur angedeutet, kann auch zur Erklärung von ex post zu moralischen Siegen umgedeuteten Niederlagen, wie z. B. im Falle der Schlachten von Langemarck oder Verdun, dienen. Die horrenden Verlustzahlen ließen sich mit dem ausgebliebenen militärischen Erfolg nur durch die Annahme eines moralischen Nebensieges in Deckung bringen.

des Krieges gestattete die vielgestaltige Idealisierung der Gefallenen weit über den Kreis der ‚üblichen Verdächtigen', des bürgerlichen Lagers, hinaus. Der Erfolg Erich Maria Remarques in diesen Jahren kann nicht darüber hinwegtäuschen, dass die Tendenz – jedenfalls in der Jugend – klar war: Ihr positives Bild der Kriegsgefallenen korrespondierte zunehmend mit der positiven Beurteilung soldatischer Tugenden.

IV. „Uns hat der Krieg bewahrt für den Krieg."[1] Das Weltkriegsgedenken der Hitler-Jugend

Die historische Forschung zum Themenkomplex Jugend im Dritten Reich ist kaum noch zu überblicken.[2] Vor allem der Hitler-Jugend ist als zentraler Sozialisationsinstanz der Jugend im Deutschland der Jahre 1933–1945 immer wieder Aufmerksamkeit geschenkt worden. Wohl über keine andere NS-Organisation ist so viel publiziert worden wie über die auf dem Weimarer Parteitag der NSDAP 1926 ins Leben gerufene, „ohne Zweifel effektivste Jugendorganisation der bisherigen Geschichte",[3] deren Aufstieg und Niedergang mit der ‚Kampfzeit' (1926–1933), der Konsolidierungsphase der NS-Herrschaft (1933–1939) und dem Zweiten Weltkrieg (1939–1945) die drei großen Phasen der Geschichte des Nationalsozialismus in Deutschland umfassen.

Es kann hier nicht darum gehen, die Geschichte der HJ auch nur ansatzweise nachzuzeichnen. Mit Michael Buddrus' monumentaler Studie *Totale Erziehung für den totalen Krieg* liegt, auch wenn dieser Anspruch nicht erhoben wird, eine vorzügliche Gesamtdarstellung der Organisationsgeschichte der HJ und ihrer vielgestaltigen Eingebundenheit in das NS-Herrschaftssystem vor.[4] Gleichwohl ist es zur besseren Verständlichkeit des Folgenden unerlässlich, kurz einige für das Weltkriegsgedenken der NS-Jugend entscheidende Entwicklungen anzureißen.

In den Jahren der Weimarer Republik spielte die NS-Jugendorganisation unter Kurt Gruber (1926–1931), Adrian von Renteln (1931–1932) und dem Reichsjugendführer Baldur von Schirach (1932–1940) sowohl innerhalb der Partei als auch in der Außenwahrnehmung eine eher untergeordnete Rolle. Auf der einen Seite ließen die zahlreichen ‚Wahlschlachten' die Konzentration auf die wahlberechtigten Teile der Bevölkerung und insbesondere auf junge Männer im ‚kampffähigen' SA-Alter als vordringlich erscheinen. Auf der anderen Seite trugen auch die manifesten Schwierigkeiten der bis Mai 1931 in Plauen residierenden HJ-Reichsleitung, eine effiziente Organisationsstruktur zu schaffen und in größerem Umfang Mitglieder zu werben, ihren Teil dazu bei, dass die finanziell notorisch angespannte NSDAP die

1 Baldur von Schirach: Des Daseins Sinn, in: Ders., Die Feier der neuen Front, S. 11.

2 Eine ausführliche Bibliographie findet sich bei Buddrus, Totale Erziehung für den totalen Krieg, Anhang, vgl. auch die Auswahlbibliographie: Christian Ritzi (Hg.): Hitler-Jugend. Primär- und Sekundärliteratur der Bibliothek für Bildungsgeschichtliche Forschung, Berlin 2003. Seitdem sind u. a. erschienen: Waltraud Kannonier-Finster: Eine Hitler-Jugend. Sozialisation, Biographie und Geschichte in einer soziologischen Fallstudie, Innsbruck 2004; Michael Kater: Hitler-Jugend, Darmstadt 2005; Kathrin Kollmeier: Ordnung und Ausgrenzung. Die Disziplinarpolitik der Hitler-Jugend, Göttingen 2007; Dagmar Reese (Hg.): Die BDM-Generation. Weibliche Jugendliche in Deutschland und Österreich im Nationalsozialismus, Berlin 2007; Gisela Miller-Kipp: „Der Führer braucht mich." Der Bund Deutscher Mädel (BDM). Lebenserinnerungen und Erinnerungsdiskurse, Weinheim/München 2007; Susan Campbell Bartoletti: Jugend im Nationalsozialismus. Zwischen Faszination und Widerstand, Bonn 2007; Birgit Retzlaff/Jörg-Johannes Lechner: Bund Deutscher Mädel in der Hitlerjugend. Fakultative Eintrittsgründe von Mädchen und jungen Frauen in den BDM, Hamburg 2008.

3 Arno Klönne: Jugend im Dritten Reich. Die Hitler-Jugend und ihre Gegner, Köln 2003, S. 7.

4 Buddrus, Totale Erziehung für den totalen Krieg; einen guten Überblick gibt auch Klönne, Jugend im Dritten Reich.

Jugend lange als „fünftes Rad am Wagen“ betrachtete.[5] Verschärfend kam hinzu, dass die HJ, deren einfache Mitgliederschaft zu immerhin 70 Prozent aus Arbeiterjugend bestand, unter Gruber eindeutig sozialrevolutionäre Positionen vertrat und damit zunehmend in einen Gegensatz zu der spätestens ab 1930/31 ‚nationalen‘ Linie der Parteileitung geriet. Unter Renteln und Schirach gab die NS-Parteijugend (nach dem Austausch großer Teile der höheren HJ-Führer) ihre radikalsozialistische Agitation auf und orientierte sich stärker am Vorbild der bürgerlichen Jugendbewegung. Damit wurde sie auch für Angehörige bürgerlicher Jugendorganisationen zunehmend interessanter. Bis Anfang 1933 wuchs die Organisation so auf immerhin rund 50 000 Angehörige an.[6] Damit blieb sie zahlenmäßig weit hinter den Sturm-Abteilungen der ‚braunen Revolution‘ zurück, konnte aber durch ihren massiven Einsatz in den bürgerkriegsartigen Auseinandersetzungen der letzten Jahre der Weimarer Republik und nicht zuletzt durch die 21 ‚Blutzeugen‘ aus ihren Reihen, die den fanatischen Kampf gegen den politischen Gegner mit ihrem Leben bezahlt hatten, ihre Position im komplexen NS-Parteiapparat konsolidieren.

Der Durchbruch zur zahlenmäßig bedeutendsten NS-Organisation erfolgte jedoch erst nach der so genannten Machtergreifung vom Januar 1933. Bis zum Ende des Jahres schnellte die Zahl der der Reichsjugendführung (RJF) unterstellten Jugendlichen in den Teilorganisationen Deutsches Jungvolk (Jungen im Alter von 10–14 Jahren), Hitler-Jugend (14–18 Jahre), Jungmädel (Mädchen von 10–14 Jahren) und Bund Deutscher Mädel (14–18 Jahre) auf über zwei Millionen in die Höhe, um Ende 1936 5,4 Millionen und Anfang 1939 schließlich 8,7 Millionen zu erreichen.[7] Zum Großteil ist dieser enorme Zuwachs an Mitgliedern sicherlich als Ergebnis der aktiven Gleichschaltungspolitik der RJF zu verstehen. Im Juni 1933 zum Jugendführer des Deutschen Reichs erhoben und damit formal für die gesamte deutsche Jugend zuständig betrieb Baldur von Schirach mal kühl taktierend (z. B. im Fall der protestantischen und katholischen Jugendverbände), mal pseudorevolutionär vorpreschend (Mediatisierung des Reichsausschusses der deutschen Jugendverbände bereits im April 1933, Auflösung der bürgerlichen Jugendbünde) die Ausschaltung missliebiger Konkurrenzverbände und die Eingliederung ihrer Mitglieder in die Hitler-Jugend.[8] Ganz sicher bestand darüber hinaus die formale Freiwilligkeit der HJ-Mitgliedschaft angesichts groß angelegter Werbekampagnen, *peer pressure*, schulischen Drucks und des Mangels an Alternativen in vielen Fällen nur auf dem Papier; dennoch darf nicht übersehen werden, dass wenigstens in den ersten Jahren der NS-Herrschaft die HJ in vielerlei Hinsicht als attraktiv empfunden worden ist.[9]

5 Zitat aus einem Brief Baldur von Schirachs an Gebietsführer, 7. 10. 1932 (BA Berlin-Lichterfelde, NS 28/81); im Sommer 1931 hatte die HJ gerade einmal 30 000 Mitglieder, ihr Reichsführer fungierte eher als primus inter pares neben den regionalen HJ-Führern, denn als zentrale Führerfigur. Zur Frühgeschichte der HJ und zur Person des ersten HJ-Reichsführers Kurt Gruber vgl. Stachura, Nazi Youth in the Weimar Republic; ders.: The Hitler Youth in Crisis: The Case of Reichsführer Kurt Gruber, October 1931, in: European Studies Review, 6 (1976), Nr. 3, S. 331–356.

6 Vgl. Stachura, Nazi Youth in the Weimar Republic, S. 110 f., S. 121.

7 Zahlen nach Klönne, Jugend im Dritten Reich, S. 33.

8 Vgl. dazu z. B. Matthias von Hellfeld: Bündische Jugend und Hitlerjugend. Zur Geschichte von Anpassung und Widerstand 1930–1939, Köln 1987, S. 73–98; Stachura, The German Youth Movement 1900–1945, S. 121–127.

9 Klönne, Jugend im Dritten Reich, S. 304; vgl. auch: Kater, Hitler-Jugend, S. 7 ff., S. 17 ff.

Als Organisation der Jugend („Jugend soll von Jugend geführt werden!"[10]) verkörperte sie in den Augen vieler Jugendlicher den revolutionären Jugend-Mythos der NS-Bewegung und stand damit nicht für Zwang und Unterwerfung, sondern im Gegenteil für ein jugendgemäßes Leben jenseits von Schule und Elternhaus. Erst später nutzte sich durch die zunehmende Schematisierung und Bürokratisierung der Jugendarbeit, den totalitären Erfassungs- und Organisationsanspruch sowie den als öde empfundenen Formationsdienst die Attraktivität der HJ rapide ab.[11]

Mit der Erhebung der RJF zur Obersten Reichsbehörde im Rahmen des Staatsjugendgesetzes vom Dezember 1936 stieg die HJ endgültig zur faktischen Staatsjugend auf; die HJ-Führung hatte sich in der polyzentrischen Kakophonie staatlicher und ‚parteiamtlicher' Organisationsegoismen zu behaupten gewusst und verfolgte in zahlreichen Politikbereichen eine relativ eigenständige Politik, fungierte also in den Worten von Michael Buddrus keineswegs nur als „passiver Transmissionsriemen",[12] als Exekutivorgan der Parteiorganisation, sondern bemühte sich als „selbstinitiatives Aktionszentrum für zahlreiche jugendpolitische Maßnahmen"[13] darum, die ihr anvertraute Jugend – und damit mittelbar auch die ganze deutsche Gesellschaft – ideologisch zu durchdringen.[14]

Im Vergleich zum revolutionären Inhalt und Gestus der ‚Kampfzeit' hatte sich das Auftreten der HJ nach 1933 grundlegend gewandelt: gegen den Staat der ‚Novemberverbrecher' anzuschreien und zu marschieren war nun nicht mehr nötig. Nach dem Erfolg der ‚nationalen Revolution' galt es jetzt, und dieser fundamentale Wandel fiel nicht nur den so genannten alten Kämpfern in der SA schwer, staatstragend die Konsolidierung der NS-Herrschaft über Deutschland zu unterstützen und im Bereich der Jugendpolitik das anzustreben, was die Mutterpartei im Großen zu realisieren trachtete: Disziplinierung, Indoktrinierung und Mobilisierung der ‚Volksgemeinschaft'. Integraler Bestandteil nationalsozialistischer Jugendpolitik war dabei insbesondere die kriegsadäquate Konditionierung, d. h. die Vorbereitung der Jugend auf den Krieg der Zukunft, einerseits als mentale Mobilmachung durch weltanschauliche Erziehung zu Heldenmut und Soldatentum, andererseits als wehrsportliche Ertüchtigung, zu der Geländeübungen, Märsche, Wehrsport und in den letzten

10 Dieser auf Hitler zurückgehende Ausspruch tauchte schlagwortartig in der gesamten HJ-Presse immer wieder auf. So z. B. an exponierter Stelle in Baldur von Schirachs Programmschrift: Die Hitler-Jugend. Idee und Gestalt, Berlin 1934, S. 1.

11 Die Frage nach der Attraktivität der NS-Jugendorganisationen ist aufgrund des vorliegenden Quellenmaterials grundsätzlich nicht abschließend zu beantworten. Die zahlreichen Erinnerungen ehemaliger HJ-Angehöriger, mit denen sich zum Beispiel: Sibylle Hübner-Funk: Loyalität und Verblendung. Hitlers Garanten der Zukunft als Träger der zweiten deutschen Demokratie, Potsdam 1998, ausführlich beschäftigt und die den Idealismus bezeugen, mit dem sich ein Großteil ihrer Autoren in der HJ engagiert haben, sind aufgrund des homogen bürgerlichen Sozialisationshintergrundes der Memoirenschreiber nur sehr bedingt verallgemeinerbar. Oral-history Studien, wie z. B.: Eric Johnson/Karl-Heinz Reuband: What We Knew. Terror, Mass Murder and Everyday Life in Nazi Germany. An Oral History, Cambridge (Mass.) 2005, oder andere empirische Untersuchungen, wie z. B. die HICOG-Surveys nur wenige Jahre nach Kriegsende: Anna Merritt/Richard Merritt (Hg.): Public Opinion in Semisovereign Germany. The HICOG Surveys, 1949–1955, Chicago u. a. 1980, weisen bei aller Vorsicht bei der Interpretation ihrer Ergebnisse doch stark auf die überdurchschnittliche Identifikation mit Teilen des Regimes auf Seiten der HJ-Generation hin; vgl. auch: Gabriele Rosenthal: Die Hitlerjugend-Generation. Biographische Thematisierung als Vergangenheitsbewältigung, Essen 1986, S. 16–21, S. 80–82; Miller-Kipp, „Der Führer braucht mich", S. 179–183.

12 Buddrus, Totale Erziehung für den totalen Krieg, S. XXXVIII.

13 Ebd.

14 Zu der Rolle Schirachs in diesem Prozess vgl. Wortmann, Baldur von Schirach.

Jahren vor Kriegsbeginn auch verstärkt Schießunterricht gehörten.[15] In dem Komplex der weltanschaulichen Kriegspädagogik kam dem ‚Kult der toten Helden' hierbei eine entscheidende Bedeutung zu.[16] Die über das Jahr verteilten Gedenkfeierlichkeiten zu Ehren der Primärhelden des Dritten Reichs – der gefallenen Helden des Weltkriegs einerseits, der ‚Blutzeugen' der ‚Bewegung' mit Horst Wessel, Albert Leo Schlageter und dem für die HJ besonders wichtigen Herbert Norkus an der Spitze andererseits – erlaubten es, soldatisch-heroische Werte eindringlich in Szene zu setzen.[17]

Es gehört zu den Paradoxien der Geschichte des Dritten Reichs, dass der Kriegsbeginn 1939, den die HJ als wichtige Sozialisationsinstanz objektiv mit vorbereitet hatte und der wegen der zunehmenden Bedeutung der Jugendlichen zuerst für die Kriegswirtschaft, später auch für die unmittelbare Kriegsführung die Jugend insgesamt aufwertete, das Ende der RJF in ihrer Funktion als zentraler Akteur der Jugendführung und -disziplinierung einleitete. In gewisser Hinsicht wurde die HJ dabei Opfer ihres eigenen Erfolges: 95 Prozent ihrer hauptamtlichen Führer und ein Großteil der ehrenamtlichen Führerschaft von insgesamt 770 000 HJ-Führern meldeten sich – sofern sie nicht ohnehin eingezogen wurden – bis Mitte 1940 freiwillig zur Wehrmacht oder Waffen-SS.[18] Offensichtlich hatten die hochmotivierten Jungfunktionäre den militaristisch-nationalistischen Wertekanon, den sie der deutschen Jugend vermitteln sollten, selbst am besten internalisiert. Von den knapp 20 000 hauptamtlichen Führern sollten 9 500 (48 %) den Krieg nicht überleben. Das kriegsbedingte, endgültige oder zeitweilige Ausscheiden praktisch der gesamten mittleren und höheren Führerschaft aus dem HJ-Dienst lähmte die Jugendorganisation nachhaltig und trug dazu bei, dass sie im weiteren Verlauf des Krieges mehr und mehr zur Dispositionsmasse von Parteiorganisation und Wehrmacht wurde.

Natürlich kann von der manifesten Kriegsbereitschaft des HJ-Führerkorps, die sich so auffällig von der „widerwilligen Loyalität"[19] der überwältigenden Mehrheit der deutschen Bevölkerung und der eher fatalistischen Stimmung in Partei und Gliederungen unterschied,[20] nicht einfach auf eine mutmaßliche Kriegsbegeisterung der ganzen oder auch nur eines großen Teils der in der HJ organisierten Jugendlichen geschlossen werden. Dennoch darf nicht übersehen werden, dass es durchaus so etwas wie einen „kriegsbereiten mentalen Konsens"[21] in weiten Teilen der Jugend gegeben hat, dass die Zeit der ‚Blitzsiege' mithin in den Reihen der HJ sowie der zumeist aus der HJ stammenden jungen Soldaten der Wehrmacht durchaus sehr

15 Vgl. Buddrus, Totale Erziehung für den totalen Krieg, 175–249; Wolfgang Keim: Erziehung unter der Nazi-Diktatur, Bd. 2: Kriegsvorbereitung, Krieg und Holocaust, Darmstadt 1997, S. 120–135.

16 Vgl. Behrenbeck, Der Kult der toten Helden, S. 447 ff.

17 Zu den ‚Blutzeugen' der NSDAP vgl. ausführlich Behrenbeck, Der Kult der toten Helden, S. 119–148; und nach wie vor: Baird, To Die for Germany. Zum Schlageter-Kult nicht nur der NSDAP vgl. ausführlich: Stefan Zwicker: „Nationale Märtyrer". Albert Leo Schlageter und Julius Fučik. Heldenkult, Propaganda und Erinnerungskultur, Paderborn u. a. 2006, insbesondere S. 74–246.

18 Vgl. Buddrus, Totale Erziehung für den totalen Krieg, S. 337 ff.

19 Wette, Zur psychologischen Mobilmachung der deutschen Bevölkerung 1933–1939, S. 205.

20 Die ausgesprochen hohe Motivation des HJ-Führerkorps schlug sich auch in der hohen Anzahl von Kriegsauszeichnungen nieder. Bis zum 1. März 1944 erhielten 338 HJ-Führer das Ritterkreuz, 37 von ihnen mit Eichenlaub. Zum Vergleich: Bis Mai 1943 erhielten von allen im Krieg eingesetzten Parteimitgliedern (ca. 3 Millionen) lediglich 341 die höchste Kriegsauszeichnung (17 mit Eichenlaub), Zahlen nach Buddrus, Totale Erziehung für den totalen Krieg, S. 349.

21 Kühne, Der nationalsozialistische Vernichtungskrieg , S. 468.

positiv erlebt wurde und es gerade diese beiden Bevölkerungsgruppen waren, die sich relativ lange für das Charisma des militärischen Führer-Helden Hitler empfänglich zeigten.[22] Auch wenn ihre Anzahl nicht überschätzt werden sollte: Bis in die letzten Kriegstage hinein gab es noch Hitler-Jungen und -Mädchen, die sich nicht nur wegen des brutalen und zusehends selbstmörderische Züge annehmenden Zwangsregimes den alliierten Panzern entgegenstellten, sondern weil sie glaubten, bis zuletzt ihre Pflicht tun zu müssen.[23]

Die lang anhaltende, milieuübergreifende Faszination weiter Teile der männlichen Jugend für soldatische Lebensentwürfe, Heldenbilder und Kameradschaftsideale hat mentalitätsgeschichtliche Verwurzelungen, die weiter zurückreichen als bis zur nationalsozialistischen ‚Machtergreifung‘ und die nur ansatzweise unter das Schlagwort des deutschen Militarismus subsumiert werden können.[24] Sie ist die sozialpsychologische Folie, vor der das „beispiellose Engagement der meisten HJ-Angehörigen“[25] im Kriege und der horrende Aderlass der deutschen Jugend im Zweiten Weltkrieg (die Jahrgänge 1921 bis 1925 verloren durchschnittlich 34,8 Prozent ihres Bestandes, der am stärksten betroffene Jahrgang 1920 sogar 41,4 Prozent)[26] kulturhistorisch verstanden werden müssen.

In Kapitel III wurde der Kult um die Gefallenen des Ersten Weltkriegs in weiten Teilen der organisierten Jugend als wichtigster Multiplikator eines heroischen Männer- und Soldatenbildes näher untersucht. Daran anschließend wird es nun darum gehen, Formen, Inhalte und Funktionen des Weltkriegsgedenkens der HJ herauszuarbeiten. Dies geschieht in dem Wissen, dass es mit der Institution Schule neben der Parteijugend einen zweiten wichtigen Träger der Erziehungsarbeit im Dritten Reich gegeben hat, der vor allem im Geschichts- und Deutschunterricht den Ersten Weltkrieg in den Mittelpunkt der nationalpolitischen Erziehung stellte.[27]

Die sich nach 1933 systematisierende und institutionalisierende Rezeption des Großen Krieges in der HJ erfüllte im Kontext der komplexen Intensivierung des Kriegs- und Gefallenengedenkens in der nationalsozialistischen Vorstellung von Öffentlichkeit mehrere Funktionen, welche als normativer Rahmen der zu behandelnden Gedenkpraxis zu sehen sind:

1. Mobilisierung von Anhängern/Sympathisanten, Integration von Mitgliedern anderer Jugendorganisationen
2. Mentale Mobilmachung, Vorbereitung auf den Krieg der Zukunft
3. Symbolpolitische Befriedung des in den späten 1920er, respektive frühen 1930er Jahren so virulenten Generationenkonflikts im Rahmen der Integrationspolitik des Regimes.

22 Vgl. Ian Kershaw: Der Hitler-Mythos. Führerkult und Volksmeinung, Stuttgart 1999, S. 254–257; Hübner-Funk, Loyalität und Verblendung, S. 76; Klaus Latzel: Deutsche Soldaten – nationalsozialistischer Krieg? Kriegserlebnis – Kriegserfahrung 1939–1945, Paderborn/München 1998, S. 371.

23 Vgl. Karl-Heinz Jahnke: Hitlers letztes Aufgebot. Deutsche Jugend im sechsten Kriegsjahr 1944/45, Essen 1993, z. B. S. 25 ff.; Kater, Hitler-Jugend, S. 186–197.

24 Z. B. Christoph Schubert-Weller: „Kein schönrer Tod ...“. Die Militarisierung der männlichen Jugend und ihr Einsatz im Ersten Weltkrieg 1890–1918, Weinheim 1998; Hafeneger/Fritz (Hg.), Wehrerziehung und Kriegsgedanke; Rusinek, Der Kult der Jugend und des Krieges; Kühne, Kameradschaft.

25 Buddrus, Totale Erziehung für den totalen Krieg, S. 250.

26 Ebd., S. 350.

27 Vgl. Bendick, Kriegserwartung und Kriegserfahrung, S. 353–364.

Zunächst werden die Konjunkturen der HJ-Weltkriegsrezeption genauer untersucht. Dabei wird zu zeigen sein, dass sich die HJ nach einer Phase weitgehender Indifferenz gegenüber dem Themenkomplex Weltkrieg erst ab den frühen 1930er Jahren für die Gefallenen des Ersten Weltkriegs zu interessieren begann. Erst die ‚Machtergreifung' führte endgültig zu einer intensiven Thematisierung des ‚Fronterlebnisses' und seiner Träger, der ‚Frontsoldaten', und erreichte 1935 einen Höhepunkt. 1937–1939 verschwand der ‚Große Krieg' allmählich aus der HJ-Presse, bevor 1940 der ‚Blitzsieg' gegen Frankreich eine erneute Gedenkkonjunktur auslöste, die unter dem Topos „Und Ihr habt doch gesiegt!" den endgültigen Sieg des deutschen Frontsoldaten der Jahre 1914–1940 feierte.[28]

Eng verknüpft mit der Frage nach den Konjunkturen des HJ-Weltkriegsgedenkens ist die Frage nach den Inhalten des Gedenkdiskurses: Welche Topoi standen im Mittelpunkt der Gedenkpraxis? Gab es semantische Verschiebungen? Wie können diese erklärt werden? Während mit der Verpflichtung der Jugend zur *imitatio heroica* und der Interpretationsfigur einer Kontinuität des Krieges von 1914 bis zur ‚Machtergreifung' zentrale Elemente des HJ-Diskurses im Zeitablauf keinen wesentlichen Veränderungen unterworfen waren, trat der Topos des ‚Dankes der Jugend an die Frontsoldaten' relativ spät und erst nach einem längeren Klärungsprozess in den Vordergrund. Das ambivalente Verhältnis der HJ zur Frontkämpfer-Generation im Allgemeinen und den organisierten Frontkämpfer-Verbänden im Besonderen wirft in diesem Zusammenhang ein Schlaglicht auf die eminent politische Dimension des Weltkriegsgedenkens im Dritten Reich. Es soll gezeigt werden, dass sich der Gedenkdiskurs der NS-Jugend ab Mitte 1934 verstärkt an die Veteranen des Ersten Weltkriegs und insbesondere an die (bürgerlichen) Veteranenverbände und konservativen Eliten wandte. Wie kaum ein zweites Thema eignete sich die Ehrung der Veteranen des Ersten Weltkriegs dazu, das in der ‚Kampfzeit' mit revolutionärem Pathos angegriffene Vorrecht des Alters wieder einzusetzen und den virulenten Generationen-Konflikt der ausgehenden Weimarer Republik symbolisch zu befrieden. Stellvertretend für die NSDAP verneigte sich die HJ vor der Frontkämpfer-Generation und machte damit auch in Richtung der vom Regime umworbenen Reichswehr deutlich, dass das Dritte Reich an die Traditionslinie des ‚alten Heeres' anzuknüpfen gedachte – ein symbolpolitisches Zugeständnis, das einerseits die Repräsentationsbedürfnisse weiter Teile der Kriegsteilnehmer berücksichtigte, zugleich aber auch dem zunehmend unbequemen Gestaltungsanspruch der NS-Aktivisten aus der Kriegsjugend- und Nachkriegsgeneration entgegentrat.

Jenseits aller innenpolitischen Erwägungen diente die ständige Evokation der Heldentaten des ‚deutschen Frontsoldaten' einem eindeutig wehrpolitischen Zweck: der Vorbereitung der Jugend auf den Krieg der Zukunft. Der dritte Analyseteil behandelt daher die Bilder der Soldaten und Lazarettschwestern in der HJ-Publizistik als funktional für die mentale Mobilmachung der deutschen Jugend. Wie sehr die wehrpolitischen Vorstellungen der HJ in diesem Kontext auf die Erfahrungen

28 Zu der 1940er-Konjunktur des Gedenkens an den Ersten Weltkrieg vgl. Brandt, Vom Kriegsschauplatz zum Gedächtnisraum, S. 241–246.

des Ersten Weltkriegs zurückgingen, zeigt der Fall des in der RJF mit der Wehrertüchtigung der Jugend betrauten, ehemaligen ‚Frontkämpfers' Helmut Stellrecht, mit dem einer der zahlreichen Stahlgewitter-Literaten eine der wichtigsten Funktionen in der HJ-Führung übernahm. In den Ausführungen zur Darstellung des Führers in der HJ-Presse soll daran anschließend nachgewiesen werden, dass das Charisma des ‚einfachen Gefreiten' bis in die späte Kriegszeit hinein wirkte. Das Bewusstsein, in Hitler einen Oberbefehlshaber mit der Kriegserfahrung eines einfachen Soldaten zu haben, hat ganz ohne Zweifel entscheidend zur erschreckenden Langlebigkeit des Hitler-Mythos in den Reihen der Jugendlichen beigetragen.

1. Konjunkturen der Weltkriegsrezeption der HJ 1926–1945

Die ‚Kampfzeit'

Vor dem Hintergrund der intensiven Thematisierung des Ersten Weltkriegs in den Reihen der bürgerlichen Jugendbewegung mag es auf den ersten Blick überraschen, dass ausgerechnet die Jugendorganisation der NSDAP, zu deren Gründungsmythos das ‚Fronterlebnis' des Weltkriegs gehörte, in den ersten Jahren ihres Bestehens relativ wenig Aufhebens um die Kriegsgefallenen und deren ‚politische Sendung' machte: Von 1926 bis 1928 wurde der ‚toten Helden' des Großen Krieges nur sehr punktuell gedacht. In der *Hitler-Jugend-Zeitung (HJZ)* des Jahres 1927 fanden die Kriegsgefallenen beispielsweise nur in vier Beiträgen Erwähnung, und dies auch eher am Rande, wie in dem Artikel *Wir gedenken der Toten* vom November 1927, der sich primär der ‚Blutzeugen' der NS-Bewegung annahm und die „zwei Millionen Gefallenen des grauen Heeres" eher pflichtschuldig mit aufzählte.[29]

In den frühen Jahren drehte sich dieser reduzierte Gedenkdiskurs häufig um die Problematik der „vergessenen Helden", deren heroischer Opfertod angesichts der mutmaßlichen Indifferenz von Volk und Jugend als sinnlos dargestellt wurde.[30] Mit dieser Feststellung verband sich durchaus schon der Appell, den Toten gegenüber die Treue zu wahren und sich für Deutschland zu engagieren, mithin in die HJ einzutreten. Die HJ stilisierte sich dabei allerdings noch nicht dezidiert zur Trägerin des ‚Frontgeistes'. Den beiden einzigen Artikeln, die 1927/28 die Frage nach dem Sinn des Krieges affirmativ beantworten, indem sie suggerieren, dass die HJ das heroische Erbe der Gefallenen angetreten hätte, stand eine Vielzahl von Texten gegenüber, die eher vage vom Andenken an die Gefallenen sprachen, ohne deswegen

29 Zum Reichs-Gedenktag, in: HJZ, März 1927; Der Feueraltar loht, in: Ebd., Juni 1927; Vision, in: Ebd., Juli 1927; Wir gedenken der Toten, in: Ebd., November 1927. Im Jahr 1928 hält sich dieses niedrige Niveau: In ganzen sechs Artikeln finden die Weltkriegstoten – und sei es noch so summarisch – Erwähnung.

30 Der Feueraltar loht, in: Ebd., Juni 1927; Vision, in: Ebd., Juli 1927; Wir gedenken der Toten, in: Ebd., November 1927; Wir rechnen ab mit Euch, in: Ebd., Januar/Februar 1928; Die Jugend von heute!, in: Ebd., April 1928; Aus meinem Tagebuch, in: Ebd., April 1929.

gleich eine direkte Kontinuität von den ‚Frontsoldaten‘ zu den Hitler-Jungen zu konstruieren.[31]

1929 nahm die Rezeption des Weltkriegs im HJ-Zentralorgan deutlich zu. Von den insgesamt 33 Artikeln mit Weltkriegsbezug aus den Jahren 1927–1929 entfallen 19 auf 1929, davon allein 13 auf die zweite Jahreshälfte. Für diesen rasanten Anstieg ist allerdings vor allem ein exogener Faktor verantwortlich zu machen: der Reichsparteitag der NSDAP 1929. Anlässlich des 15. Jahrestages des Kriegsausbruches 1914 inszenierte sich die Partei mit großem Aufwand als Bewahrerin der ‚ruhmreichen Tradition‘ des Weltkriegsheeres[32] und zwang damit auch die Parteijugend, den Großen Krieg stärker zu thematisieren.

Wenngleich der Impuls zur inhaltlichen Gestaltung der Parteitagsausgabe der *HJZ* vom August 1929 aus der NSDAP stammte, so ist doch interessant, welches mythischen Deutungsmusters sich die HJ-Reichsleitung bediente, um den Aufmarsch der Jugend in Nürnberg in den Kontext des Gesamtparteitags einzubetten. So hatte im zweiten Halbjahr 1929 der Langemarck-Mythos plötzlich Konjunktur: Von Juli bis November findet sich der Topos der singenden ‚Opferjugend‘ von 1914 in immerhin sechs *HJZ*-Artikeln, und auch der Aufruf des HJ-Reichsführers an die Bünde der Jugendbewegung im *Völkischen Beobachter* vom 1./2. Juli 1929 berief sich auf den „Geist derer von Flandern und Langemarck“, denen „in den Marschkolonnen der braunen Armee“ ein „Monument aus Fleisch und Blut“ errichtet werden sollte.[33]

Obwohl die pompöse 15-Jahr-Feier des Kriegsausbruchs der NSDAP im Zusammenhang mit der zunehmenden Thematisierung des Weltkriegs in Deutschland insgesamt zu sehen ist und sie damit einen gesellschaftlichen Trend widerspiegelte – man denke nur an den Erfolgsroman Remarques *Im Westen nichts Neues* oder an die sich etwa in der katholischen Jugend besonders stark abzeichnende Neubewertung des Kriegserlebnisses, war die Kriegserinnerungs-Konjunktur in der HJ nicht von Dauer. In den Jahren 1930/31 nahm das Interesse der HJ-Presse an den ‚Helden des alten Heeres‘ wieder ab. Erst mit der Entmachtung Grubers und der Übernahme der Hitler-Jugend durch Adrian von Renteln (September 1931) bzw. Baldur von Schirach (Juni 1932) und dem von ihnen initiierten Vordringen jugendbewegter Stilelemente und Ausdrucksformen[34] begann sich die NS-Parteijugend dem vor allem in den bürgerlichen Jugendverbänden gepflegten Kult um die zwei Millionen Kriegsgefallenen anzunähern.

31 In den Artikeln: Zum Reichs-Gedenktag, in: Ebd., März 1927, und: Meines Volkes Golgatha. Ein Karfreitagserlebnis, in: Ebd., Mai 1928, wird die HJ tendenziell zur Nachfolgerin des „graue[n] Frontheer[es] stillen Heldentums“ stilisiert. Ein bisschen weiter geht der Artikel: Heldische Zeiten einst – und jetzt, in der HJZ vom Oktober 1928, der die Völkerschlacht 1813, den Weltkrieg (am Beispiel des kriegsfreiwilligen ‚Heidedichters‘ Hermann Löns) und den Kampf der HJ parallelisiert. Die Epochen werden aber einfach nur nebeneinander gestellt und (noch) nicht als organische Einheit begriffen.

32 Auf dem Parteitagsabzeichen befand sich z. B. ein auf einem hakenkreuzbewehrten Stahlhelm sitzender Adler, die Inschrift lautete: 1914–1929. Parteitag 1929. Höhepunkt des Parteitags war wie stets die symbolisch überfrachtete Feierstunde zur ‚Ehrung der Toten‘, die allerdings 1929 besonders im Zeichen der ‚feldgrauen Helden‘ stand. Am 2.8. erwartete die Teilnehmer außerdem das „Gigantenfeuerwerk Westfront“, vgl. Siegfried Zelnhefer: Die Reichsparteitage der NSDAP. Struktur und Bedeutung der größten Propagandafeste im nationalsozialistischen Feierjahr, Nürnberg 1991, S. 34–52.

33 Deutsche Tatjugend. Bünde der Jugendbewegung, in: VB, Reichsausgabe, 1./2. 7. 1929.

34 Vgl. Stachura, Nazi Youth in the Weimar Republic, S. 110 f.

In diesem Zusammenhang ist es höchst aufschlussreich zu sehen, entlang welcher Linien sich die von Gruber herausgegebenen Periodika 1926–1931 argumentativ bewegten, wenn sie den Geltungs- und Gestaltungsanspruch der HJ betonen wollten. Wenn sie den Kampf gegen das Diktat von Versailles bzw. die Folgeverträge (Dawes- und Young-Plan) in den Vordergrund rückten, so taten sie dies auf eine Art und Weise, die eine fundamentale Ambivalenz in der Einstellung gegenüber der so genannten Frontkämpfer-Generation erkennen lässt.

In der radikalen Anti-Versailles-Propaganda der frühen HJ spielten nämlich bezeichnender Weise weder die Kriegsschuldlüge noch eine wie auch immer geartete Verpflichtung gegenüber den ehemaligen ‚Frontsoldaten' eine Rolle.[35] Stattdessen arbeitete die HJ-Propaganda intensiv mit dem Deutungsmuster des ‚Ausverkaufs der deutschen Jugend' durch die Reparationsverträge. Der Topos der „Fesseln wirtschaftlicher und seelischer Sklaverei, die eine alte Generation, müde und feig geworden, uns auferlegen ließ", findet sich in immerhin 43 Artikeln und bildet damit, auch weil er relativ kontinuierlich auftritt, das Kernargument des HJ-Zentralorgans gegen den Versailler Vertrag bzw. die sich auf Versailles beziehenden Folgeverträge:

> *Wir wollen leben! Wir wollen nicht das auslöffeln, was jene Alten uns eingebrockt haben, wir wollen nicht unser ganzes Leben lang an den Folgen des sozialen Verrats und der nationalen Feigheit zu schleppen haben, denn wir wollen uns unser Vaterland, unseren Staat erkämpfen!* [36]

Die generationelle Signatur des Protestes gegen die „Versklavung der Jugend" könnte deutlicher nicht sein. Man wollte nicht „auslöffeln, was jene Alten uns eingebrockt haben", machte sich lustig über „unsere Alten", die „durch einen riesenhaften Krieg [...] und eine [...] Revolution [trotteten], ohne etwas zu kapieren"[37] und konstatierte, dass „die Väter die Schwerter zerschlagen" und versäumt hätten, den Kampf „für das Leben des Volkes" aufzunehmen.[38] Wer die „Alten" bzw. die „Väter" waren, blieb dabei undefiniert, es ist aber offensichtlich, dass in diese Kategorie eben nicht nur die sowieso pauschal als Spießer diffamierte Vorkriegsgeneration, sondern auch die Generation der ‚Frontsoldaten' fiel, anders jedenfalls könnte bei einer 14- bis 18-jährigen Zielgruppe kaum sinnvoll von Vätern gesprochen werden. Dass der revolutionäre Eifer der Jugend vor der ‚Heldengeneration' des Weltkriegs nicht haltmachte, ja, dass genau darin eine notwendige Bedingung dafür zu sehen ist, dass die NS-Bewegung es schaffte, ein Gedenknarrativ zu entwickeln, das sowohl die Kriegsgefallenen als auch die ‚Blutzeugen' der Bewegung umfasste, darauf wird später noch einzugehen sein. Für den Augenblick genügt die Feststellung, dass der von der HJ artikulierte Generationenprotest als Ursache für die ‚Schmach von 1918' einen generationellen ‚Dolchstoß' ausgemacht haben wollte: „Kampfesmüde Väter" ließen die

35 Der Topos der Kriegsschuldlüge beispielsweise wurde bis Dezember 1929 in der HJZ nur ein (!) Mal erwähnt.

36 An die revolutionäre Jugend deutschen Blutes, in: HJZ, Juli 1927, S. 30.

37 Zur Sonnwend, in: Ebd., Juni 1928.

38 Aus dem Untermenschentum in der Asphaltwüste, in: Ebd., Mai 1929; Jungarbeiter revolutionärer Jugend Adolf Hitlers! (Neujahrsaufruf Kurt Grubers), in: Ebd., Januar/Februar 1928; Wehrwille, in: Die junge Front. Führerblätter der Hitler-Jugend, 1930, H. 5, S. 1; Aus unserer Lebensgestaltung, in: HJZ, Juni 1928.

Waffen sinken und machten sich am Vaterland schuldig, indem sie vor einem kurzen, blutigen Bürgerkrieg zurückschreckten.[39]

In der Ära Gruber fungierte die „Verschacherung“ der Zukunft der Jugend durch die Aufnahme von Krediten immer wieder als argumentativer Ausgangspunkt für den Angriff auf die Republik und für den Appell an die revolutionäre deutsche Jugend, die „marxistischen und reaktionären Volksverräter [zu zerschlagen]“.[40] Angesichts der enormen ‚Daweslasten' – so wurde argumentiert – „versinke“ das deutsche Volk in den „Sklavenstand“ oder lebe „unter Daweswolken“ in einer „Kolonie von Sklaven“.[41] In der für die frühe HJ charakteristischen antikapitalistischen Agitation wird dabei immer wieder auf den Zusammenhang zwischen der Abhängigkeit Deutschlands und den sozialen Missständen im Land verwiesen. „Freiheit und Brot“[42] als Kampfparole sollten insbesondere die Arbeiterjugend ansprechen. Das Zerschlagen der „Ketten des Dawes-Paktes“ galt als erster Schritt zum nationalsozialistischen (Betonung auf sozialistischen) Staat, in dem es keine soziale Not geben werde. Die entschiedene, innenpolitische Kapitalismuskritik war damit immer an den außenpolitischen Problemkomplex der Reparationszahlungen rückgebunden.

Die HJ-Agitation gegen den Dawes-Plan veränderte sich bis zur „Aktion der Jugend“ gegen den Young-Plan im März 1930 nicht nennenswert, nahm jedoch ab September 1928 an Intensität zu. Die Titelseiten der *HJZ* im September und Oktober 1928 z. B. zeigen jeweils die überdimensionierte Figur eines Hitler-Jungen, der auf eine Industriestadt herabruft: „Wacht auf! Zersprengt die Fesseln der Daweskolonie!“

Scheinbar objektive Auflistungen der von Deutschland im Rahmen seiner Reparationsverpflichtungen geleisteten Zahlungen zielten darauf ab, den Nachweis zu erbringen, dass es sich bei den Reparationsverträgen um ein „raffiniertes System [handelte], welches das deutsche Volk zu Sklaven für die Entente machen soll“. Unter der „Dawessonne“ könne es für Deutschland keine Verbesserungen geben, einzig das „Heer der Dawesarmee“, d. h. das ‚Heer' der Arbeitslosen, nehme beständig zu.[43]

In der literarischen Gattung der Kampfgedichte dieser Zeit spielten die „deutsche Fron“ und die erbarmungslose „Dawestyrannei“ ebenfalls die zentrale Rolle. In einem Gedicht des HJ-Reichspropagandaleiters Franz Woweries zum Beispiel heißt es auf der Titelseite der Februar-Nummer der HJZ von1929:

Dumpfgrollendes Murmeln raunt in den Ecken,
Notschwielige Fäuste sich ingrimmig recken
Über Leichen des Hungers und Leichen der Wahn
Vom Bruderkampf, Wehe Dir! Dawestyrann!
Ein Knistern unheimlich schon im Gebälk

39 Zitat aus: Ümmer bünning un kort, dat's Pmmernort!, in: Ebd., Juni 1929; vgl. Thaden: Das Recht der Jugend, in: Ebd., Dezember 1929.

40 Errungenschaften der Maibetrüger, in: Ebd., Mai 1928.

41 Ebd.

42 Z. B. An die revolutionäre Jugend deutschen Blutes, in: HJZ, Juli 1927.

43 Zahlen, die sprechen!, in: Ebd., November 1928.

Dieses Staates, ein Blitzstrahl schon durchs Gewölk
Schwarzer Verlumpung und Korruption,
Jäh klirrendes Rütteln an Ketten der Frohn [sic!]
[...]

Im Kontext des permanenten, generationell codierten Dauerappells „Heraus aus dem Daweszuchthaus!"[44] ließ sich 1929 der Young-Plan natürlich propagandistisch besonders gut instrumentalisieren. Mit dem Beitritt der NSDAP zum Reichsausschuss für das Deutsche Volksbegehren im Juli 1929 begann auch die HJ-Presse gegen das „Todesdiktat von Paris" Sturm zu laufen. Analog zu Paragraph 1 des Volksbegehrens wurde dabei der ‚Kriegsschuldlüge' als „Rechtsgrundlage der Erpresserforderungen" erstmals auch an exponierter Stelle mehr Aufmerksamkeit geschenkt.[45] Nichtsdestotrotz blieben die argumentativen Leitlinien der Anti-Dawes-Propaganda bestehen. Ob düstere Prophezeiungen: „Du wirst über 60 Jahre sein, ehe das aus ist!", oder flammende Appelle: „Deutsche Jugend! Wir sollen weitere 60 Jahre Sklaven sein!",[46] die ‚Vernichtung' der Zukunft ihrer 14- bis 18-jährigen Zielgruppe blieb ein wichtigeres Thema als die Frage nach der Schuld der Entente am Krieg und die moralische Entlastung Deutschlands. 58 Jahre „Tributlast", 58 Jahre „Verrat" – die Zahl 58 gerann in Reden und Artikeln dieser Zeit zur Chiffre für die ‚Erfüllungspolitik' der Weimarer Regierung.[47] Zur besseren Veranschaulichung druckte man z. B. für jedes „Tributjahr" von 1929/30 bis 1986/87 die zu zahlenden Reparationsraten und gab sich auch sonst jede erdenkliche Mühe, die Zukunft in den schwärzesten Tönen zu malen.[48]

Nach dem Scheitern des Volksentscheids im Dezember 1929 und der Annahme des Young-Plans durch den Reichstag im März 1930 unternahm die HJ einen letzten Versuch, aus der Regelung des Reparationsproblems Profit zu schlagen. Zusammen mit anderen Bünden und Jugendorganisationen organisierte sie die „Aktion der Jugend", eine Neuauflage der von der Mutterpartei mitgetragenen Politik der nationalen Einheitsfront für das Volksbegehren. Am 16. März 1930, dem Volkstrauertag, fanden in ganz Deutschland Protestveranstaltungen statt, auf denen „das deutsche Nachkriegsgeschlecht den Lebens- und Seinsanspruch des deutschen Volkes in die Zukunft" hinüberzuretten suchte, indem es erklärte, sich durch die Zahlungsverpflichtung nicht gebunden zu fühlen.[49]

Die Kundgebungen, an denen in Bremen Adler und Falken, die Adlerjugend, die Bismarckjugend (DNVP), der Deutsche Pfadfinderbund, der Scharnhorst (Stahlhelm), die Turnergilde im Deutschnationalen Handlungsgehilfenverband und der

44 Franz Woweries: Jugend in Not, in: Ebd., März 1929.
45 Aufruf: Deutsche Jugend! Bildet die Front gegen das Todesdiktat von Paris, auf der Titelseite der HJZ, Juli 1929.
46 Die junge Front und der Pariser Pakt, in: Ebd., Juli 1929.
47 Vgl. z. B. die Rede Kurt Grubers im Mathäser-Saal München, in: Ebd., Juli 1929, bzw. VB, Reichsausgabe, 21./22. 4. 1929; Kurt Nagel: Deutsche Jugend in Ketten, in: HJZ, Oktober 1929.
48 Jugend erwache!, in: Ebd., August 1929.
49 Die Aktion der Jugend, in: Ebd., März 1930.

Wehrwolf teilnahmen,[50] verliefen alle nach demselben Muster: Hinter einer schwarzen Fahne als Zeichen der Schmach zogen die beteiligten Verbände zum Versammlungsort (in Bremen und München das Kriegerdenkmal, in Berlin das Kriegervereinshaus) und verbrannten dort symbolisch die Verträge von Versailles und Locarno sowie den Dawes- und den Young-Plan. Als Werkzeug der „Versklavungspolitik“ wurde in Hamburg die Weimarer Verfassung gleich mitverbrannt.[51]

Die „akademische Jugend“ und einige Jugendverbände hatten bereits gut einen Monat vorher, am 18. Februar 1930, in einem von der Hitler-Jugend mitunterzeichneten offenen Brief Reichspräsident Hindenburg „im Namen der Toten von Langemarck“ aufgefordert, von seinen verfassungsmäßigen Rechten Gebrauch zu machen und die Unterschrift unter den Young-Plan zu verweigern. Damit hatten sie die gefallenen Helden des Weltkriegs gleichsam zu Kronzeugen der Ablehnung des Young-Plans gemacht.[52] Im Zentralorgan der HJ fand dieses Argumentationsschema hingegen keinen Anklang. Anders als die *Erklärung der Münchener Jugendverbände* im *Völkischen Beobachter*, die präambelhaft eingeleitet wurde durch den Verweis auf den „vierjährigen heroischen Kampf“ des deutschen Volkes, verzichtete der Artikel zur *Aktion der Jugend* in der *HJZ*, der sich ansonsten entlang exakt derselben Argumentationslinien bewegte, auf jeglichen heroisierenden Bezug auf den Weltkrieg.[53] Dieser Unterschied ist bezeichnend, illustriert er doch die relative Zurückhaltung der NS-Parteijugend in der Frage des Weltkriegsgedenkens. Hier scheint deutlich das ambivalente Verhältnis zwischen revolutionärer ‚Sturmjugend‘ und ‚Frontkämpfer‘-Generation durch, das auch nach Aufgabe des von Gruber verkörperten sozialrevolutionären Kurses die Weltkriegs-Rezeption der HJ bestimmte. Die Schwierigkeit, den auch und gerade von der Mutterpartei so virtuos in Szene gesetzten Machtwillen der ‚Frontkämpfer‘-Generation mit dem Geltungsanspruch der mehrheitlich aus der Kriegsjugend- bzw. Nachkriegsjugendgeneration stammenden NS-Aktivisten in Einklang zu bringen, prägte das Weltkriegsgedenken der NS-Jugend entscheidend und verlieh ihm einen inhärent politischen Charakter.

Ein Blick in die von den Führern der drei NS-Jugendorganisationen (HJ, NSS und NSDStB) von Juni bis Oktober 1931 gemeinsam herausgegebene Führerzeitschrift *Die Deutsche Zukunft* (*DDZ*) offenbart in diesem Zusammenhang, dass Gruber im Unterschied zu seinen direkten Konkurrenten um die Führung der NS-Jugend, Adrian von Renteln (NSS) und Baldur von Schirach (NSDStB), nur sehr

50 Auszug aus dem Lagebericht 3/30 vom 31. 5. 1930 (StA München, Pol. Dir. 6840); in Hamburg nahmen laut VB, Reichsausgabe, 28. 3. 1930, der Jungnationale Bund, der Nationalsozialistische Schülerbund, die Geusen, Adler und Falken, der Jungstahlhelm und die HJ teil, in München beteiligten sich neben der HJ der Allgemeine Studenten-Ausschuss der Technischen Hochschule München, die Adler und Falken, der Bismarckbund, der Deutsche Mädchenring, die Deutschnationale Studentenschaft, die Geusen, die Drei Gilden, der NSDStB, der Bund Oberland und die Stahlhelm-Hochschulgruppe München, vgl. VB, Reichsausgabe, 19./20. 3. 1930. In Braunschweig traten neben der NS-Jugend die Fahrenden Gesellen des DHV, der Jungstahlhelm, der Jungwerwolf, die Bismarckjugend, der Bund deutscher Pfadfinder und die örtliche Studentenschaft in Erscheinung, vgl. Bolm, Hitler-Jugend in einem Jahrzehnt, S. 106.

51 VB, Reichsausgabe, 28. 3. 1930; für Schüddekopf, Linke Leute von rechts, S. 236 f., markiert diese „Aktion der Jugend“ insofern eine Zäsur in der Geschichte der Weimarer Republik, als sich in ihr erstmals die Konturen einer sich revolutionär gebärdenden Nachkriegsjugend abzeichneten und erstmals deutlich wurde, dass eine neue politische Generation „zur Aktion drängte“.

52 Die akademische Jugend an Hindenburg. Der letzte Appell in der Schicksalsstunde, in: VB, Reichsausgabe, 25. 2. 1930.

53 Vgl. Die Aktion der Jugend, in: HJZ, März 1930.

bedingt daran dachte, die Legitimität der politischen Forderungen der HJ aus dem Kriegserlebnis abzuleiten. In den fünf Monaten der gemeinsamen Herausgeberschaft stammten so gut wie alle Artikel mit Bezug auf den Weltkrieg aus den Reihen der NS-Studenten bzw. höheren Schüler. Während Schirach mit revolutionärem Gestus das „Erbe der Front“ für die NS-Jugend usurpierte und auch ansonsten, darin sekundiert vom NSS-Reichsführer, den sozialistischen Anspruch der NS-Bewegung aus dem ‚Fronterlebnis‘ ableitete – ein Deutungsschema, das in der radikalsozialistischen Propaganda der frühen HJ keine Rolle gespielt hatte –, widmete sich der HJ-Reichsführer eher praktischen Fragen der Jugendpolitik bzw. -wohlfahrt.[54]

So kann es nicht verwundern, dass Forderungen, die radikalnationalistische Meister-Erzählung ‚Weltkrieg‘ systematisch für die Erziehung der NS-Jugend einzusetzen, primär aus dem studentischen Lager bzw. aus der NS-Schülerorganisation kamen:

> *Und weiter soll der Hitlerjunge im Wehrgeist, im Geist des feldgrauen Heeres, der Toten des großen Krieges erzogen werden. Er wird auf dem Heimabend von den Heldentaten seiner Väter und Brüder und auch von denen seiner Ahnen und Vorväter hören. Im Leben und Sterben für ihr Volk und Vaterland wird ihm zum leuchtenden Vorbild, dem er nachzueifern sich bemüht.* [...] *Und so wird das Ideal von der Volksgemeinschaft, vom nationalen Sozialismus, das Erbe des Frontsoldatentums verwirklicht.*[55]

Angesichts der stärkeren geschichtspolitischen Ambitionen der Nachfolger Grubers als HJ-Reichsführer überrascht es nicht, dass die Entmachtung des HJ-Gründers und die damit verbundene Abkehr vom sozialrevolutionären Kurs der NS-Jugend nicht ohne Folgen für die Weltkriegsrezeption in der HJ blieben: Im Rahmen des nun forcierten Rechtskurses wurde die antikapitalistische Diktion zugunsten nationalistischer Ideologeme, zu denen ganz zentral der Kult um die Gefallenen des Ersten Weltkriegs gehörte, aufgegeben. Dies galt umso mehr, als ab Juni 1932 mit Baldur von Schirach ein prototypischer ‚victory-watcher‘ der HJ vorstand, der seinen Ruhm als Dichter der Bewegung weitgehend seiner vaterländisch-heroischen ‚Minutenlyrik‘ verdankte.[56]

Neben der zunehmenden Instrumentalisierung der zwei Millionen Gefallenen,[57] die mehr und mehr als Legitimationsfolie für den innenpolitischen Eskalationskurs der NS-Aktivisten herhalten mussten, schlug sich die verstärkte Thematisierung des

54 Baldur von Schirach: Meine Herren Bürger!, in: DDZ, Juni 1931, S. 7; Adrian von Renteln: Revolution, in: Ebd., S. 12–15, S. 15; Baldur von Schirach: Auszug aus einer Rede, in: Ebd., Juli 1931, S. 19; ders.: Sozialismus, in: Ebd., Oktober 1931, S. 1 f.

55 Konrad Studentkowski: Kulturwille – Staatswille – Wehrwille, in: Ebd., S. 19; vgl. auch: Rellöm: Führertum im Nationalsozialismus, in: Der Aufmarsch, Januar 1931, S. 11: „Genau das Problem über den Führernachwuchs ist nicht leicht lösbar. Die beste Jugend blieb auf dem Todesfelde des Weltkrieges. Darum muss der Jugendführer dem Nachwuchs den Geist der Kriegsjugend, die starb, damit wir leben können, in die Seele brennen: im toten, einfachgrauen Grabenmenschen haltet das Vermächtnis des Heeres fest, das das sittlich höchste Volk der Erde als reinstes Volksgut hergab für das flammende Opfer, aus dessen Asche du, deutsche Jugend, als fähig aufsteigen sollst, für diese Frontnation des deutschen Sozialismus den Opfer- und Heldentod zu sterben!“

56 Vgl. Kapitel II.

57 Vgl. dazu insbesondere die Weiherede von Schirachs auf dem Reichsjugendtag, in: Der junge Sturmtrupp, 2. Oktober-Ausgabe 1932.

Weltkriegs auch deutlich in der Zahl der in der HJ-Presse veröffentlichten Kriegserzählungen nieder. Findet sich in Grubers *HJZ* nur eine kurze Humoreske aus der Zeit des Weltkriegs, so treten in der HJ-Publizistik der letzten Jahre vor der Machtübernahme durch die NSDAP gehäuft Kriegserzählungen auf.[58] Einmal mehr kam dem (bürgerlich dominierten) NSS in diesem Zusammenhang eine Vorreiterfunktion zu: In seinem Organisationsblatt *Der Aufmarsch* brachte er literarische Bearbeitungen des Kriegserlebnisses, bevor die HJ-Presse ab April 1932 in *Der junge Nationalsozialist* und *Der junge Sturmtrupp* nachzog.[59] Insbesondere die Fortsetzungsgeschichte *Bomben über London* von Arthur Eisenreich, die von April bis Juli 1932 in insgesamt fünf Folgen die deutschen Zeppelinangriffe auf die englische Hauptstadt während des Ersten Weltkriegs schilderte, kann als erster größerer Abdruck einer Kriegserzählung in der HJ-Presse gelten. Anders als in der bündischen Presse, wo Kriegserzählungen in den 1920er Jahren schon längst in größerem Ausmaß zu finden waren, hielt der Weltkrieg erst 1932 in den Unterhaltungsteil der HJ-Presse Einzug. Noch länger, bis nach der ‚Machtergreifung', dauerte es, bis den Hitler-Jungen systematisch Kriegsliteratur geboten wurde.

Zu diesem Befund passt, dass in der „Bücherecke“ der *HJZ* in den 1920er Jahren nicht ein einziges Kriegsbuch besprochen und zum Kauf empfohlen wurde. Am ehesten fällt noch Bruno Ernst Buchruckers *Im Schatten Seeckts* in diese Kategorie, das im November 1928 besprochen wurde.[60] Da es sich den Jahren 1918–1923 widmet, enthält es jedoch keine bzw. nur sehr wenige Weltkriegsgeschehnisse. Erst in den 1930er Jahren – also wiederum deutlich später als in der bürgerlichen bzw. katholischen Jugendpresse – finden sich einzelne Rezensionen zu Werken von besonders dem Nationalsozialismus nahestehenden Autoren des soldatischen Nationalismus wie Hans Zöberlein und Werner Beumelburg.[61] In diese Zeit fiel auch das einzige Buch zum Weltkrieg, das in der HJ-Presse der ‚Kampfzeit' ausführlicher rezipiert wurde: Bernhard von Volkmann-Leanders *Soldaten oder Militärs* von 1932.[62] Da die Rezeption dieses Buches einen eindeutig politischen Zweck verfolgte, soll es an anderer Stelle näher behandelt werden.

58 Der Fuchs ohne Schwanz, in: HJZ, Dezember 1929. Es ist allerdings zu beachten, dass die HJZ nicht ‚eins zu eins' mit Presseerzeugnissen wie „Der Aufmarsch“ oder „Der junge Nationalsozialist“ verglichen werden kann. Aufmachung und Konzept unterschieden sich deutlich. „Der junge Sturmtrupp“ kann schon eher zum Vergleich herangezogen werden. Als proletarisch gestaltetes ‚Kampfblatt' befleißigte er sich eines ähnlichen Gestus wie die HJZ.

59 Fritz Kaiser: Herr mach uns frei!, in: Der Aufmarsch, August 1931, S. 8; Friedrich Monka: Nächtlicher Besuch, in: Ebd.; Fritz Kaiser: „Stille Nacht...“. Weihnachten an der Front, in: Ebd., Januar 1932; Fritz Kaiser: Ich hatt' einen Kameraden. Dem Gedächtnis eines Gefallenen, in: Ebd., Februar 1932; Eduard Schwertfeger: Der Schritt des Schicksals, in: Der junge Nationalsozialist, September 1932; Ludwig Haßlinger: Das Logbuch von L 32. Zeppelinangriff auf England – Deutsche Pflichterfüllung bis zum Äußersten, in: Der junge Sturmtrupp, 1932, 1. April-Ausgabe; Arthur Eisenreich: Bomben über Londen, in: Ebd., 1932, 2. April-Ausgabe [Fortsetzungsgeschichte über mehrere Ausgaben].

60 Bruno Ernst Buchrucker: Im Schatten Seeckts. Die Geschichte der „Schwarzen Reichswehr“, Berlin 1928.

61 Beumelburgs „Gruppe Bosemüller“ von 1930 wird in „Der junge Nationalsozialist“ vom Januar 1932 als „Kriegsbuch der Jugendbewegung“ gelobt; Zöberleins „Glaube an Deutschland“ (1931) bekommt in der DDZ vom Juli 1931 eine ausgesprochen positive Besprechung: als „Vermächtnis der Frontgeneration“ gehöre es in die Hände der Jugend.

62 Bernhard von Volkmann-Leander: Soldaten oder Militärs, München 1932.

Den toten Helden

Stille ist es um uns,
Totenstille,
Heilige Stille,
H e l d e n g e d e n k t a g ....

Wir stehen und schauen zurück,
Lassen den Gedanken ihren Lauf ....

... Vier Jahre Kampf, vier Jahre Sieg
Des grauen Heeres!

Millionen Helden, Millionen Tote
Des grauen Rocks!

Millionen Gräber, Millionen Hügel
In grauer Erde!

Ein Tag im Jahre, er ist ihnen,
Unsern toten Helden nur geweiht ...

Muttertränen, Kindertränen
Netzten kühles Grab.

Deutsches Volk, gedenke still
Deiner großen Söhne.

Aus den Gräbern, aus den Hügeln
Kommt ein Schwertergruß:

Wir, graues Heer, starben gern
Für Deutschlands Ehre.

Aus grauer Erde rufen wir:

Laßt nicht umsonst durchschossen sein
Den grauen Rock.

Laßt nicht vergessen sein
Das graue Heer,

Laßt nicht verloren sein
Die graue deutsche Erde!

Still senken sich die Fahnen,
Still sind die Menschen im Gedenken

Des grauen Rocks,
Des grauen Heeres
In grauer Erde.

Hubert Müller.

Linolschnitt von Hubert Müller

Abb. 4: Hubert Müller: Den toten Helden. Linolschnitt aus der Zeitschrift „Der junge Nationalsozialist“, November 1932

Die zunehmende Betonung des Vermächtnisses der ‚feldgrauen Front' in der HJ-Publizistik der Jahre 1931/32 fand ihren Höhepunkt in der November-Ausgabe des *Jungen Nationalsozialisten* 1932, in der man zum Volkstrauertag „Den toten Helden" des Großen Krieges seine Reverenz erwies, sowie in der Würdigung des Ehrenmals von Langemarck als „Herzenseigentum jedes Deutschen".[63] Deutlich lassen sich hier erste Ansätze der nach 1933 verfolgten Strategie erkennen, die ‚Frontsoldaten' des Ersten Weltkriegs zu Vorbildern der Jugend zu stilisieren.

Insgesamt maß die HJ in den letzten Jahren der Weimarer Republik dem Weltkriegsgedenken eine zunehmend größere Bedeutung bei. In diese Phase fiel denn auch die Übernahme der Traditionsnummern der kaiserlichen Regimenter durch die Scharen (später Banne) der HJ. Wann genau dieser Prozess begonnen hat und wann er abgeschlossen war, kann im Einzelnen nicht festgestellt werden. Vieles deutet aber darauf hin, dass diese Praxis von einzelnen Gauleitungen der HJ gewissermaßen ‚von unten' entwickelt worden war und erst nach und nach auf die gesamte HJ ausstrahlte.[64] Spätestens zur ‚Machtergreifung' hatte sich dieser Trend aber durchgesetzt: Die nach 1933 massenhaft entstehenden neuen HJ-Banne trugen allesamt die regionalen Regimentsnummern.

Zusammenfassend lässt sich die Entwicklung des Weltkriegsgedenkens in der HJ der ‚Kampfzeit' wie folgt beschreiben: Während sich die HJ in ihrer revolutionären Phase von 1926 bis 1931 auffallend wenig – und wenn, dann pflichtschuldig und nicht gerade originell – um die Pflege des ‚Frontgeistes' bemühte, kam es unter von Renteln und insbesondere unter Reichsjugendführer Schirach zu einer stärkeren Thematisierung des Weltkriegs und der für Deutschland gefallenen ‚Helden in Feldgrau'. Die sich in der HJ-Presse der Jahre 1931/32 niederschlagende Annäherung an das heroisierende Gedenknarrativ der bürgerlichen bzw. bündischen Jugendkultur muss allerdings vor dem Hintergrund des nach wie vor intensiveren Gefallenengedenkens gerade der bürgerlichen und katholischen Jugendorganisationen relativiert werden: Die ganze ‚Kampfzeit' hindurch, und auch noch darüber hinaus, stand das revolutionäre Sendungsbewusstsein der NS-Aktivisten tendenziell der heroisierenden Überhöhung der ‚Frontkämpfer'-Generation entgegen.

1933–1945

Die ‚Machtergreifung' der NSDAP im Januar 1933 und die sich rapide vollziehende Durchsetzung ihres totalitären Herrschaftsanspruchs bis zum Sommer 1934 blieb für das Weltkriegsgedenken der deutschen Jugend im Allgemeinen und der HJ im Besonderen nicht ohne Folgen. Zu den Gründungs- und Ursprungsmythen der NSDAP gehörte die ‚Geburt des Nationalsozialismus in den Schützengräben des Ersten Weltkriegs' bekanntlich ebenso wie das soldatische Leitbild eines ‚in der

63 Hubert Müller: Den toten Helden, in: Der junge Nationalsozialist, November 1932 (s. Abb. 4); Langemarck, in: Jungvolk, September 1932; Werner Asendorf: Langemarck, Königsberg, Rostock!, in: DDZ, August 1932, S. 34 f.; Der Ehrenfriedhof von Langemarck, in: Ebd., September 1932, S. 29 f.

64 Vgl. Brief der Gauleitung Pommern an die Reichsleitung der HJ, 20. 2. 1932, in dem der HJ-Führung zur Kenntnis gebracht wird, dass einzelne Scharen qua Traditionsnummer die Tradition von Regimentern der alten Armee trügen (StA München, Pol. Dir. 6841). Vgl. auch Stachura, Nazi Youth in the Weimar Republic, S. 187.

Materialschlacht gehärteten' Frontkämpfers. Wie kein zweiter Politiker der Weimarer Republik hatte ihr Parteivorsitzender seinen Kriegseinsatz politisch instrumentalisiert und den Anspruch erhoben, als ‚unbekannter Gefreiter' den politischen Willen der ‚Frontgeneration' zu verkörpern.[65] Da war es nur folgerichtig, dass die neue Regierung Hitler sich in der Öffentlichkeit systematisch als ‚Trägerin des Frontgeistes' in Szene setzte und das Gefallenen- bzw. Kriegsgedenken zu einem symbolpolitischen Fundament des neuen Staates aufwertete. Die Einführung eines einheitlichen „Heldengedenktags" im Februar 1934 und die Stiftung des „Ehrenkreuzes zur Erinnerung an den Weltkrieg" im Juli des gleichen Jahres waren nur die wichtigsten einer Reihe von Maßnahmen, die insgesamt auf die Verstaatlichung des Weltkriegsgedenkens abzielten.[66]

Die für die Jugenderziehung relevanten gedächtnis- und geschichtspolitischen Vorstellungen des Regimes schlugen sich in diesem Zusammenhang besonders deutlich in den Lehrplänen für den Geschichts- und Deutschunterricht an den Schulen nieder. Die Forderung, den Weltkrieg, „ausgehend vom nationalen Aufbruch der Augusttage, in seinen verschiedenen Erscheinungsformen" ausführlich darzustellen und „die Geburt des deutschen Nationalismus aus dem Fronterlebnis" herzuleiten, wurde schon in dem zeittypischen „Entwurf zu einem Erlass der Landes-Unterrichtsbehörde Hamburg über politische Erziehung im deutschen Unterricht" vom Frühjahr 1933 in den Mittelpunkt der Überlegungen zur Anpassung des Unterrichtsstoffes an die „revolutionären Erfordernisse" der Zeit gestellt.[67] Als „eines der größten Schicksalserlebnisse der Volksgemeinschaft [und] unerhörte Kraftentfaltung des deutschen Lebenswillens"[68] wurden die Jahre 1914–1918 in den Schulen des Dritten Reichs, gleichgültig, ob im regulären Unterricht oder im Rahmen der zahlreichen, den Unterricht unterbrechenden Feierstunden zu Ehren der Gefallenen, jederzeit privilegiert behandelt.[69] Die Verfügung des Reichsministers für Wissenschaft, Erziehung und Volksbildung, Bernhard Rust, vom 17. Juli 1935 kann – gerade auch im Hinblick auf seine kriegspädagogische Pointe – als exemplarisch für die exzessive Instrumentalisierung des ‚Fronterlebnisses' im Schulunterricht gelten:

> *Der Frontgeist des Weltkrieges und seine höchste Tat – der Tod für Volk und Vaterland – sind bleibende Grundlagen des Dritten Reiches. Jenen Geist in der Jugend zu wecken und zu pflegen, muß die gesamte Erziehung bestrebt sein. Ich ersuche Sie daher, an den Schulen ihres Amtsbereiches darauf zu halten, daß die Erinnerung an*

65 Vgl. Gerhard Hirschfeld: Der Führer spricht vom Krieg. Der Erste Weltkrieg in den Reden Adolf Hitlers, in: Krumeich (Hg.), Nationalsozialismus und Erster Weltkrieg, S. 35–51; Pyta, Die Privilegierung des Frontkämpfers gegenüber dem Feldmarschall; S. 47–69.; Hüppauf, Schlachtenmythen und die Konstruktion des ‚Neuen Menschen'.

66 Vgl. Kapitel IV.2.

67 Entwurf zu einem Erlass der Landes-Unterrichtsbehörde Hamburg über politische Erziehung im deutschen Unterricht, in: Zeitschrift für deutsche Bildung, 8 (1933), S. 452–459.

68 Adolf Schwarzlose: Der Weltkrieg im Spiegel des deutschen Schrifttums, in: Jungschriften-Warte, 40 (1935), Nr. 8, S. 49.

69 Vgl. Peter Aley: Jugendliteratur im Dritten Reich. Dokumente und Kommentare, Gütersloh 1967, S. 131; Keim, Erziehung unter der Nazi-Diktatur, S. 122 ff.; Horst Gies: Geschichtsunterricht als deutschkundliche Weihestunde, in: Reinhard Dithmar (Hg.): Schule und Unterricht im Dritten Reich, Neuwied 1989, S. 59–86; Bendick, Kriegserwartung und Kriegserfahrung, S. 353–364.

jenes Fronterleben und das Gedächtnis an unsere gefallenen Brüder in der Jugend wach erhalten bleibt und zu helfender Tat wird.[70]

Bei der Untersuchung des Weltkriegsgedenkens in der Hitler-Jugend gilt es, diese gesamtgesellschaftliche Konjunktur des Helden- und Gefallenenkults im Dritten Reich im Hinterkopf zu behalten. Der Gedenkdiskurs der HJ und die von ihr entwickelten Gedenkformen bzw. -rituale konstituierten keinen eigenen Diskursraum, sondern waren integraler Bestandteil der nationalsozialistischen Öffentlichkeit, in der nach der totalitären Ausschaltung anderer Diskurse (Pazifismus etc.) die Erinnerung an den Ersten Weltkrieg und seine Gefallenen neu verhandelt wurde. Sicherlich konnte die HJ dabei vor allem in den Jahren 1933/34 wie auch beim Langemarck-Gedenken eigene Akzente setzen und eine relativ autonome Gedächtnispolitik verfolgen. Den Rahmen eines nicht spezifisch nationalsozialistischen, sondern eher nationalistischen Gedenkkonsens verließ sie dabei freilich nie. Insofern kann die HJ-Gedenkpraxis als repräsentatives Beispiel für die instrumentalisierende Rezeption des Ersten Weltkriegs im Dritten Reich das Verständnis der komplexen Vergesellschaftung der Erinnerung an die Jahre 1914–1918 im Deutschland der Jahre 1933–1945 insgesamt erleichtern.

Die Rezeption des Ersten Weltkriegs von Anfang 1933 bis August 1939 in der HJ-Presse stellt sich grafisch ungefähr so dar:

Aufgrund von methodologischen Vorbehalten spiegelt keine der Kurven für sich genommen die Rezeption des Weltkriegs in der HJ-Presse wider.[71] Dennoch ist der folgende generelle Trend unverkennbar: Von 1933 bis 1934 gibt es einen deutlichen Anstieg der Weltkriegs-Artikel in den untersuchten Periodika, bevor 1935 (außer im Fall der *Nordmark-Jugend,* Kurve 5) ein absoluter Höhepunkt erreicht wird. Ab 1936 nimmt die HJ-Presse dann deutlich weniger Bezug auf den Weltkrieg, bis die Weltkriegs-Rezeption in den allermeisten untersuchten Serien 1939 einen Tiefpunkt erreicht.

Auf den großen ‚Artikelberg' der Jahre 1934/35, der vor allem auf innenpolitische Faktoren zurückzuführen ist, soll weiter unten eingegangen werden. Von dem eindeutigen Rückgang der Weltkriegs-Artikel in der HJ-Presse darf jedoch nicht ‚eins zu eins' auf eine abnehmende Bedeutung des Großen Krieges und der Kriegsgefallenen für die HJ-Erziehung geschlossen werden. Dies wird deutlich, wenn man in einer *tour d'horizon* ohne Anspruch auf Vollständigkeit weitere Teilbereiche der weltanschaulichen Schulungsarbeit der Hitler-Jugend berücksichtigt.

70 Erlass des REM vom 17.7.1935, abgedruckt in: Bekanntgebungen des Bundesamtes, in: Kriegsgräberfürsorge, 1935, H. 10.

71 Entweder decken die Kurven nicht den ganzen Zeitraum (1933–1939) ab (Kurve 2: „Die HJ", Kurve 5: „Nordmark-Jugend", Kurve 4: „Reichs-Jugend-Pressedienst") oder sie fassen Zeitschriften zusammen, die hinsichtlich Aufmachung, Anspruch und Erscheinungszeitraum nicht unbedingt vergleichbar sind. Kurve 1 („Blätter der HJ-Führung") aggregiert mit „Junge Nation", „Der deutsche Sturmtrupp" und „Die Fanfare. Hitler-Jugend-Illustrierte" für die Jahre 1933–34, „Die HJ. Kampfblatt der Hitler-Jugend" für die Jahre 1935–1939 und der Führerzeitschrift „Wille und Macht" gleich vier Zeitschriften, um eine über den ganzen Untersuchungszeitraum reichende Publikationsreihe zu simulieren. Kurve 6 schließlich beinhaltet nicht nur die Kurven 1–5, sondern bezieht auch die HJ-Regionalpresse mit ein. Da die allermeisten Regionalblätter 1935/36 eingestellt wurden und auf der anderen Seite für 1933 kaum Ausgaben überliefert sind, übertreibt Kurve 6 den ‚Artikel-Berg' in den Jahren 1934/35 tendenziell. Kurve 5 („Nordmark-Jugend") belegt aber deutlich, dass es auch in der Regionalpresse nach 1935 einen deutlichen Rückgang in der Weltkriegs-Rezeption gegeben hat.

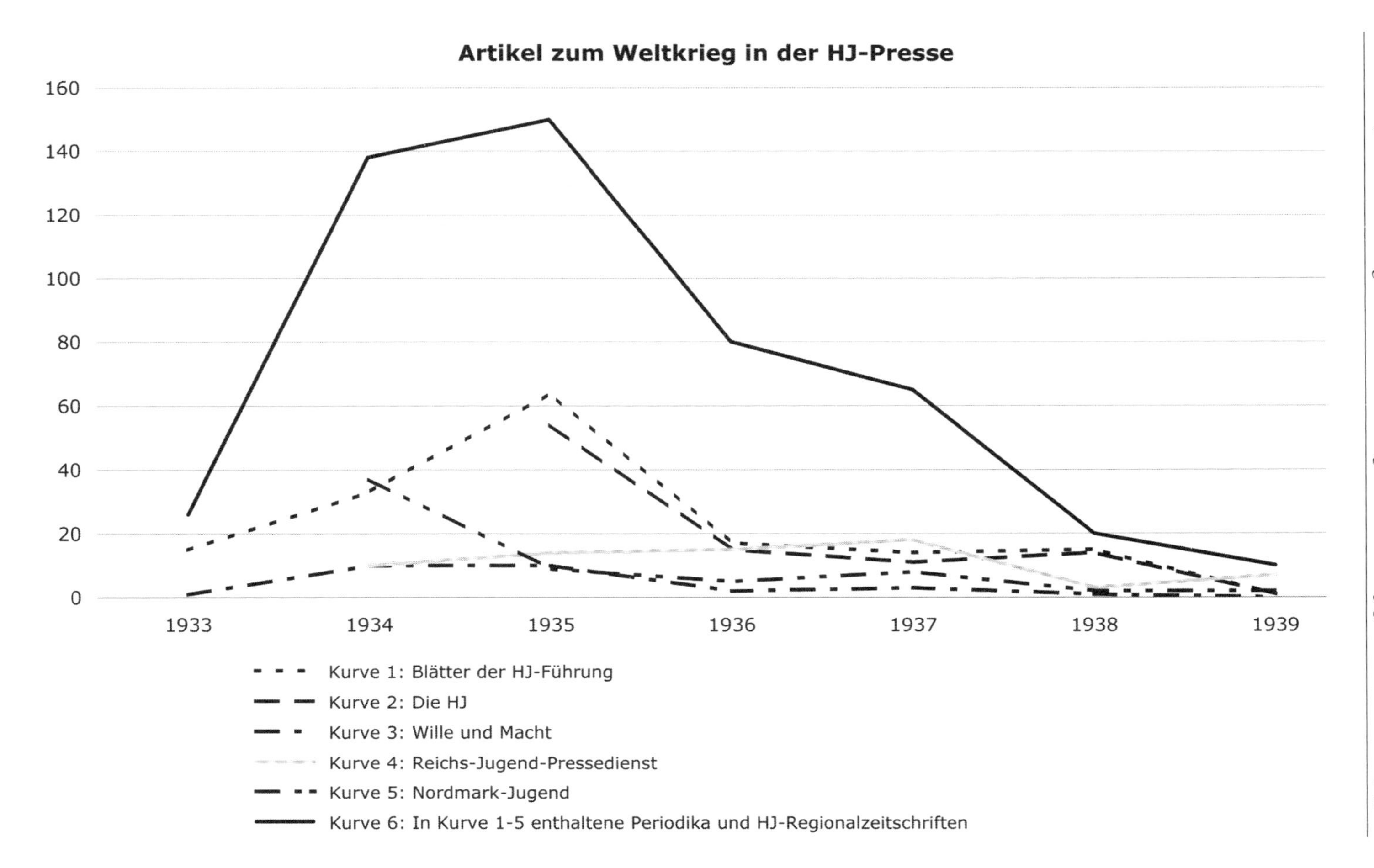

Artikel zum Weltkrieg in der HJ-Presse
160
140
120
100
80
60
40
20
0
1933
1934
1935
1936
1937
1938
1939
Kurve 1: Blätter der HJ-Führung
Kurve 2: Die HJ
Kurve 3: Wille und Macht
Kurve 4: Reichs-Jugend-Pressedienst
Kurve 5: Nordmark-Jugend
Kurve 6: In Kurve 1-5 enthaltene Periodika und HJ-Regionalzeitschriften

Ähnlich wie im Bereich der Jugendpresse, wo es gelungen war, innerhalb kürzester Zeit ein von „der HJ geführtes bzw. [...] von ihr dominiertes Presseimperium“[72] aufzubauen, das über die o. g. Zeitschriften das jugendliche Lektüreverhalten maßgeblich mitbestimmte, hatte sich die RJF Einfluss auf die Gestaltung des deutschen Jugendfunks zu sichern gewusst. Mit Obergebietsführer Karl Cerff, zunächst Jugendfunkleiter beim Deutschlandsender, ab 1934 Beauftragter des Reichsjugendführers in der Reichssendeleitung und zugleich Chef des Rundfunkamtes der RJF, verfügte die HJ über einen fähigen Koordinator ihrer Rundfunkarbeit. Und bereits ab Ende 1933 erlaubte es der Umstand, dass nun bei sämtlichen Reichssendern HJ-Führer als Jugendfunkleiter fungierten, die Programmgestaltung der Sendeanstalten zunehmend zu beeinflussen. So wurde im Oktober 1934 – nach HJ-Angaben – der Jugendfunk sämtlicher deutscher Sender von Vertretern der HJ betreut.[73] Neben klassischen Rundfunkangeboten wie insbesondere dem Schulfunk wurden mit der „Stunde der jungen Nation“, einem ab 1934 an jedem Mittwoch Abend für den Gemeinschaftsempfang der HJ-Einheiten ausgestrahlten Rundfunk-Heimabend, und den HJ-Morgenfeiern (ab 1935) besondere HJ-Sendungen entwickelt und ausgestrahlt.

Laut einschlägigen Programmzeitschriften gingen im Rahmen des Schul- bzw. Jugendfunks 1933 (alle Reichssender zusammengerechnet) 50 Sendungen über den Äther, in denen das Heldentum der drei Waffengattungen (Heer/Marine/Luftwaffe) während des Krieges glorifiziert wurde. Für 1934, 1935, 1936, 1938 und 1939 (Januar bis August) lauten die entsprechenden Zahlen: 38, 65, 132, 128 und 44 Sendungen.[74] Keinem anderen Zeitraum der deutschen Geschichte wurde ähnlich viel Sendeplatz eingeräumt. Neben zahlreichen Gedenk- und Feierstunden sowie Darstellungen zu ausgewählten Schlachten des Weltkriegs[75] waren es vor allem die zahllosen Hörspiele, die den jugendlichen Zuhörern ein eindrückliches Bild des Weltkriegs vermitteln sollten.[76] Der Umstand, dass sich unter den fünf von der Zeitschrift *Schulfunk* als besonders wertvoll empfohlenen Hörspielen für den nationalpolitischen

72 Buddrus, Totale Erziehung für den totalen Krieg, S. 91 (Zitat und im Folgenden). Vgl. auch Schruttke, Die Jugendpresse des Nationalsozialismus, S. 26–37.

73 Vgl. Buddrus, Totale Erziehung für den totalen Krieg, S. 113 ff.

74 Quelle ist die Zeitschrift: „Schulfunk. Zweiwochenschrift für die Erziehungsarbeit“, 1933–1939. Die ersten drei Monate 1936 konnten nicht miterhoben werden, so dass die Zahl für 1936 wohl noch höher liegen muss.

75 Z. B.: 1914. Eine Besinnungsstunde für die Jugend, Deutschlandsender, 5. 8. 1933; Gedenkstunde an Walter Flex, Deutschlandsender, 14. 10. 1933; Manfred von Richthofen. Eine Gedenkstunde, Reichssender Leipzig, 21. 4. 1934; Gorch Fock, Reichssender Berlin, 31. 5. 1934; Der Wanderer zwischen zwei Welten, Reichssender Leipzig, 4. 7. 1934; Vor zwanzig Jahren fiel Hermann Löns, Deutschlandsender, Reichssender Hamburg, Leipzig und Köln, 26. 9. 1934; Wildgänse rauschen durch die Nacht, Reichssender Hamburg, 12. 10. 1934; Langemarck! Gedenkfeier an unvergängliches Heldentum, Reichssender Frankfurt, 22. 10. 1934; Hauptmann Boelcke zu seinem 18. Todestag, Reichssender Stuttgart, 26. 10. 1934; Erinnerungen an die Skagerrak-Schlacht, Deutschlandsender, 31. 5. 1933; Erinnerungsstunden an die Schlacht bei Tannenberg, Deutschlandsender, 26. 8. 1933; Selbsterlebtes aus der Seeschlacht vor dem Skagerrak, Reichssender Leipzig, 7. 9. 1934.

76 Die folgenden Hörspiele wurden größtenteils mehrfach gesendet: Brandfackel über Ostpreußen, Deutschlandsender, 30. 8. 1933; Die Freiwilligen, Reichssendung, 14. 11. 1933; Heia Safari! Ein Hörspiel um Lettow-Vorbeck, Deutschlandsender 20. 3. 1934; Als wir während des Weltkriegs in die Schule gingen, Südwestfunk, 21. 3. 1934; Wie ich mit 15 Jahren Soldat wurde, Mitteldeutscher Rundfunk, 4. 4. 1934; Der Kreuzer Breslau, sein Kampf und sein Ende, Reichssender Breslau, 7. 5. 1934; Unteroffizier Kraus, 14 Jahre alt!, Reichssender Frankfurt 8. 6. 1934; Die schlesische Landwehr greift ein, Reichssender Breslau, 10. 9. 1934; Die endlose Straße. Ein Frontstück, Deutschlandsender, 11. 9. 1934; Als unsere Väter im Kriege waren, Deutschlandsender, 9. 11. 1934; Der tote Engländer, Reichssender Leipzig, 1. 1. 1935; Einer, der sich selbst überwand, Reichssender Hamburg, 24. 1. 1934.

Schulfunk mit Eberhard Wolfgang Möllers *Der Weg eines unbekannten Soldaten*, Thor Gootes *Richthofen, der rote Kampfflieger* und Rudolf Kinaus *Die Wiesbaden brennt!* gleich drei Hörspiele befanden, die wenigstens zum Teil in den Jahren des Weltkriegs spielten, erhellt die absolut zentrale Bedeutung des Großen Krieges für die weltanschauliche Programmgestaltung des Schul- und Jugendfunks.[77]

Ein ganz ähnliches Bild ergibt die Auswertung des von der RJF verantworteten *Buch der Jugend*, einem Auswahl-Verzeichnis empfehlenswerter Bücher für die deutsche Jugend. Von 1933 bis 1940 schwankte der Anteil von Weltkriegsbüchern an der Gesamtzahl der empfohlenen Romane bzw. Erzählungen (klassische Kinder- und Jugendliteratur wie Märchen, Sagen etc. nicht mitgezählt) zwischen 15 und 20 Prozent.[78] Bei den Vorschlägen für eine HJ/BDM-Heimbücherei lagen die Zahlen noch höher: Unter 19 fiktionalen Texten (Romane/Erzählungen) waren sechs Weltkriegsbücher (31,6 %): *Die Gruppe Bosemüller* (Werner Beumelburg), *Der Wanderer zwischen den Welten* (Walter Flex), *Flieger am Feind* (Werner von Langsdorff ≙ Thor Goote), *Männer* (Erhard Wittek), *Der Glaube an Deutschland* (Hans Zöberlein) und *Mädels im Kriegsdienst* (Suse von Hoerner-Heintze), die damit als die Standardwerke der HJ zum Weltkrieg gelten können. Zählt man noch Edwin Erich Dwingers Roman *Die letzten Reiter* über die Baltikumskämpfe in der Nachkriegszeit hinzu, steigt der Anteil der Weltkriegsbücher sogar auf 36,8 Prozent.[79] Angesichts der Tatsache, dass einerseits die RJF (u. a. über die reichsweite Kooperation mit lokalen, öffentlichen Bibliotheken) ihre Vorstellungen von idealer Jugendliteratur sehr wirksam in die Praxis umzusetzen wusste und dass andererseits der Anteil jugendlicher Leser an der Gesamtnutzerzahl der so genannten Volksbüchereien außerordentlich hoch veranschlagt werden kann, ist davon auszugehen, dass diese Bücher auch wirklich gelesen wurden und damit ihre Zielgruppe erreichten.[80]

Die Hauptarbeit zur weltanschaulichen Ausrichtung der in der HJ organisierten Jugendlichen wurde hingegen weder im Rundfunk noch in den öffentlichen oder der Jugendorganisation gehörenden Bibliotheken, sondern in den allwöchentlichen

77 Schulfunk, Erstes Sonderheft 1937/38. Möllers „Weg eines unbekannten Soldaten“, das zweifelsohne meistgespielte Hörspiel im Jugendfunk, behandelt den Weg des unbekannten Soldaten Hitler von seinem Kriegseinsatz bis zur ‚Machtergreifung‘. Die anderen empfohlenen Hörspiele waren Wolfram Brockmeiers „Das Erbe im Blut“, ein rassistisch aufgeladenes Bauernstück, und „Marienburg, ein deutsches Schicksal“ von Fritz Sotke.

78 Das Buch der Jugend. Ein Auswahl-Verzeichnis empfehlenswerter Bücher für die deutsche Jugend, hg. von der RJF, der Reichsamtsleitung des NSLB und der Reichsstelle zur Förderung des deutschen Schrifttums, Stuttgart, in den Ausgaben 1934/35, 1935/36, 1936/37, 1937/38, 1940. Die Zahlen im Einzelnen: 1933: 14,6 %; 1934/35: 14,9 %; 1935/36: 19 %; 1936/37: 19,5 %; 1937/38: 16,9 %; 1940: 20,4 %. Gezählt wurden die Bücher zur Kriegs- und unmittelbaren Nachkriegszeit, wobei der Anteil letzterer zwischen 0 % (1933, 1934/35) und 2,7 % schwankte. Die Zahlen für 1933 stammen aus einer Buchempfehlungsliste der RJF (Reichsjugendbücherei) für Weihnachten 1933 (BA Berlin-Lichterfelde, NS 26/342).

79 Vorschläge zum Aufbau von Heimbüchereien der HJ und des BDM, in: Das Buch der Jugend 1936/37, S. 32; Walter Flex: Der Wanderer zwischen beiden Welten. Ein Kriegserlebnis, München 1917; Werner Beumelburg: Die Gruppe Bosemüller, Oldenburg 1930; Hans Zöberlein: Der Glaube an Deutschland. Ein Kriegserleben von Verdun bis zum Umsturz, München 1931; Werner Langsdorff: Flieger am Feind. 71 deutsche Luftfahrer erzählen, Gütersloh 1934; Edwin Erich Dwinger: Die letzten Reiter, Jena 1935; Suse Hoerner-Heintze: Mädels im Kriegsdienst. Ein Stück Leben, Leipzig 1934; Erhard Wittek: Männer. Ein Buch des Stolzes, Stuttgart 1936. Streng genommen müsste noch ein weiteres der (dem BDM) empfohlenen Bücher: Karl Springenschmid: Helden in Tirol. Geschichten von Kampf und Tod in den Bergen, Stuttgart 1934, das ebenfalls zur Hälfte Weltkriegserzählungen enthält, wenigstens zur Hälfte berücksichtigt werden.

80 Vgl. Buddrus, Totale Erziehung für den totalen Krieg, S. 109.

Heimabenden – 1937 etwa 100 000 pro Woche[81] – geleistet. Hier boten sich den Einheitsführern beste Möglichkeiten, ideologisch auf ihre Schutzbefohlenen einzuwirken und das NS-typische Kondensat aus soldatischem Nationalismus, antisemitischem Antikommunismus und rassisch-völkischer Blut-und-Boden-Mystik zu verbreiten. Dabei stand nicht die Vermittlung von Wissen im Vordergrund, sondern die erlebniszentrierte Erzeugung „einer festen willensmäßigen Haltung"[82] als Grundlage ideologischer Mobilisierung und mentaler Militarisierung. Um ihren ‚Einheitsführern', die ja größtenteils auch nicht wesentlich älter waren als die ihnen zur Indoktrination anvertrauten einfachen Hitler-Jungen und -Mädel, diese Aufgabe zu erleichtern, gab die RJF ab 1934 so genannte Heimabendmappen heraus, die dem Heimabendleiter als Anhaltspunkt dienten und gleichzeitig auf die „Stunde der jungen Nation" im Rundfunk vorbereiteten, jene Sendung also, deren Gemeinschaftsempfang die HJ in ganz Deutschland zu einer Art virtuellem Heimabend zusammenbringen sollte.[83] Neben den Heimabenden, die sich explizit mit den Jahren 1914–1918 und den ‚ruhmreichen Waffentaten' des ‚alten Heeres' auseinandersetzten oder unter dem Titel „Soldaten" spezifisch soldatische Werte und Tugenden transportierten,[84] spielte der ‚Frontsoldat' des Großen Krieges als unumstrittenes pädagogisches Leitbild immer wieder eine besondere Rolle, wenn es galt, Kameradschaft, Opferbereitschaft und Pflichtbewusstsein zu illustrieren.[85] Und auch wenn es darum ging, die Geschichte des noch jungen NS-Deutschland darzustellen, bildete stets der ‚Heroismus der Front' den ersten Teil jener mythischen ‚Zwanzig Jahre Kampf um Deutschland', an deren Ende der ‚unbekannte Soldat des Weltkriegs' als Sachwalter der ‚Front' die Geschicke Deutschlands zu lenken begonnen habe.[86] Rechnet man noch die Heimabende hinzu, bei denen der Versailler Vertrag behandelt wurde, so kommt man auf den beachtlichen Anteil von knapp einem Viertel aller von der RJF entworfenen Heimabende für männliche Jugendliche, die entweder komplett dem Weltkrieg gewidmet waren oder mindestens eine Erzählung aus dem Weltkrieg als Vorlesestoff enthielten.

81 Vgl. hierzu und zum Folgenden: Ebd., S. 61 ff.

82 BA Berlin-Lichterfelde, NS 26/342, zitiert nach Buddrus, Totale Erziehung für den totalen Krieg, S. 64.

83 Die Kameradschaft. Blätter für Heimabendgestaltung in der Hitler-Jugend; Die Jungmannschaft. Blätter für Heimabendgestaltung im Jungvolk; Die Mädelschaft. Blätter für Heimabendgestaltung im BDM; Die Jungmädelschaft. Blätter für Heimabendgestaltung der Jungmädel.

84 Vgl. die Themenhefte: Soldaten, in: Die Kameradschaft, 1934, H. 6; Hermann Löns, in: Ebd., 1934, H. 9; Kampf zur See, in: Ebd., 1934, H. 12; Sie starben, damit wir leben, in: Ebd., 1936, H. 7; Vom germanischen Heerbann zum deutschen Volksheer, in: Ebd., 1936, H. 9; Deutsche Flaggen auf See, in: Ebd., 1936, H. 12; Deutsche Flaggen über Sand und Palmen, in: Ebd., 1937, H. 11; Soldaten, in: Die Jungenschaft, 1935, H. 6; Kampf zur See, in: Ebd., 1935, H. 12; Schlachten im Westen, in: Ebd., 1936, H. 5; Volk fliege wieder, in: Ebd., 1936, H. 6; Volk im Krieg, in: Ebd., 1936, H. 9; Heia Safari, in: Ebd., 1937, H. 11; U-Deutschland fährt nach Amerika, in: Ebd., 1937, H. 16; Helden der Luft, in: Die Jungenschaft, Ausgabe B, 1938,1. Halbjahr, H. 1; Schützengräben in Frankreich, in: Ebd., Ausgabe B, 1938, 1. Halbjahr, H. 2; Deutsche Soldaten in aller Welt, in: Ebd., 1938, 1. Halbjahr, H. 3.

85 So z. B. die Hefte: Kameradschaft, Gemeinschaft, Sozialismus, in: Die Kameradschaft, 1934, H. 7; Ein Volk zu sein, ist die Religion unserer Zeit, in: Ebd., 1935, H. 2; Helden und Händler, in: Ebd., 1936, H. 3; Gedenke, dass du ein Ahnherr bist, in: Ebd., 1936, H. 4; Du bist nichts, dein Volk ist alles, in: Ebd., 1936, H. 6; Wer leben will der kämpfe, in: Ebd., 1936, H. 8; Österreich – Deutsches Land, in: Ebd., 1937, H. 1; Jungvolk-Jungen sind Kameraden, in: Die Jungenschaft, 1935, 2. Halbjahr, H. 2; Wahr deine Ehr', in: Ebd., 1935, 2. Halbjahr, H. 1; Flieg, roter Adler von Tirol, in: Ebd., 1935, 2. Halbjahr, H. 11; Führer, dir gehören wir, in: Ebd., 1936, H. 7.

86 Nun tragen wir eure Fahnen, in: Ebd., 1935, 2. Halbjahr, H. 9; 20 Jahre Kampf um Deutschland, in: Die Kameradschaft, Ausgabe A, 1938, H. 6.

Abb. 5: Titelblatt der Zeitschrift „Die Jungenschaft", Mai 1936

Darüber hinaus wurde mit der Aufstellung eines weltanschaulichen Jahrgangsschulungsplans weiter auf die Vereinheitlichung der Heimabend-Schulung hingearbeitet. Dieser Lehrplan sah für das dritte Jahr im DJ bzw. bei den Jungmädeln (JM) die intensive Auseinandersetzung mit der jüngsten deutschen Geschichte vor. Die 12-jährigen Pimpfe sollten sich anhand der Schlacht von Tannenberg, den Kreuzerfahrten der Kriegsmarine, dem U-Bootkrieg, den deutschen Kampffliegern, den „Schützengräbenkämpfen in Frankreich" und überhaupt den „Deutschen Soldaten in aller Welt" ausführlich dem Ersten Weltkrieg widmen, bevor sie mit Themen wie „Albert Leo Schlageter", der „Kampf um Oberschlesien", „Die ersten Sturmabteilungen", der „Kampf um Berlin" und die „Hitler-Jugend in der Kampfzeit" die unmittelbare Vorgeschichte des Dritten Reichs nacherleben durften. Ihre Altersgenossinnen erwartete unter dem Motto „Männer und Frauen im Kampf um Deutschland" ein kaum weniger kriegs- und kampfbetontes, dem nationalsozialistischen Rollenbild der Frau als Kampfgefährtin des Mannes gemäßes Programm, das sie von Langemarck über die „Krankenschwester im Weltkrieg" und das „Heldentum der Heimat", über Schlageter und den „Kampf um Oberschlesien" zum „Einsatz der Frauen in der Kampfzeit" und dem „Grenzkampf" der Frauen führte.[87]

Der Erfolg der weltanschaulichen Schulung wurde erneut in der Prüfung für das HJ-Leistungsabzeichen (Stufe A) abgefragt. Frage 4 (von fünfen) lautete: „Was weißt du vom Weltkrieg? Welches waren die bedeutendsten Gegner Deutschlands? Was war die Ursache unseres Zusammenbruchs?"[88] Die vorgegebene Mindestantwort exemplifiziert das bei jedem Jugendlichen beim Übergang vom DJ zur HJ vorausgesetzte Wissen über den Weltkrieg:

> *Im Weltkrieg von 1914 bis 1918 kämpften 29 feindliche Staaten gegen Deutschland, Österreich-Ungarn, Bulgarien und die Türkei. Unsterblich sind die Siege der deutschen Heere bei Tannenberg, Langemarck und Verdun. Verräter, Juden und Parteibonzen verrieten Deutschland an die Feinde. Der Schandvertrag von Versailles war das Ende dieses größten Krieges aller Zeiten.*

Fast nach Belieben ließen sich weitere Beispiele für die Allgegenwärtigkeit des Weltkriegs in der HJ-Erziehung aufzählen. Gleichgültig ob es sich um das ritualisierte Heldengedenken im Rahmen der von der HJ durchgeführten Sommer- und Wintersonnenwend-Feiern handelte[89] oder um die während der zahllosen Lager veranstalteten weltanschaulichen Feier-, Feuer- und Weihestunden (allein 1939 wurden auf dem altem Reichsgebiet über 2000 Sommerlager mit ca. 450 000 Teilnehmern

87 Der Jahrgangsschulungsplan von HJ und DJ ist abgedruckt in: Die Kameradschaft. Sonderausgabe für die Sommerlager 1938, Hefttitel: Lagerschulung 1938, Mai 1938, S. 54 f.; Die Jahrgangsschulung des BDM, in: Wille und Macht, 1. 2. 1938, S. 1–4.

88 Vgl. hierzu und zum Folgenden: Das HJ-Leistungsabzeichen, in: Die Kameradschaft, Sonderausgabe für die Sommerlager 1938, Hefttitel: Lagerschulung 1938, Mai 1938.

89 Zur Liturgie der Sonnenwendfeiern vgl. z. B. Reichsbefehl der Reichsjugendführung der NSDAP, 17/III, Kulturamt, Durchführung der Sonnwendfeier am Dienstag, den 21. 6. 1938, S. 482; Claus Dörner: Freude Zucht Glaube. Handbuch für die kulturelle Arbeit im Lager, 3. Aufl., Potsdam 1941 (zuerst 1937), S. 102 f.

organisiert[90]): Dem Gedenken an den Ersten Weltkrieg im Allgemeinen und an die Heldentaten der deutschen Soldaten im Besonderen kam in der HJ-Erziehung zum Heldentum immer eine besondere Bedeutung zu.[91] Baldur von Schirachs Einschätzung „Würde ich auf Langemarck verzichten, so würde ich auf die Grundlage der Erziehung der Jugend überhaupt verzichten“[92] hatte daher durchaus ihre Berechtigung; im Rahmen der von der HJ maßgeblich implementierten geistigen Mobilmachung der Jugend und der weltanschaulichen Vorbereitung auf den Kriegseinsatz in Hitlers Wehrmacht war das heroische Kriegserlebnis schlichtweg ein unverzichtbarer Erziehungsfaktor. Erziehung zum Krieg war von 1933 bis 1939 vor allem weltanschauliche Erziehung durch den Krieg von 1914–1918. Ohne den ausgesprochenen Frontsoldaten-Kult der HJ-Erziehung hätte der kulturellen Hegemonie soldatisch-heroischer Werte und Normvorstellungen in der HJ ein entscheidendes Vehikel gefehlt. Der in der HJ-Presse feststellbare Rückgang der Weltkriegsrezeption insbesondere in den Jahren 1938/39 darf daher nicht überbewertet werden. Das aus dem ‚Fronterlebnis‘ des Ersten Weltkriegs abgeleitete Idealbild männlichen Soldatentums war ganz ohne Zweifel die erinnerungskulturelle Folie, vor der der übersteigerte soziale Militarismus der Hitler-Jugend überhaupt erst denkbar wurde. Angesichts der in weiten Teilen der organisierten Jugend verbreiteten heroischen Erinnerungskultur erscheint es plausibel anzunehmen, dass die von der HJ betriebene Gedächtnispolitik bei den Jugendlichen durchaus Anklang fand und eben nicht als spezifisch NS-ideologisch, sondern vielmehr als normal und relativ selbstverständlich empfunden wurde.

Im Verlauf der Kriegsjahre 1939–1945 trat das Gedenken an den Ersten Weltkrieg in der Hitler-Jugend schnell in den Hintergrund. Dies lag einerseits an einem in der Natur des Krieges liegenden Substitutionseffekt: Die Erfolge der Wehrmacht in der Phase der ‚Blitzsiege‘ und die neuen, nunmehr ritterkreuzbehängten Identifikationsfiguren aus Luftwaffe und Kriegsmarine drängten alles an den Rand, was nicht unmittelbar zum propagierten ‚Großdeutschen Freiheitskampf‘ gehörte. Der 25 Jahre zurückliegende Erste Weltkrieg interessierte nur noch bedingt, Nachrichten zur Kriegslage, Berichte vom Vormarsch der Wehrmacht überall in Europa waren

90 Diese Zahl ergibt sich aus: Die Sommerlager der Hitler-Jugend 1939. Eine Zusammenstellung sämtlicher Lager der HJ und des BDM in allen Gebieten Großdeutschlands, hg. von der Reichsjugendführung, Berlin 1939; 1934 waren knapp 100 000, 1935 ca. 500 000 und 1938 sogar über 600 000 Jugendliche in Zeltlagern untergebracht; Zahlen nach Kaufmann, Das kommende Deutschland, S. 140 f. Insgesamt muss ‚das Lager‘ als ein wichtiger Aspekt der HJ-Sozialisation betrachtet werden, nicht umsonst bezeichnet Schirach das Lagerleben als „die idealste Form des Jungenlebens (Schirach, Die Hitler-Jugend, 1934, S. 107.)

91 Vgl. z. B. den Vorschlag zu einer Feierstunde, in dem Sommerlager-Heft der Kameradschaft, 22. 7. 1936, S. 13 f.; die Vorlesetexte zur „Feuerstunde: Soldaten“, in: Die Kameradschaft, Sonderausgabe für die Sommerlager, Hefttitel: Lagerschulung 1937, Mai 1937, S. 62–73; Dörner, Freude, Zucht, Glaube, S. 155–167; vgl. Hochlandlager Aidling/Riegsee 1934. Erstes Großzeltlager der Hitlerjugend im Oberland. Dokumentation, „wir sind zum Sterben für Deutschland geboren“, Riegsee 2005, S. 79–83; Schulungsheft „Soldaten“ für das Hochlandlager 1935 (BA Berlin-Lichterfelde, NS 28/89); Heimabende der Hitler-Jugend. Nordmark-Lager 1936, Hamburg 1936.

92 Baldur von Schirach vor dem Arbeitsausschuss Langemarck, zitiert aus: Frontkämpfer erzählen vor der HJ, in: RJP, 1939, Nr. 4.

alles, was das Herz der Hitler-Jungen zu begehren schien.[93] Darüber hinaus gab es aber noch einen tieferliegenden Grund für die weitgehende Vernachlässigung der Jahre 1914–1918: Der Erste Weltkrieg hatte für Deutschland in der Katastrophe des Zusammenbruchs geendet; die Heroisierung der Kriegsgefallenen half, das Sinnvakuum im kollektiven Gedächtnis zu füllen, es führte aber keinesfalls dazu, dass sich 1939 irgendeine relevante soziale Gruppierung eine erneute kriegerische Auseinandersetzung in den Dimensionen des Weltkriegs auch nur ansatzweise wünschte. Um der verbreiteten Angst vor einem zweiten November 1918 entgegenzutreten, ging es dementsprechend in der HJ- wie auch auf allgemeiner Ebene in der NS-Propaganda vor allem darum, die Unterschiede zwischen dem wilhelminischen Kaiserreich und dem Führer- und Soldatenstaat Hitlers zu betonen. Für die HJ hieß dies insbesondere, die Sorge vor kriegsbedingter Verwahrlosung der Jugend und der damit verbundenen Jugendkriminalität aufzugreifen: „Jugendführung verhindert Jugendkriminalität. Weltkriegserscheinungen werden sich nicht wiederholen." Propagandaformeln wie diese waren typisch für den Versuch zu erklären, warum anders als 1914–1918 Deutschland nun gegen eine ‚Welt von Feinden' würde bestehen können.[94]

Als der Krieg mit dem Angriff auf die Sowjetunion 1941 endgültig zum Weltkrieg wurde und sich mit dem Scheitern der Blitzkrieg-Strategie im Osten abzuzeichnen begann, dass das Dritte Reich keineswegs bessere Aussichten hatte als das Kaiserreich, einen Krieg gegen den Rest der Welt zu gewinnen, wurde es noch dringlicher, Parallelen im Kriegsverlauf zu vermeiden. Daher karikierte man den Ersten Weltkrieg noch deutlicher als Negativfolie:

> *Unsere Feinde hoffen auf einen zweiten 9. 11. 1918.* [...] *Die Weltgeschichte wiederholt sich aber nie. Zwischen 1918 und 1944 liegt das revolutionärste Ereignis der deutschen Geschichte: der Sieg der nationalsozialistischen Bewegung.* [...] *Im Jahre 1918 sind wir zusammengebrochen, weil wir keine Weltanschauung und auch keine politische Führung besessen haben. Alte und hilflose Männer saßen auf dem Stuhl des Eisernen Kanzlers Bismarck.* [...] *Prinz Max von Baden war ein kranker Mann; er litt an dauernder Schlaflosigkeit. Sein Hausarzt meinte es gut und gab ihm eines Abends eine besonders starke Dosis Schlafpulver. Die Wirkung aber blieb nicht aus:*

93 Ein Indiz für die Aufmerksamkeit, mit der die Jugendlichen den Krieg verfolgten, war der große Erfolg der „Kriegsbücherei der deutschen Jugend", die ab Anfang Dezember 1939 wöchentlich Kriegsschilderungen brachte. Betrug die erste Auflage nur 30 000 Exemplare, so musste aufgrund der enormen Nachfrage die wöchentliche Auflage auf bald 400 000 mehr als verzehnfacht werden, vgl. Brief Günter Kaufmann an Schirach, 18. 7. 1940 (Archiv der Republik Wien, Reichsstatthalter in Wien 1940–1945, Hauptbüro Schirach, Karton 55, Ordner 1303).

94 Jugendführung verhindert Jugendkriminalität. Weltkriegserscheinungen werden sich nicht wiederholen. Zucht und Ordnung werden nicht gelockert, in: NSK, 12. 11. 1939; vgl. auch: So trieb man im Weltkrieg Sozialpolitik, in: Ebd., 13. 11. 1940; Die Jugend im Abwehrkampf der Nation, in: Das junge Deutschland, Oktober 1939, S. 441 ff.; Wolfram Wegener: Verfassung und Einsatz der Jugend 1914–1918. Ein Rückblick, in: Ebd., S. 453–459; Herbert Vornefeld: Jugendführung gegen Jugendkriminalität. Was lehren die Erfahrungen des Weltkrieges, in: Ebd., November 1939, S. 475–479; Günter Kaufmann: Die politische Erziehung im Krieg, in: Ders., Das kommende Deutschland, S. 219–228. Dass es dem NS-Regime insgesamt wenigstens zum Teil gelang zu suggerieren, dass Dritte Reich gehe besser gerüstet in den Krieg als das Kaiserreich, belegen die Meldungen aus dem Reich des SD der SS: vgl. z. B. die Meldungen vom 3. 5. 1940, 20. 5. 1940, 10. 6. 1940, in: Heinz Boberach (Hg.): Meldungen aus dem Reich. Die geheimen Lageberichte des Sicherheitsdienstes der SS 1938–1945, Bd. 4, Herrsching 1984, S. 1086 ff., S. 1151 ff., S. 1235 ff.

der Kanzler schlief ununterbrochen 36 Stunden. In diesen 36 Stunden aber vollzog sich der Zusammenbruch Bulgariens und der Doppelmonarchie. [...] *Graf Hertling, einer der vier Kanzler des Ersten Weltkrieges, wurde einmal von Ludendorff zu einer Besprechung ins Hauptquartier nach dem Westen gebeten. Der Kanzler aber erklärte, daß sein Alter und sein Gesundheitszustand eine so weite Reise nicht mehr vertragen würden.*
Alte, kranke und schwache Männer trugen im Weltkrieg die politische Verantwortung. [...] *Es ist daher nicht verwunderlich, daß dieser schwächliche Verein um Wilhelm II. das Schicksal des Ersten Weltkriegs nicht meistern konnte. Sie haben versagt.*[95]

Der Subtext des Monatsappells war eindeutig: Keinem „schwächlichen Verein" wie 1918 oblag im Jahr 1944 die politische Führung, sondern einem dynamischen Führer, dem eine weltanschaulich gefestigte Partei zur Seite stand und der als ‚Größter Feldherr aller Zeiten' sein strategisches Geschick bereits unter Beweis gestellt hatte. Wie konnte Deutschland da den Krieg verlieren?

Vor dem Hintergrund der engen Grenzen, die das Wissen um die Kriegsniederlage von 1918 der Instrumentalisierung des Weltkriegs in den Jahren 1939–1945 zog, überrascht es nicht, dass die einzige nennenswerte Konjunktur des Gedenkens an den Ersten Weltkrieg in die Zeit der kollektiven Hochstimmung nach dem siegreichen ‚Westfeldzug' im Sommer 1940 fällt. Mit dem Sieg über Frankreich schien eine längere, opferreiche Fortsetzung des Krieges in weite Ferne gerückt zu sein. Mit gerade einmal 50 000 Gefallenen und Vermissten hatte die Wehrmacht in wenigen Wochen geschafft, was trotz zwei Millionen Toten in den Jahren 1914–1918 nicht gelungen war.[96] Über die Schlachtfelder des Ersten Weltkriegs waren die Soldaten des Dritten Reichs gegen einen materiell überlegenen Feind zu ihrem größten Triumph marschiert. Was lag da näher, als den nunmehr errungenen Sieg als Erfüllung des ‚Erbes der Frontsoldaten von 1914–18' zu inszenieren und den Ersten Weltkrieg damit symbolisch 1940 enden zu lassen? Die große Langemarck-Feier von HJ und Wehrmacht auf dem Langemarck-Friedhof in Belgien im November 1940 ist nur ein Beispiel für die „Und Ihr habt doch gesiegt!"-Rhetorik der NS-Propaganda in dieser Zeit.[97] Und tatsächlich: Ganz so absurd, wie sie heute erscheinen mag, ist diese Kontinuitäts-Behauptung nicht. Auch wenn der Sieg gegen Frankreich primär auf überlegener militärischer Führung bzw. dem glücklichen Gelingen eines geradezu haarsträubend riskanten Operationsplanes beruhte,[98] so hatte doch der seit Ende der 1920er Jahre keinesfalls nur von den Nationalsozialisten forcierte heroische Gefallenenkult ohne Zweifel dazu beigetragen, einen gesellschaftlichen Kult des Soldatischen zu schaffen, als dessen Konsequenz Hitler für seine Expansionspläne mit der Wehrmacht ein williges Werkzeug zur Verfügung stand, dessen Kampfkraft seinesgleichen suchte.

95 Redner-Unterlage für den HJ-Monatsappell im Februar 1944, Beilage zum Gebietsrundschreiben 5/44 vom 19. 2. 1944 (StA Augsburg, HJ-Gebiet Schwaben 6).
96 Vgl. Karl-Heinz Frieser: Blitzkrieg-Legende. Der Westfeldzug 1940, München 1995, S. 400.
97 Vgl. dazu Kapitel V; Brandt, Vom Kriegsschauplatz zum Gedächtnisraum, S. 241–246.
98 Vgl. Frieser, Blitzkrieg-Legende, S. 115 ff., S. 412–432; Julian Jackson: France. The Dark Years, 1940–1944, Oxford 2001, S. 118 ff.; vgl. auch die gelungene Zusammenfassung bei Adam Tooze: Ökonomie der Zerstörung. Die Geschichte der Wirtschaft im Nationalsozialismus, Bonn 2007, S. 428 ff.

2. Zwischen Kontinuität und Kritik – der Weltkriegsdiskurs der HJ

Der Weltkriegsdiskurs der HJ in der ‚Kampfzeit' zeichnete sich durch zwei Bedeutungselemente aus: erstens durch die Konstruktion einer direkten Kontinuitätslinie von den toten ‚Helden' des Weltkriegs zu den ‚Blutzeugen' der ‚Kampfzeit', zweitens durch die Evokation des Opfertodes der ‚zwei Millionen', der die Kriegsjugend- und Nachkriegsgeneration appellativ zu Opferbereitschaft und Todesmut verpflichten sollte.

Diese beiden zentralen Motive des Kriegsgedenkens gehörten auch nach 1933 zum unveräußerlichen Kernbestand der heroischen Vorstellungswelten der HJ und bezeichnen damit eine Kontinuität in der Kriegsrezeption über die ‚Machtergreifung' hinaus. Im Folgenden soll diese handlungsleitende Grundstruktur des Gedenkdiskurses kursorisch behandelt werden. Sabine Behrenbeck hat in ihrer wegweisenden Dissertation *Der Kult um die toten Helden* die Formen des nationalsozialistischen Heldenkultes ausführlich untersucht, so dass hier einige ergänzende Bemerkungen für die HJ genügen.[99] Ausführlichere Behandlung muss hingegen das komplexe Verhältnis der NS-Jugend zur Generation der ‚Frontkämpfer' erfahren. Die dezidierte Usurpation des ‚Fronterlebnisses' gegen die Veteranenverbände, die sich in den Jahren vor 1933 noch als reaktionäre ‚Militärvereine' diffamieren ließen, musste unter den Bedingungen der Integrationspropaganda verstärkt Dankbarkeitsbekundungen an die Adresse der ehemaligen Kriegsteilnehmer weichen, die man so für das Dritte Reich zu gewinnen hoffte. Zusammen mit den Topoi ‚Kontinuität des Krieges' und ‚Verpflichtung der Jugend' bildete diese ‚Dankbarkeit der Jugend' an die Adresse der Kriegsteilnehmer die invariante Grundstruktur des Weltkriegsdiskurses in den Jahren 1934 bis 1940.

Die HJ und die Generation der ‚Frontsoldaten'

Es wurde bereits darauf hingewiesen, wie sehr die intensive Anti-Dawes- bzw. Anti-Young-Propaganda der frühen HJ darauf abzielte, durch die Diskreditierung der Verständigungspolitik als „Verschacherung“ bzw. „Versklavung“ der Jugend intergenerationelle Spannungen aufzubauen bzw. auszunutzen. Überhaupt kam dem Motiv des Generationenkonflikts in der gesamten ‚Kampfzeit' sowie in der Frühphase des Dritten Reichs große Bedeutung zu. In der HJ-Presse von 1926 bis 1933/34 stereotyp als Legitimations- und Agitationshilfe eingesetzt diente es der HJ (wie auch der SA) als politisches Deutungsmuster par excellence und wirkte im fortschreitenden Destabilisierungsprozess der ersten deutschen Demokratie – da ist die Forschung sich weitgehend einig – als Katalysator für die Entstehung einer militanten, von jungen Männern getragenen Oppositionsbewegung.[100] Mit revolutionärem Gestus versprach man die Befreiung aus der alten, im NS-Jargon korrupten, liberal-demokratischen Staatsordnung.

99 Behrenbeck, Der Kult der toten Helden.
100 Vgl. Kapitel II.

Gegen wen, sich der Sturmlauf der zur Jugend stilisierten ‚braunen Bataillone‘ in diesem Zusammenhang richtete, blieb dabei relativ unbestimmt, allenfalls wurden summarisch die ‚Alten‘ oder die ‚Generation der Väter‘ als Feindbild genannt. Für die Jugendorganisation einer Partei, deren Führer intensiv am ‚Kult des Frontsoldaten‘ arbeitete, war es natürlich unvorstellbar, die politischen Spannungen zwischen der politisch nicht unbedingt in der NSDAP beheimateten Generation der ‚Frontkämpfer‘ und dem der Kriegs- und Nachkriegsjugend zuzuordnenden aktivistischen Teil der ‚deutschen Revolution‘ offen zu thematisieren. Dementsprechend befand sich die NS-Jugend in einem erinnerungskulturellen Dilemma: Einerseits war es unmöglich, das ‚Fronterlebnis‘ als politischen Legitimationsbegriff dauerhaft zu ignorieren und sich damit in einen Gegensatz zum Gründungsmythos der Partei zu begeben. Andererseits galt es zu vermeiden, dass die allgegenwärtige Heroisierung des ‚Frontsoldaten‘ den revolutionären Geltungs- und Gestaltungsanspruch der Jugend ad absurdum führte. Wie konnte man schließlich noch auf der Klaviatur des Generationenkonfliktes spielen, wenn man mit der ‚Frontkämpfer‘-Generation diejenigen kollektiv zu Helden erhob, die in den Augen der NS-Aktivisten in großen Teilen die Zeichen der Zeit nicht erkannten?

Es gab zwei Möglichkeiten, dieser Zwickmühle zu entgehen: erstens das eher defensive Nicht-Thematisieren des Kriegserlebnisses, zweitens die Usurpation der mit dem nationalsozialistisch ausgedeuteten Frontkämpfer-Mythos assoziierten Werte und Tugenden, also den offensiven Versuch, die Deutungshoheit über das Kriegserlebnis zu übernehmen. Die HJ hat beides versucht: in der Ära Gruber eher die erste Variante, unter Schirach dann – bedingt auch durch die allgemeine Weltkriegskonjunktur – die zweite. Dieser Reaktionstypus entsprach letztlich der Linie der NSDAP, deren Behauptung einer historischen Kontinuität von den ‚Frontsoldaten‘ zum ‚unbekannten SA-Mann‘ als Ursprungsmythos des Dritten Reiches betrachtet werden muss. Lediglich dieser soll in diesem Abschnitt genauer besprochen werden.

Wer im ‚Frontsoldaten‘ einen Helden erblickte, für den wog Kritik am revolutionären Eifer der HJ aus den Reihen der ‚Helden‘ natürlich schwer. Die HJ – und mit ihr die ganze NS-Bewegung – spürte früh, dass es darauf ankam, sich in gewisser Weise aus dem Schatten der zu ‚Grabenkriegern‘ stilisierten Kriegsteilnehmer zu befreien, wenn sie ihren gestalterischen Spielraum behalten und als revolutionäre Jugend glaubwürdig bleiben wollte. Der 1928 in der *HJZ* abgedruckte Brief des Kölner HJ-Führers Wilhelm Kayser an einen Kriegsteilnehmer lässt diese Schwierigkeiten erahnen:

> *Bei unserem letzten Zusammensein glaubten Sie, mir sagen zu müssen, daß wir als junge Generation den Gedanken des Führertums nicht begriffen haben könnten, da uns das Fronterlebnis fehle.* [...] *Ich will* [...] *Ihnen* [...] *beweisen, daß wir den Führergedanken erfaßt haben und vielleicht noch besser in die Tat umzusetzen wissen als die sogenannte Frontsoldatengeneration.*
> *Sie erlebten das gewaltige Weltgeschehen mit. Sie machten all diese Not dort draußen mit. Im Kugelregen, im Dreck des Schützengrabens wurden die Frontsoldaten zusammengeschweißt zu einer großen Notgemeinschaft.* [...] *So mußte dort draußen bei*

> *Euch der Führergedanke, den man auch in dem früheren Deutschland vermißte, geboren werden.* [...]
> *Wenn Sie sich auf das Fronterlebnis berufen, so berufen wir uns auf die große Not- und Schmachzeit. Im Kriege vielfach aufgewachsen ohne Vater, wurden wir schon früh an selbstständiges Denken gewöhnt. Unsere Jugend war nicht Freude und Spiel.* [...] *Das gewaltige Weltenringen ging zu Ende. Es kam die Revolution.* [...] *Glauben Sie mir, diese Zeit hat uns sehend gemacht.* [...] *In uns tobte und brodelte es, wollte die Ketten sprengen.* [...] *Wie mancher von uns gab sein Blut für die Idee.* [...] *Keine gezwungene Disziplin, sondern freiwillige Unterordnung unter den geistig Stärkeren.* [...] *Werter Zeitgenosse! Ich habe versucht, das Fronterlebnis zu verstehen. Versuchen Sie das innere Erlebnis einer Kampfjugend zu verstehen. Sehen Sie, all diese Not, all dieser Kampf um bessere Ideale, all dieser Kampf gegen das Faule und Morsche hat uns hart gemacht. Deshalb fällt unsere Kritik auch schärfer aus als vielleicht Ihre.* [...].[101]

Offensichtlich hatte sich der Adressat kritisch über das politische Engagement der Kriegs- und Nachkriegsjugend geäußert und dabei zur argumentativen Absicherung seines generationellen ‚Angriffs‘ insbesondere auf das fehlende Kriegserlebnis der Jugend verwiesen. Dies brachte den engagierten HJ-Führer offensichtlich in Erklärungsnot. Denn wie so viele Angehörige der Kriegsjugendgeneration war er grundsätzlich bereit, das ‚Fronterlebnis‘ als sakrosankt anzuerkennen. Damit konnte er es nicht einfach ignorieren, sondern musste es als „gewaltiges Weltgeschehen“ grundsätzlich akzeptieren. Der einzige Ausweg war, ihm etwas strukturell Gleichwertiges entgegensetzen – das Aufwachsen an der Heimatfront und in den Revolutions- bzw. Inflationsjahren. Der Verweis auf die schwierigen Bedingungen und der Kampf für die ‚Auferstehung‘ Deutschlands sollte die „Kampfjugend“ nobilitieren und ihr einen kriegsanalogen Erfahrungsraum attestieren. Wichtig erscheint auch die Betonung der Freiwilligkeit des ‚Dienens‘: In Abgrenzung von der „gezwungenen Disziplin“, die im Heer geherrscht habe, begreift sich die HJ als freiwilliger ‚Sturmtrupp‘, ein Motiv, das öfters auftaucht und stets die symbolische Gleichstellung von Frontsoldaten und NS-Aktivisten einfordert.[102]

War diese relativ offene Thematisierung der Reibungspunkte zwischen Kriegs- und Nachkriegsgeneration in den Jahren 1926–1930 eine eher singuläre Erscheinung, so änderte sich dies in den frühen 1930er Jahren. Auch wenn die Kritik an dem in den Augen der HJ passiven Verhalten insbesondere des Kyffhäuser-Bundes und des Stahlhelms eher implizit geäußert wurde, trat der neue Anspruch der HJ, selber mitzubestimmen, wer als echter ‚Frontsoldat‘ gelten könne und wer nicht, nun deutlich zutage. Besonderes Gewicht kommt dabei wohl einer Rede Baldur von Schirachs auf dem Reichsjugendtag in Potsdam 1932 zu, der unumstritten größten und wichtigsten Einzelkundgebung der Hitler-Jugend in der gesamten ‚Kampfzeit‘. In einer Rede anlässlich einer ‚Weihestunde‘ führte der Reichsjugendführer aus:

101 Wilhelm Kayser: Führertum! Brief eines Jungnationalsozialisten an einen Frontsoldaten, in: HJZ, September 1928, S. 125 f.

102 Z. B. Wir gedenken der Toten, in: Ebd., November 1927; Friedrich Heinz: Materialschlacht und Saalschlacht, in: Die junge Mannschaft, Jugendbeilage des VB, Norddeutsche Ausgabe, 8./9. 4. 1934.

Wir fühlen uns in dieser Stunde eins mit den Toten der Feldherrnhalle, wir fühlen uns eins mit all den ermordeten Kameraden der SA und SS und der Hitlerjugend, wir fühlen uns aber auch eins mit den 2 Millionen Toten des großen Krieges. Wir wissen: was wir tun und was wir gestalten, ist letztlich nichts anderes als die Vollendung ihres Wollens und ihrer Sehnsucht, und so nehmen wir, die nationalsozialistische Jugend, für uns das Recht in Anspruch, uns die Träger der Tradition der Front zu nennen, und wir bestreiten allen anderen dieses Recht, wir bestreiten es vor allem denjenigen, die das Wort Tradition nur im Munde führen, aber nicht im Herzen tragen. Wir bestreiten ihnen das Recht, sich als Erben der Front zu fühlen, weil sie als Reaktionäre die Front in jedem Augenblick ihres Lebens verraten![103]

‚Frontgeist' und Revolution wurden hier als synonym definiert, ein semantischer Schritt, welcher mit einem beträchtlichen generationellen Selbstbewusstsein der rechten Konkurrenz von vornherein jegliche Deutungskompetenz absprechen sollte. Der ‚wahre Frontsoldat' sei „politischer Revolutionär", der ‚Frontsoldat' der Reaktion lediglich Karikatur des historisch überlebten Wilhelminismus, ein Spießer, ein „ordenbeladener Militär".[104] Die Immunisierungsstrategie, mit der die nationalistische Rechte den Wahrheitsanspruch anderer (pazifistischer) Diskursbeiträge zu kontern gewusst hatte, indem sie dem jeweils unbequemen Autor das ‚wahre' Kriegserlebnis abgesprochen hatte,[105] wurde hier *mutatis mutandis* gegen Frontkämpferverbände wie den Stahlhelm ins Feld geführt. Bis in die Wortwahl griff der Reichsjugendführer dabei die normative Unterscheidung zwischen Soldaten und Militärs auf, die Bernhard von Volkmann-Leander in seinem gleichnamigen Buch Anfang 1932 weiter entwickelt hatte. Als einziges in der HJ-Presse vor 1933 ausführlicher besprochenes Kriegsbuch verdient *Soldaten oder Militärs* deshalb Aufmerksamkeit.

Dass das zwischen 1932 und 1940 in sechs Auflagen mit insgesamt ca. 20 000 Exemplaren erschienene und damit doch eher belanglose Buch in der HJ-Presse ein derartiges Echo erhielt, ja, in einer Besprechung als eines der „besten Werke der Nachkriegsliteratur" angepriesen und jedem „jungen Nationalsozialisten" dringend zum Kauf empfohlen wurde,[106] lag vor allem am Zeitpunkt seines Erscheinens: Anfang 1932 stützte es genau die von der HJ spätestens seit 1931 aufgenommene revolutionäre Instrumentalisierung des ‚Fronterlebnisses' und gab der NS-Jugend mit der Dichotomie Militär – Soldat weitere Argumente an die Hand, warum sie und nicht vielmehr die Veteranenorganisationen und andere Gedenkverbände Trägerin des ‚richtig' verstandenen ‚Geists der Front' sei. Der Inhalt ist schnell zusammen-

103 Der Reichsjugendführer spricht: Baldur von Schirachs radikale Kampfansage, in: Der junge Sturmtrupp, 1932, 2. Oktober-Ausgabe; Der junge Nationalsozialist, Oktober 1932. Gemeint sind hier besonders die DNVP und der Stahlhelm, vgl. auch den Aufruf von Artur Axmann: Wir sind die Revolution, in: Ebd., Dezember 1932, in dem es u. a. heißt: „Wir sind die jungen Erben der Front. Unsere Arbeit und unsere Taten seien ein lebendes Ehrenmal unserer gefallenen Väter und Brüder. Darum prellt uns nicht, ihr Reaktionäre! Wir sind auf der Wacht! Verlasst Euch darauf!"

104 Siehe auch: Das Erlebnis des 1. NS-Reichsjugendtages: Überwältigendes Bekenntnis zur sozialistischen Revolution, in: Der junge Sturmtrupp, 1932, 2. Oktober-Ausgabe.

105 Vgl. Sontheimer, Antidemokratisches Denken in der Weimarer Republik, S. 124; Linder, Princes of the Trenches, S. 115 ff.

106 Soldaten oder Militärs. Wider die Reaktion – Die Deutsche Revolution, in: Der junge Sturmtrupp, Januar 1932.

gefasst: ‚Soldaten' oder ‚Militärs' verhielten sich antithetisch zueinander. Stünden diese für die Reaktion, verkörperten jene das Revolutionäre. „Soldatentum hat ewige Gesetze, Militär ist an den Zeitgeist gebunden." Für den Soldaten sei der Tod auf dem Schlachtfeld „ruhmvollster Lebensabschnitt", er lebe für den Kampf, wohingegen der Militär als Spießer in Uniform den Kampf eher meide als suche. Darauf sei es zurückzuführen, dass die Soldaten des ‚alten Heeres' vom Krieg bis auf geringe Reste verbraucht worden seien, während die Militärs zum größten Teil überlebt hätten. Sich an die deutsche Jugend wendend, spricht der Autor vom Ersten Weltkrieg als einem „Erziehungskrieg", der zu einem von der Jugend zu verkörpernden „neuen Soldatengeist" führen solle.[107]

Volkmann-Leanders Dichotomie löste das ‚wahre' Soldatentum aus dem Kontext des Weltkriegs hinaus und machte es zu einer raum- und zeitlosen Metapher für Opferbereitschaft und Kampfeswillen. Wenn darüber hinaus jeder überlebende Kriegsteilnehmer verdächtig war, zu den ‚Militärs' zu gehören – andernfalls wäre er ja ‚im Felde geblieben' –, konnte die Jugend sich als Bewahrerin des Erbes der toten ‚Frontsoldaten' stilisieren, was sie in Konkurrenz zu Frontsoldaten-Verbänden wie vor allem dem Stahlhelm auch tat. Auf Aktivitäten des Bundes der Frontsoldaten verweisend titelte die HJ-Presse beispielsweise einfach „Soldaten oder Militärs" bzw. bemühte das politisch aufgeladene Bild des ordenbehangenen Spießers.[108]

Angesichts der offensichtlichen Friktionen zwischen NS-Aktivisten und ehemaligen Kriegsteilnehmern ist gut nachvollziehbar, warum sich bis 1933/34 allein die toten ‚Kriegshelden' als pädagogische und propagandistische Leitfiguren eigneten: Die u. a. von Günther Gründel konzeptualisierte ‚Einheit der Kriegs-, Kriegsjugend- und Nachkriegsgeneration' war eine Fiktion. Sie entsprach nicht den Realitäten der politischen Auseinandersetzungen gegen Ende der Weimarer Republik. Ehemalige Frontsoldaten standen auf beiden Seiten. Der sich zu einem Großteil aus ehemaligen Soldaten rekrutierende prorepublikanische Wehrverband, das Reichsbanner Schwarz-Rot-Gold, war nach wie vor die zahlenmäßig größte paramilitärische Einheit, und der Stahlhelm, institutionalisierter Bewahrer des authentischen ‚Fronterlebnisses', gebärdete sich mit seinem in die Vergangenheit verweisenden Kult um den Ersten Weltkrieg letztlich zu konservativ, als dass er den radikalen Aktivismus weiter Teile der deutschen männlichen Jugend dauerhaft hätte inkorporieren können.[109]

Im Jahr nach der ‚Machtergreifung' behielt der Gedenkdiskurs der Hitler-Jugend seine revolutionäre Attitüde bei. Getreu dem Motto des Reichsjugendtages von Potsdam, „Kampf gegen die Reaktion", versuchte man auch nach dem Januar 1933, den Mythos des Frontsoldaten gegen die Veteranenverbände und den Stahlhelm ins Feld zu führen und im Namen des ‚Sozialismus' des Schützengrabens die Fortsetzung der nationalen Revolution zu fordern. Kennzeichnend für diese Strategie blieb – wie in der ‚Kampfzeit' – die Übernahme und Verteidigung des „Prinzips der Front" auch

107 Ebd.
108 Soldaten oder Militärs, Der junge Sturmtrupp, 1932, 2. Januar-Ausgabe; Soldatenleben bei den anderen, in: Der junge Nationalsozialist, September 1932.
109 Vgl. Götz von Olenhusen,Vom Jungstahlhelm zur SA, S. 169 f.; Tautz, Militaristische Jugendpolitik in der Weimarer Republik, S. 493.

und gerade gegenüber denjenigen Kriegsteilnehmern, die in den Augen der HJ die wesentlichen Strukturmerkmale des Krieges nicht verstanden hatten.

> *Es ist traurig aber doch zugleich ehrenvoll für die Hitlerjugend, daß sie dieses soldatische Prinzip* [des Sozialismus] *oft gegenüber alten Soldaten vertreten muß.* [...] *Die Hitlerjugend bekennt sich deswegen zur Front, weil sie sich als Trägerin dieser sozialistischen Tradition empfindet, die das Wir der Gemeinschaft höher stellt, als das Ich des einzelnen. Und sie vertritt dieses Prinzip der Front, und wir, die wir nicht an der Front gestanden haben, vertreten dieses Prinzip der Front auch gegenüber solchen Frontsoldaten, die an der Front gewesen sind und meinen, der Sozialismus sei vom Bolschewismus nur wenig verschieden,*[110]

deklamierte in diesem Sinne der Reichsjugendführer in einer deutschlandweit ausgestrahlten Radioansprache. Deutlicher konnte der emanzipative Anspruch kaum formuliert sein: Die Hitler-Jugend weigerte sich, den Führungsanspruch der ‚Frontsoldatengeneration' vorbehaltlos anzuerkennen. Der im Kyffhäuserbund oder im Stahlhelm beheimatete, Spießer blieb das Feindbild, auf das publizistisch eingedroschen wurde. Die Stammtisch-‚Frontsoldaten' mit ihrem leutseligen ‚Heldentum', die sich in der ‚Konjunkturstimmung' der Machtübernahme an den Nationalsozialismus annäherten (die so genannten Märzgefallenen) bildeten für den Gestaltungsanspruch der sich nach wie vor revolutionär gebärdenden Parteijugend eine Gefahr. Was lag da näher als ihnen unter Rückgriff auf Volkmann-Leanders Dichotomie Soldaten/Militärs jeglichen Verdienst abzusprechen:

> *Alle diese Herren, die heute nicht genug von ihren Fronttaten erzählen können und das Knopfloch mit riesigen EK-Bändern schmücken, waren in den vergangenen 14 Jahren, das ist eine alte Erfahrungstatsache, zumeist diejenigen, die sich über den Frontgeist lustig machten und das Offizierskorps in den Dreck zogen. Nachdem nun mit dem Durchbruch der nationalsozialistischen Revolution die soldatische Haltung zum Staatsprinzip erhoben ist, machen alle gleichgeschalteten Stammtische nur noch in Frontsoldatentum, und ihre Militär- und Keglervereinsorden klimpern lustig beim Gesang des Deutschlandliedes* [...].[111]

Offensichtlich war die HJ nicht bereit, eine sich beispielsweise in einer nachträglichen Ordensverleihung manifestierende kollektive Statuserhöhung der ‚Frontsoldatengeneration' zu akzeptieren. Im Kampf um Pfründe und Einfluss im sich konsolidierenden NS-System war der Anspruch der ‚Frontsoldaten' auf symbolische Gratifikation letztendlich ein Konkurrenzanspruch, dessen man sich im Kampf um die gerade in charismatischen Herrschaftssystemen wertvolle Ressource öffentliche Aufmerksamkeit entledigen wollte. Da passte es gut, dass der ‚wahre' ‚Frontsoldat',

110 Rede Baldur von Schirachs im Deutschlandsender, zitiert aus: Der deutsche Sturmtrupp. Kampfblatt der werktätigen Jugend Großdeutschlands, 1933, 1. Mai-Ausgabe; nicht umsonst wurde auch in der 1. Oktober-Ausgabe zum Jahrestag des Reichsjugendtages in Potsdam die Rede Schirachs, in der er die HJ als Träger der Tradition der Front bezeichnet und den ‚anderen' – vor allem dem rechten Lager – die Nachfolge abspricht, nochmals abgedruckt, vgl. Zitat zu Anm. IV, 103.

111 Der Schrei nach dem Orden, in: Der deutsche Sturmtrupp, 1933, 2. September-Ausgabe.

den zu ehren man selbstverständlich vorgab, in Absetzung vom opportunistischen Militär der ‚Etappe' für namenloses Heldentum und anspruchslose Hingabe stand:

> *Und da sind viele, die erzählen, wie sie tapfer gewesen sind, was sie nicht alles geleistet haben: ein kleiner Held! Merkt euch ihr alle, die sich davon betroffen fühlen sollten: der wahrhafte Held ist stumm, wie die Tat stumm ist und die endlosen Kreuze. Bei uns Jungen heißen solche kleinen Vielredner, die sich mit jedem Glas Bier, das sie über den Durst trinken und sich damit wieder auf Spießertum akklimatisieren, Angeber.* [...] *Daraus ergibt sich für uns eine große und gewaltige Aufgabe: Schutz dem Heldentum vor Profanierung! Was sie lebten war Einsatz und Opfer; ihrer Lebensführung wollen wir uns angleichen. Aber wehe dem Front-Märchenerzähler, der mit Feldherrengeste den Kampf der Jugend abtun will, bei dem nur der Geltung hat, der an „der Front" war wie er und der fünf Schritte weiter vortrat, als der Kompaniebefehl verlesen wurde: Wer da glaubt, für das EK in Vorschlag gebracht werden zu können, der trete vor!* [112]

Dem normativen Idealbild des ‚wahren' ‚Frontsoldaten', seinem übermenschlichen, vor allen Dingen „stummen" Heldentum und seiner dazugehörenden dienenden Bescheidenheit, konnten die Veteranen des Weltkriegs unmöglich gerecht werden: Der Rekurs auf den Frontsoldaten-Mythos diente so paradoxer Weise der Zurückweisung politisch missliebiger Forderungen ehemaliger Kriegsteilnehmer. Auf diese Weise wurde der Generationenkonflikt der Weimarer Zeit fortgesetzt. Die Ambivalenz ihres Frontsoldaten-Bildes erlaubte es der HJ dabei, auf der einen Seite die ‚Kriegshelden' abstrakt zu verehren (ideale ‚Frontkämpfer') und sich auf der anderen Seite gegen die zumeist in natura wenig heroischen Veteranen (reale ‚Frontkämpfer') abzugrenzen, ohne die integrative Klammer des kriegsaffirmativen Heldengedenkens aufgeben bzw. infrage stellen zu müssen.[113]

Symptomatisch für das Selbstbewusstsein der NS-Jugend in dieser Zwischenphase der HJ-Frontkämpfer-Beziehungen (1933/34) sind die Spannungen, die sich vor diesem Hintergrund zwischen HJ (und SA) auf der einen und dem Stahlhelm auf der anderen Seite aufbauten.[114] So wurde der Stahlhelm in der HJ-Presse nicht nur als ‚Hort der Reaktion' verunglimpft, sondern sah sich auch dem von unten getragenen Druck der NS-Jugend (in Form von Demonstrationen etc.) ausgesetzt, die den Schwung der ‚Machtergreifung' zu weitergehenden revolutionären Maßnahmen nutzen wollte. Sendungsbewusst ihre ‚Blutzeugen' neben die Gefallenen des Weltkriegs stellend, forderte die HJ eine diesem Deutungsmuster angemessene Repräsentation. Sie scheute im Einzelfall nicht davor zurück, Heldengedenkveranstaltungen zu boykottieren, auf denen ihrer Bedeutung als Kämpfer für Deutschland in ihren Augen nicht hinreichend Rechnung getragen wurde.[115] Damit legte sie einen Geltungsanspruch an den Tag, der vielfach als Anmaßung, als Provokation

112 Jugend im Trommelfeuer, in: Der Thüringer Sturmtrupp, 1934, 1. März-Ausgabe.

113 Weitere Belege für den konfliktuellen Kurs der HJ gegenüber der Frontkämpfergeneration: Militärs unter sich: Offizielle Reaktionsfeier. Der Kronprinz schüttelt Hindenburg die Hand – Schleicher redet im papenschen Ton – Man gedenkt Wilhelms II., in: Der deutsche Sturmtrupp, 1933, 1. Februar-Ausgabe; Etappe! – marsch!, in: Ebd., 1933, 2. April-Ausgabe.

114 Vgl. Bösch, Militante Geselligkeit, S. 178.

115 Staatsarchiv Detmold, L 113/44.

empfunden wurde. Die Behauptung Schirachs, Hindenburg habe sich im April 1933 bei Hitler über ihn und das respektlose Auftreten der HJ alten Offizieren, Lehrern und Geistlichen gegenüber beschwert, erscheint daher glaubhaft. Von den bürgerlichen Traditionsverbänden bis zu ihrem obersten Schirmherrn, dem Generalfeldmarschall Hindenburg, der sich besonders darüber echauffierte, dass die HJ mit dem Führer des Großdeutschen Bundes, Adolf von Trotha, einen verdienten, kaiserlichen Konteradmiral angegriffen hatte, formierte sich Widerstand gegen den unbotmäßigen Umgang der NS-Aktivisten mit den organisierten ‚Frontkämpfern'.[116]

Der Übergang von der Abgrenzung von einem Großteil der Weltkriegs-Veteranen hin zum Dankbarkeitsdiskurs der späteren Jahre lässt sich zeitlich im Sommer 1934 verorten. Am Anfang dieses Klärungsprozesses des Verhältnisses der HJ zu den ehemaligen ‚Frontsoldaten' stand ein Interview Baldur von Schirachs mit Gunter d'Alquen, einem leitenden Redakteur – oder Schriftleiter, wie es damals hieß – des *Völkischen Beobachters*, das in zwei gerade hinsichtlich der Behandlung der Thematik ‚Frontkämpfer'-HJ deutlich verschiedenen Fassungen im *Völkischen Beobachter* und in der HJ-Presse abgedruckt wurde.

Gleich die erste Frage an den Reichsjugendführer zielte auf die Problematik des Generationenkonfliktes. Ob die HJ denn in einen Gegensatz zur ‚alten' Generation geraten könne, wollte der Interviewer wissen. „Nein", beschied ihn der oberste HJ-Führer, Kriegsgeneration und HJ seien beide durch das „Erlebnis der Front" gekennzeichnet, deswegen könne die HJ sich unmöglich gegen die ‚Frontsoldaten'-Generation stellen, ohne ihre „geistige Voraussetzung" zu leugnen. Allerdings gebe es innerhalb der ‚Frontkämpfer'-Generation „einen Teil, der in Gegensatz [...] zu diesen Soldaten" geraten sei und gegen den, gemeint ist der ‚Klüngel' der ‚Reaktion', ‚Frontsoldaten' und Jugend gemeinsam Front machen müssten. Deutlich wird an seiner Antwort ein weiteres Mal die Semiotisierung des Frontkämpfer-Begriffes. Kein objektives Zuschreibungskriterium (etwa Kriegseinsatz 1914–1918) entschied über die Zugehörigkeit zur Kaste der ‚Frontkrieger', sondern der diskursiv konstruierte Frontsoldaten-Begriff umfasste von vornherein nur eine exklusive Minderheit der Kriegsteilnehmer. Dadurch wurde die Heroisierung einer ganzen, noch lebenden Generation, die zwangsläufig das generationelle Sendungsbewusstsein der HJ hätte schmälern müssen, vermieden.

Nach dieser höchstens als pflichtschuldig zu bewertenden Reverenz an die ‚Frontsoldaten' ging Schirach im weiteren Verlauf des Gesprächs noch weiter. Auf die über die Qualität der Beziehung zwischen HJ und Frontkämpferverbänden aufschlussreichen Frage:

> *Sehen Sie eine Gefahr, daß der Jugend das Verstehen für das Kämpfertum des Krieges immer schwerer wird, schon rein durch den zeitlichen Abstand von den Dingen gegeben, und daß damit der Führungsanspruch der Frontgeneration nicht ebenfalls an Würdigung verlieren könnte? Das ist ein Vorwurf, den man sehr oft der HJ macht!,*

116 Schirach, Ich glaubte an Hitler, S. 180.

antwortet der Reichsjugendführer in der im *Völkischen Beobachter* abgedruckten Version:

> *Ich möchte dazu sagen, daß es eigentlich gar keinen Führungsanspruch einer Frontgeneration gibt, sondern nur den Führungsanspruch einer Generation, die etwas geleistet hat. Wenn die heutige Generation ebensoviel leistet wie die Frontgeneration, dann wird sie auch automatisch die Führung in Deutschland erhalten. Natürlich wird mit der Zeit der Abstand vom Erlebnis des Krieges mit sich ziehen ein Verblassen des Bildes der Front, und da kommt es darauf an, daß wir die kämpferischen Instinkte der Jugend wecken, daß wir die Jugend überhaupt zu einem Bekennertum und Kämpfertum erziehen.*[117]

Schirach verneint deutlich einen sich aus der Singularität des Kriegserlebnisses ergebenden ‚Führungsanspruch' der Kriegsgeneration. Angesichts des zwangsläufigen „Verblassens des Bildes der Front" schlägt er ein vages Programm zur Erweckung der „kämpferischen Instinkte der Jugend" vor, das sich für ihn aber augenscheinlich nicht ausschließlich an dem Vorbild des ‚Frontsoldaten' orientieren muss. Im *Deutschen Sturmtrupp*, der das Interview mit dem obersten Hitler-Jungen ebenfalls brachte, wird dieser Aspekt noch stärker betont. Hier endet die Antwort Schirachs nämlich nicht mit dem abstrakten Aufruf „zu einem Bekennertum und Kämpfertum", sondern geht deutlich radikaler weiter:

> *Es ist vielleicht notwendiger, daß die Jugend in ihrer Gefühlswelt näher an einen kommenden Krieg herangeführt wird als an den vergangenen, denn es wird vielleicht genau so werden wie der Abstand von 1870 zu 1914, wenn nicht der Unterschied ein noch viel größerer sein wird. Es wird die fortgeschrittene Technik eine so gewaltige Wandlung der Kampfmethoden herbeiführen, daß es vielleicht gar nicht gut ist, wenn die Hitler-Jugend, wenn überhaupt die junge Generation sich allzu sehr auf den Ausschnitt der letzten viereinhalb Kriegsjahre beschränkt. Wenn Sie sich mit den neuen Entdeckungen in der ganzen Welt beschäftigen, mit den neuen Erfindungen und Fortschritten, muß man sich heute schon sagen, daß die Leute, die den Frontkampf geführt haben, kaum fähig sein werden, in der kommenden Auseinandersetzung Führer zu sein. Das wird etwas ganz anderes sein!*[118]

Es gibt meines Wissens keinen vergleichbaren Fall, in dem ein ranghoher NS-Funktionär mit ähnlicher Radikalität die ‚Sendung des Frontgeschlechts' bestritten hätte.

117 Die Jugend im Kampf der deutschen Gegenwart. Unterredung des Reichsjugendführers Baldur von Schirach mit unserem Schriftleiter Gunter d'Alquen, in: VB, Norddeutsche Ausgabe, 26. 4. 1934, S. 1 f. Für die Brisanz der HJ-Frontkämpfer-Beziehungen in dieser Zeit spricht auch das Interview des Deutschen Nachrichtenbüros mit Hartmann Lauterbacher, in dem der neue Stabschef der RJF u. a. die Frage beantworten musste: „Es sind in der letzten Zeit mehrfach Angriffe von angeblichen Wortführern des Frontsoldatentums auf die Hitler-Jugend erfolgt. Können Sie mir, um ein für allemal diesen Behauptungen entgegenzutreten, eine authentische Erklärung abgeben über das Verhältnis Hitler-Jugend – Frontsoldatentum?", Interview des DNB mit dem Stabschef des Reichsjugendführers (BA Berlin-Lichterfelde, R 72/1887); vgl. auch: Karl Cerff: Jugend vor dem Staat, in: Schulfunk, 1934, H. 11, S. 521–525.

118 Die politische Sendung der HJ, Interview mit Baldur von Schirach im Völkischen Beobachter, 2. Teil, in: Der deutsche Sturmtrupp, 1934, 2. Mai-Ausgabe.

Nicht nur sollten die Erfahrungen des Ersten Weltkriegs keineswegs für den Krieg der Zukunft verwertbar sein, nein, darüber hinaus sollten die Frontsoldaten auch nicht imstande sein, diesen in leitender Position zu führen. Es verwundert nur in Maßen, dass der *Völkischen Beobachter* auf diese provokante Aussage lieber verzichtete und nur die oben zitierte Antwort des Reichsjugendführers abdruckte. Offensichtlich wollte die größte nationalsozialistische Zeitung ihrer Leserschaft die Zumutung ersparen, aus dem Munde des Führers einer rapide an Bedeutung gewinnenden NS-Organisation die faktische Entwertung des ‚Fronterlebnisses' zu vernehmen, eine Entwertung, die ja im Übrigen auch der editorischen Linie eklatant zuwidergelaufen wäre.

Trotz der Selbstzensur provozierte das Schirach-Interview eine prompte Entgegnung der Stahlhelm-Zeitung, dessen Chefredakteur, Wilhelm Kleinau, sich in einem Leitartikel unter dem Titel „Schäumender Most" mit den Aussagen des Reichsjugendführers auseinander setzte und Anstoß an der „unangebrachten Überheblichkeit" nahm, mit der die HJ-Führung die „Frontgeneration in hohem Bogen zum alten Eisen zu werfen" geneigt sei.[119] Unter Verweis auf die Verdienste seiner Generation um Deutschland widersprach er dezidiert dem Sendungsbewusstsein der NS-Jugend, dessen schwärmerisches Revolutionspathos für ihn eine „Pubertätserscheinung" darstelle, und brachte damit von konservativer Seite den Führungsanspruch der ‚Frontkämpfergeneration' auch und gerade gegenüber den jüngeren Aktivisten der ‚deutschen Revolution' zum Ausdruck:

> *Die junge Frontgeneration ist vom Schicksal sehr früh mit der Förderung von Wille und Tat begnadet worden. Daß sich unter der unerhörten Bewährungsprobe der Kriegs- und der Nachkriegszeit ein so hoher Prozentsatz als wirkliche Kämpfer und Revolutionäre erwiesen hat, wird ihr unvergängliches Ruhmesblatt bleiben. Diese Generation* [...] *hat durch die von ihr getragene und durchgeführte Revolution Euch Jungens den Weg bereitet in eine bessere Zukunft und wird Euch diesen Weg weiterführen, bis ihr ebensoviel leistet, wie sie selbst.*[120]

Die Reaktion der HJ auf diese kaum verhüllte Kampfansage ließ nicht lange auf sich warten. In einer beispiellosen Pressekampagne, die nicht nur in den reichsweit verbreiteten Periodika, sondern auch in den Gebietszeitschriften geführt wurde,[121] versuchte die RJF in der Person ihres Pressechefs, des Gebietsführers Gustav Staebe, den Deutungsanspruch der HJ in Sachen Frontkämpfer-Mythos zu behaupten. Indem der Revolutionär aus dem Schützengraben in altbekannter Manier zum Ideal-

119 Wilhelm Kleinau: Schäumender Most, in: Der Stahlhelm, 6. 5. 1934.

120 Ebd.

121 Vgl. z. B. Die ‚Stahlhelm'-Zeitung beschimpft empörend die deutsche Jugend, in: Die junge Garde. Kampfblatt der Hitler-Jugend/Gebiet Ostsee, 1. 6. 1934; Gustav Staebe: Miesmacher Reaktion, in: Der deutsche Sturmtrupp, 1934, 2. Mai-Ausgabe; Schlagt den Miesmacher und ihr trefft die Reaktion, in: Reichssturmfahne. Das Kampfblatt der Württembergischen Hitler-Jugend, 1934, 2. Juni-Ausgabe; Gustav Staebe: Militärs ohne Idee oder Soldaten mit Weltanschauung, in: Die junge Front. Organ der Gebiete 18 der Hitlerjugend, 26. 5. 1934; HJ im Vormarsch, in: Junger Wille, 1934, 1. Juni-Ausgabe; Revolutionär – Pubertätserscheinungen. Der Stahlhelm benimmt sich daneben, in: Der Ostdeutsche Sturmtrupp, 1934, 2. Mai-Ausgabe; Schwärmer oder Kämpfer, in: Der Thüringer Sturmtrupp, 1934, 1. Juni-Ausgabe.

typen erhoben wurde, verweigerte man den ‚reaktionären Elementen' (also dem Stahlhelm und den mit ihm verbundenen nationalkonservativen Kreisen) jegliche sich aus dem ‚Fronterlebnis' speisenden politischen Repräsentationsansprüche und Distinktionsgewinne. Es war unerhört, mit dem Stahlhelm ausgerechnet der ältesten und im Jahr 1934 auch wichtigsten Frontkämpfer-Vereinigung den ‚Frontgeist' absprechen zu wollen, aber genau dies geschah: Der Kampf gegen ‚die Reaktion' vollzog sich, indem die HJ-Presse die Konstruktion des ‚wahren' Frontkämpfers gegen die reaktionären ‚Meckerer und Miesmacher', deren angeblich subversives Kritikastertum als Wiederholung des ‚Dolchstoßes' von 1918 gewertet wurde, ins Felde führte.

Interessant ist – und das verweist auf die kommende stärkere Inanspruchnahme dieses Mythos in der zweiten Jahreshälfte 1934 –, dass die gefallene Jugend von Langemarck im Kontext dieser generationell aufgeladenen Kontroverse von Seiten der HJ-Spitze stärker in den Vordergrund gerückt wurde:

> *Wir werden es nicht los, jenes Bild, als nach dem grauenvollen Sterben von Langemarck behäbige Bürger in Bratenröcken die Jugend priesen und alle Glocken läuteten, um dann den Altersgenossen derer von Langemarck am Schluß des Krieges das Recht zu verweigern, in dem politischen Wirrwarr der Nachkriegszeit Sitz und Stimme im Kreis der Nation zu erhalten.*[122]

Der idealistische Opfermut „derer von Langemarck" wird hier mit dem vermeintlich spießigen Patriotismus des Bürgers an der Heimatfront kontrastiert. Trotz des legendären ‚Opferganges' von 1914 sei nach dem Krieg der Jugend keinerlei Partizipationsmöglichkeit eingeräumt worden, zum Sterben alt genug, für politische Teilhabe aber plötzlich wieder zu jung. Die suggerierte Parallele ist offensichtlich: Wie die Stürmer von Langemarck liefen ihre historischen Wiedergänger, die ‚Blutzeugen' der Hitler-Jugend, Gefahr, keine ihrem Einsatz gemäße, sich in politischem Einfluss niederschlagende Gratifikation zu erhalten. Langemarck als Chiffre für das Opfer der Jugend – auf diese seiner raumzeitlichen, historischen Referenz entkleidete Deutung des Mythos wird an anderer Stelle genauer einzugehen sein. Hier kommt es darauf an, das emanzipative Potential Langemarcks zu deuten: Im diskursiven Kampf der Kriegsjugend- und Nachkriegsgeneration mit der Kriegsgeneration eignete sich der Mythos wegen seiner unauflöslichen Bindung an die vorgebliche Jugendlichkeit seiner historischen Akteure eben als Argumentationshilfe auch gegen die Generation der ‚Frontkämpfer' selbst, die als mittlerweile 30- bis 40-Jährige von dem zeitlosen Jugendpathos Langemarcks nicht mehr umfasst wurden. Die heroische, im Einsatz

122 Gustav Staebe: Gegen alle Feinde der Hitler-Jugend. Für das Bündnis: Alte Garde und HJ, in: Der deutsche Sturmtrupp, 1934, 1. Mai-Ausgabe; vgl. auch: Schlagt den Miesmacher und ihr trefft die Reaktion, in: Reichssturmfahne, 1934, 2. Juni-Ausgabe: „Diese Miesmacher bekritteln heute in erster Linie die deutsche Jugend. Wir haben es aber nicht vergessen, als die deutschen Spießer, die in den Jahren 1915 und 1916 im sicheren Horst der Heimat die Taten der Jugend von Langemarck besangen und nach dem schmächlichen Novemberverrat von 1918 jener Jugend, die für sie geblutet hat, das Mitbestimmungsrecht am deutschen Volke abgesprochen haben"; oder auch die Rede Cerffs in dem Artikel: HJ im Vormarsch, in: Junger Wille, 1934, 1. Juni-Ausgabe.

für Partei und Führer gestählte NS-Jugend stand in dieser Lesart den todesmutigen Kriegsfreiwilligen von 1914 erlebnismäßig und mental näher als die gealterten Kriegsteilnehmer, deren Opferbereitschaft in den Friedensjahren nach 1918 einer saturierten Bürgerlichkeit gewichen sei. In dieser Instrumentalisierung Langemarcks vor allem in der Kleinau-Kontroverse scheint ein wichtiges Motiv des späteren, systematischen Kultes um diese Schlacht des Weltkriegs durch: Die Evokation Langemarcks erlaubte nämlich in gewisser Weise die Verehrung der Weltkriegstoten bei gleichzeitiger latenter Distanzierung von den überlebenden Veteranen. Die Arbeit am Langemarck-Mythos war deswegen stets Arbeit an einem politisch operationalisierbaren Mythos, der in den Grabenkämpfen des polyzentrischen NS-Herrschaftssystems den Gestaltungsanspruch der NS-Jugend unterstreichen sollte. So kam der Inszenierung Langemarcks eine machtpolitisch motivierte Funktion mit emanzipatorischer Komponente zu.

Die Kampagne gegen „Miesmacher und Stahlhelmreaktion“ wurde von der Reichsjugendführung keineswegs nur publizistisch geführt. Eine große Deutschlandfahrt Staebes, großspurig angekündigt als „Vernichtungsfeldzug gegen die Reaktion“[123] mit Massenkundgebungen u. a. in Magdeburg, Breslau, Berlin, Leipzig, Stuttgart, Kiel, Hannover und Braunschweig, flankierte die Pressekampagne und versuchte den Anspruch der HJ, als Verkörperung des ‚Frontgeistes‘ zu gelten, durchzusetzen. Dass der Auftakt zu dieser Aktion in Magdeburg stattfand, war dabei natürlich alles andere als ein Zufall. In der Gründungsstadt des Stahlhelm, Bund der Frontsoldaten, wollte die HJ Stärke demonstrieren und im Deutungskampf um das ‚Fronterlebnis‘ symbolisch den öffentlichen Raum besetzen. Von welchem Geist diese im besten NS-Jargon martialisch als ‚Veranstaltungslawine‘ bezeichneten Großversammlungen getragen wurden, veranschaulicht das riesige Banner hinter der Bühne während der Versammlung in der Jahrhunderthalle Breslau am 17. Mai 1934 (Abb. 6), zu dem es in dem dazugehörigen Artikel heißt:

> *Und dann fällt das Auge auf das riesige Bild, das unsere Haltung versinnbildlicht. Ein Frontsoldat mit Stahlhelm und darunter das eisenharte Gesicht des Kämpfers der Materialschlachten des großen Krieges. Mahnend steht er da, und wessen Blick auf ihn fällt und dann die Jungen sieht, der fühlt es deutlich, die sind eine Einheit. Frontsoldaten und Hitler-Jugend gehören zusammen. Und wieder sieht das Auge auf das Bild und schaut den Hitlerjungen, der die Fahne vor dem großen unbekannten Soldaten senkt, und sieht dann den Spruch: „Wir marschieren in Euerem Geiste.“*[124]

123 Jugend gegen Miesmacher und Nörgler. Staebe-Kundgebungen im Reich und in Thüringen, in: Der Thüringer Sturmtrupp, 1934, 1. Juni-Ausgabe.

124 Mit Ammerlahn durch den Osten: Von der Jahrhunderthalle in Breslau, in: Der Ostdeutsche Sturmtrupp, 1934, 1. Juni-Ausgabe.

Abb. 6: „Wir marschieren in Euerem Geist". Banner zur HJ-Versammlung in der Jahrhunderthalle in Breslau, Fotografie aus der Zeitschrift „Der Ostdeutsche Sturmtrupp", Mai 1934

Die Pressekampagne gegen die Stahlhelm-Zeitung markiert den Höhepunkt der revolutionär kodierten Vereinnahmung des ‚Frontkämpfers' des Ersten Weltkriegs durch die Hitler-Jugend. Zugleich wirft sie ein Schlaglicht auf die politische Semiotisierung des ‚Frontsoldaten'-Begriffs und die Instrumentalisierung der vorgeblichen Kontinuität zwischen ‚Frontkämpfern' und NS-Aktivisten in innenpolitischen Auseinandersetzungen. Exemplarisch treten außerdem Empfindlichkeiten und Erwartungen des rechten Spektrums der Frontkämpferverbände zutage. Diese waren nämlich keinesfalls geneigt, sich von den Aktivisten des nationalsozialistischen Generationenprojektes an den Rand drängen zu lassen.

Diese Spannungen konnten für den Herrschaftsanspruch der NSDAP gefährlich werden, da sie der Integration des nationalkonservativen Milieus, zu dem auch die für die NS-Pläne so eminent wichtige Reichswehr zu zählen ist, in die NS-Volksgemeinschaft entgegenstanden. Das Regime hatte nun zwei Optionen: Entweder es riskierte, das nationale Bürgertum zu verschrecken, oder es machte sich daran, der generationellen Signatur des Weltkriegsdiskurses ihrer Aktivisten durch eine symbolpolitische Gratifikationsstrategie die Spitze zu nehmen. Letzteres implizierte allerdings zwangsläufig eine dramatische Zurücksetzung gerade derjenigen Kräfte, denen die NS-Partei ihren Aufstieg verdankte.

Angesichts der Bemühungen der NS-Spitze, die revolutionären Bestrebungen insbesondere der SA einzuhegen, ist offensichtlich, zu welcher strategischen Entscheidung die Parteiführung kommen musste bzw. schon früh gekommen war.[125] Die erinnerungspolitische Dimension der Entmachtung der SA und der Absage an die

125 Vgl. Longerich, Die braunen Bataillone, S. 179–206.

‚zweite Revolution‘ ist allerdings in der NS-Forschung bislang noch nicht gewürdigt worden. Dabei eignete sich, wie im Folgenden weiter auszuführen ist, kaum ein zweites Thema so hervorragend zur Pazifizierung des Generationenkonfliktes wie eine Gedenkpolitik, die den ‚Dank der Jugend‘ an die Adresse der Veteranen in Szene setzte und damit die verbreiteten Repräsentationsbedürfnisse der Kriegsteilnehmer befriedigte.

Dass ein solcher integrationspolitischer Beitrag von der HJ erwartet wurde, hatte sich bereits unmittelbar nach der ‚Machtergreifung‘ abgezeichnet. Am 10. Februar 1933 brachte Hitler in einer Rede im Sportpalast deutlich zum Ausdruck, welcherart das Verhältnis von Jugend und ‚Frontkämpfern‘ im neuen Staat sein sollte:

> *Wir wollen unsere Jugend wieder hineinführen in dieses herrliche Reich unserer Vergangenheit. Demütig soll sie sich beugen vor denen, die vor uns lebten und schufen und arbeiteten und wirkten, auf daß sie heute leben können. Und wollen diese Jugend vor allem erziehen zur Ehrfurcht vor denen, die einst das schwerste Opfer gebracht haben für unseres Volkes Leben und unseres Volkes Zukunft. Denn was diese 14 Jahre auch verbrochen haben, das Schlimmste war, daß sie zwei Millionen Tote um ihr Opfer betrogen haben, und diese zwei Millionen, sie sollen vor dem Auge unserer Jugend sich wieder erheben als ewige Warner, als Forderer, sie zu rächen. Wir wollen unsere Jugend erziehen in Ehrfurcht vor unserem alten Heer, an das sie wieder denken soll, das sie wieder verehren soll und in dem sie wieder sehen soll jene gewaltige Kraftäußerung der deutschen Nation, das Sinnbild der größten Leistung, das unser Volk je in seiner Geschichte vollbracht hat.*[126]

Der Kampf des „alten Heeres“ als größte Leistung der deutschen Geschichte, kein Wunder, dass diese Rede bei den bürgerlichen Veteranenverbänden sehr gut ankam: Wie keine zweite Rede des Reichskanzlers wurde sie beispielsweise vom Kyffhäuser-Bund aufgegriffen, entsprach sie doch mit ihrer Forderung nach „Ehrfurcht“ vor den ‚Frontsoldaten‘ ziemlich genau den Erwartungen seiner Mitglieder.[127] In einer Rede anlässlich der Vereidigung der Hitlerjugend-Führer am 26. Februar 1934 entwickelte der Stellvertreter des Führers, Rudolf Hess, diese Gedanken seines Parteichefs weiter und formulierte eine eindeutige Forderung an die Adresse des Führerkorps der Parteijugend:

> *Ihr habt euch dem Führer in jener bedingungslosen Hingabe an Deutschland unterstellt, die vor 20 Jahren von Deutschlands jüngster Kampftruppe, die von den Freiwilligen von Langemarck das große gemeinsame Heldensterben für Volk und Reich verlangte. Ihr selbst habt euch diese Jugend von Langemarck zum Vorbild gestellt.* [...] *In lebendigem Erinnern ehrt ihr eure toten Kameraden am stärksten, wenn ihr deren Disziplin in euren Reihen wach haltet.* [...]

126 Max Domarus: Hitler. Reden und Proklamationen 1932–1945. Kommentiert von einem deutschen Zeitgenossen, Bd. 1.1, Wiesbaden 1973, S. 204–208, Zitat S. 206.

127 In der Kyffhäuser-Zeitung wurde die zitierte Passage aus der Rede vom 10. 2. 1933 dreimal (gekürzt) abgedruckt: Kyffhäuser, 2. 7. 1933; 30. 6. 1935; 27. 10. 1935, davon immerhin zweimal auf der Titelseite.

Ich weiß um euren Opfermut und kenne die Gefahren, die euch täglich bedrohten und die vielen Kameraden aus euren Reihen das junge Leben raubten. Das alles weiß ich. Ich weiß aber auch, daß alle Gefahren und Leiden, denen ein Hitler-Junge in den rötesten Gebieten in den Jahren vor der Machtergreifung ausgesetzt war, nicht vergleichbar sind mit den Gefahren und Leiden eines einzigen Tages Trommelfeuer, den ein Angehöriger der Frontgeneration durchlebte. Vergeßt das nie, wenn euer Führer, den dieses Trommelfeuer für uns verschonte, harte Selbstzucht von euch verlangt.[128]

Disziplin avanciert in dieser Ansprache zur zentralen Sekundärtugend. Unterordnung und „Achtung vor der Leistung der führenden Generation" wird der HJ kritisch anempfohlen. Der Rausch des mit vielen Opfern schwer erkauften Sieges, so lässt sich Hess hier paraphrasieren, ist vorbei, jetzt gilt es, revolutionäre Ansprüche zugunsten eines systemstabilisierenden Gehorsams aufzugeben, den zu legitimieren wiederum auf das pflichtbewusste Ausharren der Soldaten des Ersten Weltkriegs im Trommelfeuer rekurriert wird. Schlimmer noch, „alle Leiden und Gefahren", denen die überzeugtesten Hitler-Jungen in der ‚Kampfzeit' ausgesetzt gewesen sein mögen, sollten nun auf einmal – und eine entschiedenere Abkehr von dem Gleichheits-Postulat der ‚Kampfzeit' lässt sich kaum denken – nicht einmal mit einem einzigen „Tag Trommelfeuer" vergleichbar sein; der Stellvertreter des Führers arbeitete hier unverkennbar an einer neuen Generationen-Hierarchie, in die sich die Jugend gehorsam einzuordnen habe. Der ‚Frontkämpfer' des Ersten Weltkriegs konnte nicht länger Chiffre für revolutionären Aktivismus und Elan sein, vielmehr verbanden sich mit diesem Begriff zunehmend staatstragende, systemstabilisierende Werte wie Disziplin und Opferbereitschaft.

Die nicht verstummenden Forderungen nach einer ‚zweiten Revolution' vor allem aus den Reihen der SA, aber auch der HJ drohten in der Frühphase des Dritten Reiches die Integrations- und Konsolidierungsbemühungen der NSDAP ernsthaft zu kompromittieren. Nachdem bereits der SA-Terror bis zum von Hitler am 6. Juli 1933 proklamierten ‚Ende der Revolution' das Ansehen der ‚Parteiarmee' beträchtlich gemindert hatte, sorgten die wiederholt geäußerten Ambitionen der SA-Führung, im Rahmen der Wiederaufrüstung die Reichswehr marginalisieren zu wollen, ebenso wie das schwer zu kontrollierende Aggressionspotential der einfachen ‚Parteisoldaten' für beträchtliche Unruhe bei den konservativen Koalitionspartnern der NSDAP. Zu diesem Zeitpunkt bestand bei diesen durchaus noch Hoffnung, mit Unterstützung Hindenburgs die totalitäre Einparteienherrschaft in moderate, autoritäre Herrschaftsformen überführen zu können. Klimax und Endpunkt dieser innenpolitischen Zuspitzung, in der die Partei zwischen dem Anspruch ihrer aktivistischen Elemente und der als sehr real empfundenen Bedrohung durch einen von der Reichswehr gestützten Putsch des nationalkonservativen Lagers zerdrückt zu werden drohte, markierte der so genannte Röhm-Putsch im Juni 1934, in dessen Gefolge nicht nur missliebige Elemente aus der SA, sondern auch wichtige Protagonisten des konservativen Lagers ausgeschaltet und ermordet wurden.[129]

128 Aus der Vereidigungsrede des Stellvertreters des Führers am 26. 2. 1934, in: Ebd., 15. 4. 1934, S. 337.

129 Vgl. Longerich, Die braunen Bataillone, S. 208; Norbert Frei: Der Führerstaat. Nationalsozialistische Herrschaft 1933 bis 1945, 5. Aufl., München 1997, S. 9–37.

Mit dem Tod Hindenburgs am 2. August 1934 und der anschließenden Vereidigung der Wehrmacht auf Hitler verschoben sich die Machtverhältnisse endgültig zugunsten der NSDAP: Nachdem seit der Ausschaltung der Koalitionspartner auch die konservativen Kräfte endgültig der Möglichkeit beraubt waren, auf die politische Willensbildung Einfluss zu nehmen, konnte sich die NS-Herrschaft durch die „Omnipotenzstellung"[130] Hitlers als Staatsoberhaupt, Regierungschef, Oberster Parteiführer und Oberbefehlshaber langfristig konsolidieren. Der Prozess der ‚Machtergreifung' war damit definitiv abgeschlossen, künftig musste im Sinne der Volkseinheits-Rhetorik der Integration so vieler ‚Volksgenossen' wie möglich größte Bedeutung zukommen. Den materiellen Zuwendungen, mit denen das Regime in diesem Zusammenhang überaus erfolgreich um die Gunst der Bevölkerung rang, ist erst jüngst wieder Aufmerksamkeit geschenkt worden.[131] Der „schöne Schein des Dritten Reiches"[132] hingegen, also die identitätsstiftenden Weihe- und Feierhandlungen bzw. allgemeiner gesprochen die symbolischen Gratifikationen, mit denen die Diktatur systemkonformes Verhalten belohnte und stabile Loyalitätsbindungen schaffte, verdient gerade in Bezug auf die Frontkämpfergeneration noch erhöhte Aufmerksamkeit.[133] In der oben angesprochenen Position des Stahlhelm-Chefredakteurs, Kleinau, bei der Auseinandersetzung mit der HJ-Presse manifestierte sich das allgemeine, von weiten Teilen der Wehr- und Veteranenverbände geteilte Unbehagen gegenüber dem Sendungsanspruch einer sich jugendlich gerierenden Revolutionsbewegung, deren Mitglieder in ihrer überwiegenden Mehrzahl der Kriegsjugend- bzw. Nachkriegsgeneration entstammten.[134] Von dieser aktivistischen Jugend wollten die organisierten Kriegsteilnehmer sich politisch nicht marginalisieren lassen; sie insistierten auf der besonderen Dignität ihres Kriegserlebnisses und wandten sich damit klar gegen die Annahme der strukturellen Gleichwertigkeit der Kampferlebnisse in Weltkrieg und ‚Kampfzeit', die konstitutiv für den NS-Heldenkult war.

Vor diesem Hintergrund erscheint es nur folgerichtig, dass der NS-Staat sich bemüht zeigte, dem u. a. vom Volksbund Deutsche Kriegsgräberfürsorge, den Verbänden des Kyffhäuser-Bundes oder dem Stahlhelm artikulierten Repräsentationsbedürfnis Rechnung zu tragen. Eine Reihe von Maßnahmen, die durchaus auch als Kompensation für die fortschreitende Gleichschaltung (der ja auch der Stahlhelm als eigenständige Organisation sehr bald zum Opfer fiel) verstanden werden müssen, zielten darauf ab, den ‚Frontkämpfer' des Ersten Weltkriegs symbolisch aufzuwerten und seine „soziale Ehre" wiederherzustellen.[135]

130 Ebd., S. 37.

131 Vgl. dazu: Götz Aly: Hitlers Volksstaat. Raub, Rassenkrieg und nationaler Sozialismus, Frankfurt a. M. 2005.

132 Peter Reichel: Der schöne Schein des Dritten Reiches. Faszination und Gewalt des Faschismus, München 1991.

133 Vgl. Löffelbein, „Die Kriegsopfer sind Ehrenbürger des Staates!"; Winkle, Der Dank des Vaterlandes, S. 8 ff.

134 Siehe den Abschnitt „Jugend im Fokus der Traditionsverbände", in diesem Band.

135 Vgl. Winkle, Der Dank des Vaterlandes, S. 7–11. Das Konzept der „sozialen Ehre" stammt in diesem Zusammenhang von der zeitgenössischen Historikerin Lucie Varga, vgl. Lucie Varga: Die Entstehung des Nationalsozialismus. Sozialhistorische Anmerkungen, in: Dies.: Zeitenwende. Mentalitätshistorische Studien 1936–1939, Frankfurt a. M. 1991, S. 115–137, insbesondere S. 120 f. Zum zentralen Stellenwert der ‚Ehre' in der NS-Ideologie vgl. auch: Arnold Zingerle: Die „Systemehre". Stellung und Funktion der „Ehre" in der NS-Ideologie, in: Ludgera Vogt/Arnold Zingerle (Hg.): Ehre. Archaische Momente in der Moderne, Frankfurt a. M. 1994, S. 96–116.

Nachdem der Volkstrauertag 1933 noch weitgehend unter der Ägide des Volksbundes Deutsche Kriegsgräberfürsorge stattgefunden hatte, begann die NSDAP 1934 die öffentliche Ehrung der Kriegsgefallenen für sich zu entdecken:[136] Am 16. Februar 1934 wurde in einer Kabinettssitzung der Sonntag Reminiscere (5. Sonntag vor Ostern) für ganz Deutschland zum verbindlichen ‚Heldengedenktag‘ erklärt. Damit erfüllte die Reichsregierung eine wichtige Forderung des Volksbundes, dessen Vorsitzender, Siegfried Emmo Eulen, in dieser Entscheidung „eine Krönung seines unentwegten Kampfes und seiner jahrelangen Arbeit“[137] erblicken wollte. Auch wenn bei den von 1934 an vom Propagandaministerium mit großem Aufwand in Szene gesetzten Heldengedenkfeiern der Volksbund immer weiter an den Rand gedrängt wurde und die Hoheit über das Gefallenengedenken nach und nach an die NSDAP und ab 1935 vor allem an die Wehrmacht verlor, darf man davon ausgehen, dass die mit dem ‚reichsweiten‘ Feiertag verbundene, symbolische Aufwertung der Kriegsgefallenen im bürgerlichen Lager allgemein als Einlösung des Versprechens der NS-Partei gesehen wurde, das Erbe der gefallenen Helden besser zu verwalten. Jedenfalls wurde der Kontrast zwischen der rigiden Zentralisierung des Gefallenenkultes im Dritten Reich und den als farblos empfundenen, föderal zersplitterten Gedenk-Feierlichkeiten der Weimarer Republik als ausgesprochen positiv empfunden.[138]

Über die Wirkung, d. h. letztlich den Erfolg der nationalsozialistischen Symbolpolitik zu Ehren des Frontsoldaten zu urteilen, fällt allerdings schwer. Schließlich ist es in erster Linie offizielles Propagandamaterial, das die massive Beteiligung der Bevölkerung etwa an den Feierlichkeiten im Rahmen des ‚Heldengedenktages‘ nahelegt. Von daher ist eine gute Portion Skepsis bei der Bewertung der groß inszenierten Einheit von Führer, Partei und Volk im Zeichen des Kriegs- und Gefallenengedenkens angebracht. Letztlich gibt es vermutlich nur eine Quelle, die es erlaubt, den Resonanzboden der symbolpolitischen ‚Wiederherstellung der Ehre des deutschen Frontsoldaten‘ wenigstens ansatzweise quantitativ zu erfassen: die relativ gut dokumentierten Zahlen zum 1934 gestifteten „Ehrenkreuz des Weltkriegs“. Exemplarisch für die Art und Weise, mit der das Regime Repräsentationsbedürfnisse auszunutzen verstand, erlaubt die Geschichte des Ehrenkreuzes, die These von der großen Akzeptanz der NS-Symbolpolitik unter den Kriegsveteranen zu erhärten.[139]

In den ersten Monaten nach der ‚Machtergreifung‘ häuften sich die Gesuche ehemaliger Kriegsteilnehmer um eine nachträgliche Verleihung von Kriegsauszeichnungen.[140] In der Reichskanzlei und im Reichsministerium des Inneren (RMI) gingen

136 Zur Genese des ‚Heldengedenktages‘ vgl. ausführlich: Fritz Schellack: Nationalfeiertage in Deutschland von 1871 bis 1945, Frankfurt a. M. u. a. 1990, S. 277–346; Kaiser, Von Helden und Opfern, S. 176–193.

137 Zitat BA Berlin-Lichterfelde, R 43 II, Nr. 1287, Bl. 48, zitiert nach Schellack, Nationalfeiertage in Deutschland von 1871 bis 1945, S. 299.

138 Vgl. zum Gefallenengedenken in Weimar und im Dritten Reich Behrenbeck, Der Kult der toten Helden, S. 282–299, besonders 297 ff.; zum Volksbund Deutsche Kriegsgräberfürsorge vgl. Kaiser, Von Helden und Opfern, S. 176–178.

139 Vgl. Winkle, Der Dank des Vaterlandes, S. 309–313; ders.: Kriegserfahrung und Anerkennungserwartungen – zur Bedeutung symbolischer Gratifikationen im Nationalsozialismus, in: Rheinisch-westfälische Zeitschrift für Volkskunde, 54 (2009), S. 131–149.

140 Anfrage der Vertretung Sachsen beim Reich (BA Berlin-Lichterfelde, R 43 II/296, Bl. 31); diese Forderungen wurden kritisch von der Presse der HJ aufgegriffen: z. B. Der Schrei nach dem Orden, in: Der deutsche Sturmtrupp, 1933, 2. September-Ausgabe.

zu dieser Zeit Vorschläge z. B. zur Schaffung einer staatlichen Kriegs-Gedenkmünze ein. Angesichts der Tatsache, dass einerseits gut ein Drittel der deutschen ‚Frontsoldaten' kein einziges ‚Ehrenzeichen' besäße, andererseits aber Träger des EK II und sogar des EK I an keiner einzigen Kampfhandlung teilgenommen hätten, sei es Aufgabe des neuen Staates, hier Abhilfe zu schaffen und mit der Verleihung eines „Feld-Ehren-Zeichens" in verschiedenen Ausführungen für „Frontsoldaten" und „Kriegsteilnehmer" der Verdienste des deutschen Heeres Rechnung zu tragen.[141] Gleichzeitig gab es, wie etwa die Stiftung des Langemarck-Kreuzes belegt, eine Konjunktur verbandsinterner Abzeichen, welche die Teilnahme am Krieg in der Öffentlichkeit bezeugen sollten.[142] Auch wenn Reichspräsident Hindenburg der nachträglichen Schaffung eines Kriegsordens zuerst skeptisch gegenüberstand, trieb das RMI spätestens seit Februar 1934 die Stiftung des Ehrenkreuzes voran, und am 15. Mai 1934 konnte der Entwurf einer Verordnung des Reichspräsidenten über die Stiftung des Ehrenkreuzes vom Reichskabinett verabschiedet werden. Gerade rechtzeitig zum 20. Jahrestag des Kriegsausbruchs wurde damit die Stiftung durch den Reichspräsidenten bekannt gegeben.[143]

Wenn die Regierung mit der Schaffung des Ehrenkreuzes ganz unzweifelhaft eine Initiative der Traditionsverbände aufgriff und der Reichspräsident (und nicht der Reichskanzler) als Stifter auftrat, so legte das Regime nichtsdestotrotz größten Wert darauf, die Ehrung der ‚Frontkämpfer' als Maßnahme des ‚neuen' Staates erscheinen zu lassen. So war es ursprünglich vorgesehen, die Verleihung des Ehrenkreuzes an Hindenburg durch Hitler vornehmen zu lassen, eine Handlung, die in Umkehrung der protokollarischen und verfassungsmäßigen Rangfolge der Identifizierung der Ehrung der Veteranen mit dem Führer der NSDAP Vorschub leisten sollte und gleichzeitig geeignet schien, Hitler gegenüber Hindenburg aufzuwerten. Durch den Tod des ‚Helden von Tannenberg' Anfang August 1934 kam dieses Vorhaben nicht zur Ausführung, es wurde jedoch Sorge getragen, dass das neu gestiftete Ehrenkreuz bei der Beisetzung einen prominenten Platz neben den anderen Kriegsauszeichnungen auf dem Ordenskissen des Verstorbenen erhielt.[144] Durch das Charisma seines ersten Trägers sollte die Integrationskraft des Kriegsordens vergrößert werden: Je mehr Veteranen schließlich eine Auszeichnung des NS-Staates als symbolische Gratifikation akzeptierten, je höheren Wert man ihr beimaß, desto eher konnte es gelingen, durch die symbolische Aufwertung der Kriegsteilnahme die Veteranen an das Dritte Reich zu binden.[145]

Mit der Verordnung zur Ausführung des Gesetzes über Titel, Orden und Ehrenzeichen vom 14. November 1935 wurde konsequenter Weise die Bedeutung des Ehrenkreuzes als Kriegsauszeichnung weiter erhöht. Indem nämlich das Tragen nichtstaatlicher Ehrenzeichen verboten wurde, entledigte man sich der symbolischen Konkurrenz vor allem der verbandsinternen Auszeichnungen. So wurden beispiels-

141 Eingabe des Vereins Deutsches Feld-Ehren-Zeichen an die Reichskanzlei und das RMI vom 7. 4. 1933 (BA Berlin-Lichterfelde, R 43 II/296 a, Bl. 157–165); Vorschlag Joseph Fleck an Reichskanzlei und RMI vom 29. 1. 1934 (BA Berlin-Lichterfelde, R 43 II/296 1, Bl. 30–41).

142 BA Berlin-Lichterfelde, R 43 II/296, Bl. 40.

143 BA Berlin-Lichterfelde, R 43 II/296 a, Bl. 42–43, 65–71, 78–79.

144 BA Berlin-Lichterfelde, R 43 II/296, Bl. 113.

145 Zur Instrumentalisierung des Hindenburg-Mythos durch den Nationalsozialismus vgl. ausführlich: Hoegen, Der Held von Tannenberg, S. 357–425.

weise die Kyffhäuser-Gedenkmünze und das Deutsche Feldehrenzeichen ebenso verboten wie sämtliche Regiments-Erinnerungskreuze und das Langemarck-Kreuz.[146] Einzig das vom NS-Staat gestiftete Ehrenkreuz sollte der symbolischen Repräsentation des deutschen ‚Frontsoldaten‘ in der Öffentlichkeit dienen und damit das Engagement der NS-Regierung für die Ehrung der Frontgeneration versinnbildlichen.

Das „Ehrenkreuz“ wurde in drei Ausführungen verliehen: an ‚Frontkämpfer‘, an sonstige Kriegsteilnehmer sowie an Kriegshinterbliebene. Eine Verleihung erfolgte nur auf Antrag, d. h. zwischen Juli 1934 und März 1935 mussten alle Kriegsteilnehmer, die ihren Frontkämpfer-Status öffentlich dokumentieren wollten, selbst initiativ werden und sich bei der zuständigen Ortspolizeibehörde um die Auszeichnung bemühen.[147] Frontkämpfer im Sinne der Durchführungsverordnung waren dabei alle „reichsdeutschen Kriegsteilnehmer, die bei der fechtenden Truppe an einer Schlacht, einem Gefecht, einem Stellungskampf oder an einer Belagerung teilgenommen“ hatten. Antragsberechtigt für das Kriegsteilnehmer-Kreuz waren alle übrigen Angehörigen der deutschen Streitkräfte (Kampfunterstützungstruppen etc.), aber auch – und das erschwert die Berechnung einer zuverlässigen Quote beträchtlich – alle Angehörigen der freiwilligen Krankenpflege, des freiwilligen Automobilkorps und des freiwilligen Motorbootkorps, sofern sie im Kriegsgebiet eingesetzt worden waren. Das Kriegshinterbliebenen-Kreuz war für die Eltern respektive die Witwen gefallener Soldaten bestimmt.

Die Resonanz auf das Gratifikationsangebot Ehrenkreuz war überwältigend. In allen drei Ausführungen wurde es insgesamt über acht Millionen Mal verliehen.[148] Ca. 6,2 Millionen Frontkämpferkreuze standen 1,1 Million Kriegsteilnehmer-Kreuzen gegenüber. Etwa 700 000 Mal wurde das Kreuz für Kriegshinterbliebene verliehen. Wenn man für die Zeit von 1914–1918 von 13 Millionen mobilisierten Deutschen ausgeht und von dieser Zahl die Kriegstoten (zwei Millionen) und die statistisch in den Jahren 1918 bis 1934/35 verstorbenen Veteranen abzieht,[149] so bleiben rein rechnerisch rund 10,1 Millionen Veteranen übrig, auf die sich die verliehenen Ehrenkreuze (Frontkämpfer- und Kriegsteilnehmer-Kreuz) verteilten. Unter der vereinfachenden Annahme, dass diese zu 100 Prozent Frontkämpfer im Sinne der Durchführungsverordnung waren, folgt daraus, dass 61 Prozent der überlebenden Kriegsteilnehmer einen Antrag auf Verleihung des Ehrenkreuzes gestellt haben müssen. Diese Schätzung ist jedoch offensichtlich sehr konservativ. Tatsächlich lag die Antragsquote deutlich höher: Erstens vernachlässigt diese Rechnung nämlich diejenigen Militärangehörigen, die zu den Empfängern/Antragsberechtigten des Kriegsteilnehmer-Kreuzes gehörten. Dabei ist anzunehmen, dass das Gros der 1,1 Millionen Träger dieser Auszeichnung aus den Reihen der Militärangehörigen stammte.

146 Vgl. Heinrich Doehle: Orden und Ehrenzeichen im Dritten Reich, Berlin 1939, S. 78–80; Winkle, Kriegserfahrung und Anerkennungserwartungen. Der Verordnungstext findet sich in: Hanns Dombrowski: Orden, Ehrenzeichen und Titel des nationalsozialistischen Deutschlands, Berlin 1940, S. 25–50.

147 Siehe hierzu und zum Folgenden ebd., S. 51–63.

148 Angaben aus Doehle, Orden und Ehrenzeichen, S. 12 f.

149 Sterbetafeln aus den Statistischen Jahrbüchern des Deutschen Reichs aus den 1920er Jahren belegen, dass unter Normalbedingungen etwa neun Prozent eines Jahrganges zwischen dem 20. und dem 40. Lebensjahr starben. Es scheint daher berechtigt, von ca. 880 000 nach Kriegsende unter mehr oder weniger natürlichen Umständen verstorbenen Kriegsteilnehmern auszugehen. Das wären rund acht Prozent aller Überlebenden.

Zweitens ist zu bedenken, dass längst nicht alle Kriegsmobilisierten an der Front bzw. im Kriegsgebiet gewesen sind. Man denke nur an die im Versorgungs- und Transportwesen eingesetzten Militärangehörigen oder an die gerade noch mobilisierten Angehörigen des Jahrgangs 1900, die 1918 nicht mehr zum Einsatz kamen. Daher kann mit gutem Grund davon ausgegangen werden, dass unter den antragsberechtigten ‚Frontkämpfern' die angenommene Mindestquote von 61 Prozent signifikant überschritten worden ist.

Sicherlich bedürfen diese Zahlen einer weiteren Präzisierung. Auch eine nähere Untersuchung der Motivation bestimmter Gruppen von Antragsstellern bzw. der symbolischen Praxis auf der Mikroebene erscheint notwendig, wenn die Repräsentationsansprüche der Kriegsveteranen empirisch trennscharf gefasst werden sollen.[150] Eines scheint jedoch kaum bestreitbar: Mit der nachträglichen Verleihung einer Kriegsauszeichnung bediente das NS-Regime eine Nachfrage nach symbolischer Ehre, die weit über den Kreis der mit dem Nationalsozialismus sympathisierenden Kriegsteilnehmer hinausging. Alles deutet daher darauf hin, dass es dem NS-Staat auf der symbolischen Ebene gelang, sich als Sachwalter der Kriegsgeneration in Szene zu setzen. Dass dadurch Loyalitätsbindungen gestärkt oder überhaupt erst geschaffen wurden, ist anzunehmen. Die Verstaatlichung, Zentralisierung und Intensivierung des Weltkriegs- und Gefallenengedenkens im Dritten Reich ist in diesem Sinne sicherlich ein wichtiger Knoten im kausalen Netz der nationalsozialistischen Integrations- und Mobilisierungsleistung.

Die Stiftung des Ehrenkreuzes war zugleich eine Niederlage der HJ, schließlich wurde hier genau jenes Distinktionsbedürfnis, jener „Schrei nach dem Orden",[151] befriedigt, gegen den die HJ in ihren Presseorganen im Vorfeld massiv Front gemacht hatte. Die Ruhigstellung und Integration der ‚Frontkämpfergeneration' genoss ganz augenscheinlich gerade in der sich zuspitzenden innenpolitischen Situation des Frühjahrs 1934 hohe Priorität, beinhaltete sie doch ein deutliches Signal an das bürgerliche Lager, dass die revolutionäre Phase vorbei sei. Der nationalsozialistische Staat achtet und ehrt seine Frontsoldaten – dies war die Botschaft, welche die Verleihung des Ehrenkreuzes transportierte. Dass damit auch symbolisch noch einmal in Richtung Reichswehr bekräftigt werden sollte, dass das Regime nach der Konsolidierung der Macht an ihre Tradition, also an die Tradition des ‚alten Heeres', und nicht so sehr an das revolutionäre Kämpfertum der SA anzuknüpfen gedachte, ist offensichtlich. Durch die Symboloffensive konnte die NSDAP hoffen, positiven Anklang gerade bei den Streitkräften zu finden, die sich als Bewahrer der altehrwürdigen Tradition des deutschen Heeres sahen. Die Pflege der Tradition der ‚feldgrauen Front' diente damit u. a. dem Heraushalten der Reichswehr aus der von den Nationalsozialisten perhorreszierten ‚reaktionären Oppositionsfront' und sollte – noch bevor mit der Vereidigung der Armee auf Hitler im August 1934 die Bindung an die NS-Regierung enger geworden war – die Sympathien der ‚Waffenträger der Nation' für die nationalsozialistische Regierung stärken.

Der selbstbewusste Gestus, mit welchem die HJ gerade im Frühjahr 1934 die revolutionäre Attitüde des ‚wahren Frontkämpfertums' zelebriert hatte, passte nun

150 Dirk Strohmenger (Universität Marburg) arbeitet gegenwärtig an einer Doktorarbeit zu diesem Themenkomplex.

151 Der Schrei nach dem Orden, in: Der deutsche Sturmtrupp, 1933, 2. September-Ausgabe.

offensichtlich nur noch sehr bedingt zur integrativen Traditionspflege, wie sie der Parteispitze vorschwebte. So kann es nicht überraschen, dass sich mit der Röhm-Affäre der HJ-Weltkriegsdiskurs deutlich verschob. Die von Revolutionspathos getragene Instrumentalisierung der Frontsoldaten des Großen Krieges war nunmehr nicht nur höchst inopportun, sondern sogar – das hatte das Beispiel der SA gezeigt – potentiell gefährlich. Die von Hitler und Hess seit Januar 1933 angemahnte Ehrung der ehemaligen Kriegsteilnehmer (auch der lebenden) fand nun Eingang in die HJ-Politik, wie folgender Textausschnitt bezeugt:

> *Es ist so, daß hin und wieder von dem Recht der jungen Generation geredet wird. Es gibt kein Recht der jungen Generation. Es gibt nur eine Pflicht dieser Jugend, eine Pflicht, die gewaltiger ist als irgendein Recht. Es gibt in Deutschland eine Generation von Frontsoldaten. Es gibt eine Generation von Menschen, die den Kampf als Nationalsozialisten auf ihren Schultern getragen haben und es gibt eine Generation, die beides in sich verkörpert. Wie kann da unsere Generation diesen anderen gegenüber, die ein Primat der Leistung haben, sagen, sie hätte ein Recht? Nein. Ihr habt, verglichen mit allen diesen, eine zehntausendfach größere Pflicht.*[152]

Deutlich ruderte der Reichsjugendführer hier zurück. Anders als in seinem Gespräch mit dem *Völkischen Beobachter* ist keine Rede mehr davon, dass die Jugend wegen ihres Engagements in der ‚Kampfzeit‘ gewissermaßen gleichberechtigt neben die Frontkämpfergeneration treten könne. In ihrem Kampf um Einfluss und symbolische Repräsentation musste die HJ eine offensichtliche Niederlage einstecken und sich im Sinne der Staatsräson ganz in den Dienst der Integrationspropaganda stellen, deren Adressaten in diesem Kontext die Veteranen des Großen Krieges waren. Das öffentliche Weltkriegsgedenken in der Hitler-Jugend richtete sich ab Mitte 1934 dementsprechend verstärkt an die ehemaligen Kriegsteilnehmer selbst. Das rapide Ansteigen der Zahl der Artikel zum Weltkrieg in der HJ-Presse der Jahre 1934/35 (siehe Diagramm S. 143) spiegelt diese innenpolitische Funktion wider. Die alljährlichen Ansprachen des Reichsjugendführers zum Langemarck-Tag im November wandten sich in diesem Sinn eher an die ehemaligen Frontsoldaten als an die Hitler-Jungen und -Mädel: Öffentlichkeitswirksam die Dankesschuld der Jugend gegenüber der heldenhaften Vätergeneration zu bekunden, wurde nun eine wichtige Aufgabe des HJ-Kriegsgedenkens. Dazu gehörte auch, dass die Hitler-Jungen ab November 1934 per Verordnung gehalten wurden, „vor allen Dingen die Soldaten der großen alten Armee zu grüßen und zu respektieren“.[153] Der Dank der HJ trug dazu bei, die generationelle Zuspitzung in der Spätphase der ersten deutschen Republik vergessen zu machen. Indem das in den ‚Revolutionsjahren‘ 1932 und 1933 bestrittene Primat des Alters wiedereingesetzt wurde, hoffte man, die Zustimmung der älteren Bevölkerung zum Regime zu stabilisieren.[154]

152 Baldur von Schirach vor den HJ-Führern des Gebietes Ostland in Königsberg, in: Die junge Garde, 30. 9. 1934.

153 Verordnungsblatt der RJF II/18 (1934). Auch dieser Befehl wurde von interessierter Verbandsseite mit Genugtuung zur Kenntnis genommen: Die Jugend grüßt die alte Armee, in: Nachrichtenblatt der Vereinigung ehemaliger 239er, Januar 1935; Jugend und Tradition, in: Kyffhäuser, 25. 11. 1934.

154 Vgl. Aufruf des Reichsjugendführers an die Hitler-Jugend anlässlich der Übernahme des Kemmel-Friedhofs, in: Wille und Macht, 1. 11. 1935, S. 1.

Im Rahmen dieser Integrationspolitik beteiligte sich die HJ deutschlandweit an unzähligen ‚Heldengedenkfeiern'. Vor allem in den Jahren 1934/35 gab es keine größere HJ-Kundgebung, die ohne den Programmpunkt ‚Kranzniederlegung' am örtlichen Kriegerdenkmal auskam. Besonders die Auftritte des Reichsjugendführers in der Reichshauptstadt Berlin am Ehrenmal Unter den Linden wurden groß in Szene gesetzt. So begann Schirach das jeweils neue HJ-Jahr am Neujahrstag mit einer Kranzniederlegung in der Neuen Wache in Berlin (Abb. 7).[155] Parallel dazu sollten sich HJ-Einheiten in ganz Deutschland an den Kriegerdenkmälern versammeln und eine kurze Gefallenenehrung durchführen.[156] Auch auf den aufwendig inszenierten ‚Kriegsopfertagen' der NSKOV spielte die HJ in dieser Phase eine große Rolle. Stellvertretend für die gesamte Jugend verneigte sie sich vor Gefallenen und Kriegsversehrten gleichermaßen. Ein symbolpolitischer Kotau, der vom Zentralorgan der Nationalsozialistischen Kriegsopferversorgung mit großer Freude zur Kenntnis genommen wurde:

> *Was aber mit besonderer Freude zu vermerken ist, das ist die Tatsache, daß die deutsche Jugend heute auch die Leistungen und das Opfer der Frontgeneration von 1914/1918 zu würdigen gelernt hat. Die deutsche Jugend kennt die hohe Bedeutung des Feldes der Ehre – ausgesprochen im Gegensatz zu der verflossenen unseligen Zeit der letzten 15 Jahre, in der ihre Väter und Mütter allein schon deshalb verachtet wurden, weil sie Kriegsopfer waren.* [...]. [Daher] *ist die Jugend, die HJ und der BDM, an allen Ehrentagen der NSKOV eifrig bemüht, in herzlicher Weise überall mitzuhelfen, und Freude zu bereiten. Ob dabei eine Abordnung der HJ und des BDM die schwarze Sturmfahne der deutschen Kriegsopfer von der Saar,* [...] *begleitet, oder ob sie in flottem Schritt hinter den Fahnen der deutschen Kriegsopfer* [...] *marschieren, ob die Mädels vom BDM den alten Kriegereltern und den Beschädigten Blumen überreichen, all das ist nur der Ausdruck wie sehr die Jugend schon verstanden hat, mit vollen Händen und vollen Herzen ebenfalls an der Wiedergutmachung beteiligt zu sein.*[157]

In diesen Zusammenhang gehören noch zahlreiche weitere Maßnahmen. So übernahm die HJ im November 1935 die Patenschaft über den Soldatenfriedhof Dranoutre[158] und erfüllte damit eine Forderung u. a. des Volksbundes Deutsche Kriegsgräberfürsorge, der in der Pflege der Soldatengräber durch die Jugendlichen eine wichtige Dankesleistung sah.

155 Die Fanfare. Hitler-Jugend Illustrierte, Januar 1935, Titelseite.

156 Verordnungsblatt der Reichsjugendführung, 8. 12. 1934, S. 2.

157 Die Ehrentage und Großkundgebungen der alten Frontsoldaten und Kriegsopfer, in: DKOV, November 1934, S. 1–8, Zitat auf S. 2. Vgl. dazu auch die Dissertation von Nils Löffelbein: „Ehrenbürger der Nation". Die Kriegsbeschädigten des Ersten Weltkrieges in Politik und Propaganda des Nationalsozialismus, Heinrich-Heine-Universität Düsseldorf, 2011.

158 Aufruf des Reichsjugendführers der Hitler-Jugend anlässlich der Übernahme des Kemmel-Friedhofs, in: Wille und Macht, 1. 11. 1935, S. 1.

Abb. 7: Der Reichsjugendführer Baldur von Schirach bei der Kranzniederlegung im Ehrenmal Neue Wache in Berlin. Titelbild der Zeitschrift „Die Fanfare", Januar 1935

Besonders deutlich wird die integrationspolitische Motivation der HJ-Führung aber am Beispiel der Ernennung des ehemaligen Chefs des Stabes der Hochseeflotte, Adolf von Trotha, zum Ehrenführer der Marine-HJ im Februar 1935. Im Juni 1933 hatte sich die RJF im Rahmen der Gleichschaltung des Großdeutschen Bundes, als dessen Führer Trotha fungierte, vollkommen rücksichtslos verhalten und den empört bei Hindenburg und Hitler intervenierenden Trotha zur Seite geschoben.[159] Auch der Verweis auf die „größte Stunde meines Lebens in der Skagerrak-Schlacht"[160] hatte nichts geholfen: In einer demütigenden Art und Weise setzte die HJ ihren Machtanspruch durch und löste die Bünde der bürgerlichen Jugendbewegung auf. Ein derartiges Vorgehen kam beim Establishment und insbesondere beim Reichspräsidenten nicht gut an. Dementsprechend bemühte sich Schirach nach dem Auslaufen der revolutionären Phase um eine Annäherung an Trotha. Erscheint der „verdiente Stabschef der Hochseeflotte" in der Erstausgabe von Schirachs *Hitler-Jugend. Idee und Gestalt* noch wie ein einigermaßen unfähiger Jugendführer, der gar nicht genau gewusst habe, was im Großdeutschen Bund vor sich gegangen sei,[161] so wurde in späteren Ausgaben betont, dass „dieser verehrungswürdige Mann, der unserem Vaterlande im Krieg und im Frieden stets mit selbstloser Hingabe gedient hat", doch eigentlich mit dem Großdeutschen Bund das Gleiche gewollt habe wie Schirach mit der HJ.[162] Allein die unglücklichen Umstände seien Schuld an seinem Scheitern gewesen. Die Ernennung Trothas zum Ehrenführer der Marine-HJ eignete sich in diesem Zusammenhang vorzüglich, und das gleiche Kalkül motivierte auch die Ernennung des Pour-le-mérite-Trägers Eduard von Schleich zum Ehrenführer der Flieger-HJ, die enge Verbundenheit zwischen NS-Jugend und verdienten ‚Frontkämpfern' zu belegen und den Dank der Jugend an die Adresse der Kriegsgeneration propagandistisch in Szene zu setzen. So hieß es zum Beispiel in der Trotha am 19. Februar überreichten Ehrenurkunde:

> *Es ist eine der schönsten Aufgaben der Hitlerjugend, die Männer zu ehren, die ihr Vaterland im großen Krieg verteidigt haben. Dem Stabschef der unvergeßlichen Flotte im Weltkrieg, dem Admiral von Trotha, verleihe ich hiermit die Ehrenführerschaft der Marine-Hitlerjugend, es sei damit ein Band geknüpft zwischen ruhmvoller Tradition und jungem Willen zu deutscher Seegeltung.*[163]

Dass mit Trotha und Schleich nun zwei ehemalige Offiziere – wenigstens auf dem Papier – Einfluss auf die HJ erhielten, mag dabei insbesondere die militärischen Eliten beruhigt haben; jedenfalls schien damit gewährleistet, dass das „Heldentum des

159 Briefe Adolf von Trotha an Hitler, 29.4. und 22.5. 1933(BA Berlin-Lichterfelde, NS 26/334); vgl. Schirach, Ich glaubte an Hitler, S. 180.
160 Brief Adolf von Trotha an Hitler, 29. 4. 1933 (BA Berlin-Lichterfelde, NS 26/334.
161 Schirach, Die Hitler-Jugend (1934), S. 33 f.
162 Baldur von Schirach, Die Hitler-Jugend. Idee und Gestalt, Leipzig 1936, S. 33 f.
163 Ansprache des Reichsjugendführers anlässlich der Überreichung der Ehrenführerurkunde an Admiral von Trotha (AdR, Reichsstatthalter, Hauptbüro Schirach, 49/254).

Weltkriegs", auf das hinzuweisen Trotha in keiner seiner Reden vor der Hitler-Jugend unterließ, in den Traditionsbestand der neuen Staatsjugend einging.[164]

Exemplarisch für die innenpolitische Dimension des öffentlichen HJ-Weltkriegsgedenkens dieser Jahre steht auch die Ansprache, die Schirach während der Kundgebung des Nationalen Frontkämpfertages der NSKOV am 1. August 1937 vor im Berliner Olympiastadion versammelten Kriegsteilnehmern hielt:

> *Die Herzen der hier versammelten deutschen Jungen und Mädels sind in dieser Stunde von tiefer Dankbarkeit bewegt. Es ist für uns ein ungeheures Erlebnis, mit euch, den Soldaten des Großen Krieges und damit mit den Trägern des größten Opfers aller Zeiten gemeinsam hier uns erinnern zu dürfen eurer Taten, eures großen und heldenhaften Kampfes.* [...]
> *Gewiß, es ist ein gewaltiger Unterschied zwischen den gereiften Männern, die hier versammelt sind und in dieser Stunde daran zurückdenken, daß sie einst dem Krieg ins eherne und unerbittliche Antlitz schauten und diesen jüngsten Jünglingen und Knaben, die das Leben vor sich haben* [...]. *Wohl noch nie in der Geschichte unseres Volkes hat zwischen Vätern und Söhnen eine solche Kluft des Erlebens gestanden wie zwischen Euch, die ihr im Felde wart, und euren Kindern.* [...].[165]

Die Singularität des ‚Fronterlebnisses', die Inkommensurabilität mit anderen ‚Kampferlebnissen' inklusive der ‚Kampfzeit', bildete die zentrale Aussage der Ansprache. Während in der HJ-internen Kommunikation die Semiotisierung des ‚Fronterlebnisses', also letztlich die Relativierung des Kriegserlebnisses zugunsten eines abstrakten, raumzeitlich ungebundenen Heldentums, vorherrschte, wird vom Reichsjugendführer das Kriegserlebnis hier auf die Jahre 1914–1918 beschränkt. In dieser panegyrischen Dankesrede Schirachs manifestiert sich damit deutlich eine Funktion der Instrumentalisierung des Weltkriegs durch die HJ: die Bindung der ehemaligen Soldaten an das mit der HJ identifizierte NS-Regime. Da, wie noch zu zeigen sein wird, organisationsintern andere Deutungen des Weltkriegs und das heißt vor allem: eine andere Kontextualisierung des heroischen Kampfes der HJ (und SA) in den über 1918 diskursiv ‚verlängerten' Krieg hinaus, vorherrschend waren, kann man je nach Adressatenkreis (ehemalige ‚Frontkämpfer' oder Jugend) von latent verschiedenen Gedenkdiskursen sprechen. Während die vorwiegend nach außen gerichtete Dankbarkeits-Rhetorik vor allem die historische Einzigartigkeit des ‚großen Ringens' betont, so behauptet die zentral auf den Kult der ‚Blutzeugen' referierende Gedenkpraxis das Gegenteil: dass nämlich ‚Frontsoldaten' und NS-Blutzeu-

164 Vgl. z. B. Adolf von Trotha : Persönliches, Briefe, Reden und Aufzeichnungen, 1920–1937, hg. von Bendix von Bargen, Berlin 1938, S. 149 f., S. 162–174. Zum großen Medienecho der Ernennung Trothas zum Ehrenführer, an der neben Admiral Raeder, Polizeipräsident Admiral von Levetzow, Admiral Lützow und Admiral Heusinger von Waldeck ein Großteil der Reichsmarineleitung teilgenommen hatte, vgl. HJ-Ehrung für Trotha. Bekenntnis der Jugend zur Tradition der Wehrmacht, in: Kreuz-Zeitung, 20. 2. 1935; Die Hitler-Jugend ehrt Admiral von Trotha, in: Berliner Lokal-Anzeiger, 20. 2. 1935 (Morgenausgabe); Admiral von Trotha Ehrenführer der Marine-Hitler-Jugend, in: Berliner Börsen Zeitung, 15. 2. 1935; Admiral von Trotha feierlich zum Ehrenführer der Marine-HJ ernannt, in: VB, Süddeutsche Ausgabe, 20. 2. 1935.

165 Die neue Jugend hütet das Erbe der Frontgeneration, in: RJP, Sonderdienst, 2. 8. 1937.

gen aufgrund ihrer strukturell gleichwertigen ‚Kampferlebnisse‘ als gleichberechtigte Heldenfiguren nebeneinander stehen.

Jugend im Fokus der Gedenkbemühungen der Traditionsverbände

Die Wirkung von Propaganda lässt sich bekanntlich nur schwer einschätzen, geschweige denn quantifizieren. Dementsprechend ist es schwierig, zu einem wissenschaftlich fundierten Urteil über den Erfolg der HJ-Dankbarkeits-Rhetorik bei ihren Adressaten, den Veteranen- und Traditionsverbänden, zu gelangen. Letzten Endes erlaubt ausschließlich der Abgleich der von den Verbänden kommunizierten Erwartungshaltung mit den Inhalten des öffentlichkeitswirksamen HJ-Weltkriegsgedenkens einige Rückschlüsse auf die Aufnahme der von der Reichsjugendführung groß inszenierten ‚Ehrung der Kriegshelden‘ durch die deutsche Jugend.

Die komplexe Verbandslandschaft, in der sich viele Kriegsveteranen in der Weimarer Republik organisierten und die neben Interessenverbänden (z. B. für Kriegsinvalide oder ehemalige Kriegsgefangene) vor allem Traditionsverbände (z. B. Regimentsvereine), aber auch sich politisch eindeutiger positionierende Wehrverbände (z. B. Reichsbanner, Stahlhelm) umfasste, verfolgte ein ganzes Spektrum von Zielen: zu diesen gehörten die gesellige ‚Kameradschaftspflege‘ ebenso wie die Durchsetzung von Forderungen sozialer, finanzieller und politischer Natur. Dazu zählte insbesondere der von nahezu allen Verbänden immer wieder geäußerte Anspruch auf eine bevorzugte gesellschaftliche Stellung. Die Leiden und Opfer der Soldaten von 1914–1918 anzuerkennen und der zwei Millionen Toten zu gedenken, wurde als erste Pflicht des deutschen Volkes betrachtet. Die Einforderung symbolischer Repräsentation hatte dabei häufig eine heroisierende Pointe: Niemals sollte vergessen werden, was ‚deutsche Männer‘ vier Jahre lang für ihr Vaterland geleistet hätten.[166] Die langfristige Bewahrung ihres Kriegserlebnisses im kollektiven Gedächtnis der Deutschen, mit anderen Worten die Überführung mit dem Ersten Weltkrieg verbundener Erfahrungen vom kommunikativen ins kulturelle Gedächtnis der deutschen Nation, konnte nur über die Jugend, die nach dem Ableben der historischen Träger des ‚Frontgeistes‘ die Gedächtnisarbeit fortführen sollte, gewährleistet werden. Auch wenn nicht alle Verbände dem Beispiel des Stahlhelm, der sich bereits 1924 gerade auch unter der Maßgabe, den ‚wahren Frontgeist‘ in die Gesellschaft zu tragen, mit dem Jungstahlhelm eine Nachwuchsorganisation geschaffen hatte,[167] folgen mochten, so hielt man doch insgesamt eine starke Präsenz in der Öffentlichkeit für unbedingt notwendig. Dies umso mehr, als sich handfeste politische Interessen an die Fortführung des Toten- und Heldengedenkens knüpften: Mit dem moralischen Kapital einer ‚Heldengeneration‘ konnte man schließlich viel eher die Erwartung hegen, Einfluss beispielsweise auf die Sozial- und Rentengesetzgebung zu nehmen.

Dass eine im Wortsinne konservatorische Jugendarbeit, die zur Stabilisierung des Primats der ‚Kriegshelden‘ zwangsläufig die Epigonalität der jugendlichen Ziel-

166 Vgl. z. B. Löffelbein, „Die Kriegsopfer sind Ehrenbürger des Staates!“; Winkle, Der Dank des Vaterlandes.

167 Vgl. Götz von Olenhusen, Vom Jungstahlhelm zur SA, S. 155 ff.; Tautz, Militaristische Jugendpolitik in der Weimarer Republik, S. 38–80.

gruppe suggeriert, eine schwere Hypothek mit sich herumträgt und sich, wie der Stahlhelm schmerzlich erfahren sollte, neben einer jugendlich-dynamischen Aktivistenbewegung wie dem Nationalsozialismus kaum behaupten kann, ist hier nicht weiter wichtig. Tatsache ist, dass geradezu seismographisch registriert wurde, wie sich die als ‚Jugend' natürlich nur höchst unzureichend etikettierten Nachfolgegenerationen zum Ersten Weltkrieg und seinen deutschen Kombattanten positionierten. Als exemplarisch für diese Art der zum Teil sehr kritischen Beobachtung sollen hier das Zentralorgan des Kyffhäuser-Bundes und die *Kriegsgräberfürsorge. Mitteilungen und Berichte vom Volksbund Deutsche Kriegsgräberfürsorge e. V.* angesprochen werden. Dadurch lassen sich gewissermaßen die Adressatenseite der HJ-Dankbarkeitsrhetorik ebenso wie repräsentative Erwartungen des primär bürgerlichen Verbandsmilieus an die NS-Gedächtnispolitik beschreiben.

Die pädagogischen Leitvorstellungen des Kyffhäuser-Bundes (später: NS-Reichskriegerbund), mit seinen 2,9 Millionen Mitgliedern (1929) eine Bastion bürgerlicher, „militanter Geselligkeit",[168] finden sich exemplarisch auf der Titelseite des *Kyffhäuser* vom 30. Juni 1935 (Abb. 8): Zu sehen sind ein Kyffhäuser-Mitglied (zu erkennen an der Armbinde mit dem namensgebenden Denkmal) und ein Hitler-Junge, die vertieft in die im Hintergrund zu erkennenden Heldenbilder (Friedrich der Große, Bismarck, Hindenburg) dem Betrachter den Rücken zukehren. Die Szene trägt den Charakter einer Unterweisungsstunde. Auch wenn die rechte Hand des Älteren auf der Schulter des Jugendlichen ruht, lässt seine den Blick des Jungen auf die Helden der deutschen Vergangenheit lenkende, erhobene Linke doch keinen Zweifel an dem Lehrer-Schüler-Verhältnis der abgebildeten Personen. Untertitelt ist die Zeichnung mit einem Auszug aus Hitlers Reichstagsrede vom 23. März 1933, „Die Ehrfurcht vor den großen Männern muß der deutschen Jugend wieder als heiliges Vermächtnis eingeprägt werden",[169] die wie keine andere Rede des Reichskanzlers von den Frontsoldaten-Verbänden immer wieder zitiert wurde.

Diese „Ehrfurcht vor den großen Männern", vor den Heldentaten der Soldaten des Großen Krieges, der Nachkriegsjugend anzuerziehen, muss als zentrale pädagogische Ambition des wichtigsten Dachverbandes militärischer Traditionspflege betrachtet werden. Keine programmatische Auslassung sollte dies so anschaulich zum Ausdruck bringen wie die ganzseitige Luftaufnahme eines Frontabschnittes der Westfront in der Ausgabe vom 10. Februar 1935, auf der ein endloses Trichterfeld das Heldentum der Träger des Frontkämpferkreuzes unterstreichen soll. (Abb. 9). Die Bildunterschrift wendet sich direkt an den „deutschen Jungen", der aufgefordert wird, eingedenk der Schrecken des Krieges, die Helden von 1914–1918 zu verehren:

> *Kannst Du die Granattrichter zählen, siehst Du ein Dorf, einen Wald, Graben oder Stellung? Das war der Krieg, aus dem Dein Vater kam, deutscher Junge. Nimm den Hut ab vor jedem, der das Frontkämpferkreuz trägt!*

168 Bösch, Militante Geselligkeit, S. 158 f.
169 Siehe Domarus, Hitler, Bd. 1.1, S. 232.

Abb. 8: „Die Ehrfurcht vor den großen Männern muß der deutschen Jugend wieder als heiliges Vermächtnis eingeprägt werden". Titelbild der Zeitschrift „Kyffhäuser", Juni 1935

Abb. 9: Das Frontkämpferkreuz … Nimm den Hut ab vor jedem, der das Frontkämpferkreuz trägt. Illustration aus dem „Kyffhäuser", Februar 1935

Angesichts dieser unzweideutigen Forderung kann es nicht verwundern, dass der Kyffhäuser-Bund, der ja von 1925 bis zu ihrer Auflösung 1933 über eine eigene Nachwuchsorganisation, die Kyffhäuser-Jugend, verfügt hatte, in dem dynamischen Selbstbewusstsein, das SA und HJ bis in den Sommer 1934 hinein an den Tag legten, einen Angriff auf den Heldenstatus seiner Mitglieder sah. Zur gleichen Zeit, als sich auch zwischen Stahlhelm und HJ (siehe Kleinau-Kontroverse) Spannungen aufbauten, sah sich das Kyffhäuser-Zentralorgan genötigt, sich in mehreren Artikeln zu dem Verhältnis von revolutionärer NS-Basis und ‚Frontsoldaten' zu äußern.[170] Auch wenn die Autoren des *Kyffhäuser* ihr Unbehagen gegenüber dem bedingungslosen Geltungsanspruch der NS-Bewegung deutlich vorsichtiger formulierten als etwa Wilhelm Kleinau und eher moderate Töne anschlugen, brach sich doch auch hier die Skepsis gegenüber dem in den Augen des Traditionsverbandes allzu jugendlichen Fundament des Dritten Reiches Bahn:

> *Scharf steht das Fordern der Jugend in unserer Zeit, hoch wehen ihre Fahnen, kraftvoll ist ihr Schritt* […]. *Es ist wie ein jauchzender Triumphzug an den Alten vorbei nicht nur, sondern oft über sie hinweg. Zu plötzlich ward in gewaltigem Aufbruch ein breiter Weg zu neuem arbeitsreichen Leben aufgetan,* […]. *Da ergreift Jugend die Hand der Jugend, und vorwärts geht es, aufwärts dem Lichte zu! Was Wunder,*

170 Von Brunkow: Wehrgemeinschaft ist not, in: Kyffhäuser, 18. 2. 1934; Kameradschaft zwischen Alten und Jungen, in: Ebd., 18. 3. 1934; Jugend und Fronterlebnis, in: Ebd., 25. 3. 1934; in diesem Zusammenhang wurde auch die oben zitierte Vereidigungsrede Hess' (Zitat zu Anm. IV, 128) abgedruckt, Ebd., 15. 4. 1934.

daß man in diesen ersten Wochen und Monaten die Alten nicht sieht und ihrer fast zu vergessen scheint. Jugend zur Seite, Jugend voraus, Jugend im Gefolge! Wie sollte in solchen drängenden Augenblicken des Erwachens Jugend des Alters gedenken können! [171]

Nur mühsam kann der Verständnis suggerierende Duktus dieser Passage darüber hinweg täuschen, dass die Sorge, durch die NS-Jugend marginalisiert zu werden, bei aller Affinität zu der von der NSDAP forcierten Revisionspolitik und ihrer militaristischen Ideologie der vorbehaltlosen Anerkennung der neuen politischen Realitäten im Wege stand.[172] Die besprochene Tendenzverschiebung und Intensivierung des HJ-Weltkriegsgedenkens im Verlauf des Jahres 1934 entsprach damit eindeutig den Erwartungen eines Großteils der organisierten Weltkriegs-Veteranen. Der Dank der Jugend an die Helden des Großen Krieges entschärfte in diesem Zusammenhang die von den Nationalsozialisten so virtuos ausgenutzte Zuspitzung der politischen Auseinandersetzung auf die ‚Generationenfrage'. Die von der HJ vor allem im Kontext des Kriegsgedenkens transportierte ‚Einheit der Generationen' diente als logische Voraussetzung der ‚Volkseinheit' der Konsolidierung der nationalsozialistischen Herrschaft in Deutschland.

Wie sehr sich der Kyffhäuser für den Erfolg der von ihm mit Vehemenz geforderten Geschichts- und Gedenkpolitik bei der „Jugend" interessierte, dokumentiert auch die rege Diskussion der „erschütternde[n] Unkenntnis über den Weltkrieg" der Jahrgänge 1914/15 im Kyffhäuser-Blatt: Der Bericht über einen Vortrag des zuständigen Wehrbezirkskommandeurs vor schlesischen Kyffhäuser-Führern über die bei der Musterung der ersten Rekruten nach Wiedereinführung der Wehrpflicht gemachten Erfahrungen provozierte zahlreiche Leserbriefe und Stellungnahmen, von denen etliche in zwei weiteren Ausgaben abgedruckt wurden.[173] Woran nahmen die Kyffhäuser-Mitglieder Anstoß? Eine systematische Befragung der Rekruten nach dem Kriegseinsatz ihrer Väter hatte ergeben, dass nur ein Bruchteil der Gemusterten anzugeben wusste, wo der Vater im Krieg gedient hatte. Selbst von den Schlachten von Tannenberg, Somme, Verdun usw. habe kaum jemand etwas erzählen können. Weiter hieß es:

Erschütternd war die Unkenntnis der Söhne gefallener Kriegsteilnehmer. Die wenigsten wußten wo der Vater gefallen war, und fast keiner konnte angeben, wo er begraben liegt! Ist das nicht – so führte der Wehrbezirkskommandeur aus – geradezu erschreckend, Kameraden? Haben wir da nicht selbst viel versäumt? Wir feiern den Heldengedenktag und immer wieder heißt es: Volk, vergiß deine Toten nicht! – und hier wissen nicht einmal die eigenen Soldatensöhne selbst, wo die Väter gekämpft haben und gefallen sind! Was nützen alle Denkmäler und schönen Reden, wenn nicht

171 Kameradschaft zwischen Alten und Jungen, in: Ebd., 18. 3. 1934.

172 Zu den großen ideologischen Schnittmengen zwischen Nationalsozialismus und Kyffhäuser vgl.: Führer, Der Deutsche Reichskriegerbund Kyffhäuser 1930–1934.

173 Erschütternde Unkenntnis über den Weltkrieg, in: Kyffhäuser, 13. 10. 1935; Erschütternde Unkenntnis über den Weltkrieg, in: Ebd., 27. 10. 1935; Natürlich ist die Schule schuld!, in: Ebd., 10. 11. 1935.

einmal die allernächsten Angehörigen die Erinnerung an unsere gefallenen Kameraden wach halten?! [174]

Der Artikel schließt mit einem Appell an die Kameradschaften, sich für ein Ende dieser historischen Selbstvergessenheit einzusetzen:

> *Da die Verhältnisse in anderen Gegenden wohl ähnlich sein werden, bringen wir diese betrübenden Erfahrungen des Wehrbezirkskommandeurs zur Kenntnis in der Erwartung, daß unsere Kameradschaften in ganz besonderem Maße mithelfen, auf diesem ihnen so nahen Gebiet belehrend auf die Jugend einzuwirken.*

Zwei charakteristische Merkmale der Position des Reichskriegerbundes zum Problemkomplex der Frontkämpfer-Jugend-Beziehungen lassen sich hier exemplifizieren: Da ist zum einen, ganz zentral, die Forderung, die Jugend durch den pädagogischen Rekurs auf den Großen Krieg zum Heldentum zu erziehen (wobei der Traditionsverband in diesem Zusammenhang mehr Wert auf die Ehrung der Frontsoldaten durch die Jugend, mithin auf den symbolischen Vorrang der ‚Frontgeneration‘ legte als auf die Erziehung zu heroischer Gesinnung). Zum anderen die erklärte Bereitschaft, einen Beitrag zu eben dieser Erziehung zu leisten, ja der insgeheime Anspruch, wegen der eigenen Kriegserfahrung eine herausgehobene Instanz in Erziehungsfragen zu sein.

Vor dem Hintergrund dieser doppelten Erwartungsstruktur überrascht es nicht weiter, dass die von der HJ verantworteten Gedenkbemühungen sich stets großer Aufmerksamkeit gewiss sein konnten. Die Übernahme der Patenschaft für den Soldatenfriedhof Dranoutre am Kemmel war dem Kyffhäuser genauso eine Meldung wert wie die Einrichtung des Langemarck-Opferpfennigs der deutschen Jugend oder die Aktion „Frontkämpfer erzählen“, die beide sogar auf der Titelseite der Kyffhäuser-Zeitung angekündigt wurden.[175] Darüber hinaus wurden einzelne Briefe von Hitler-Jungen abgedruckt, in denen der Respekt der nachwachsenden Generation vor dem Heldentum der ‚Frontsoldaten‘ deutlich zum Ausdruck kam oder von einer ‚Frontfahrt‘ der NS-Jugend berichtet wurde.[176] Insgesamt lässt sich festhalten, dass die HJ vom Kyffhäuser ausschließlich in dem Maße wahrgenommen wurde, in dem sie sich im Weltkriegsgedenken hervortat. Die prompte Rezeption des HJ-Weltkriegsgedenkens stützt daher genauso wie die grundsätzliche Bedeutung, die der Dachverband der Kriegervereine der Vermittlung des mythisch überhöhten Kriegserlebnisses beimaß, die These von der integrativen Wirkung der öffentlich vollzogenen Toten- und Heldenehrung durch die zahlenmäßig wichtigste NS-Organisation, die Hitler-Jugend.

Anders als der Kyffhäuser-Verband konnte der Volksbund Deutsche Kriegsgräberfürsorge zu keinem Zeitpunkt als Massenorganisation gelten (1933: etwa

174 Erschütternde Unkenntnis über den Weltkrieg, in: Ebd, 13. 10. 1935.

175 Deutschlands Jugend schafft ein neues Mahnmal am Kemmel, in: Kyffhäuser, 17. 11. 1935; Der Opferpfennig der deutschen Jugend für die von Langemarck, in: Ebd., 12. 12. 1937; Frontsoldat und Jugend, in: Ebd., 11. 12. 1938.

176 Wir tragen das Erbe, in: Ebd., 28. 4. 1935; Frontkämpfer, sei du uns Kamerad, in: Ebd., 13. 11. 1938; HJ im Ampezzotal, in: Ebd., 8. 4. 1934; oder auch: Deutsche Jungen in der Flandernfront. Hitler-Jugend marschierte in der Deutschlandhalle mit dem Reichskriegerbund, in: Ebd., 6. 6. 1937.

150 000 Mitglieder).[177] Angesichts seiner weitverzweigten Organisationsstruktur und seiner hohen lokalen wie nationalen Sichtbarkeit – der Volksbund spielte eine entscheidende Rolle etwa bei der Kristallisation örtlicher Gedenkrituale und der Organisation der zentralen Totengedenkfeiern in Berlin – muss der 1919 zur Pflege der deutschen Kriegsgräber gegründete Volksbund aber dennoch als wichtiger Multiplikator einer zunehmend revanchistische Züge tragenden Gedenkpraxis betrachtet werden. Mit seinem unermüdlichen Engagement für die zur nationalen Pflicht erhobene Ehrung der toten Helden trug er dazu bei, den „Rahmen für ein kollektives Gedächtnis"[178] zu schaffen. In diesem Zusammenhang erhob die Ideologie des Verbandes, in der eine grundsätzliche Kriegsbejahung und die revanchistische Betonung militärischer Werte, also ein dezidierter sozialer Militarismus,[179] vorherrschten, die Kriegstoten zu Vorbildern des deutschen Volkes; ihr Tod wurde im Sinne des klassischen *dulce et decorum* als Erfüllung ihres ‚Soldatenlebens' glorifiziert. Das permanent beschworene ‚Vermächtnis der zwei Millionen für uns Gefallenen' wurde damit funktionalisiert: Todesmut und Opferbereitschaft der Kriegstoten verpflichtete Deutschland, ihrer zu gedenken und vor allem danach zu streben, wofür sie mutmaßlich in den Tod gegangen waren – für Größe und Freiheit des Vaterlandes.

Im Sinne dieser immanent revisionistischen Zielvorstellung wurde die Jugend eine wichtige Zielgruppe des Volksbundes. Auch wenn man es unterließ, nach dem Vorbild der Wehrverbände eine eigene Jugendorganisation zu gründen, kreiste doch die Diskussion in den 1930er Jahren verstärkt um die Frage, wie es gelingen könnte, die Jugend für die Arbeit des Volksbundes zu begeistern.[180] Im Zentrum der Bemühungen stand dabei zunächst die Schuljugend, die man mit Lichtbildvorträgen, vor allem aber durch die Organisation von ‚Weihestunden' zum Volkstrauertag für die Belange der Kriegsgräberfürsorge zu sensibilisieren suchte. Der Volksbund, der sich auch deshalb erfolgreich an den Schulen engagieren konnte, da viele Lehrer zu seinen Mitgliedern gehörten,[181] verschaffte sich durch seinen Einsatz einen gewissen Einfluss in der Schulerziehung. In einem Erlass vom 15. November 1933 begrüßte der preußische Minister für Wissenschaft, Kunst und Volksbildung, Bernhard Rust, ausdrücklich das Engagement zahlreicher Lehrer für die Kriegsgräberfürsorge und empfahl ihren Einsatz zur Nachahmung. Schließlich helfe der Volksbund dabei, „die uns anvertraute Jugend in der Ehrfurcht vor den Opfern [...] des Weltkrieges [...] zu erziehen".[182] In einer weiteren Verfügung vom 17. Juli 1935 erneuerte Rust, zwi-

177 Zum Volksbund Deutsche Kriegsgräberfürsorge allgemein vgl. Brandt, Vom Kriegsschauplatz zum Gedächtnisraum, S. 135 ff.; Johann Zilien: Der Volksbund Deutsche Kriegsgräberfürsorge e. V. in der Weimarer Republik. Ein Beitrag zum politischen Denkmalkult zwischen Kaiserreich und Nationalsozialismus, in: Archiv für Kulturgeschichte, 75 (1993), Nr. 2, S. 445–478.

178 Brandt, Vom Kriegsschauplatz zum Gedächtnisraum, S. 145.

179 Zum Begriff des sozialen Militarismus vgl., Warren E. Williams: Versuch einer Definition paramilitärischer Organisationen, in: Volker R. Berghahn (Hg.): Militarismus, Köln 1975, S. 139–151, S. 139.

180 Z. B. Erich Elster: Kriegsgräberfürsorge und Jugend, in: Kriegsgräberfürsorge, 12 (1932), H. 12, S. 181 f.; Schunck: Wie gewinnen wir unsere Jugend zur Mitarbeit in der Fürsorge der Kriegsgräber, in: Ebd., S. 182; Schunck: Deutsche Jungen, deutsche Mädchen!, in: Ebd., 13 (1933), H. 3, S. 42; Schule und Kriegsgräberfürsorge, in: Ebd., 14 (1934), H. 2, S. 24; Erich Elster: Kriegsgräberfürsorge und Jugend, in: Ebd.; Schule und Kriegsgräberfürsorge, in: Ebd., 14 (1934), H. 6, S. 88; H. Winkel: Kriegsgräberfürsorge, Schule und Jugend, in: Ebd., 15 (1935), H. 5, S. 70–73.

181 Vgl. Zilien, Der Volksbund Deutsche Kriegsgräberfürsorge e.V., S. 460.

182 Erlass des REM, abgedruckt in: Schule und Kriegsgräberfürsorge, in: Kriegsgräberfürsorge, 14 (1934), H. 2, S. 24.

schenzeitlich zum Reichsminister für Wissenschaft, Erziehung und Volksbildung avanciert, diese Empfehlung:

> *Der Frontgeist des Weltkrieges und seine höchste Tat – der Tod für Volk und Vaterland – sind bleibende Grundlagen des Dritten Reiches. Jenen Geist in der Jugend zu wecken und zu pflegen, muß die gesamte Erziehung bestrebt sein. Ich ersuche Sie daher, an den Schulen ihres Amtsbereiches darauf zu halten, daß die Erinnerung an jenes Fronterleben und das Gedächtnis an unsere gefallenen Brüder in der Jugend wach erhalten bleibt und zu helfender Tat wird.* [. . .]
> *Der „Volksbund Deutsche Kriegsgräberfürsorge"* [. . .] *ist gern bereit, mit Rat und Tat zu helfen. Seine Bilder-Zeitschrift „Kriegsgräberfürsorge"* [. . .] *und die einschlägigen Druckwerke empfehle ich den Schulen zur Anschaffung.*[183]

Dass die Jugendarbeit insgesamt ab 1931/32 stärker in den Fokus der Verbandspolitik rückte, manifestiert sich auch in den zahlreichen Berichten von Fahrten Jugendlicher zu den Kriegsgräbern und Schlachtfeldern des Ersten Weltkriegs. Spielten derartige Fahrtenberichte wie auch die Beschreibungen von Feiern mit Beteiligung Jugendlicher in den zwanziger Jahren nur eine untergeordnete Rolle, so stieg ihre Zahl Anfang der dreißiger Jahre sprunghaft an.[184] Im Vordergrund stand dabei stets das Bemühen, die Sorgfalt bei der Grabpflege, die Ehrfurcht vor dem Opfer der Gefallenen, wie sie beispielsweise sächsische Jugendliche auf dem Titelfoto der April-Ausgabe 1932 an den Tag legen, als vorbildlich darzustellen und zu weiteren Gedenkfahrten aufzurufen.

Nach der ‚Machtergreifung' akzeptierte der Volksbund in der für das bürgerliche Lager so charakteristischen ‚Selbstgleichschaltung' den Preis, den es für das Fortbestehen der Organisation zu entrichten galt: Er akzeptierte die nationalsozialistische Konstruktion einer direkten Kontinuitätslinie von den ‚Frontkämpfern' des Ersten Weltkriegs über die Freikorps-Angehörigen zu den Aktivisten der NS-Bewegung. Im Rahmen dieses Deutungsmusters zeichnete er (mit)verantwortlich für Denkmalsprojekte wie das Freikorps- und Selbstschutzdenkmal auf dem Annaberg in Oberschlesien.[185] In diesem Zusammenhang war das Hans-Mallon-Ehrenmal auf Rügen, das einem 1931 ums Leben gekommenen Hitler-Jungen gewidmet war, die erste vom Volksbund gestaltete Grabstätte für einen ‚NS-Blutzeugen'. Dies war kein Zufall. Vielmehr kann angesichts der Fokussierung der Gedenkarbeit auf die Jugend davon ausgegangen werden, dass der Volksbund in der Zusammenarbeit nun auch mit der

183 Erlass des REM vom 17.7.1935, abgedruckt in: Bekanntgebungen des Bundesamtes, in: Kriegsgräberfürsorge, 15 (1935), H. 10, S. 160.

184 Deutsche Jugend an den Gräbern unserer Gefallenen, in: Ebd., 11 (1931), H. 10, S. 148; An Kameradengräbern von Verdun bis Arras, in: Ebd., S. 149 f.; Erich Müller: Deutsche Jugend an deutschen Kriegsgräbern, in: Ebd., 12 (1932), H. 2, S. 31 f.; Sächsische Jugendverbände von Hermannstadt pflegen deutsche Kriegsgräber auf dem Grigoriberg bei Hammersdorf, in: Ebd., 12 (1932), H. 4, Titelseite; Walter Hotz: Christliche Pfadfinder auf Frankreichfahrt, in: Ebd., 12 (1932), H. 6, S. 90 f.; M. Brandes: Marinejugend ehrt die Gefallenen, in: Ebd., S. 91; Eine Hindenburgfeier Aachener Jugend, in: Ebd., 12 (1932), H. 12, S. 183; Bonner Schuljugend ehrt die Gefallenen, in: Ebd.; Anneliese Helmert: Wie wir am Johannisfeste Soldatengräber schmückten, in: Ebd.; Walter Hotz: Deutsche Jugend auf Fahrt zu den Friedhöfen der Westfront, in: Ebd., 13 (1933), H. 7, S. 98–100.

185 Vgl. Grundsteinlegung für das Freikorps- und Selbstschutzdenkmal auf dem Annaberg, in: Ebd., 16 (1936), H. 10.

HJ die Chance sah, über die Ausgestaltung der Grabanlage hinaus mit der NS-Jugend in Kontakt zu treten und seine Lobby-Arbeit für die Intensivierung des Kriegsgedenkens in die Jugendorganisation hineinzutragen. Im Arbeitsausschuss Langemarck beim Jugendführer des Deutschen Reiches fand diese Zusammenarbeit dann ab 1937 einen institutionellen Rahmen.

Die Beispiele des zahlenmäßig starken Kyffhäuser-Bundes und des rührigen Volksbundes Deutsche Kriegsgräberfürsorge stecken summarisch den Erwartungshorizont der gleichgeschalteten Veteranen-Verbandslandschaft ab. In ihnen manifestiert sich, ebenso wie in der Kleinau-Kontroverse zwischen HJ und Stahlhelm, der Geltungs- und Gestaltungsanspruch ihrer vorwiegend bürgerlichen Klientel, der gerade in der Anfangsphase des Dritten Reiches in Konkurrenz mit dem Repräsentationsbedürfnis der vorwiegend jungen Träger der nationalsozialistischen ‚Revolution' stand. Der neue Kurs der HJ-Gedenkpolitik ab 1934 trug dieser Idiosynkrasien Rechnung, der ehrfürchtige Kotau vor den Kriegsteilnehmern wurde zum festen Bestandteil der HJ-Feierliturgie. Der bürgerlichen Verbandslandschaft wurde auf diese Art und Weise ein Integrations- und Repräsentationsangebot unterbreitet, das durch die Aufwertung der Veteranen symbolisch für den Verlust politischen Handlungsspielraums entschädigte, dem durchaus als bedrohlich empfundenen Jugendpathos der revolutionären SA und HJ die Spitze nahm und damit einen Beitrag zur Stabilisierung der NS-Herrschaft im bürgerlichen Lager leistete.

Kontinuität des Krieges – der Kult der toten Helden

Erst vor dem Hintergrund der beschriebenen Spannungen zwischen der HJ und der so genannten Frontkämpfer-Generation wird das Integrationspotential der nationalsozialistischen Kontinuitäts-These verständlich. Hierunter zu verstehen ist die Annahme eines von 1914 über den Zusammenbruch Deutschlands und den Versailler Vertrag bis zur ‚Machtergreifung' 1933 dauernden kriegsähnlichen Ausnahmezustandes.

Was die HJ in der aufgeladenen politischen Atmosphäre der späten Weimarer Republik radikal von allen anderen Jugendorganisationen unterschied, war ihr Aktivismus, ihr bedingungsloser Einsatz für die Sache Hitlers und die damit verbundene Bereitschaft, Opfer zu bringen. Wie die SA hatte die HJ ihre ‚Blutzeugen', allen voran den am 24. Januar 1932 bei einer Flugblattaktion von Kommunisten getöteten Herbert Norkus.[186] Das ambivalente Verhältnis zwischen den ‚gefallenen' Hitler-Jungen und den Weltkriegstoten ist nicht einfach zu beschreiben. Deswegen sollten sie aber nicht von vornherein als zwei funktionsgleiche Spielarten des ‚heroischen Mythos' verstanden werden. Zwischen *rivalité mémorielle*, Amalgamierung und der Ausbildung von Gedenkhierarchien schwankend, hilft ihre jeweilige Darstellung zu verstehen, warum die toten Hitler-Jungen paradoxer Weise überhaupt erst die verstärkte, selbstbewusste Rezeption des Weltkriegs und seiner Gefallenen ermöglicht haben.

Für die Jahre, in denen die Weltkriegsrezeption in der HJ begonnen hat, festere Formen anzunehmen (1931–1933), lässt sich eine Gedenkbilanz ziehen, die eindeu-

186 Zu Norkus vgl. Baird, To Die for Germany, S. 108–129.

tig zugunsten der ‚gefallenen‘ Hitlerjungen ausfällt.[187] Das Vorhandensein eigener Helden führte dabei in einem dialektischen Prozess jedoch nicht zu einer Verdrängung der Kriegstoten, sondern ermöglichte erst ihre Übernahme in den Feierkanon der HJ. Wurden z. B. noch 1928 in der *HJZ* die Völkerschlacht, der Weltkrieg (in der Person Hermann Löns') und der politische Kampf der HJ (am Beispiel eines verwundeten HJ-Führers) als historisch disparate Phasen der deutschen Geschichte nebeneinander gestellt[188] – so zeugten später die ‚gefallenen‘ Parteisoldaten für die strukturelle Gleichwertigkeit des politischen Kampfes. Ihr ‚Charisma‘ wurde Hauptlegitimationsquell des Kampfes der Parteijugend, wie die von Horst Wessel und den Putschisten von 1923 angeführte Schar der ‚unbekannten SA-Männer‘ für die NSDAP den Kern ihres Organisationsmythos darstellte.

In einer Zeit, in der dem Opfer – bedingt durch die gesellschaftliche Notwendigkeit, das Massensterben der Soldaten auf den Schlachtfeldern des Großen Krieges sozialpsychologisch in den Griff zu bekommen – vielfach ein Wert an sich beigemessen wurde,[189] ermöglichte der suggestive Rekurs auf ihre ‚Blutzeugen‘ der HJ die Entwicklung eines in keiner anderen Jugendorganisation vorhandenen Gedenkkultes. Dieser erlaubte, das ‚Fronterlebnis‘, das bis zu diesem Zeitpunkt in den Jugendabteilungen der Wehrverbände bzw. der Bündischen Jugend in viel stärkerem Maße inszeniert worden war, selbstbewusst für die HJ in Anspruch zu nehmen. Auch wenn ihre Konkurrenten personell eine weitaus größere Kontinuität zum alten Heer des Weltkriegs aufwiesen, war die HJ die einzige Jugendorganisation, die hinsichtlich des Opfermuts die Nachfolge der ‚grauen Reihen‘ glaubhaft vertreten konnte.

Analog zur SA, deren Attraktivität sich insbesondere bei Angehörigen anderer rechtsstehender Wehrverbände (z. B. Jungstahlhelm) ganz sicher zum Teil aus diesem emanzipativen Gedenkschema erklärt, konnte die HJ ins Lager der bürgerlichen Jugend einbrechen.[190] Ihr Aktivismus verbürgte die Partizipation an einem neuerlichen Kampferlebnis, das dem ‚Fronterlebnis‘ von 1914–1918 tendenziell gleichgestellt wurde. Die nationalsozialistischen Kampforganisationen waren damit die einzigen, denen es gelang, das ‚Fronterlebnis‘ weiterzuentwickeln und an die politischen Realitäten der späten Weimarer Zeit anzupassen. Leider lässt sich der Erfolg dieser propagandistischen Bemühungen nicht quantifizieren. Vor der Folie des bereits herausgearbeiteten heroischen Opferkultes erscheint es aber plausibel anzunehmen, dass der emanzipative Gedächtniskult in HJ und SA substantiell zur Attraktivität der NS-Bewegung bei Jugendlichen und jungen Erwachsenen beigetragen hat.

187 So ist die Ehrung der eigenen ‚Opferhelden‘ in der HJ-Presse dieser Jahre insgesamt ein weitaus wichtigeres Motiv als die Verneigung vor den Weltkriegstoten. Das Bundesblatt der HJ „Der junge Nationalsozialist“ z. B. behandelt den Komplex ‚Blutzeugen‘ 1932 in jeder Ausgabe ca. zweimal und räumt damit Norkus und Konsorten weitaus mehr Raum ein als dem Ersten Weltkrieg. Die Glorifizierung der Helden der ‚Kampfzeit‘ setzt sich auch 1933 fort, wo in „Der deutsche Sturmtrupp“ und in den Periodika der Gebietsführungen die ‚Blutzeugen‘ die ‚Kriegshelden‘ deutlich majorisieren.

188 Heldische Zeiten einst – und jetzt, in: HJZ, Oktober 1928, S. 144 f.

189 Vgl. Kapitel III; ansonsten z. B.: Behrenbeck, Der Kult der toten Helden, S. 71–76; Bernd Weisbrod: Die Politik der Repräsentation. Das Erbe des Ersten Weltkrieges und der Formwandel der Politik in Europa, in: H. Mommsen, Der Erste Weltkrieg und die europäische Nachkriegsordnung, S. 13–41, S. 33 ff.

190 Vgl. zur SA Götz von Olenhusen, Vom Jungstahlhelm zur SA; Longerich, Die braunen Bataillone, S. 90 f.; zum Einbruch der HJ in das Lager der bürgerlichen Jugend vgl. Stachura, Nazi Youth in the Weimar Republic, S. 109 ff.

Die Aneignung des ‚Fronterlebnisses' durch die HJ vollzog sich in den frühen 1930er Jahren durch eine doppelte Argumentationsstrategie: Erstens betonte die HJ-Presse zunehmend das Kriegserlebnis der Jugend, indem sie das Ausharren an der Heimatfront mit dem soldatischen ‚Fronterlebnis' implizit gleichstellte:

> *Die Front hat erprobt die Herzen der Jungen. Wer im ewigen Schlamm der Gräben, in den blutigen Trichtern unter zerfetzten Leichen, trotz Feuer und ausgemergelten Knochen, im rasenden Schmerz der zerfetzten Glieder – dennoch die Fahne liebte – wen sterbend der eine Gedanke umkreiste – Deutschland – der hat erzwungen das Recht auf die Scholle, den Adel des Jungseins. Wer im Tode der Väter und Brüder, in der Verzweiflung des Hungers, im Elend der Wehrlosen und im Wirbel zerbrechender Werte – dennoch den Glauben an Deutschland bewahrte, der gehört an die Front, die Einheit der Jugend, die erneut zum Kampfe sich rüstet: Um Deutschland!*
> *Wer die Front erlebte, sei es im Schlachtfeld oder im Darben der Heimat – und dennoch den einen Gedanken über entfesselte Massen trug: Deutschland – dem ward das Recht gegeben, noch einmal wissend zu streiten und deutsche Erde vom Fluch der Fron zu befreien.*[191]

Zweitens stellte die HJ ihre ‚Blutzeugen' in die Tradition der Front:

> *Georg Preiser wurde geboren am 21. März 1913. Sein Vater, der den Weltkrieg vom ersten Tag an mitgemacht hatte, fiel bei der Kapelle von Vierkarenhock bei Paschendaele in Westflandern. Abends, wenn wir spazieren gingen, sprach er oft von dem Sterben unserer Väter. Und er fand diesen Tod herrlicher und schöner als den des Bürgers, der – ohne für sein Vaterland etwas zu tun – ehrlos an irgendeinem Schnupfen in seinem Bett stirbt. Oft sprach er davon, daß er lieber einen Tod ähnlich dem unserer Väter oder Schlageters sterben möchte!* [...]
> *Als er dann Hitler zum ersten Mal sprechen hörte, war niemand so hingerissen wie er, und niemand sang mit mehr Begeisterung das Deutschlandlied. Und er schämte sich auch nicht, wenn dabei seine Augen vor Tränen blank wurden. Wörtlich sagte er mir damals: so muß denen bei Langemarck zumute gewesen sein!* [...]
> *Wenn er nun* [...] *zu seinem Vater, zu Schlageter, zu Horst Wessel und all den anderen Toten des großen Krieges und unserer Bewegung kommt, werden seine Augen sicher wieder so naß glänzen und so strahlend leuchten wie damals, als er das Deutschlandlied sang nach der Rede seines Führers Adolf Hitler!*[192]

Dem HJ-Blutzeugen Georg Preiser ist die *imitatio heroica* gelungen. Der in Flandern gefallene Vater und sein Sohn sind im generationstranszendierenden Heldenkollek-

191 Hein Schlecht: Die Front, in: DDZ, August 1931, S. 1; Kurt Fervers: Wir Jungen, in: Der junge Sturmtrupp, 1932, 2. Mai-Ausgabe; vgl. auch das Manifest der Jugend, in: Die Kommandobrücke, Nr. 2, 25. 8. 1931(BA Berlin-Lichterfelde, NS 26/356).

192 Hans Hübner: Wie unsere Toten lebten! Georg Preiser!, in: Der junge Nationalsozialist, April 1932, S. 4; der Topos des gefallenen Vaters findet sich auch im Nachruf auf Werner Gernhardt, in: Ebd., August 1932, S. 8; vgl. auch den Holzschnitt von Konrad Brieger in dem Nachruf auf Hans Hoffmann und Johann Mallon, in: Vormarsch der Jugend, Beilage zum VB, Reichsausgabe, 2. 10. 1931, der durch sein typisches Kriegsmotiv (blutende Hände im Drahtverhau) die beiden Hitler-Jungen zu Kriegsgefallenen stilisiert.

tiv vereint, zu dem neben den namentlich genannten Horst Wessel und Albert Leo Schlageter alle Toten des Weltkriegs und der ‚Kampfzeit' gehörten. Damit wurde die Besonderheit des ‚Fronterlebnisses' letztlich negiert: Jeder, der in dem „Zwanzigjährigen Krieg"[193] um Deutschland sein Leben eingesetzt hatte, war berechtigt, als Primärheld Rollenvorbild für kommende Generationen zu sein. „Saalschlacht und Materialschlacht"[194] erscheinen austauschbar. Erst vor dem Hintergrund dieser symbolischen Gleichstellung von NS-Blutzeugen und Kriegsgefallenen konnte die HJ es sich erlauben, das ‚Fronterlebnis' revolutionär zu usurpieren und gegen Frontkämpfer-Verbände wie den Stahlhelm und den Kyffhäuser-Bund ins Feld zu führen. Die damit einhergehende stärkere Thematisierung des Weltkrieges in der HJ-Presse und -Propaganda speiste sich also paradoxerweise aus der Relativierung des Kriegserlebnisses der ‚Frontsoldaten'.

An dem „Soldaten" betitelten 2. März-Heft des Jahres 1934 der *Kameradschaft* lassen sich die zentralen Elemente dieses Argumentationsschemas besonders gut zeigen. In einigen anekdotisch gehaltenen Erzählungen über den Weltkrieg, die auf dem Heimabend vorgelesen werden sollen, werden in einem ersten Teil soldatische Primärtugenden herausgestellt und als vorbildlich dargestellt, bevor im zweiten Teil der „politische Soldat" in den Mittelpunkt rückt: Erst Frontsoldat, dann Freikorps-Kämpfer, zuletzt in den Reihen der SA, so wird die Kollektivbiographie des ‚alten Kämpfers', der die nationalsozialistische Ideologie trägt und den Weg von der ‚Kampfgemeinschaft im Schützengraben' zum ‚Frontsoldatenstaat' Hitlers verkörpert, skizziert. Charakteristisch für die Schilderung der ‚Kampfzeit' ist die Betonung der Opferbereitschaft der SA-, SS- und HJ-Angehörigen, denen bewusst gewesen sei, „dass eines Tages auch sie mit ihrem Blut für die Idee zeugen müssten".[195] Die groteske Dramatisierung der Lebensumstände in der ‚Systemzeit' der Republik suggeriert in diesem Zusammenhang die Vergleichbarkeit von ‚Material'- und ‚Saalschlacht', deren strukturell gleichwertiges Kampferlebnis die Jahre 1914–1933 zu einer Epocheneinheit zusammenfasst.

Angesichts der von den Traditionsverbänden artikulierten Erwartungshaltung, als ‚Heldengeneration' Vorrang vor allen anderen Teilen der deutschen Gesellschaft zu haben, ist es offensichtlich, dass der im Kult um die ‚Blutzeugen' zutage tretende Geltungsanspruch der NS-Jugend zwangsläufig in einen latenten Widerspruch zu den ‚integrationspolitisch' motivierten Vorstellungen von der Wiederherstellung der ‚Ehre des deutschen Frontsoldaten' geraten musste. Es überrascht daher nicht, dass die Hochzeit des organisationsinternen Kults um die ‚gefallenen' Hitler-Jungen mit dem Höhepunkt der revolutionären Aneignung des ‚Fronterlebnisses' durch die HJ zusammenfiel. Parallel zu der politisch opportunen Dankesbezeugung der Jugend an die Adresse der ehemaligen Kriegsteilnehmer musste die selbstbewusste Kontinuitäts-Propaganda in der Folgezeit etwas in den Hintergrund treten. Dennoch spielte sie für das Selbstverständnis der HJ auch weiterhin eine entscheidende Rolle. Es war gerade die Spannung zwischen dem von ihren ‚Blutzeugen' verkörperten Geltungs-

193 Z. B. Walter Frank: Zwanzig Jahre Krieg, in: Wille und Macht, 1. 8. 1934.

194 So der Titel eines in diesem Zusammenhang programmatischen Artikels von Heinz, in: Die junge Mannschaft, Beilage zum VB, Norddeutsche Ausgabe, 8./9. 4. 1934.

195 Die Kameradschaft, Hefttitel: Soldaten, 1934, H. 6, S. 1–25.

anspruch der Jugendorganisation und ihrer Dankespflicht, die z. B. den Langemarck-Mythos für die RJF so interessant werden ließ.

Konnten die selbsternannten Vertreter der ‚Frontgeneration' wie der Kyffhäuser und der Volksbund Deutsche Kriegsgräberfürsorge das Umschwenken der offiziellen HJ-Politik auf die ‚frontsoldatische' Linie der Parteiführung mit Genugtuung als Bestätigung ihres kriegsgenerationellen Geltungsbedürfnisses werten, so mussten sie freilich dafür – gleichsam als Gegenleistung – grundsätzlich die Aufnahme der NS-Helden in den Pantheon der deutschen Geschichte akzeptieren. Der NS-offizielle Heldenkult von den Gefallenen des Großen Krieges über die ‚sechzehn von der Feldherrnhalle' zu den in den letzten Jahren der Weimarer Republik ums Leben gekommenen ‚Blutzeugen' blieb dabei – und darin dürfte die Erklärung für die erfolgreiche Mnemopolitik des Regimes zu suchen sein – offen genug, um divergierende Deutungsansprüche einhegen zu können. Entsprach der Kult um Horst Wessel und Herbert Norkus am ehesten dem Selbstbild der Träger der ‚alten Kämpfer' aus den Reihen der Kriegsjugend- und Nachkriegsjugend, so befriedigte das nunmehr verstaatlichte Gefallenengedenken die lautstark artikulierten Repräsentationsbedürfnisse eines Teils der ehemaligen Kriegsteilnehmer. Auf diese Art und Weise ließ sich die ‚Einheit der Generationen' konstruieren, eine Art Generationsgemeinschaft, die notwendige Bedingung für die Volksgemeinschaft im tausendjährigen Reich Hitlers.

In zahlreichen Variationen durchzieht das Motiv eines Zwanzigjährigen Krieges – durchaus in Analogie zum Dreißigjährigen Krieg verstanden[196] – die ganze nationalsozialistische Jugendpresse und wurde auf Heimabenden, Gedenkfeiern, weltanschaulichen Schulungsstunden etc. ventiliert. Der weltanschauliche Schulungsplan der seit 1936 jahrgangsweise erfassten deutschen Jugend beispielsweise stellte das dritte Jahr im Jungvolk bzw. bei den Jungmädeln ganz ins Zeichen der „Zwanzig Jahre Kampf um Deutschland".[197] *Ad libitum* ließen sich hierfür Beispiele anführen. Gleichgültig ob es sich um das ritualisierte Heldengedenken im Rahmen der von der HJ durchgeführten Sommer- und Wintersonnwend-Feiern handelte, deren Liturgie das ‚Brandopfer' von drei, „Den Toten des Großen Krieges", „Den Toten der deutschen Revolution" und „Der deutschen Jugend zu großem Einsatz" feierlich gewidmeten Kränzen vorschrieb,[198] oder um die während der zahllosen Lager durchgeführten weltanschaulichen Feier-, Feuer- und Weihestunden: Stets wurde das deutsche Heldentum 1914–1933 kultisch überhöht und in einen die Spezifität der jeweiligen Kampfumstände tendenziell negierenden allgemeinen Opferdiskurs überführt. Die sieben Tageslosungen für die Sommerlager 1937, „Glaube an Deutschland", „Die NSDAP", „Schlageter", „Horst Wessel", „Kampf um die Scholle", „Hel-

196 Z. B.: Walter Frank: Zwanzig Jahre Krieg, in: Wille und Macht, 1. 8. 1934, S. 7–10.

197 Der Jahrgangsschulungsplan von HJ und DJ ist abgedruckt in: Die Kameradschaft, Sonderausgabe für die Sommerlager, Hefttitel: Lagerschulung 1938, Mai 1938, S. 54–55; Die Jahrgangsschulung des BDM, in: Wille und Macht, 1. 2. 1938, S. 1–4.

198 Zur Liturgie der Sonnwendfeiern vgl. z. B. Reichsbefehl 17/III, Kulturamt, Durchführung der Sonnwendfeier am Dienstag, dem 21. 6. 1938, S. 482; Dörner, Freude Zucht Glaube, S. 102 f.; als typisches Beispiel für eine Wintersonnwendfeier, Durchführungsbefehl Wintersonnenwende 1937 des Jungbann Schleiden (HStA Düsseldorf, RW 23/238, Bl. 6–8).

den des Alltags" und „Gegen den Weltfeind" können in diesem Kontext als exemplarisch gelten.[199]

Zur Tageslosung „Glaube an Deutschland" (entlehnt dem Titel des erfolgreichen Buches von Hans Zöberlein) wurde Schirach zum Primärereignis Weltkrieg zitiert:

> *Zwei Millionen deutscher Volksgenossen sind auf den Schlachtfeldern des großen Krieges für Euch gefallen, zwei Millionen Tote fordern von Euch, daß Ihr das nicht untergehen laßt, was sie in der bittersten Stunde ihres Lebens ersehnten und erfühlten. Darum laßt uns die Träger dieser Tradition der Front sein.*[200]

Diese „Tradition der Front" sei nach dem Krieg dann durch die ‚NS-Bewegung' fortgeführt worden:

> *Wieder waren es nun die Männer, die schon einmal in ihrem Glauben an Deutschland einer ganzen Welt von Feinden getrotzt hatten, die sich nun zum Kampf gegen die Feinde des deutschen Volkes im Innern [...] zusammenschlossen. Diese Männer fanden sich zusammen in einer Kampfgemeinschaft, die wieder gehalten wurde durch die Gesetze der Disziplin, Kameradschaft, Einsatzbereitschaft, Unterordnung des einzelnen unter den Befehl der Gemeinschaft und Treue. Diese Gemeinschaft war die NSDAP.*[201]

Mit der für den Folgetag vorgesehenen Hommage an Schlageter, den man als „Soldat des Weltkrieges und Kämpfer der nationalsozialistischen Bewegung"[202] würdigte, wurde der Kampf der Freikorps als Fortsetzung des Krieges um Deutschland nach Kriegsende in den nationalsozialistischen ‚Kampf um Deutschland' integriert. Schlageter funktionierte somit als Schwellenfigur: Der ‚Frontkämpfer' und Freikorps-Führer (Schlacht vom Annaberg) starb in einer der zahlreichen Krisensituationen (Ruhrkampf), die die junge Weimarer Republik zu überstehen hatte. Damit schlug er eine Brücke zwischen den Toten des Ersten Weltkriegs und den späteren ‚Blutzeugen', die als Angehörige der Kriegsjugend- und Nachkriegsgeneration wie Horst Wessel keinerlei ‚Fronterfahrung' besaßen, aber inspiriert von den „Taten der Frontsoldaten"[203] zur SA gestoßen seien.

Besonders pointiert findet sich dieses Interpretationsschema in der Erzählung *Befehl Deutschland* von Gerhard Pantel. Gewissermaßen als Präludium zu dem in der Folge dramatisch geschilderten ‚Kampf um Berlin' erleben zukünftige ‚Opferhelden' auf dem Schlachtfeld von Verdun ihre Initiation in die nationalsozialistische Ideenwelt. „Auf dem Bergrücken Hardoumont", „mit Blick auf das Gebeinhaus von Douaumont" bekennen sich die Hitler-Jungen zum ‚Erbe der Front' und geloben der ‚Deutschen Revolution' ihre Treue. „So wie einst der Rhythmus der grauen

199 Die Kameradschaft, Sonderausgabe für die Sommerlager, Hefttitel: Lagerschulung 1937, Mai 1937; die weltanschauliche Erziehung der Hitler-Jungen und -Mädel sollte auch während der Sommerlager nicht ausbleiben. Deshalb war für jeden Lagertag eine 30minütige ‚Schulungsstunde' vorgesehen, die wichtige, der Tageslosung entsprechende weltanschauliche Inhalte behandeln sollte.

200 Ebd., S. 13.

201 Ebd., S. 19.

202 Ebd., S. 23.

203 Ebd., S. 31.

Kolonnen auf den Straßen Frankreichs dröhnte, so wie einst Jungen in Langemarck [...] hinsanken", so wollen sie leben und so – das will der Verfasser sagen – werden sie sterben: wie ihre Vorgänger im deutschen Heer des Weltkriegs, als ‚Sturmsoldaten' für Deutschland.[204]

In der am 24. Januar 1934 erstmals vom Deutschlandsender ausgestrahlten so genannten Totengedenkstunde der jungen Generation *Uns sind Altar die Stufen der Feldherrnhalle* stellt diese Parallelisierung der ‚Blutzeugen' mit den gefallenen Soldaten ebenfalls die zentrale Aussage dar. Die Kantate, ein Potpourri aus Gedichten vor allem des Reichsjugendführers und einem älteren Werk Möllers, *Anruf und Verkündung der Toten* von 1932,[205] lässt den Marsch der Jugend ins Dritte Reich, dem die sakrale Homophonie der Musik Georg Blumensaats den Charakter einer weihevollen Prozession verleiht, auf den Schlachtfeldern des Großen Krieges beginnen. Dem Einsatz der Jugend für das „Heilige Dritte Reich" geht das Erwachen der Toten, der „Aufruhr des weißen Gebeins", voraus:

Diese Straße entlang
fern von Langemarck her
zu der Stunde der Schlacht,
die sei im rasselnden bellenden tollen
Feuer niedergemacht,
stieg ein leiser Gesang
rührender heller und sehr
junger Stimmen aus den lehmigen Schollen.[206]

Der Chor der Gefallenen, ein mahnendes Crescendo, wird unvermittelt unterbrochen von einer Aufzählung der 21 ‚Blutzeugen' der HJ, die, so heißt es, „an der Seite ihrer Väter, der Soldaten des großen Krieges [marschieren]".[207] Das sich anschließende Gedicht Schirachs, *Den Soldaten des Großen Krieges*,[208] bezieht sich an dieser Stelle offensichtlich nicht nur auf die in seinem Titel genannten Adressaten, sondern schließt die HJ-Märtyrer mit ein. Eindringlicher ließe sich die hier intendierte Amalgamierung von Weltkriegstoten und ‚Blutzeugen' kaum belegen.

Uns sind Altar die Stufen der Feldherrnhalle richtete sich an das Radiopublikum – die Kantate wurde am 9. November 1935 als Reichssendung und am 9. März 1938, allerdings unter dem Möllerschen Titel *Anruf und Verkündung der Toten*, ein zweites und drittes Mal gesendet – und bekundete wie keine zweite Rundfunksendung den Anspruch der HJ, ihren Einsatz in der ‚Kampfzeit' als Fortsetzung des Weltkriegs gedeutet zu wissen.

204 Gerhard Pantel: Befehl Deutschland. Ein Tagebuch vom Kampf um Berlin, in: Die HJ, 1. Teil: 14/2, 4.4.1936, S. 12 f.

205 Möller, Anruf und Verkündung der Toten (1932), in: Ders., Berufung der Zeit, vgl. auch Kapitel II.

206 „Uns sind Altar die Stufen der Feldherrnhalle!" Totengedenkstunde der jungen Generation am Jahrestag der Ermordung des Hitlerjungen Herbert Norkus, gefallen am 24. Januar 1932, in: Schulfunk. Zweiwochenschrift für die Erziehungsarbeit, 1934, H. 3, S. 124–129, Zitat S. 125.

207 Ebd., S. 127.

208 Schirach, Die Feier der neuen Front, S. 9.

Die Opferbereitschaft der „Deutschen Jugend an allen Fronten“ wird als typenbildendes, generationsübergreifendes Merkmal propagiert. Von Langemarck führt der „Marsch der Jugend“ über die Feldherrnhalle direkt ins Dritte Reich. Der tote Hitler-Junge und der gefallene ‚Frontsoldat‘ sind so letztlich ununterscheidbar.[209] Die spezifischen Umstände ihres Todes werden tendenziell negiert, ihre individuellen ‚Kampferlebnisse‘ als strukturell gleichwertig angesehen und unter dem Topos des Opfers für Deutschland aufgelöst.[210]

Innerhalb der kultisch inszenierten ‚Einheit der Generationen‘ legitimierten ‚Blutzeugen‘ und Kriegsgefallene sich gegenseitig. Während auf der einen Seite der Kampf für Führer und Vaterland an den gesellschaftlich akzeptierten Kriegseinsatz der Soldaten des Ersten Weltkriegs rückgebunden wurde, versah auf der anderen Seite die manifeste Opferbereitschaft der NS-Aktivisten das Massensterben des Ersten Weltkriegs retroaktiv mit Sinn. Ihre Bereitschaft, den ‚Heldentod‘ zu sterben, bestätigte die soldatischen Werte der ‚Frontkämpfer‘-Generation und gewährleistete das Weiterleben der gefallenen Helden in der Jugend der Gegenwart und Zukunft. So gesehen stellte der Topos der Kontinuität des Krieges letztlich nur eine besonders konsequente Variante der heroisierenden Verarbeitung der Kriegsniederlage im Deutschland der Zwischenkriegszeit dar.

„Wenn Leben bindet – Sterben bindet mehr“, mit diesen Worten beschrieb Hans Baumann, einer der wichtigsten HJ-Dichter diese über den Tod hinausreichende Verbindung zwischen Lebenden und Toten. In einer seiner zahlreichen Kantaten, *Wir bauen wieder Burgen*, heißt es in der gattungstypischen, pathetischen Diktion:

Chor: Ihr Lebenden, vergeßt die Toten nie!
Einer: Wer feige starb, kommt aus dem Tod nicht mehr.
Doch jene Toten, die den Sturm bestanden,
die sind es, die die große Brücke fanden,
von der es gibt zum Kampf die Wiederkehr.
Chor: Auch die Gefallenen sind noch ein Heer.
Einer: Und Mann um Mann sind sie als Kameraden
Wie sie gelebt, vom Tode auch geladen!
Chor: Wenn Leben bindet – Sterben bindet mehr.

209 Alfred Schütze: Von Langemarck nach Potsdam. Der Marsch einer Jugend, Berlin 1937; Günter Kaufmann: Langemarck. Das Opfer der Jugend an allen Fronten, Stuttgart 1938; vgl. auch Alfred Schütze: Fahnen in dunklen Straßen, Berlin 1935; Gerhard Pantel: Fähnlein Langemarck, München 1934; Fritz Fink: Langemarck-Feldherrenhalle, Weimar 1938, Rundfunkansprache am 7. 11. 1937 im Rahmen einer Morgenfeier der HJ in Weimar, dürfen als weitere Beispiele für die radikale Amalgamierung von Weltkriegsgefallenen und HJ-Blutzeugen gelten. Der Vollständigkeit halber sei hier außerdem noch auf Hans Steinhoffs erfolgreiche Adaption des Romans von Karl Alois Schenzinger, „Hitlerjunge Quex“, – mit laut Baird über 20 Millionen Zuschauern, vgl. Baird, To Die for Germany, S. 127, der erfolgreichste NS-Film über die ‚Kampfzeit‘ – verwiesen. Der dem Tode geweihte Protagonist, Heini Völker, ein filmischer Wiedergänger von Herbert Norkus, erstreitet sich in einer Schlüsselszene seine Beteiligung an der für ihn fatalen Flugblattaktion, indem er den soldatischen Charakter der HJ betont und von seinem Bannführer, einem ehemaligen ‚Frontoffizier‘, verlangt, wie dessen Soldaten im Krieg „nach vorn“ geschickt zu werden, siehe Thomas Arnold/Jutta Schöning/Ulrich Schröter: Hitlerjunge Quex. Einstellungsprotokoll, München 1980, S. 209.

210 Vgl. Nicolas Beaupré: Écrire en guerre, écrire la guerre. France, Allemagne 1914–1920, Paris 2006, S. 265.

Einer: Ihr müßt im gleichen Schritt mit ihnen sein,
dann seid ihr den Gefallenen verschworen,
aus ihrem Blute seid ihr ja geboren.-
Chor: Und wenn ihr wollt, stehn sie in euren Reihen! [211]

Mit seinem Tod erfüllt der sakrifizielle Held, so lässt sich diese Passage paraphrasieren, die zeitlose Verpflichtung, sein Leben jederzeit auf dem Altar des Vaterlandes hinzugeben. Damit hat er seinen Teil des heroischen Generationenvertrages erfüllt: Er, „der den Sturm bestand", hat anders als die „feige" Gestorbenen, die viktimologischen Opfer, einen Anspruch auf Unsterblichkeit, den die Lebenden erfüllen müssen, indem sie „Brücken" zum „Heer der Gefallenen" bauen, mithin ihre Verpflichtung, „im gleichen Schritt" mit ihnen zu marschieren, anerkennen.

Was es konkret bedeuten sollte, „im gleichen Schritt und Tritt" mit den gefallenen Helden zu „gehen", wie es das wohl wichtigste konsensfähige Lied der Weimarer Zeit, „Ich hatt' einen Kameraden", bzw. etwas anders formuliert auch das Horst-Wessel-Lied postulieren, ist damit jedoch noch nicht gesagt. Der Appell zur *imitatio heroica* ließ sich inhaltlich unterschiedlich füllen, und es ist interessant zu sehen, dass unter den Bedingungen einerseits der ‚Kampfzeit' und andererseits des Dritten Reichs der Aufruf, getreu dem Vermächtnis der toten Helden zu leben, verschieden interpretiert wurde.

In der ‚Kampfzeit' hatte sich jederzeit ein konkretes politisches Ziel benennen lassen, für das gekämpft und geopfert werden konnte: die Beseitigung des verhassten ‚Systems' von Weimar. Gefallenenehrung war daher mit einem handlungsleitenden Appell verbunden: In der praktisch jeden Tag möglichen revolutionären Tat konnten sich die NS-Aktivisten als heldenhafte Streiter für Deutschlands Zukunft beweisen. Anders als im abstrakten Verpflichtungsdiskurs in weiten Teilen der bürgerlichen, katholischen und auch – mit Einschränkungen – der republikanischen Jugend gab es keine *imitatio heroica* ohne Kampf und Gefahr. „Der Erkenntnis muss die Tat folgen", so die Worte eines wahrscheinlich aus der bürgerlichen Jugendbewegung stammenden ‚alten Kämpfers' der HJ, der mit großer Melodramatik seine Entscheidung, sich für die Ziele des Nationalsozialismus zu engagieren, aus dem mimetischen Druck des Gefallenengedenkens ableitet:

Vor 6 Jahren war es. Urplötzlich stand eine Frage in uns auf: Warum stehen wir hier am Feuer und singen, warum sitzen wir abends in der Bude zusammen, lesen vom „Aufbruch der Nation" – reden von Langemarck?

211 Hans Baumann: Wir bauen wieder Burgen, in: Die HJ, 9. 11. 1935, S. 13. Vgl. auch den ‚Schwur des jungen Deutschland' aus einer anderen Kantate Baumanns: „Allen, die stürmend fielen/von heißen Herzen gehetzt/allen in Gräben und Gräbern/die von Granaten zerfetzt/allen den Namenlosen/eiserner letzter Pflicht/all denen gilt nun das Schwören/da unser Tag anbricht:/Nun tragen wir eure Fahnen/ins wachsende Morgenrot/ins neue Reich, das wir ahnen/hinter den Bergen der Not./Nun tragen wir die Gewehre/die eure Fäuste geweiht:/Größer als unsre Ehre/ist nichts – wir sind bereit!" (Hans Baumann: Der große Sturm, Potsdam 1935, S. 39). Vgl. auch die in der Schriftenreihe „Junges Volk" von der RJF und dem Kulturamt der Reichspropagandaleitung herausgegebenen Kantaten: Herybert Menzel: Das große Gelöbnis, München 1935; Wolfgang Schwarz: Soldaten des Sieges. Ein chorisches Gedicht, München 1935; Hermann Gerstner: Requiem für einen Gefallenen, München 1936; Helmut Hansen: Die Fahne besiegt den Tod!, München 1936.

Dieses geistige Ringen gab uns Jungen nicht mehr genug. Wir forderten, wir glühten darum: Neben jede Erkenntnis die Tat stellen. [...]
Jahrelang stand vor uns das Opfer der Weltkrieg-Jugend; wir begriffen es, versuchten genau so zu werden, hart und pflichtbewußt.
Konnte es anders sein, als daß wir Jungen dann einmal den Einsatz suchten, die große Kraftprobe für unsere Gesinnung? Wir begannen das Reden zu hassen, das Schwärmen und Singen von der Liebe zur Nation, vom ewigen Kampf. [...] *Da stand es klar vor uns: Dort im Volk müßt ihr stehen, dort wird der Kampf von Langemarck zu Ende gekämpft.* [...] *Wir traten ein in die Sturmabteilungen des Nationalsozialismus.*[212]

Unter den Bedingungen des permanenten Kampfes gegen das ‚System‘ war das Heldentum der NS-Aktivisten zwangsläufig oppositionell. Ihr zunehmend brutales Auftreten in den Saal- und Straßenschlachten der späten Weimarer Republik verlieh ihnen einen revolutionären Appeal. Dazu gehörte es, dass jugendlicher Nonkonformismus hinter der Fassade der NS-Kampforganisationen als disziplinierte, außerstaatliche Ordnungsmacht positiv besetzt waren und dazu beitrugen, den nationalsozialistischen Kampf um die Macht als ‚Revolution der Jugend‘ erscheinen zu lassen.[213]

Dieser permanente ‚Aufruf zur Tat‘ im Heldengedenken der ‚Kampfzeit‘ drohte nach der ‚Machtergreifung‘ die Bemühungen der Parteispitze um Beruhigung und Stabilisierung der Lage zu konterkarieren. Wie bereits dargestellt rückten daher instrumentelle Werte und Tugenden in den Vordergrund. Statt einer konkreten kampfanalogen Handlung forderte das Heldengedenken nun auf abstrakte Weise Charakterbildung ein. Das betont staatstragende Plädoyer von Günter Kaufmann sei hier stellvertretend zitiert:

Darum ruht das Auge des Führers auf uns, weil wir das versprechen was er sich, als er seine herrliche Bewegung schuf, an jenen Toten von Langemarck und an seinen eigenen Fronterlebnissen zum Vorbild nahm: Opfer- und Dienstbereitschaft bis zum letzten, Kameradschaft und Treue, in jeder auch der kleinsten Handlungsweise des täglichen Lebens. Erfüllen wir das und errichten wir in unserer Seele dieses Evangelium höchster deutscher Pflichterfüllung, was der Mythos von Langemarck in sich birgt, dann sind wir der Toten würdig und können die Aufgabe und Mission erfüllen, welche uns das Schicksal in Europa noch stellen wird.[214]

„Opferbereitschaft“, „Kameradschaft“ und „Pflichterfüllung“: Das Opfergedenken kreiste zunehmend um einen soldatischen Wertekanon, der sozialdisziplinierend

212 Karl Schulz: Der Erkenntnis muss die Tat folgen, in: Jungvolk, November 1934, S. 6.

213 Vgl. z. B. Kurt Fervers: Karl und Theobald – zwei Typen, in: Junge Nation, April 1933; zur SA-Subkultur vgl. Longerich, Die braunen Bataillone, S. 115–126; auf die besondere Bedeutung des HJ-Verbots von 1932 für den Erfolg der HJ in dieser Zeit weist Stachura, Nazi Youth in the Weimar Republic, S. 160 ff., hin.

214 Günter Kaufmann: Wir Jungen und das Vermächtnis von Langemarck, in: Wille und Macht, 1. 3. 1934, S. 1–4, Zitat S. 3. Vgl. auch: Grußbotschaft des Reichswehrministers von Blomberg an die deutsche Jugend zum Heldengedenktag 1935, in: Ebd., 17. 3. 1935; Aus der Vereidigungsrede des Stellvertreters des Führers, in: Kyffhäuser, 15. 4. 1934, S. 337.

und systemstabilisierend die „Treue zu den Toten" mit der „Treue zur [nationalsozialistischen] Staatsidee"[215] gleichsetzte. Das Kriegserlebnis als Ursprungsmythos der NSDAP generierte einen Heldendiskurs, der – getreu dem Schauweckerschen Diktum „Wir mussten den Krieg verlieren, um Deutschland zu gewinnen"[216] – im Dritten Reich die Erfüllung des Vermächtnisses der Front erblickte. Die Interpretation der NS-Volksgemeinschaft im Großen und der HJ im Kleinen als Verwirklichung des ‚Sozialismus der Front' machte die sozialpsychologisch schwere Last der zwei Millionen Gefallenen für den NS-Staat und die von ihm forcierte materielle wie mentale Mobilmachung nutzbar:

> *Und noch ein anderes, Kameraden: Zwei Millionen deutscher Volksgenossen sind auf den Schlachtfeldern des großen Krieges für euch gefallen, zwei Millionen Tote fordern von euch, daß ihr das nicht untergehen laßt, was sie in der bittersten Stunde ihres Lebens ersehnten und erfühlten. Darum laßt uns die Träger der Tradition der Front sein! Wenn ihr die Träger des deutschen Sozialismus seid, dann denkt daran, daß dieser Sozialismus in den Schlachten des Weltkrieges geboren wurde, und bereitet euch dann auf eure große Aufgabe vor! Denkt daran, daß diese Toten gefallen sind, damit auch ihr euch einem Leben verpflichtet der Wehrhaftigkeit, der Ehre, der Treue und der Tapferkeit!* [217]

Die beschriebenen Topoi ‚Kontinuität des Krieges', ‚Einheit der Generationen' und der Appell zur *imitatio heroica* beschreiben verschiedene Aspekte des heroischen Weltbildes der HJ. Sie lassen sich nicht analytisch nebeneinander stellen und getrennt untersuchen, sondern sind derart untrennbar miteinander verwoben, dass sie als drei Seiten desselben heroischen Deutungsmusters zu verstehen sind. Die Kontinuitäts-Behauptung ermöglichte die Annahme eines generationsübergreifenden Kampferlebnisses und legitimierte den Appell zur *imitatio heroica*, während umgekehrt die Erfüllung des Vermächtnisses der toten Helden, d. h. der Tod der NS-Blutzeugen in den politischen Auseinandersetzungen der Weimarer Zeit, unabdingbare Voraussetzung dafür war, dass eine von 1914 bis 1933 und in extremis bis 1940 reichende Epocheneinheit sinnvoll konstruiert werden konnte.

Natürlich war dieses heroische Interpretationsschema der jüngeren deutschen Vergangenheit zu jedem Zeitpunkt, egal ob in der ‚Kampfzeit' oder nach 1933, politisch aufgeladen. Dennoch markieren auch in diesem Zusammenhang die Jahre 1933/34 eine Zäsur: Vor der ‚Machtergreifung' beinhaltete das Helden- und Gefallenengedenken der HJ immer die Aufforderung zum Kampf gegen das demokratische System der ‚Novemberverbrecher'. Der mimetische Druck ließ sich in den Saal- und Straßenschlachten mit dem politischen Gegner jederzeit aktiv darstellen. Nach 1933

215 So z. B. Baldur von Schirach in seiner Langemarck-Rede vom 11. 11. 1935, in: Schirach, Revolution der Erziehung, S. 32; vgl. auch die Artikel: Ihr Vermächtnis – unsere Pflicht, Der Schwur der Jugend, beide in: Die Kameradschaft, Hefttitel: Sie starben, damit wir leben, 1936, H. 7.

216 Schauwecker, Aufbruch der Nation, S. 403; zu Schauwecker vgl. allgemein: Fröschle, „Radikal im Denken, schlapp im Handeln".

217 Baldur von Schirach: Der Schwur der Jugend, in: Die Kameradschaft, Hefttitel: Sie starben, damit wir leben, 1936, H. 7, S. 14 f., Zitat S. 14. Vgl. auch Schirachs Langemarck-Rede vom November 1935, in: Ders., Revolution der Erziehung, S. 32; vgl. ferner: Die neue Jugend hütet das Erbe der Frontgeneration. Baldur von Schirach auf dem Frontkämpfertreffen der NSKOV, in: RJP, Sonderdienst, 2. 8. 1937, S. 1.

war dies nicht mehr möglich, der Heldenkult verlagerte sich von der pragmatischen (handlungsbezogenen) auf die pädagogische Ebene. Trotz ihrer systemstabilisierenden Pointe wurde die Gedenkpraxis so tendenziell entpolitisiert, und die Rezeption des Ersten Weltkriegs in der NS-Jugend näherte sich an die Gedenkdiskurse ihrer mittlerweile gleichgeschalteten oder verbotenen Konkurrenten aus der Weimarer Zeit an.

3. Die HJ-Weltkriegsrezeption als Teil der Erinnerungskultur der Jugend der späten Weimarer Zeit

Damit ist die entscheidende Frage aufgeworfen: Welche Interpretamente verbanden das Weltkriegsgedenken der Hitler-Jugend mit den oben behandelten Spielarten heroischer Erinnerungskultur in der bürgerlichen, katholischen und republikanischen Jugend? Wo gab es Schnittmengen mit den anderen Verbänden, welche Repräsentationen waren spezifisch für die NS-Verbände? Und vor allem: Lässt sich die mit der ‚Machtergreifung' vollzogene Vereinheitlichung des Gefallenengedenkens der deutschen Jugend in mentalitätsgeschichtlicher Hinsicht als Zäsur verstehen, oder überwogen die Kontinuitäten?

Es erscheint sinnvoll, an dieser Stelle kursorisch die wichtigsten Ergebnisse des Vorkapitels noch einmal in Erinnerung zu rufen: Die Untersuchung des Weltkriegsdiskurses der bündischen Jugendbewegung, des KJMV und des Jungbanners hat gezeigt, dass sich in den letzten Jahren der Weimarer Republik trotz aller weltanschaulich-politischer Differenzen zwischen den Jugendorganisationen der großen sozialmoralischen Milieus so etwas wie ein erinnerungskultureller Minimalkonsens herauskristallisiert hatte. Obwohl KJMV und Jungbanner ihren kriegskritischen Überzeugungen treu blieben, entwickelten sie eine ausgeprägte Tendenz zur Heroisierung der Kriegsgefallenen, deren Opferbereitschaft allgemein als positiver Wert anerkannt wurde, und näherten sich damit an das Kriegsgedenken der bürgerlichen Jugendbewegung an. In diesem Zusammenhang entstand bei der großen Mehrzahl der deutschen Jugendverbände ein ausgesprochen positives, mutmaßlich unpolitisches Soldatenbild, in dessen Windschatten soldatische Sekundärtugenden wie Kameradschaft und Tapferkeit allgemeine Verbindlichkeit erlangten.

Insgesamt zeichnete sich die Weltkriegs-Rezeption der organisierten Jugend in den späten 1920er und frühen 1930er Jahren durch die allgegenwärtige Bezugnahme auf das ‚Vermächtnis der Gefallenen' aus. Auch wenn die politischen Schlussfolgerungen aus den Hekatomben des Weltkriegs sich naturgemäß erheblich unterschieden, akzeptierte man gemeinhin die Vorstellung einer besonderen Verpflichtung der Jugend den Gefallenen gegenüber. Über die politischen Lagergrenzen hinweg wurde die Nachkriegsgeneration in die Verantwortung genommen, die Zukunft Deutschlands im Sinne der Kriegsgeneration zu gestalten. Solange sich die Jugend zum ‚Vermächtnis' der Toten bekannte, waren diese nicht umsonst gestorben, sondern hatten mit ihrem Tod gewissermaßen nur die Daseinsform gewechselt; als pädagogische Leitbilder lebten sie in der Vorstellungswelt der Jugend weiter. Diese in die Zukunft weisende Grundstruktur des Gefallenengedenkens muss als kollektive Strategie zur Verarbeitung des millionenfachen Todes der deutschen Soldaten auf den Schlachtfeldern Europas unter den Bedingungen von Niederlage und Zusammenbruch verstanden werden. Sie brachte es mit sich, dass die sozialpsychologisch brennende Frage nach dem Sinn des Krieges im kollektiven Gedächtnis nicht abschließend beantwortet werden konnte und der ganze Komplex des Helden- und Opfergedenkens politisch instrumentalisierbar blieb.

Erst vor dem Hintergrund dieser hier vereinfacht dargestellten erinnerungskulturellen Matrix erscheint die pädagogische Instrumentalisierung der toten Helden im Dritten Reich nicht mehr nur als esoterisch-irrationaler, NS-typischer Versuch, die Soldaten der Zukunft so zu konditionieren, dass sie ihre „eigene Vernichtung als ästhetischen Genuss" erlebten, wie Walter Benjamin in einem anderen Zusammenhang formulierte,[218] sondern vielmehr als radikale Variante eines heroischen Gefallenenkults, dessen Wurzeln der Mitte der deutschen Gesellschaft entsprangen.

Was war das originär nationalsozialistische im Gefallenengedenken der HJ? Die nicht zurück in die Vergangenheit, sondern voraus in die Zukunft weisende Zeitstruktur war es offensichtlich nicht, dazu war die Ableitung einer wie auch immer gefassten Verpflichtung der Jugend aus dem Opfer der zwei Millionen Gefallenen auch bei den konkurrierenden Jugendorganisationen bis hin zum Jungbanner zu allgegenwärtig. Die ganze Jugend stand in gewisser Weise im mythomotorischen Schlagschatten des Weltkriegs und musste sich zu ihm positionieren. Genauso wenig können die im Weltkriegsgedenken transportierten Werte in irgendeiner Form als spezifisch nationalsozialistisch gelten: Opferbereitschaft, Kameradschaft und Tapferkeit waren instrumentelle Werte, die allgemein eine hohe Wertschätzung genossen. Und das damit korrespondierende positive Soldatenbild wurde selbst vom Jungbanner geteilt, derjenigen Organisation also, die im untersuchten Sample am wenigsten militaristischer Tendenzen verdächtig ist.

Nur in einem einzigen Punkt kann die Instrumentalisierung des Ersten Weltkriegs von Seiten der NS-Kampfverbände in der ‚Kampfzeit' als NS-spezifisch gelten, und zwar in der Frage der Amalgamierung von NS-Märtyrern und Kriegsgefallenen. Der revolutionär codierte Appell zur *imitatio heroica* war keine abstrakte Ermahnung zu Opferbereitschaft, Tapferkeit etc., sondern ein Aufruf zur Gewalt. Indem eine nicht unbeträchtliche Anzahl von SA- und HJ-Angehörigen diesem Aufruf folgten und ihre Einsatzbereitschaft für die deutsche ‚Revolution' mit dem Leben bezahlten, untermauerten sie den Anspruch der ‚Bewegung', den Geist der ‚Front' zu verkörpern. Stellvertretend für die Kriegsjugend- und Nachkriegsgeneration traten sie – das war jedenfalls die NS-Lesart – gleichberechtigt neben die Gefallenen des Weltkriegs und lösten die Dankesschuld der deutschen Jugend ein. Damit gelang es der NS-Bewegung, den Frontkämpfer-Mythos integrativ weiterzuentwickeln, eine Leistung, die angesichts der generationellen Zuspitzung der politischen Auseinandersetzungen einerseits und des für das Gefallenengedenken eines Großteils der anderen Jugendverbände konstitutiven Verpflichtungsdiskurses andererseits sicherlich geeignet war, die Attraktivität der NS-Bewegung insbesondere bei bürgerlichen Jugendlichen zu erhöhen.

218 Walter Benjamin: Das Kunstwerk im Zeitalter seiner technischen Reproduzierbarkeit, Frankfurt a. M. 1963, S. 44.

Wenn man die Konstruktion einer direkten Kontinuitätslinie von den Gefallenen zu den NS-Blutzeugen als distinktives Merkmal des Weltkriegsgedenkens der NS-Jugend akzeptiert, ergibt sich der einigermaßen überraschende Befund, dass das HJ-Weltkriegsgedenken nach der ‚Machtergreifung' gewissermaßen weniger nationalsozialistisch gewesen ist als noch in der ‚Kampfzeit'. Indem nämlich die radikale, aktivistische Stoßrichtung zugunsten der eher unverbindlichen Ermahnung zu soldatischen Sekundärtugenden in den Hintergrund trat und gleichzeitig im Rahmen der Integrationspropaganda an die Adresse der Frontkämpfer-Generation der ‚Dank der Jugend' gegenüber den Soldaten von 1914–1918 rituell abgeleistet wurde, verlor der Weltkriegsdiskurs der HJ genau jenen revolutionären Appeal, der bis dahin sein Alleinstellungsmerkmal gewesen war. Die Beschwörung der ‚Einheit der Generationen', die weiterhin Jahr für Jahr besonders am 9. November das zeitlose Heldentum aller von 1914 bis 1933 für Deutschland gefallenen Soldaten und NS-Aktivisten groß in Szene setzte, änderte daran nichts: Der HJ-Weltkriegsdiskurs hatte sich vordergründig entpolitisiert und damit den in der späten Weimarer Zeit entwickelten Gedenkdiskursen der organisierten Jugend angenähert.

Was ergibt sich daraus für die Konsensfähigkeit der HJ-Gedenkpraxis für die überwältigende Mehrheit der Jugendlichen, die erst nach 1933 – freiwillig oder unter Druck – in die HJ eintraten? Um diese Frage beantworten zu können, ist es unerlässlich, noch einmal den vordergründig unpolitischen Charakter des Weltkriegsgedenkens der Parteijugend zu unterstreichen. Offensichtlich NS-ideologische Einstellungen und Werte aus dem rassistischen Formenkreis von Blut-und-Boden-Mystik, Lebensraum-Ideologie und Antisemitismus fehlten vollkommen. Und der instrumentelle Kanon an soldatischen Sekundärtugenden wie Opferbereitschaft, Tapferkeit und Kameradschaft war angesichts seiner allgemeinen Akzeptabilität nichts anderes als eine vorpolitische Selbstverständlichkeit.

Gleiches gilt auch für die Mahnung, die Gefallenen niemals zu vergessen. So überrascht es nicht, dass mit Walter Flex' *Wanderer zwischen den Welten* und Philipp Witkops *Kriegsbriefe gefallener Studenten* zwei Werke zum Kernbestand jeder HJ-Bücherei gezählt wurden, die in den Weimarer Jahren bis in die republikanische Jugend hinein konsensfähig gewesen waren. Ähnlich Flex' berühmte *Dankesschuld*: der Appell an die Jugend, „Blüh' Deutschland über'm Grabe mein, jung stark und schön als Heldenhain!", lässt sich in Heimabenden sowohl des Jungbanners und des KJMV als auch der HJ belegen.[219] Und auch die suggestive Metapher vom „Gräberwall",[220] der Deutschland vier lange Jahre vor der Geißel des Krieges geschützt habe, hätte sich nicht anders in den Periodika etwa der katholischen Jugend finden lassen:

> *Weit spannt sich der Ring um Deutschland, lebendiges Wahrzeichen deutscher Treue, die überall die Grenzen des Landes geschützt. Nun liegen sie, wo einst sie standen. Aber die Decke der Gräber erdrückt sie nicht: auf dem Boden, der sich über ihnen breitet, stehen die Kreuze, die deutsche Hände ihnen errichteten. Und durch die Bäu-*

219 Vgl. Kapitel III; Das Buch der Jugend 1936/37, S. 32; für Flex' „Dankesschuld" auf HJ-Heimabenden z. B.: Walter Flex: Die Dankesschuld, in: Die Kameradschaft, Hefttitel: Sie starben, damit wir leben, 1936, H. 7.

220 Gräberwall um Deutschland, in: Ebd., S. 13; Wolf Justin Hartmann: Hölzerne Kreuze, in: Wille und Macht, 17. 3. 1935, S. 8–11; Willi Fr. Könitzer: Ring um Deutschland, in: RJP, 1936, Nr. 53.

me, die über ihnen wachsen, durch den Himmel, der sich über ihnen wölbt, klingt das deutsche Wort der deutschen Jugend: Wir vergessen euch nicht! Wir leben durch euch, und ihr lebt durch uns, in uns und in unserm Wollen. Der Ring eurer Gräber ist lebendiges Zeugnis. Wir hören und geben euch Antwort.[221]

Ein letztes Beispiel: So wie die deutschen Soldatenfriedhöfe im Ausland bereits in der Weimarer Republik das Ziel zahlreicher Gruppenfahrten der Bündischen Jugend, des KJMV und auch, wenngleich weniger oft, des Jungbanners gewesen waren,[222] so bemühte sich auch die HJ, den „Gedächtnisraum Westfront"[223] in ihre Gedenkpolitik einzubinden. Die Art und Weise, in der sie das suggestive Bild der ‚endlosen Reihen der schwarzen Kreuze' auf den deutschen ‚Heldenfriedhöfen' dabei nutzte, um den Jugendlichen das heroische Opfer der Vätergeneration anschaulich zu machen, unterschied sich nicht von den Berichten anderer Weimarer Jugendverbände: Das ehrfürchtig-beklommene Verstummen der Besucher beim Betreten der Gräberfelder, die in der Bildersprache der endlosen Reihen schlichter Gräber zum Ausdruck kommende Namenlosigkeit des Sterbens im industriellen Krieg waren Topoi, die keinesfalls NS-spezifisch waren. Im Rahmen des sakralisierenden „Sie starben, damit ihr lebt!"-Diskurses[224] der NS-Jugend wurden vielmehr Bilder und Repräsentationen aufgegriffen, die quer durch alle Sozialmilieus der Weimarer Republik konsensfähig waren.

Es steht daher zu vermuten, dass die Rezeption des Ersten Weltkriegs in der HJ in besonderem Maße geeignet war, auch Jugendliche anzusprechen, die ansonsten mit dem Nationalsozialismus nicht viel anzufangen wussten. Damit hat sie sicher dazu beigetragen, die Integration der Neumitglieder aus den nach 1933 massenhaft gleichgeschalteten oder zwangsweise aufgelösten Verbänden zu fördern. Dies galt insbesondere für die bürgerliche Jugend, die sich im späteren Langemarck-Gedenken der HJ nicht nur wiederfand, sondern, wie zu zeigen sein wird, durchaus Anteil daran hatte, dass Langemarck überhaupt zum Schlüsselmythos der Hitler-Jugend werden konnte. Doch auch für die zahlreichen Angehörigen der republikanischen Verbände ergaben sich Anknüpfungspunkte: Nachdem im Zuge der NS-Herrschaftskonsolidierung die für die Plausibilität von alternativen, d. h. in diesem Fall pazifistischen Sinndeutungen so eminent wichtige „informelle oder institutionelle ‚Stützstruktur'"[225] der organisierten Arbeiterbewegung weggefallen war, blieben die genannten soldatischen Tugenden als anschlussfähiges Element des Jungbanner-Weltkriegsgedenkens übrig. In diesem Sinne mag es im HJ-Weltkriegs- und Gefalle-

221 Ebd.

222 Zu den Fahrten der Bündischen Jugend vgl. Kapitel III.1. Von Fahrten der katholischen Jugend berichteten z. B.: Gedanken, die einem auf der Flandernfahrt kamen, in: Die Wacht, September 1929, S. 281 f.; An den Gräbern der Gefallenen, in: Clemens, Ruf von Trier, S. 175–180; Albert Steiner: Niemandsland der Toten, in: Stimmen der Jugend, August 1931, S. 321–323; Franz Steber: Kleinigkeiten aus Flandern, in: Ebd., August 1929, S. 276–280; Allerseelen um Verdun, in: Junge Front, 10. 10. 1932; Karl Maximilian Prévot: Ypern Mai 1929, in: Jungwacht, 1929, H. 8, S. 244–247; Joseph Perrot: Bilder aus dem ehemaligen Kriegsgebiet, in: Die Wacht, August 1927, S. 235–237. Zum Jungbanner: Hugo Frohe: Zwischen Verdun und den Argonnen, in: Das Reichsbanner, 5. 4. 1930; Jungba-Fahrt zum Hartmannsweilerkopf, in: Jungbanner, 21. 11. 1931.

223 Brandt, Vom Kriegsschauplatz zum Gedächtnisraum.

224 Die Kameradschaft, Hefttitel: Sie starben, damit wir leben, 1936, H. 7.

225 Linse, Das wahre Zeugnis, S. 96.

nengedenken jenen „Rahmen traditionell akzeptierter Werte" gegeben haben, den die Institutionalisierung neuer, radikaler Werte zur Voraussetzung hat.[226] In keinem anderen Zusammenhang ist jedenfalls die kulturelle Distanz zwischen Jungbanner und HJ derart gering gewesen wie in der Frage des Weltkriegsgedenkens und der darin transportierten Wert- und Moralvorstellungen. Genau hier ist das erinnerungskulturelle Fundament für die Vergesellschaftung des aggressiven Frontkämpfer-Bildes der nationalistischen Rechten im Dritten Reich zu sehen.

4. Erziehung zum Soldaten – Erziehung zur ‚Soldatenschwester'

In seiner berühmten Rede vor hohen Offizieren aus Reichswehr und Reichsmarine vom 3. Februar 1933, in der Hitler Streitkräfte und Partei zu den beiden wichtigsten Stützen des Dritten Reichs erklärte, hatte der frisch ernannte Reichskanzler seinen Generälen neben der Bekämpfung des Versailler Vertrages und dem systematischen Aufbau der Wehrmacht auch die dafür notwendige „Ertüchtigung der Jugend und [die] Stärkung [ihres] Wehrwillens mit allen Mitteln" versprochen. Es galt – so Hitler – „die Jugend und das ganze Volk auf den Gedanken einzustellen, dass nur der Kampf uns retten kann".[227]

Neu war der Gedanke einer staatlich organisierten vormilitärischen Ausbildung der Jugend zu diesem Zeitpunkt keineswegs. Schon im Kaiserreich war versucht worden, die als nationalpolitisch gefährlich geltende Lücke zwischen Schule und Wehrpflicht zu schließen,[228] und erst einige Monate vor der ‚Machtergreifung' hatten die langjährigen Bemühungen des Reichskriegsministeriums, durch die Wehrertüchtigung der Jugend die Voraussetzungen für eine schnelle Verstärkung des Heeres im Verteidigungsfall zu schaffen, zur Gründung des Reichskuratoriums für Jugendertüchtigung durch einen Erlass des Reichspräsidenten geführt. Als „Dachorganisation zur Intensivierung des Wehrsports"[229] der deutschen (männlichen) Jugendlichen zielte das Reichskuratorium auf „die Stählung des Körpers, die Erziehung der Jugend zu Zucht, Ordnungsliebe und Kameradschaft und zur Opferbereitschaft für die Gesamtheit"[230] ab und stellte damit genau jene soldatischen Werte in den Mittelpunkt seines staatlich orchestrierten Erziehungsprogramms, auf die auch die Hitler-Jugend aufbauen sollte. Dass mit Edwin von Stülpnagel ein General der Infanterie a. D. zum geschäftsführenden Präsidenten bestellt wurde, illustriert die militärische Stoßrichtung des Kuratoriums, auch wenn – wohl aus Gründen der Verschleierung – der Reichsminister des Inneren den Vorsitz führte.

226 Siehe Bruendel, Volksgemeinschaft oder Volksstaat, S. 24.

227 Ursachen und Folgen. Vom deutschen Zusammenbruch 1918 und 1945 bis zur staatlichen Neuordnung Deutschlands in der Gegenwart, Bd. 10, Berlin 1965, S. 114.

228 Vgl. z. B. Schubert-Weller, „Kein schönrer Tod…"; Oliver Stein: „Ein ganzes Volk in Waffen ist nicht zu unterschätzen". Das deutsche Militär und die Frage von Volksbewaffnung, Miliz und vormilitärischer Ausbildung 1871–1914, in: Rüdiger Bergien/Ralf Pröve (Hg.): Spießer, Patrioten, Revolutionäre. Militärische Mobilisierung und gesellschaftliche Ordnung in der Neuzeit, Göttingen 2010, S. 71–94.

229 Köhler, Arbeitsdienst in Deutschland, S. 213.

230 Erlass des Reichspräsidenten über die Körperliche Ertüchtigung der Jugend, in: Wolffs Telegraphisches Büro, Nr. 1954, 14. 9. 1932 (BA Berlin-Lichterfelde R 43 II/519, Bl. 97).

Erst im Dritten Reich jedoch war eine politische Konstellation gegeben, in der die Wehrhaftmachung der Jugend zur politischen Priorität werden konnte. Bei der Durchsetzung seiner aggressiven Revisions- und Expansionspolitik war das Regime schließlich auf eine möglichst umfassende Mobilisierung und Militarisierung der deutschen Gesellschaft angewiesen. Dabei kam folgerichtig der Wehrerziehung der Soldaten der Zukunft, also der männlichen Kinder und Jugendlichen, besondere Bedeutung zu. Reichsinnenminister Wilhelm Frick ging in diesem Zusammenhang sogar so weit, „die Ertüchtigung der deutschen Jugend, die von wehrhaftem Geist erfüllt sein muss", als „erstes Ziel" der neuen Regierung zu bezeichnen.[231]

Von Anfang an bemühte sich die Hitler-Jugend dieser Zielvorgabe gerecht zu werden.[232] Bereits Ende 1933 erließ die RJF zum ersten Mal Richtlinien zu den militärisch relevanten Bereichen Leibesübungen, Geländesport und Luftgewehr- bzw. Kleinkaliberschießen. Unter der Leitung des ehemaligen ‚Frontunteroffiziers' und Freikorps-Angehörigen Helmut Stellrecht entwickelte sich in der Folge die vormilitärische Ausbildung in der Hitler-Jugend rapide.[233] Die so genannte körperliche Ertüchtigung nahm dabei mit Abstand die meiste Zeit des HJ-Dienstes in Anspruch, doch auch die Schießausbildung gewann schnell an Bedeutung: Hatten 1937 erst etwa 500 000 Jungen am Reichsschießwettkampf teilgenommen, so wurden 1938 bereits 1,25 Millionen Jugendliche im Gewehrschießen ausgebildet. Wie sehr die vormilitärische Erziehung im Mittelpunkt der HJ-Ausbildung stand, lässt sich den Zahlen für den HJ-Haushalt von 1935/36 entnehmen: Während die Abteilung „S" (weltanschauliche Schulung) mit verhältnismäßig mageren 850 000 RM auszukommen hatte, war für die Abteilung „E" (Ertüchtigung) mit 7 600 000 RM ein deutlich höherer Betrag veranschlagt. Für die Schießausbildung waren darüber hinaus noch einmal über 7 Millionen RM vorgesehen. Die Ausgaben für Körperertüchtigung und Schießausbildung waren damit insgesamt der mit großem Abstand wichtigste Haushaltsposten.[234]

Ab dem Frühjahr 1937 wurde darüber hinaus die Zusammenarbeit mit der Wehrmacht intensiviert. Von der obersten Führungsebene bis herab zu den Bannen wurden Verbindungsoffiziere der Wehrmacht eingesetzt. Sie sollten die „Ausbildung und Erziehung zur Wehrertüchtigung bei der HJ im Sinne des Heeres" beeinflussen und dabei vor allem Wert legen auf:

> *Erziehung zu soldatischer Geisteshaltung, zu Wehrwillen und Opferbereitschaft, zur Kameradschaft und zum Dienen an Volk und Vaterland.*
> *Körperliche Grundausbildung und geländesportliche Ausbildung als unmittelbare Vorbereitung auf den Wehrdienst.*[235]

231 VB, Reichsausgabe, 21. 2. 1933, zitiert nach Buddrus, Totale Erziehung für den totalen Krieg, S. 176.

232 Vgl. hierzu und zum Folgenden ebd., S. 175–223.

233 Zur Biographie Stellrechts ebd., S. 1216 f.; ders.: „Wir sind nicht am Ende, sondern in der Mitte eines großen Krieges." Eine Denkschrift aus dem Zivilkabinett der Regierung Dönitz vom 16. Mai 1945, in: Vierteljahrshefte für Zeitgeschichte, 44 (1996), H. 4, S. 605–627, S. 616–621.

234 BA Berlin-Lichterfelde, R 43 II/512.

235 BA–MA Freiburg, RH 34/54. Die Richtlinien des Oberbefehlshabers des Heeres für die Zusammenarbeit der Dienststellen des Heeres mit den Stellen der Reichsjugendführung sind veröffentlicht bei Manfred Messerschmidt: Die Wehrmacht im NS-Staat, Hamburg 1969, S. 113 ff.

Die Wehrertüchtigung der HJ-Führerschaft wurde in diesem Kontext besonders forciert; das Geheimabkommen zwischen RJF und OKW vom 20. Januar 1939 zur systematischen Ausbildung der gesamten Führerschaft zeigt, wie weit die NS-Jugend in die unmittelbaren Kriegsvorbereitungen der Wehrmacht einbezogen war und in welchem Maße das umfassende System militärischer Früherziehung des totalen Krieges bereits vor Kriegsbeginn entstanden war.[236]

Um die Entwicklung der vormilitärischen Ausbildung im Dritten Reich, in deren Verlauf Reichswehr/Wehrmacht und Hitler-Jugend keinesfalls problemlos harmonierten, sondern sich in die Führerstaat-typischen Kompetenzstreitigkeiten verstrickten,[237] soll es hier jedoch nicht gehen. Für die Fragestellung dieser Studie ist es interessanter, den hohen Stellenwert des Ersten Weltkriegs für die geistige Wehrerziehung in den Blick zu nehmen und damit die Funktionalität bestimmter, im Weltkriegsgedenken transportierter Repräsentationen für die mentale Mobilmachung der Jugend zu untersuchen.

Es war insbesondere die Wehrmacht, die als wichtige Traditionsagentur immer wieder auf eine stärkere Instrumentalisierung des Ersten Weltkriegs in der Jugenderziehung drängte. Als die Militärbehörden bei der Musterung der ersten Jahrgänge (1914 und 1915) nach Wiedereinführung der Wehrpflicht im Jahr 1935 alarmiert eine in ihren Augen „außerordentliche Unkenntnis der Dienstpflichtigen über den Weltkrieg" feststellten, wandte sich das Reichskriegsministerium umgehend an das Reichsministerium für Wissenschaft, Erziehung und Volksbildung, das Reichsministerium für Volksaufklärung und Propaganda und an den Reichsjugendführer und verlangte trotz mutmaßlicher Fortschritte in dieser Richtung eine noch stärkere Thematisierung des Weltkriegs:

Seit dem Abgang dieser Jahrgänge von der Schule ist hierin ein grundlegender Wandel angebahnt. Das Reichskriegsministerium möchte trotzdem auf die geschilderten Tatsachen hinweisen und anregen, die jetzt allgemein zunehmende Besinnung auf Stammbaum und Familie auch auf dieses Gebiet zu lenken und bei der Jugend den Stolz auf die Teilnahme des Vaters und der nächsten Verwandten am Weltkrieg zu erwecken und zu kräftigen.[238]

Wenn die ‚Materialschlacht' der Zukunft große Anforderungen an den Soldaten der Zukunft stellte, und darin waren sich der Verbindungsoffizier der Wehrmacht beim RJF, Oberstleutnant Erwin Rommel, und Generalmajor Heinrich-Gottfried von Vietinghoff in ihren Reden vor HJ-Führern auf dem zweiten Reichsführerlager der HJ in Weimar 1937 einig,[239] dann lag es nahe, denjenigen zum Vorbild der Jugend zu erklären, der von 1914–1918 bereits bewiesen hatte, dem modernen Krieg

236 Vgl. Buddrus, Totale Erziehung für den totalen Krieg, S. 186.

237 So plante die Reichswehrführung z. B. anfangs die Wehrerziehung der Jugend außerhalb der HJ in der so genannten Reichsjugend durchzuführen. Die Pläne, mit deren Ausarbeitung das RJF-Mitglied Helmut Stellrecht betraut worden war, wurden jedoch durch das Gesetz zur Hitler-Jugend vom Dezember 1936 obsolet, vgl. Buddrus, Wir sind nicht am Ende, S. 616–619.

238 Erfahrungen bei der Musterung 1935, Brief Reichskriegsministerium an das Reichsministerium für Wissenschaft, Erziehung und Volksbildung, das Reichsministerium für Volksaufklärung und Propaganda, den Reichsjugendführer, 9. 11. 1935 (Stadtarchiv Plauen III IV IE 77, Bl. 29).

239 Vgl. Wolfgang Kern: Die innere Funktion der Wehrmacht 1933–1939, Berlin (Ost) 1979, S. 103 ff.

gewachsen zu sein: der deutsche ‚Frontsoldat‘. Als pädagogisches Leitbild verkörperte er genau jene militärischen Werte und Tugenden, in den Worten Rommels: „Härte, Disziplin und Umsicht“,[240] die für den Krieg der Zukunft unverzichtbar erschienen.

Folgerichtig bemühte sich die Reichswehr/Wehrmacht, ihre sich ab 1933 auf lokaler Ebene entwickelnden Kontakte zur NS-Jugend dafür zu nutzen, ein funktionales Kriegs- und Soldatenbild unter den Jugendlichen zu popularisieren. Auf gemeinsamen lokalen Veranstaltungen von Reichswehr-Regimentern und HJ-Bannen (die ja die Traditionsnummern der alten Regimenter trugen) wurde, obwohl die RJF diese Art der Kooperation keinesfalls goutierte, der heldenhaften Vergangenheit des jeweiligen Traditionsregiments gedacht und die Jugend im Sinne des bereits in extenso besprochenen heroischen Mythos für das Vermächtnis der Gefallenen in die Pflicht genommen.[241] Die Initiative des Standortältesten Koblenz zur Zusammenarbeit mit der HJ erscheint vor diesem Hintergrund typisch: Noch bevor RJF und Wehrmacht sich auf die Modalitäten einer möglichen Kooperation geeinigt hatten, waren von der 34. Division HJ-Verbindungsoffiziere eingesetzt worden, zu deren Aufgaben es gehörte, „der HJ eine richtige Anschauung von militärischen Dingen zu geben und ihr ein Bild von unseren Aufgaben und unserer Arbeit zu vermitteln“.[242] Dazu zählten neben Gruppenbesuchen der HJ in Kasernen und bei der Geländeausbildung insbesondere Vorträge vor HJ-Einheiten, die sich vor allem um das Weltkriegserlebnis drehten.[243]

Großen Anteil an der Popularisierung eines der Wehrmacht genehmen, funktionalen Frontkämpfer-Bildes in der HJ hatte jedoch ganz ohne Zweifel der bereits erwähnte Obergebietsführer Stellrecht. Auf ihn wird noch einzugehen sein. Mit Stellrecht war ein Kriegsveteran für die Wehrertüchtigung der deutschen Jugend verantwortlich, der zwischenzeitlich als Leiter des so genannten Büro-Stellrecht für das Reichskriegsministerium ein allerdings nicht verwirklichtes Konzept vormilitärischer Wehrausbildung entwickelt hatte und der daher das Vertrauen der Wehrmacht genoss. Und dies völlig zu Recht, wie sich zeigen sollte: Unter Stellrechts Ägide schritt die von Streitkräften und Partei geforderte Militarisierung der Jugenderziehung mit großen Schritten voran. Er war es, der ein offensichtlich aus den Erfahrungen des Großen Krieges gewonnenes aggressives Soldatenbild in die Praxis der Jugendarbeit umsetzte und der damit einen großen Beitrag dazu leistete, die deutsche Jugend auf den Krieg der Zukunft vorzubereiten.

240 So Rommel auf der erwähnten HJ-Führertagung, vgl. ebd., S. 104.

241 Z. B. Führertagung des Bannes 71, in: Der Thüringer Sturmtrupp, 1934, 2. März-Ausgabe; Dies Land trägt Edelstein. Zum Bann 125 und seinem Traditionsregiment, in: Reichssturmfahne, 1937, H. 5; Aus dem Ehrenbuch unseres Traditionsregiments, in: Die junge Garde, 15. 2. 1934; Tradition!, in: Ebd., 15. 1. 1934.

242 Der Standortälteste (34. Div.), Koblenz, 25. 1. 1937 (BA–MA Freiburg, RH 34/128).

243 Ebd.; als besonders lehrreich und jugendgeeignet galten Einzelschilderungen der „Schlacht von Tannenberg, aus den Kämpfen bei Ypern, aus dem Kampf um Verdun, aus der Tankschlacht von Cambrai, aus dem rumänischen Feldzug, aus dem Durchbruch von Brzeziny, aus dem Gebirgskrieg an der italienischen Front und aus dem Kolonialkrieg“. Der Standortkommandeur Münster berichtet aus seinem Zuständigkeitsbereich von ähnlichen Vorträgen, vgl. BA–MA Freiburg, RH 34/54. In diesem Zusammenhang ist auch die systematische Zusammenarbeit des HJ-Gebiets Ostland mit den in Ostpreußen stationierten Wehrmachtseinheiten beim Langemarck-Gedenken zu nennen, vgl. Langemarck-Heft des Gebiets Ostland, 1938.

Es ist bereits darauf hingewiesen worden, dass sich schon in den letzten Jahren der Weimarer Republik in weiten Teilen der organisierten Jugend ein positives Soldatenbild durchgesetzt hatte, in dessen Mittelpunkt das Attribut der bedingungslosen Opferbereitschaft stand. Von der gemäßigten Linken, wo das Jungbanner „Frontkämpfer der Republik“ ausbilden wollte, über das katholische Verbandsmilieu, in dem das Opfer der ‚Feldgrauen‘ mehr und mehr zur Chiffre für allerhöchstes Menschentum geriet, bis zu den bürgerlichen Jugendverbänden – die Achtung vor den Leistungen der deutschen Soldaten war Anfang der 1930er Jahre eine vorpolitische Selbstverständlichkeit. Sie waren Leitbilder für die Weimarer Jugend, auch wenn hinsichtlich der politischen Interpretation ihres ‚Vermächtnisses‘ kein Konsens hergestellt werden konnte.

Diese erinnerungskulturellen Schnittmengen im pluralistischen Spektrum der Weimarer Jugendverbände sind die Folie, vor welcher die in der Hitler-Jugend ventilierten Soldatenbilder überhaupt erst angemessen bewertet werden können. Obschon die Frontkämpfer-Ästhetik in den Kriegs- und Soldatenbildern der HJ-Presse aus der ex post-Perspektive des frühen 21. Jahrhunderts als typisch nationalsozialistisch gelten kann, für die Zeitgenossen war sie das keineswegs. Der Typus des stahlgewittergehärteten Frontsoldaten der NS- und HJ-Propaganda unterschied sich – und das kann kaum genug betont werden – eben nicht derart kategorial von den Soldatenbildern beispielsweise im KJMV und im Jungbanner, dass er von Jugendlichen mit geringer Affinität zum Nationalsozialismus von vornherein als politisch identifiziert worden wäre. Die fortgesetzte Glorifizierung von ‚feldgrau‘ gerade auch im Gegensatz zu ‚braun‘ im katholischen Verbandsmilieu belegt ganz im Gegenteil, in welchem Maße die affirmativen Soldatenbilder als unpolitisch akzeptiert wurden. So wie die Wehrmacht ihren Status als unpolitische Kraft im Dritten Reich in den Augen vieler Zeitgenossen bis Ende des Zweiten Weltkriegs (und noch lange darüber hinaus) bewahren konnte, so zählten auch die Soldatenbilder und die mit ihnen verbundenen soldatischen Werte zu jenem Bereich kultureller Selbstverständlichkeiten, der nicht der NS-Ideologie zugerechnet wurde.

Wie groß „die Bindungskraft des Identifikationsangebots ‚Soldat‘“[244] tatsächlich für die Wehrmachtsangehörigen im Zweiten Weltkrieg gewesen ist, darauf hat u. a. Klaus Latzel hingewiesen. Deutsche Feldpostbriefe aus den beiden Weltkriegen vergleichend kommt er zu dem Schluss, dass das ‚Soldatische‘ als Wert- und Leitvorstellung von 1939–1945 eine größere Rolle gespielt habe als von 1914–1918. Insbesondere soldatische Tugenden wie Glaube, Wille, Einsatzwille, Unerschütterlichkeit und Tatkraft seien stärker betont worden. Sogar der positive Bezug auf soldatischen Fanatismus, nicht vorhanden im Ersten Weltkrieg, sei nun verbreitet gewesen. Insgesamt sei dem Soldaten im Zweiten Weltkrieg eine deutlich aktivistischere Komponente zugeschrieben worden.[245] Die Ursache für diese Radikalisierung des Soldatenbildes sieht Latzel zu Recht in der „enormen Begriffsausweitung“, die der „Sol-

244 Latzel, Deutsche Soldaten – nationalsozialistischer Krieg?, S. 310; vgl. auch Frank Werner: „Hart müssen wir hier draußen sein“. Soldatische Männlichkeit im Vernichtungskrieg 1941–1944, in: Geschichte und Gesellschaft, 34 (2008), S. 5–40, S. 8–13; Sven Oliver Müller: Deutsche Soldaten und ihre Feinde. Nationalismus an Front und Heimatfront im Zweiten Weltkrieg, Frankfurt a. M. 2007, S. 156 ff.

245 Vgl. Latzel, Deutsche Soldaten – nationalsozialistischer Krieg?, S. 316.

dat und das Soldatische im Begriffshaushalt der Zwischenkriegszeit erfahren haben".[246] Sie habe zu einem „Set von Attitüden", aus soldatischem Selbstbewusstsein, erhöhter Aggressivität, einer „realitätsblinden, tendenziell fanatischen, aktivistisch und voluntaristisch gefärbten Gläubigkeit"[247] und Rollendistanz, geführt und damit zu der erhöhten Gewaltbereitschaft, ohne die der brutale Rasse- und Vernichtungskrieg im Osten nicht möglich gewesen wäre.

Es erscheint daher notwendig, sich mit den Kriegs- und Soldatenbilder in der HJ-Presse genauer zu befassen und dabei zu untersuchen, inwieweit die HJ-Erziehung zur erstaunlichen Stabilität der von der Forschung diagnostizierten „maskulinen Leitkultur"[248] der Wehrmacht, zu deren Markenkern das Identifikations- und Partizipationsangebot männlich-soldatischer Härte gehörte, beigetragen hat. Dies geschieht vor dem Hintergrund der in der Forschung bereits ausführlich gewürdigten Attraktivität des (unpolitischen) Identifikationsmodells ‚Soldat' für weite Teile der männlichen Jugendlichen.[249]

Unter Bildern werden im Folgenden diejenigen normativen Diskurse und Repräsentationen verstanden, die identitätsstiftend und handlungsleitend den deutschen Soldaten wie auch die deutsche Krankenschwester des Weltkriegs für die Jugenderziehung funktionalisierten. Beide waren das kultur- und mentalitätsgeschichtliche Substrat für die „kollektive, kriegerische Öffentlichkeit", in der die Wehrmacht im Zweiten Weltkrieg „die eigene, soldatische Überlegenheit" zur Norm machen und damit ihre Angehörigen unter „tödlichen Leistungszwang" setzen konnte.[250]

Inwieweit die lange vor Kriegsausbruch entwickelte „Kultur des Krieges"[251] als normative Organisationskultur der Wehrmacht den Durchhaltewillen der deutschen Streitkräfte nicht nur in den Jahren der ‚Blitzsiege', sondern auch noch danach, als die unvermeidliche Niederlage längst absehbar war, zu verstehen hilft, ist leider nicht ohne weiteres zu klären.[252] Es gibt in der militärgeschichtlichen Forschung neben

246 Ebd., S. 314.

247 Siehe ebd., S. 371.

248 Werner, „Hart müssen wir hier draußen sein", S. 8 f.

249 Vgl. Hübner-Funk, Loyalität und Verblendung, S. 157 ff.; Kannonier-Finster, Eine Hitler-Jugend, S. 80 f.; Kater, Hitler-Jugend, S. 172 ff.; Kenkmann, Wilde Jugend, S. 363 ff.; Werner, „Hart müssen wir hier draußen sein", S. 11.

250 Michael Geyer: Das Stigma der Gewalt und das Problem der nationalen Identität in Deutschland, in: Christian Jansen/Lutz Niethammer/Bernd Weisbrod (Hg.): Von der Aufgabe der Freiheit. Politische Verantwortung und bürgerliche Gesellschaft im 19. und 20. Jahrhundert. Festschrift für Hans Mommsen zum 5. November 1995, Berlin 1995, S. 673–698, S. 690.

251 Martin van Creveld: The Culture of War, New York 2008.

252 Vgl. allgemein: Williamson Murray: Does Military Culture Matter?, in: Orbis. A Journal of World Affairs, 43 (1999), Nr. 1, S. 27–42; für den Ersten Weltkrieg geht Isabel Hull: Absolute Destruction. Military Culture and the Practice of War in Imperial Germany, London u. a. 2005, dieser Frage nach und kommt zu dem Schluss, dass die im Kaiserreich ausgeprägte ‚military culture' mit ihrer radikalen Ergebnisorientierung wesentlichen Anteil an der kumulativen Brutalisierung der deutschen Kriegsführung hatte. Für Creveld, spielt die ‚culture of war' eine ganz entscheidende Rolle für die Effizienz der eingesetzten Truppen: „This brings us to the real reason why the culture of war matters: namely, the critical role it plays in overcoming men's natural inclination to avoid, or flee from, danger while at the same time preparing them to make the supreme sacrifice if and when required. Troops of every kind may be prepared to kill, rob, and destroy in order to serve this or that purpose. They may also possess every attribute needed for realizing those goals [...]. However, unless they are also prepared to defy nature and risk their lives, they will be useless and worse." (The Culture of War, S. XIV)

der Zwangshypothese[253] zwei Ansätze, die zu erklären versuchen, warum das deutsche Heer nicht nur im siegreichen ‚Westfeldzug', sondern vor allem im ‚Ostfeldzug' gegen die Sowjetunion lange Zeit sogar erfolgreich gegen einen technologisch und zahlenmäßig weit überlegenen Gegner kämpfen konnte und dabei trotz der eklatanten Demodernisierung seiner Ausrüstung seinen Wirkungsgrad so lange auf hohem Niveau halten bzw. sogar steigern konnte, dass die Alliierten trotz drückender Überlegenheit ihren unaufhaltsamen Vormarsch mit hohen Opfern erkaufen mussten.[254] Der eine, vor allem von Omer Bartov vertretene Erklärungsansatz stellt die ideologische Motiviertheit der Wehrmacht in den Vordergrund.[255] Danach sei es dem Dritten Reich gelungen, den von ihm propagierten ‚politischen Soldaten' tatsächlich zu erschaffen. Als Weltanschauungskrieger hätten sie den rassisch motivierten Kampf gegen die Sowjetunion weitgehend ähnlich beurteilt wie das Regime – daher ihre Bereitschaft, sich bis in die Endphase des Krieges mit äußerster Brutalität gegen die Niederlage zu stemmen und dabei hohe Opferzahlen in Kauf zu nehmen.

Bartovs Ideologie-Ansatz richtete sich gegen die Kleingruppen-Theorie, die verkürzt gesagt die erstaunliche Kohäsion des Heeres aus der stabilisierenden Funktion der männlich-soldatischen Kleingruppe als Ersatzfamilie ableitet. Kameradschaft und Gruppensolidarität hätten den Krieg gewissermaßen erträglich gemacht und den einzelnen Soldaten zugleich motiviert, sein Leben für das Überleben der Bezugsgruppe einzusetzen. Dieser ältere Ansatz aus den 1940er Jahren, der auf Samuel Marshall zurückgeht, ist jüngst wieder stärker vertreten worden.[256] Insgesamt scheint sich in der Forschungsdiskussion in den letzten Jahren, gegen die Bartovsche Lesart, „eine generelle Skepsis gegenüber der Bedeutung [...] ideologischer Faktoren" durchgesetzt zu haben.[257]

So vorsichtig man angesichts der Forschungskontroverse um die Ursachen der Kampfkraft der Wehrmacht im Zweiten Weltkrieg daher damit sein sollte, dem u. a. von der HJ-Erziehung forcierten Kult soldatischer Männlichkeit eine kausale Wirkung auf die Effektivität der Wehrmacht zuzuschreiben, eines erscheint sicher: In der Hitler-Jugend lernten die Jugendlichen nicht nur, sich in einer ausgesprochen militärischen Organisationsstruktur zu bewegen, sondern sie wurden auch mit den entscheidenden Elementen jener soldatischen Wert- und Normvorstellungen konfrontiert, die als Organisationskultur der Wehrmacht Leben (und Sterben) der deut-

253 Während im Ersten Weltkrieg in Deutschland von der Militärgerichtsbarkeit insgesamt 48 Todesurteile vollstreckt wurden, eine im europäischen Vergleich ausgesprochen niedrige Zahl (allein in Frankreich gab es über 600 Exekutionen), wurden im Zweiten Weltkrieg etwa 15 000 deutsche Soldaten hingerichtet, vgl. Christoph Jahr: Militärgerichtsbarkeit, in: Hirschfeld/Krumeich/Renz (Hg.), Enzyklopädie Erster Weltkrieg, S. 715 f.

254 Zur materiellen Überlegenheit der Alliierten auch in der ersten Phase des Krieges und zur ‚Demodernisierung' der Wehrmacht, vgl. Omer Bartov: Hitler's Army. Soldiers, Nazis, and War in the Third Reich, Oxford u. a. 1991, S. 12 ff.; zur anhaltenden Effizienz der deutschen Streitkräfte vgl. jüngst: Michael Geyer: How the Germans Learned to Wage War. On the Question of Killing in the First and Second World Wars, in: Alon Confino/Paul Betts/Dirk Schumann (Hg.): Between Mass Death and Individual Loss. The Place of the Dead in Twentieth-Century Germany, Oxford/New York 2008, S. 25–50.

255 Vgl. Bartov, Hitler's Army. Die deutsche Ausgabe bringt im Untertitel diesen Gedanken stärker zum Ausdruck: Hitlers Wehrmacht. Soldaten, Fanatismus und die Brutalisierung des Krieges, Reinbek 1995.

256 Vgl. jüngst Kühne, Kameradschaft; Andreas Kunz: Wehrmacht und Niederlage. Die bewaffnete Macht in der Endphase der nationalsozialistischen Herrschaft 1944 bis 1945, München 2005.

257 Hew Strachan: Ausbildung, Kampfgeist und die zwei Weltkriege, in: Bruno Thoß/Hans-Erich Volkmann (Hg.): Erster Weltkrieg – Zweiter Weltkrieg. Ein Vergleich. Krieg, Kriegserlebnis, Kriegserfahrung in Deutschland, Paderborn u. a. 2002, S. 265–286, S. 268 f.

schen Soldaten durchdrangen. Zu dieser kulturellen Matrix gehörte ganz zentral ein bestimmtes Soldatenbild als (männlich-soldatische) Selbstimagination und Projektion. Als der Krieg, auf den die NS-Führung systematisch hingearbeitet hatte, 1939 ‚ausbrach‘, hatten die Jugendlichen und jungen Soldaten ein etabliertes Rollenvorbild, das ihnen helfen konnte, die von den Streitkräften an sie gestellten Anforderungen zu verstehen, sich ihnen zu stellen und sich schließlich sogar mit ihnen zu identifizieren. Damit leistete die HJ nicht zuletzt einen substantiellen Beitrag dazu, „die Differenz zwischen dem zivilen und dem militärischen Leben tendenziell zu verringern“ und NS-Deutschland damit im Vergleich zu den Alliierten einen Ausbildungsvorsprung zu verschaffen.[258]

Das Bild des Frontsoldaten des Großen Krieges in der HJ

Auf dem Höhepunkt des von Remarque ausgelösten Deutungskampfes um das ‚Fronterlebnis‘ stellte ein Autor des nationalen Lagers der ‚frontsoldatischen‘ Darstellung seiner Kriegserlebnisse die folgenden Zeilen voraus:

> *Es gibt Menschen, bei denen vom Erlebnis des Krieges nichts übrig blieb als ein unendliches Grauen. Im Vordergrund steht bei ihnen das Gräßliche. Wenn wir es so empfunden hätten, wie es manche Kriegsbücher beschreiben, wir wären wahnsinnig geworden. Aber gerade so wie ein Arzt wußten wir, daß der Körper aus Muskeln, Knochen, Blut und Eingeweiden besteht und daß sie zu Tage treten, wenn er verletzt wird. Ist das ein Arzt, der davor schaudert? Ist das ein Soldat, der die blutende Wunde seines Kameraden nicht sehen, nicht verbinden kann? Der Körper, das Gesicht, auch eines zerfetzten Toten, war immer noch das eines Kameraden.* […]
> *Heute unterwühlt man noch einmal die Front, indem sie in allen Tatsachen von Leuten geschildert wird, die an ihr zerbrochen sind. Ich frage, kann einer das Reiten beschreiben, den das Pferd abgeworfen hat und der davor zittert wieder aufsitzen zu müssen? Alles, was er schreibt ist richtig und alles, was er schreibt, ist grundfalsch. Er beschreibt das Reiten als Erlebnis, ohne Reiter gewesen, das Soldatsein, ohne Soldat gewesen zu sein. Es gibt nichts Furchtbareres, Niederdrückenderes als den Jammer und das Elend erdgefesselter Kreatur, die über das Stoffliche nicht hinausfinden kann.*

Sein Buch, *Trotz allem!*, war nur eines unter vielen, seine Argumentation stereotyp: Indem er pazifistischen Autoren jegliches Soldatentum absprach, delegitimierte er ihre Kritik am Krieg, ohne dabei den Wahrheitsgehalt ihrer realistischen Kriegsbeschreibungen infrage zu stellen.[259] Originell ist hier lediglich die Arzt-Metapher. Sie verdeutlicht gut das hohe Maß an Rollendistanz und damit die Fähigkeit, in Extremsituationen kühl abwägend zu funktionieren und eine professionelle Einstellung gegenüber dem „unendlichen Grauen“, dem „Grässlichen“ des Schlachtfeldes zu entwickeln, das der Autor in den Mittelpunkt seines Soldatenbildes stellte. Wie ein Arzt am Operationstisch sollte der Soldat der Materialschlacht als Mensch hinter

258 Rolf Schörken: Jugend, in: Wolfgang Benz/Hermann Graml/Hermann Weiß (Hg.): Enzyklopädie des Nationalsozialismus, 5. Aufl., München 2007, S. 223–241, S. 238 f.

259 Vgl. z. B. Lindner, Princes of the Trenches, S. 48 f.

seine Aufgabe zurücktreten und affektfrei seine Pflicht erfüllen. Oder, wie es an anderer Stelle hieß:

> *Solange ich Soldat bin, hat mir noch keiner gesagt, ich solle mutig sein, ich solle begeistert sein. Das ist alles reine Privatsache. Kein Mensch will hier mein schlagendes Herz. Aber eines hat man uns eingehämmert, hat man in die dicksten Schädel getrieben. Da, wo der Soldat hingestellt wird, hat er den Auftrag zu erfüllen. Es ist ganz gleichgültig, ob er Mut hat, ob er begeistert ist, er hat stehen zu bleiben und das Aufgetragene zu tun.* [...] *Wieder unerbittlichste Pflichterfüllung! Der Mut kann verflackern, kann zusammenbrechen in der Hölle, die um das Granatloch tanzt, aber ehern, unverrückbar bleibt die Pflicht, das zu tun, was man soll.*[260]

Autor dieser Zeilen war niemand anders als Helmut Stellrecht, der spätere oberste Beauftragte der Hitler-Jugend für die Wehrertüchtigung der Jugend. Seine Kriegserinnerungen[261] weisen ihn als typischen Vertreter jener literarischen Frontsoldaten-Generation aus, die Jörg Vollmer in Abgrenzung von konventionellen Kriegsschriftstellern wilhelminischer Prägung und den „Häretikern I" (pazifistischen Autoren) als „Häretiker II" bezeichnet hat.[262] Diese Gruppe radikalnationalistischer Schriftsteller, zu deren Protagonisten Ernst Jünger, Franz Schauwecker, Hans Zöberlein und Werner Beumelburg gehörten, beschrieb auf der einen Seite (und das machte sie zu Häretikern) Gewalt, Leiden und Tod im ‚Stahlgewitter' der Materialschlacht mit teilweise pornographisch anmutender Detailversessenheit. Auf der anderen Seite bettete sie ihre Beschreibungen entgrenzter Gewalt in ein heroisierendes Narrativ ein, das es erlaubte, gerade in der Überwindung des Schreckens, gewissermaßen in dem voluntaristischen „Trotz allem!" des so genannten Frontsoldaten gegenüber der Übermacht der Materie, die Geburtsstunde eines neuen, modernen Menschen- und Soldatentypus zu feiern und damit das Sinndefizit der deutschen Kriegsniederlage tendenziell zu füllen.[263]

Wie sehr dieser neue Soldatentypus im Zentrum des Wehrertüchtigungs-Konzeptes Stellrechts stand, geht aus seinem programmatischen Vortrag *Soldatentum und Jugendertüchtigung* vom April 1935 an der prestigeträchtigen Deutschen Hochschule für Politik und aus seiner ein Jahr später veröffentlichten Programmschrift, *Die*

260 Ganz ähnlich klang das z. B. bei Hitler selbst: „an die Stelle der Schlachtenromantik aber war das Grauen getreten. Die Begeisterung kühlte allmählich ab, und der überschwengliche Jubel wurde erstickt von der Todesangst. Es kam die Zeit, da jeder zu ringen hatte zwischen dem Trieb der Selbsterhaltung und dem Mahnen der Pflicht. Auch mir blieb dieser Kampf nicht erspart. Immer, wenn der Tod auf Jagd war, versuchte ein unbestimmtes Etwas zu revoltieren, war bemüht, sich als Vernunft dem schwachen Körper vorzustellen, und war aber doch nur die Feigheit, die unter solchen Verkleidungen den einzelnen zu umstricken versuchte. Ein schweres Ziehen und Warnen hub dann an, und nur der letzte Rest des Gewissens gab oft noch den Ausschlag. Je mehr sich aber diese Stimme, die zur Vorsicht mahnte, mühte, je lauter und eindringlicher sie lockte, um so schärfer ward dann der Widerstand, bis endlich nach langem innerem Streite das Pflichtbewußtsein den Sieg davontrug. Schon im Winter 1915/16 war bei mir dieser Kampf entschieden. Der Wille war endlich restlos Herr geworden. Konnte ich die ersten Tage mit Jubel und Lachen mitstürmen, so war ich jetzt ruhig und entschlossen. Dieses aber war das Dauerhafte. Nun erst konnte das Schicksal zu den letzten Proben schreiten, ohne daß die Nerven rissen oder der Verstand versagte."(Adolf Hitler: Mein Kampf, München 1925, S. 181).

261 Helmut Stellrecht: Trotz allem! Ein Buch der Front, München 1931, Zitate S. 5 f., S. 129.

262 Vgl. Vollmer, Imaginäre Schlachtfelder.

263 Zur Literatur des soldatischen Realismus vgl. nach wie vor Prümm, Die Literatur des soldatischen Nationalismus.

Wehrerziehung der deutschen Jugend, hervor.[264] Zusammen bildeten sie nicht nur den „programmatischen Hintergrund", sondern auch den „unmittelbar praktischen Handlungsrahmen"[265] für die in den kommenden Jahren erheblich intensivierte Wehrertüchtigung der Jugend.

Ausgehend von dem militärischen Desaster der Langemarck-Schlacht, die er als „ewige Ehre für die, die stürmten" und „ewige[n] Vorwurf, für die, die die Millionen bester Jugend in Friedenszeit nicht vorbereitet hatten",[266] bezeichnete, entwickelte Stellrecht sein Bild des „Mannes an der Maschinenwaffe", des „Herren des Schlachtfeldes", dessen „großer Lehrmeister" der Krieg gewesen sei. Um ein ähnliches Massensterben der deutschen Jugend in Zukunft zu verhindern, gelte es, die Jugend soweit wie möglich nach dem Vorbild des Frontsoldaten der späteren Kriegsjahre zu erziehen. Wie sah für ihn dieser „neue Soldat" aus?

> *Ein Gesicht von Kampf und Not geprägt. Tiefliegende fiebrig glänzende Augen, hohlwangig, unrasiert, dreckig, verlaust vom monatelangen Liegen in der Stellung, der Stahlhelm ebenfalls mit Dreck beschmiert, damit man ihn nicht sehen konnte. Aber er ist ein Mann, der eine Waffe so gut zu führen weiß, als man sie überhaupt führen kann. Ein Mann, der sein Feld, sein Gelände genau kennt, jeden Strauch und jeden Baum. Ein Mann, der jede, auch die kleinste Deckung auszunutzen versteht, um seinen Körper verschwinden zu lassen vor den ungeheuren, zerstörenden Gewalten der Maschinenwaffen* [...]. *Dieser Mann hat einen Körper, der härter und stärker ist als alle Mühsal. Dieser Mann ist Herr seiner selbst in eiserner Zucht. Dieser Mann kann Hunger und Durst ertragen. Er hält einen Tag, zwei Tage aus, wenn das Essen nicht vorkommt durch das Feuer hindurch. Dieser Mann trinkt, wenn nichts anderes da ist, das Lehmwasser der Granatlöcher. Er besteht Wetter und Wind und Kälte und Regen. Er ist härter geworden als die Umwelt. Härter als alles. Er ist der neue Soldat!*[267]

Die „Härte" stellt das zentrale Element des hier glorifizierten Soldatenbildes dar. Andere soldatische Tugenden wie Mut und Glauben galten als wichtig, doch die Erziehung zur Härte schaffe als „Grundlage der Erziehung zum Mut" überhaupt erst „die richtige Plattform, auf der der heldisch gesinnte Mensch kämpfen kann".[268] Die Jugend bzw. den jungen Mann „härter als alles zu machen, was ihm begegnet, ihn stärker zu machen als alles was kommt, so wie es der deutsche Soldat geworden war",[269] war dementsprechend das Primärziel der HJ-Wehrertüchtigung. Um es zu erreichen, mussten die HJ- und DJ-Angehörigen Gewaltmärsche durchstehen, sich in ausgesprochen gewalttätigen Geländespielen beweisen und stockfechten und boxen lernen. Bewusst wurden dabei die Belastungen immer höher geschraubt. „Eine Wehrerziehung muss auch hart anfassen"[270] – getreu dieser Vorgabe sollte jede „mögliche Beanspruchung des Krieges schon in der Erziehung" hervorgerufen wer-

264 Helmut Stellrecht: Soldatentum und Jugendertüchtigung, Berlin 1935; ders.: Die Wehrerziehung der deutschen Jugend, Berlin 1936.
265 Buddrus, Totale Erziehung für den totalen Krieg, S. 179.
266 Stellrecht, Soldatentum und Jugendertüchtigung, S. 6.
267 Ebd., S. 15.
268 Stellrecht, Die Wehrerziehung der deutschen Jugend, S. 49.
269 Ders., Soldatentum und Jugendertüchtigung, S. 15.
270 Ders., Die Wehrerziehung der deutschen Jugend, S. 17.

den, um in der Summe der „Höchstbelastung des Krieges“ möglichst nahe zu kommen.[271] Überspitzt formuliert war Jugenderziehung für Stellrecht nichts anderes als die permanente Antizipation und erzieherische Simulation von Kriegsbelastungen. Dass einzelne dabei über die Grenzen ihrer Belastbarkeit hinaus ertüchtigt werden und im Extremfall sogar in Lebensgefahr geraten könnten, war ihm bewusst, focht ihn aber nicht weiter an. Die Vorstellung des gehärteten Soldatenkörpers floss mit den sozialdarwinistischen Volksgesundheits-Phantasien des NS-Funktionärs problemlos zusammen. Galten ihm die Soldaten von 1916 als (durchaus auch rassische) Auslese der Nation, als „Kriegerkaste Deutschlands, [...] geborene Soldaten [...] aus Blut und Rasse heraus“,[272], so war es für ihn nur wünschenswert, wenn Schwächere im Zuge der Wehrertüchtigung ‚ausgemerzt‘ werden konnten.[273]

Nun war ein gewisser Zug zur Härte, der Gedanke, Erziehung müsse in irgendeiner Form für das Leben abhärten, kulturgeschichtlich älter als der Nationalsozialismus. Nietzsches berühmtes Diktum „Gelobt sei, was hart macht“[274] stammt schließlich aus dem Kaiserreich und eine Gewalt sanktionierende Strenge gehörte ganz unzweifelhaft zur alltäglichen Lebenserfahrung von Kindern und Jugendlichen in Familie und Schule des Kaiserreichs und der Weimarer Republik. Doch der veritable Kult der Härte, der während der NS-Herrschaft prägenden Einfluss auf die HJ-Generation erhielt, muss (auf einer imaginären ‚Härteskala‘) als qualitativer Sprung nach oben gewertet werden.[275]

Ohne den zunehmenden Frontsoldaten-Kult im öffentlichen Kriegsgedenken der Weimarer Zeit wäre die Radikalisierung des Härtediskurses nicht möglich gewesen. Jürgen Reulecke und andere haben auf die signifikante Verschiebung des Soldaten- und Männerbildes im Ersten Weltkrieg und der Nachkriegszeit hingewiesen.[276] Aus dem Familienvater, der nur vorübergehend zu den Waffen eilt, um die Heimat zu verteidigen – ein Bild, das den Soldaten des deutsch-französischen Krieges von 1870/71 und zu Beginn des Weltkriegs beschreibt –, wurde sukzessive der monumentale Typus des eisern unter dem Rand seines Stahlhelms hervorblickenden Gra-

271 Ebd., S. 48.

272 Stellrecht, Soldatentum und Jugendertüchtigung, S. 22.

273 Es ist in diesem Zusammenhang keinesfalls nur anekdotisch, dass eines der berühmtesten Hitler-Zitate überhaupt, nämlich seine programmatische Auslassung zu den Zielen der Jugenderziehung, „Hart wie Kruppstahl, zäh wie Leder, flink wie Windhunde“, aus seiner Parteitagsrede an die Jugend 1935, bereits in „Mein Kampf“ vorkommt, sich dort aber nicht auf die Jugend bezieht, sondern bezeichnender Weise auf die Eigenschaften des ‚Frontsoldaten‘, die sich die NS-Bewegung zu eigen machen sollte. Hitler, Mein Kampf, S. 392. Zur alltäglichen Gewalterfahrung Jugendlicher in der HJ vgl. ansatzweise Oliver Dötzer: „Diese Kriegsspiele, die es dann bei der Hitlerjugend gab, die waren zum Teil denn doch sehr grausam.“ Männlichkeit und Gewalterfahrung in Kindheiten bürgerlicher Jungen im Nationalsozialismus, in: Kritische Annäherungen an den Nationalsozialismus in Norddeutschland, hg. vom Arbeitskreis zur Erforschung des Nationalsozialismus in Schleswig-Holstein, Kiel 2003, S. 8–25.

274 Friedrich Nietzsche: Also sprach Zarathustra, Frankfurt a. M. 2000.

275 Zum Härtediskurs der Wehrmacht vgl. Werner, „Hart müssen wir hier draußen sein“.

276 Reulecke, Vom Kämpfer zum Krieger, in: Ders., „Ich möchte einer werden so wie die ...“, S. 89–102; Diehl, Macht – Mythos – Utopie, insbesondere S. 62–76; Koch, Der Erste Weltkrieg als Medium der Gegenmoderne, insbesondere S. 334–346; Hüppauf, Schlachtenmythen und die Konstruktion des ‚Neuen Menschen‘; Sven Reichardt: Gewalt, Körper, Politik. Paradoxien in der deutschen Kulturgeschichte der Zwischenkriegszeit, in: Hardtwig (Hg), Politische Kulturgeschichte der Zwischenkriegszeit 1918–1939, S. 205–239. Für den österreichischen Raum vgl. Christa Hämmerle: „Es ist immer der Mann, der den Kampf entscheidet, und nicht die Waffe ...“. Die Männlichkeit des k.u.k. Gebirgskriegers in der soldatischen Erinnerungskultur, in: Hermann J. W. Kuprian/Oswald Überegger (Hg.): Der Erste Weltkrieg im Alpenraum. Erfahrung, Deutung, Erinnerung, Innsbruck 2006, S. 35–59.

benkriegers, der die Ikonographie der rechten Kriegserinnerung dominierte. Diese „literary invention"[277] war kein Kämpfer auf Zeit mehr, sondern ein Krieger sein Leben lang. Der Krieg war ihm Beruf geworden, er strahlte die professionelle Überlegenheit und Unerbittlichkeit des „Arbeiter-Soldaten"[278] aus. Männer- und Soldatenbilder wurden so tendenziell ununterscheidbar. Hier zeigen sich die „Verhaltenslehren der Kälte",[279] die ein wirksames psychosoziales Konstrukt vor allem männlicher Kriegs- und Krisenbewältigung waren. In der mentalen Repräsentation des Mannes als Soldat und des Soldaten als Mann ließ sich die diffus gewordene Geschlechterordnung stabilisieren. Während etwa in England vor dem Hintergrund des Sieges alte Männlichkeits-Vorstellungen zunehmend in Frage gestellt werden konnten, führte die Niederlage in Deutschland zur Fundamentalisierung soldatischer Werte und Vorstellungen und verstärkte ein soldatisches Männerbild, das für die NS-Erziehung anschlussfähig war.[280]

Neben dem Wert der männlichen Härte, der nicht nur gegenüber dem Feind, sondern als moralischer Imperativ vor allem gegenüber der eigenen Person handlungsleitend sein sollte, zeichnete sich der Soldat des modernen Krieges für Stellrecht ferner vor allem durch seine Fähigkeit zum autonomen Handeln aus:

> *Zum modernen Soldaten gehört nicht mehr „das Nichtdenkensollen", das Warten auf den Befehl. Zum modernen Soldaten gehört das blitzschnelle Erfassen jeder Situation. Mit dem nichtdenkenden Soldaten ist es vorbei.* [...] *Der Führer stürzt nicht mehr zehn Meter vor der Front mit gezogenem Degen voraus. Der Soldat wird nicht mehr von den Kameraden neben ihm mitgetragen. Nein, er ist auf sich selbst gestellt. Der Soldat braucht deshalb den persönlichen Mut, der ihn allein vorwärtsträgt.*[281]

Auf dem leeren Schlachtfeld der Moderne war die Kontrolle über den einzelnen Soldaten nur sehr schwierig zu gewährleisten. Der Soldat, der in bzw. für die Bezugsgruppe kämpfte, musste daher den Krieg ein Stück weit zu seinem eigenen Krieg machen, indem er sich als verantwortlicher Akteur begriff und bei Befehlsnotstand im Sinne der übergeordneten Führung zu handeln wusste. Diese Vorstellung entsprach genau den Vorgaben der Wehrmacht, deren Auftragstaktik im hohen Maße Initiative und Einsatzbereitschaft voraussetzte.

Härte, Disziplin, Pflichterfüllung bis zum Äußersten, Initiativebereitschaft und Mut, dieses im Rahmen der HJ-Jugendertüchtigung angestrebte Set an soldatischen Tugenden leitete sich nicht einfach nur abstrakt aus den Erfahrungen des Ersten Weltkriegs ab. Der pädagogische Rekurs auf den ‚Feldgrauen' des Ersten Weltkriegs war selbst auch ein wesentlicher Bestandteil der mentalen Mobilmachung der

277 Richard Bessel: The ‚Front Generation' and the Politics of Weimar Germany, in: Mark Roseman (Hg.): Generations in Conflict. Youth Revolt and Generation Formation in Germany 1770–1968, Cambridge 1995, S. 121–146, S. 123.

278 Diesen Aspekt hat bekanntlich Ernst Jünger in den Mittelpunkt seiner Programmschrift „Der Arbeiter" von 1932 gestellt.

279 Helmut Lethen: Verhaltenslehren der Kälte. Lebensversuche zwischen den Kriegen, Frankfurt a. M. 1994.

280 Vgl. z. B. Levsen, Elite, Männlichkeit und Krieg, S. 356 ff.; am pointiertesten hat diese These Theweleit, Männerphantasien, vertreten.

281 Stellrecht, Soldatentum und Jugendertüchtigung, S. 17 f.

Jugend, er zielte darauf ab, ihr die gewünschten instrumentellen Charaktereigenschaften anzuerziehen.[282] Der ‚Frontsoldat' von 1914–1918 war damit nicht nur Zweck, sondern zugleich auch Mittel der kriegsadäquaten Konditionierung der HJ-Generation. Angesichts des bereits vor 1933 in weiten Teilen der männlichen Jugend verbreiteten Gefallenen- und Soldatenkults eignete sich der Frontsoldaten-Mythos wie kein zweites identitätsstiftendes Narrativ dazu, ein funktionales Soldatenbild in den Köpfen der männlichen Zielgruppe zu verankern. Dabei wurde die in weiten Teilen der (männlichen) Jugendkultur der späten 1920er, frühen 1930er Jahre vorhandene Faszination für soldatische, männerbündische Ideale durch einen virilen Härtediskurs radikalisiert bzw. brutalisiert.[283]

Um Redundanzen zu vermeiden, kann das Frontkämpfer-Bild in der HJ-Presse hier nicht in allen Facetten analysiert werden. Dass neben den unverzichtbaren – und wie wir gesehen haben auch in der katholischen und republikanischen Jugend rezipierten – Büchern von Walter Flex und Philipp Witkop auf der Empfehlungsliste für HJ-Heimbüchereien auch Kriegsbücher wie Beumelburgs *Gruppe Bosemüller*, Dwingers *Die letzten Reiter*, Witteks *Männer* und Zöberleins *Der Glaube an Deutschland* standen, zeigt nur zu deutlich, an welchen literarischen Vorbildern sich die Reichsjugendführung orientierte.[284] Dennoch ist es interessant zu sehen, welche literarischen Motive die HJ-Presse allgemein, insbesondere aber die von Stellrecht ins Leben gerufenen *Blätter für Heimabendgestaltung*, aufgriffen, um den Hitler-Jungen ein in ihren Augen realistisches Bild des Krieges zu vermitteln.

Eines der am häufigsten in der HJ-Presse abgedruckten Weltkriegsmotive stammt aus Erhard Witteks *Männer*. Geschildert wird ein deutscher Angriff auf französische Stellungen im Jahr 1915. Ein Pionier, der als Handgranatenwerfer mit der Infanterie vorgeht, gerät in dem unübersichtlichen Gelände in eine Situation, in der er eine bereits abgezogene Handgranate eigentlich nur noch auf Soldaten der eigenen Truppe werfen kann:

> *Die Handgranate war abgezogen, und wohin er sie auch werfen mochte, es war der Tod für einige Kameraden. Er stand und sah mit erstarrtem, bleichem Gesicht in die Runde von rechts nach links, und Bruchteile von Sekunden verlangten einen Entschluß. Hinter ihm schreit ein Offizier, warum es denn nicht weitergehe* [...]. *Das alles währt nur wenige, kurze Augenblicke, an einer winzigen Stelle der vorwärts-*

282 Vgl. z. B. Gert Bennewitz: Die geistige Wehrerziehung der deutschen Jugend, Berlin 1940, S. 15 ff.

283 Die Untersuchung von Richard Klopffleisch, zu den im HJ-Liedgut positiv konnotierten Eigenschaften bestätigt die These der zentralen Bedeutung eines soldatisch-virilen Männerbildes in der HJ-Erziehung auch für den elementar wichtigen Bereich der HJ-Lieder. Unter den fünf am häufigsten besungenen körperlichen Eigenschaften liegt Zähigkeit/Robustheit durchgehend auf dem ersten Platz, Richard Klopffleisch: Lieder der Hitler-Jugend. Eine psychologische Studie an ausgewählten Beispielen, Frankfurt a. M. u. a. 1995, S. 223. Leider kann aus Zeitgründen auf die Rezeption des Ersten Weltkriegs im NS-Liedgut nicht weiter eingegangen werden. Zu diesem Aspekt vgl. George L. Mosse: Zum deutschen Soldatenlied, in: Vondung (Hg.), Kriegserlebnis, S. 331–333; zur großen Bedeutung des gemeinsamen Singens im Dritten Reich vgl. z. B. Gottfried Niedhart/George Broderick (Hg.): Lieder in Politik und Alltag des Nationalsozialismus, Frankfurt a. M. u. a. 1999; Fridolin Wimmer: Politische Lieder im Nationalsozialismus, in: Geschichte in Wissenschaft und Unterricht, 48 (1997), Nr. 2, S. 82–100; Barbara Stambolis/Jürgen Reulecke (Hg.): Good-bye memories? Lieder im Generationengedächtnis des 20. Jahrhunderts, Essen 2007.

284 Vorschläge zum Aufbau von Heimbüchereien der HJ und des BDM, in: Das Buch der Jugend 1937/38, S. 31.

stürmenden Front bildet sich ein Widerstand, ein Wirbel, gleich wird er von der Sturzflut überrannt sein.-
Der Pionier in seiner tödlichen Einsamkeit reißt die Handgranate herunter, legt sie, wie eine Mutter ihr Kind an die Brust drückt, mit inbrünstiger Bewegung vor den Oberkörper, preßt beide Hände darüber, [...] *wirft sich auf die Erde, wühlt sich in den Graben hinein und deckt die Handgranate mit seinem Leibe.*
Unter dem Druck der Explosion hob sich der Körper noch einmal leicht empor [...]. *Die Gefahr war vorbei, die Stockung überwunden. Die hinter dem Pionier gestanden hatten,* [...] *sprangen über den Verblutenden hinweg* [...], *aber dann stolperte einer,* [...] *andere traten auf ihn, drückten ihn in den Lehm, und die Brandung schlug weiter. Der Franzose verteidigte sich* [...] *mit allem, was er hatte. Aber er wurde geworfen. Den Namen des Pioniers meldet kein Bericht.*[285]

In „tödlicher Einsamkeit" muss der Pionier entscheiden, ob er sich oder andere opfert. Er ist allein verantwortlich, niemand kann ihm helfen. Zwar ist er nur ein kleiner „Wirbel in der Sturzflut" der Angreifer, doch es besteht kein Zweifel, dass seine Entscheidung den Erfolg des Angriffs mitbestimmt. Ihm bleiben nur Sekundenbruchteile, und er handelt instinktiv mit rücksichtloser Härte gegen sich selbst, indem er sein eigenes Leben zweckrational dem Erfolg der Operation und dem Leben seiner Kameraden unterordnet. Er stirbt nicht etwa mit idealistischer Leidenschaft, sondern mit nüchterner Kälte. Seine Heldentat bleibt unentdeckt und namenlos, nicht nur gibt es keine posthume Ehrung, nein, seine nachrückenden Kameraden trampeln auch noch achtlos über ihn hinweg. Die Hauptsache ist, dass das einzige, was zählt, erreicht wird: Der Angriff gelingt, der Feind wird „geworfen".

Es ist diese unerbittliche Härte der Pflichterfüllung, die ganz eindeutig die zentrale Tugend des in der HJ-Presse ventilierten Soldatenbildes darstellt. Egal, ob es, und das ist ein weiteres verbreitetes Motiv, darum ging, dass ein Seemann zur Rettung seines Schiffes in der Seeschlacht mit bloßen Händen weißglühende Seeventile öffnet und dabei im vollen Bewusstsein seine Hände opfert („SMS Seydlitz und 1400 deutsche Seeleute sind gerettet. Aber Müller hat keine Hände mehr."), oder um das Aushalten bis zum Letzten,[286] immer gilt:

285 Erhard Wittek: Der Pionier, in: Die Kameradschaft, Sonderausgabe für die Sommerlager, Hefttitel: Lagerschulung 1937, Mai 1937, S. 13–16, Zitat S. 15–16; diese Passage wurde ebenfalls abgedruckt in: Die Jungenschaft, Hefttitel: Volk im Krieg, Mai 1936, S. 2 f.; in: Die Mädelschaft, Ausgabe A, Hefttitel: Der Weltkrieg, 1938, H. 5, S. 4 f.; in: Die niederrheinische Fanfare, März 1937. Das „Jungvolk" vom Oktober 1934 bringt eine Erzählung gleichen Inhalts: Alfred Hein: Von einem, der sich selbst preisgab, in: Jungvolk, Oktober 1934, S. 10. Berücksichtigt man, dass Witteks Roman „Durchbruch anno achtzehn", Stuttgart 1933, in zwei HJ-Regionalzeitschriften komplett abgedruckt wurde (Norddeutsche Jugend, Juni-November 1934, und Die junge Garde, Januar-März 1935), muss man zu dem Schluss kommen, dass Wittek der von der HJ-Presse am meisten rezipierte Kriegsschriftsteller gewesen ist.

286 Zitat aus: Die Tat des Pumpenmeisters Müller, in: Die Kameradschaft, Hefttitel: Soldaten, 1934, H. 6, S. 12 f.; vgl. auch: Ein Mann rettet ein Kriegsschiff, in: Der Pimpf, Februar 1938; vgl. ansonsten: Franz Schauwecker: Das Ende..., in: Die Kameradschaft, Hefttitel: Wer leben will, der kämpfe, 1936, H. 8, S. 5–8 (auch abgedruckt in: Die Jungenschaft, Hefttitel: Schlachten im Westen, 1936, H. 5, S. 12–14); Im Orient, in: Die Jungenschaft, Ausgabe B, Hefttitel: Deutsche Soldaten in aller Welt, 1938, H. 3, S. 8 f.; Kreuzer Köln streicht die Flagge nicht, in: Die Kameradschaft, Hefttitel: Kampf zur See, 1934, H. 12, S. 6–9; Männer halten die Front, in: Niederrheinische Fanfare, Oktober 1937; „Wir halten bis zum letzten Mann!", in: Die Kameradschaft, Hefttitel: Soldaten, 1934, H. 6, S. 11 f.; Von einem, der in Cambrai durchhielt, in: Jungvolk, Oktober 1934; Gebeschuss: Die Helden von der Doggerbank, in: Die HJ, 23. 3. 1935.

Soldat sein heißt an den Feind denken und an den Sieg und sich selbst darüber vergessen! [...] *Wer* [...] *ein Mann unter Männern bleiben will, der muß im Augenblick der Entscheidung die Kraft haben, die Angst des Tieres in sich abzuwürgen. Denn das Tier in uns will leben um jeden Preis. Und wer ihm nachgibt, ist verloren für die Gemeinschaft der Männer, wo Ehre, Pflicht und der Glaube an das Vaterland gelten.*[287]

„Mann unter Männern", „Gemeinschaft der Männer" – Pflichterfüllung bis zum Äußersten ist hier eindeutig nicht einfach ein militärischer, sondern ein moralischer Normativ, der nicht mehr einen instrumentellen, sondern einen absoluten Wert zum Ausdruck bringt. Der Soldat ist nur Soldat, der Mann nur Mann, in dem Maße, in dem er eigene Gefühle und Triebe unterdrücken kann. Liebe, Empathie und Solidarität müssen im Zweifelsfall hinter der Autorität der Pflicht zurückstehen. Der Mann wird so endgültig zur „Kältemaschine" (Helmut Lethen), deren moralischer Wert sich gerade daran bemisst, in welchem Maße er in der Lage ist, humane und humanitäre Impulse zu verdrängen.

Ein besonders krasses Beispiel für die erwartete Härte liefert eine Kriegserzählung des HJ-Führers Fritz Helke: An der Ostfront wird ein Melder zu einer Artilleriestellung geschickt. In dem Befehl, den er überbringen soll, wird die Vernichtung eines Vorwerks befohlen, in dem die feindliche Artillerie stehen soll. Das moralische Dilemma liegt für den Soldaten darin, dass er seine Familie in dem Gehöft weiß und damit ihr Todesurteil in den Händen hält.

Dort, auf jenem Vorwerk, steht eine Batterie. In wenigen Wochen raubte ihr Feuer Hunderten von Kameraden das Leben. Die alle eine Mutter haben, oder eine Frau! Kinder! Ein Mädchen vielleicht! Er denkt an die klare Stimme des Majors: „Höchste Eile ist am Platze."
Und da ist noch eine Stimme, eine verruchte Stimme, die in ihm bohrt: Zurück, du Narr! Durch die eigenen Linien. Zu den anderen. Zu Mutter und Lisa. Und zu den Russen? Freilich, zu den Russen. Bedenk doch: die Mutter! Und das Mädchen! Ihr Schicksal in deiner Hand! In Deiner Hand![288]

Wie soll er sich verhalten? Es ist klar, dass ihm diese existenzielle Entscheidungssituation alles abverlangt: „Es reißt in ihm. Und zerrt. Und nimmt ihm den Atem. Er muss die Uniform aufreißen, um dem klammernden Griff zu entgehen. So

287 Ernst Udet: Über uns die Fliegerei, in: Ebd., 6. 2. 1937. Vgl. auch die programmatische Einführung in das Heimabendheft „Soldaten": „Hier draußen galt nur der Mann, der bewiesen hatte und täglich aufs Neue bewies, daß es ihm ernst sei mit seinem Einsatz. Ja, sie waren Krieger für die Gesamtheit, und sie wußten, daß das Leben des einzelnen nichts galt, daß aber der Einsatz dieses einen Menschen oft Hunderte, Tausende, ja vielleicht das ganze Volk retten konnte. Nicht, daß sie freudig in den Tod gingen. Jeder gesunde Mensch will lieber leben, als sein Leben verlieren. [...] Aber es war eine Ruhe in ihnen, eine kalte Gelassenheit, die auch den Tod hinnahm, wenn es sein mußte. Und sie nahmen ihn hin, weil sie wußten, daß sie ihr Leben gaben, damit Deutschland leben könne. Pflichterfüllung bis aufs Äußerste! Das war die Parole des deutschen Soldaten"; in: Die Kameradschaft, Hefttitel: Soldaten, 1934, H. 6, S. 10; vgl. auch: Freiwilliger Adolf Hitler, in: Die Jungenschaft, Ausgabe B, Hefttitel: Adolf Hitler im Weltkrieg, 1939, 1. Halbjahr, H. 13, S. 2–4, S. 4.

288 Fritz Helke: Die Pflicht, in: Die Kameradschaft, Hefttitel: Soldaten, 1934, H. 6, S. 13 f.; auch abgedruckt in: RJP, 1935, Nr. 54, unter dem Titel „Ulan Abromeit".

zwingt es ihn zur Erde." Der hier mit sich ringende Soldat ist allein, kein äußerer Zwang hindert ihn, einfach zu desertieren, um seine Familie zu warnen. Und trotzdem ist sein Weg klar:

> *Eine Stunde später steht ein Ulan vor dem Hauptmann* [...]. *Er schwankt seltsam hin und her, als sei er betrunken. Die ausgestreckte Hand hält ein Papier, das kalkweiße Gesicht zeigt keinen Tropfen Blut. Die Augen liegen tief, ein irres Feuer brennt in ihnen. Nur ein Wort kommt röchelnd, pfeifend über seine Lippen: „Zusammenschießen!"* [289]

Hinter der kalkweißen Maske mag ein „irres Feuer" brennen, die Verzweiflung mag ihm körperlich zusetzen, doch das Pflichtbewusstsein ist stärker: Er opfert seine Familie. Die Pflichterfüllung des Ulan Abromeit steht hier exemplarisch für die letzte Konsequenz der nationalsozialistischen Moral der Härte: vollkommene Selbstaufgabe. Nicht obwohl, sondern gerade weil die Erfüllung des Auftrags so schwer fällt, handelt der Protagonist in höchstem Maße moralisch. Er bezwingt das, was der NS-Härtediskurs als ‚inneren Schweinehund' zu diffamieren sucht: die so genannten bürgerlichen Moralvorstellungen Humanität und Menschenwürde.

Die hier eingeforderte Härte richtet sich daher nicht primär gegen einen Feind und Gegner, sondern in erster Linie gegen den Handelnden selbst. Es sind seine Zweifel und Skrupel, die einerseits ernst genommen (schließlich wird das Zögern des Soldaten als solches hier nicht kritisiert, sondern im Gegenteil als menschliche Selbstverständlichkeit akzeptiert), andererseits aber in dem instrumentellen Pflichtdiskurs überwunden werden. Es ist offensichtlich, dass in der hier transportierten männlichen Härte- und Pflichtmoral die „Tötungsmoral"[290] der nationalsozialistischen Rasse- und Vernichtungspolitik im Kern angelegt ist: Es war schließlich genau dieses soldatische Ideal unbedingter Pflichterfüllung, das im Mittelpunkt des von Heinrich Himmler immer wieder propagierten Bildes des SS-Weltanschauungskriegers stand. Die Härte als moralischer Imperativ machte es in gewisser Weise überhaupt erst möglich, dass die Genozidpolitik nicht etwa (nur) von Psychopathen, sondern von „anständigen" SS-Angehörigen, von „ganz normalen Männern"[291] ausgeführt wurde, die – jedenfalls zu Beginn der systematischen Vernichtungspolitik – durchaus ihre Probleme mit der Ausführung der Vernichtungsbefehle hatten. Der soldatische Härte- und Pflichtdiskurs gestattete ihnen ihre Skrupel durchaus, ja, verlangte sie sogar von ihnen (sonst wären sie schließlich nicht „anständig geblieben"[292]), verklärte aber zugleich die Selbstüberwindung bei der grauenvollen „Tötungsarbeit" als moralischen Akt und sedierte damit Gewissensnöte.

Rudolf Höss, Lagerkommandant von Auschwitz, erklärte, wie er trotz seiner vorgeblichen Empathie mit den in seinem Lager zu Hunderttausenden umgebrachten Männern, Frauen und Kindern habe hart bleiben können oder wie er es vermocht

289 Ebd., S. 14.

290 Harald Welzer: Täter. Wie aus ganz normalen Menschen Massenmörder werden, Frankfurt a. M. 2005, S. 23 ff.

291 Christopher R. Browning: Ganz normale Männer. Das Reserve-Polizeibataillon 101 und die ‚Endlösung' in Polen, Reinbek 1993.

292 Heinrich Himmler: Posener Rede vom 2. 10. 1943, in: Der Prozess gegen die Hauptkriegsverbrecher vor dem Internationalen Militärgerichtshof, 42 Bde., Nürnberg, 1947–1949, Bd. 29, Dokument 1919-PS.

habe, einem von ihm geschätzten, verurteilten SS-Führer den „Fangschuss" zu geben, unter Bezugnahme auf die gleiche moralische Grammatik soldatischer Härte, auf die auch die BDM-Führerin Melitta Maschmann rekurrierte, um ihr Verhalten während der Deportationen im Osten verständlich zu machen.[293]

Zu dem totalen Krieger, der leidenschaftslos wie eine Maschine zu funktionieren hatte, gehörte in den Kriegsdarstellungen der HJ-Presse der totale Krieg. Nicht die ersten Kriegsjahre standen daher im Mittelpunkt, sondern – wenig überraschend – die Materialschlacht der Jahre 1916–1918. So sehr in diesem Zusammenhang auch die Verdun-Schlacht und insbesondere der Kampf um Fort Douaumont immer wieder behandelt wurden,[294] es war nicht nur und nicht einmal vor allem Verdun, das sich für die Macher der *Blätter für Heimabendgestaltung* am besten eignete, den erwünschten Soldaten-Typus zu vermitteln. Nicht weniger wichtig waren die Darstellungen der erbitterten Abwehrkämpfe der deutschen Truppen gegen die angreifenden Alliierten in den Jahren 1917 und 1918, ja in vielerlei Hinsicht war es eben gerade das zähe Aushalten gegen die materielle Übermacht der Franzosen, Engländer und Amerikaner, anhand dessen sich das Heldentum der ‚Feldgrauen' am besten aufzeigen ließ: Auf dem unübersichtlichen Schlachtfeld der letzten Kriegswochen sind die in diesem Zusammenhang beschriebenen Stoßtrupp-Soldaten weitgehend auf sich alleine gestellt. Es ist klar, dass der Krieg nicht mehr zu gewinnen ist, teilweise sind sie, wie die Soldaten in dem Auszug aus Schauweckers *Aufbruch der Nation*, den die *Blätter für Heimabendgestaltung* mehrfach abdrucken, bereits von ihren eigenen Truppen abgeschnitten. Ihnen ist klar, dass weiterer Widerstand ihren Tod bedeutet, und doch entscheidet sich das Kollektiv dafür, den Krieg auf eigene Faust weiterzuführen. Auch ohne Befehl halten sie bis zum letzten Mann aus. Der Krieg ist ihr Krieg geworden, und sie führen ihn mit totalem Einsatz.[295] Ihre Welt ist dichotomisch strukturiert, es gibt nur Freund oder Feind. Letzterer ist mit allen zur Verfügung stehenden Mitteln zu vernichten. Seine überlegene Feuerkraft kann nur durch bedingungslose Härte und den selbständigen Einsatz des einzelnen ausgeglichen werden. Der ‚Frontsoldat' von 1918 verkörpert in Reinform den von Stellrecht postulierten Typus des denkenden Soldaten, dessen Pflichtbewusstsein weiter reicht als die Disziplinargewalt seiner Vorgesetzten.

293 Rudolf Höß: Kommandant in Auschwitz. Autobiographische Aufzeichnungen, Stuttgart 1958, S. 72, S. 128; Melitta Maschmann: Fazit. Kein Rechtfertigungsversuch, Stuttgart 1963, S. 122 ff.

294 Z. B.: Der Sturm auf Fort Douaumont, in: Die Jungenschaft, Führen und folgen, 25. 11. 1936, S. 8–11; Im Unterstand vor Verdun, in: Die Jungenschaft, Ausgabe B, Hefttitel: Schützengräben in Frankreich, 1938, 1. Halbjahr, H. 2, S. 6–8; Douaumont, das stärkste Fort um Verdun, wird genommen, in: Ebd., S. 10–13.

295 Franz Schauwecker: Das Ende…, in: Die Kameradschaft, Hefttitel: Wer leben will, der kämpfe, 1936, H. 8, S. 5–8. Exemplarisch für diese Fokussierung auf den Soldaten von 1918 ist das Heft „Schlachten im Westen" der „Jungenschaft" vom 11. 3. 1936, das sich ausschließlich dem letzten Kriegsjahr widmet. Vgl. auch: Hans Boulboulle: Die letzten fünf Mann, in: Thüringer Sturmtrupp, 1935, 2. Oktober-Ausgabe; Walther Gottfried Klucke: Wer weiß den Namen?, in: Niederrheinische Fanfare, Juni 1937; Ernst Wiechert: Die Totenwölfe, in: Die HJ, 23. 5. 1935; vgl. auch die von dem HJ-Funktionär Georg Usadel in der Reihe „Erbe und Verpflichtung" (später „Deutsches Ahnenerbe") herausgegebenen Lesestoffe für den Deutsch- und Geschichtsunterricht, z. B.: Die Front des grauen Stahlhelms. Helden- und Führertum im Spiegel unserer Weltkriegsbücher, Leipzig/Berlin 1935; Friedrich Wilhelm Bruns: Der Sturmtruppführer von 1918, Leipzig/Berlin 1936.

Abb. 10: Tittelblatt der Zeitschrift „Die Jungenschaft", März 1936

Typisch für die große Bedeutung gerade der letzten beiden Kriegsjahre in den heroischen Vorstellungswelten der HJ ist in diesem Zusammenhang die häufige, stilisierte Darstellung einer besonderen Kampfsituation des modernen Krieges, des Kampfes (deutscher) Infanterie gegen die alliierten Tanks.[296] Nichts ließ die nicht nur quantitative, sondern auch technologische Überlegenheit der Westmächte in der Schlussphase des Großen Krieges so offensichtlich zutage treten wie die alliierte Tankwaffe, die sich von der Somme-Schlacht im September 1916 bis zum Sommer 1918 zu einer immer effektiveren Waffengattung entwickelt hatte, auf deren Konto die größten deutschen Niederlagen des Krieges im Sommer 1918 gehen sollten.[297] Das deutsche Heer hatte die Möglichkeiten der neuen Waffe eklatant unterschätzt und schaffte es im Verlauf des Krieges nicht mehr, adäquate Gegenmaßnahmen zu entwickeln, so dass in der alliierten Panzerwaffe wohl ein entscheidender Faktor der militärischen Niederlage des Kaiserreichs gesehen werden muss.

In den HJ-Darstellungen des heldenhaften Kampfes Mann gegen Maschine klang dies freilich ganz anders. Vorkommnisse wie der so genannte schwarze Tag des deutschen Heeres (8. August 1918), als deutsche Truppen einem massiven Tankangriff eben nicht standhielten, sondern erstmals in größerem Ausmaß den Kampf aufgaben, wurden verschwiegen. Stattdessen wurde wieder und wieder der unerschütterliche Kampfeswille der ‚Feldgrauen‘ geschildert, denen es mit Handgranaten und Artillerieunterstützung immer wieder gelungen sei, die Tankangriffe abzuschlagen. „Der Tankangriff muss an einem zerschossenen Kellerloch scheitern – dort halten Kameraden die Wacht.“[298] Der deckungslose Angriff auf die heranrollenden Tanks wird als Apotheose ihres Heldentums geschildert, ihr Sieg ist der Triumph des Willens über die Materie.

Dennoch blieb die Darstellung des verzweifelten Abwehrkampfes gegen die Tankwaffe letztlich ambivalent. Denn auch wenn der Kampf des schlecht ausgerüsteten Volkssturms und der zunehmend zerfallenden Wehrmacht gegen die alliierte Übermacht nur wenige Jahre später die Bilder des auf verlorenem Posten stehenden ‚Frontsoldaten‘ des Großen Krieges im Kern wiederholten, das NS-Regime beabsichtigte keineswegs, im Krieg der Zukunft allein auf die Kampfhärte der deutschen Infanterie zu setzen, sondern forcierte gerade den Auf- und Ausbau der Panzerkräfte, deren durchschlagende Wirkung die erfolgreiche Panzerabwehr der ‚Frontsoldaten‘ des Ersten Weltkriegs ja implizit negierte.

Dies darf jedoch nicht als Widerspruch verstanden werden, ganz im Gegenteil. Es war gerade die massiv betriebene Aufrüstung, vor deren Hintergrund sich die letzten Abwehrkämpfe des ‚alten Heeres‘ überhaupt instrumentalisieren ließen, ohne durch die übermäßige Betonung der technologischen Überlegenheit der ehemaligen

296 Hans Zöberlein: Tankangriff, in: Die Jungenschaft, 1935, 2. Halbjahr, H. 2, S. 4–6; Tanks …, in: Ebd., Hefttitel: Schlachten im Westen, 1936, H. 5, S. 6–8; Hans Zöberlein: Tankschlacht um Cambrai, in: Die junge Gefolgschaft, Februar 1935; Der Herr der Front, in: Die HJ, 28. 9. 1935; Die letzte Handgranate, in: Der Pimpf, November 1937; Josef Ziermair: Panzerwagen Gordon F IV, in: Die HJ, 21. 5. 1938; Die Panzerschlacht bei Cambrai, in: RJP, 1937, Nr. 260; Reinecker: Die letzte Handgranate, in: Ebd., 1938, Nr. 116; Die Tankschlacht von Le Cateau, in: Reichssturmfahne, 1936, 1. Januar-Ausgabe.

297 Gerhard Gross: Tank, in: Hirschfeld/Krumeich/Renz (Hg.), Enzyklopädie Erster Weltkrieg, S. 917 ff.

298 Die Jungenschaft, Hefttitel: Jungvolk-Jungen sind Kameraden, 1935, 2. Halbjahr, H. 2, S. 13.

(und potentiell zukünftigen) Feindstaaten die angestrebte Kriegsbereitschaft von Jugend und Gesellschaft tendenziell zu hintertreiben. Wer kämpft schließlich gern gegen einen deutlich besser ausgerüsteten Feind? Der Subtext war hier deshalb der folgende: Selbst 1917/18, als der Feind so drückend überlegen gewesen sei, habe die Front gehalten (und in der Märzoffensive 1918 den Krieg sogar beinahe noch für sich entschieden). Wie sollte da der zukünftige Feind eine Chance haben, wenn zu der legendären Kampfkraft der deutschen Infanterie auch noch modernste Waffensysteme hinzukamen? Durch die Heroisierung der letzten Abwehrkämpfe an der Westfront ließ sich also einerseits die Kontinuität zwischen NS-Wehrmacht und den ‚Frontsoldaten' von 1914–1918 betonen. Zugleich arbeitete man aber auch den Unterschied zwischen materiell unterlegenem Weltkriegsheer und den angeblich bestausgerüsteten Streitkräften des Dritten Reichs heraus. Die Erinnerung an die faktischen, wenngleich nicht so bezeichneten, militärischen Niederlagen des Kaiserreichs beinhaltete mit anderen Worten das Versprechen, anders, nämlich vorbereitet, in den Krieg der Zukunft hineinzugehen und anders, nämlich siegreich, wieder aus ihm herauszukommen.

Trotzige Kampfeshärte, eiserne Entschlossenheit, bedingungslose Pflichterfüllung: Das in der Hitler-Jugend kultivierte, im Sinne der Wehrerziehung funktionale Frontsoldaten-Bild inaugurierte einen Kult der Männlichkeit, in dem Attribute des semantischen Feldes Jugend (Begeisterung, Idealismus, Unerfahrenheit) keinen Platz hatten. Trotzdem kreiste die HJ-Gedächtnispolitik – wie noch zu zeigen sein wird – mit Langemarck weitgehend um einen Mythos, dessen unerfahrene Protagonisten doch gerade durch ihren naiven, jugendlichen Idealismus zu Helden geworden waren. Wie ließen sich die jugendliche, in gewisser Weise feminine Weichheit der Langemarck-Stürmer mit der maschinengleichen „Härte des Verdun-Kämpfers", wie der stürmende Elan mit dem trotzigen Durchhalten, wie das vorgebliche Singen des Deutschlandliedes im Sturmangriff mit dem männlichen Schweigen vereinbaren, das konstitutiv zum Frontsoldaten-Mythos gehörte:

> *Denn so war es auch draußen im Trommelfeuer, im Nahkampf, auf den langen Märschen in Winternächten und Sommerschlachten: Was wir taten, taten wir schweigend. Schweigend zogen wir durch Russland, durch Frankreich, durch Rumänien, über den Balkan, schweigend fuhren unsere Kameraden zur See, schweigend tat der Flieger in der Luft seine Schuldigkeit. Es war das Schweigen des Mannes, der weiß, was er tut, und der sich von diesem Wissen und Tun unter keinen Umständen abbringen läßt.*[299]

Auf die semantische Unvereinbarkeit des Langemarck- und des Verdun-Mythos hat vor allem Bernd Hüppauf pointiert hingewiesen.[300] Völlig zu Recht betont er, dass die beiden „sich gegenseitig ausschließenden Mythen jahrelang nebeneinander existierten und sich gegenseitig verstärkten".[301] Langemarck und Verdun stünden für

299 Hans-Martin Elster: „Helden-Gedenktag", in: RJP, 1935, Nr. 62, S. 4 f., S. 4.
300 Vgl. Hüppauf, Schlachtenmythen und die Konstruktion des ‚Neuen Menschen'.
301 Ebd., S. 43.

verschieden konnotierte Soldaten- und Kämpfertypen mit ganz unterschiedlichen Attributen: Einerseits gebe es den „intuitiven, emotionalen, spontanen und loyalen Jugendlichen", andererseits den „geschulte[n], kalte[n], aggressive[n], isolierte[n] und technisch gerüstete[n]"[302] Soldaten der Schützengräben. Nur letzterer habe als genuines Produkt radikalnationalistischer Kriegsdeutungen den wehrpädagogischen Vorstellungen des Nationalsozialismus entsprochen. Deshalb seien die Nationalsozialisten daran interessiert gewesen, den Langemarck-Mythos kaltzustellen, ihn zu erweitern oder in letzter Konsequenz durch den Verdun-Mythos des im Stahlgewitter gehärteten Kriegers zu ersetzen.[303]

Die Geschichte der Langemarck-Rezeption der Hitler-Jugend zeigt, dass diese These modifiziert werden muss. Die erbitterten Deutungskämpfe, die sich Reichsjugendführung und die NS-Studentenschaft in den 1930er Jahren lieferten, lassen vielmehr den Schluss zu, dass das Bekenntnis zum ‚Geist von Langemarck' für die NS-Jugendorganisationen keinesfalls nur ein „bloßer Lippendienst"[304] gewesen ist, sondern dass auf beiden Seiten ernsthafte Bestrebungen bestanden, den Erinnerungsort Langemarck zum zentralen Ursprungs- und Integrationsmythos zu machen.

Trotzdem hat Hüppauf Recht, wenn er die semantische Erweiterung Langemarcks im Dritten Reich betont. Im Rahmen der HJ-Weltkriegsrezeption funktionierten Langemarck und Verdun komplementär. Langemarck fungierte als gleichsam spiritueller Weiheort der Jugend, an dem nicht so sehr der Krieg und der deutsche ‚Frontsoldat', sondern das zeitlose Heldentum deutscher Jugend in Szene gesetzt wurde. Damit steckte Langemarck gewissermaßen den heroischen Imaginationsraum ab, den Verdun als Chiffre für die ‚Materialschlacht' mit seinem aggressiveren – und damit funktionaleren – Soldaten- und Männerbild füllen konnte.[305]

Dieser Arbeitsteilung entsprach es auch, dass der Kriegsfreiwillige von 1914, sofern er überhaupt näher beschrieben wurde, tendenziell ‚verdunisiert', gleichsam mit Attributen des ‚Frontsoldaten von 1916' versehen wurde. Ein besonders eindrückliches Beispiel für diese Fusionierungstendenz liefert das Heft *Schützengräben in Frankreich* der *Jungenschaft*.[306] Zuerst wird noch einmal ganz allgemein die Hierarchie der Kriegsabschnitte deutlich: Zwar figuriert Langemarck als Exemplum für den Bewegungskrieg der ersten Kriegsmonate an – chronologisch – erster Stelle in der Aufzählung der wichtigsten Schlachten im Westen. Doch allein der Umstand, dass der Umfang der den ‚stürmenden jungen Regimentern' gewidmeten Passage

302 Ebd., S. 65.
303 Vgl. ebd., S. 58.
304 Ebd., S. 59.
305 Dazu passt, dass die HJ-Reisegruppen nach Langemarck und Verdun in Langemarck vor allem den Friedhof besuchten, während Verdun primär als Schlachtfeld, das den industriellen Krieg erfahrbar machte, interessierte. Vgl. die Berichte von HJ-Fahrten: Im Niemandsland. Hamburger Hitlerjungen auf großer Frankreichfahrt, in: Vormarsch der Jugend, Beilage zum VB, Reichsausgabe, 5. 9. 1931; Wallfahrt ins alte Kriegsgebiet, in: RJP, 1934, Nr. 134; Jungen vor Verdun, in: Die HJ, 14. 3. 1935, S. 7; Siegfried Schieder: Flandern, in: Ebd., 11. 4. 1936, S. 9; Hans Henne: Unser Langemarck. Zehn Bannführer fuhren nach Flandern, in: Ebd., 20. 11. 1937, S. 3 f.; Harald Gloth: Frontkämpfer und HJ-Führer in Flandern, in: RJP, 1939, Nr. 155, S. 2 f.
306 Die Jungenschaft, Ausgabe B, Hefttitel: Schützengräben in Frankreich, 1938, 1. Halbjahr, H. 2.

mit drei Seiten im Vergleich zu den die ‚Materialschlacht' beschreibenden Abschnitten relativ bescheiden ausfällt, indiziert die inhaltliche Schwerpunktsetzung zugunsten des ‚neuen Soldaten'. In den Erzählungen *Im Unterstand von Verdun*; *Douaumont, das stärkste Fort um Verdun, wird genommen; Am Abend vor dem großen Sturm* und *Der letzte Sturm* wird dieser dann auch ausführlich gewürdigt.

Bezeichnend ist auch, auf welche Art und Weise in dem Textausschnitt zu Langemarck der Angriff der Kriegsfreiwilligen beschrieben wird. Von der idealistischen Opferbereitschaft des bürgerlichen Ursprungsmythos ist hier nämlich nichts mehr übrig. Stattdessen werden die Langemarck-Kämpfer in ihrem ganzen Ausgeliefertsein im Niemandsland beschrieben. Im „furchtbaren Taifun" des ihnen entgegenfegenden „Gewitters", im „Vulkan von Eisenklumpen und Stahlregen" gibt es kein romantisch-fröhliches Aufbegehren gegen die Diktatur der Materie, sondern „Tränen der Wut und der namenlosen Erbitterung",[307] bis sie schließlich als entmenschlichte Wesen den Feind unaufhaltsam überrennen:

> *Es sind keine Menschen mehr, keine Kinder, Jünglinge und Männer mehr, die da ankommen, mehr schwankend und fallend, als laufend, mit dem Sturmgesang auf den Lippen, Schritt um Schritt, unaufhaltsam, unhemmbar.*[308]

Deutlich scheint hier der ‚neue Soldat' durch, der selbst im schlimmsten Granatfeuer seine Aufgabe erbittert-trotzig erfüllt. Kein jugendlicher Elan trägt hier zum Sieg, sondern eher eine finstere Entschlossenheit, die beinahe etwas Maschinenhaftes an sich hat.

Ihre ikonographische Entsprechung hat die ex post ins Jahr 1914 verlegte Frontsoldaten-Typologie in der Illustration, die sich auf den Seiten der zitierten Langemarck-Erzählung findet: Die abgebildeten deutschen Soldaten tragen den Stahlhelm und werden keinesfalls in dem vom Langemarck-Mythos postulierten, deckungslosen Sturmlauf durch das Niemandsland gezeigt, sondern in Granattrichtern liegend mit Blick auf das von explodierenden Artilleriegeschossen aufgewühlte Schlachtfeld. Durch die anachronistische Verwendung des „konkurrenzlosen Symbolstücks"[309] frontsoldatischer Ästhetik, des Stahlhelms, der schließlich erst im Verlauf des Jahres 1916 an die deutschen Truppen verteilt worden war, wird die Bilderwelt des Grabenkrieges tendenziell in den Langemarck-Mythos inkorporiert.[310]

307 Hermann Thimmermann: „... westlich von Langemarck stürmten junge Regimenter...", in: Ebd., S. 3–5.

308 Ebd., S. 5; vgl. auch Hahei: Langemarck, in: Jungvolk, November 1933, S. 4–5.

309 Hüppauf, Schlachtenmythen und die Konstruktion des ‚Neuen Menschen', S. 67.

310 Diese Tendenz betraf auch andere, ursprünglich eher konventionelle Weltkriegs-Mythen wie z. B. den Walter Flex-Mythos, dessen Soldaten-Bild sich ähnlich wie beim Langemarck-Mythos von dem Typus des Verdun-Kämpfers unterscheidet, vgl. Koch, Der Erste Weltkrieg als Medium der Gegenmoderne. Die Illustrationen zu Flex' Leben, das im Mittelpunkt des Heimabends „Mein Denken ist mein Handeln" (Die HJ, 23. 2. 1935, S. 14) steht, stammen z. B. allesamt von Elk Eber und zeigen Handgranatenkämpfe an der Westfront bzw. einen Flammenwerfer-Angriff auf eine Befestigungsanlage. Damit wird auch Walter Flex, der den Krieg fast nur an der Ostfront erlebt hatte, in die Nähe des Kriegers der Materialschlacht gerückt.

Für die absichtsvolle Übernahme der Stahlhelm-Symbolik[311] in das Begriffsnetz Langemarck lassen sich problemlos weitere Belege finden. Durchaus typisch ist die folgende Passage:

> *Drei Jungen durchwandern Flandern.* [...] *Der Boden, in dem das Blut junger Sturmsoldaten versiegte, ist nicht Niemandsland, sondern es ist dem deutschen Märtyrer geweiht.* [...] *Unwillkürlich kommt von den Lippen unserer jungen Wanderer das Lied von Flandern ...* [...] *Sie stehen vor einem Stück deutscher Geschichte. Vor ihnen trotzt der graue, unbeugsame Frontsoldat im Waffenrock mit dem stählernen Helm.*[312]

Obwohl in den zitierten Zeilen Langemarck nicht namentlich genannt wird, referieren „Flandern", die „jungen Sturmsoldaten" und das „Lied von Flandern" doch eindeutig auf den ‚Sturm der jungen Regimenter', diesen mit dem „unbeugsamen Frontsoldaten mit dem stählernen Helm" verknüpfend. Das gleiche geschieht in einer Zeichnung Elk Ebers für die Zeitschrift *Die HJ* zum Langemarck-Tag 1935 (Abb. 11).[313] Der abgebildete Soldat entspricht mit seinen harten Gesichtszügen und seinem grimmig entschlossenen Blick eher dem männlich-markanten Soldatentypus, für den der Zeichner bekannt ist, als einem jungen, ja jugendlichen Kriegsfreiwilligen. Zu seinen Füßen liegt ein verbeulter, durchschossener Stahlhelm. Einzig die Regimentsfahne, die er sich um die Hüfte geschlungen hat, lässt so etwas wie einen Hauch von 1914 erkennen.

Ein ähnliches Beispiel findet sich auch in der *HJ*-Ausgabe vom 11. April 1936. Das Bild eines monumentalen, nur schemenhaft erkennbaren Soldatenkopfes mit Stahlhelm, der mahnend über ein Gräberfeld blickt, ist untertitelt: „Der Feldgraue von Langemarck ist das Gesetz unseres Lebens". (Abb. 12).[314]

311 Auf die Bedeutung des Stahlhelms und seiner ikonographisch-ästhetischen Dominanz in der Formensprache des HJ-Gedenkdiskurses kann hier aus Platzgründen nicht näher eingegangen werden. Exemplarisch für die Art und Weise, in der er zu einem sakralen, identitätsstiftenden Objekt wurde, sei hier auf einen Text des wichtigsten Lieddichters der HJ, Hans Baumann (Jahrgang 1914) verwiesen: „Als dann der Vater vom Krieg heimkehrte und seinen ersten Buben auf die Arme nahm, stieß Heinz seinen kleinen Kopf an dem Stahlhelm des Vaters. Dieser Stahlhelm war das erste Ding in seinem Leben, woran er sich später erinnern konnte; er hat ihn nie wieder vergessen." (Heinz – un nu?, in: Die Jungenschaft, 1935, H. 6, S. 11–14, S. 11 f.). Der Stahlhelm war ganz ohne Zweifel die mit Abstand wichtigste und beliebteste Devotionalie, die Hitler-Jungen von ‚Wallfahrten' ins ehemalige Frontgebiet mitbringen konnten (vgl. Siegfried Schieder: Flandern, in: Die HJ, 11. 4. 1936, S. 9). Bei zahlreichen Heimabenden bildete ein aufgestellter Stahlhelm gleichsam den kultischen Mittelpunkt.

312 Flandern–, in: Die HJ, 2. 2. 1935, S. 8.

313 Ebd., 9. 11. 1935, S. 11.

314 Ebd., 11. 4. 1936, S. 9; eine analoge Bildsprache entwickelt auch der Holzschnitt von Paul Weber zu Willi Fr. Könitzers Artikel „Heldengräber Langemarck", in: Die Kameradschaft, Hefttitel: Sie starben, damit wir leben, 1936, H. 7, S. 10: Die wartend nach Osten, in Richtung Deutschland, blickenden Soldaten, die die Gefallenen verkörpern, tragen zwar keinen Stahlhelm, sondern nur die deutsche Feldmütze, entsprechen mit ihren harten, alterslosen Gesichtszügen und ihrer geduckten, verbitterten Körpersprache allerdings vollkommen dem Bild des schweigenden Frontsoldaten von 1916. Auch das erfolgreiche, zum Langemarck-Tag im Schulfunk öfter wiederholte Hörspiel „Die Freiwilligen" von Paul Alverdes kann in gewisser Weise als Beispiel für die Verdunisierungs-Tendenz gelten. Die einzigen Soldaten, die bei Alverdes den Sturmangriff überleben, sind nämlich ein Offizier und ein erprobter ‚Frontsoldat', die damit die Beherrschbarkeit des Schlachtfeldes suggerieren.

Abb. 11: Elk Eber: Langemarck-Tag. Zeichnung aus der Zeitschrift „Die HJ", November 1935

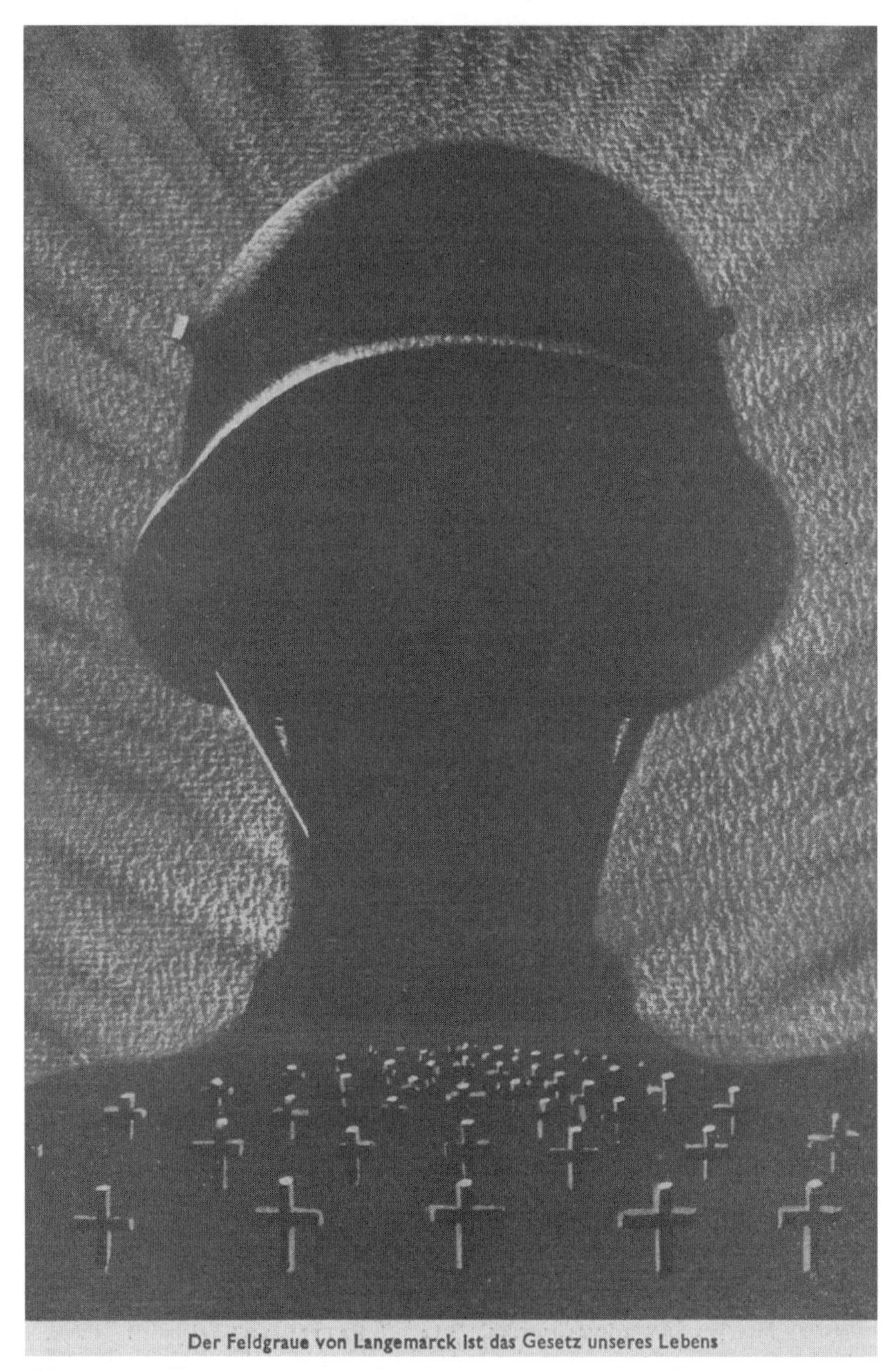

Abb. 12: Der Feldgraue von Langemarck ist das Gesetz unseres Lebens. Illustration aus der Zeitschrift „Die HJ", April 1936

Die Verknüpfung Langemarcks mit der Ikonographie des ‚Frontkämpfers' von Verdun erinnert stark an die Langemarck-Beschreibung Hitlers aus *Mein Kampf*, die als ein frühes Beispiel der latenten ‚Verdunisierung' des Langemarck-Mythos gelten kann. „Siebzehnjährige Knaben sahen nun Männern ähnlich"[315] – Langemarck wird zum Initiationserlebnis in die Welt des Krieges und des Kriegers. Nicht der Opfertod der Jugend steht im Vordergrund, sondern die Genese des ‚Frontsoldaten', der lernt, sich den Gegebenheiten des modernen Krieges anzupassen.[316]

Mit Hitler schließt sich in gewisser Weise der Kreis. Denn die Komplementarität von Langemarck und Verdun im HJ-Diskurs kann letzten Endes als die Fortsetzung jener nüchtern-kritischen Sicht auf das militärstrategische Debakel vom November 1914 interpretiert werden, für die Hitler exemplarisch steht. Ließ sich innerhalb der institutionellen Klammer des Langemarck-Gedenkens der ‚Geist von Langemarck', d. h. die heroische Opferbereitschaft der deutschen Jugend fordern und fördern, so konnte durch den Rekurs auf die ‚Materialschlachten' der späteren Kriegsjahre und vor allem auf ein ‚frontsoldatisches' Männerbild genau jene Kritik ausgeräumt werden, die den Langemarck-Mythos als unmodern, romantisch und kontraproduktiv empfand. Oder wie der bereits zitierte Stellrecht formulierte:

> *Man kann sagen: Sollte und würde uns heute ein Kampf aufgezwungen werden, dann gäbe es wohl wieder ein Langemarck der Herzen, aber kein Verbluten mehr vor der Stellung des Feindes. Die deutsche Jugend hat gelernt.*[317]

Ein „Langemarck der Herzen" sollte es jederzeit wieder geben, und dass es nicht zu einem erneuten „Verbluten" vor den Stellungen des Feindes kommen würde, dafür sollte – neben der systematischen Wehrertüchtigung der Jugend – das realistische Kriegsbild sorgen, das der ‚Frontsoldat' des Ersten Weltkriegs als pädagogisches Leitbild der HJ zu vermitteln wusste. In diesem Sinne waren Verdun und Langemarck letzten Endes beide funktional für die mentale Mobilmachung der deutschen Jugend.

Der „erste Soldat"[318] des Dritten Reichs – Adolf Hitler

Der für die HJ-Erziehung so zentrale Kult soldatischer Männlichkeit, in dessen Mittelpunkt der unbekannte ‚Frontsoldat' des Großen Krieges stand, bildete die normative Folie für den Personenkult um den Führer des Dritten Reichs, dessen Glaub-

315 Hitler, Mein Kampf, S. 181.

316 Hitlers Langemarck-Erlebnis wurde in der HJ-Presse des Öfteren zitiert: Günter Kaufmann: Heldenehrung in Langemarck, in: Junge Nation, November 1933; Wo immer einer kämpft und fällt, gilt es der einen einzigen Sache: Deutschland, in: Die Mädelschaft, Ausgabe A, Hefttitel: Der Weltkrieg, 1938, H. 5, S. 18 f.; Freiwilliger Adolf Hitler, in: Die Jungenschaft, Ausgabe B, Hefttitel: Adolf Hitler im Weltkrieg, 1939, 1. Halbjahr, H. 13, S. 2–4, S. 3; Hauptmann Teske: Das Wunder von Langemarck, in: Jungen – Eure Welt. Das Jahrbuch der Hitler-Jugend, München 1939, S. 135–138, S. 136; Willi Fr. Könitzer: Die Reichskriegsflagge über Langemarck, in: Junge Welt, 1940, H. 7, S. 8; Heim: Durch den Tod nicht besiegt. Langemarck im Kriegsjahr 1939, in: Innere Front, NSK, 9. 11. 1939, S. 2 f., S. 3.

317 Stellrecht, Soldatentum und Jugendertüchtigung, S. 22.

318 So die Selbstbezeichnung Hitlers in seiner Rede vor dem Reichstag am 1. 9. 1939, in: Ursachen und Folgen, Bd. 13: Das Dritte Reich. Auf dem Weg zum Zweiten Weltkrieg, Berllin 1968, S. 597–602, S. 601.

würdigkeit und Charisma sich zu einem Gutteil aus seinem Status als ‚unbekannter Gefreiter' speisten. Wie wichtig der vierjährige Kriegseinsatz („die unvergesslichste und größte Zeit meines irdischen Lebens"[319]) für die Selbstwahrnehmung des obersten Nationalsozialisten gewesen ist, hat die historische Forschung immer wieder betont.[320] Zeit seines Lebens hielt sich Hitler für einen Soldaten; er war stolz auf seine Fronterfahrung als einfaches ‚Frontschwein' in Flandern und an der Somme und äußerte wiederholt, er kenne den Krieg – ein Argument, das er insbesondere im Zweiten Weltkrieg gegen seine Generäle ins Feld führte, die von 1914–1918 als Generalstabsoffiziere zumeist nicht in vorderster Linie gekämpft hatten.[321] Noch sein politisches Testament vom 28. April 1945 blieb nicht ohne Bezug auf den Ersten Weltkrieg. Präambelhaft setzte er das Mantra seiner Kriegsteilnahme an den Anfang: „Seit ich 1914 als Freiwilliger meine bescheidene Kraft im ersten, dem Reich aufgezwungenen Weltkrieg einsetzte, sind nunmehr über dreißig Jahre vergangen".[322]

Die jüngst (wieder) aufgeworfene Frage, ob Hitler im Ersten Weltkrieg wirklich das gewesen ist, was man nach allen zeitgenössischen Standards einen tapferen Soldaten genannt hat, ist für unsere Fragestellung sekundär.[323] Das ihm verliehene Eiserne Kreuz I. und II. Klasse, für einen einfachen Soldaten keine Selbstverständlichkeit, und seine mehrfache Verwundung waren das realgeschichtliche Fundament für den Mythos vom ‚unbekannten Gefreiten', den die nationalsozialistische Parteipropaganda mit großem Aufwand und letztlich mit Erfolg entwickelte und gegen nicht unbeträchtlichen Widerstand durchsetzte.[324]

Vor diesem Hintergrund ist es nicht weiter überraschend, dass in den Darstellungen zu Hitlers Leben in der HJ-Presse den Kriegsjahren 1914–1918 besonderes Gewicht beigemessen wurde.[325] Als exemplarisch kann das Heft *Adolf Hitler im Weltkrieg* der *Jungenschaft* gewertet werden: Von der Freiwilligmeldung in München 1914 über die Feuertaufe in Flandern und seinen Einsatz als Meldegänger des bayrischen Reserve Infanterieregiments 16, genannt List, bis hin zu seiner zweiten Verwundung durch Giftgas, seine sich daran anschließende Erblindung und die Verlegung ins Lazarett nach Pasewalk, wo er den Zusammenbruch erlebte und (so will es jedenfalls *Mein Kampf*) beschloss, „Politiker zu werden", sind alle wesentlichen

319 Hitler, Mein Kampf, S. 179.

320 Vgl. insbesondere: Hirschfeld, Der Führer spricht vom Krieg, in: Krumeich (Hg.), Nationalsozialismus und Erster Weltkrieg; John Keegan: Die Maske des Feldherrn. Alexander der Große, Wellington, Grant, Hitler, Weinheim u. a. 1997, S. 341–448; Kershaw, Hitler, S. 125–147; John Williams: Corporal Hitler and the Great War 1914–1918, London u. a. 2005. Dagegen jüngst kritisch: Thomas Weber: Hitlers erster Krieg. Der Gefreite Hitler im Weltkrieg. Mythos und Wahrheit, Berlin 2010.

321 Vgl. Johannes Hürter: Hitlers Generäle und der Erste Weltkrieg, in: Krumeich (Hg.), Nationalsozialismus und Erster Weltkrieg, S. 261–270.

322 Das politische Testament Adolf Hitlers, in: Ursachen und Folgen, Bd. 23: Das Dritte Reich. Der militärische Zusammenbruch und das Ende des Dritten Reiches, Berlin 1976, S. 196–199, S. 196.

323 Vgl. Weber, Hitlers erster Krieg.

324 Vgl. ebd., S. 339–381; Winkle, Der Dank des Vaterlandes, S. 295–309.

325 Das meistgespielte Hörspiel im NS-Schulfunk, das sich Hitlers Leben widmete, hieß dementsprechend auch „Der Weg eines unbekannten Soldaten" und begann mit einer Kampfszene aus dem Weltkrieg. Vgl. Eberhard Wolfgang Möller: Der Weg eines unbekannten Soldaten. Hörspiel, in: Schulfunk. Zweiwochenschrift für die Erziehungsarbeit, 1. Sonderheft 1937/38, S. 4–9.

Bausteine des ‚Frontsoldaten' Hitler enthalten.[326] Entsprechend der bereits betonten Kriegs- und Soldatenbilder wurde dabei insbesondere die Transformation des Kriegsfreiwilligen in einen erfahrenen Soldaten beschrieben und die schwierige Aufgabe der Meldegänger auf dem Gefechtsfeld der Materialschlacht gewürdigt, die auch durch das feindliche Sperrfeuer hindurch die Verbindung zwischen Regimentsstab und Truppen aufrechterhalten mussten. Der Meldegänger allgemein und Hitler im Besonderen wurden auf diese Art und Weise zu den wahren Herren des Schlachtfeldes stilisiert:

> *Im Reiche der Befehlsübermittlung herrscht unumschränkt der Meldegänger. Mit fast traumhafter Sicherheit rast und springt er aus dem Trichter und flitzt keuchend zwischen den Einschlägen sich aufbäumender Fontänen von Stahl, Feuer, Erde und Rauchwolken über Löcher, Balken und Leichen, in dem höllischen Gesumm des Hornissenschwarmes der Stahlmantelgeschosse.*

oder:

> *Stunde um Stunde dröhnt drohender das Schlachtengewitter und steigert sich zum Orkan, bis es endlich um 5 Uhr morgens seinen rasenden Höhepunkt erreicht hat. Der ganze Regimentsstab, der in einem uns gegenüberliegenden Hause seine Unterkunft hatte, war während des Geschoßhagels in unseren Unterstand geflüchtet. Fieberhaft bemühte sich der Oberstleutnant* [...] *die telephonische Verbindung mit dem Graben herzustellen. Doch vergebens! Im Nu hatten die unzähligen Einschläge den* [...] *Draht zerstört.* [...] *Da erhält er* [Hitler] *Befehl zu erkunden, was vorne bei den Kompanien vorgehe. Der Kamerad Schmied läuft mit. Sie rennen in Grauen und Tod. Auf dem offenen Gelände ist nur ein sprungweises Vorwärtskommen möglich.*[327]

Die Beschreibung des „Schlachtengewitters" und des „Trichterfeldes", durch welches der „Meldegang ein Wettlauf mit dem Tode"[328] war, orientierte sich letztlich auf wenig originelle Art und Weise am Kanon des soldatischen Realismus und soll daher hier nicht weiter von Belang sein. Wichtiger ist, wie Hitler in den abgedruckten Berichten ehemaliger Kameraden als Mensch und Soldat beschrieben wurde. Dabei wird ein zentrales Problem der Stilisierung des Führers zum ‚unbekannten Gefreiten' deutlich: Auf der einen Seite sollte Hitler das namenlose Heldentum des deutschen ‚Frontsoldaten' verkörpern und musste daher zwangsläufig in gewisser Weise entpersonalisiert werden. Auf der anderen Seite konnte der erste Soldat des Dritten Reichs allerdings auch kein durchschnittlicher, irgendwie durch den Krieg kommender Kriegsteilnehmer gewesen sein. Dazu setzte der Hitler-Mythos die heroische Einzigartigkeit des charismatischen Führers zu sehr voraus. Es ist dieser Grundwider-

326 Die Jungenschaft, Ausgabe B, Hefttitel: Adolf Hitler im Weltkrieg, 1939, 1. Halbjahr, H. 13; vgl. auch die entsprechenden Abschnitte in: Ebd., Hefttitel: Führer, dir gehören wir, 1936, H. 7; Ebd., Hefttitel: Wir folgen dem Führer, 1937, H. 6.

327 Der tapferste Meldegänger erhält das Eiserne Kreuz I. Klasse, in: Ebd., Hefttitel: Adolf Hitler im Weltkrieg, 1939, 1. Halbjahr, H. 13, S. 13 f., S. 13; Meldegänger in der Hölle von La Bassée, in: Ebd., S. 8 f., S. 8.

328 Einführung, in: Ebd., S. 1.

spruch, der die Darstellung der Person Hitlers im Weltkrieg durchzieht und dem letztlich nur beizukommen war, indem man den Soldaten Hitler auf eine Art und Weise heroisierte, die ihn weit über seine Kameraden erhob.

Ein typisches Beispiel für diese Schwierigkeit findet sich in der Einleitung des bereits mehrfach zitierten Heftes *Adolf Hitler im Weltkrieg*. Die offenkundig als besonders problematisch empfundene Tatsache, „dass der Gefreite Adolf Hitler nicht zum Gruppenführer“, sondern im ganzen Krieg nur einmal und das bereits 1914 befördert worden war, wurde offensiv angegangen und sozusagen präventiv durch den Verweis auf seine außerordentliche Tapferkeit und Zuverlässigkeit begegnet, die ihn für den Regimentsstab unverzichtbar gemacht und daher jeglicher Beförderung im Wege gestanden hätten.[329]

Schenkt man den hagiographischen Darstellungen des Hitlerschen Heldentums Glauben, war der spätere NS-Parteiführer ein ganz außergewöhnlicher Soldat. Nicht nur zeichnete ihn eine geradezu übermenschliche Einsatzbereitschaft und ein eiserner Wille aus, nein, er schien keinerlei Nerven zu besitzen und mit „unverwüstlicher Kraft“ jegliche körperliche Überanstrengung problemlos zu ertragen:

> [...] *da brechen Hitler und ich zum wiederholten Male nach der Bataillonsgefechtsstelle auf. Mir verging alle Luft. Beim Verlassen von Fromelles toben die Batterien. Der Tod reitet auf ihren Granaten.* [...] *Ich komme vom Boden kaum mehr hoch..., und Hitler drängt vorwärts! Hitler kann ich nicht begreifen, wie er ruhig und gelassen, umzuckt von rasenden Blitzen, seine Deckung verließ, während er mir immer wieder zurief: „Brandmoari, auf geht's!“ Er schien keine Nerven zu besitzen. Furcht oder Angst, das war ihm wahrhaftig etwas Unbekanntes.* [...] *Wir kehrten zurück.* [...] *Helm und Lederzeug warf ich erleichtert von mir und ließ mich todmatt* [...] *nieder. Ich erwartete von Adolf Hitler dasselbe, aber weit gefehlt! Ehe ich mich umsah, saß er schon wieder neben seinem Nachtlager, den Helm auf dem Kopf* [...] *und harrte des nächsten Befehls.* [...] *In der Uniform stak kein Mensch mehr, sondern ein Gerippe. Und dennoch war Hitler unbestritten der beste Meldegänger unserer Gruppe. Er hatte eine Eisennatur.*[330]

Der Ich-Erzähler fungiert in diesen Zeilen, und das ist typisch für die ganzen pseudoauthentischen Berichte Hitlers ehemaliger Kameraden, lediglich als Kontrastfolie, vor der die wahre Größe Hitlers erst zutage tritt. Er ist tapfer und tut seine Pflicht – kann also, mit anderen Worten, als Normaltyp des deutschen Soldaten gelten – und kann sich doch mit seinem überlebensgroßen Kameraden nicht einmal ansatzweise vergleichen. Während seine Nerven versagen und er im Trommelfeuer apathisch liegenzubleiben droht, ist es Hitler, der ihn als ‚guter Kamerad‘ und Führer-Figur in einem ermuntert, vorantreibt und „in der Stunde der Verlorenheit wieder aufrichtet“.[331] Zu dem Nimbus des Frontsoldaten Hitler gehörte dabei insbesondere sein vorgebliches Gespür für die Gefahren des Schlachtfeldes; „wenn Adolf Hitler dabei ist, geschieht nichts“,[332] war der Subtext, wenn kein anderer durchkäme, würde er es

329 Einführung, in: Ebd., S. 1.
330 Meldegänger in der Hölle von La Bassée (Balthasar Brandmayer), in: Ebd., S. 8 f.
331 Siehe auch: In der Sommeschlacht, in: Ebd., S. 10 f., S. 11.
332 Wenn Adolf Hitler dabei ist, geschieht nichts, in: Ebd., S. 6 f.

schon schaffen und dabei den zweiten Melder heil mit zurückbringen, wie z. B. in der folgenden Passage, in der Hitler übermenschliche Züge annimmt:

> *In meinen Adern stockte fast das Blut ... Es kann nur mehr Sekunden dauern – dann, [...] zerreißt ein stahlgepanzertes Ungetüm unsere zerschundenen Leiber ...! Unglaublich, wie ein Wunder mag es klingen; so viele Male mich Hitler zum Weiterspringen auftrieb, bohrte sich unmittelbar darauf ein zischendes Geschoß in dieselbe Stelle, von der wir soeben geflohen waren.*[333]

Die berühmt-berüchtigte ‚Vorsehung', jenes pseudoreligiös fundierte Konzept der schicksalhaften Zusammengehörigkeit von Volk und Führer, das in den späteren Jahren von Hitler in seinen Reden immer wieder gebraucht wurde und insbesondere das mehr oder weniger zufällige Scheitern der Attentatsversuche auf Hitler in den Rang göttlicher Fügung erhob,[334] scheint hier durch. Das Führer-Bild der 1930er Jahre determinierte erkennbar das der Jugend weitergegebene Bild des Kriegsteilnehmers Hitler und verstärkte damit zugleich die Plausibilität des bedingungslosen Herrschaftsanspruches des NS-Parteiführers. Die von der Leserschaft erwartete Transferleistung war eindeutig: Der überlegene Lotse seiner Kameraden durch die Urgewalten des Abnutzungskrieges musste befähigt sein, auch die Geschicke der Volksgemeinschaft zu bestimmen.

Anonyme Pflichterfüllung, vielleicht das zentrale Element des Frontkämpfer-Mythos, reichte jedoch in den Augen der Multiplikatoren des Führer-Mythos in der HJ nicht aus, um den Kriegseinsatz des Führers in dem heroischen Licht erscheinen zu lassen, das allein seiner historischen Sendung als Retter Deutschlands angemessen schien. Das Überbringen von Meldungen und Befehlen unter schwerstem Artilleriebeschuss war, so viel Mut und Tapferkeit es auch erfordern mochte, im Kern primär das passive Erdulden einer Stochastik des Todes. Es ließ sich glorifizieren als Kampf des Individuums gegen den Orkan entfesselter Materie, es ließ sich mystifizieren, indem man eine übersinnliche Einsicht in die Gesetze des Trommelfeuers suggerierte – doch fehlte es ihm wesenhaft an jener Bewährung im aktiven Kampf gegen einen identifizierbaren Feind, die untrennbar zum soldatischen Heldenbild gehört.

Vor dem Hintergrund dieses Defizits in der militärischen Laufbahn des Führers ist es zu verstehen, dass sich die HJ-Presse einer fiktiven Heldentat Hitlers bediente, um ihn als kämpfenden Soldaten aufzuwerten: Bei der Ausführung eines Aufklärungs-Auftrags im Jahr 1918 sei Hitler zufällig in einen Keller geraten, in dem bereits 15 französische Soldaten Deckung vor dem andauernden Artilleriebeschuss gesucht hätten. Statt sich zu ergeben, habe Hitler die überraschten *Poilus* eiskalt mit seiner Pistole bedroht und nach draußen winkend die Gegenwart anderer deutscher Soldaten vorgetäuscht. Daraufhin hätten die Franzosen verängstigt ihre Waffen weg-

333 In der Sommeschlacht, in: Ebd., S. 11.

334 Vgl. Christian Dube: Religiöse Sprache in Reden Adolf Hitlers. Analysiert anhand ausgewählter Reden aus den Jahren 1933–1945, Kiel 2004, insbesondere S. 167 ff.; Max Domarus: Hitler. Reden und Proklamationen 1932–1945, Bd. 2.1: 1939–1940, Wiesbaden 1973, S. 1415; ebd., Bd. 2.2.: 1941–1945, Wiesbaden 1973, S. 2127.

geworfen und sich dem tapferen Gefreiten ergeben. Dieser habe für diese Heldentat das Eiserne Kreuz I. Klasse bekommen.[335]

Die Darstellung dieses kühnen Handstreichs erlaubte es endgültig, den Meldegänger Hitler aus der Masse seiner Kameraden hervorzuheben. Sein Kriegseinsatz wurde mit einer konkreten heldenhaften Handlung identifizierbar und damit in gewisser Weise individualisiert. Anders als der ‚unbekannte Soldat' des alliierten Kriegsgedenkens war der ‚unbekannte Gefreite' – jedenfalls in den Darstellungen der Jugendpresse – nicht austauschbar, sondern stand für überdurchschnittliche soldatische Leistungsbereitschaft und Heroismus. Er war niemand, an dessen Grab sich die Nation in ihrer kollektiven Trauer integrativ vereinte, sondern eine lebende Projektionsfläche für soldatische Wert- und Normvorstellungen.

Inwieweit das Hitler-Bild der Jugend, die seinen Namen trug, tatsächlich von den allgegenwärtigen Verweisen auf die Kriegserfahrung des Führers geprägt wurde, ist wohl letztlich nicht zu klären. Es gibt jedoch Quellen, die es bei allen methodologischen Vorbehalten erlauben, wenigstens in Ansätzen abzuschätzen, welche Lebensabschnitte Hitlers für seine Wahrnehmung unter Jugendlichen und Kindern besonders wichtig gewesen sind: Aufsätze junger HJ-Angehöriger zum Thema „Lebensweg des Führers".[336]

Die im Rahmen dieser Arbeit untersuchten 90 Aufsätze von Jungvolk-Angehörigen des Bannes Ziegenhain (preußische Provinz Hessen-Nassau, überwiegend protestantisch, kleinstädtisch-ländlich) aus dem Jahr 1944 deuten darauf hin, dass selbst in der Spätphase des Zweiten Weltkriegs die Kriegsteilnahme Hitlers für die zwischen 1930 und 1933 geborenen Aufsatzschreiber noch eine entscheidende Referenz darstellte.[337] Was wussten die 11- bis 14-jährigen Junggenossen von dem Namenspatron der Jugendorganisation, der sie angehörten?

Vom Umfang her nahm die Darstellung der Jugend Hitlers eindeutig den größten Raum ein: Durchschnittlich 43 Prozent der Zeilen waren ihr gewidmet. Dem Alter der Prüflinge entsprechend erwähnten sie die besondere Stellung Klein-Adolfs als „Rädelsführer" der Nachbarsjugend, den frühen Tod beider Elternteile, seine Lieblingsfächer in der Schule und seine – gelinde gesagt – Schwierigkeiten bei der Berufs-

335 Vgl. Der tapferste Meldegänger erhält das Eiserne Kreuz I. Klasse, in: Die Jungenschaft, Ausgabe B, Hefttitel: Adolf Hitler im Weltkrieg, 1939, 1. Halbjahr, H. 13, S. 13 f.; Alfred Hein: Von einem Meldeläufer, der 15 Franzosen fing, in: Jungvolk, November 1934, S. 9; Der unbekannte Soldat, in: Die Jungenschaft, Hefttitel: Führer, dir gehören wir, 1936, H. 7, S. 11; Ebd., Hefttitel: Das Leistungsabzeichen des Deutschen Jungvolks, S. 4. Nach Thomas Weber könnte diese Geschichte einen historischen Kern haben, allerdings sei es nicht Hitler gewesen, dem die Gefangennahme gelungen sei, sondern sein Vorgesetzter, der jüdische Regimentsadjutant Hugo Gutmann, vgl. Weber, Hitlers erster Krieg, S. 289 f.

336 Das Leben des Führers war integraler Bestandteil der weltanschaulichen Schulung der HJ und wurde dementsprechend im Rahmen der Lager- und Heimabenderziehung immer wieder unterrichtet und auch abgefragt. Wie bereits erwähnt, widmete sich z. B. das komplette 4. Jahr des DJ-Jahrgangsschulungsplans dem Thema „Adolf Hitler und seine Mitkämpfer", vgl. Der Jahrgangsschulungsplan, in: Die Kameradschaft, Sonderausgabe für die Sommerlager 1938, Hefttitel: Lagerschulung 1938, Mai 1938, S. 54 f. Die im Rahmen der weltanschaulichen Prüfungen entstehenden Aufsätze über Hitler gaben offensichtlich nicht die authentischen Ansichten der Hitler-Jungen über ihren obersten Führer wieder, sondern orientierten sich als Prüfungsarbeiten natürlich an dem, was die HJ hören bzw. lesen wollte. Dennoch lässt sich den Antworten entnehmen, mit welchen Motiven der NS-offiziellen Hitler-Hagiographie sie vertraut waren und etwas anfangen konnten und mit welchen eben auch nicht.

337 HStA Wiesbaden 483/4101a-4108b. Die in den Personalakten der untersten DJ-Führerschaft enthaltenen und für diese Studie ausgewerteten 90 Aufsätze wurden im Rahmen eines UFN-Lagers (Lager für ‚Auslese' und Ausbildung der untersten Führerschaft) verfasst.

wahl. Besonders erinnerten sie sich ebenfalls an seine „Handlanger"-Tätigkeit in seinen frühen Berufsjahren und die sich daran anschließende Legende, die „kommunistischen" Arbeitskollegen hätten den damals natürlich schon streng nationalsozialistisch Fühlenden vom Gerüst werfen wollen (frühes Märtyrertum für eine große Idee).

Immerhin 32 Prozent des Raumes wurde im Durchschnitt für die Darstellung des Weltkriegs verwandt. Hitlers Auszeichnung mit dem Eisernen Kreuz wurde in knapp 90 Prozent aller Aufsätze genannt und war damit das am häufigsten erinnerte Motiv aus dem Komplex Weltkrieg. An zweiter Stelle folgten mit knapp 80 Prozent die Giftgasverwundung und Erblindung Hitlers sowie sein Entschluss, „Politiker zu werden". In drei Vierteln aller Darstellungen wird der Name von Hitlers Infanterieregiment („Regiment List") explizit genannt. Über die Hälfte (52 %) der Texte enthält darüber hinaus einen mehr oder weniger ausführlichen Verweis auf die oben erwähnte Heldentat Hitlers, die vorgebliche, handstreichartige Gefangennahme von 15 Franzosen. In keinem einzigen Aufsatz wird Hitlers Kriegseinsatz komplett vergessen, auch wenn die 11- bis 14-jährigen Prüflinge schon mal (in zwei Fällen) den Weltkrieg mit dem deutsch-französischen Krieg verwechseln oder Weltkrieg und NS-Kampfzeit in die falsche Reihenfolge bringen (ein Fall).

Die relative Bedeutung des Weltkriegs für das Hitlerbild der im Sample enthaltenen Jugendlichen wird vor allem deutlich, wenn man sich vor Augen hält, dass die Jahre 1919–1944, also sowohl die für das NS-Selbstbild so wichtige ‚Kampfzeit' als auch die ‚Wiederherstellung der Ehre Deutschlands' nach der ‚Machtergreifung' und der Ausbruch des Zweiten Weltkriegs mit durchschnittlich gerade einmal 24 Prozent (!) der geschriebenen Zeilen signifikant hinter den Jahren 1914–18 zurückbleiben. Wie ist dieser Befund einzuordnen? Es muss vorausgesetzt werden, dass die Prüflinge im Verlauf ihres Lehrgangs in irgendeiner Form das Leben Hitlers durchgenommen haben. Es kann davon ausgegangen werden, dass sich gegen Ende des fünften Kriegsjahres, also zu einem Zeitpunkt, als die militärische Situation des Dritten Reichs immer aussichtsloser wurde, die Thematisierung des Zweiten Weltkriegs und der Anfangserfolge von 1939/40 eher verbat, wollte man nicht die Frage aufwerfen, wie es dazu kommen konnte, dass das Heer des ‚größten Feldherrn aller Zeiten' seit nun mittlerweile zwei Jahren nur noch von Niederlage zu Niederlage eilte. Das fast vollständige Fehlen von Verweisen auf den Zweiten Weltkrieg ließe sich damit wohl durch seine Nicht-Thematisierung in den weltanschaulichen Schulungsstunden erklären. Dies gilt jedoch nicht für die ‚Kampfzeit': Bemerkungen des Korrektors wie „Kampfzeit?", „Kampfzeit fehlt" oder „Was war zwischen 1919 und 1933?", die sich unter mehr als 10 Prozent der Texte finden, legen nahe, dass die Jahre 1919–1933 sehr wohl behandelt worden waren und in der Prüfung erwartet wurden.[338]

Nun mag es eine gewisse Rolle gespielt haben, dass manchen Jugendlichen gegen Ende der Prüfungszeit schlichtweg die Zeit gefehlt hat, den Kampf der NSDAP um die Macht genauer darzustellen. Dennoch fällt insgesamt auf, wie wenig die Prüflinge mit dem Stoff der ‚Kampfzeit' anzufangen wussten:

338 Kritik an der Darstellung des Ersten Weltkriegs wurde dagegen in keinem einzigen Fall explizit geäußert.

> *Als 7. Mitglied trat er in die NSDAP ein. Einmal wurde er verhaftet und kam auf die Festung Lanzberg* [sic!]. *Dort schrieb er sein Buch „Mein Kampf". Weihnachten 1924 wurde er aus der Haft entlassen. 1933 wurde er Reichskanzler des Deutschen Reichs.*[339]

hieß es da einfach stereotyp, oder:

> *Dann gründete er die Partei, deshalb bekam er zwei Jahre Festung, nach einem Jahr wurde er frei. Die Partei war völlig zerfallen. Er gründete sie wieder neu. Dann wurde er zum Reichskanzler ernannt am 30. 1. 1933. Er holte alle Gebiete wieder zum deutschen Reich zurück.*[340]

Vielsagend ist hier das Auslassen des ‚Marschs zur Feldherrnhalle', immerhin des wichtigsten Gründungsmythos der NSDAP und Anlass des höchsten Feiertags im NS-Feierkalender, des 9. Novembers. Auch wenn der Hitler-Putsch in der überwiegenden Mehrzahl der Texte als wichtige Etappe auf dem Weg zur ‚Machtergreifung' genannt wurde, geschah dies meist auf eine Art und Weise, die erkennen lässt, dass die Jungvolkangehörigen die komplexe politische Situation von 1923 nicht einmal ansatzweise durchschauten (bzw. aufgrund ihres Alters gar nicht durchschauen konnten):

> [...] *1923 wollte er einen friedlichen Umzug durch München machen, doch er wurde durch die bayerischen Landespolizisten verraten,*

hieß es da, oder:

> *Am 9. 11. 1923 marschierte er an der Feldherrnhalle vorbei. Da wurde er von den Juden angegriffen und 16 seiner treuen Parteigenossen ließen ihr Leben.*
> *In München schloß er sich der NSDAP an, von der er später Führer wurde. Das nationalsozialistische Deutschland wuchs unter seiner Führung. Er wurde zu zwei Jahren Festung verhaftet. Nach einem Jahr wurde er wegen guter Führung entlassen. Er gründete die NSDAP von neuem. In einem Umzug durch München wurden 16 SA-Männer von der Bayerischen Polizei erschossen.*[341]

In dem letzten Beispiel gerät darüber hinaus einiges durcheinander; deutlich wird, dass das Gros der Jugendlichen den 9. November 1923 nicht richtig einordnen konnte. Zusammenhanglos erscheint der ‚Marsch zur Feldherrnhalle' als irgendwie zufällig zustande gekommener „friedlicher Umzug", der aus unerfindlichen Gründen „verraten" worden sei. Die Darstellungen der Jungen zur ‚Kampfzeit' gehen damit vollkommen an der für die NS-Parteigeschichte so wichtigen revolutionären Dimension des Kampfes gegen das ‚System' vorbei.

339 HStA Wiesbaden, 483/4101b.
340 Ebd., 483/4101a.
341 Ebd., 483/4106a, 4101b, 4101a.

Insgesamt bestätigen die ausgewerteten DJ-Aufsätze die These von der herausragenden Bedeutung des ‚Frontsoldaten' Hitler für das Führer-Bild der NS-Jugendlichen bis spät in den Zweiten Weltkrieg hinein eindeutig. Während die ‚Kampfzeit' in all ihrer Komplexität von den jüngsten NS-Anhängern offensichtlich nicht verstanden wurde, boten die Kriegserlebnisse des Führers ihnen ein verständliches, identifikationsförderndes Narrativ an.

Vor diesem Hintergrund spricht einiges dafür, dass die effektvolle Selbstinszenierung Hitlers am 1. September 1939, in der er sich als „erster Soldat" des Dritten Reichs inszenierte und pathetisch verkündete, er werde „jenen [feldgrauen] Rock [...], der [ihm] einst selber der heiligste und teuerste war", erst nach dem Sieg wieder ausziehen,[342] insbesondere bei der Jugend Eindruck gemacht hat. Wenn der Führer-Mythos bei den deutschen Soldaten und der Jugend bis in die Spätphase des Krieges hinein vertrauensstabilisierend gewirkt hat,[343] dann ist die Ursache dafür sicher auch in der kollektiven Repräsentation Hitlers als ‚Frontkämpfer' zu suchen. Der Führer hatte – wie er selbst nicht müde wurde zu betonen – vier Jahre lang als Soldat jedes persönliche Opfer auf sich genommen.[344] Konnte er da nicht glaubhaft verlangen, dass man es ihm nachtat?

Die Schwester des kalten Kriegers – Frau und Krieg in der NS-Jugend

Wenn soldatische Männlichkeit als Zielvorstellung der Erziehung in der HJ und im DJ eindeutig benannt werden kann, so wurden für die BDM- und JM-Angehörigen erkennbar zwei konträre Frauenbilder formuliert und pädagogisch implementiert.[345] Auf der einen Seite wurde die tradierte Rollenvorstellung der Frau als Mutter, als treusorgenden Mittelpunkts der Keimzelle des Volkes, der Familie, reproduziert. Es ist diese stereotype Vorstellung der Frau im Nationalsozialismus, die nach wie vor das populärgeschichtliche Bild der NS-Frauen- und -Familienpolitik bestimmt. Auf der anderen Seite stand die moderne Vorstellung der Frau als „Lebens-, Arbeits- und auch Kampfgefährtin"[346] des Mannes, deren Tätigkeitsfeld sich nicht mehr nur auf Küche und Kinder beschränkt, sondern die als gesellschaftlicher Akteur Verantwortung für die ‚Volksgemeinschaft' übernimmt und damit eine de facto politische Funktion im NS-Herrschaftssystem ausübt.

Der analytische Widerspruch zwischen diesen Repräsentationen von Weiblichkeit wurde in der HJ- und BDM-Presse tendenziell als „lebensgeschichtliches Nacheinander"[347] aufgelöst. Zuerst, und das galt insbesondere im sich rasch totalisieren-

342 Hitler vor dem Reichstag am 1. 9. 1939, in: Ursachen und Folgen, Bd. 13, S. 601.

343 Kershaw, Der Hitler-Mythos, S. 254–257; Latzel, Deutsche Soldaten, S. 371.

344 Hitler vor dem Reichstag am 1. 9. 1939, in: Ursachen und Folgen, Bd. 13, S. 601.

345 Vgl. hierzu und zum Folgenden: Gisela Miller-Kipp (Hg.): „Auch Du gehörst dem Führer." Die Geschichte des Bundes Deutscher Mädel (BDM) in Quellen und Dokumenten, 2. Aufl., Weinheim/München 2002, S. 60 ff., S. 269–276; Birgit Jürgens: Zur Geschichte des BDM (Bund Deutscher Mädel) von 1923 bis 1939, Frankfurt a. M. 1994, S. 146–163.

346 So Hitler auf dem Reichsparteitag 1936, abgedruckt z. B. Plakat „Achtung und Schutz der deutschen Frau!", in: Miller-Kipp, „Auch Du gehörst dem Führer.", S. 243.

347 Ebd., S. 60.

den Zweiten Weltkrieg, sollten die weiblichen Jugendlichen und jungen Frauen als „Kamerad unter Kameraden“ Führer und Vaterland dienen,[348] bevor sie später immer noch in ihre traditionelle Mutterrolle zurückkehren sollten.

Das Ideal der Geschlechterkameradschaft[349] wurde in der Praxis des gemeinsamen Dienstes in der NS-Jugendorganisation zu keinem Zeitpunkt verwirklicht. Zur vollkommenen Gleichberechtigung z. B. von HJ- und BDM-Führern bzw. -Führerinnen ist es nie gekommen. Die Hitler-Jugend als Gesamtorganisation blieb immer männlich dominiert, auch wenn ab 1939 sowohl in der RJF als auch auf allen anderen Führungsebenen junge Frauen quantitativ ein größeres Gewicht erhielten. Dennoch darf nicht übersehen werden, in welchem Maße die prinzipielle Gleichbehandlung von männlichen und weiblichen Jugendlichen in der NS-Jugend die für moderne Gesellschaften konstitutive Funktionalisierung und Rationalisierung des Geschlechter-Verhältnisses beinhaltete:[350] Mädchen und junge Frauen konnten in der Jugendorganisation ganz erstaunliche Karrieren machen, die ihnen wie ihren männlichen Altersgenossen eine beispiellose Machtfülle und Verantwortung im NS-Volksstaat einbrachten. In ihrem Einsatz für den totalen Krieg, sei es im Luftschutz, im Sanitätsdienst und zunehmend auch in der Wehrmacht (Wehrmachthelferinnenkorps), übernahmen sie wichtige Kriegsdienste und partizipierten damit in ungekanntem Ausmaß an den Kriegsanstrengungen des untergehenden Tausendjährigen Reichs. Als der Gesamtorganisation der Hitler-Jugend unterstellte, aber weitgehend eigenständige Organisation öffnete der BDM ehrgeizigen jungen Frauen ein Betätigungsfeld und lenkte damit die für moderne Gesellschaften konstitutive soziale Konkurrenz zwischen den Geschlechtern in systemstabilisierende Bahnen. Es war dieses soziale Integrations- und Partizipationsversprechen, dieses „ernst genommen werden“,[351] das maßgeblich zur Attraktivität des BDM beitrug und zur Selbstmobilisierung einer erstaunlich hohen Anzahl von BDM-Angehörigen führte.

Analog zu dem im Sinne der NS-Erziehung zum Krieg funktionalen Männer- und Soldatenbild der Hitler-Jungen, das im vorangegangenen Abschnitt untersucht wurde, soll hier nach den Rollenvorbildern der BDM-Erziehung gefragt werden. Welcher Narrative und Argumentationsmuster bediente sich die BDM-Presse, um das von ihr gewünschte Mädchen- bzw. Frauenbild zu transportieren? Spielten dabei die Jahre 1914–1918 als Projektionsfläche für die angestrebten Werthaltungen und Handlungsdispositionen eine ähnlich große Rolle wie in der Jungenerziehung und belegen damit die geschlechterübergreifende Instrumentalisierung des Ersten Weltkriegs?

348 Vgl. zur Weiblichkeitskonstruktion von 1939–1945 insbesondere Dagmar Reese: Kamerad unter Kameraden. Weiblichkeitskonstruktionen im Bund Deutscher Mädel während des Krieges, in: Dies. (Hg.): Die BDM-Generation. Weibliche Jugendliche in Deutschland und Österreich im Nationalsozialismus, Berlin 2007, S. 215–245.

349 Zur zentralen Bedeutung des Kameradschaftsideals für die Geschlechterbeziehungen vgl. Irmgard Klönne: Kontinuitäten und Brüche: Weibliche Jugendbewegung und Bund Deutscher Mädel, in: Reese, Kamerad unter Kameraden, S. 41–88, besonders S. 60 f.

350 Siehe Dagmar Reese: Einleitung, in: Dies., Kamerad unter Kameraden, S. 9–40, S. 13.

351 Inge Scholl: „Wir wurden in einer merkwürdigen Weise ernstgenommen“, in: Gisela Miller-Kipp: „Der Führer braucht mich.“ Der Bund Deutscher Mädel (BDM): Lebenserinnerungen und Erinnerungsdiskurs, Weinheim/München 2007, S. 60–62.

Es entsprach der pädagogischen Zielvorstellung der NS-Jugenderziehung, der Vorbereitung auf den totalen Krieg, in dem es keine Zivilisten mehr geben konnte, sondern nur noch die vom ersten Soldaten bis zum letzten Jungmädel reichende kämpfende Volksgemeinschaft, dass sich die Mädchen-Erziehung im Dritten Reich hinsichtlich der in ihr transportierten Werte nicht fundamental von der Jungen-Erziehung unterschied, ja, dass die für den BDM geltenden Erziehungsgrundsätze ganz bewusst in Analogie zur ‚Knabenerziehung' entwickelt wurden.[352] Die Frauengeneration, die Baldur von Schirach vorschwebte, sollte nicht weniger heroisch sein als die zukünftigen Soldatengenerationen, die der Reichsjugendführer seinem Führer zu schaffen versprochen hatte.[353] Dementsprechend zielte die BDM-Presse tendenziell auf männlich konnotierte Eigenschaften wie Härte, Zähigkeit und Aktivismus ab und verpflichtete die weiblichen Jugendlichen im Grundsatz auf die gleichen instrumentellen Tugenden, Pflicht-, Opfer- und Einsatzbereitschaft, wie ihre männlichen Altersgenossen – dabei selbstverständlich die geschlechtstypische Arbeitsteilung, den Geschlechterdualismus: Jungen bzw. Männer werden Soldaten und kämpfen und Mädchen bzw. Frauen helfen ihnen dabei, nicht infrage stellend.[354] Es ist interessant zu verfolgen, wie sich in diesem Zusammenhang analog zum Soldatenkult in der Jungenpresse eine spezifisch weibliche Deutung des Ersten Weltkriegs entwickelte, in deren Mittelpunkt das „unbekannte Heer“[355] der Frauen an der Heimatfront stand. Es war das Beispiel der arbeitenden, opfernden Mütter, der unermüdlichen Munitionsarbeiterinnen, vor allem aber der Krankenschwestern im freiwilligen Kriegsdienst, das den Hitler-Mädeln „Weg und Richtung“ geben sollte, wie es die Reichsreferentin des BDM, Trude Mohr, formulierte:

> *So wie das feldgraue Heer des großen Krieges heute den Jungen Weg und Richtung gibt, so ist das unbekannte Heer der deutschen Frau jener Zeit uns Mädeln Verpflichtung. Bewußt haben wir uns in den Dienst des Volkes gestellt. Nicht nur gesunde und lebenstüchtige Menschen wollen wir formen, sondern stark, gläubig und bis zum letzten einsatzbereit wie jenes Millionenheer der deutschen Frauen im Kriege soll unsere Gemeinschaft werden.*[356]

Waren die HJ-/DJ-Angehörigen durch das ‚Vermächtnis der Feldgrauen' der Tradition ewigen deutschen Soldatentums verpflichtet, so sollte das Beispiel des opferbereiten Heldentums der weiblich dominierten Heimatfront die Gemeinschaft der NS-Mädelschaft zu einer speziell weiblichen Form der *imitatio heroica* inspirieren. Indem sich der BDM als Fortsetzung jenes spezifisch weiblichen Opfer- und Front-

352 Vgl. Jürgens, Zur Geschichte des BDM, S. 146 ff.

353 Siehe Schirach, Die Hitler-Jugend (1934), S. 97.

354 Vgl. Dagmar Grenz: Kämpfen und arbeiten wie ein Mann – sich aufopfern wie eine Frau. Zu einigen zentralen Aspekten des Frauenbildes in der nationalsozialistischen Mädchenliteratur, in: Dagmar Grenz/ Gisela Wilkending (Hg.): Geschichte der Mädchenlektüre. Mädchenliteratur und die gesellschaftliche Situation der Frauen, Weinheim/München 1997, S. 217–239, insbesondere S. 231 ff.; Dagmar Reese: Einleitung, in: Dies., Kamerad unter Kameraden, S. 12 f.

355 Das unbekannte Heer, in: Das Deutsche Mädel, März 1936, S. 1.

356 Ebd., S. 10; vgl. auch: Grete Mallmann: Politische Erziehung im BDM, in: RJP, Das deutsche Mädel, 1934, Nr. 224; Hilde Munske: Mädel im Dienst der Nation, in: Das Deutsche Mädel, November 1935, S. 1.

geistes stilisierte, betonte er zugleich seinen politischen Partizipationsanspruch und verteidigte damit die von Zeitgenossen durchaus kritisch gesehene Mobilisierung und Politisierung der weiblichen Jugend. Was im Krieg recht gewesen und als notwendig akzeptiert worden sei, könne jetzt nicht plötzlich falsch sein – dies war beispielsweise der Subtext der Rede Schirachs anlässlich der Wimpelweihe des BDM in Bamberg 1936:

> *Seid davon überzeugt, daß eure Arbeit von den guten Kräften in unserem Volke immer verstanden wurde und immer wieder verstanden werden wird. Auch sie ist eine Arbeit, die an eine große Tradition knüpft. Wenn es auch für die Organisation, der ihr angehört, keine Vorbilder gibt, so hat doch der Einsatz, den ihr persönlich in dieser Zeit leistet, ein großes Vorbild in der historischen Vergangenheit unseres Volkes. Ich meine damit jene Frauen, die während des großen Krieges, während der schwersten und schicksalhaften Zeit mit ihrem ganzen Herzen und unter Einsatz* [...] *aller ihrer Kräfte in der Heimat für ihr deutsches Vaterland gewirkt haben, diese stillen und heroischen Frauen, die das Leid, die Not und das Schrecknis des Krieges treu und tapfer getragen haben mit derselben Haltung, mit der die Männer draußen an der Front für dasselbe Deutschland stritten. Wenn ihr mit dem Einsatz und mit dem Glauben dieser Frauen arbeitet, wird euch alles gelingen, was ihr Euch vorgenommen habt.*[357]

Angesichts der Art und Weise, in der die heldenhaften Frauen des Erstem Weltkriegs in dieser Lesart als wahre „Mütter unseres Volkes"[358] glorifiziert werden, liegt auch hier – ähnlich wie im Weltkriegsgedenken der männlichen HJ – eine propagandistische Absicht auf der Hand. So wie sich der Soldaten- und Gefallenenkult in HJ und DJ nicht nur an die Jugend richtete, sondern immer auch eine politische Botschaft an die ‚Frontgeneration' beinhaltete, so war der Topos des ‚unbekannten Heeres' der Frauen immer auch ein Integrationsangebot an die Adresse der Kriegsmütter und -frauen. Auch die weibliche Jugend des Führers vollzog den politisch gewünschten Kotau vor der Kriegsgeneration und leistete ihren Beitrag zu der systematischen Symboloffensive, mit der der NS-Staat ab 1934 die Sympathien der Kriegsteilnehmer zu gewinnen trachtete. Dies wird besonders deutlich in dem Leitartikel *Das unbekannte Heer* im Zentralorgan des BDM, *Das Deutsche Mädel*, zum Heldengedenktag 1936, in dem explizit die für einen Großteil der nationalistischen Kriegsliteratur konstitutive Insinuation, die Frauen an der Heimatfront trügen eine Mitschuld am ‚Dolchstoß' in den Rücken des tapferen Heeres, zurückgewiesen wird. „Man prüfe lieber nach, ob es nicht weibische Männer waren, die den an sich nur zu begreiflichen weiblichen Klagen erlagen!" Es sei an der Zeit, endlich neben dem ‚unbekannten Soldaten' die ‚unbekannte Soldatenfrau' zu ehren und Schluss zu

357 Die Wimpelweihe des BDM am Reichsparteitag der Ehre, in: Ebd., Oktober 1936, S. 6–9, S. 8. Die Wimpelweihe des BDM im Bamberger Dom wurde 1936 zum ersten Mal durchgeführt. Sie entwickelte sich in den folgenden Jahren zu einer der wichtigsten Großveranstaltungen des BDM überhaupt.

358 Feierstunden in Bamberg. Dem Gedächtnis der Mütter unseres Volkes, der Frauen des Krieges, in: Ebd., Oktober 1937, S. 17 ff.

machen mit der „unzulänglichen Ehrung“ ihrer übermenschlichen Opferbereitschaft.[359]

Die symbolpolitische Dimension des BDM-Weltkriegsgedenkens soll hier jedoch nicht im Vordergrund stehen. Das Deutungsmuster des ‚unbekannten Heeres‘ transportierte ein funktionales, relativ modernes Frauenbild und befriedigte damit genau jenes „Bedürfnis nach ‚persönlicher‘ Geschichte“, nach geschlechtsspezifischer Teilhabe, dem Gisela Wilkending große Bedeutung für die Popularität der Mädchen-Kriegsliteratur in den Jahren 1914–1918 beimisst.[360] Über zwanzig Jahre nach Kriegsausbruch integrierte das Weltkriegsgedenken des BDM die im Dritten Reich aufwachsenden Mädchen und weiblichen Jugendlichen in den Ursprungsmythos NS-Deutschlands, indem es ihnen eine spezifisch weibliche Sicht auf den Krieg eröffnete und ihnen ein Identifikationsangebot machte, das ihnen erlaubte, die konservative Rollenvorstellung des unpolitischen Mädchens hinter sich zu lassen und als wichtiger Akteur der Volksgemeinschaft das Schicksal Deutschlands mitzugestalten. Der Krieg hatte die Mädchen der Kriegsjahre in gewisser Weise politisiert und in den Staat einbezogen.[361] Was lag da näher, als in denjenigen Frauen, welche die Selbstmobilisierung der ‚deutschen Frau‘ verkörperten wie niemand sonst, dem „weiblichen Pendant zur Langemarck-Generation“,[362] also den Krankenschwestern hinter den Frontlinien, das Musterbeispiel und Rollenvorbild für die Frau als Kampfgefährtin und Kameradin des Mannes zu sehen. Insbesondere im dritten Jahr der Jungmädel-Schulung sollte ihr Beispiel die in der HJ dem ‚Frontsoldaten‘ vorbehaltene Systemstelle füllen.[363]

Anders als das soldatische Kriegserlebnis, dessen literarische Protagonisten durch die kulturgeschichtliche „Reaktualisierung des Kriegserlebnisses auf allen Ebenen“ (Krumeich) seit den 1980er Jahren verstärkt in den Fokus wissenschaftlichen Fragens gerückt sind, haben das Kriegserlebnis der weiblichen Kriegsfreiwilligen und

359 Das unbekannte Heer, in: Ebd., März 1936, S. 1. Vgl. auch: Trude Mohr: Wir fordern die heldische Haltung, in: RJP, 1934, Nr. 125, S. 1–3, S. 2: „Es sind viele Denkmäler gesetzt worden; an dem stillen, ungesehenen Heldentum der deutschen Frau ist man vorüber gegangen. Da wollen gerade wir jungen Menschen, die diese Notzeit damals schon mit wachen Sinnen erleben durften, unseren Müttern dieses Denkmal unserer Dankbarkeit errichten. Denn wer könnte den Leidensweg der deutschen Frau in der Kriegszeit besser verstehen als die heranwachsende Frauengeneration?“ Diesem faszinierenden Aspekt der Kulturgeschichte des Ersten Weltkriegs widmet sich ausführlich das Habilitationsprojekt von Silke Fehlemann (Düsseldorf): Die Mutter des Soldaten. Öffentlicher Raum und individuelle Gefühle im 19. und 20. Jahrhundert“.

360 Gisela Wilkending: Mädchen-Kriegsromane im Ersten Weltkrieg, in: Grenz/Wilkending (Hg.), Geschichte der Mädchenlektüre, S. 151–172, S. 156.

361 Ebd., S. 157.

362 Regina Schulte: Die Schwester des kranken Kriegers. Verwundetenpflege im Ersten Weltkrieg, in: Dies.: Die verkehrte Welt des Krieges. Studien zu Geschlecht, Religion und Tod, Frankfurt a. M. u. a. 1998, S. 95–116, S. 103.

363 Vgl. Die Jahrgangsschulung des BDM, in: Wille und Macht, 1. 2. 1938, S. 1–4. Vgl. auch Kamerad Schwester, in: Das Deutsche Mädel, November 1935, S. 2–5; Hilde Munske: Anne-Marie Wenzel. Als deutsche Schwester in Sibirien, in: Ebd., März 1936, S. 6 f.; Anne-Marie Wenzel: Deutsche Kraft in Fesseln, in: Ebd., März 1936, S. 7–9; Lydia Kath: Dass mein Volk bestehe, in: Ebd., März 1936, S. 10 f.; neben den Krankenschwestern waren es die Arbeiterinnen an der Heimatfront und besondere „Frauenschicksale“, die in der BDM-Presse geehrt wurden; vgl. Hilde Munske: Mademoiselle docteur. Die deutsche Meisterspionin, in: Das Deutsche Mädel, Mai 1935, S. 8 f.; In der Munitionsfabrik, in: Ebd., November 1935, S. 2; Margarethe von Wrangell: Das Leben einer Frau: Unter dem roten Terror, in: Ebd., Februar 1936, S. 7–9; Käthe Kestien: Als die Männer im Graben lagen, in: Ebd., März 1936, S. 2–4.

seine literarische Verarbeitung bislang noch keine wissenschaftliche Bearbeitung erfahren.[364] Dabei belegt die Konjunktur der Kriegskrankenschwester-Literatur in den 1930er Jahren doch eindrücklich, dass im Schatten der männlichen Frontkämpfer-Literatur durchaus auch ein Markt für eine weibliche Kriegserinnerungsliteratur bestand, welche die weiblichen „Frontkämpferinnen" und ihren Einsatzwillen heroisierte.[365]

Der Anspruch, diese Forschungslücke sozusagen en passant zu schließen, kann hier nicht erhoben werden. Mit Suse von Hoerner-Heintzes (1890–1978) *Mädels im Kriegsdienst* soll dennoch wenigstens das im BDM meistrezipierte Werk dieser Literaturgattung ansatzweise untersucht werden.[366] Im Mittelpunkt steht dabei die Frage nach den in dem Roman enthaltenen Kriegs- und Frauenbildern: Wie wurde die Frau imaginiert, die als Kameradin dem ‚Frontsoldaten' zur Seite stand und auch in Zukunft wieder zur Seite stehen sollte?

Die Rahmenhandlung des 1934 erschienenen, autobiographischen Romans ist schnell zusammengefasst: Nach dem Tod ihres älteren Bruders zu Beginn des Krieges beschließt die junge Protagonistin Suse, als Rot-Kreuz-Schwester ihren Beitrag zur deutschen Kriegsanstrengung zu leisten. Sie wird zur Helferin ausgebildet und meldet sich bald freiwillig nach Österreich-Ungarn, wo sie als k.u.k.-Krankenschwester an verschiedenen Frontabschnitten eingesetzt wird (Isonzo, Russland, Rumänien) und zumeist als ‚Frontschwester' unmittelbar im Kriegsgebiet ihren Dienst tut. Zusammen mit ihren Kameradinnen erlebt sie die Schrecken des Lazarettdienstes, wird mehrfach ausgezeichnet (u. a. mit dem silbernen Militärverdienstkreuz) und scheidet schließlich 1917 wegen eines Herzleidens aus dem Schwesterndienst aus. Wie es danach mit ihr weitergeht, wird rasch erzählt: Sie heiratet einen Deutschbalten, findet sich in ihre zukünftige Mutterrolle und flieht schließlich im Zuge der Baltikumskämpfe 1919–1920 vor den ‚Bolschewisten' nach Deutschland. Die Geburt ihres ersten Kindes bildet den Abschluss des Buches, weist aber zugleich voraus, denn ihre Erkenntnis, „dass Kampf ewig ist und sein soll",[367] lässt den „kräftigen Jungen", den sie inmitten des deutschen Zusammenbruchs zur Welt bringt, als Symbol für die Bejahung des deutschen ‚Lebenskampfes' auch in der Zukunft erscheinen.

Die in dem Roman enthaltenen Männer- und Frauenbilder bleiben letztlich ambivalent. Die Protagonistin und ihre Weggefährtinnen ziehen mit einer gehörigen Portion Selbstbewusstsein in den Krieg. Sie fühlen sich „in einer unerklärlichen Art

364 Vgl. Schulte, Die verkehrte Welt des Krieges, S. 98.

365 Karl-Heinz Becker (Hg.): Frontkämpferinnen erzählen, Düsseldorf 1937; weitere Beispiele sind: Paul Ettighoffer: Das Soldatentum der Schwester Kläre. Tatsachenbericht über eine deutsche Frau im Weltkriege, Düsseldorf 1936; Suse Hoerner-Heintze: Mädels im Kriegsdienst. Ein Stück Leben, Leipzig 1934; dies.: Ein Mädel an der Front, Berlin 1938; dies.: Die große Kameradin. Schicksal der Frontschwester Anni Pinter. Biographischer Roman, Berlin 1939; Elfriede von Pflugk-Harttung (Hg.): Frontschwestern. Ein deutsches Ehrenbuch, Berlin 1936; Helene Mierisch: Kamerad Schwester 1914–1919, Leipzig 1934; Heinrich Maria Tiede: Ingeborg. Ein deutsches Mädchen im Großen Kriege, Leipzig 1936; Anne-Marie Wenzel: Deutsche Kraft in Fesseln, Potsdam 1931. Bislang gibt es zu diesem wichtigen Teilbereich der Kriegsliteratur nur eine unveröffentlichte Magisterarbeit: Monika Kunz: Das Bild der Krankenschwester in literarischen Zeugnissen der Kriegskrankenpflege, Freie Universität Berlin 1991.

366 „Mädels im Kriegsdienst" gehörte in jede BDM-Bücherei, vgl. Das Buch der Jugend, 1936/37, S. 32; vgl. die ausgesprochen positiven Besprechungen: Das Deutsche Mädel, August 1935, S. 32; Führerinnenblätter BDM, Ausgabe Jungmädel, März 1936, S. 27.

367 Hoerner-Heintze, Mädels im Kriegsdienst, S. 408.

mit den Männern verbunden [...], die im Schützengraben liegen und die die großen Festungen erstürmen",[368] und erheben Anspruch, in ihrer Dienstbereitschaft und ihrem Opferwillen ernst genommen zu werden. Verknöcherte (zumeist männliche) Autoritäten wie z. B. der schulmeisterliche Sanitätsrat oder der herrschsüchtige Vorgesetzte im Lazarett werden von ihnen kritisch taxiert und in ihrer ganzen Lächerlichkeit durchschaut:

> *„Es gibt so ne Männer und es gibt solche Männer. Und bei den einen kannste sein, wie de bist, aber bei den anderen mußte immer ‚bäh – bäh' machen, dann kommste durch alle Examen."*
> *In solchen Dingen hat Hedel immer recht und ich bleibe auch dabei. Ich mache jeden Abend Kuhaugen, stelle jedes Mal eine schüchterne und etwas blöde Frage, ich komme gut durchs Examen und werde Helferin.*[369]

Männliche Eitelkeit wird in dieser Passage von der Protagonistin gezielt ausgenutzt. Überhaupt behaupten sich die Krankenschwestern das ganze Buch hindurch gegen Bevormundungsversuche von Seiten der Ärzteschaft, sie erkämpfen sich ganze Zuständigkeits- und Kompetenzbereiche im Lazarettbetrieb, die sie nicht mehr abgeben, und klagen schon mal mit geradezu frauenbewegtem Impetus: „Männer, das sind doch Schweine",[370] wenn ein Mann – zumeist ein Vorgesetzter – in einer jungen Untergebenen eher die Frau als die Kameradin gesehen hat.

Überhaupt sind es Szenen wie diese, in denen die Schwestern sich der sexuellen Avancen ihrer männlichen Gefährten zu erwehren haben, in denen die ganze Ambivalenz der Geschlechterrollen deutlich wird.[371] Der sexuell konnotierte Machtkampf, den sich Suse und ihr Chefarzt, Regim, an einer Stelle des Romans liefern, wird auf der einen Seite von beiden Seiten relativ gleichberechtigt geführt. Chiffre für die Qualität ihres Geschlechterkampfes ist das Schachspiel, in dem sie verbissen um jede Figur ringen:

> *Wir spielen hart, hart, und Regim sagt: „Und ich werde Sie doch besiegen." Aber ich antworte ebenso: „Und ich werde nicht unterliegen."*
> *Wir machen beide die Augen schmal, blicken uns an wie große Katzen, wir sind nicht milde gegeneinander, wir stellen uns Fallen und geben nichts zurück und spielen scharf. Es bleibt ein Remis.*[372]

Auf der anderen Seite ist jedoch klar, dass der Chefarzt – ein bekannter Don Juan – den angreifenden Part spielt, während für Suse nur die Defensive bleibt, will sie der

368 Ebd., S. 74.
369 Ebd., S. 12 f.
370 Ebd., S. 332.
371 „Liest man die Kriegstagebücher und sonstige Stellungnahmen zur Kriegskrankenpflege, so erhält man den Eindruck, dass die einzig ernstzunehmenden Gefahren für die Frauen im Feld die sexuellen Wünsche der männlichen Begleiter waren", Herbert Grundhewer: Die Kriegskrankenpflege und das Bild der Krankenschwester im 19. und frühen 20. Jahrhundert, in: Johanna Bleker/Heinz-Peter Schmiedebach (Hg.): Medizin und Krieg. Vom Dilemma der Heilberufe 1865 bis 1985, Frankfurt a. M. 1987, S. 135–152, S. 146.
372 Hoerner-Heintze, Mädels im Kriegsdienst, S. 259 f.

Anziehungskraft seiner „cäsarisch, steingrauen Augen"[373] widerstehen. Sie spielt nicht auf Sieg, in dem Sinne, dass sie ja auch eine Beziehung zu ihren Bedingungen anstreben könnte, sondern versucht – im wahrsten Sinne des Wortes – „nicht zu unterliegen". Als sie seinen Annäherungsversuchen immer weniger entgegenzusetzen weiß, bleibt ihr daher nur die Flucht bzw. die Bitte um Versetzung. Das konventionelle Jäger-Beute-Schema der Geschlechterrollen wird hier bestätigt, lustbetonte Männlichkeit trifft auf selbstbewusste, aber eben doch letztlich passive Weiblichkeit.

Wo es nicht um Mann-Frau-Beziehungen geht, ist von Passivität allerdings nicht viel zu spüren, denn die Schwestern sind durchaus Akteure im Kampfgebiet, sie sind ebenfalls den Kämpfen ausgesetzt,[374] fühlen sich als Teil der Frontkameradschaft[375] und machen den Krieg zu ihrem eigenen:

> *Ich will dabei bleiben, solange bis der Krieg aus ist oder bis ich selber aus bin, Amen.*[376]

Wie sehr dabei durchaus ein kämpferisch-kriegerischer Aktivismus überkommene Rollenbilder verdrängt, wird in der Schilderung der beiden „kriegerischen Mädels"[377] Anni und Hansi deutlich, die für die Ich-Erzählerin Vorbildcharakter haben und deren Kriegserlebnissen Hoerner-Heintze später den Roman *Die große Kameradin. Das Schicksal der Kriegsschwester Anni Pinter*[378] gewidmet hat. Die beiden „Urgestalten" in ihren „abgeschabten Soldatenmänteln"[379] haben nämlich etwas geleistet, was für die „reichsdeutschen Ohren" der Erzählerin wie ein Märchen klingt: Sie sind mit etwas unklarem Status mit einem Infanterieregiment an die Front gelangt und haben dort in den vordersten Linien geholfen, wo es nur ging:

> *Besoldung haben sie keine gehabt, ein Recht besaßen sie auf – nichts. Die Ausstattung hatten sie sich selber gekauft. Die Kommandanten wechselten. Einmal wurde ihnen Mißtrauen, – ein andermal Hochachtung entgegengebracht. Einmal aßen sie Mannschaftskost, einmal Offizierskost, oft hungerten sie* [...].
> *Lange Märsche durch Eis und Schnee. Im Frühjahr 1915 haben sie die Karpathenkämpfe mitgemacht. Sie haben manchem schwachen Jungen aus der Stadt geholfen, der die Strapazen kaum ertragen konnte, die den Kärntner Mädels nicht zu viel geworden sind.* [...]
> *Beide sind von einer Granate verschüttet worden, haben sich durch Sand und Lehm mühsam durchgearbeitet und haben dann mit Quetschungen in demselben Spital in der Hegelgasse in Wien gelegen, in dem wir später gearbeitet haben. – Das alles klingt für reichsdeutsche Ohren wie Märchen. Es ist aber wirklich so.*[380]

373 Ebd., S. 227.
374 Ebd., S. 117, S. 235.
375 Z. B. ebd., S. 199.
376 Ebd., S. 110.
377 Ebd., S. 138.
378 Hoerner-Heintze, Die große Kameradin.
379 Hoerner-Heintze, Mädels im Kriegsdienst, S. 105.
380 Ebd., S. 183 f.

In diesen Zeilen scheint eine kriegerische Weiblichkeit durch, die ihren männlichen Kameraden zwar immer noch in erster Linie hilft, die ihnen aber auch körperlich weitgehend ebenbürtig ist. Ein ganz neuer Grad weiblicher Teilhabe am männlichen Krieg wird erreicht: Frauen dringen in die Männerdomäne der vordersten Linie ein und geraten in größere Lebensgefahr als diejenigen Männer, die – wie z. B. der Großteil der Ärzte – im Hinterland eingesetzt sind. Als Hansi einmal einen Mann als „drecketer Lausbub“ beschimpft und dieser erbost einen ‚Ehrenrat‘ einberufen lässt, bezieht die Ich-Erzählerin Position für die Beschuldigte und beruft sich dabei auch auf deren Kriegserlebnis, das sie über all die Männer erhebe, die nun über sie zu Gericht sitzen:

> *Die Männer, die Hansi jetzt verurteilen werden, sind, bis auf einen, alle noch nicht in der Schwarmlinie gewesen. Haben alle noch nicht so ihr Leben eingesetzt wie die Hansi.*[381]

Analog zu dem Anspruch der ‚Frontsoldaten‘, durch ihren Einsatzes den in der Etappe verbliebenen Soldaten gewissermaßen übergeordnet zu sein, wird hier der Anspruch erhoben, die ganz vorne eingesetzten Frauen Hansi und Anni müssten durch ihr ‚Fronterlebnis‘ unabhängig von ihrem Geschlecht all denjenigen Männern moralisch übergeordnet sein, die keinen ‚Fronteinsatz‘ hinter sich gebracht haben.

Die Romanfiguren Hansi und Anni verkörpern Extremfälle weiblicher Partizipation am Krieg, das durchschnittliche Kriegserlebnis der Mädels im Kriegsdienst, das im Vordergrund des Romans steht, war ein anderes: die alltägliche Versorgung der verwundeten Soldaten, als OP-Schwester oder in den Pflegeabteilungen der Lazarette. So wie in der radikalnationalistischen Frontliteratur die Schrecken des ‚Stahlgewitters‘ keinesfalls verschwiegen wurden, wurde das Grauen der Kriegslazarette in den seitenlangen Schilderungen der Amputationen, Trepanationen und tödlich endenden Bauchschüsse gleichsam manifest, wie die folgenden Beispiele belegen sollen:

> *Was hatte ich denn gesehen – das waren große Fetzen von Haut und Fleisch, ein aufgerissener Leib, herausgetretene Därme, Blut, viel stinkender Kot und – Tannenreisig dazwischen. Deckt der Ober*[-arzt, A.W.] *vorsichtig alles wieder zu und winkt ab.*
> [...]
> *Geht alles ganz schnell, Kopfschuß liegt da, ist bewußtlos. Hängt da so etwas wie ein roter Lappen herum. Ich reiche zwei Klammern und dann die sterile Schere, Ober schneidet das Ding schnell ab und wirft es in den Abfalleimer, – es war das rechte Ohr.* [...] *„Herr Chefarzt, der Bauchschuß ist gestorben.“ Chefarzt nickt mit dem Kopf, denkt schon nicht mehr an den Bauchschuß, ich auch nicht,* [...] *auf dem Tisch liegt ein Mensch, dem vorhin der Arm abgebunden werden mußte, damit das Blut aufhörte zu laufen, jetzt seh' ich das: am Unterarm hängt keine Hand, da ist nur eine zerfetzte, zu Brei gequetschte Masse. Eine Sehne hängt lose herum.*
> [...]
> *Hatte er mir nicht gesagt, – ich soll das Gehirn? – Ich kann nicht. Warum nicht? Ich weiß nicht.* [...] *Ich rufe mich innerlich an* [...] *– soo, Zungenspatel nehmen,*

381 Ebd., S. 155.

Gehirn zurückquetschen, aufpassen, sachte, sachte, – mit der linken Hand tupfen, natürlich geht das ganz gut, [...] was ist eigentlich dabei, – merkwürdig wie weich der Zungenspatel auf dem Gehirn aufliegt, – was das für eine weiche, quellende Masse ist –.[382]

Am Ende des Zitats wird die Schwierigkeit der Sanitätsschwestern erkennbar, inmitten der infernalischen Atmosphäre aus Blut, Exkrementen und abgetrennten Körperteilen nicht einfach in Ohnmacht zu fallen, sondern auch unter widrigsten Bedingungen zu funktionieren. Die erste Konfrontation mit den Schrecken des Krieges wird in diesem Zusammenhang – wiederum analog zur ‚Feuertaufe' junger Rekruten – als Initiation verstanden. Irgendwann haben die Schwestern gelernt, in ihrem Kampf um das Leben der Soldaten zu bestehen, sie sind hart geworden und erfüllen ihre Pflicht:

Leben geht weiter, Arbeit geht weiter, – Kopfschüsse, Bauchschüsse, aufgerissene Lungen, abgefetzte Arme und Beine. Wir werden nicht mehr blaß, ich mache die Augen nicht mehr zu. Wenn aus einem halben Arm eine Sehne lose heraus hängt und der Ober sagt: „Schneiden'S a mal das Makkaroni da weg“, so entsetzt sich Grete nicht mehr. Sie weiß, dieser Ton ist roh, aber er ist so was wie Stacheldrahtverhau ums Herz herum.[383]

Wenn die Schwestern sich im Verlauf des Krieges an ihre Tätigkeit gewöhnen und in bewusster Übernahme der Stahl-und-Eisen-Metaphorik ‚frontsoldatischer' Narrative langsam „fest wie Eisen“[384] werden, so gibt ihre fürsorgende Aufgabe ihrer Härte eine besondere Ausprägung. Jenseits des Operationssaals nämlich müssen sie die Stärke aufbringen, trotz aller Resignation und Erschöpfung der lächelnde Sonnenschein der ihnen anvertrauten Soldaten zu sein. Bei ihnen schöpft der mut- und kraftlose Krieger wieder Hoffnung und Kampfgeist. Kann der ausharrende ‚Frontsoldat' am Maschinengewehr Entsetzen und Angst mit zusammengebissenen Zähnen in Aggression umsetzen, so soll die Schwester zwar auch die Zähne zusammenbeißen – aber dabei zugleich: lächeln und den Verwundeten die Möglichkeit geben, selber einmal schwach zu sein.

Denn die Stärke, die die ‚Mädels' im Kriegsdienst an den Tag legen, kontrastiert zwangsläufig mit der Schwäche des verwundeten Soldaten. Lazarette sind hier insbesondere Orte beschädigter oder zerstörter Männlichkeit.[385] In Umkehrung der traditionellen Geschlechterordnung sind die Dienst tuenden Frauen da stark, wo virile Männlichkeitskonstruktionen, wo das Bild des Mannes als Krieger an der grausamen Wirklichkeit der Zerstörung seines Körpers zerbricht. Die Frage, wie verwundete Soldaten in dem Roman dargestellt werden, ist daher unter einem geschlechterpolitischen Blickwinkel besonders sensibel.

382 Ebd., S. 122 f., S. 128.
383 Ebd., S. 144.
384 Ebd., S. 191.
385 Zu Kriegsinvalidität und Geschlechterbildern vgl. allgemein Sabine Kienitz: Beschädigte Helden. Kriegsinvalidität und Körperbilder 1914–1923, Paderborn u. a. 2008, insbesondere S. 238–286.

Man kann nicht sagen, dass Hoerner-Heintze die ihrer Protagonistin anvertrauten Soldaten übermäßig heroisiert. Ihre Schmerzen und Leiden werden plastisch beschrieben. Zwar gibt es immer wieder Soldaten, die sofort wieder in ihre Stellung zurück wollen, diesen Typus „mit den stahlharten Augen",[386] doch das Gros der Verwundeten hat den Krieg „satt bis zum Halse hinauf".[387] Auch Drückebergerei und Selbstverstümmelung werden nicht geleugnet, wenngleich betont wird, dass die Mehrzahl der Soldaten mit „solchen Scheißkerlen"[388] nichts zu tun haben will und bei aller Friedensliebe ihre Pflicht tapfer erfüllt.

Soldaten sind jedoch bei Hoerner-Heintze nicht gleich Soldaten. Man darf nicht vergessen, die Krankenschwester Suse steht in österreich-ungarischen Diensten. Die Verwundeten, die sie zu versorgen hat, spiegeln alle Nationalitäten des Vielvölkerstaats wider. Tschechen, Polen, Ungarn, Bosnier und deutschsprachige Österreicher, alle werden von ihr behandelt. Dabei fällt auf, dass die vorbildlichen Soldaten für die Autorin primär deutschstämmig sind (am liebsten wie im Falle von Anni und Hansi aus Kärnten), während sich die anderen Nationalitäten – nicht nur, aber doch sehr häufig – durch eine ausgeprägte Indifferenz auszeichnen. Es steht zu vermuten, dass es in gewisser Weise diese nicht nur geographische Distanz zwischen dem k.u.k.-Heer und den deutschen Streitkräften war, die eine derart realistische Darstellung des Lazarettalltags und der damit einhergehenden Suspendierung der Geschlechterordnung erlaubte. Jedes Mal, wenn die Protagonistin (reichs)deutsche Soldaten und Truppenteile trifft, wird ihre Darstellung jedenfalls stereotyp. Deutsche Soldaten erscheinen ihr da als „Heimat",[389] die mit ihren eigenen Erfahrungen im k.u.k.-Heer kontrastierende „deutsche Ordnung" erscheint ihr plötzlich als Inbegriff der Schönheit.[390] Überhaupt gibt es in dem ganzen Buch keinen einzigen deutschen Verwundeten. Deutsche Soldaten tauchen nur vereinzelt auf, dann allerdings immer als das Klischee des tatkräftigen und motivierten Preußen, der alle Hindernisse schon irgendwie aus dem Weg zu räumen weiß.[391] Es ist dieser deutsche Soldat, diese Idealisierung des Soldatentums, die dafür sorgt, dass *Mädels im Kriegsdienst* bei allem prinzipiell auch pazifistisch zu dekodierenden Realismus in der Darstellung dem Frontsoldaten-Mythos nicht nur nicht entgegensteht, sondern ihn durch die Konstruktion eines weiblichen Pendants zum männlichen Helden implizit noch weiter stärkt.

Im Prinzip entspricht das in dem Roman vertretene Frauenbild der Krankenschwester in seiner Ambivalenz recht genau dem eingangs angesprochenen Dualismus von Mutter und Kameradin. Dass Frauen aktiv an kriegerischen Auseinandersetzungen teilnehmen könnten, war eine im Dritten Reich ganz und gar unmögliche Vorstellung, bestand doch der oft betonte Unterschied zu den ‚Flintenweibern' des Bolschewismus gerade in der in NS-Deutschland angeblich gewahrten spezifischen Würde der Frau, welche die Bewaffnung von NS-Frauenschaft und BDM unmöglich machte. Dennoch liegen Welten zwischen Hoerner-Heintzes Protagonistin Suse

386 Hoerner-Heintze, Mädels im Kriegsdienst, S. 141.
387 Ebd., S. 212.
388 Ebd., S. 141.
389 Ebd., S. 269.
390 Ebd., S. 274.
391 Ebd., S. 313 f.

und der Ästhetik der klassischen Mädchen-Literatur: Das traditionelle Bild der Frau als Mutter wird ergänzt, wenn nicht sogar überlagert, durch eine kämpferisch-aktive Komponente, welche der weiblichen Leserschaft bei allem inhärenten Konservatismus ein relativ modernes Frauenbild vorsetzte. Auch wenn Suse am Ende Mutter wird und sich um ihr Kind kümmert, verschwindet sie doch nicht vollkommen hinter dieser Rolle. Sie begreift sich weiterhin als verantwortlich in einem politischen Sinn und artikuliert damit stellvertretend für eine neue Frauengeneration den Anspruch, Deutschlands Zukunft mitzugestalten. In diesem Sinne war die Kriegskrankenschwester, auch wenn sie zu keinem Zeitpunkt der BDM-Erziehung als Leitbild ähnlich hegemonial war wie der Soldat für HJ und DJ, ein Rollenvorbild, mit dem sich die BDM-Angehörigen identifizieren konnten und das sie darauf vorbereitete, im Krieg der Zukunft eine Rolle zu spielen.

V. Die Politik des Mythos. Das Langemarck-Gedenken 1919–1945

Die Schlacht von Langemarck im Oktober/November 1914 markiert in der Kriegsgeschichte des Ersten Weltkriegs das Ende des konventionellen Bewegungskrieges im Westen und den „Übergang zum neuen Krieg“[1] der abstrakten, hochtechnisierten Kriegsführung, bei der der Gegner in seinen Feuer- und Verteidigungsstellungen unsichtbar blieb. Langemarck war Konsequenz einer verhängnisvollen Mischung militärstrategischer Fehlkalkulation, operativer Kurzsichtigkeit und taktischer Inflexibilität:[2] Nachdem der Vormarsch des deutschen Heeres im Westen an der Marne zum Stillstand gekommen war und sich die Frontlinien an diesem Kampfabschnitt verfestigt hatten, stießen deutsche und alliierte Kräfte, jeweils in dem Bemühen, den Feind zu umgehen, an seiner Flanke entscheidend zu schlagen und die gegnerische Front von der Seite ‚aufzurollen‘, im so genannten ‚Wettlauf ans Meer‘ nach Nord-Westen vor. Nachdem die gegenseitigen Umfassungsversuche immer nur zur Verstärkung des betroffenen Frontabschnittes geführt hatten, verblieb Mitte Oktober 1914 als einziger freier Operationsraum der Westfront der schmale Streifen zwischen Lille und der Kanalküste. Unter Einsatz der letzten Reserven, vor allem von vier der unmittelbar nach Kriegsausbruch formierten, nur äußerst unzureichend ausgebildeten und ausgerüsteten sechs Reservekorps (1 Korps = 2 Divisionen = ca. 30 000 Mann), versuchte der deutsche Generalstab unter Falkenhayn verzweifelt, eine Entscheidungsschlacht zu erzwingen und das endgültige Scheitern des Schlieffen-Plans zu verhindern.

Trotz zahlenmäßiger Überlegenheit brachte der deutsche Angriff, der am 21. Oktober begann, trotz horrender Verluste bis zum 31. Oktober keine nennenswerten Geländegewinne, von einem Durchbruch ganz zu schweigen, zu schwierig war das Terrain, zu stark der Gegner, zu unerfahren auch die deutschen Truppen. Die 1. Ypern- (oder auch Flandern-) Schlacht war damit bereits Ende Oktober praktisch verloren, lange bevor sich die mythischen Ereignisse von Langemarck abspielen sollten.

Anfang November trug Falkenhayn, der durch die Forderungen der ungleich erfolgreicheren Hindenburg und Ludendorff nach einer strategischen Verlagerung des Hauptgewichts auf die Ostfront intern zunehmend unter Druck geriet, diesem Misserfolg Rechnung: Es kam zur Revision des Angriffsziels. Von der Möglichkeit eines strategischen Durchbruchs war nicht länger die Rede, stattdessen sollte die Front begradigt und Ypern eingenommen werden. Mit diesem Achtungserfolg beabsichtigte Falkenhayn, die befürchteten negativen Auswirkungen einer gescheiterten Offensive auf die Moral der ‚Truppe‘ und der ‚Heimatfront‘ zu begrenzen und seine

1 Krumeich, Langemarck, S. 294. Zu Langemarck und zum Langemarck-Mythos gibt es mittlerweile eine ganze Menge an Forschungsliteratur: Karl Unruh: Langemarck. Legende und Wirklichkeit, Koblenz 1986; Ketelsen, Die Jugend von Langemarck; Hüppauf, Schlachtenmythen und die Konstruktion des ‚Neuen Menschen‘; Dithmar, Reinhard: Langemarck. Ein Kriegsmythos in Dichtung und Unterricht, Ludwigsfelde 2002; Fransecky, Der Langemarck-Mythos; Brunotte, Zwischen Eros und Krieg, S. 118–136.

2 Vgl. zum Folgenden insbesondere: Unruh, Langemarck. Legende und Wirklichkeit; Krumeich, Langemarck.

Position in der Generalität zu stabilisieren.[3] Im Kontext dieser damit weitgehend nur noch aus „Prestigegründen“[4] fortgesetzten Angriffe auf Ypern kam es am 10. November als „Ende einer blutigen und barbarischen Tragödie“[5] zu einem aus operativer Sicht vollkommen belanglosen Erfolg der so genannten jungen Regimenter. Vor dem Hintergrund des zusehends pessimistisch beurteilten strategischen Gesamttableaus (die Westfront war endgültig erstarrt, und selbst Ypern wurde in der gesamten Kriegszeit nicht eingenommen) konnte ein folgenloser Einbruch in die feindlichen Stellungen als der benötigte Alibisieg verkauft werden:

> *Westlich von Langemarck brachen junge Regimenter unter dem Gesange „Deutschland, Deutschland über alles“ gegen die erste Linie der feindlichen Stellungen vor und nahmen sie. Etwa 2000 Mann französischer Linieninfanterie wurden gefangen genommen und sechs Maschinengewehre erbeutet.*[6]

Alles an dieser Meldung ist falsch, oder wenigstens in Anbetracht des strategischen Fehlschlags der Operation auf eine absichtsvolle Weise derart verzerrt, dass kaum ein Zweifel an der Intention der Verfasser bestehen kann: es galt eine eingängige Sieges-Schlagzeile zu liefern, welche die verheerende Bilanz der Oktober- und Novemberkämpfe öffentlichkeitswirksam kaschieren sollte.[7] Der berühmte Heeresbericht vom 11. November 1914 ist damit ein frühes Beispiel „der mit der Erstarrung der Front massiv einsetzenden und frei fabulierenden Siegespropaganda“[8] und ein Exempel für die gerade für die deutsche Weltkriegswahrnehmung charakteristische Neigung, Niederlagen zu Siegen zu erklären.

Dank Karl Unruhs ideologiekritischer Auseinandersetzung mit dem Langemarck-Mythos wissen wir heute, dass die ‚jungen Regimenter‘ tatsächlich so jung gar nicht waren, sondern sich mehrheitlich aus gedienten Männern, d. h. aus Reservisten und Landsturmangehörigen, zusammensetzten. Und auch der Kern des Langemarck-Mythos, der Gesang des Deutschlandlieds beim Sturmangriff, entspricht mit großer Sicherheit nicht den historischen Tatsachen; zu vage und widersprüchlich sind die Darstellungen des ‚Sturmgesangs‘ in den von Unruh analysierten Regimentsgeschichten, zu unglaubwürdig ist letzten Endes das Bild einer unbeeindruckt durch Maschinengewehr- und Artilleriefeuer singend in den Tod stürmenden Heereseinheit.[9]

3 Vgl. Holger Afflerbach: Falkenhayn. Politisches Denken und Handeln im Kaiserreich, München 1994, S. 190–198.

4 Ebd., S. 197.

5 Unruh, Langemarck. Legende und Wirklichkeit, S. 14.

6 Amtliche Kriegsdepeschen. Nach Berichten des Wolff'schen Telegr.-Bureaus, Bd. I, Berlin 1915, S. 217.

7 Vgl. Krumeich, Langemarck, S. 299 ff.; Unruh, Langemarck. Legende und Wirklichkeit, S. 9 ff.; Hüppauf, Schlachtenmythen und die Konstruktion des ‚Neuen Menschen‘, S. 45 ff.

8 Krumeich, Langemarck, S. 300.

9 Die Anzahl der Kriegsfreiwilligen in den einzelnen Regimentern schwankte erheblich. Das Reserve Infanterie-Regiment 213 z. B. bestand vollständig aus gedienten Soldaten, Reservisten und Landwehrleuten, die RIR 205 und 212 zu zwei Dritteln aus „altgedienten Leuten“, das RIR 201 hingegen zu fast 80 Prozent aus Kriegsfreiwilligen, wobei der Anteil der Studenten, Schüler und Lehrer mit 18 Prozent angegeben wurde. Insgesamt kann der Anteil der Kriegsfreiwilligen aber ein Drittel nicht wesentlich überstiegen haben. Der Anteil der Studenten muss dabei noch als deutlich geringer eingeschätzt werden, vgl. Unruh, Langemarck. Legende und Wirklichkeit, S. 61–68; zum Wahrheitsgehalt des Gesanges des Deutschlandliedes vgl. ebd., S. 151–164.

Um die Destruktion des Mythos kann es hier jedoch nicht gehen. Im Sinne des Thomas-Theorems ist es vollkommen sekundär, ob der Topos der ‚singenden Sturmjugend' eine historische Tatsache abbildet oder nicht, solange es Menschen, in diesem Fall: vorwiegend junge Männer, gab, die ihn für real (im Sinne von verpflichtend, motivierend) hielten. Als kulturgeschichtlicher Analysegegenstand verrät der Langemarck-Mythos, verstanden als Deutungs- und Sinnangebot, damit unendlich mehr über die Diskursgemeinschaft, die ihn produzierte, rezipierte und instrumentalisierend interpretierte, als über die Erfahrungsrealität der Soldaten in Flandern im Herbst 1914.

Und rezipiert und interpretiert wurde der sukzessive zum mythischen Urtext gerinnende Heeresbericht vom 11. November 1914 in einem gewaltigen Ausmaß, das lässt sich nicht bestreiten. Die meisten deutschen Zeitungen brachten die Nachricht des ‚siegreichen' Anrennens der eigenen Truppen gegen die feindlichen Stellungen bei Langemarck auf der Titelseite und gedachten bereits 1915, am ersten Jahrestag, der Schlacht von Langemarck. Noch im Krieg begann der Langemarck-Mythos seinen Siegeszug durch die „produktive Phantasie"[10] bürgerlicher Kriegsdeutungen, der ihn in der Weimarer Zeit schließlich zur verbreitetsten Kriegsgeschichte und zu einem „der einflussreichsten Mythen der neueren deutschen Geschichte" avancieren ließ.[11]

Die Entwicklung des seiner historischen Referenz entkleideten semantischen Feldes ‚Langemarck' zu einem fast beliebig verwendbaren „poetischen Gemeinplatz"[12] soll hier für die Zeit der Weimarer Republik einführend skizziert und für die Zeit nach 1933 ausführlich behandelt werden. Um Redundanzen zu vermeiden, soll es dabei weniger um die im Langemarck-Gedenken transportierten Wert- und Normvorstellungen und die bereits ausgiebig untersuchten Schnittmengen zwischen nationalsozialistischem und bürgerlichem Kriegsgedenken als um die konkrete Politik des Mythos der verschiedenen, zum Teil konkurrierenden, zum Teil kooperierenden Akteure des Langemarck-Gedenkens gehen. Dabei wird ein Hauptaugenmerk auf der Darstellung des Deutungskampfes um den Langemarck-Mythos zwischen RJF und Reichsstudentenführung liegen. Es gilt zu zeigen, in welchem Maße die Arbeit am Mythos einerseits Bestandteil des staatlich sanktionierten Gedenkens an die Helden des Ersten Weltkriegs gewesen ist, andererseits aber immer auch der Selbstinszenierung und Profilierung der beteiligten Organisationen diente. Damit wirft die Untersuchung der Langemarck-Rezeption ein weiteres Schlaglicht auf die politische Dimension des NS-Weltkriegsgedenkens.

1. Die Langemarck-Rezeption in der Weimarer Republik

Mit seiner Betonung der Topoi Jugend, Opfer und Nation rekurrierte der Langemarck-Mythos auf heroisierende Repräsentationen militärischer Gewalt, die seit

10 Ketelsen, Die Jugend von Langemarck, S. 70.

11 Vgl. Krumeich, Langemarck, S. 302; Zitat bei Hüppauf, Schlachtenmythen und die Konstruktion des ‚Neuen Menschen', S. 45.

12 Ketelsen, Die Jugend von Langemarck, S. 72.

dem letzten Drittel des 19. Jahrhunderts im kollektiven Imaginationshaushalt nationalbewusster Bürgerlichkeit fest verankert waren. Hier sind die Wurzeln der großen Wirkung des Langemarck-Motivs zu suchen: Indem es den neuen Krieg mit seinen gewaltigen Dimensionen in ein konventionelles Heldennarrativ übersetzte, übernahm und verstärkte dieser Mythos vormoderne Kriegsbilder und machte damit den modernen Krieg konzeptuell handhabbar.[13] Als heroisches Gegenbild zum ‚Maschinenkrieg' stabilisierte der Langemarck-Mythos das bereits im Krieg, aber ganz besonders nach der militärischen Niederlage von 1918 brüchig gewordene bürgerliche Weltbild und wirkte „traumastillend",[14] indem er den Graben zwischen den Erfahrungswelten der ‚Front' und der ‚Heimat' durch die Betonung des idealistischen Einsatzes der ‚Jugend von Langemarck' überbrückte.

Wie der ‚Antibürger' Ernst Jünger in seinem Buch *Der Arbeiter* von 1932 pointiert formulierte, stellte das Langemarck-Narrativ mit dem anachronistischen Bild in Linie angreifender Soldaten nur eine allerletzte Reminiszenz an die vormoderne Kriegsführung in der Art der ‚Freiheits- und Einigungskriege' des 19. Jahrhunderts, einen Abgesang auf die militärische Relevanz des Individuums dar:

> *Freier Wille, Bildung, Begeisterung und der Rausch der Todesverachtung reichen nicht zu, die Schwerkraft der wenigen hundert Meter zu überwinden, auf denen der Zauber des mechanischen Todes regiert.* […] *Hier kündete sich das Aussterben eines besonderen Menschenschlages im Angriff auf seine vorgeschobenen Posten (d. h. auf die Freiheit des Willens des autonomen Individuums) an.*[15]

Trotzdem bezog der Langemarck-Mythos seine Attraktivität als Deutungsmuster aus der diametral entgegengesetzten These. Die Tatsache, und sei sie noch so banal, dass ein Graben bei Bixschoote erstürmt werden konnte, das bleibt der wahre Kern des Mythos, wurde als Beweis der Kraft des beseelten menschlichen Willens gegen die zerstörerische Gewalt von Material und Technik gedeutet. Damit war der Sieg der idealistischen Begeisterung der deutschen Soldaten mitnichten ein rein militärischer Erfolg, sondern zugleich ein Sieg der deutschen Kultur auf dem diskursiven Schlachtfeld gegen die (materialistische) Zivilisation, ein Triumph der ‚Ideen von 1914' über die ‚Ideen von 1789'.[16] Im Zentrum dieser Argumentation stand der Opfergedanke. Das bedingungslose, ‚jauchzende' Selbstopfer der ‚Studentenregimenter', ihre Bereitschaft, sich für das Vaterland ‚in die Schanze zu schlagen', erhoben die Gefallenen von Langemarck in den sakralen Bereich reinsten Heldentums, in dem Nutzen-Kosten-Relationen, das nüchterne Gegenrechnen des militärischen Erfolges mit den Verlusten, nicht mehr verfingen. Das Opfer wurde zum Selbstzweck; wer sich wie die Helden von Langemarck dem sicheren Tod entgegenwarf,

13 Ebd., S. 75 ff.
14 Krumeich, Langemarck, S. 301.
15 Ernst Jünger: Der Arbeiter. Herrschaft und Gestalt, Stuttgart 1982, S. 109 ff.
16 Vgl. z. B.: Hans Schwarz: Die Wiedergeburt des heroischen Menschen, Berlin 1930, S. 25.

hatte seine Pflicht mehr als erfüllt und unbeschadet des militärischen Ergebnisses einen moralischen Sieg errungen.[17]

Dieser moralische Sieg war kein individueller Sieg, sondern der Sieg der ‚Volksgemeinschaft'. Wie keine zweite Schlacht des Weltkriegs konnte Langemarck als Verlängerung und Fortsetzung des ‚Augusterlebnisses', jenes schnell mythisch verklärten gemeinsamen Aufstehens gegen ‚eine Welt von Feinden', gedeutet werden. Unruh versucht durch den Verweis auf den geringen Anteil der Studenten und höheren Schüler an der Gesamtzahl der in den Reservekorps diensttuenden Soldaten den Mythos der ‚jungen Regimenter' als historisch unwahr zu entlarven. Dabei übersieht er, dass aus der Sicht der Zeitgenossen die Tatsache, dass überhaupt Studenten und höhere Schüler, denen als privilegierte ‚Einjährige' die im wilhelminischen Deutschland so prestigeträchtige Reserveoffizierlaufbahn offen stand, in größerer Zahl als einfache Soldaten eingesetzt wurden, in der Tat eine präzedenzlose Einebnung gesellschaftlicher Rangunterschiede darstellte.[18] Studenten stürmten an der Seite von Bauern, Schüler und Handwerker starben Seit an Seit: Auf dem Schlachtfeld westlich von Langemarck stand in gewisser Weise die deutsche Nation auf dem Prüfstand, hier kannte die Jugend – so konnte es jedenfalls scheinen – in ihrem unterschiedslosen Selbstopfer keine Parteien, keine Klassen mehr, sondern nur noch ein Vaterland, für das zu sterben es sich lohnte. In der Evokation des ‚Geistes von Langemarck' während der Weimarer Jahre manifestierte sich stets die diffuse Sehnsucht nach der Erneuerung des ‚Augusterlebnisses', das angesichts des deutschen Zusammenbruchs im November 1918 als bürgerliche Gegenutopie zum parlamentarischen ‚Kampf der Parteien' wirkte. Die Feiern zum ‚Tag von Langemarck', dem 11. November 1914, negierten den Tag des Waffenstillstandes von Compiègne (11. November 1918) und lieferten mit dem Bild der idealistischen ‚Opferjugend' eine heroische Gegenfolie zur November-Revolution, indem sie die ‚Helden von Langemarck' zu Kronzeugen der antirepublikanischen, bürgerlichen Deutungseliten machten.

Ein bildungsbürgerlicher Mythos

Die Einbettung Langemarcks in die präexistente Semantik bürgerlicher Kriegs- und Heldenbilder[19] sowie die partielle Berechtigung des Topos der ‚Studentenregimenter' ließen den Langemarck-Mythos in den zwanziger Jahren zum Kristallisationspunkt bildungsbürgerlichen Kriegsgedenkens werden.

Die Rezeption Langemarcks in der so genannten Bündischen Jugend soll hier nur kurz gestreift werden.[20] Die in Flandern gefallenen Wandervögel wurden unisono verehrt; man berief sich allgemein auf den ‚Geist von Langemarck', um den

17 Besonders deutlich wird diese Tendenz in Witkops „Kriegsbriefe gefallener Studenten", dieser für die studentische Weltkriegsrezeption so ungemein wichtigen Feldpostedition, die wie keine zweite Textsammlung den ‚Geist' der ‚Generation von Langemarck' belegen sollte und die nicht umsonst von Eberhard Wolfgang Möller als Textgrundlage für seine Langemarck-Kantate von 1935 genommen wurde. Zum Opfer als Selbstzweck vgl. in diesem Zusammenhang: Hettling/Jeismann, Der Weltkrieg als Epos.

18 Krumeich, Langemarck, S. 296 f.

19 Vgl. Ketelsen, Die Jugend von Langemarck, S. 76.

20 Vgl. Kapitel III.

eigenen, jugendbewegten Geltungsanspruch zu rechtfertigen. Besonders sinnfälligen Niederschlag fand diese überbündische Gedenkkultur in den beiden großen Langemarck-Feiern 1923 und 1924 auf dem Heidelstein in der Rhön. Bereits vier Jahre bevor die genauer zu behandelnde systematische Gedenkarbeit der Deutschen Studentenschaft (DSt) in Sachen Langemarck beginnen sollte, trafen sich Angehörige der bürgerlichen Jugendbewegung, um der gefallenen Bundesbrüder zu gedenken. Friedrich Kreppels Gedenkrede *Nie wieder Langemarck!* von 1923 und Rudolf Bindings vielzitierter Bericht über die Feier von 1924 *Deutsche Jugend vor den Toten des Krieges* spannen in diesem Zusammenhang das ganze Spektrum bündischer Langemarck-Rezeption auf, das von durchaus kritischer Reflexion bis zu uneingeschränkter Bejahung des Einsatzes der ‚jungen Kriegsfreiwilligen' reichte, in keinem Fall aber das Kernmotiv des Mythos, den Wert des heroischen Opfers fürs Vaterland, in Frage stellte.[21]

Während Kreppel mit aufklärerischem Impetus die Sinnlosigkeit des ‚Opfersturmes' beklagte und schwere Vorwürfe gegen die militärische Führung erhob,

> *Wir wollen auch die Frage nicht sparen: „Ihr Offiziere von Langemarck – wo war euer Kopf, als ihr den Sturm nicht hindertet? Wo sind eure Pistolen gewesen, daß ihr nicht den Ersten niedergeschossen habt, der zum sinnlosen Opfersturm hätte vorgehen wollen?" So fragen wir heute, – aber diese Frage drängte sich damals den Führern nicht auf, und wir haben nun und nimmer das Recht zu richten.* [...] *Aber hüten wir uns, Kult zu treiben mit diesem Sturm und Fallen der Brüder. Langemarck, wie es war, darf nie wieder sein. Langemarck war gestern. Darum gedenken wir heute seiner; hüten wir uns, daß es aus dem Gedächtnis des Gestern morgen abermals komme* [22]

interessierte Binding ein Jahr später die historisch-militärische ‚Rahmenhandlung' der ersten Ypern-Schlacht überhaupt nicht: „Jenes Geschehen" gehöre schon nicht mehr der Geschichte an, „wo es einst dennoch erstarren und begraben sein würde, sondern der unaufhörlich zeugenden, unaufhörlich verjüngenden, unaufhörlich lebendigen Gewalt des Mythos."[23] Wo für Kreppel Langemarck zum Fanal der Notwendigkeit nüchterner Zweckmäßigkeit werden sollte, „ein Weiser, wie unser Weg fürderhin nicht weitergehen darf",[24] zitierte Binding den vor jugendbewegt-heroischem Pathos triefenden *Letzten Willen* Nietzsches:

> *So sterben,*
> *wie ich ihn einst sterben sah,*
> [...]
> *mutwillig und tief,*
> *in der Schlacht ein Tänzer –,*

21 Friedrich Kreppel: Nie wieder Langemarck!, in: Werner Kindt (Hg.): Grundschriften der Deutschen Jugendbewegung, Düsseldorf 1963, S. 436 f.; Rudolf Binding: Deutsche Jugend vor den Toten des Krieges, in: Ebd., S. 431–435.

22 Kreppel, Nie wieder Langemarck!, S. 436.

23 Binding, Deutsche Jugend vor den Toten des Krieges, S. 431.

24 Kreppel, Nie wieder Langemarck!, S. 436.

unter Kriegern der Heiterste,
unter Siegern der Schwerste,
auf seinem Schicksal ein Schicksal stehend,
hart, nachdenklich, vordenklich –:
erzitternd darob, daß er siegte
jauchzend darüber, daß er sterbend siegte[25]

und verstieg sich in seinen stilisierenden Beschreibungen der bündischen ‚Feiergemeinde' überhaupt zu zahlreichen Formulierungen aus dem ästhetischen Formenkreis jugendbewegter Sinnlichkeit. Worauf es hier ankommt, ist das Folgende: Die Bindekraft des Opfermythos war demnach größer als alle Differenzen in der Bewertung des Angriffs auf Langemarck. Denn auch der kritische Kreppel kam bei aller aufklärerischen Intention nicht umhin, „das reine Sterben der singenden Streiter" zu preisen und den Opfertod in Analogie zum Sterben Jesu als größte Manifestation menschlicher Liebe zu rühmen.[26] Binding und Kreppel suggerieren – darin exemplarisch für die bündische Langemarck-Rezeption – beide gleichermaßen die den Nachkriegs-Wandervögeln aus dem Opfer der ‚Jugend von Langemarck' erwachsene Verpflichtung, ersterer, indem er die Teilnehmer der bezeichnenderweise auf die Weihe des Langemarck-Gedenksteines folgenden ‚Kampfspiele' zu vaterlandsliebenden „rechten Tänzern in der Schlacht" stilisiert und die Jugendlichen und jungen Männer damit implizit zu Nachfolgern ‚derer von Langemarck' erhebt;[27] letzterer, indem er die heilige Pflicht der Überlebenden und Nachgeborenen vor den Toten unterstreicht:

Das ist die heilige Pflicht vor euren Brüdern, die gefallen sind – ihr Leben floß dahin, damit ihr weiterbauet. Und eure Arbeit sei euer Denkmal!- Bald wird Mittag sein! Wandervögel, an die Arbeit! [28]

Die in den Texten von Kreppel und Binding aufscheinende Gleichzeitigkeit von romantisierender Mystifizierung und vermeintlich kritischer Reflexion der Schlacht von Langemarck ist uns bereits bei Helmut Stellrecht bzw. im Kontext der nationalsozialistischen Wehrhaftmachung der deutschen Jugend begegnet. Auch in den beiden offiziösen Darstellungen der 1. Ypern-Schlacht von Otto Schwink und Werner Beumelburg aus den Jahren 1918 und 1925 finden sich diese beiden Deutungsansätze.[29] Beschreibt Schwink den Schlachtverlauf vom 21. Oktober bis zum 18. November 1914 aus einer betont nüchternen operationsgeschichtlichen Perspektive, in der die Episode Langemarck nicht ohne ein ernüchtertes Fazit eher pflichtschuldig abgehandelt wird,[30] versteht sich *Ypern* von Beumelburg von vornherein als Denkmal für die Langemarck-Kämpfer. „Der deutschen Jugend ist dies Buch

25 Binding, Deutsche Jugend vor den Toten des Krieges, S. 433.
26 Kreppel, Nie wieder Langemarck!, S. 436.
27 Binding, Deutsche Jugend vor den Toten des Krieges, S. 434.
28 Kreppel, Nie wieder Langemarck!, S. 437.
29 Otto Schwink: Die Schlacht an der Yser und bei Ypern im Herbst 1914, Oldenburg 1918 (zuerst erschienen 1917); Werner Beumelburg: Ypern 1914, Oldenburg/Berlin 1925, vgl. dazu auch Krumeich, Langemarck, S. 303 ff.
30 Schwink, Die Schlacht an der Yser, S. 84 f.

geschrieben, damit sie derer gedenke, die dies Lied auf den Lippen starben und bereitwillig ihre jungen Leiber als heilige Einsaat für die Zukunft des Reiches hingaben",[31] heißt es programmatisch in der Einleitung, den pathetisch-heroisierenden Duktus des gesamten Buches vorwegnehmend.

Triumph des Willens über die Materie, Apotheose der Opferbereitschaft einerseits, kritische Bestandsaufnahme und Kosten-Nutzen-Rechnung andererseits: Die Spannung zwischen den beiden interpretativen Polen schwächte, das zu verstehen ist wichtig, die Integrationskraft des Mythos keineswegs, sondern erhöhte ganz im Gegenteil seine Attraktivität als Deutungsmuster, indem sie ihn mit der sich zunehmend durchsetzenden ‚Stahlgewitter'-Repräsentation des modernen Krieges kompatibel machte.[32] Der Langemarck-Mythos erwies sich in den 1920er Jahren als ausreichend wandlungsfähig, um die Transformation des Bildes des Großen Krieges im kollektiven Bewusstsein hin zur ‚Materialschlacht' der ‚Schützengräben' zu überleben. Mit Langemarck verbanden sich zunehmend wehrpolitische Forderungen, der Anspruch, unter Bewahrung des ‚Geistes von Langemarck' durch intensive Wehrertüchtigung der Jugend ein neues Langemarck zu verhindern.[33] Letzten Endes trug gerade die so genannte kritische Lesart des Mythos dazu bei, Langemarck für die nationalsozialistische Propaganda anschlussfähig zu machen. Nach der ‚Machtergreifung' konnte insbesondere die HJ im Rahmen der maßgeblich von ihr verantworteten mentalen Mobilmachung der Jugend an diese Deutungslinie anknüpfen und die romantische Bildersprache beschwingt-stürmender Jugendlichkeit, die das ursprüngliche Narrativ kennzeichnet, durch eine im Sinne der Vorbereitung auf den Krieg der Zukunft funktionalere Ikonographie ersetzen.

Die Langemarck-Feierlichkeiten der Bündischen Jugend Mitte der 1920er Jahre dürfen nicht darüber hinwegtäuschen, dass das Langemarck-Gedenken insgesamt zu dieser Zeit noch keine öffentlichkeitswirksame Form gefunden hatte. Dies änderte sich erst ab 1928, als die Deutsche Studentenschaft die Langemarck-Arbeit zu systematisieren begann und mit der Langemarck-Spende der Deutschen Studentenschaft die wohl wichtigste Traditionsagentur der Weimarer Jahre in Sachen Langemarck einrichtete.

Natürlich hatten einzelne Studentenschaften an den verschiedenen Hochschulorten schon vorher hie und da den Tag von Langemarck begangen, bekanntestes Beispiel dafür ist die regelmäßige Beteiligung der Berliner Studentenschaft an den Langemarck-Feiern des Traditionsverbandes des XXII. Reservekorps in Berlin ab 1921.[34] Doch erst mit der Übernahme der Patenschaft für den deutschen Soldatenfriedhof Langemarck-Nord durch die DSt im Herbst 1928 erhielt die Langemarck-Arbeit an den Universitäten eine neue Qualität. Von nun an gab es eine zentrale

31 Beumelburg, Ypern 1914, S. 11.

32 Krumeich, Langemarck, S. 306.

33 So muss wohl letztlich auch Kreppels emphatisches „Nie wieder Langemarck!" verstanden werden. Als Mitbegründer des Wandervogel-Wehrbundes machte er sich für die Stärkung des „Kämpferischen" in der Jugenderziehung stark, zu dieser Splittergruppe des Wandervogels vgl. Kneip, Jugend der Weimarer Zeit. Weitere Beispiele für diese wehrpolitische Instrumentalisierung Langemarcks von Seiten der bürgerlichen Jugend: Gerhard Rebsch: Langemarck, in: Die Heerfahrt, Oktober/November 1930; Rüdiger von der Goltz: Kein neues Langemarck, in: Karl August Walther (Hg.): Das Langemarckbuch der Deutschen Studentenschaft, Leipzig 1933, S. 206–208; Horst Metzsch: Krieg als Saat, Leipzig 1934.

34 Vgl. Hüppauf, Schlachtenmythen und die Konstruktion des ‚Neuen Menschen', S. 46; Unruh, Langemarck. Legende und Wirklichkeit, S. 189.

Koordinationsstelle der studentischen Arbeit am Mythos, die sich von vornherein nicht auf die technischen Aspekte des Spenden-Sammelns beschränkte, sondern sich als gesellschaftlicher Multiplikator berufen fühlte, „die Verbreitung und Vertiefung des Langemarck-Geistes im deutschen Volk als Erziehungsaufgabe für die deutsche Jugend" voranzutreiben.[35]

Für die spürbare Intensivierung des Langemarck-Gedenkens in der zweiten Hälfte der 1920er Jahre lassen sich weitere Belege nennen. So fasste der Stahlhelm seine seit 1926 entstandenen Studentengruppen 1929 unter dem Namen Stahlhelm-Studentenring Langemarck zusammen. Und 1927 gründeten die im Rheinland besonders stark vertretenen Regimentsvereine des ehemaligen XXVI. Reservekorps in Köln das Grüne Korps, eine Vereinigung, der sich in den Folgejahren die Traditionsverbände weiterer vor Langemarck eingesetzter Regimenter anschlossen und die alljährlich in Köln und an anderen Standorten große Langemarck-Feiern organisierte.[36] Wenngleich das Grüne Korps bei der Systematisierung der Langemarck-Pflege der Kriegervereine sicher eine wichtige Rolle spielte, ist die gesellschaftliche Strahlkraft der studentischen Arbeit am Mythos der ‚jungen Regimenter' eindeutig höher zu veranschlagen. Deswegen soll auf das Langemarck-Gedenken der Regimentsvereine hier nicht weiter eingegangen werden, zumal es, wie am Beispiel des Langemarck-Ausschusses Hochschule und Heer zu zeigen sein wird, im Zeichen von Langemarck bald zur (partiellen) Fusionierung der akademischen und militärischen Traditionspflege kam.

Um die neu eingerichtete Langemarck-Spende zur Finanzierung des Ausbaus des ‚Heldenfriedhofes' von Langemarck in der Studentenschaft bekannt zu machen und gleich einen kleinen Kapitalstock an Spendengeldern zu bilden, beschloss der Hauptausschuss der DSt in seiner Sitzung vom 29./30. September 1928, am 11. November an allen Hochschulen Deutschlands eine Langemarck-Feier zu veranstalten, und beauftragte den Vorstand, für diese erste konzertierte Langemarck-Aktion genaue Richtlinien herauszugeben. Von Anfang an legte die DSt dabei Wert darauf, sich als Initiatorin des Langemarck-Gedenkens zu profilieren und ihren Deutungsanspruch auch gegenüber dem Stahlhelm und anderen Wehrverbänden zu behaupten.[37] Die intensive studentische Arbeit am Mythos der Kriegsfreiwilligen war damit immer auch der Versuch der Studentenschaft, in der diskursiven Auseinandersetzung um das Kriegserlebnis und den Sinn des Krieges als Organisation sichtbar zu bleiben bzw. zu werden und eine möglichst große Rolle in der rechten Abwehrfront gegen die ‚Entehrung des deutschen Frontsoldaten' zu spielen.

Bemühte sich die DSt schon 1928, die Ortsgruppen des Volksbundes Deutsche Kriegsgräberfürsorge an den örtlichen Langemarck-Feierlichkeiten zu beteiligen,[38] so institutionalisierte 1929 die Gründung des Langemarck-Ausschuss Hochschule und Heer in Berlin die enge Kooperation der Berliner Studentenschaft (Kreis X der

35 Vgl. z. B. Hansgeorg Moka: Die Langemarck-Arbeit der Deutschen Studentenschaft, in: Walther, Das Langemarckbuch der Deutschen Studentenschaft, S. 210–213, S. 211.

36 Zur Geschichte des Stahlhelm-Studentenrings Langemarck vgl. Jens-Markus Sanker: „Stahlhelm unser Zeichen, schwarz-weiß-rot das Band ...". Der Stahlhelm-Studentenring Langemarck. Hochschulpolitik in feldgrau 1926–1935, Essen 2004; zur Geschichte des Grünen Korps vgl. Abriss über die Geschichte und Ziele des Grünen Korps, in: Nachrichtenblatt der Vereinigung ehemaliger 239er, Oktober 1934, S. 6.

37 Protokoll der Hauptausschuss-Sitzung der DSt vom 29./30. 9. 1928 (BA Koblenz, R 129/68).

38 Rundschreiben des Vorstands der DSt, Berlin 18. 10. 1928 (BA Koblenz, R 129/68).

DSt) mit der reaktionären ‚Front' der Berliner Veteranen- und Traditionsverbände (XXII. und XXIII. Reservekorps, Kyffhäuser-Bund Berlin, Deutscher Offiziersbund Berlin, Gardekorps etc.).[39] Als Organisator der Langemarck-Feier von 1929 im Berliner Sportpalast, der mit 15 000 Teilnehmern wohl bis dahin größten Berliner Kriegs-Gedenkveranstaltung,[40] entwickelte sich der Langemarck-Ausschuss zur wichtigsten Schnittstelle zwischen militärischem und akademischem Kriegsgedenken. Seit der Umwandlung der Langemarck-Spende der DSt in einen eingetragenen Verein im Jahr 1932 fungierte der Arbeitsausschuss darüber hinaus als Kuratorium für den wichtigsten Träger des studentischen Langemarck-Gedenkens.

Das Berliner Beispiel machte Schule: Die Einbindung von Militärverbänden in den akademischen Kult um Langemarck wurde deutschlandweit forciert, wobei insbesondere die Zusammenarbeit mit dem Deutschen Offiziersbund die Teilnahme möglichst vieler militärischer Organisationen gewährleisten sollte.[41] Insgesamt wurde das Kriegsgedenken der Studentenschaften auf diese Weise militarisiert, während ihre rege Partizipation an den Langemarck-Veranstaltungen der Traditionsverbände gleichzeitig dazu beitrug, den ‚falschen Mythos' des überwiegend studentischen Charakters der ‚jungen Regimenter' weiter zu festigen.[42]

Bei der Besetzung des Langemarck-Mythos durch die DSt spielte der am 10. Juli 1932 eingeweihte, durch die studentische Langemarck-Spende finanzierte Langemarck-Friedhof eine zentrale Rolle. In Zusammenarbeit mit dem Volksbund Deutsche Kriegsgräberfürsorge, dessen Architekten, Robert Tischler, es gelang, eine Formensprache mit hohem Wiedererkennungswert zu entwickeln, entstand eine „hochsymbolische Friedhofsanlage",[43] in der sich die heroisierende Gefallenen-Gedenkkultur des akademisch-bürgerlichen Milieus eindrucksvoll verdichtete. Insbesondere durch die Integration von drei (zuvor sorgfältig restaurierten) deutschen Bunkern erhielt der an drei Seiten von Wassergräben umgebene Langemarck-Friedhof weitgehend den Charakter einer uneinnehmbaren Festung – ein monumentaler Verweis auf das ‚im Felde unbesiegte' wilhelminische Heer. „Deutschland muss leben und wenn wir sterben müssen", diese martialische Gedichtzeile aus Heinrich Lerschs *Soldatenabschied*, die prominent im Ehrenhof des Friedhofs den Besucher begrüßte, steht exemplarisch für die absichtsvolle Symbolsprache der Anlage, die ganz auf Vergegenwärtigung und Glorifizierung des Opfertodes für Volk und Vaterland abzielte.[44] Die Kongruenz von Architektur und Ideologie ist zweifellos einer der Gründe dafür, dass sich der Langemarck-Friedhof innerhalb kurzer Zeit zum wohl meistbesuchten und mediatisierten deutschen Soldatenfriedhof überhaupt ent-

39 Vgl. Moka, Die Langemarck-Arbeit der Deutschen Studentenschaft; weitere Mitglieder waren der Stahlhelm Berlin, der Reichsverband der Kriegsteilnehmer e. V. und der Akademische Kriegsteilnehmer-Verband Berlin, vgl. Rundschreiben der DSt, L/2 1. 2. 1933 (BA Berlin-Lichterfelde, NS 38/2218); vgl. auch Langemarck-Gedanken, hg. vom Langemarck-Ausschuss Hochschule und Heer, Berlin 1932.

40 Akademische Korrespondenz vom 24. 10. 1930 (BA Koblenz, R 129/68).

41 Rundschreiben des Vorstands der DSt, 4. 10. 1932 (BA Koblenz, R 129/68).

42 Ein gutes Beispiel für die zunehmende Verschränkung studentischer und militärischer Gedenkformen ist auch die alljährlich durchgeführte große Langemarck-Feier des ‚Grünen Korps' in Köln, die von einem Großteil der Kölner Studentenorganisationen frequentiert wurde, vgl. den Bericht zur Langemarck-Feier des Grünen Korps 1932 im Nachrichtenblatt der Vereinigung ehemaliger 239er vom Januar 1933.

43 Siehe Brandt, Vom Kriegsschauplatz zum Gedächtnisraum, S. 203.

44 Vgl. dazu ebd., S. 198–207; Pieter-Jan Verstraete: Soldatenfriedhof Langemarck. Geschiedenis en mythe van een militaire begraafplaats, Groningen 2009.

wickelte. Mit der Übernahme der Patenschaft und der Finanzierung des Baus des Friedhofs gelang es der DSt, eine öffentlichkeitswirksame Plattform für ihre Selbstinszenierung als Trägerin des ‚Geists von Langemarck' zu finden, die ihr einen eindeutigen Wettbewerbsvorteil gegenüber den militärischen Traditionsverbänden verschaffte. Kein Wunder, dass der ‚Studentenfriedhof von Langemarck' in der Folgezeit groß in Szene gesetzt wurde. Das galt sowohl für die Einweihung im Juli 1932, aus deren Anlass an allen Hochschulen genau choreographierte Feierlichkeiten stattfanden, in deren Mittelpunkt ein von Josef Magnus Wehner extra zu diesem Anlass verfasster Text, „Langemarck – ein Vermächtnis",[45] stand, wie auch für die großen Flandern-Fahrten der Langemarck-Spende 1932 und 1933, die ein starkes Medienecho hervorriefen und die enge Bindung der deutschen Studentenschaft an ‚ihren' Mythos betonen sollten.[46] Auch und gerade während des Dritten Reichs blieb der Langemarck-Friedhof ein wichtiger Gedenkort und spielte bei den Langemarck-Feiern von 1937, 1938 und 1940 eine herausgehobene Rolle.

Inhaltlich unterschied sich der Langemarck-Diskurs der DSt nicht signifikant von dem der Bündischen Jugend. Hier wie dort dominierte das relativ invariante Kondensat aus Jugend, Opfer und Vaterland, beide appellierten – jeweils ihre eigene ‚Opfergruppe', mal die Wandervögel, mal die gefallenen Studenten betonend – an ihre Mitglieder, sich die heroische Gesinnung ‚derer von Langemarck' im Kampf um die Zukunft Deutschlands zu eigen zu machen und damit das ‚Vermächtnis' der Toten zu erfüllen. Die in keiner studentischen Langemarck-Rede fehlende Verpflichtung der Jugend zur *imitatio heroica* belegt ein weiteres Mal die vorausweisende (die Gefallenen des Krieges für die Zukunft instrumentalisierende) Zielrichtung der bürgerlichen Kriegs-Gedenkpraxis[47] und illustriert zugleich den weitgehenden ‚Kriegsgedenkkonsens' im bürgerlichen Lager:

> *„Deutschland muß leben, und wenn wir sterben müssen!"*
> *Im Andenken an ihre gefallenen Brüder errichtet die DSt an dieser geweihten Stelle, an der 10 000 deutsche Studenten mit dem Lied „Deutschland, Deutschland über alles" auf den Lippen für Volk und Vaterland in den Tod gingen, ein Denkmal, das in später Zeit von Heldentum und Opfermut deutscher Studenten künden soll.*
> *Den gefallenen Brüdern zur Ehre, für Deutschlands Ansehen in der Welt und der studentischen Jugend zur Mahnung!*

Mit diesen Worten nimmt die Stiftungsurkunde im Grundstein des ‚Heldenfriedhofs' von Langemarck die studentische Jugend in die Pflicht, den Gefallenen in punkto „Heldentum und Opfermut" in nichts nachzustehen. Diese Denkfigur durchzieht leitmotivisch sämtliche Langemarck-Feiern, von den Reden der Rektoren Oswald Bumke (München), „Ehren Sie unsere Gefallenen, indem Sie werden wie sie!", und Hans Schwarz (Greifswald) am Langemarck-Tag 1928 bis hin zu Josef

45 Josef Magnus Wehner: Langemarck – ein Vermächtnis, München 1932.

46 Vgl. Programm für die Langemarck-Fahrt 10.-13. 11. 1932 (BA Berlin-Lichterfelde, NS 38/2032); Programm der 2. Flandern-Fahrt der Langemarck-Spende der DSt (StA Würzburg NSDAP 998); der „Westdeutsche Beobachter" vom 13. 8. 1933 z. B. widmete der Fahrt 1933 eine ganze Seite, eine Übertragung der in diesem Rahmen stattfindenden Langemarck-Feier im Rundfunk war vorgesehen, vgl. Rundbrief der Langemarck-Spende, 9. 5. 1933 (BA Berlin-Lichterfelde, NS 38/2069).

47 Vgl. Kapitel III.

Magnus Wehners bereits erwähnter Rezitation, die anlässlich der Einweihung des Langemarck-Friedhofs an allen deutschen Hochschulen vorgetragen wurde.[48]

Auf die Frage, wie die Erfüllung dieser Verpflichtung auszusehen habe, gab der Dauerappell im Zeichen Langemarcks allerdings keine Antwort. So wie das Weltkriegsgedenken der bürgerlichen Jugendorganisationen insgesamt blieb der Kult um Langemarck mit all seinem vaterländischen Opferpathos politisch leer, d. h. transportierte keine politische Handlungsanweisung, sondern hielt am konservativen Metaprinzip der ‚Überparteilichkeit' fest.[49] Unpolitisch war er deswegen aber keinesfalls, denn schon die ersten Empfehlungen der DSt zur Ausgestaltung der deutschlandweiten Langemarck-Kundgebungen vom 18. Oktober 1928 ließen erkennen, dass das Bekenntnis der organisierten Studentenschaft zu Langemarck synonym für den antirepublikanischen Reflex des Bildungsbürgertums war:

> *Wenn man am 9. November daran geht, die 10jährige Wirkung der Revolution des Egoismus, die aus den dunkelsten tiefen menschlicher Verirrung und Menschlosigkeit heraufgequollen ist, zu feiern, sollte die Deutsche Studentenschaft die Revolution der Selbstvergessenheit und Treue der Kommilitonen von 1914 erneuern. Die Verherrlichung jener Zielsetzung und Haltlosigkeit will sie die Pflicht entgegensetzen, die von den Thermopylen bis Langemarck nicht heldenmütiger und größer erfüllt wurde.*[50]

Die Kritik am 9. November als Tag der Revolution desavouierte den Gründungstag der ersten deutschen Republik und damit die republikanische Staatsform Weimars insgesamt. Langemarck wurde als „Revolution der Selbstvergessenheit und Treue" auf diese Art und Weise programmatisch zum kontrarevolutionären Gegenort heroischer Pflichterfüllung stilisiert.[51] In den studentischen Langemarck-Feiern artikulierte sich damit stets ein dezidierter Antirepublikanismus, wie er nicht zuletzt wegen des moderierenden Einflusses der Deutschen Freischar im politisch tendenziell ‚offenen' Langemarck-Diskurs der bürgerlichen Jugendbewegung nur vereinzelt anzutreffen war. Die ‚Volkseinheit' von Langemarck wurde als Gegenentwurf zum interessegeleiteten ‚Parteienhader' des Parlamentarismus in Szene gesetzt; die sich Ende der zwanziger Jahre zunehmend rechtsextremistisch gebärdende Studentenschaft vereinte sich unter dem Banner der ‚frühvollendeten Helden' von 1914.[52] So wurde beispielsweise zum 11. November 1931 von der Hallenser Studentenschaft zu einer Demonstration gegen „den undeutschen Geist an deutschen Hochschulen" aufgerufen, an der ca. 2500 Studenten aus Halle, Leipzig und Jena teilnahmen. Im

48 H. Schwarz, Die Wiedergeburt des heroischen Menschen, S. 27; vgl. auch Oswald Bumke: Rede zur Langemarck-Feier der Münchener Studentenschaft 1928, teilweise abgedruckt in: Langemarck-Gedenkfeier, in: VB, Reichsausgabe, 20. 11. 1928; Inschrift der Stiftungsurkunde, in: Akademische Korrespondenz, 3. 10. 1930 (BA Koblenz, R 129/68); Wehner, Langemarck – ein Vermächtnis; vgl. auch die Rede des Vorsitzenden des Volksbundes Deutsche Kriegsgräberfürsorge, Eulen, anlässlich der Langemarck-Feier des Langemarck-Ausschusses vom 13. 11. 1932, in: Kriegsgräberfürsorge, 12 (1932), H. 12, S. 178–180.

49 Vgl. Kapitel III.

50 Rundschreiben des Vorstands der DSt vom 18. 10. 1928 (BA Koblenz, R 129/68); vgl. auch H. Schwarz, Die Wiedergeburt des heroischen Menschen, S. 23–26.

51 Vgl. auch: Friederike Schubart: Zehn Jahre Weimar. Eine Republik blickt zurück, in: Heinrich August Winkler (Hg.): Griff nach der Deutungsmacht. Zur Geschichte der Geschichtspolitik in Deutschland, Göttingen 2004, S. 134–159.

52 Zur Radikalisierung der deutschen Studenten vgl. Kater, Studentenschaft und Rechtsradikalismus.

Rahmen einer Langemarck-Kundgebung auf dem Jenaer Marktplatz forderten die Demonstranten, gegen die vorgebliche pazifistische und marxistische „Verseuchung" der Dozentenschaft vorzugehen, und sagten im Namen der Toten von Langemarck dem „ganzen verruchten neudeutschen System" den Kampf an.[53]

Versuche, ‚Langemarck' auch für die republikanische Traditionspflege zu gewinnen: „Den Opfermut, den die deutsche Jugend in den Novembertagen 1914 bei Langemarck aufgebracht hat, den wollen auch wir. Wir, die republikanische Jugend!",[54] konnten vor diesem Hintergrund nicht verfangen bzw. kamen zu spät. Die sukzessive Politisierung des Langemarck-Gedenkens hatte der zunehmenden Präsenz des NSDStB bereits Tür und Tor geöffnet. Das Erscheinen der NS-Studenten, z. B. bei Veranstaltungen des Langemarck-Ausschusses Hochschule und Heer, wurde von den anwesenden Studenten stets „besonders lebhaft" gefeiert.[55]

So war es dann auch dem Einfluss des NSDStB bzw. des nationalsozialistischen Vorsitzenden der DSt zu verdanken (bereits auf dem Studententag von Graz im Juli 1931 hatten die nationalsozialistisch dominierten Kreise der DSt einen nationalsozialistischen Vorstand gewählt), dass der erste größere Versuch, Langemarck parteipolitisch zu instrumentalisieren, noch in die Zeit der Weimarer Republik fiel. Die Planungen für die vom Deutschlandsender übertragene Langemarck-Feier des Langemarck-Ausschusses in Berlin vom 13. November 1932 sahen eine Ansprache des Vorsitzenden der DSt, Gerhard Krüger, vor, in der dieser neben der üblichen Heroisierung der Gefallenen den ‚Helden von Langemarck' unverblümt die ‚Helden' der NSDAP zur Seite zu stellen beabsichtigte:

> *Albert Leo Schlageter, Horst Wessel und Axel Schaffeld opferten gleich den Helden von Flandern ihr Leben für das größere Deutschland, das auch sie ersehnten. Und beweisen damit, daß auch heute die akademische Jugend bereit ist, selbst das höchste Opfer zu bringen in ihrem Kampf.*[56]

Zum ersten Mal verlässt das Langemarck-Gedenken der Studentenschaft mit dieser Parallelisierung der ‚Blutzeugen' der ‚deutschen Revolution' und der Toten von Langemarck den Bereich des Ungefähren, Vagen. An die Stelle der für den ganzen bürgerlichen Langemarck-Diskurs so charakteristischen abstrakten Ermahnung zu Heldentum und Opferbereitschaft tritt der kaum verhüllte Appell zur politischen Tat; eine Erfüllung des Vermächtnisses – so wird suggeriert – ist möglich: Wie die Beispiele Schlageters und der beiden SA-Männer Wessel und Schaffeld belegten, war

53 Vgl. Zeitungsartikel der Vossischen Zeitung, 11.11. und 12. 11. 1931 (BA Koblenz, Zsg 129/63); vgl. zur politischen Aufladung Langemarcks auch die Auseinandersetzung im Reichstag zwischen dem Abgeordneten Emil Berndt (DNVP) und dem Reichsminister des Innern, Joseph Wirth (Zentrum), vom 6. Dezember 1930, in der Berndt gegen den vorgeblich antinationalen Kurs der Regierung polemisierte und sich dabei insbesondere auch über ein angebliches Verbot der Rundfunkübertragung der Langemarck-Feiern 1930 empörte, vgl. http://www.reichstagsprotokolle.de/Blatt2_w5_bsb00. 00. 0128_00408.html (letzter Zugriff am 10. 4. 2012).

54 Langemarck, in: Jungbanner, 26. 11. 1932.

55 Gelöbnis am National-Denkmal. Die Feier des Langemarck-Ausschusses und der Vaterländischen Verbände, in: Deutsche Zeitung, 19. 1. 1931 (BA Koblenz, Zsg 129/63).

56 Gerhard Krüger: Deutsche Studentenschaft und Langemarck, Rede für die Langemarck-Feier vom 13. 11. 1932, abgedruckt in: Der Angriff, 11. 11. 1932.

der Einsatz für Deutschland auch in der ,Kampfzeit' mit kriegsähnlichen Opfern verbunden, in den NS-Blutzeugen wiederhole sich Langemarck.

Angesichts dieser parteipolitischen Instrumentalisierung des Gedenktages entschloss sich die Rundfunkleitung dazu, die Absetzung der Rede Krügers zur Bedingung für die deutschlandweite Ausstrahlung der Feier in den Berliner Tennishallen zu machen. Ein Schritt, der Goebbels' *Angriff* gegen den „unerhörten Skandal bei der ,nationalen' Rundfunkleitung" Sturm laufen ließ,[57] letztlich aber den Verdienst hatte, die öffentlichkeitswirksame, von den im Langemarck-Ausschuss organisierten studentischen und militärischen Verbänden getragene Nobilitierung im Straßenkampf ,gefallener' SA-Angehöriger zu verhindern. Jedenfalls ein letztes Mal, bevor nach 1933 die Kontinuitätslinie von den Soldaten in ,Feldgrau' zu den ,braunen Bataillonen' Kernbestandteil des neuen Reichsgründungsmythos wurde.

Die nicht gehaltene Gedenkrede des Nationalsozialisten Krüger ist ein aussagekräftiges Quellendokument, aber nicht etwa, weil sie die zunehmend aggressive Besetzung des semantischen Feldes ,Langemarck' in der Studentenschaft dokumentieren würde und damit Ausdruck der politischen Radikalisierung der Universitäten wäre, sondern vielmehr deshalb, weil sie den Weg der Langemarck-Rezeption im Dritten Reich vorzeichnet: Außer der zitierten beanstandeten Passage enthielt der Entwurf des Vorsitzenden der DSt nämlich keinerlei NS-spezifisches Gedankengut, sondern beschränkte sich auf die von der studentischen Arbeit am Mythos etablierte heroische Deutung des ,Opferganges der deutschen Jugend', bewegte sich mithin vollkommen im Rahmen des bildungsbürgerlichen Gedenkkonsenses. Und dies nicht etwa aus opportunistischen Erwägungen; die ritualisierte Opferideologie des bürgerlichen Heldengedenkens war vielmehr mit der nationalsozialistischen Deutung der Kriegshelden nicht nur kompatibel, sondern in ihrem opfermythischen Kern schlichtweg deckungsgleich. Die präexistenten Knotenpunkte im semantischen Netz des akademischen Langemarck-Diskurses blieben die Essenz des Langemarck-Gedenkens nach 1933, dessen fortwährende Ideologiefreiheit den Kult um die jungen Helden als integrative Kriegserzählung perpetuierte[58] und den Protagonisten der studentischen Langemarck-Pflege die nahtlose Fortsetzung ihrer Lobby-Arbeit im Dritten Reich ermöglichte.

Als Hansgeorg Moka, der Leiter der Langemarck-Spende der DSt, 1933 jubilierte:

> *Brüder von Langemarck, Ihr seid nicht umsonst gefallen. Der Sinn Eures Lebens: „Deutschland muß leben und wenn wir sterben müssen" ist im Reich Adolf Hitlers erfüllt,*[59]

musste er sich daher wohl kaum opportunistisch winden. Vielmehr bekundete er neben einer ausgeprägten Neigung zur Selbstgleichschaltung auch die aufrichtige

57 Unerhörter Skandal bei der „nationalen" Rundfunkleitung. Deutsche Studentenschaft und Langemarck. Der Rundfunk weigert sich, eine Gedenkrede für die gefallenen Helden von Langemarck zu übernehmen, in: Ebd., 11. 11. 1932; Papen-Regierung gegen die nationale Jugend. Langemarck-Gedenkfeier, in: Ebd., 14. 11. 1932.

58 Vgl. Krumeich, Langemarck, S. 309.

59 Moka, Die Langemarck-Arbeit der Deutschen Studentenschaft, S. 213.

Erwartung, „im Reich Adolf Hitlers" größeren Anklang mit seiner pädagogischen Ambition der „Vertiefung des Langemarck-Geistes zur Grundlage der Erziehung unserer Jugend"[60] zu finden. Das spätere Engagement Mokas in der Langemarck-Arbeit der HJ, die, wie zu zeigen sein wird, zum Teil auch auf seine Initiative zurückgeht, ergab sich dementsprechend schon fast logisch aus seiner Betätigung vor 1933. Schließlich konnte er darauf hoffen, gestützt auf die beträchtlichen Machtmittel der faktischen Staatsjugend eine quantitativ wie qualitativ ‚erfolgreichere' Langemarck-Gedenkpolitik forcieren zu können, dies umso mehr, als sich der Imperativ mentaler Mobilmachung des Regimes mit seinen Vorstellungen von geschichtspolitischer Wehrhaftmachung deckte. In diesem Sinne bezeichnete die ‚Machtergreifung' für die Langemarck-Rezeption keine Zäsur, sondern vielmehr die Kontinuität der für die bürgerliche Weltkriegsrezeption so charakteristischen heroisierenden Deutungsmuster bei gleichzeitiger Unterdrückung pazifistischer Gegenentwürfe. In kaum einer anderen Frage konnte sich die NS-Regierung der Zustimmung weiter Teile der Bevölkerung so sicher sein wie in der Frage des Kriegs- und Heldengedenkens bei gleichzeitiger Verdammung des Versailler Vertrages. Hier wusste sich die NS-Bewegung ‚in der Mitte' der Gesellschaft.[61]

Zwischen Ambivalenz und partieller Okkupation. Die NS-Bewegung und Langemarck vor 1933

Bernd Hüppauf hat zu Recht darauf hingewiesen, dass von den drei großen Schlachtenmythen des Ersten Weltkriegs, Tannenberg, Langemarck und Verdun, einzig der Verdun-Mythos mit seiner prägnant-aggressiven Ikonographie als genuin faschistischer Mythos gelten kann.[62] Weder der Führerheld von Tannenberg, noch die Kriegsfreiwilligen von 1914 in all ihrer exaltierten Opferbereitschaft spielten in den Kriegs- und Selbstimaginationen der ‚Frontsoldaten-Partei' NSDAP auch nur eine annähernd so wichtige Rolle wie der aus der Materialschlacht geborene ‚neue Mensch', der stahlhelmbewehrte, maschinengleiche Grabenkämpfer. Sein Ursprungsmythos, Verdun, war zugleich der Ursprungsmythos des Nationalsozialismus, sein Kriegserlebnis legitimierte den Herrschaftsanspruch der NS-Bewegung, die von ihm verkörperte ‚Frontkameradschaft' fungierte propagandistisch als Folie der verheißenen ‚Volksgemeinschaft'.

Neben diesem dominanten Deutungsmuster blieb aber Platz für die Rezeption konventioneller Heldennarrative, wie die Verehrung des ‚Helden von Tannenberg', Hindenburg, und die aufwendige Inszenierung des „Nationaldenkmals" von Tannenberg[63] sowie die Glorifizierung Langemarcks durch Schule und HJ zeigen. Die Kompatibilität des sich nach 1933 entwickelnden öffentlichen Kriegsgedenkdiskurses mit der älteren (nationalbürgerlichen) Gedenkpraxis der Weimarer Jahre muss als Voraussetzung für die große Integrationskraft des nunmehr staatlich getragenen Helden- und Totengedenkens verstanden werden. Pointiert formuliert heißt dies: So

60 Ebd.
61 Vgl. Krumeich, Langemarck, S. 208; vgl. auch Kapitel III.
62 Hüppauf, Schlachtenmythen und die Konstruktion des ‚Neuen Menschen', S. 43.
63 Vgl. Hoegen, Der Held von Tannenberg, S. 406–424.

etwas wie ein NS-Kriegsgedenken im eigentlichen Sinn, mit spezifischen, dem Nationalsozialismus zuschreibbaren Gedenkformen und -inhalten gab es streng genommen nicht, sondern nur ein Kriegsgedenken im Dritten Reich, dessen gedenkpolitische Polyphonie weit über die üblichen Träger des ‚neuen Deutschland' in Partei und Gliederungen hinaus konsensfähig war.

Trotzdem war es nicht selbstverständlich, dass ausgerechnet ‚Langemarck' zum Schlüsselmythos der NS-Parteijugend werden konnte. Um zu verstehen, dass die spätere Übernahme ‚Langemarcks' durch die HJ, anders als oft behauptet[64], keinesfalls planmäßig von der Partei betrieben wurde, genügt ein kurzer Blick auf das ambivalente Verhältnis der NS-Bewegung zu ‚Langemarck'.

Als exemplarisch für die innere Distanz zum Mythos der ‚jungen Regimenter' kann Hitlers Darstellung seiner „Feuertaufe" in der Flandern-Schlacht 1914 gelten. Abgesehen von dem Gesang des Deutschlandliedes wird kein weiteres Element des Langemarck-Mythos genannt:

> *Und dann kommt eine feuchte, kalte Nacht in Flandern, durch die wir schweigend marschieren, und als der Tag sich dann aus den Nebeln zu lösen beginnt, da zischt plötzlich ein eiserner Gruß über unsere Köpfe uns entgegen und schlägt in scharfem Knall die kleinen Kugeln zwischen unsere Reihen, den nassen Boden aufpeitschend* [...] *Aus der Ferne aber drangen die Klänge eines Liedes an unser Ohr und kamen immer näher und näher, sprangen über von Kompanie zu Kompanie, und da, als der Tod gerade geschäftig hineingriff in unsere Reihen, da erreichte das Lied auch uns, und wir gaben es nun wieder weiter: Deutschland, Deutschland über alles, über alles in der Welt!*
> *Nach vier Tagen kehrten wir zurück. Selbst der Tritt war jetzt anders geworden. Siebzehnjährige Knaben sahen nun Männern ähnlich.*[65]

Im Vordergrund steht hier nicht das Opfer vaterlandsbegeisterter Jugend als Chiffre für den Todesmut der jungen Kriegsfreiwilligen, sondern ganz im Gegenteil die Metamorphose der unerfahrenen Rekruten zu „Männern", zu erfahrenen Soldaten. ‚Jugend' und ‚Jugendlichkeit' gehen als distinktive Merkmale vollkommen verloren. Hitlers ‚Langemarck' ist kein Mythos der Jugend, sondern die prosaische Initiation in die Welt kämpferischer Männlichkeit, in der eben gerade nicht – das zeigt die weitere Schilderung in *Mein Kampf* – die Jugend konnotierenden Attribute, sondern Erfahrung, Pflichtbewusstsein und Zähigkeit zählen.

Hitlers unromantische Sicht auf Langemarck wird von seiner wehrpolitischen Perspektive determiniert. Anstatt die Hekatomben der in der Flandernschlacht eingesetzten Reservekorps in ein heroisierendes Narrativ zu kleiden und damit jeglicher Kritik zu entrücken, sieht er in dem hohen Blutzoll der Oktober/November-Kämpfe 1914 vor allem das Versagen wilhelminischer Wehrpolitik, „das Menetekel des alten Systems",[66] wie er während seines Prozesses vor dem Volksgerichtshof 1924 sehr drastisch formulierte:

64 Unruh, Langemarck. Legende und Wirklichkeit, S. 190; Hüppauf, Schlachtenmythen und die Konstruktion des ‚Neuen Menschen', S. 55.
65 Hitler, Mein Kampf, S. 180 f.
66 Krumeich, Langemarck, S. 308.

Da stehen auf 350 000 junge, 17-, 18-, 19-jährige Knaben, die einst 1914 hinausgezogen sind und mit dem Deutschlandlied auf den Lippen in Flandern in den Tod hineingingen. Die stehen auf als Ankläger: Ihr seid die Schuld [sic!], *ihr habt uns einst nicht ausbilden lassen, da liegen wir nun in Reihen niedergemäht als Opfer eures Verbrechens.*[67]

Aus einem Verbrechen allerdings macht man keinen Mythos. Daher kann es nicht verwundern, dass die Langemarck-Rezeption in der NS-Bewegung erst relativ spät einsetzte und die NSDAP und ihre Unterorganisationen am Entstehen des Kultes um die Toten von Langemarck keinen großen Anteil hatten und ihn mit Ausnahme vielleicht der NS-Studenten nicht aktiv gestalteten, sondern eher passiv aufnahmen. Dies lässt sich anhand des Langemarck-Diskurses in der NS-Presse gut nachweisen.

Sicher lässt sich ‚Langemarck' als Topos bereits ab Mitte der 20er Jahre im *Völkischen Beobachter* (insbesondere in der Beilage *Nationalsozialistische Jugendbewegung*) belegen. Der argumentative Rekurs auf den ‚Sturm auf Langemarck' erfolgte zu dieser Zeit aber ausschließlich im Kontext von zielgruppenspezifischen Reflexionen über das Verhältnis von bündischer Jugendbewegung und Nationalsozialismus oder von Studenten und Frontkämpfern. Im Artikel *Bündische Jugendbewegung und Nationalsozialismus* vom 31. Oktober 1925 geriet ‚Langemarck' – durchaus typisch für diese Phase – zu einer veritablen Definitionskategorie für ‚Bündische Jugend' überhaupt:

Zunächst – Welche Jugend ist mit dem Begriff „Bündische Jugend" gemeint? Es ist das die Jugend, die sich im Sommer 1923 zum gemeinsamen Grenzfeuer in Weißenstadt im Fichtelgebirge zusammenfand, die dann im darauffolgenden Jahre im Rhöngebirge den im Weltkriege bei Ypern und Langemarck singend in den Tod gegangenen jungen Brüdern gemeinsam ein schlichtes Mal des Gedenkens errichtete und die in diesem Jahre mit dem schwarzen Baltenkreuz auf weißem Grunde nach gemeinsamem Beschluß auf Grenzlandfahrt gen Osten zog.[68]

Zur Bündischen Jugend gehörte, überspitzt formuliert, wer der „Brüder von Langemarck" gedachte. Langemarck und Wandervogel wurden unmittelbar miteinander assoziiert und Langemarck als Apotheose „vaterländisch gesonnener" Jugendbewegtheit interpretiert:

Ein wirklich vaterländisch gesonnenes Geschlecht wuchs heran, obwohl es sich nie laut zum Nationalismus bekannte. Aber bei Langemarck . . .! Langemarck war der Höhepunkt des alten Wandervogel und sein Grab.[69]

Der ‚Sturm auf Langemarck' erscheint in diesem Licht primär als ein Initiationserlebnis kriegsfreiwilliger Studenten und Wandervögel. Das mythische Erleben der

67 Der Hitler-Prozess 1924. Wortlaut der Hauptverhandlung vor dem Volksgericht München I, hg. von Lothar Gruchmann u. a., T. 4, München 1999, S. 1580.

68 Werner Laß: Bündische Jugendbewegung und Nationalsozialismus, in: Nationalsozialistische Jugendbewegung, Beilage zum VB, 31. 10. 1925.

69 Hanns Schumann: Revolution der Jugendbewegung, in: Ebd., 9. 1. 1926.

,Volkseinheit' im Kriegserlebnis, dieses zentrale Ideologem der NS-Weltkriegsrezeption, wurde dabei – wie hier z. B. im Jahr 1926 – tendenziell erst im ,Grabenkrieg' verortet:

> *Damit waren die Tage sorgenfreien Daseins zu Ende. Die hohen Anforderungen, die der Dienst und Felddienst stellten, waren eine harte Probe, die bestanden werden mußte, namentlich für unsere jungen Akademiker, die nach einer verhältnismäßig kurzen Ausbildungszeit an die Front marschierten. Im November 1914 las man im Heeresbericht, daß bei Ypern junge Regimenter „Deutschland über alles" singend die feindlichen Linien stürmten, und nur wer die näheren Berichte dieser Ypernschlachten gelesen hat, kann sich ein Bild davon machen von den unerhörten Leistungen, die trotz großer Verluste vollbracht wurden.*
> *Es kam der Grabenkrieg* [...] *In ihm lagen in einem äußerst begrenzten Raum Männer aus allen Volkskreisen, hier gab es weder Standesdünkel noch Klassenunterschiede, der Arbeiter der Stirne ergänzte den Arbeiter der Faust* [...].[70]

Für die enge Bindung des Langemarck-Mythos an studentische und bildungsbürgerliche Milieukulturen bis 1933 lassen sich problemlos weitere Belege erbringen.[71] So blieb ja auch für Kurt Gruber, den Reichsführer der HJ, Langemarck primär der Erinnerungsort jugendbewegter Kriegsbegeisterung.[72] Kein Wunder, dass die bis 1931 radikalsozialistisch auftretende HJ abgesehen von eher pflichtschuldigen Reverenzen an die (bürgerliche) ,Jugend von 1914' kein eigenes Langemarck-Gedenken entwickelte und die kriegsfreiwilligen Helden ihren bürgerlichen Konkurrenzverbänden überließ.

Erst mit dem Einsetzen der Kriegserinnerungs-Konjunktur gegen Ende der 1920er Jahre wurde Langemarck als propagandistisches Motiv interessanter. Allerdings beschränkte sich der *Völkischen Beobachter* zumeist darauf, andere Gedenkinitiativen zu kommentieren bzw. politisches Kapital aus ihnen zu schlagen. So provozierte etwa die Weigerung des preußischen Innenministeriums, der Langemarck-Spende der DSt eine Genehmigung für Spendensammlungen in der Öffentlichkeit zu geben, das Partei-Zentralorgan zu dem tendenziösen Aufmacher „Langemarck-Spende verboten!", gefolgt von den üblichen Verbalattacken gegen das ehrlose Weimarer System, das es nicht vermöge, die deutschen Kriegshelden angemessen zu ehren.[73] Auch die „drei Riesenkundgebungen" in München im März 1930, eines der raren Beispiele für die Aufnahme des Langemarck-Motivs durch Hitler, dürfen keinesfalls als Ausdruck eines genuinen Interesses an ,Langemarck' auf Seiten der nationalsozialistischen Parteiorganisation missverstanden werden. Die Titelstory des *Völkischen Beobachters*, „Hitler an Hindenburg! Der deutsche Frontsoldat antwortet

70 Klaus Holst: Zum Bonner Studententag. Frontkämpfer und Student, in: Ebd., 24. 7. 1926.

71 Z. B. Friedhelm Kemper: Jugendbewegung und Hitlerglaube, in: Ebd., 24. 4. 1926; Volkhafte Jugend und völkische Bewegung, in: Ebd., 30. 10. 1926; Die Hitler-Jugend. Die junge Front, in: VB, Reichsausgabe, 25. 5. 1929.

72 Vgl. Kurt Gruber: Die Hitler-Jugend, die neue deutsche Front, in: Ebd., 22. 4. 1929.

73 „Preußen" verbietet die Langemarck-Spende! Eine neue Selbstentlarvung des derzeitigen Regierungssystems, in: Ebd., 20. 2. 1929 (Titelseite); vgl. auch die Instrumentalisierung der Weigerung, die Langemarck-Gedenkrede Krügers im Rundfunk auszustrahlen, z. B. Papen-Regierung gegen die nationale Jugend. Langemarck-Gedenkfeier, in: Der Angriff, 14. 11. 1932.

auf die Schändung der Helden von Langemarck",[74] stellt in diesem Zusammenhang letztlich nur eine populistische Reaktion auf einen Brief Hindenburgs an ,die deutsche Jugend'[75] dar, in dem der Reichspräsident unter Verweis auf die ,Jugend von Langemarck' der rechtsoppositionellen Jugend nahe legte, „durch pflichttreue Arbeit" am Wiederaufbau Deutschlands mitzuwirken, anstatt auf der Straße („Aktion der Jugend") gegen Regierung und Young-Plan zu agitieren.

Während die Partei sich also eher passiv verhielt und lediglich in Einzelfällen, ohne ein planmäßiges Interesse am Langemarck-Mythos an den Tag zu legen, propagandistisch auf den Topos der stürmenden Kriegsfreiwilligen rekurrierte, spielte das Langemarck-Gedenken für einzelne Gliederungen, insbesondere für den NSDStB, eine größere Rolle. Im Rahmen der alljährlichen gemeinschaftlichen Langemarck-Feierlichkeiten der Studentenschaft bot sich den NS-Studenten eine einzigartige Möglichkeit, Präsenz zu zeigen und für ihre Organisation zu werben.[76] Vor allem angesichts der beschriebenen Kooperation der Studentenschaft mit den teilnehmenden Wehrverbänden und Repräsentanten des Reichswehrministeriums kommt dieser regen Beteiligung des NS-Studentenbundes eine besondere Bedeutung zu: Im Rahmen der vom Langemarck-Ausschuss Hochschule und Heer verantworteten Gedenkfeierlichkeiten in Berlin empfahlen sich die NS-Studenten der national-konservativen ,Front' aus Wehr- und Traditionsverbänden als traditionsbewusste Hüter des ,Erbes der Front' und signalisierten damit auch und gerade der Reichswehr die Grenzen des revolutionären Potentials der NS-Bewegung.[77]

Dass sich dieser mythengestützte Brückenschlag zu den alten, wilhelminischen Deutungseliten für den NS-Studentenbund trotzdem nicht zu einem politisch nicht gewollten Kotau vor den ansonsten – besonders im Dunstkreis von SA und HJ – stets als reaktionär diffamierten Kriegervereinen entwickelte, lag an der im Ursprungsmythos verankerten idealistischen Jugendlichkeit der ,Stürmer von Langemarck'. Während der konservativ-akademische ,Feierverbund' den jugendlichen Elan der Kriegsfreiwilligen von 1914 in der sich zum Generationenkonflikt zuspitzenden innenpolitischen Situation nur unglaubwürdig verkörperte, konnte die

74 Hitler an Hindenburg! Der deutsche Frontsoldat antwortet auf die Schändung der Helden von Langemarck, in: VB, Reichsausgabe, 21. 3. 1930.

75 Vgl. auch „Mit Interesse Kenntnis genommen...", in: Der Hitlerjunge, Beilage zum Angriff, 27. 3. 1930.

76 Vgl. den Artikel: Langemarckfeier, in: Vossische Zeitung, 13. 11. 1928, in dem die Präsentation großer Hakenkreuzfahnen auf der Berliner Langemarck-Feier beklagt wird; die NS-Hochschulgruppen Göttingen und Jena berichteten über ihr erfolgreiches Auftreten bei den Langemarck-Feiern 1929 (BA Berlin-Lichterfelde, NS 38/3629 und 3579); der umfangreiche Abdruck der Gedenkrede von Rektor Bumke im VB, Reichsausgabe, 20. 11. 1928, anlässlich der Langemarck-Feier der Münchener Hochschulen lässt darauf schließen, dass bei dieser Veranstaltung ebenfalls der NSDStB vertreten war. Vgl. auch den Aufruf an den NSDStB, geschlossen an der großen Langemarck-Feier im Sportpalast teilzunehmen (Der Angriff, 31. 10. 1929).

77 Nicht umsonst zeigte sich der VB in einer Randnotiz zur Langemarck-Feier im Sportpalast besonders erfreut, dass zum ersten Mal „bei einer Veranstaltung [in Berlin], an der Reichswehr zugegen war, die nationalsozialistische Fahne gezeigt wurde" (Zum Gedächtnis der Gefallenen, in: VB, Reichsausgabe, 12. 11. 1929), ging darin aber insofern fehl, als bereits am Langemarck-Tag des Vorjahres die NS-Insignien vor dem Chef der Heeresleitung und einer hochrangigen Offiziersabordnung gezeigt worden waren, vgl. Langemarck-Feier, in: Vossische Zeitung, 13. 11. 1928; die Kooperation des Berliner NSDStB mit dem Langemarck-Ausschuss scheint auch über den Rahmen der Langemarck-Feiern hinaus eng gewesen zu sein. Offensichtlich schätzte man auf Seiten der NS-Studenten die Möglichkeit, sich vor den konservativen Wehrverbänden zu profilieren, so sehr, dass man selbst an den vom Ausschuss organisierten Reichsgründungsfeiern teilnahm, vgl. Gelöbnis am National-Denkmal, in: Deutsche Zeitung, 19. 1. 1931.

nationalsozialistische ‚Revolution der Jugend' ‚Langemarck' als Legitimationsfolie für das aggressive Verhalten ihrer ‚braunen Bataillone' instrumentalisieren. Als Chiffre für die ‚ewige' Bereitschaft der deutschen Jugend, sich für Volk und Vaterland einzusetzen, diente das etablierte Langemarck-Narrativ dazu, den Vorwurf politischer Unerfahrenheit zu kontern und den Anspruch ‚der Jugend' auf Erfüllung ihrer politischen Forderungen zu stützen:

> *Wir deutschbewußten Jungen wehren uns weiter gegen den Vorwurf der Unerfahrenheit. Als 1914 die jungen Freiwilligen-Regimenter an die Front stürmten, blutjunge Knirpse es den alten aktiven Soldaten gleichmachten, als bei Langemarck und Ypern diese Jungen mit dem Deutschlandlied auf den Lippen lachend in den Tod gingen, da rangen sie dem Vaterland, der ganzen Welt Hochachtung ab.*[78]

Wer das Opfer der „blutjungen Knirpse" von 1914 akzeptierte, dem sollte – das ist die Implikation – auch die Opferbereitschaft der unerfahrenen NS-Aktivisten Hochachtung abringen. Als historische Manifestation des ‚ewigen Sturmesdranges' der Jugend konnte Langemarck als Spielart des von der NS-Propaganda intensiv instrumentalisierten ‚Mythos der Jugend' ausgenutzt werden. Indem der „Geist unserer Freiwilligen von 1914" ganz konkret mit dem Geist der für ihren Führer prügelnden, tötenden, aber auch sterbenden SA-Männer parallelisiert wurde,[79] erhielt der Langemarck-Mythos eine revolutionäre Pointe, deren emanzipatives Potential in dieser Phase vor allem in der SA rezipiert wurde,[80] ohne jedoch über die schlagwortartige Evokation der ‚Helden von Langemarck' hinauszugehen.

Diese Deutungslinie des Langemarck-Motivs soll hier jedoch nur angedeutet werden. Langemarck als Ursprungsmythos des Dritten Reichs, wie z. B. in dem Buch des Mitarbeiters der RJF, Alfred Schütze, *Von Langemarck nach Potsdam*,[81] entwickelte sich erst in der Konsolidierungsphase der NS-Herrschaft zum Topos (vgl. Kapitel III). Die Polyvalenz des Mythos jedoch, die auf der einen Seite den Nationalsozialismus in das bürgerliche Weltkriegsgedenken integrierte, auf der anderen Seite aber durch die Betonung des jugendlichen Elans der Langemarck-Stürmer bzw. ihre Parallelisierung mit den ‚Blutzeugen' der NS-Bewegung einen revolutionären Appeal entfaltete, tritt bereits in der ‚Kampfzeit' deutlich zutage. Letztlich war es diese semantische Offenheit, diese Dialektik von Tradition und Revolution, die den Mythos der Freiwilligen von 1914 für die HJ interessant werden ließ.

Mit den Erfolgen des NSDStB bei den Hochschulwahlen der Jahre 1929–1932 stieg seine Sichtbarkeit bei den studentischen Langemarck-Feiern noch weiter an.

78 Der Jugend die Zukunft, in: SA-Mann, Beilage zum VB, Reichsausgabe, 31. 7. 1930; vgl. auch: Forderungen der Jugend, in: Ebd., 18. 12. 1930; dieses Argumentationsschema findet sich auch in einer Rede Hitlers vom 9. 9. 1931: „Und wenn die Herren Gegner spottend behaupten, wir hätten ja so viele Buben in unseren Reihen, dann sage ich, Gottlob, daß wir sie haben. 1914 sind deutsche Buben Helden gewesen."(Adolf Hitler: Reden. Schriften. Anordnungen. Februar 1925 bis Januar 1933, hg. vom Institut für Zeitgeschichte, Bd. 4.2, München u. a. 1996, S. 102).

79 Opfer…, in: Der SA-Mann, Beilage zum VB, Reichsausgabe, 3. 11. 1929.

80 Vgl. die genannten Artikel im „SA-Mann". Am 8. 8. 1932 verlieh die OSAF dem Stettiner SA-Sturm 13/2 „in Erinnerung an die Heldentaten des Infanterie-Regiments 211 Stettin bei Langemarck" die Bezeichnung Sturm Langemarck, in: Adolf Hitler: Reden. Schriften. Anordnungen, Bd. 5.1, München u. a. 1996, S. 295.

81 Schütze, Von Langemarck nach Potsdam.

Die Einweihung des Soldatenfriedhofs Langemarck am 10. Juli 1932 stellte in diesem Zusammenhang einen vorläufigen Höhepunkt dar: Auch wenn es nicht zu einer leichter politisierbaren zentralen Langemarck-Kundgebung kam, sondern an den einzelnen Hochschulorten separate Feiern durchgeführt wurden, gelang es dem NS-Studentenbund, zu diesem Zeitpunkt längst die dominierende Gruppierung in der deutschen Hochschullandschaft, sich als treibende Kraft des Langemarck-Gedenkens in Szene zu setzen. Ein Prozess, der in dem bereits erwähnten Redeentwurf des (nationalsozialistischen) Vorsitzenden der DSt zur Langemarck-Feier im November 1932 kulminierte.[82]

Neben der Tendenz zur Amalgamierung von ‚Blutzeugen' und ‚Langemarck-Kämpfern' gab es nur einen substantiellen, gedächtnispolitischen Beitrag des NS zur Langemarck-Rezeption: den beispielsweise im *SA-Mann* forcierten Versuch, das milieuspezifische Deutungsmuster ‚Langemarck' aufzubrechen und das Langemarck-Gedenken aus dem spezifisch studentisch-bürgerlichen Gedenkdiskurs herauszulösen, d. h. ‚Langemarck' für die ‚Volkseinheits'-Rhetorik der völkischen Propaganda dienstbar zu machen. Vom Opfer der stürmenden Wandervögel und Jungstudenten wandelte sich ‚Langemarck' in den nach wie vor marginalen Rezeptions-Ansätzen im *SA-Mann* ab 1929/30 mehr und mehr zum Opfer der ganzen deutschen Jugend, und der noch Mitte der zwanziger Jahre praktisch tautologische Zusammenhang von ‚Langemarck' und der sich opfernden jugendlichen Elite, der ‚Blüte der deutschen Jugendbewegung', wurde aufgeweicht.[83] Stattdessen wurde, wie beispielsweise im ersten Artikel aus dem *SA-Mann*, der sich explizit mit ‚Langemarck' beschäftigte, der kleine Ort in Flandern zum „Symbol für das gemeinsame Bekenntnis zum eigenen Volk" aufgebaut, das zu verteidigen die deutsche Jugend in den Krieg gezogen sei:

> *Wir können Langemarck am wenigsten vergessen, weil damals deutsche Jugend in ungeahntem Maße sich aufopferte, weil damals ein Meer von Heroismus, ein Berg von verbissenem Trotz, gegen Feuerschläge und Eisenwände anlief und immer wieder neu anstürmte. Die Jugend von heute zumal gedenkt aus besonderem Grunde dieser Kampfereignisse, weil niemals später im Kriege Jungmänner aller sozialen Schichten in so großer Zahl geschlossen für die Nation eingesetzt wurden, und weil Langemarck zum strengsten Symbol geworden ist für das gemeinsame Bekenntnis zum eigenen Volk, weil Langemarck eine drohende Absage ist an alle, die aus dumpfer Unwissenheit, aus mangelnder Ehrfurcht vor dem Opfer anderer sich für berechtigt halten, auch heute wieder die Standesinteressen der Vorkriegszeit in den Vordergrund zu stellen.*[84]

82 In Berlin z. B. trug der Repräsentant der Studentenschaft bei der örtlichen Feier, an der zusammen mit dem Rektor ein Großteil der Professorenschaft teilnahm, das ‚Braunhemd' und gab damit einer offiziellen Universitätsveranstaltung einen eminent politischen Charakter, vgl. Langemarck zum Gedächtnis, in: Der Angriff, 12. 7. 1932; angesichts der Mehrheitsverhältnisse an den deutschen Hochschulen insgesamt erscheint es unwahrscheinlich, dass es sich bei dem Berliner Beispiel um einen Einzelfall handelte.

83 Vgl. Opfer…, in: Der SA-Mann, Beilage zum VB, Reichsausgabe, 3./4. 11. 1929.

84 Gerhard Binz: Die Lehren von Langemarck, in: Ebd., 9. 10. 1930; vgl. auch den entsprechenden Abschnitt der Rede Krügers: „Tausende junger Deutscher ruhen im weiten Flandern. Studenten, Bauernsöhne und Arbeiter in einer Reihe. Von vielen kennt man weder Namen noch Herkunft. Deutschlands Jugend ruht in diesen Gräbern, namenlos, unterschiedslos. […] Im Kampf, und schließlich im Tod fanden sie die innere Einheit, die ihnen in der Heimat gefehlt hat. Einst waren sie Akademiker und Proletarier, Menschen zweier Klassen, die sich gegenüberstanden, ohne einander zu kennen und zu verstehen. Hier sind sie nichts als junge Deutsche […]" (Deutsche Studentenschaft und Langemarck, in: Der Angriff, 11. 11. 1932).

Diese völkische Wendung des Langemarck-Mythos wurde 1933/34 endgültig zu einem invarianten Motiv des Langemarck-Gedenkens der HJ. Bis 1940, dem Jahr also, in dem die Eroberung der Schlachtfelder von 1914–1918 einen ‚standesgemäßen' Abschluss des Weltkriegsgedenkens in Deutschland ermöglichte, sollte ‚Langemarck' in der Deutungsstrategie der Hitler-Jugend der deutschen – sozial nivellierten – Jugend gehören, bevor dann etwa ab 1941 eine mit dem relativen Bedeutungsverlust ‚Langemarcks' korrespondierende ‚Reakademisierung' dieses Schlachtenmythos einsetzte.

Der oben genannte Artikel *Die Lehren von Langemarck* ist aber auch in anderer Hinsicht sehr interessant: Die Ausführungen Binz', Chef vom Dienst des *Völkischen Beobachter* und nachmaliger Referent für Wehrwissenschaften im Reichsministerium des Inneren,[85] zeigen nämlich vor allem die relativ stabile Skepsis der Partei gegenüber ‚Langemarck' und schließen damit den Kreis zu den zitierten Äußerungen Hitlers aus den Jahren 1924/25. Binz greift nicht den Mythos an, sondern unterzieht seinen realgeschichtlichen Entstehungszusammenhang einer kritischen Analyse, die dazu führen soll, die „Wiederholung [...] dieser Tragödie [...] zu verhindern". Das folgende Zitat zeigt, wie problematisch der Inhalt des Langemarck-Mythos für die Nationalsozialisten Anfang der 30er Jahre nach wie vor gewesen ist: ‚Langemarck' blieb für viele ‚deutsche Revolutionäre' mit dem Odium des Überlebten, ja Reaktionären behaftet. Als ursprünglich wilhelminisch-bürgerlicher Kriegsmythos zeichnete ‚Langemarck' ein romantisches Bild vom Krieg, das die Nationalsozialisten die Radikalität der Schützengraben-Erfahrung vermissen ließ und deshalb nicht geeignet schien, auf den „neuen Krieg" vorzubereiten:

> *Zum Symbol des Weltkrieges überhaupt freilich wollen wir Langemarck nicht erheben. Soldan sagt in seiner Schrift (Der Mensch und die Schlacht der Zukunft), auf dem Schlachtfeld bei Ypern wären endgültig die überkommenen Begriffe von Tapferkeit und Begeisterung, so wie wir gewohnt seien, sie zu sehen und zu würdigen, zerschellt. Und er nennt Ypern (und damit Langemarck) ein „letztes ungeheuerliches, blutrotes Fanal des Massensturmes gegen die verhundertfachte Macht der Maschine". Damals wurde der moderne Krieg geboren, wie er ist und wieder sein wird, jener Krieg, der den Typ geschaffen hat nicht des schnell begeisterten Freiwilligen, sondern des zähen Frontsoldaten, der Kampftauglichkeit besitzen muß, Wille und Seelenhärte, soll er bestehen können in der Schwere einer männlichen Aufgabe.*[86]

Deutlicher konnte eine Absage an den Typus des Langemarck-Freiwilligen kaum ausfallen. Dabei wurde ganz gezielt der Verdun-Kämpfer, „in der Schwere einer männlichen Aufgabe" als zäher Kollektivheld mit der stürmenden Jugendlichkeit der kriegsfreiwilligen Flandern-Kämpfer kontrastiert. Wie für Ernst Jünger, Helmut Stellrecht und Adolf Hitler war auch für den Verfasser dieser Zeilen ‚Langemarck' Ausdruck prämoderner Kriegsführung: Für einen Maschinenkrieg, in dem alle Kriegsbegeisterung und Enthusiasmus nicht ausreichten, einen erfolgreichen Sturm-

85 Vgl. die Kurzbiographie von Gerhard L. Binz in: Adolf Hitler: Reden. Schriften. Anordnungen, Bd. 4.3, München u.a 1997, S. 45.

86 Gerhard Binz: Die Lehren von Langemarck, in: Der SA-Mann, Beilage zum VB, Reichsausgabe, 9. 10. 1930.

angriff über offenes Gelände zu führen, konnte der Opfermut der ‚Helden' von Langemarck nicht als beispielhaft gelten.[87]

Angesichts der von Ambivalenz geprägten Einstellung weiter Teile der NS-Bewegung zu einem Mythos, dessen esoterische Bindung an bildungsbürgerliche Milieukulturen zu allem Überfluss bis zur Machtübernahme 1933 unverbrüchlich fest scheinen musste, ist es umso erstaunlicher, dass ‚Langemarck' nach der ‚Machtergreifung' für die Parteijugend trotzdem zum Symbol des Weltkriegs insgesamt avancierte. Von vornherein kann die Geschichte der Langemarck-Rezeption im Dritten Reich daher nicht als ein planmäßiger Gleichschaltungsprozess gesehen werden. Die Intensivierung des Langemarck-Gedenkens der HJ erscheint vielmehr als komplexer, kommunikativer Vorgang, in dessen erster Phase, 1933/34, die Reichsjugendführung nicht selbst initiativ wurde, sondern zum Teil ‚von unten', aus der HJ selbst, zum Teil ‚von außen', d. h. von organisationsfremden Akteuren, dazu gebracht wurde, ‚Langemarck' als institutionelle Klammer des HJ-Weltkriegsgedenkens zu entdecken. Erst in einer zweiten Phase von 1935 bis 1940 bemühte sich die RJF systematisch, eine eigenständige Langemarck-Gedächtnispolitik zu entwickeln. Der im Folgenden zu behandelnde Aufstieg ‚Langemarcks' zur zentralen Referenz des HJ-Weltkriegsgedenkens steht dabei exemplarisch für die instrumentelle Funktion der Weltkriegs-Gedächtnispolitik in der Jugenderziehung des NS-Staates. Darüber hinaus wirft die Instrumentalisierung ‚Langemarcks' ein Schlaglicht auf die innen-, außen- und wehrpolitischen Dimensionen des Kriegs- und Heldengedenkens im Deutschland der Jahre 1933–1940.

2. Im Dienst der ‚Volksgemeinschaft'. ‚Langemarck' im Dritten Reich

1933/34 – die Entdeckung ‚Langemarcks' durch die RJF

Die ‚Machtergreifung' vom Januar 1933 verschob die Rahmenbedingungen des öffentlichen Weltkriegsgedenkens in Deutschland dramatisch. Durch die sukzessive Ausschaltung pazifistischer Diskurse und Deutungsansätze erlangte das rechte Lager im nationalsozialistischen Simulakrum von Öffentlichkeit die Deutungshoheit über den Ersten Weltkrieg. Die symbolpolitische ‚Wiederherstellung der Ehre des deutschen Frontsoldaten' erhielt in diesem Kontext eine hohe Priorität.[88] Es überrascht daher nicht, dass der Tag von Langemarck 1933 in der NS-Presse so ausführlich gewürdigt wurde wie nie zuvor.[89] Exemplarisch für diese ersten Ansätze, den Mythos der Kriegsfreiwilligen zu instrumentalisieren, stehen die Hamburger Richtlinien für Unterrichtsgestaltung, in denen die Entwicklung ‚Langemarcks' zur deutschen Spielart des alliierten Erinnerungskultes um den ‚unbekannten Soldaten' vorgeschlagen wurde, wie auch die im Oktober 1933 nach Intervention des Reichskanzlers über-

87 Vgl. auch Kapitel IV.4.

88 Vgl. Kapitel IV.2.

89 Vgl. z. B. Theater im Reich: Edgar Kahn, Langemarck, in: VB, Norddeutsche Ausgabe, 27. 10. 1933; Kurt Maßmann: Das Blut von Langemarck, in: VB, Norddeutsche Ausgabe, 11. 11. 1933; Das Grab der Langemarck-Regimenter, in: Der Angriff, 10. 11. 1933; Deutsche Jugend stürmte gegen feindliche Kanonen, in: Ebd.; Langemarck-Feier im Görlitzer Grenzlandtheater, in: VB, Norddeutsche Ausgabe, 19./20. 11. 1933.

arbeiteten Pläne des Olympiageländes, die nun den Bau einer repräsentativen Langemarck-Halle vorsahen.[90] Mit der Einweihung der ‚Ehrenhalle' für die ‚jungen Regimenter' bekam die Reichshauptstadt rechtzeitig zu den ‚Spielen der Jugend' im Sommer 1936 ein Langemarck-Denkmal, dessen symbolträchtige Einbettung in das ‚Reichssportfeld' den kriegerischen Tod auf den Schlachtfeldern des Ersten Weltkriegs in bester sozialdarwinistischer Manier an den sportlichen Wettkampf der Olympischen Spiele anband.

Trotzdem kann für das erste Jahr der nationalsozialistischen Herrschaft insgesamt nicht von einer planmäßigen Okkupation des Langemarck-Mythos durch NS-Organisationen gesprochen werden. Durch den Langemarck-Ausschuss und die Langemarck-Spende der DSt blieb der studentisch-militärische Komplex bei der Organisation der großen Langemarck-Feierlichkeiten weiter federführend, auch wenn Parteiorganisationen, etwa bei der traditionell wichtigsten Berliner Langemarck-Feier, durch die Teilnahme von SA und SS (nicht der HJ!) zahlenmäßig stärker vertreten waren als vorher.[91] Auch die neben den Feiern im November wohl wichtigsten Termine des Langemarck-Gedenkens im Jahr 1933, die Einweihung des Gefallenen-Ehrenmals (Langemarck-Denkmal) der Burschenschaft am 4. Juni und des großen Naumburger Langemarck-Denkmals am 7. September, waren in erster Linie eine studentische Angelegenheit, auch wenn insbesondere die ‚Weihe' des Naumburger Denkmal durch die Eröffnungsrede des Reichsarbeitsministers und Bundesführers des Stahlhelm, Franz Seldte, einen offiziellen Charakter bekam.[92]

Besonders aufschlussreich ist in diesem Zusammenhang wohl das relative Desinteresse der Reichsjugendführung am Langemarck-Tag 1933. In der Novemberausgabe ihres Bundesblattes *Junge Nation* begnügte sie sich damit, einen bereits im August unter dem Titel *Wo Hitler und Schlageter kämpften: Eine Fahrt durch Flandern* erschienenen Artikel von Günter Kaufmann leicht verändert als *Heldenehrung in Langemarck* abzudrucken. Darüber hinaus ließ sie keinerlei Bereitschaft erkennen, eine eigene Langemarck-Feier durchzuführen bzw. auch nur an den Gedenkfeierlichkeiten der Traditionsverbände teilzunehmen. In der Rundfunkansprache Baldur von Schirachs vom 11. November 1933 ging der Reichsjugendführer jedenfalls trotz des

90 Vgl. Entwurf zu einem Erlass der Landes-Unterrichtsbehörde Hamburg, in: Zeitschrift für deutsche Bildung, 8 (1933), S. 452–459; zur Langemarck-Halle vgl. Rainer Rother (Hg.): Geschichtsort Olympiagelände 1909–1936–2006, Berlin 2006.

91 Vgl. Langemarck-Feier in Berlin. Die alten Kriegsteilnehmer im Zeughaus, in: Berliner Tageblatt, 18. 11. 1933; die Initiative für die Teilnahme von NS-Organisationen bei den Langemarck-Feiern 1933 ging dabei eindeutig von den Traditionsverbänden aus und beschränkte sich zumeist auf die SA, vgl. auch: Grünes Korps. Aus den Mitteilungen des Korps, in: Nachrichtenblatt der Vereinigung ehemaliger 239er, Oktober 1933, S. 5; Unsere Fahne kündet Sieg!, in: Nachrichtenblatt der Vereinigung ehemaliger 234er, November 1933, S. 35; symptomatisch für die Kontinuität der Langemarck-Arbeit nach 1933 ist ebenso der Umstand, dass das Rundfunkprogramm zum Langemarck-Tag 1933 auf eine Initiative der Langemarck-Spende der DSt hin zustande kam, vgl. Schreiben der Langemarck-Spende der DSt an die Reichssendeleitung des deutschen Rundfunks vom 30. 9. 1933 (BA Berlin-Lichterfelde, R 78/1191).

92 Zum Burschenschaftsdenkmal vgl. Harald Lönnecker: Das geschändete Gefallenen-Ehrenmal am Burschenschaftsdenkmal in Eisenach, in: http://www.burschenschaftsdenkmal.de/fileadmin/user_upload/Denkmal/Dokumente/loennecker_langemarckdenkmal.pdf (letzter Zugriff am 10. 4. 2012); zum Naumburger Langemarck-Denkmal vgl. Dem lebenden Geist der Toten! Die Stahlhelm-Studenten weihen das erste Langemarck-Ehrenmal, in: Der Stahlhelm, 17. 9. 1933; zum großen medialen Interesse insbesondere am Naumburger Denkmal vgl. die Zeitungsausschnittssammlung des Stahlhelm (BA Berlin-Lichterfelde, R 72/694). Völkischer Beobachter, Reichsbote, Vossische Zeitung, Der Angriff, Berliner Zeitung am Mittag, Berliner Illustrierte Nachtausgabe, Deutsche Allgemeine Zeitung, Berliner Börsenzeitung und die Kreuz-Zeitung berichteten allesamt ausgiebig und häufig auch auf der Titelseite.

Datums (Langemarck-Tag!) mit keinem Wort auf die Weltkriegsschlacht vom November 1914 ein.[93]

Dies heißt nun jedoch nicht, dass es in der HJ 1933 überhaupt keine Langemarck-Gedenkfeiern gegeben hat, das Gegenteil ist der Fall; nur ging die Initiative zu den regionalen Langemarck-Feiern eben nicht von der RJF, sondern von einzelnen Gebieten und Bannen aus. Auffallend ist dabei insbesondere die Form des Gedenkens. Anders als die systematischen Langemarck-Feiern ab 1935 trug das Langemarck-Gedenken 1933 in der Regel nicht den ‚parteiamtlichen' Stempel der NS-offiziellen, statischen Großveranstaltungen mit Festvortrag und Musik vor einer möglichst großen Öffentlichkeit, sondern orientierte sich eher an der ‚bündischen' Gedenkpraxis, vor allem am Langemarck-Gedächtnismarsch, der den teilnehmenden Jungen suggestiv-erlebnisorientiert das ‚Opfer der Kriegsfreiwilligen' nahe brachte.

Der Gedächtnismarsch des Thüringer Jungvolks am 18./19. November 1933, an dem laut den Angaben des *Thüringer Sturmtrupps* immerhin 23 000 Jungen teilnahmen,[94] steht exemplarisch für das ‚bündische Erbe' im Langemarck-Gedenken der HJ. Die ganze Veranstaltung – ein nächtlicher Schweigemarsch zu den im Wald liegenden Feuer- und Feierplätzen – trug erkennbar jugendbewegt-esoterische Züge. Außenstehenden war die Teilnahme untersagt;[95] die Feier sollte der Stärkung des Gemeinschaftsgefühls der Gruppe dienen und kannte keine externen Adressaten. Dazu gehörten ganz wesentlich die Anstrengungen des Gewaltmarsches, der die Teilnehmer erlebnispädagogisch aus ihrem Alltag riss und gleichzeitig der Abgrenzung von den bürgerlichen, d. h. in der Diktion der HJ: reaktionären, Gedenkfeiern in den Städten diente. Wer den Marsch bestand, sollte sich – gleichsam privilegiert – den Gefallenen näher fühlen können, denn er hatte im Unterschied zum schlafenden ‚Spießer' seinen Willen zur Nachfolge aktiv bekundet:

> *Nur der harte Takt des Marsches liegt uns in den Ohren. In diesem Takt geht alles unter – wir fühlen, daß wir eins geworden sind – eine Einheit im gleichen Wollen, mit dem gleichen Ziel! Gemeinschaft!* [...] *Die Stiefel knallen auf holprigem Pflaster. Die Nagelschuhe gleiten aus.* [...] *Wir haben ein ziemliches Tempo angeschlagen. Der Schweiß steht uns auf der Stirn. Das Lederzeug am Affen knirscht, Schlamm spritzt auf, der Hintermann tappt in ein Schlammloch, daß einem der Dreck in die Kniekehlen spritzt. Vorn stolpert einer, bekommt einen Stoß, daß er wieder in Gleichschritt fällt. Wenn ein Nagelschuh über die Steine schrammt sprühen Funken auf.* [...]

93 Vgl. Günter Kaufmann: Wo Hitler und Schlageter kämpften: Eine Fahrt durch Flandern, in: Junge Nation. Bundesblatt der Hitler-Jugend (hg. von Baldur von Schirach), August 1933; Günter Kaufmann: Heldenehrung in Langemarck, in: Ebd., November 1933; bezeichnenderweise berichtet Kaufmann, als Pressereferent Schirachs später ein wichtiger Multiplikator des Langemarck-Gedenkens in der HJ, hier von der 2. Flandern-Fahrt der Langemarck-Spende der DSt und bestätigt damit die Vormachtstellung der Studentenschaft in Sachen Langemarck-Gedenken. Zur Rundfunkrede Schirachs am 11. 11. 1933 vgl.: AdR, Reichsstatthalter in Wien 1940–1945, Hauptbüro Schirach, 49/253.

94 Langemarck-Gedächtnismarsch, in: Der Thüringer Sturmtrupp. Kampfblatt der deutschen Jugend, 1933, 2. Dezember-Ausgabe.

95 Siehe Sonderdruck Langemarck zum Novemberheft der Führerblätter des Thüringer Jungvolks, 4/1933 (BA Berlin-Lichterfelde, NS 26/359).

Wir marschieren vorwärts, so wie diese Nacht, so werden wir marschieren, solange wir können. Schulter an Schulter, Kamerad neben Kamerad. Schweigend tun wir unsere Pflicht und fragen nicht danach, was hinterher kommt. [...] *Um 6 Uhr marschieren wir in Suhl ein. Das Schweigegebot wird aufgehoben. Ein zackiges Lied nach dem anderen klingt auf und schallt laut in den engen, noch in voller Nachtruhe liegenden Straßen der Stadt. Ab und zu erscheint ein verschlafenes Gesicht, dem man das Erstaunen über diesen nachtruhestörenden Lärm wohl ansieht. Doch was kümmerts uns. Wir Jungen marschieren!*[96]

Zu diesem jugendbewegten Duktus des Thüringer Langemarck-Marsches passt auch die prominente Nennung des Wandervogels als Träger des Langemarck-Mythos: „Langemarck – das Grab von 80 Prozent des deutschen Wandervogels"[97]. Im zentralisierten Langemarck-Kult der Folgejahre wäre ein derartiger Verweis auf den bildungsbürgerlichen Traditionshintergrund des Langemarck-Mythos ganz und gar unvorstellbar gewesen, schließlich zielte die Gedächtnispolitik der HJ ja gerade darauf ab, das Heldentum der ganzen Jugend und eben nicht nur das einer privilegierten Minderheit in Szene zu setzen. Die Langemarck-Gedächtnismärsche blieben – auch wenn derart explizite Verweise auf ihre ‚bündische' Herkunft in Zukunft ausblieben – allerdings auch in der Zukunft eine wichtige Form des lokalen Langemarck-Gedenkens, die neben den immer größer und wichtiger werdenden ‚offiziellen' Langemarck-Feiern der HJ fortbestand.[98]

Ein Schlaglicht darauf, wie sehr das Langemarck-Gedenken im Jahr eins der NS-Herrschaft tatsächlich ‚von unten', d. h. regional und von ehemaligen Angehörigen der bürgerlichen Jugendbewegung in die HJ getragen wurde, wirft auch die Berliner Langemarck-Feier des Jungbannes 202 „Andreas Hofer" vom 21. November 1933. Zum einen finden in der von diesem Jungbann als Broschüre herausgegebenen Materialsammlung zur Vorbereitung von Langemarck-Feiern fast ausschließlich ‚erprobte' Texte aus dem ‚bündischen' Feierritus Verwendung.[99] Zum anderen tritt auch die besonders in der Anfangszeit große personelle Kontinuität zwischen Bündischer Jugend und Jungvolk (das gilt besonders für die Jungvolkführer)[100] hier deutlich zutage: Als ehemaliger Führer in der Deutschen Pfadfinderschaft orientierte sich der mit der Ausrichtung der Langemarck-Feier betraute Führer der Spielschar des Bannes bei der Ausarbeitung der Feier an dem jugendbewegten Langemarck-

96 Langemarck-Gedächtnismarsch der HJ Zella-Mehlis, in: Der Thüringer Sturmtrupp, 1933, 1. Dezember-Ausgabe.

97 Ebd.

98 Vgl. die Berichte in der NS-Presse über die durchgeführten Langemarck-Märsche: Wir gedachten derer von Langemarck, in: Westdeutscher Beobachter, 9. 1. 1934; Langemarck-Feier in Schwabach, in: Die junge Front. Organ der Gebiete 18 der Hitlerjugend, 17. 11. 1934; Langemarck-Feiern, Stamm Amberg, in: Ebd.; Langemarckfeier 1935, in: Gebietsbefehl Ostland, 7/1935, 1. 9. 1935; Bann 98. Langemarck-Gedächtnismarsch am 17. 11. 1935, in: Die Fanfare. Amtliche Hitlerjugend-Zeitung für das Obergebiet West, Ausgabe Hessen-Nassau, Dezember 1935; Fähnleindienst am 7. 11. 1937. Schweigemarsch als Sternmarsch für die Toten der Feldherrnhalle und bei Langemarck, in: Führerdienst, Beilage zur Reichssturmfahne, Oktober/November 1937.

99 Langemarck. Deutsches Jungvolk, Jungbann 202 „Andreas Hofer". Zusammenstellung der Spielschar des Jungbanns, Berlin 1933; neben einem Ausschnitt aus Stegemanns „Geschichte des Krieges" finden sich Gedichte/Sprechchöre von Theodor Körner, Walter Flex, Friedrich Nietzsche, Matthias Claudius, Hölderlin und vor allem von Rudolf Binding.

100 Vgl. Hellfeld, Bündische Jugend und Hitlerjugend, S. 99–106.

Kult und setzte damit die ‚bündische' Arbeit am Langemarck-Mythos unter dem neuen Regime fort.[101]

Diese regional uneinheitliche Form des Langemarck-Gedenkens kennzeichnete auch die Langemarck-Feiern im November 1934. Wenngleich nun mit der Übernahme der Langemarck-Spende der DSt die Reichsjugendführung erstmals öffentlich ihre Absicht bekundete, Langemarck als Erinnerungsort des Weltkriegs in den Mittelpunkt ihrer Gedächtnispolitik zu stellen, lag die Initiative für Organisation und Durchführung der Langemarck-Feiern nach wie vor bei den regionalen und lokalen HJ-Einheiten. Ob überhaupt und, wenn ja, in welchem Rahmen der Jahrestag des ‚Sturmes auf Langemarck' gefeiert wurde, hing damit stark von den örtlichen HJ-Führern ab. Dementsprechend konnte von einem ‚reichsweit' einheitlichen Langemarck-Gedenken keine Rede sein. Während in Baden, Franken, Hannover, Württemberg, dem Obergebiet West und dem Gebiet Ostland zum Teil große Langemarck-Feiern stattfanden, sind in den Periodika anderer Gebiete nur sehr summarisch Verweise auf ‚Langemarck' auszumachen.[102] Diese regionalen Unterschiede zu verkennen, hieße, die organisatorische Homogenität der Hitler-Jugend eklatant zu überschätzen. Die Gebiets- und Bannführungen der NS-Jugend müssen vielmehr als wichtige Traditionsagenturen mit eigenen geschichts- und gedächtnispolitischen Vorstellungen ernst genommen werden. So tat sich z. B. das Gebiet Ostland durch eine ausgesprochen intensive Langemarck-Arbeit hervor, die bei systematischer Einbeziehung der Wehrmacht – eine ‚altpreußische' Besonderheit, nirgendwo sonst kam es bei den Langemarck-Feiern zu einer derart engen Kooperation mit dem Heer – von 1934 bis 1939 eine auch kleinere HJ- (und Jungvolk-)

101 Vgl. Aktennotiz im Archiv der deutschen Jugendbewegung; demnach bestand nahezu die gesamte Spielschar des Jungbannes aus ehemaligen Angehörigen der Deutschen Pfadfinderschaft Abteilung 11 und 18 (Archiv der deutschen Jugendbewegung, B/207–136).

102 Vgl.: Langemarckfeier der Regensburger Hitler-Jugend, in: Die junge Front, 24. 11. 1934; Langemarckfeier in Cham, in: Ebd.; Neukirchener HJ gedenkt der Toten von Langemarck, in: Ebd.; Langemarckfeier der Schweinfurter HJ, in: Ebd.; „Wir haben euch immer im Herzen getragen!". Das Langemarck-Gedenken der Stuttgarter Hitler-Jugend, in: Reichssturmfahne. Kampfblatt der württembergischen Hitler-Jugend, 20. 10. 1934; Ein Jahr Kaiserswerth. Feierliche Weihestunde in der Barbarossapfalz. HJ im Geiste Leo Schlageters und der Toten von Langemarck, in: Die Fanfare, Ausgabe Ruhr-Niederrhein, November 1934; Kurt Streckfuß: Opfer verpflichten, in: Ebd., Dezember 1934; Unterbann 229 veranstaltete am 25. Oktober eine Langemarck-Gedenkfeier, in: Ebd.; Wir sind bereit wie unsere Toten. Das Bekenntnis des Jungbanns I/160 zum Geist der Helden von Langemarck, in: Westdeutscher Beobachter, 7. 11. 1934; Langemarckfeier der HJ [in Dortmund], in: Westfälische Landeszeitung, 10. 11. 1934; Heldengedenkstunde der HJ, in: Königsberger Tageblatt, 12. 11. 1934; laut Bericht der „Westfälischen Landeszeitung" führten am 10. 11. 1934 alle Einheiten des Jungvolks des Gebiets Baden Langemarck-Gedenkfeuer und -Gedenkmärsche durch, vgl. Aus den Gebieten, in: Westfälische Landeszeitung, 9. 11. 1934; ähnlich die HJ im Gebiet Hannover, vgl. Jugend gedenkt Langemarcks. Ein Gedächtnismarsch der HJ Hannover, in: Hannoverscher Kurier, 12. 11. 1934; der Artikel: Wir leben für Langemarck, im Thüringer Sturmtrupp, 1934, 2. November-Ausgabe, ist ein gutes Beispiel für eine allgemeine, aber wohl eher uninspirierte Aufnahme Langemarcks. Die HJ-Zeitschriften für die Gebiete Sachsen und Ostsee, „Junger Wille" und „Die junge Garde" hingegen erwähnen Langemarck mit keinem Wort. Auch in der „Nordmark-Jugend", dem ‚Kampfblatt' der Hitler-Jugend im Gebiet 6 (Schleswig-Holstein/Hamburg), findet sich nur ein kursorischer Verweis auf eine Langemarck-Feier im Rahmen eines Gebietssportfestes (Nordmark-Jugend, 25. 10. 1934).

Einheiten erfassende Gedenkpolitik implementierte.[103] Und auch die westdeutsche HJ bemühte sich um einen eigenen Zugang zum Vermächtnis der ‚Helden von Langemarck', indem sie (unter der Ägide des nachmaligen Stellvertreters Schirachs, Hartmann Lauterbacher) „als Träger der Frontidee und des ‚Geistes von Langemarck' als Ausdruck der Dankbarkeit für die auf dem Felde der Ehre gefallene deutsche Jugend in Flandern einen Ehrenhain" projektierte und die relative geographische Nähe zu den Schlachtfeldern des Weltkriegs zu symbolischen Gesten nutzte.[104]

Dies sind nur zwei Beispiele für regionale Ausprägungen des Langemarck-Gedenkens in der HJ. Ohne eine im Rahmen dieser Arbeit nicht zu leistende extensive Berücksichtigung der regionalen und lokalen Tagespresse lässt sich die lokal- und regionalhistorisch wichtige Frage nach der Reichweite der Langemarck-Rezeption nicht weiter verfolgen. Wichtig ist zu verstehen, dass ungeachtet aller regionalen Unterschiede der Kult um Langemarck in der HJ älter war als das systematische Interesse der RJF an diesem Schlachten-Mythos. Dass in den Jahren 1933/34 auch ohne zentrale Vorgaben der HJ-Führung voneinander unabhängig so viele Langemarck-Feiern (davon einige mit ausgesprochen ‚bündischem' Charakter) durchgeführt wurden, unterstreicht nachdrücklich die Attraktivität des Langemarck-Narrativs für weite Teile der HJ-Führerschaft bis auf die lokale Ebene hinab. Mit anderen Worten: Noch bevor die RJF begann, die Langemarck-Gedächtnispolitik zu orchestrieren und zu zentralisieren, hatte sich die Parteijugend auf unterer Ebene bereits öffentlichkeitswirksam als Trägerin des ‚Langemarck-Geistes' profiliert und damit begonnen, den Deutungsanspruch der Studentenschaft auf ‚ihren' Mythos in Frage zu stellen. Anders als immer wieder behauptet, gab es also zu Beginn keinen planmäßigen Versuch, den Mythos der jungen Kriegsfreiwilligen von Seiten der Partei- und faktischen Staatsjugend gleichsam zu übernehmen, sondern eine Vielzahl von zum Teil bündisch inspirierten, auf jeden Fall aber ‚von unten' getragenen, disparaten Initiativen zum stärkeren Gedenken an Langemarck.

In der manifesten Verbreitung des Langemarck-Mythos in den Reihen der rasant wachsenden Hitler-Jugend (sei es durch Gleichschaltung konkurrierender Jugendorganisationen, sei es durch freiwilligen Beitritt) ist ohne Zweifel eine notwendige

103 Vgl. Langemarck, hg. von der Gebietsführung Ostland der HJ, Königsberg 1937; Gebietsbefehl Ostland, Kulturamt, (1935, 9), 1. 11. 1935: „Wie bereits bekannt ist, findet am 16. November im Gebiet Ostland eine einheitliche Langemarckfeier statt. Das Programm der Feier ist genau einzuhalten. [...] Nach Vereinbarung mit dem Wehrkreiskommando ist die Wehrmacht bereit, in den einzelnen Städten bei den Langemarckfeiern der HJ die Reden zu übernehmen. Die örtlichen HJ-Führer dieser Städte setzen sich umgehend mit dem zuständigen Standortältesten der Wehrmacht in Verbindung. Auf die Durchführung dieser Langemarckfeier ist der größte Wert zu legen.". Vgl. auch: Heldengedenkstunde der Hitlerjugend, in: Königsberger Tageblatt, 12. 11. 1934; Langemarck-Feier im Aschmann-Park, in: Ebd., 17. 11. 1935; Langemarck-Feier in Neukuhren, in: Ebd., 12. 11. 1937.

104 Deutsche Gräber in fremder Erde, in: Die Fanfare, Ausgabe Westfalen, November 1934, die Ankündigung Lauterbachers stammt bereits vom 11. 1. 1934; der Gebietsführer Mittelrhein, Heinz Deinert, nutzte 1935 die symbolträchtige Zeit zwischen den Jahren – Anfang und Ende zugleich –, um in Langemarck der Toten zu gedenken und ein neues Jahr im Geist der Gefallenen einzuläuten, vgl. Kreuze in Flandern, in: Die Niederrheinische Fanfare. Kampfblatt der Hitler-Jugend des Gebietes Ruhr-Niederrhein. Amtliches Jugendpflegeorgan der Regierung Düsseldorf, Februar 1936.

Bedingung des sich 1934 ankündigenden,[105] erst 1935 voll anlaufenden Engagements der RJF in Sachen Langemarck zu sehen. Langemarck ist in diesem Kontext als Angebot an in die HJ zu integrierende, ehemalige Mitglieder der bündischen bzw. allgemeiner der bürgerlichen Jugendverbände zu verstehen. Hinreichend erklärt ist damit der komplexe Prozess, der zur Usurpation der Schlacht durch die HJ führen sollte, aber noch nicht. Zwei weitere Faktoren müssen ebenfalls Berücksichtigung finden: erstens der bereits angesprochene innenpolitische Kontext, d. h. die zentrale Bedeutung des Kriegs- und Gefallenengedenkens im Rahmen der NS-Integrationspolitik, und zweitens, sozusagen als Auslöser, die Überführung der Langemarck-Spende der DSt in den Kompetenzbereich des Jugendführers des Deutschen Reiches.

Die Rasanz, mit der das Weltkriegsgedenken nach der ‚Machtergreifung' systematisch mediatisierter Kernbestandteil der Selbstdarstellung des NS-Regimes geworden war, konfrontierte die HJ mit der Notwendigkeit, eigene Formen zu entwickeln, um der politisch opportunen Dankbarkeit der Jugend gegenüber den ‚Helden' des Weltkriegs Ausdruck zu verleihen. Ab Mitte 1934 passte sich die RJF spürbar der staatlichen Symbolpolitik zur ‚Wiederherstellung der Ehre des deutschen Frontsoldaten' an: Hatte die HJ in der Kampfzeit noch ein ausgesprochen ambivalentes Verhältnis zu den organisierten Kriegsteilnehmern gepflegt und ganz besonders 1932/33 auch Rechtsverbände wie den Stahlhelm und den Kyffhäuser immer wieder als reaktionäre Bürgervereine attackiert, ja ihnen ganz gezielt ihr ‚Frontkämpfertum' abgesprochen, ging es nun darum, den überlebenden ‚Frontsoldaten' die ‚Dankbarkeit der Nation' zu bekunden und sie damit symbolpolitisch an das Regime zu binden.[106]

Dieser, wenn man so will, integrationspolitische Imperativ des Kriegsgedenkens muss als normatives ‚Hintergrundrauschen' der HJ-Gedächtnispolitik immer berücksichtigt werden, nicht umsonst fallen die ‚Entdeckung' ‚Langemarcks' durch die HJ-Spitze und der neue Kurs in der ‚Frontkämpfer'-Frage chronologisch fast zusammen. Der propagandistisch-pädagogische Rekurs auf den Mythos von Langemarck ermöglichte es in diesem Zusammenhang der HJ, auf der einen Seite, die gesellschaftlich sanktionierte Pflicht zum Gedenken für alle sichtbar zu erfüllen. Vorbei waren die Zeiten, in denen wie noch 1933 Langemarck-Feiern exklusive Jugendfeiern sein konnten. In den Vordergrund trat nun eindeutig der Kundgebungs-Charakter der Veranstaltungen. Sich an eine möglichst große Öffentlichkeit wendend, bekundete die faktische Staatsjugend der ‚Frontkämpfergeneration' im Langemarck-Gedenken ihren Respekt und versicherte, ihr ‚Erbe' antreten zu wollen. Auf der anderen Seite konnotierten die ‚jungen Kriegsfreiwilligen' genug jugendlichen Idealismus, um den Geltungsanspruch der RJF, der durch den innenpolitisch gebotenen Kotau vor dem Kollektiv der Kriegsteilnehmer symbolisch herabgewürdigt zu werden drohte, nicht zu konterkarieren: Der Kult um den heroischen Einsatz- und Opferwillen ‚derer von Langemarck' zelebrierte einen jugendlichen Heldenmut, der bei allen Dankbarkeitsbekundungen an die Adresse der Langemarck-

105 Vgl. z. B. Günter Kaufmann: Wir Jungen und das Vermächtnis von Langemarck, in: Wille und Macht, 1. 3. 1934. Kaufmann, Autor des oben erwähnten Langemarck-Artikels in der „Jungen Nation" vom November 1933 (siehe Anm. V, 93) sollte als Hauptschriftleiter der wichtigen HJ-Führerzeitschrift „Wille und Macht" zu einem wichtigen Multiplikator des Langemarck-Mythos in der HJ werden.

106 Vgl. dazu Kapitel IV.2.

Veteranen einer emanzipativen Pointe nie ganz verlustig ging. Schließlich ließ sich im Gedenken an die ‚Helden von Langemarck' – in stärkerem Maße als dies im Zusammenhang mit jedem anderen Schlachtenmythos möglich gewesen wäre – die Brücke von der Jugend von 1914 zur Jugend des Dritten Reiches schlagen. Als Chiffre für das „Opfer der Jugend an allen Fronten" unterstrich ‚Langemarck' die Bedeutung jugendlichen Heldentums für die historische Entwicklung Deutschlands und erlaubte der HJ immer auch, sich selbst zu feiern.[107] Der Rekurs auf das Deutungsmuster Langemarck kann daher als der Versuch interpretiert werden, sich als Jugendorganisation in der staatlich geförderten Konjunktur des Weltkriegsgedenkens so zu positionieren, dass einerseits die von der NS-Spitze eingeforderte „Ehrfurcht" vor der „größten Leistung, die unser Volk je in seiner Geschichte vollbracht hat",[108] zum Ausdruck kam, andererseits dabei eine allzu deutliche Hierarchisierung der Generationen (‚HJ-Generation' vs. ‚Frontkämpfer') möglichst vermieden wurde. Es ist wichtig, diese für das Langemarck-Gedenken der HJ konstitutive Doppelfunktion (Bemäntelung intergenerativer Spannungen durch Ehrung der Kriegsteilnehmer bei gleichzeitiger Selbststilisierung zur Trägerin des ‚Fronterlebnisses') zu verstehen, denn sie erklärt, warum die Reichsjugendführung unter Schirach ‚Langemarck' keineswegs opportunistisch entwickelte, sondern den Erinnerungsort selbstinitiativ zur zentralen Referenz der HJ-Weltkriegsgedenkpraxis ausbaute. Dabei war sie auch bereit, das zeigt vor allem die Auseinandersetzung mit der Reichsstudentenführung, sich über Bedenken der Parteiführung hinwegzusetzen.

Vor diesem Hintergrund hatte die Übernahme der Langemarck-Spende der Deutschen Studentenschaft durch die Reichsjugendführung eine katalysierende Wirkung. Im Rahmen einer im Rundfunk übertragenen Feier in Berlin übergab der Vorsitzende der DSt, Andreas Feickert, am 11. November 1934 die zentrale Institution der akademischen Langemarck-Arbeit in die Obhut der Hitler-Jugend. Bei diesem Vorgang handelte es sich keinesfalls um eine feindliche Übernahme bzw. Gleichschaltung.[109] Der Leiter der Langemarck-Spende, Hansgeorg Moka, hatte ganz im Gegenteil selbst die Initiative ergriffen und sich der RJF angedient.[110] Mit der Vereinbarung zwischen dem Jugendführer des Deutschen Reiches und dem Leiter der Langemarck-Spende vom 27. Oktober 1934 wurde die Langemarck-Spende der Deutschen Studentenschaft in die so genannte Langemarck-Spende der Deutschen Jugend umgewandelt. Als Leiter des neu geschaffenen selbständigen Referates Langemarck-Arbeit wurde Moka von Schirach in den Stab der RJF übernommen. Damit wurde ein konventioneller, nationaler Akteur des Weltkriegsgedenkens in die NS-Organisation eingegliedert, ‚parteiamtlich' aufgewertet und in den Dienst der

107 Vgl. Günter Kaufmann: Langemarck. Das Opfer der Jugend an allen Fronten, Stuttgart 1938; Alfred Schütze: Von Langemarck nach Potsdam. Der Marsch einer Jugend, Berlin 1937; Fritz Fink: Langemarck-Feldherrenhalle, Weimar 1938, Rundfunkansprache am 7. 11. 1937 im Rahmen einer Morgenfeier der HJ.

108 Vgl. Domarus, Hitler. Reden und Proklamationen, Bd. 1.1, S. 206.

109 Die bisherigen Forschungsbeiträge zur Langemarck-Rezeption stellen die Übernahme der Langemarck-Spende durch die RJF als Gleichschaltung dar und übertreiben damit die Rolle der RJF, vgl. Hüppauf, Schlachtenmythen und die Konstruktion des ‚Neuen Menschen', S. 55; Unruh, Langemarck. Legende und Wirklichkeit, S. 190.

110 Brief Baldur von Schirach an den „Obersten Parteirichter" Buch, 30. 6. 1937 (OPG/G 0088, Bl. 1622).

NS-Jugenderziehung genommen.[111] Dieser Vorgang steht beispielhaft für die personelle Kontinuität des Langemarck-Gedenkens in Weimarer Republik und Drittem Reich und belegt nachdrücklich die Kongruenz national-konservativer und nationalsozialistischer Vorstellungen von wehrpolitisch motivierter Gedächtnispflege: Die Hitler-Jugend gewann eine erprobte und anerkannte Traditionsagentur für die von ihr projektierte öffentlichkeitswirksame Gedenkpolitik hinzu, und auch der Leiter der Langemarck-Spende konnte zufrieden sein. Als Oberbannführer in der Reichsjugendführung konnte der Kriegsteilnehmer und ehemalige Freikorpsangehörige Moka (Jahrgang 1900) darauf hoffen, die von ihm mit Unterbrechungen seit 1929 betriebene Pflege des ‚Geistes von Langemarck' besser forcieren zu können, als ihm dies im Rahmen der zahlenmäßig so exklusiven Studentenschaft möglich gewesen wäre.[112] Auch wenn die Akten des Langemarck-Referates – sowie seiner institutionellen Nachfolger – im Zweiten Weltkrieg vollständig vernichtet wurden, kann doch kein Zweifel bestehen, dass sein Kalkül aufging: Von 1934 bis 1940 spielte die ehemalige Langemarck-Spende der DSt eine wichtige Rolle bei Planung und Durchführung der großen zentralen Langemarck-Feiern der Parteijugend. Indem sie sich darüber hinaus mit Erfolg dafür einsetzte, das Langemarck-Gedenken zur institutionellen Klammer des HJ-Weltkriegsgedenkens überhaupt zu machen, konnte sie als wichtige Planungs- und Koordinierungsinstanz die HJ-Gedächtnispolitik maßgeblich mitbestimmen und damit das bei ihrer Gründung 1928 formulierte Ziel, Langemarck im kollektiven Bewusstsein der deutschen Jugend zu verankern, in verstärktem Ausmaß verfolgen. Der institutionelle Erfolg ihrer gedächtnispolitischen Bemühungen zeigte sich nicht zuletzt im Ausbau des Langemarck-Referates zum Hauptreferat Gefallenenehrung (Juni 1937) und schließlich in der Einrichtung des Arbeitsausschusses Langemarck beim Jugendführer des Deutschen Reichs (Februar 1937).[113]

Der Aufbau der systematischen Langemarck-Arbeit der RJF wird nun genauer zu untersuchen sein. Dabei wird es insbesondere um den veritablen Kampf gehen müssen, den sich HJ und NS-Studenten um Langemarck lieferten und der deutlich den relativ autonomen Charakter des HJ-Kriegsgedenkens hervortreten lässt. Baldur von Schirachs emphatische Aussage aus dem Februar 1937: „Wollte ich auf Langemarck verzichten, so würde ich auf die Grundlage der Erziehung der Jugend überhaupt verzichten",[114] die den ‚Geist von Langemarck' zum zentralen Prinzip der totalitären Jugenderziehung erhob, darf nicht als Ausdruck eines im Zeitablauf konstanten Interesses an ‚Langemarck' missverstanden werden. Vielmehr muss der Aufstieg Langemarcks zum Schlüsselmythos des HJ-Weltkriegsgedenkens als Resultat eines kom-

111 Vereinbarung zwischen dem Jugendführer des Deutschen Reiches und dem Leiter der Langemarck-Spende, 27. 10. 1934 (BA Berlin-Lichterfelde, OPG/G 0088, Bl. 1982–1984).

112 Vgl. Moka, Die Langemarck-Arbeit der Deutschen Studentenschaft, S. 213; zu Hansgeorg Moka siehe dessen Kurzbiographie in: Buddrus, Totale Erziehung für den totalen Krieg, S. 1189, sowie die kurzen biographischen Hinweise in den Unterlagen seines Parteigerichtsverfahrens von 1936 (BA Berlin-Lichterfelde, OPG/G 0088, besonders Bl. 1786).

113 Verordnungsblatt der Obersten Reichsbehörde Jugendführer des Deutschen Reichs und der Reichsjugendführung der NSDAP, V/14, 18. 6. 1937, S. 220; Amtliches Nachrichtenblatt, VI/15, 22. 7. 1938, S. 281.

114 Frontkämpfer erzählen vor der HJ, in: RJP, 1939, Nr. 44, S. 3.

plexen Aneignungs- und Ausdeutungsprozesses interpretiert werden. Ganz offensichtlich gab es auch im Weltkriegsgedenken des Dritten Reichs Verschiebungen und Konjunkturen. Die Deutung des Kriegserlebnisses konnte in den diversen NS-Organisationen durchaus mit unterschiedlichen Akzentsetzungen verbunden sein, so dass es auch in der nationalsozialistischen, gleichgeschalteten Öffentlichkeit verschiedene, in ein diffuses Helden-Narrativ eingebettete Gedenkdiskurse gab, die funktional für verschiedene innen- wie außenpolitische Propagandafelder waren.

Reichsstudentenführung gegen Reichsjugendführung – der Deutungskampf um ‚Langemarck'

Den immanent politischen Charakter des Kriegs- und Heldengedenkens im Dritten Reich dokumentiert wohl kaum ein Vorgang so gut wie der Deutungskampf um Langemarck zwischen Reichsjugendführung und Reichsstudentenführung. Erstens belegt die Untersuchung der *rivalité mémorielle* der beiden NS-Organisationen, dass beide Seiten eine eigene Erinnerungspolitik zu entwickeln bemüht waren. Sie rezipierten und multiplizierten nicht einfach einen von der Parteiorganisation vorgegebenen Weltkriegsdiskurs, sondern griffen aktiv in die komplexen gesellschaftlichen Interpretations- und Kommunikationsprozesse ein, in denen gut zwanzig Jahre nach Beginn des Großen Krieges der Sinn des Massensterbens diskursiv verhandelt wurde. Zweitens zeigt die *causa* Langemarck exemplarisch, dass Gedenkpolitik unter den Bedingungen organisierter Öffentlichkeit immer auch Repräsentationsinteressen diente und damit einen durchaus nicht nur symbolischen Herrschaftsanspruch unterstrich. Exklusiver Träger des ‚Geistes von Langemarck' zu sein, versprach im nationalsozialistischen ‚Frontsoldatenstaat' einen Prestige- und Legitimitätsgewinn, der in dem Konkurrenzkampf um die auch (und gerade) in totalitären Regimen so wichtige Ressource ‚öffentliche Aufmerksamkeit' einen Wettbewerbsvorteil bringen konnte.[115] Eine Vielzahl der im Folgenden angesprochenen Gedenk-Maßnahmen von Seiten der HJ und der NS-Studenten lässt sich daher ausdrücklich nur vor dem Hintergrund dieser spezifischen Konkurrenzsituation angemessen nachvollziehen. In

115 Einen Eindruck von der die jeweiligen Organisationsgrenzen weit überschreitenden Reichweite des Langemarck-Gedenkens vermittelt annäherungsweise das Echo, das die von RJF und RSF initiierten Gedenkveranstaltungen bei der deutschen Presse fanden: Die Zentralfeierlichkeiten zum Langemarck-Tag zwischen 1934 und 1938 wurden allesamt im Rundfunk übertragen, darüber hinaus druckte neben den großen NS-Zeitungen vor allem die Lokal- und Regionalpresse immer wieder Berichte über das Langemarck-Gedenken, z. T. an ausgesprochen exponierten Stellen. So schafften es die folgenden Artikel – in denen es jeweils vor allem um die Gedächtnisarbeit der HJ geht – auf die Titelseite: Deutschlands Jugend pflegt das Vermächtnis von Langemarck, in: Brandenburger Anzeiger, 10./11. 11. 1934; „Wir wollen leben für Langemarck", in: Ebd., 12. 11. 1934; Deutschland gedenkt der Helden von Langemarck. Hitlerjugend übernimmt das Langemarckwerk, in: Leipziger Neueste Nachrichten, 12. 11. 1934; Frontkämpfer und Jugend gedenken Langemarcks, in: Der Mitteldeutsche, 8. 11. 1937; Der Langemarck-Ausschuss. Berufung der Mitglieder zum Sonnabend, in: Niedersächsische Tageszeitung, 4. 11. 1937; Die Jugend ehrt die Helden von Langemarck, in: Ebd., 11. 11. 1937; Das Vermächtnis von Langemarck, in: Rheinische Landeszeitung, 16. 11. 1936; Langemarck-Feier im Sportpalast, in: Ebd., 8. 11. 1937; Ehrung der Helden von Langemarck, in: Westfälische Landeszeitung, 16. 11. 1936; Langemarck-Opferpfennig der deutschen Jugend, in: Ebd., 7. 11. 1937; insgesamt ist die mediale Resonanz des Langemarck-Gedenkens damit als groß einzuschätzen.

dem Bestreben, ihre Deutungshoheit über den ‚Todessturm der deutschen Jugend' von 1914 öffentlich zu untermauern, überboten sich RJF und RSF immer wieder gegenseitig, und die Hoffnung, den anderen symbolpolitisch endgültig zu überbieten, stand als Motiv oft genug erkennbar hinter den teilweise kampagnenartig organisierten Gedenkinitiativen. Die Geschichte ‚Langemarcks' im Zeichen des Hakenkreuzes ist daher vor allem, so lässt sich vorwegnehmend sagen, die Geschichte eines Deutungskampfes, von dessen Ausgang die Konkurrenten sich die Vergrößerung ihrer gesellschaftlichen Sichtbarkeit und ihres politischen Einflusses versprachen.[116]

Die Übergabe der Langemarck-Spende der DSt an den Jugendführer des Deutschen Reiches am 11. November 1934 war noch durch eine gemeinsame Feier von HJ und DSt im großen Sendesaal des Reichssenders Berlin gefeiert worden.[117] Keinesfalls beabsichtigte die DSt zu diesem Zeitpunkt, die Langemarck-Spende, geschweige denn das Arbeitsfeld ‚Langemarck' insgesamt, aufzugeben. Vielmehr ging Feickert davon aus, dass die DSt „nach wie vor an der Arbeit der Langemarck-Spende [...] führend" mitwirken werde.[118] Doch da hatte er den Machtwillen der RJF unterschätzt, in der sich neben Dr. Moka im Langemarck-Referat auch Schirach stärker für die Langemarck-Arbeit zu interessieren begann.[119] Tendenziöse Zeitungsartikel u. a. von Hansgeorg Moka in der *Nationalsozialistischen Partei-Korrespondenz* (NSK), dem Pressedienst der NSDAP, und Wilhelm Utermann in der *Westfälischen Landeszeitung* meldeten – bei pflichtschuldiger Anerkennung der Verdienste der DSt um das Langemarck-Gedenken – deutlich den Alleinvertretungsanspruch der Hitler-Jugend an.[120] Die Langemarck-Feier von Reichsjugendführung und Langemarck-Ausschuss am 10. November 1935, die allgemein als „erste Langemarck-Feier der ganzen deutschen Jugend" gewürdigt wurde, fand jedenfalls bezeichnender Weise ohne sichtbare studentische Beteiligung statt.

Von ihrem Rahmen her stellte die Langemarck-Feier 1935 die Vorjahres-Feier deutlich in den Schatten. Nach einer Kranzniederlegung am Ehrenmal Unter den Linden begab sich der Reichjugendführer zusammen mit Vertretern der Wehrmacht und des Langemarck-Ausschusses zur Feierstunde in die Volksbühne, wo er vor

116 Dieser Aspekt der Langemarck-Rezeption im Dritten Reich ist von der Forschung zum Langemarck-Mythos bislang nicht berücksichtigt worden; dabei stellt sich die Geschichte dieses Mythos im Dritten Reich durch die ‚Konkurrenz-Perspektive' deutlich anders dar: nämlich als nicht-linear und ständig umstritten. Repräsentativ für die von der historischen Forschung bislang vertretene Lesart ist Hüppauf, Schlachtenmythen und die Konstruktion des ‚Neuen Menschen', S. 55, der davon spricht, dass die Pflege dieses Mythos dem Reichsjugendführer „übertragen" worden sei, eine so nicht haltbare Verkürzung eines komplexen Vorgangs. Tatsächlich gab es zu keinem Zeitpunkt so etwas wie eine offizielle oder offiziöse Mandatierung der HJ mit der Langemarck-Arbeit, vielmehr wurde ganz im Gegenteil von Seiten der HJ eher gegen den Willen der Parteileitung Anspruch auf Langemarck erhoben.

117 Finanziert wurde die im Rundfunk übertragene Übergabe der Langemarck-Spende – genauso wie die Langemarck-Feier in der Volksbühne ein Jahr später – durch (zweckentfremdete) Mittel der Langemarck-Spende, die damit der notorisch unter Geldmangel leidenden RJF zwei publikumsträchtige Großveranstaltungen schenkte (vgl. BA Berlin-Lichterfelde, OPG/G 0088, Bl. 1974–1976).

118 DSt, der Reichsführer, Rundschreiben A12/1934/35, An die Kreisführer und Führer der Einzelstudentenschaften, Berlin, 20. 11. 1934 (BA Berlin-Lichterfelde, NS 38/5103).

119 So wurde z. B. das Programm der Langemarck-Feier 1935 maßgeblich von Baldur von Schirach entworfen (vgl. BA Berlin-Lichterfelde, OPG/G 0088, Bl. 2004).

120 Hansgeorg Moka: Langemarck – Vorbild und Ansporn für die deutsche Jugend, in: Nationalsozialistische Partei-Korrespondenz, 7. 11. 1935; Wilhelm Utermann: Langemarck – unser Erbe, in: Westfälische Landeszeitung, 8. 11. 1935.

rund 2000 Angehörigen der Hitler-Jugend und ehemaligen Kriegsteilnehmern die besondere Verantwortung der NS-Jugend für das Langemarck-Gedenken betonte. Die Langemarck-Kantate von Eberhard Wolfgang Möller und Georg Blumensaat, die bereits für die Langemarck-Feier 1934 komponiert worden war und sich jetzt endgültig als quasi-offizielle Langemarck-Musik der Hitler-Jugend durchsetzte, und Ludwig van Beethovens *Eroica* rundeten die Feierstunde ab.[121]

Wie sehr es der RJF im November 1935 gelungen war, sich in Sachen Langemarck in eine bestimmende Position hineinzumanövrieren, zeigt nicht zuletzt der Blick auf das militärische Rahmenprogramm der Feier 1934. Die gemeinsame Feier von DSt und RJF von 1934 war nämlich nur eine Veranstaltung – und keinesfalls die wichtigste – im Rahmen eines größeren Gedenkprogramms gewesen. Der große Feldgottesdienst der so genannten Langemarck-Regimenter im Lustgarten, den der Langemarck-Ausschuss federführend organisiert hatte und an dem neben Generalfeldmarschall August von Mackensen und dem Chef der Heeresleitung, General Werner von Fritsch, ein Gutteil der Nomenklatura der militärischen Traditionspflege teilgenommen hatte, wurde von der Tagespresse allgemein als deutlich wichtiger eingestuft.[122] Im Rahmen dieses Feldgottesdienstes hatte Feickert als Reichsführer der DSt die traditionelle Verpflichtung der Jugend auf den ‚Geist von Langemarck' vorgenommen und damit vor den Augen des ebenfalls anwesenden Reichjugendführers noch einmal den Anspruch der DSt auf eine führende Rolle im Langemarck-Gedenken bekräftigt.

Ein Jahr später hatte sich das Bild dagegen erheblich gewandelt. Nicht nur spielten die Studenten nun keine Rolle mehr, nein, auch die teilnehmenden Traditionsverbände und ihre Vertreter traten in ihrer Bedeutung deutlich hinter die HJ und deren Führer zurück. Schirach und die NS-Jugend hatten die ganze Bühne für sich allein und waren sichtlich entschlossen, diesen Vorteil zu nutzen.

Ganz und gar unvorstellbar war es daher aus Sicht der HJ, ‚Langemarck' wieder aus der Hand zu geben. Die relativ gut dokumentierten Planungen der Langemarck-Feier 1936, die in den Händen des Organisationsamtes und des Kulturamtes der Reichsjugendführung lagen, belegen eindeutig, wie sehr die HJ bemüht war, die Studentenschaft endgültig aus dem Langemarck-Gedenken herauszudrängen.[123] Obwohl zunächst nach Vereinbarung mit dem mitveranstaltenden Langemarck-Ausschuss ein Gelöbnis des Reichsführers der deutschen Studentenschaft die Feier schließen sollte und obwohl das Reichs- und Preußische Ministerium für Wissenschaft, Erziehung und Volksbildung wie auch die DSt bereits entsprechende Pro-

121 Vgl. Die Langemarck-Feier der deutschen Jugend, in: Die HJ, 16. 11. 1935, S. 6. Wie im Vorjahr wurde auch die Feier im Rundfunk übertragen. Eine Aufnahme ist im Deutschen Rundfunkarchiv Wiesbaden archiviert (DRA, B00. 48. 92224).

122 Vgl. z. B. Georg Lüpke: Bekenntnis zu Langemarck. Die Gedenkfeier in der Reichshauptstadt, in: VB, Norddeutsche Ausgabe, 12. 11. 1933; Der Tag von Langemarck. Gedenkfeier im Berliner Lustgarten/ Feldgottesdienst, in: Königsberger Tageblatt, 12. 11. 1933.

123 Reichsjugendführung, Organisationsamt, 10. 11. 1936, Aufmarschbefehl für die Langemarckfeier am 15. 11. 1936 (BA Berlin-Lichterfelde, NS 38/2011).

grammhinweise versandt hatten,[124] entschied die organisierende HJ, die geplante Schlussansprache des neu bestellten Reichsstudentenführers Gustav Adolf Scheel[125] aus dem Programm zu streichen. Die in den Jahren 1928 bis 1934 traditionell von einem Vertreter der Studentenschaft gesprochene Verpflichtung der Lebenden auf den ‚Opfergeist' der Toten von Langemarck wurde stattdessen vom Reichsjugendführer ausgeführt.[126]

Auch der Protest des Vorsitzenden des Langemarck-Ausschusses, Generalmajor a. D. Grote, der den Jugendführer des Deutschen Reiches nachdrücklich aufforderte, den Reichsstudentenführer im Rahmen der Reichsrundfunkübertragung sprechen zu lassen,[127] fruchtete nichts. Spätestens jetzt musste sich die Reichsstudentenführung darüber im Klaren sein, dass sie handeln musste, wollte sie ihre Langemarck-Kompetenz nicht endgültig an die HJ verlieren. Entsprechend alarmiert wandte sich der Organisationsleiter der DSt, Steinbruch, an den frisch gebackenen Reichsstudentenführer:

> *Wir beharren mit Nachdruck darauf, das verlorengegangene Arbeitsgebiet wiederzugewinnen, zumal die meisten Mitglieder des Langemarck-Ausschusses, der aus Vertretern der Langemarckregimenter, der DSt und der HJ zusammengesetzt ist, unsere Ansprüche billigen*[128]

und legte ihm über einen Mittelsmann nahe, sich entweder mit Schirach persönlich auseinanderzusetzen oder in dieser Angelegenheit bei Rudolf Hess vorzusprechen.[129] Eindeutig war man auf Seiten der NS-Studenten nicht gewillt, sich ohne weiteres geschlagen zu geben. Vielmehr wurde durch Einschaltung der Parteileitung eine Entscheidung auf höchster Ebene angestrebt.

124 Der Reichs- und Preußische Minister für Wissenschaft, Erziehung und Volksbildung, Berlin, 10. 11. 1936 (BA Berlin-Lichterfelde, NS 38/2011); Brief der Reichsführung der DSt an den SS-Obersturmbannführer Dr. Gustav Adolf Scheel, 6. 11. 1936 (BA Berlin-Lichterfelde, NS 38/2974).

125 Die Reichsstudentenführung wurde erst mit Erlass vom 5. 11. 1936 eingerichtet. Bis dahin hatten mit der Reichsführung von DSt und NSDStB zwei voneinander unabhängige Führungsorgane bestanden, die faktisch eher gegen- als miteinander die Belange der deutschen Studenten zu regeln versuchten. Die aus dieser Rivalität resultierende relative Schwäche der Studentenorganisationen mag mit einer der Gründe dafür gewesen sein, dass die RJF ihren ‚Angriff' auf ‚Langemarck' anfangs so erfolgreich führen konnte.

126 Brief DSt, Reichsführung, Steinbruch (Organisationsleiter) an Pg. Waldemar Müller, 10. 11. 1936 (BA Berlin-Lichterfelde, NS 38/2974).

127 Vgl. den Brief des Vorsitzenden des Langemarck-Ausschusses an den Jugendführer des Deutschen Reichs, 7. 11. 1936 (BA Berlin-Lichterfelde, NS 38/2974), in dem es weiterhin heißt: „Nachdem im gleichen Zusammenhang von Ihrer Berliner Dienststelle dem geschäftsführenden Vorstandsmitglied des Langemarckausschusses [...] heute Mittag die doch sicher irrtümliche Nachricht zuteil wurde, dass das Gelöbnis durch den Reichsstudentenführer in Wegfall käme, darf ich um Ihren unmittelbaren Bescheid in der Angelegenheit bitten. Ich möchte nochmals betonen, dass ich besonderen Wert darauf lege, dass dieser Wunsch des Langemarckausschusses erfüllt wird."

128 Brief Steinbruch an Gustav Adolf Scheel, 6. 11. 1936 (BA Berlin-Lichterfelde, NS 38/2974).

129 Brief Steinbruch an Waldemar Müller, 10. 11. 1936, Abschrift (BA Berlin-Lichterfelde, NS 38/2974).

Abb. 13: Langemarck-Feier im November 1936 in Berlin. Baldur von Schirach bei der Kranzniederlegung in der Neuen Wache. Fotografie aus der Zeitschrift „Die HJ", 21. November 1936

Abb. 14: Langemarck-Feier 1936 in Berlin. Blick in die Langemarck-Gedenkhalle auf dem Reichssportfeld. Fotografie aus der Zeitschrift „Die HJ", 21. November 1936

Abb. 15: Langemarck-Feier 1936 in Berlin. Baldur von Schirach während seiner Rede. Fotografie aus der Zeitschrift „Die HJ", 21. November 1936

In der Zwischenzeit geriet die Langemarck-Feier vom 15. November 1936 in der Deutschlandhalle, dem modernsten Hallenbau Deutschlands, mit 20 000 Zuschauern zur größten jemals veranstalteten Einzelkundgebung zu ‚Langemarck'. Per Rundfunkübertragung erreichte sie neben den Parallelveranstaltungen in den Hochschulstädten, bei denen der Empfang der zentralen Langemarck-Feierlichkeiten in Berlin zum Programm gehörte, ein Massenpublikum an den Radiogeräten und unterstrich öffentlichkeitswirksam den Deutungsanspruch der RJF.[130] Dass der Hauptschriftleiter des Zentralorgans der RJF – der Wochenzeitschrift *Die HJ* –, Wilhelm Utermann, in seinem Bericht über dieses Gedenkspektakel die Beteiligung des Langemarck-Ausschusses an Planung und Organisation der Feier verschwieg und stattdessen eine reine HJ-Veranstaltung aus ihr machte,[131] ist nur ein weiterer Beleg für den Exklusivitätsanspruch der Parteijugend in Sachen Langemarck-Gedenken: Kooperation war nur solange erwünscht, wie sie der repräsentationsversessenen RJF nützte. Dies galt eben auch für die Verbindungen zu den ‚Frontkämpferverbänden', die zu hofieren man sich doch ansonsten in der Öffentlichkeit zur vornehmen Pflicht machte. Sobald man meinte, ohne sie besser, d. h. vor allem sichtbarer, dazustehen, scheute man sich nicht, sie nach Kräften zu marginalisieren.

Anfang Februar 1937 musste die HJ-Spitze in ihrem Bestreben, den Mythos der jungen Kriegsfreiwilligen zu monopolisieren, allerdings einen massiven Rückschlag hinnehmen: Die gedemütigte Reichsstudentenführung hatte den Streitfall Langemarck nämlich tatsächlich der Parteiführung zur sozusagen letztinstanzlichen Entscheidung vorgelegt und der ‚Führer' hatte entschieden, „dass die Langemarckfeier eine ausgesprochene Angelegenheit der Studentenschaft ist".[132] Es ist müßig zu spekulieren, wie es zu diesem ‚Führerentscheid' gekommen ist und was sich daraus für die Einstellung Hitlers zum Langemarck-Mythos schlussfolgern lässt. Unbestreitbar ist hingegen, dass mit dieser für die NS-Studenten positiven Wendung die Langemarck-Arbeit der Reichsstudentenführung in ein neues Stadium trat, ein Stadium, in dem die Schlacht von Langemarck, qualitativ wie quantitativ aufgewertet, nun

130 An die obligate Kranzniederlegung Unter den Linden und die Feier in der Deutschlandhalle, auf der Baldur von Schirach und der Führer des Traditionsgaus München, Staatsminister Adolf Wagner, sprachen, schloss sich eine Kranzniederlegung in der neuen Langemarck-Halle auf dem Olympiagelände an, vgl. Wilhelm Utermann: Die deutsche Jugend feiert den Tag von Langemarck, in: Die HJ, 21. 11. 1936, eine Aufzeichnung der Feier ist erhalten (DRA, B00. 50. 18037).

131 Wilhelm Utermann: Die deutsche Jugend feiert den Tag von Langemarck, in: Die HJ, 21. 11. 1936.

132 Brief Rudolf Hess an Gustav Adolf Scheel, 1. 2. 1937, Fotografie (BA Berlin-Lichterfelde, NS 38/2257). Der genaue Wortlaut des Schreibens lautet: „Sie [Scheel, A.W.] haben mir mitgeteilt, dass die Reichsjugendführung die Langemarckfeiern künftig allein durchzuführen beabsichtige. Ich teile Ihnen dazu mit, dass der Führer, wie aus einer Rücksprache am gestrigen Tag hervorging, nach wie vor der Ansicht ist, dass die Langemarckfeier eine ausgesprochene Angelegenheit der Studentenschaft ist. Selbstverständlich soll die Hitler-Jugend bei der Durchführung der Langemarckfeiern beteiligt werden."

zum wichtigsten historischen Referenzpunkt NS-studentischer Traditionspflege avancierte.[133]

Bezeichnend ist nun vor allem, wie die RJF auf die Zurückweisung ihrer gedenkpolitischen Ambitionen reagierte, nämlich nicht etwa mit Zurückhaltung oder gar Rückzug, sondern ausgesprochen offensiv: Noch im gleichen Monat (Februar 1937) gelang es Schirach, den seit 1929 bestehenden Langemarck-Ausschuss Hochschule und Heer an die HJ zu binden und mit dem Arbeitsausschuss Langemarck beim Jugendführer des Deutschen Reichs die wenigstens dem Anspruch nach zentrale Koordinierungsinstanz des Langemarck-Gedenkens in ganz Deutschland ins Leben zu rufen. Obwohl der Vorsitzende des Langemarck-Ausschusses, Generalleutnant a. D. Grote, zum Vorsitzenden des neuen Ensembles berufen wurde, bedeutete die Gründung des Arbeitsausschusses Langemarck de facto die Ausschaltung der Frontkämpferverbände, denn in Oberbannführer Dr. Moka stellte die RJF den Geschäftsführer und trug auch ansonsten dafür Sorge, dass das organisatorische Hauptgewicht auf Seiten der HJ lag.[134] Die Botschaft hätte eindeutiger nicht sein können: Die RJF dachte gar nicht daran, ihren Deutungsanspruch auf Langemarck fallen zu lassen; die faktische Übernahme der zentralen Schnittstelle des studentisch-militärischen Weltkriegsgedenkens vor 1933 war nicht weniger als eine Kampfansage an die Reichsstudentenführung. Nun befanden sich die beiden zweifellos wichtigsten Träger des Langemarck-Gedenkens der Weimarer Jahre, die Langemarck-Spende und der Langemarck-Ausschuss, im Einflussbereich der HJ.[135] Die Pflege des Vermächtnisses der Kriegsfreiwilligen von 1914 war damit in den Worten Günter Kaufmanns

133 Besonders augenfällig tritt diese Intensivierung des Langemarck-Gedenkens ab Januar/Februar 1937 in dem Zentralorgan des NSDStB „Die Bewegung“ zutage: Während sich vor diesem Zeitpunkt nur sehr vereinzelt Verweise auf den Langemarck-Mythos finden, z. B. Günter Kaufmann: Langemarck, in: Deutsche Studenten-Zeitung, 1933, 2. Juli-Ausgabe; Langemarck (Kritik eines Langemarck-Stückes von Siegfried Richter), in: Ebd., 20. 1. 1934, eröffnen die Artikel: Wir halten Totenwache (mit den Untertiteln: Langemarck – ein Vermächtnis und Fahrt durch Flandern), in: Die Bewegung, 9. 2. 1937, und der Aufmacher: Langemarck fordert: Deutschland über alles, in: Ebd., 16. 2. 1937, die nunmehr nicht mehr abreißende Serie von Artikeln, die das besondere Verhältnis der Studentenorganisation zu Langemarck unterstrichen: Deutschland muss leben – und wenn wir sterben müssen; Studenten schufen das Mahnmal von Langemarck; Studentenbriefe aus 100 Jahren; Student und Flandern, alle in: Ebd., 9. 11. 1937; Heilige Erde in Flandern; Der Reichsstudentenführer in Langemarck, Langemarck-Feiern 1937, alle in: Ebd., 23. 11. 1937; Das Vermächtnis ist Tat und Leben geworden! Langemarck-Feier der Reichsstudentenführung, in: Ebd., 30. 11. 1937; Das Langemarck-Stipendium, in: Ebd., 12. 7. 1938; Ewiger Opfergang für das Reich u. a., in: Ebd., 8. 11. 1937; Heldenehrung in Langemarck, in: Ebd., 15. 11. 1938; Der politische Auftrag. Reichsfeier Langemarck im Berliner Zeughaus, in: Ebd., 22. 11. 1938; Langemarck-Studium, in: Ebd., 28. 2. 1939; Ehrenmal – Treuemal, in: Ebd., 23. 5. 1939.

134 Vgl. Heldengedenken der deutschen Jugend. Arbeitsausschuss Langemarck in der Jugendführung des Deutschen Reichs, in: RJP, 1937, Nr. 42. Die personelle Zusammensetzung des Ausschusses ließ darüber hinaus keinen Zweifel am Primat der HJ. Neben Moka stellte sie mit Obergebietsführer von Tschammer und Osten, Obergebietsführer Cerff, Obergebietsführer Rodatz, Obergebietsführer Reckewerth, Gebietsführer Berger und Bannführer Kaufmann sieben der insgesamt 19 Mitglieder, vgl. Praktischer Einsatz der Jugend für die Gefallenenehrung. Berufung der Mitglieder des Langemarck-Ausschusses, in: RJP, 1937, Nr. 252.

135 Zusammen mit der Veröffentlichung der Gründung des Arbeitsausschuss Langemarck lancierte Günter Kaufmann, als Pressereferent einer der engsten Mitarbeiter des Reichsjugendführers, einen Artikel, in dem er mit deutlichen Worten mutmaßliche ‚Standesinteressen‘ im Zusammenhang mit Langemarck zurückwies und die ganze deutsche Jugend – also die HJ – zu legitimen Erben ‚derer von Langemarck‘ erhob, vgl. Günter Kaufmann: Ein Vermächtnis. Langemarck – ein Erbe der gesamten deutschen Jugend, in: RJP, 1937, Nr. 42.

„eine der schönsten und vornehmsten Aufgaben des Jugendführers des Deutschen Reichs geworden".[136]

In der Folge intensivierte sich der Konkurrenzkampf zwischen den beiden NS-Organisationen spürbar. Auf die Einrichtung des Langemarck-Opferpfennigs der deutschen Jugend durch die RJF vom 6. November 1937, der die Arbeit des Arbeitsausschusses erstmals aus der HJ-Mitgliederschaft heraus finanzieren sollte (das Referat Langemarck hatte sich bis zuletzt aus Mitteln der Langemarck-Spende bedient), folgte die Wiedererrichtung der Langemarck-Spende der deutschen Studenten in der Reichsstudentenführung.[137] Und im November 1937 fanden in Berlin zwei separate Langemarck-Zentralfeiern statt: RJF (und Arbeitsausschuss) feierten im Sportpalast, die RSF in der Volksbühne am Horst-Wessel-Platz.[138] Obwohl die Langemarck-Feier der HJ, auf der neben Schirach der Vorsitzende des Arbeitsausschusses Grote und als Festredner Generalleutnant a. D. Horst von Metzsch auftraten, die Reichsfeier der RSF rein zahlenmäßig in den Schatten stellte, wurde in der NS-Presse primär von der studentischen Veranstaltung (zu der die RSF geschickter Weise den Reichspressechef der Partei, Dr. Otto Dietrich, als Hauptredner eingeladen hatte) berichtet. Selbst die HJ-Presse hielt sich mit nur einem eher kurzen Artikel über die Feier im Sportpalast seltsam bedeckt.[139] Dies hing wohl damit zusammen, dass die Reichspropagandaleitung inzwischen deutlich kommuniziert hatte, dass die Durchführung von Langemarck-Feiern „einzig und allein in den Händen des NSDStB liegt".[140] Der Reichsjugendführung war damit mehr und mehr die Möglichkeit genommen, sich durch groß aufgezogene Feiern als Erbin der

136 Kaufmann, Das kommende Deutschland, S. 207.

137 Zum Langemarck-Opferpfennig vgl.: Aufruf der Reichsleiter Schirach und Schwarz zur Stiftung einer Langemarck-Spende der deutschen Jugend, in: RJP, 1937, Nr. 254; Der Langemarck-Opferpfennig der deutschen Jugend, in: Die HJ, 13. 11. 1937. Zur Wiedereinrichtung der Langemarck-Spende der Studenten, vgl.: Langemarck-Spende der deutschen Studenten wieder errichtet, in: Die Bewegung, 23. 11. 1937. Jedes Mitglied der Hitler-Jugend (HJ, DJ, BDM, JM) musste von nun an jeden Monat einen Pfennig für die Gefallenenehrung der HJ abführen. Für die Studenten belief sich der entsprechende Betrag auf 20 Pfennig pro Semester.

138 Die RSF feierte streng genommen zweimal: Am 11. 11. 1937 fuhren Scheel und seine Amtsleiter zum ‚Heldenfriedhof' von Langemarck, um dort – während in den deutschen Hochschulstädten ähnliche Kranzniederlegungen stattfanden – im Namen der deutschen Studenten den Helden von 1914 zu huldigen. Vgl. Heilige Erde in Flandern. Mit dem Reichsstudentenführer in Langemarck, in: Die Bewegung, 23. 11. 1937. Die eigentliche ‚Reichsfeier' in der Volksbühne fand dann am 21.11. statt. Vgl. dazu: Das Vermächtnis ist Tat und Leben geworden. Langemarckfeier der Reichsstudentenführung, in: Die Bewegung, 30. 11. 1937.

139 Symptomatisch ist die Berichterstattung im Pressedienst der NSDAP. Sämtliche Artikel zu Langemarck: Symbol Langemarck, in: NSK, 10. 11. 1937, S. 1 f.; Rudolf Tipke: Die Gräber in Flandern, in: Ebd., 17. 11. 1937, S. 4 f.; Das geistige Vermächtnis von Langemarck. Dr. Dietrich vor den deutschen Studenten, in: Ebd., 21. 11. 1937, S. 1–4, betonten deutlich den studentischen Charakter der Feierlichkeiten. Die HJ-Veranstaltung wurde dagegen nicht als Langemarck-Feier, sondern als Rahmenprogramm der ersten Sitzung des Arbeitsausschuss Langemarck behandelt, z. B.: Jugend und Frontkämpfer. Erste Sitzung des Arbeitsausschusses Langemarck, in: Die HJ, 13. 11. 1937.

140 Reichspropagandaleitung. Reichsring für NS-Propaganda und Volksaufklärung, an alle Leiter der Gauringe! An alle Mitglieder des Reichsrings! An alle Verbindungsmänner der Organisationen! vom 11. 10. 1937 (Abschrift): „Wir teilen Ihnen hierdurch mit, dass der Stellvertreter des Führers am 1. 2. 1937 verfügt hat, dass die Durchführung von Langemarckfeiern einzig und allein in den Händen des NSDStB liegt. Organisationen, welche sich an der Durchführung der Langemarckfeiern beteiligen wollen, müssen sich daher an den NSDStB wenden, damit sie von diesem an der Durchführung beteiligt werden können. Im übrigen wird sich der Reichsstudentenführer von sich aus sowieso an die einzelnen Gliederungen und Verbände wegen der Mitbeteiligung wenden. [...] gez. Tießler (Leiter des Reichsringes)" (BA Berlin-Lichterfelde, NS 38/3618).

heldenhaften ‚Stürmer von Langemarck' zu profilieren. Sie musste ihren Anspruch anders dokumentieren, z. B. indem sie zum Langemarck-Tag eine Delegation nach Langemarck bzw. zu ihrem Patenfriedhof Dranoutre entsandte und in den Berichten über diese Fahrten die Verpflichtung der ganzen deutschen Jugend zum Heldengedenken in den Mittelpunkt stellte, oder indem sie am 5. November 1938 das Buch eines engen Mitarbeiters des Reichsjugendführers, Günter Kaufmann, mit dem gedenkpolitisch absichtsvollen Titel *Langemarck. Das Opfer der Jugend an allen Fronten* auf der Titelseite ihrer amtlichen Zeitung rezensierte.[141]

Wenn die HJ sich also nach 1937 mit eigenen Langemarck-Feiern zurückhielt und stattdessen an den Feiern des NSDStB teilnahm – zu den Feiern der RSF auf dem Friedhof von Langemarck und im Berliner Zeughaus am 11. und 13. November 1938 entsandte man eine Abordnung von 15 Bannführern unter der Leitung von Moka[142] –, hieß dies daher nicht, dass man die Pflege ‚Langemarcks' grundsätzlich aufgab, sondern vielmehr, dass man sich aus taktischen Gründen ruhig verhielt.

Die Reichsstudentenführung war sich darüber durchaus im Klaren und bemühte sich dementsprechend, ihren parteiamtlich zementierten Vorteil weiter zu konsolidieren. Anlässlich der Langemarck-Feier 1937 wurde beispielsweise verfügt, dass die Aufnahme der Erstsemester in den NSDStB am 11. November zu erfolgen habe. Man ließ – eindeutig die Feierpraxis der RJF imitierend – zum Langemarck-Tag 1938 eine Langemarck-Kantate komponieren. Ja, man ging so weit, das ursprünglich „Horst-Wessel-Studium" genannte Vorstudienprogramm für weltanschaulich gefestigte Bewerber ohne Hochschulreife in „Langemarck-Studium" umzubenennen, ein hinsichtlich der darin zum Ausdruck kommenden Wertehierarchie wohl einzigartiger Vorgang, der wie kein zweiter verdeutlicht, in welchem Maße der Langemarck-Mythos den geschichtspolitischen Referenzrahmen der NS-Studentenschaft dominierte.[143] Dies unterstreichen auch die Etatvorlagen der Hauptstelle Propaganda der RSF für die Haushaltsjahre 1937 und 1938: Mit 10 000 Reichsmark war der Langemarck-Tag die mit Abstand teuerste Veranstaltung des studentischen

141 Vgl. Unser Langemarck. Zehn Bannführer fuhren nach Flandern, in: Die HJ, 20. 11. 1937; Langemarck – Verpflichtung und Aufgabe der gesamten deutschen Jugend. 10 HJ-Bannführer fahren nach Langemarck, in: RJP, 1937, Nr. 254; Wilhelm Utermann: Das Opfer der Jugend an allen Fronten, in: Die HJ, 5. 11. 1938. Neben Kaufmann verfasste noch ein weiterer Mitarbeiter der RJF ein Buch zu Langemarck: Schütze, Von Langemarck nach Potsdam.

142 Wie im Vorjahr war das Langemarck-Gedenken der RSF 1938 zweigeteilt: am 11.11. wurde eine Gedenkfeier in Langemarck als Rundfunksendung in die parallel laufenden örtlichen Langemarck-Feiern des NSDStB, die „in enger Fühlungnahme mit dem NS-Reichskriegerbund und der HJ stattfanden", übertragen. Vgl.: Heldenehrung in Langemarck. Reichsstudentenführer Dr. Scheel in Flandern, in: Die Bewegung, 15. 11. 1938; am 13.11. fand dann im Zeughaus die Reichsfeier Langemarck statt. Neben Scheel sprach Reichskriegerführer, SS-Gruppenführer Generalmajor a. D. Reinhard, im Anschluss wurde in der ‚Langemarck-Ehrenhalle' auf dem Olympiagelände ein Kranz niedergelegt, vgl.: Reichsfeier Langemarck im Berliner Zeughaus 1938, in: Ebd., 22. 11. 1938.

143 Vgl. Das Vermächtnis ist Tat und Leben geworden! Der Reichsstudentenführer verfügt: Feierliche Aufnahme in den NSDStB alljährlich am 11. November, in: Ebd., 30. 11. 1937; Reichsfeier Langemarck im Berliner Zeughaus, in: Ebd., 22. 11. 1938, zu den ‚Schöpfern' der Langemarck-Kantate der NS-Studenten, Karl-Rudi Griesbach und Rolf Börnsen, vgl. Die Schöpfer der Langemarck-Kantate über sich selbst, in: Ebd., 30. 11. 1937; zum Langemarck-Studium vgl. Das „Horst-Wessel-Studium", in: Ebd., 6. 7. 1937, ein Artikel, der die Ergebnisse einer Sondertagung des Amtes für Wirtschafts- und Sozialfragen der RSF zur Vorstudienförderung während der Reichsarbeitstagung der RSF in Heidelberg im Juni 1937 zusammenfasst, sowie die sich häufenden Artikel zum Langemarck-Studium, z. B.: Das Langemarck-Stipendium, in: Ebd., 12. 7. 1938; Das Langemarck-Studium, in: Ebd., 11. 4. 1939.

Feierkalenders. Selbst für den Deutschen Studententag, eine mehrtägige Veranstaltung, wurde mit jeweils 8 200 RM deutlich weniger veranschlagt.[144]

In den Kontext der symbolischen (Wieder-)Besetzung des flandrischen Schlachtenortes durch die NS-Studenten fiel auch die Propagandaaktion „Langemarckstraßen", die das Amt Presse und Propaganda der RSF im Herbst 1937 und 1938 durchführte und in der es eingestandener Maßen um nichts anderes ging, als „gerade im jetzigen Augenblick den besonderen Anspruch des deutschen Studententums auf die Langemarck-Idee durch ein absolut faires Mittel in aller Öffentlichkeit zu bekunden".[145] Die zur Umbenennung vorzuschlagenden Plätze sollten dabei erstens „möglichst würdig gestaltet und der Sache entsprechend im Stadtbild bedeutungsvoll" sein und zweitens – und das war der entscheidende Punkt – „in augenfälliger räumlicher Beziehung zum Hochschul- bzw. Fachschulgebäude, in geeigneten Fällen zum Studentenhaus stehen. [...] Denn es soll ja gerade auch dadurch die besondere innere Verpflichtung des deutschen Studententums auf die Langemarckidee zum Ausdruck gebracht werden"[146] – eine in Straßennamen gegossene Verpflichtung, die dem Konkurrenzanspruch der HJ wirksam begegnen sollte.[147]

Trotz des intensiven Deutungskampfes wurde der Höhepunkt des Langemarck-Gedenkens im Dritten Reich in vielerlei Hinsicht erst später erreicht: Der deutsche ‚Blitzkrieg' und die Siege im Westen 1940 hatten eine Weltkriegs-Erinnerungs-Konjunktur hervorgerufen, die – metaphorisch gesprochen – an den Gräbern der Helden von 1914–1918 den endgültigen Sieg deutschen Soldatentums feierte. Der gemessen an den traumatischen Erfahrungen des Großen Krieges mit geringen Verlusten errungene Sieg erfüllte das ‚Vermächtnis der Frontsoldaten' von 1914–1918 und brachte ihnen im Sinne der „Und Ihr habt doch gesiegt"-Rhetorik des *Völkischen Beobachters*[148] 22 Jahre nach Kriegsende endlich den ‚wohlverdienten' Triumph im ‚Völkerringen'.[149] Die Unterzeichnung des Waffenstillstandsabkommens am 22. Juni 1940 fand in diesem Zusammenhang bewusst in dem berühmten Eisenbahnwaggon des Maréchal Foch statt, in dem am 11. November 1918 auf der nicht minder berühmten Lichtung bei Compiègne der Waffenstillstand durch die deut-

144 BA Berlin-Lichterfelde, NS 38/3617.

145 Brief Hauptstelle Propaganda an Gustav Adolf Scheel, 27. 10. 1937, Durchschlag (BA Berlin-Lichterfelde, NS 38/3819).

146 Amt Presse und Propaganda an Studentenführungen, 25. 10. 1937, Hervorhebung im Original (BA Berlin-Lichterfelde, NS 38/3819).

147 Als Ergebnis der Propagandaaktion Langemarckstraßen wurden in Bingen, Clausthal-Zellerfeld, Cottbus, Darmstadt, Dresden, Erlangen, Jena, Kiel, Köthen, Münster, Plauen, Witzenhausen und Zwickau Straßen bzw. Plätze umbenannt. Aachen, Bonn, Chemnitz, Dortmund, Frankfurt/Main, Freiburg, Gladbach, Göttingen, Hannover, Hirschberg i. Riesengebirge, Koblenz, Konstanz, Saarbrücken und Würzburg hatten zu diesem Zeitpunkt schon eine Langemarck-Straße. Eckernförde, Hamburg und Breslau signalisierten ihre Bereitschaft zu späteren Umbenennungen, Braunschweig, Gießen, Marburg, Regensburg und Tübingen waren in Vorbereitung. Wie viele Um- und Neubenennungen hier noch erfolgt sind, geht aus den Akten nicht hervor (vgl. BA Berlin-Lichterfelde, NS 38/3817 und 4146).

148 Vgl. Brandt, Vom Kriegsschauplatz zum Gedächtnisraum, S. 245 f.

149 Pars pro toto heißt es in dem für die triumphalistische Tonalität der Weltkriegsexegese des Jahres 1940 repräsentativen Artikel von Georg Zech: Helm ab! Wir stehen vor Langemarck, in: Junge Welt, 1940, H. 7, S. 9: „Wir sind nach dem Friedhof hinausgegangen. Wie von selbst hat jeder seinen Stahlhelm abgenommen und blickt in stummem Gedenken die langen Reihen der schwarzen Holzkreuze entlang [...]. In unseren Herzen aber fließt die Vergangenheit in die Gegenwart hinein, die uns mit der stolzen Zuversicht erfüllt, daß wir den hier ruhenden Kameraden den Lorbeer des Sieges auf das Holzkreuz heften können."

sche Delegation unterzeichnet worden war:[150] Während auf der einen Seite der Sieg über Frankreich die Schmach der Niederlage exorzierte, adelte das millionenfache Opfer des kaiserlichen Heeres auf der anderen Seite den militärischen Erfolg der Wehrmacht, der vor der Negativfolie des vierjährigen Massensterbens 1914–1918 als weltgeschichtlich präzedenzloses Großereignis erscheinen musste. Hitlers Aufstieg zum „Größten Feldherrn aller Zeiten" und der hypertrophe Führerkult um seine Person bis zur Kriegswende speisten sich gleichermaßen aus dem ‚Blitzsieg' von 1940 wie aus der im kollektiven Bewusstsein verwurzelten Erfahrung der langen, verlustreichen und am Ende dennoch vergeblichen Kriegsjahre des Ersten Weltkriegs.[151] Nicht umsonst insistierte der ‚Führer' darauf, während seiner Fahrten im Kriegsgebiet insbesondere auch den Schlachtfeldern und Soldatenfriedhöfen des Ersten Weltkriegs einen Besuch abzustatten und damit zu unterstreichen, dass der Erste und Zweite Weltkrieg eine Epocheneinheit bildeten.[152]

Diese Doppelstruktur des Kriegsgedenkens unter Kriegsbedingungen, d. h. die Dialektik von Tradition (Erfüllung des Vermächtnisses der Helden von damals) und Kontrast (Kriegsverlauf und -ausgang von 1914–1918 auf der einen, triumphaler Vormarsch von 1940 auf der anderen Seite), ließ kanonisierte Schlachtenorte des Ersten Weltkriegs wie Langemarck und Verdun zu Chiffren für die historische Einheit der beiden Weltkriege werden.[153] So tönte während des Vormarsches der deutschen Truppen durch Frankreich und Belgien der Heeresbericht des OKH nach Erreichen Langemarcks durch deutsche Truppen am 29. Mai 1940: „Über dem Mahnmal der deutschen Jugend bei Langemarck, dem Schauplatz ihres heldenmütigen Kämpfens 1914, weht die Reichskriegsflagge."[154] Auch mehrere Rundfunkberichte vom buchstäblich noch in Hörweite der Front gelegenen Langemarck-Friedhof hoben die Bedeutung Langemarcks für die Jugend des Dritten Reichs hervor.[155] Und Hitler selbst ließ es sich nicht nehmen, am 2. Juni, also noch deutlich

150 Zur direkten Parallelisierung von 1918 und 1940 vgl. die Zeitungsberichte: Compiègne ausgelöscht, in: VB, 14. 6. 1940; Schande von 1918 im Wald von Compiègne gelöscht, in: VB, 22. 6. 1940; Compiègne, in: VB, 22. 6. 1940; Wilhelm Weiss: Compiègne 1940, in: VB, 22. 6. 1940; Der historische Wagen von Compiègne in Berlin, in: VB, 9. 7. 1940; vgl. auch die Fotos von Hitler und seiner Entourage bei der Unterzeichnung des Waffenstillstands, in: Heinrich Hoffmann (Hg.): Mit Hitler im Westen, Berlin 1940; zur Rezeption des Vergleichs 1918/1940 vgl. Meldungen aus dem Reich, 20. 6. 1940 und 24. 6. 1940, in: Boberach (Hg.), Meldungen, S. 1274 ff., S. 1292 ff., wo es u. a. hieß: „Mit Genugtuung und Ergriffenheit wurde es begrüßt, daß diese Verhandlungen am gleichen Ort wie 1918 geführt wurden. Das ritterliche Verhalten der Deutschen im klaren Gegensatz zu der damals so hochmütigen Gehässigkeit der französischen Delegation fand allgemein Anerkennung und Zustimmung. Die eindringliche und vornehme Art wie der Führer die Schmach von 1918 ein für alle mal aus der Geschichte auslöschte, begegnete rückhaltloser Bewunderung." (S. 1292 f.).

151 Vgl. Kershaw, Der Hitler Mythos, S. 186 ff.

152 Vgl. die Bilder von Hitler in Vimy, auf der Lorettohöhe und bei Ypern, in: Hoffmann (Hg.), Mit Hitler im Westen.

153 Z. B.: Auf historischen Schlachtfeldern, in: VB, 7. 6. 1940; Gerhard Starcke: Hakenkreuz auf der Lorettohöhe, in: VB, 28. 5. 1940; Kurt Stolzenberg: Die Ersten in Verdun, in: VB, 18. 6. 1940; Ramminger: Das war der Angriff auf den Hartmannsweilerkopf, in: VB, 25. 6. 1940; Willi Fr. Könitzer: Das andere Langemarck, in: VB, 2. 6. 1940; Gunther d'Alquen: Auf dem Kemmel, in: VB, 5. 6. 1940; vgl. auch Meldungen aus dem Reich, 17. 6. 1940, in: Boberach (Hg.), Meldungen, S. 1261 ff., in der hervorgehoben wurde, dass „die erfolgreiche Erstürmung Verduns in so unglaublich kurzer Zeit", „wie ein Wunder" bestaunt wurde (S. 1262); vgl. auch Brandt, Vom Kriegsschauplatz zum Gedächtnisraum, S. 241–246.

154 Willi Fr. Könitzer: Die Reichskriegsflagge über Langemarck, in: Junge Welt, 1940, H. 7, S. 8.

155 DRA, B00. 71. 91023, B00. 71. 91347, B00. 46. 28420, B00. 71. 91283 und B00. 46. 28420.

vor dem Waffenstillstand mit Frankreich, den ‚Helden von Langemarck' die Ehre zu erweisen.

Abb. 16: Adolf Hitler am 2. Juni 1940 auf dem Soldatenfriedhof in Langemarck. Fotografie aus dem Presse-Archiv Heinrich Hoffmann

Im November 1940 fand – gleichsam Kulminationspunkt der Langemarck-Rezeption im Zeichen des ‚Sieges im Westen' – auf dem Langemarck-Friedhof eine große Gedenkfeier von Wehrmacht und HJ statt, auf der der Oberbefehlshaber des Heeres, Walther von Brauchitsch, und der neu ernannte Beauftragte des Führers für die Inspektion der HJ, Reichsleiter für die Jugenderziehung der NSDAP und Reichsstatthalter in Wien, Schirach, die Erfüllung des Erbes ‚derer von Langemarck' statuierten:

> *Zur gleichen Stunde, in der es 1914 wie ein Schwur der deutschen Jugend über dieses Feld hallte, „Deutschland, Deutschland über alles", wollen wir uns erneut darüber klar werden, was es heißt, ein Deutscher zu sein. Damit gehöre ich einem 80-Millionen-Volk an, das im Herzen Europas seinen Platz hat, dessen Geschichte ein nie aufhörender Kampf um den Lebensraum, eine von der Natur vorgezeichnete kämpferische Aufgabe gewesen ist und dessen Bestimmung gelautet hat: Über Schlachtfelder vorwärts!*
> *Der Nationalsozialismus ist die Erfüllung der Sehnsucht des Weltkriegskämpfers, er ist frontgeboren. Seine Ausdrucksformen sind soldatisch. [...] Dieser Krieg, den wir jetzt erleben, schließt zwei Generationen zusammen, die Weltkriegskämpfer und die jungen Soldaten. Mit dem 28. Mai 1940, mit dem Tag, an dem die Reichskriegs-*

flagge in Langemarck gehißt wurde, ist das Vermächtnis der Jugend von 1914 erfüllt worden.[156]

Im weiteren Verlauf der Feier, die auf Initiative des OKH vom Arbeitsausschuss Langemarck organisiert worden war und zu der 750 in der Wehrmacht Dienst tuende höhere HJ-Führer sowie eine Delegation von 25 jüngeren HJ-Führern eingeladen worden waren,[157] konnte die HJ einen letzten großen Erfolg für sich verbuchen: Vor den Augen der Konkurrenz – der Reichsstudentenführer war mit einer studentischen Delegation angereist – übernahm Schirach stellvertretend für die HJ und in Anwesenheit des neuen Reichsjugendführers Artur Axmann den Friedhof von Langemarck in die Obhut der Hitler-Jugend. Die Reichsstudentenführung war brüskiert und reagierte entsprechend. Zwar kam sie nicht umhin, in ihrem Presseorgan den Feierakt und die Ansprache des Generalfeldmarschalls ausgiebig zu würdigen; die Ansprache Schirachs sowie die Übernahme des Ehrenmals durch die HJ hingegen erwähnte sie mit keiner Silbe.[158] Darüber hinaus sah sie sich veranlasst, in der von ihr kontrollierten Presse noch intensiver auf die besondere Verantwortung der Studentenschaft für Langemarck hinzuweisen bzw. entsprechende Beiträge in möglichst großer Zahl in Presse und Rundfunk zu lancieren[159] und hinter den Kulissen der NS-offiziellen ‚guten Kameradschaft' der Gliederungen besonders gegen den Arbeitsausschuss Langemarck zu arbeiten.[160]

Bedingt zum einen durch die Kriegsüberforderung der Reichsjugendführung, deren Energien ganz von der verantwortungsvollen Jugendführung und -mobilmachung im Krieg absorbiert wurden, zum anderen wegen der mit zunehmender

156 Zitat aus der Langemarck-Rede von Brauchitschs, in: Über Schlachtfelder vorwärts! Brauchitsch und Schirach auf einer Feierstunde in Langemarck, in: VB, Norddeutsche Ausgabe, 11. 11. 1940, S. 4; diese Deutung des Westfeldzuges stellt ein zentrales Interpretament der zahlreichen im November 1940 erschienenen Zeitungsartikel zu Langemarck dar. Vgl. exemplarisch: Joachim Rodatz: Die Soldaten von Langemarck. Vorboten der Wehrgemeinschaft des im Nationalsozialismus geeinten Volkes, in: Innere Front. NSK, 10. 11. 1940, S. 3 f.; Gustav Adolf Scheel: Das Vermächtnis von Langemarck. Geheiligt im Opfer von 1914, erfüllt im Sieg von 1940, in: Ebd., 8. 11. 1940; bezeichnend für den Zeitgeist ist auch die Absicht Günter Kaufmanns, sein 1938 unter dem Titel „Langemarck. Das Opfer der Jugend an allen Fronten" erschienenes Langemarck-Buch nach dem Sieg über Frankreich um ein Kapitel erweitert unter dem Titel „Heimkehr von Langemarck" neu herauszugeben (vgl. Brief Kaufmann an Moka, 17. 7. 1940, AdR, Karton 55, Ordner 1302). Vgl. auch das auf Langemarck Bezug nehmende Geleitwort Schirachs in: Werner Fantur: Narvik, Berlin 1941.

157 Vgl. zur Planung der Feier die Korrespondenz Günter Kaufmanns (AdR, Reichsstatthalter, Hauptbüro Schirach, Karton 55, Akten 285–289); Günter Kaufmann: Leben für Langemarck, Manuskript (AdR, Reichsstatthalter, Hauptbüro Schirach, Karton 54a, Akte 283).

158 Langemarck bleibt uns Vermächtnis, in: Die Bewegung, 19. 11. 1940.

159 Vgl. die entsprechenden Artikel in den November-Ausgaben der „Bewegung": Gustav Adolf Scheel: 1914-Langemarck–1940; Heinz Wolf: Invictis victi victuri; Theodor Maus: Die Kriegsfreiwilligen von Langemarck, alle in: Die Bewegung, 12. 11. 1940; Wolf Heinz: Die Größe unserer Zeit; Langemarck bleibt uns Vermächtnis; Die Langemarckfeiern im Reich; Der Tag von Langemarck, alle in: Ebd., 19. 11. 1940; Großdeutsches Langemarck-Gedenken, in: Ebd., 26. 11. 1940; Langemarck-Eben Emael, in: Ebd., 3. 12. 1940. Am Tag von Langemarck 1940 gelang es der Reichsstudentenführung einen Beitrag im Rundfunk unterzubringen, in dem der Beauftragte des Reichsstudentenführers, Dr. Bähr, nochmals den besonderen Auftrag des Führers an die deutschen Studenten betonte, Langemarck gedenkend zu ehren, vgl.: Aus dem Blut von Langemarck wächst die neue Führungsschicht, in: Die Bewegung, 19. 11. 1940.

160 Leider gibt es zu dieser Phase der *rivalité mémorielle* zwischen HJ und Studenten kein belastbares Quellenmaterial. Allerdings beschwerte sich Hauptbannführer Moka im Januar 1941 bei Schirach über „Ausfälle der Studentenführung in Angelegenheit Langemarck" (AdR, Reichsstatthalter in Wien 1940–1945, Hauptbüro Schirach, Karton 24, Akte 129).

Kriegsdauer abnehmenden Binde- und Deutungskraft der Mythen des Ersten Weltkriegs gelang es der Reichsstudentenführung ab 1941, ‚Langemarck' zu reakademisieren. In diesem Zusammenhang wurde selbst das seit der ‚Machtergreifung' etablierte Deutungsschema vom idealistischen Sturm der Volksgemeinschaft der Jugend – d. h. der kriegsfreiwilligen Schüler, Studenten, Jungarbeiter und Handwerker – tendenziell zugunsten der Betonung des spezifisch studentischen Charakters Deutschlands junger Regimenter revidiert:

> *Waren es doch insonderheit deutsche Studenten, die 1914 zusammen mit der Blüte der gesamten deutschen Jugend in Flandern und Belgien das Deutschlandlied singend gegen die feindlichen Linien anrannten, das Dorf Langemarck erstürmten und ihr Leben für ihr Vaterland dahingaben. Ihr Opfer, ihr Sturm und ihr Sieg blieben so besonders der Deutschen Studentenschaft auf ewig ins Gedächtnis eingebrannt. Unsere jungen Kameraden gaben ihr Leben getreu studentischer Tradition und getreu studentischer Erziehung* [...].[161]

Diese (Wieder-)Verortung ‚Langemarcks' im Kernbereich studentischer Traditions- und Identitätspflege bedeutete nicht, dass die HJ als Multiplikatorin des Weltkriegs-Mythos ganz verschwand. Auch wenn auf oberster Ebene (RJF) nun keinerlei erkennbare Anstrengungen mehr unternommen wurden, das Primat der RSF infrage zu stellen, beschränkte sich die Rolle der Parteijugend auch weiterhin nicht auf die bloße Teilnahme an den unter der Ägide der örtlichen Studentenschaften ablaufenden Langemarck-Feiern der Jahre 1941–1943. An den HJ-Standorten, an denen der NSDStB nicht präsent war – also mit anderen Worten in der überwiegenden Mehrzahl der mittelgroßen Städte (von kleineren Städten und Ortschaften einmal ganz zu schweigen) –, blieb die HJ auf Befehl der RJF in Kooperation mit den örtlichen Krieger- und Traditionsvereinen auch weiterhin die lokale Trägerin des Langemarck-Gedankens.[162] Trotzdem wird man nicht umhin können, in den Kriegsjahren das Verschwinden Langemarcks aus der HJ-Presse festzustellen. Hatte auf dem beschriebenen Höhepunkt der Langemarck-Rezeption im November 1940 der kleine Ort in Flandern als wichtiger Knoten im geschichtspolitischen Deutungsraum die strukturelle Einheit der Jahre 1914 und 1940 versinnbildlicht und damit eine an den Ersten Weltkrieg rückgebundene Deutung des sich schnell zum Zweiten Weltkrieg auswachsenden, neuerlichen Waffenganges diskursiv ermöglicht, spielte das Langemarck-Narrativ in der Folge für die propagandistischen Bemühungen der HJ-Presse um den ‚Endsieg' keine Rolle mehr. Lediglich der unermüdliche Günter Kaufmann bemühte sich, die Opfer des sich anbahnenden Endkampfes durch den Rückgriff auf ‚Langemarck' symbolisch zu legitimieren: „Zu den Kämpfern von Langemarck und zur Standarte Horst Wessels tritt die 6. Armee",[163] schrieb er nach der Nieder-

161 Gustav Adolf Scheel: Die Erfüllung von Langemarck. Inbegriff des ewigen Sturm- und Opfergeistes deutscher Jugend, in: Innere Front. NSK, 7. 11. 1941, S. 1–3, S. 1.

162 Rundschreiben 26/43 des Gebietes Schwaben: Langemarckfeier 1943, das auf eine Anordnung der RJF vom 1. 11. 1943 hin ergeht (StA Augsburg, HJ-Gebiet Schwaben, 5; BA Berlin-Lichterfelde, NS 18/693).

163 Günter Kaufmann: Die ungenannte Tapferkeit, in: Wille und Macht, 1943, Februar 1943, S. 1–5, S. 1.

Abb. 17 und 18: Gemeinsame Gedenkfeier von HJ und Wehrmacht im November 1940 auf dem Soldatenfriedhof in Langemarck. Fotografie aus der Zeitschrift „Die Bewegung", 19. November 1940

lage von Stalingrad. Und ein Artikel in einer englischen Zeitung über die angeblich fanatische (aber letztendlich vergebliche) Einsatzbereitschaft in Italien kämpfender Hitler-Jungen veranlasste den Chefredakteur des HJ-Führerorgans zu dem Kommentar: „Es klingt wie Langemarck 1914."[164] Doch diese Einzelfälle waren nicht mehr als eine letzte Reminiszenz an den in der Zwischenkriegszeit populärsten und wirkungsmächtigsten Schlachtenmythos. Mit ihm trat das Gedenken an den Ersten Weltkrieg in der Hitler-Jugend insgesamt in den Hintergrund.

Im Wesentlichen war diese Erosion des Weltkriegsgedenkens ganz zweifelsohne der Helden produzierenden Natur des neuen Krieges geschuldet: Die Erinnerung an die Helden von 1914 wurde schlichtweg von den Helden des neuen Krieges, den ritterkreuztragenden U-Boot-Kommandanten und Fliegerassen verdunkelt. Zum zweiten exemplifiziert der rapide Bedeutungsverlust ‚Langemarcks' aber sicher auch die Grenzen, die der andauernde und sich totalisierende Krieg gegen Großbritannien, die Sowjetunion und die USA einer allzu offensiven Weltkriegserinnerung zog: Des massenhaften Sterbens der Soldaten des ‚alten Heeres' von 1914–1918 im Allgemeinen und der ‚Blüte der deutschen Jugend' bei Langemarck im Besonderen ließ sich nur unter dem Eindruck der Siege von 1940 integrativ gedenken. Je länger sich der Krieg nach der Kapitulation Frankreichs hinzog, je mehr er wie vor ihm der Große Krieg in einen industriellen Abnutzungs- und Zermürbungskrieg überging, desto weniger schien die vor allem 1940 exzessiv betriebene Parallelisierung der beiden Kriege geeignet, die Kriegsanstrengungen zu kontextualisieren und angemessen mit Sinn zu versehen. Angesichts der unleugbaren Tatsache, dass sich Deutschland zum zweiten Mal innerhalb eines Vierteljahrhunderts in einem endlosen ‚Völkerkrieg' befand, schien es kaum angebracht, die ohnehin wenig kriegsbegeisterte Bevölkerung durch Verweis auf einen Krieg, der trotz weitgehender Mobilisierung von Gesellschaft und Wirtschaft mit einer Niederlage geendet hatte, zusätzlich zu beunruhigen. Folgerichtig war die NS- und mit ihr die HJ-Presse, wenn sie überhaupt noch auf den Weltkrieg einging, vor allem daran interessiert, die Unterschiede zwischen kriegführendem Kaiserreich und Drittem Reich zu markieren.[165] Nichts sollte darauf hinweisen, dass die NS-Volksgemeinschaft von 1939 keinesfalls bessere Chancen hatte, in einem Krieg gegen den Rest der Welt zu bestehen, als die Gesellschaft des Kaiserreichs.

Institutionalisierung des Weltkriegsgedenkens – der Arbeitsausschuss Langemarck beim Jugendführer des Deutschen Reichs

Der veritable Kampf um Langemarck zwischen Reichsjugendführung und Reichsstudentenführung stand im Mittelpunkt des vorhergehenden Abschnittes. Dabei wurde argumentiert, dass die beschriebene Konkurrenzsituation nicht einfach Beiprodukt eines a priori auf beiden Seiten vorhandenen Interesses am Langemarck-Mythos gewesen ist, sondern vielmehr als konstitutives Element des sich dynamisierenden Langemarck-Gedenkens der Jahre 1934–1940 den Kult um die Helden von

164 Günter Kaufmann: Achtet der Beispiele, in: Wille und Macht 1943, September/Oktober 1943, S. 1–3, S. 1.
165 Vgl. Kapitel IV.1.

Langemarck dieser Zeit überhaupt erst adäquat erklärt. Die große Bedeutung ‚Langemarcks' für die NS-Studenten wie für die HJ speiste sich in diesem Zusammenhang aus dem hohen medialen Wiedererkennungswert des Mythos. Dieser schuf eine Plattform, auf welcher der nationalsozialistische Helden-Gedenkimperativ öffentlichkeitswirksam und damit prestige- und potentiell einflusssteigernd umgesetzt werden konnte. Die Gedenkpolitik von HJ und NSDStB gleichermaßen – und das gilt für alle Formen öffentlichen Weltkriegsgedenkens im Dritten Reich – erfüllte damit immer (auch) eine eminent machtpolitische Funktion: Sie bildete exemplarisch den politischen Gestaltungswillen der sie tragenden Organisationen ab, indem sie diese zu Trägern des Staatsräson gewordenen ‚Vermächtnisses der Front' stilisierte, würdig in der Tradition der Partei des Frontsoldatentums, der NSDAP, Verantwortung für die Geschicke Deutschlands zu übernehmen.

Mit der Beschreibung der Auseinandersetzungen um die Deutungshoheit über die Erste Flandernschlacht ist der Kontext aufgezeigt, in dem Langemarck zum exklusiven Referenzpunkt des Weltkriegsgedenkens der HJ werden konnte. Im Folgenden gilt es nun, die organisationsgeschichtlichen und institutionellen Aspekte dieser Entwicklung aufzuzeigen und anhand einiger Beispiele die konkrete Gedächtnisarbeit der Staats- und Parteijugend zu behandeln.

Ersten institutionellen Niederschlag fand das wachsende Interesse der Reichsjugendführung im selbständigen Referat Langemarck, das laut Vereinbarung zwischen dem Reichsjugendführer und dem Leiter der Langemarck-Spende vom 27. Oktober 1934 in der Reichsjugendführung eingerichtet wurde und neben der gleichzeitig verabredeten Umwandlung der Langemarck-Spende der DSt in die Langemarck-Spende der deutschen Jugend die Langemarck-Arbeit in der HJ verankern sollte.[166] Als Referat auf der untersten Verwaltungsebene der rasch expandierenden Reichsjugendführung angesiedelt[167] – spätestens 1937 wurden Größe und Komplexität eines Ministeriums erreicht[168] –, unterstand es als selbständige Dienststelle immerhin direkt dem Reichsjugendführer bzw. seinem Stabsführer; ein Privileg, das es sich 1935/36 nur mit dem Referat Wirtschaftspolitische Schulung teilen musste, bevor ab 1937 eine Vielzahl von weiteren unmittelbaren Stellen hinzukamen.[169] Zum Hauptreferat erhoben, wurde das Langemarck-Referat laut Verfügung vom 18. Juni 1937 in das Hauptreferat Gefallenenehrung umbenannt[170] und bestand bis zum 22. Juli 1938 parallel zu dem im Februar 1937 beim Jugendführer des deutschen Reichs ins Leben gerufenen Arbeitsausschuss Langemarck, über dessen endgültige Organisationsstruktur noch nicht entschieden worden war.

166 Vgl. Vereinbarung zwischen dem Jugendführer des Deutschen Reiches und dem Leiter der Langemarck-Spende, 27. 10. 1934 (BA Berlin-Lichterfelde, OPG/G 0088, Bl. 1982–1984).

167 Unterhalb der Dienststellungen des Reichsjugendführers und seines Stabsführers gab es von 1934 bis 1939 in der Reichsjugendführung als oberste Verwaltungseinheit die Ämter (1935 bestanden 14 Ämter, z. B. Presse- und Propagandaamt, Kulturamt, Personalamt, Amt für körperliche Schulung, Amt für weltanschauliche Schulung etc.). Diese gliederten sich in Hauptabteilungen (Hauptreferate), Abteilungen und als unterste Ebene Referate, vgl. Buddrus, Totale Erziehung für den totalen Krieg, S. 10 ff.

168 Ebd., S. 11.

169 Vgl. die Organisationsstruktur der RJF in ebd., S. 1098 ff.

170 Verordnungsblatt der Obersten Reichsbehörde Jugendführer des Deutschen Reichs und der Reichsjugendführung der NSDAP, V/14, 18. 6. 1937.

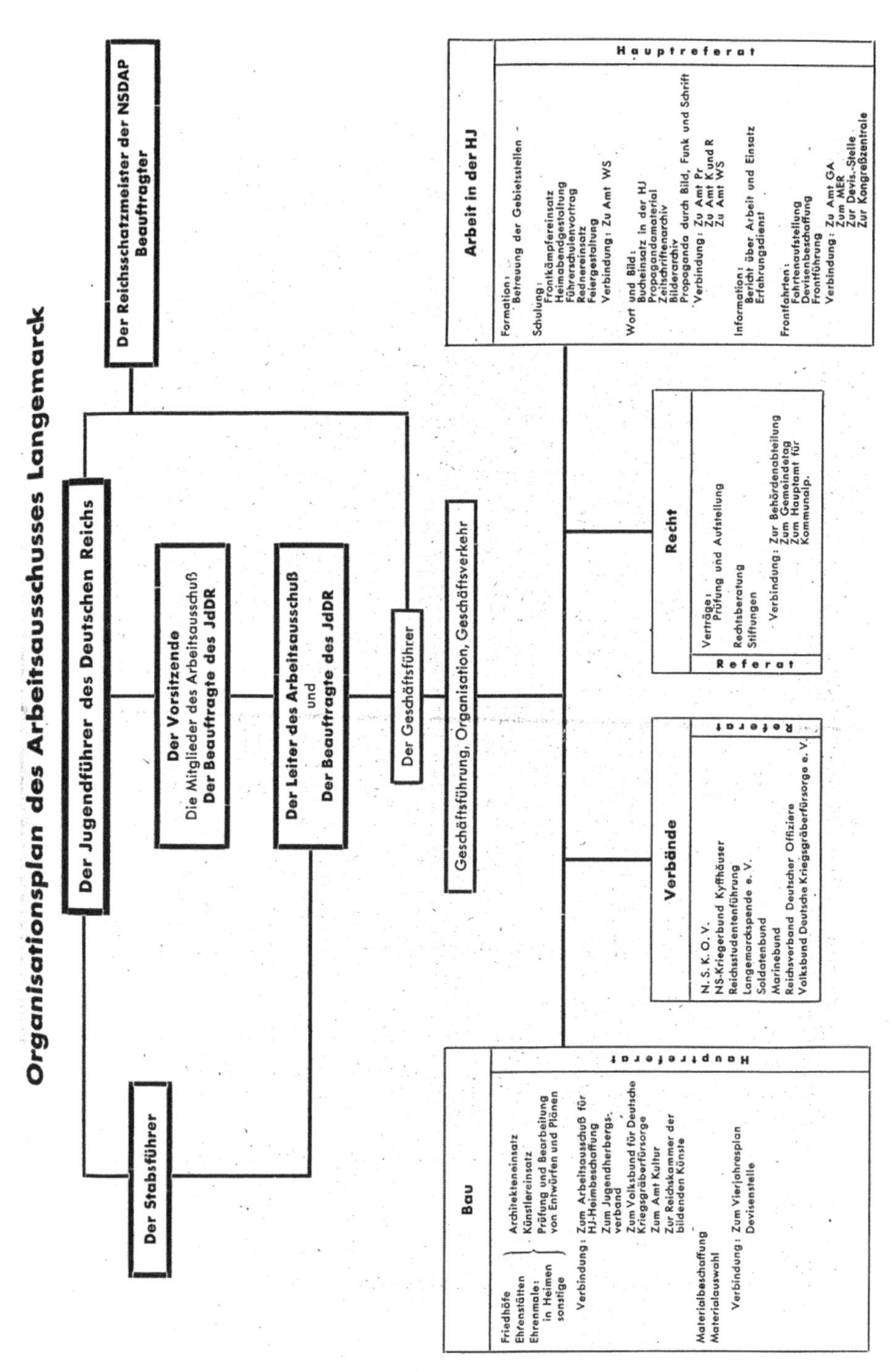

Abb. 19: Organisationsplan des „Arbeitsausschusses Langemarck" vom Juli 1938

Mit der faktischen Verschmelzung von Hauptreferat und Arbeitsausschuss vom 22. Juli 1938[171] wurde für die Langemarck-Arbeit eine neue, unter dem alten Namen Arbeitsausschuss Langemarck firmierende, amtsgleiche Struktur geschaffen, deren neuer alter Leiter, Moka, zum Amtschef erhoben, nun formal auf Augenhöhe mit den ‚ordentlichen' Ressortchefs in der RJF agieren konnte.

Die in diesem Zusammenhang formulierten Aufgaben des HJ-Langemarckgedenkens waren keinesfalls neu, sondern deckten sich weitgehend mit dem seit den 1920er Jahren von Moka vorangetriebenen Arbeitsprogramm:

> *1. Der Bau würdiger Ehrenstätten für die Gefallenen des großen Krieges und die Toten der Bewegung und deren Betreuung, sowohl im Reich wie im Ausland.*
> *2. Die Schaffung von Ehrenräumen und Gedenkstätten für diese Toten in den Heimen und Jugendherbergen.*
> *3. Die Idee von Langemarck, das Erbe der Front und der Toten der nationalsozialistischen Bewegung zu einem lebendigen weltanschaulichen Gut der deutschen Jugend zu gestalten und als solches zu bewahren unter Benutzung von Wort, Bild und Schrift.*
> *4. Die ständige Verbindung zwischen den Soldaten des großen Krieges und der deutschen Jugend zu pflegen durch engste Zusammenarbeit zwischen den Einheiten der HJ und den örtlichen Gliederungen der Frontkämpferverbände, wie NSKOV, NS-Reichskriegerbund Kyffhäuser, wie die Verbindung zum Volksbund Deutsche Kriegsgräberfürsorge.*
> *5. Die Durchführung von Fahrten und Führungen in die ehemaligen Frontgebiete und zu den Ehrenstätten im Ausland.*[172]

Neu war hingegen, dass die für Langemarck zuständige Dienststelle nun erstmals über finanzielle (Langemarck-Opferpfennig der deutschen Jugend seit November 1937) und personelle Mittel verfügen sollte und so in die Lage versetzt wurde, sich wirksam zur Koordinierungsinstanz des gesamten Weltkriegsgedenkens der HJ zu entwickeln. Was 1934 als doch eher punktuell – nämlich zu den Langemarck-Feiern – effektiv arbeitendes Referat begonnen hatte,[173] bestand nun laut Organisationsplan (Abb. 19) vom 22. Juli 1938 aus nicht weniger als zwei Hauptreferaten („Bau" und „Arbeit in der HJ"). Ersteres war zuständig für den (Aus-)Bau von Friedhöfen und Ehrenstätten bzw. Ehrenmalen in HJ-Heimen und Jugendherbergen, letzteres zeichnete für die Koordination der Langemarck-Arbeit in den HJ-Einheiten verantwortlich. Dazu gehörten Fragen wie z. B. Heimabend- und Feiergestaltung, die Organisation und Betreuung von HJ-Fahrten auf die ehemaligen Schlachtfelder des Ersten Weltkriegs und die Einbindung von Kriegsveteranen in die Gedächtnisarbeit

171 Amtliches Nachrichtenblatt des Jugendführers des Deutschen Reichs und der Reichsjugendführung der NSDAP, VI/15, 22. 7. 1938.

172 Ebd.

173 Die Zeugenaussage Werner Rosners, seit 1935 Mitarbeiter im Referat Langemarck und dort tätig „auf dem Gebiet der weltanschaulichen Schulung", im Parteigerichtsverfahren gegen Hansgeorg Moka, in der lediglich von einer größeren Arbeit zum Langemarcktage 1935 die Rede ist (BA Berlin-Lichterfelde, OPG/G 0088, Bl. 2100), lässt ebenso wie die im Rahmen des Verfahrens erfolgte Rekonstruktion der Tätigkeit der Langemarck-Spende für die Jahre 1934–35 nur den Schluss zu, dass das Referat Langemarck lediglich für die Feiern im November einen größeren Arbeitsaufwand betrieben hat.

der HJ. Ein drittes Hauptreferat (Geschäftsführung) sowie zwei weitere Referate für rechtliche Fragen und den Kontakt zu den Kooperationspartnern wie NSKOV und Kyffhäuser stellten den reibungslosen Geschäftsablauf sicher.[174] Im Juni 1939 wurden darüber hinaus in allen Gebieten Beauftragte des Arbeitsausschusses Langemarck benannt, die in enger Abstimmung mit der Zentrale die Langemarck-Pflege in den Gebieten forcieren und systematisieren sollten.[175] Am Vorabend des Zweiten Weltkriegs hatte die Langemarck-Arbeit in der HJ damit einen Organisationsgrad erreicht, der geeignet schien, den Kult um die Helden des Weltkriegs in der Praxis totalitärer Jugenderziehung zu verewigen und den Langemarck-Mythos – als Ursprungsmythos der NS-Jugend – dauerhaft im kollektiven Bewusstsein der die HJ-Sozialisation durchlaufenden Jugendlichen zu verankern.

Von der Gründung des Arbeitsausschusses bis zum Beginn des Zweiten Weltkriegs, der kurzfristig wegen der Mobilisierung praktisch aller Mitarbeiter so gut wie alle Aktivitäten unmöglich machte und mittel- bis langfristig die für die Instrumentalisierung des Ersten Weltkriegs so eminent wichtige soziale Akzeptanz des heroischen Opfermythos nachhaltig destruierte, verging nur eine kurze Zeit. Dennoch gelang es dem Ausschuss relativ schnell, auf den ihm anvertrauten Arbeitsgebieten Erfolge zu erzielen: Sowohl die intensivierte Kooperation mit den Traditionsverbänden in den letzten Jahren vor dem Krieg als auch die deutlich zunehmende Zahl der von HJ-Gruppen durchgeführten bzw. geplanten ‚Frontfahrten' an die Westfront des Ersten Weltkriegs gehen auf das Konto des Arbeitsausschusses. Diese Teilbereiche der Langemarck-Pflege – beide im Hauptreferat „Arbeit in der HJ" ressortierend – sollen deswegen im Folgenden etwas genauer beleuchtet werden.

Langemarck als Vehikel der ‚Einheit der Generationen'

Im Rahmen der fundamentalen Neubewertung des Verhältnisses der revolutionären Jugend zu der mehrheitlich nicht in der NSDAP organisierten ‚Frontkämpfer-Generation' hatte ab Mitte 1934 der Topos der ‚Einheit der Generationen' die in der ‚Kampfzeit' und unmittelbar danach intensiv gepflegte Rhetorik vom ‚Kampf der Generationen' abgelöst. An die Stelle der bestenfalls ambivalenten Einstellung zu den überlebenden Kriegsteilnehmern, deren Kriegserlebnis man notgedrungen anerkannte, deren politische Einstellung (siehe Stahlhelm) man aber als reaktionär betrachtete und entsprechend attackierte, trat – ganz im Sinne der von der Parteileitung verordneten Integrationspropaganda – der ritualisierte, ehrfürchtige Kotau der Jugend vor dem zeitlosen Heldentum der Soldaten der alten Armee. Keine andere symbol- wie ‚integrationspolitische' Maßnahme der ihren Einfluss konsolidierenden NS-Bewegung hatte ein vergleichbares Potential, den im bürgerlichen Lager weit verbreiteten Vorbehalten gegenüber dem aktivistischen Jugendpathos der Träger der braunen Revolution in SA und HJ so nachhaltig zu begegnen, wie die in der kollektiven Nobilitierung der Weltkriegsgeneration zum Ausdruck kommende Absage an

174 Vgl. Organisationsplan des Arbeitsausschusses Langemarck, in: Amtliches Nachrichtenblatt, VI/15, 22. 7. 1938. (Abb. 19).

175 Amtliches Nachrichtenblatt, VII/10, 2. 6. 1939.

das zuvor überemphatisch propagierte Primat der Jugend im neuen, im Dritten Reich.

Mit der Intensivierung der Langemarck-Arbeit der HJ und der dadurch bedingten Synonymisierung von Weltkriegs- und Langemarck-Gedenken entwickelte sich folgerichtig der kleine Ort in Flandern zum öffentlichkeitswirksamen Vehikel dieses integrativen Gedenkdiskurses. „Generationsprobleme“ – wie den Zuhörern des Reichsjugendführers am Langemarck-Tag 1935 sicher noch allzu gut erinnerlich, ein wichtiger destabilisierender Faktor im Kausalnexus des Untergangs der Weimarer Republik – seien durch die „Auferstehung“ der Kameradschaft der Front im soldatischen Geist der Jugend unmöglich geworden:

> *In diesem Raum sind tausende Frontkämpfer* [...] *versammelt. Ihnen gilt heute mein besonderer Gruß. Wir stehen uns hier nicht gegenüber als zwei Generationen, die sich nicht verstehen: Mag das Erlebnis, das Ihr uns voraushabt, das Erlebnis, das Euch in der Achtung der Nation und in der Dankbarkeit der Jugend höher stellt als alle anderen Glieder unseres Volkes, auch noch so gewaltig und für uns über alle Vorstellung erhaben sein, es gibt dennoch kein Mißverständnis und keine Fremdheit zwischen uns. Denn wir sind Geist von Eurem Geist.* [...] *Eure Kameradschaft von einst ist nicht zur Vergänglichkeit verdammt worden, sie ist nicht zerfallen mit den Körpern Eurer Kameraden, sondern sie hat mit diesen Kameraden und mit Euch und uns eine Auferstehung gefeiert* [...] *Und wenn das Jungvolk seine Trommel rührt, dann wissen wir, es stünde nicht da, wenn ihr nicht einst die Trommel gerührt hättet. Jeder Schlag ist Dankbarkeit für Euch, denn Ihr habt uns durch Euch selbst das Erlebnis des Heldischen geschenkt.* [...] *So stehen wir zusammen, ein Volk, das kein Generationsproblem mehr kennt.*[176]

Jenseits dieser salbungsvollen Entschärfung intergenerationeller Konfliktpotentiale kam es im Rahmen des Langemarck-Gedenkens zu weitergehenden Versuchen, einzelne Veteranenverbände, wie z. B. das Grüne Korps der ehemaligen Langemarck-Kämpfer, stärker in die Praxis des HJ-Kriegsgedenkens einzubinden. Die 1936 initiierte und ab 1937 forcierte Gedenkkooperation von NS-Organisation und bürgerlichen Verbänden belegt ein weiteres Mal eindrucksvoll die Anschlussfähigkeit des vom Nationalsozialismus getragenen Weltkriegsgedenkens bis weit in die Mitte der Gesellschaft hinein und zeigt exemplarisch, wie die RJF bemüht war, zur effektiveren Vermittlung eines authentischen – d. h. im Sinne der Wehrhaftmachung der Jugend funktionalen – Kriegsbildes neue Wege zu beschreiten.

Bereits seit Übernahme der Langemarck-Spende, in deren Kuratorium weiterhin der Langemarck-Ausschuss Hochschule und Heer saß, bestanden Kontakte zwischen RJF und den korporativ zusammengeschlossenen Berliner Traditionsverbänden. Frucht dieser lokalen Zusammenarbeit waren, wenngleich die RJF die Beteiligung des Langemarck-Ausschusses geflissentlich verschwieg, die großen Langemarck-Feiern 1935–1937. Im Januar 1936 wurde beschlossen, diese lokale Kooperation deutschlandweit auszudehnen. Die Standorte der Hitler-Jugend wurden angewiesen,

176 Langemarck-Rede Baldur von Schirachs vom 11. 11. 1935, in: Schirach, Revolution der Erziehung, S. 29–32, S. 30 f.

„ihre zukünftigen Langemarckfeiern gemeinsam mit den Ortsgruppen des Grünen Korps durchzuführen", und auch abseits der Gedenkfeiern engeren Kontakt zu halten.[177] Vom Grünen Korps als „großer Erfolg" begrüßt[178] führte das Abkommen zu einer Vielzahl von lokalen Feiern z. T. größeren Zuschnitts, auf denen die HJ erstmals im Rahmen einer deutschlandweit konzertierten Aktion aus den Händen der ehemaligen Langemarck-Kämpfer die Tradition von Langemarck übernahm.[179] Bereits 1937 kam die Gedenkkooperation allerdings wieder zum Erliegen, da durch die oben beschriebene ‚parteiamtliche' Betrauung der RSF mit der Langemarck-Pflege den Feiern von HJ und Grünem Korps die Grundlage entzogen wurde.[180]

Einen erfolgreicheren Vorstoß, die Frontkämpferverbände in die HJ-Gedächtnisarbeit hereinzuziehen, stellte darum erst die Gründung des Arbeitsausschusses Langemarck dar. Neben den oben erwähnten Mitgliedern der RJF saßen mit Reichskriegsopferführer Hanns Oberlindober für die NSKOV, Oberst a. D. Wilhelm Reinhardt für den Reichskriegerbund Kyffhäuser, Oberst a. D. von Rodenberg für den Reichsverband Deutscher Offiziere, Bundesführer Dr. Eulen und der Architekt des Langemarck-Friedhofes, Robert Tischler, für den Volksbund Deutsche Kriegsgräberfürsorge, SS-Sturmbannführer Herbert Stahmer für die Vereinigung der Frontkämpferverbände sowie General a. D. Oskar von Watter, Oberst Boesser, Oberleutnant a. D. Wetland und Lutz Knieling, der Verfasser der ‚offiziellen' Regimentsgeschichte des Reserve Infanterieregiments 234, als Vertreter der in der ersten Flandernschlacht eingesetzten Reservekorps Repräsentanten aller wichtigen Traditionsverbände in dem Gremium, das dem HJ-Weltkriegsgedenken neue Impulse geben sollte und das von Verbandsseite durchaus als zentrale Lenkungsinstanz der unisono eingeforderten Ehrung der Frontsoldaten durch die Jugend akzeptiert wurde.[181]

Mit dem in der Gründung des Arbeitsausschusses formalisierten gedächtnispolitischen Brückenschlag zu den Traditionsbewahrern militanter Bürgerlichkeit verband sich für die RJF – neben der Absicht, ihren Deutungsanspruch über Langemarck zu zementieren – vor allem die Hoffnung, längerfristig Veteranen an der Gedächtnisarbeit der HJ zu beteiligen. Denn diese hielt man als Zeitzeugen mit

177 Verordnungsblatt Reichsjugendführung der NSDAP, IV/2, 17. 1. 1936, S. 11; Reichsbefehl 31/I, 4. 9. 1936.

178 Aus der Ortsgruppe Berlin, in: Nachrichtenblatt der Vereinigung ehemaliger 234er, August 1936.

179 Vgl. z. B. Langemarck-Gedächtnis ist Gegenwartsbekenntnis. Eindrucksvolle Langemarck-Feier im Deutschen Nationaltheater, in: Thüringer Gauzeitung, 16. 11. 1936; „Aber nur Gräber schaffen Heimat", in: Westfälische Landeszeitung, 9. 11. 1936; Langemarck-Gedenkstunde. Eine Feier von HJ, SS, NS-Kulturgemeinde und Grünem Korps im Landestheater, in: Braunschweiger Tageszeitung, 16. 11. 1936; Die neunte Langemarck-Feier in Köln. Grünes Korps und Hitler-Jugend gedenken der Toten, in: Nachrichtenblatt der Vereinigung ehemaliger 239er, Dezember 1936; vgl. auch die Berichte im Nachrichtenblatt der Vereinigung ehemaliger 234er zu Feiern mit der HJ insbesondere in Bebra, Jena und Erfurt, in: Nachrichtenblatt der Vereinigung ehemaliger 234er, August und Dezember 1936.

180 Gleichwohl kam es örtlich, z. B. in Frankfurt am Main, Wuppertal, Erfurt und Wiesbaden, noch zu Langemarck-Feiern ohne Beteiligung der Studentenorganisation, vgl. Dem Gedächtnis der Helden von Langemarck, in: Frankfurter Volksblatt, 13. 11. 1937; Langemarckfeier des Grünen Korps in Wuppertal-Elberfeld, in: Nachrichtenblatt der Vereinigung ehemaliger 239er, Dezember 1937; Aus der Ortsgruppe Erfurt, in: Nachrichtenblatt der Vereinigung ehemaliger 234er, Dezember 1937; Tätigkeitsbericht November 1937 der Kulturstelle des Banns 81, 5. 12. 1937 (HStA Wiesbaden 483/643).

181 Praktischer Einsatz der Jugend für die Gefallenenehrung. Berufung der Mitglieder des Langemarck-Ausschusses, in: RJP, 1937, Nr. 252; zu den HJ-Angehörigen des Arbeitsausschusses vgl. Anm. V, 134. Zur Akzeptanz des Arbeitsausschuss im bürgerlichen Verbandsmilieu vgl. den Auftritt Mokas als Vertreter des Jugendführers des Deutschen Reichs auf dem Führertag der 18. Reichstagung des Volksbundes Deutsche Kriegsgräberfürsorge im Mai 1938 in Breslau, in: Kriegsgräberfürsorge, 8 (1938), H. 6/7, S. 91.

dem Nimbus ihres Kriegseinsatzes für geeignet, eine authentische, d. h. pädagogisch wirksame Einführung in den Geist des deutschen ‚Frontsoldatentums' zu geben. In Zusammenarbeit mit der NSKOV wurden beispielsweise so genannte Frontkameradenstunden geplant – jede NSKOV-Kameradschaft sollte im Winterhalbjahr zur Erinnerung an Langemarck grundsätzlich einen Heimabend mit der HJ zusammen durchführen.[182] Im Mittelpunkt der Vorträge und Berichte sollten dabei „die Mobilmachung", „die ersten Kämpfe im Westen und Osten", der „Schützengrabenkrieg" und die „letzten schweren Kämpfe 1918" stehen.[183] Im August 1938 liefen in diesem Kontext die Vorbereitungen für die vom Arbeitsausschuss verantwortete Aktion „Frontkämpfer erzählen vor der HJ" an. In zehn Wochenendseminaren wurden etwa 500 für geeignet gehaltene Kriegsteilnehmer in die Arbeit der Hitler-Jugend eingeführt und darauf vorbereitet, im Sommer 1939 auf Lager- und Heimabendveranstaltungen der Jugend ihre Kriegserlebnisse zu erzählen.[184] In ihren Berichten sollten die nachdrücklich für die Belange der Wehrerziehung sensibilisierten Zeitzeugen „unter Zurückdrängung ‚eigener Heldentaten', den Gedanken der selbstverständlichen Pflichterfüllung des stillen Heldentums, der Hingabe für Volk und Kameraden herausarbeiten".[185] Die besondere Betonung des namenlosen Heldentums „von Munitionskolonnen, Essenholern, Fernsprechtrupps usw." – noch dazu durch einfache Kriegsteilnehmer – sollte ein realistisches Bild des einer komplexen Arbeitsteilung unterworfenen industriellen Krieges vermitteln und den jugendlichen Zuhörern einen authentischen Eindruck davon verschaffen, was ihnen im Kriegsfall mehrheitlich bevorstand: ein Kriegseinsatz als Wehrmachts-Infanteristen.[186] Um den wehrerzieherisch funktionalen Realitätseffekt des Einsatzes der Veteranen als „Mittler zwischen Langemarck und deutscher Jugend" erlebnispädagogisch noch weiter zu vertiefen, sah das Konzept der „Frontkämpfer erzählen"-Aktion von Anfang an auch vor, den entstandenen Pool handverlesener Kriegsteilnehmer für die Begleitung der sich mit Gründung des Arbeitsausschusses intensivierenden HJ-Auslandsfahrten ins ehemalige Kriegsgebiet zu nutzen. Vor Ort auf den Schlachtfeldern, auf denen sie gekämpft hatten, sollten sie durch ihre Erfahrungsberichte den modernen Krieg erlebbar machen und den Hitler-Jungen (bzw. in einem ersten Schritt: den HJ-Füh-

182 Nationalsozialistische Kriegsopferversorgung/Reichsdienststelle: Anleitung für den Aufbau von Veranstaltungen, o. D. [vermutlich Anfang 1939], S. 5. Für den Hinweis auf diese Quelle bin ich Nils Löffelbein zu Dank verpflichtet.

183 Ebd., S. 12.

184 Der systematische Einsatz der Veteranen als Zeitzeugen orientierte sich an der im Sommer 1938 durchgeführten ‚Erzählaktion' „Alte Kämpfer erzählen", bei der NS-Aktivisten aus der Kampfzeit von ihren Erlebnissen berichtet hatten. Zum Einsatz der Frontsoldaten vor der HJ vgl. die ausführlichen Berichte in der nationalkonservativen Verbandspresse: Frontkämpfer, sei du uns Kamerad, in: Kyffhäuser, 13. 11. 1938, S. 1093; Frontsoldat und Jugend, in: Ebd., 11. 12. 1938, Titelseite; Der Frontsoldat Mittler zwischen Langemarck und deutscher Jugend, in: Ebd., S. 1201; Frontsoldaten und Hitler-Jugend. Erster HJ-Einsatzkursus für Frontsoldaten – Das Fronterlebnis als großes Gemeinschaftserlebnis, in: Nachrichtenblatt ehem. 234er, November 1938, S. 20 f.; HJ-Einsatzkursus für Frontkämpfer in Frankfurt/Oder, in: Ebd., Dezember 1938, S. 24–27; Frontsoldaten und Hitler-Jugend. Erster HJ-Einsatzkurses für Frontkämpfer. Welche Aufgaben hat der Arbeitsausschuss Langemarck beim Jugendführer des Deutschen Reiches, in: Nachrichtenblatt ehem. 239er, September 1938, S. 11 f.; Frontkämpfer-Einsatz-Kursus der Hitler-Jugend in Frankfurt an der Oder, in: Ebd., Dezember 1938. Die genannten Artikel – besonders der Aufruf „Frontsoldaten und Hitler-Jugend" auf der Titelseite des „Kyffhäuser" – belegen ein weiteres Mal nachdrücklich die große Resonanz, derer sich die RJF bei ihren Bemühungen zur Verankerung des ‚Frontgeistes' des Weltkriegs in der deutschen Jugend gewiss sein konnte.

185 HJ-Einsatzkursus für Frontkämpfer, in: Nachrichtenblatt ehem. 234er, Dezember 1938, S. 24–27, S. 26.

186 Zu den im HJ-Weltkriegsgedenken popularisierten Soldaten- und Kriegsbildern vgl. Kapitel IV.4.

rern) Zugang zum mythischen Fronterlebnis verschaffen. Es war die Rolle, die sich die Frontkämpfer-Verbände in der Jugenderziehung immer vorgestellt hatten: Sie halfen mit, einerseits die Ehrfurcht vor der heldenhaften Leistung des ‚Frontsoldaten' in der Jugend wach zu halten, andererseits an der mentalen Wehrhaftmachung der Nachkriegs- und der HJ-Generation mitzuwirken. Die folgende Bemerkung aus dem Lager der organisierten ‚Frontsoldaten' ist daher durchaus glaubhaft: „Das ‚Grüne Korps' [...] sieht in dieser Entwicklung seine Ideale in schönerer und vollendeter Weise verwirklicht, als es das je hat erwarten können."[187]

Die ‚Frontfahrten' der HJ – Wallfahrten ins ehemalige Kriegsgebiet

Der „Gedächtnisraum" Westfront spielte, wie Susanne Brandt gezeigt hat, als spiritueller ‚Überort' eine bedeutende Rolle im deutschen Weltkriegsgedenken. Die Interpretation der auf lange Sicht verwüsteten Landschaften mit den Hunderten von Soldatenfriedhöfen vollzog sich analog zur literarischen Deutung des Kriegserlebnisses in der Auseinandersetzung divergierender Diskursschemata. In den Schilderungen von Besuchen auf Soldatenfriedhöfen oder Kriegsschauplätzen konkurrierten in den zwanziger Jahren pazifistische und nationalistische Tendenzen – nicht immer trennscharf voneinander abgrenzbar –, bis die Deutungshoheit der rechten Gedenkdiskurse unter den Nationalsozialisten auch die ehemalige Westfront, den Ursprungsort der nationalistischen Mastererzählung Weltkrieg, vollkommen vereinnahmte, in ihr militaristisch-revanchistisches Narrativ integrierte und sie nicht nur zu einem Gedächtnis-, sondern auch zu einem Erziehungsraum für die deutsche Jugend erhob.[188]

Ort der Begegnung mit dem ehemaligen Kriegsgegner, vor allem aber mit den Schrecken des vierjährigen totalen Krieges: Im „Gedächtnisraum" Westfront verdichtete sich symbolisch das enorme Gewicht der insbesondere die deutsch-französischen (und deutsch-belgischen) Beziehungen so nachhaltig belastenden traumatischen Kriegserfahrung. So wenig wie man von Deutschland nach Frankreich und Belgien (bzw. in Gegenrichtung) reisen konnte, ohne in irgendeiner Form mit den Verwüstungen des Krieges konfrontiert zu werden, ebenso wenig ließ sich in der Zwischenkriegszeit der um das Diktat von Versailles erweiterte Große Krieg jemals aus den deutsch-französischen sowie deutsch-belgischen Beziehungen ausblenden.[189]

187 HJ-Einsatzkursus für Frontkämpfer, in: Nachrichtenblatt der Vereinigung ehemaliger 234er, Dezember 1938, S. 25.

188 Vgl. Brandt, Vom Kriegsschauplatz zum Gedächtnisraum, besonders S. 127–246.

189 Die schwere Hypothek, die der Versailler Vertrag auch für die deutsch-französischen Jugendbeziehungen darstellte, zeigt exemplarisch der Bericht vom Treffen des Sohlbergkreises, eines Zusammenschlusses von sich für die deutsch-französische Annäherung einsetzenden jungen Intellektuellen, in Rethel 1931: „Darin [wurde] zunächst die ‚merkwürdige Geschlossenheit der deutschen Delegation' hervorgehoben, ein einheitliches Auftreten, das von den Franzosen geradezu vorwurfsvoll aufgenommen worden sei. Sie hätten feststellen müssen, dass die deutsche Jugend die Politik der Reichsregierung gebilligt habe und vielleicht mit noch viel größerer Leidenschaft als die ältere Generation, für eine Revision der Friedensverträge, für Abschaffung der Tributzahlung, für den Anschluss Deutsch-Österreichs, für Schutz der Minderheiten und für allgemeine Abrüstung' eingetreten sei. Dies zu akzeptieren seien die Franzosen nicht bereit gewesen." (Vgl. Archiv der Deutschen Jugendbewegung, A 168/1, zitiert nach Dieter Tiemann: Deutsch-französische Jugendbeziehungen in der Zwischenkriegszeit, Bonn 1989, S. 124).

Niemand hat diesen Zusammenhang so klar erkannt und gleichzeitig so systematisch für seine Friedenspropaganda ausgenutzt wie die NSDAP, die in der Pflege (bzw. zuallererst im Aufbau) der Beziehungen zu den *anciens combattants* der Kriegsgegner, vornehmlich zu den französischen Veteranenverbänden Union fédérale (UF) und Union nationale d'anciens combattants (UNC) sowie der British Legion, ein wichtiges Vehikel ihrer Auslandspropaganda erblickte. Die ständige Beschwörung der Solidarität und des Friedenswillens der ‚Frontkämpfer' aller Länder erlaubte es ihr, die „pazifistische Platte"[190] zur Beruhigung des Auslandes wirksam abzuspielen:[191] Von der Königsberger ‚Friedensbotschaft' von Rudolf Hess Anfang Juli 1934 über die Zusammenkünfte Hitlers mit führenden Vertretern ausländischer Veteranenverbände bis zu den großen Treffen zwischen NSKOV auf der einen und britischen und französischen Kriegsteilnehmern auf der anderen Seite – stets dominierte die Botschaft: „Weil wir den Krieg kennen, wollen wir in Frieden leben!" Durch den Appell an die frontsoldatische Kameradschaft aller Kombattanten, an den „esprit ancien combattant", der in der Bewahrung des Friedens die Erfüllung des heiligen Vermächtnisses der Gefallenen erblickte, hoffte man – und teilweise gelang das auch –, die englischen und französischen Veteranenverbände für die Friedensdemagogie des rapide aufrüstenden Reichs einspannen zu können.

„Sowohl im Schatten als auch im Scheinwerferlicht"[192] der mit immensem Aufwand betriebenen Frontkämpfer-Verständigung standen die außenpolitischen Bestrebungen der RJF in dieser Zeit. Einerseits bemühte sich die HJ-Auslandspropaganda durch emphatische Betonung zum semantischen Feld ‚Frontsoldat' gehöriger Werte wie Heldentum, Härte, Kameradschaft und Opferbereitschaft, den Kult um die Gefallenen des Großen Krieges zur Grundlage deutsch-französischer Jugendbeziehungen zu machen. Andererseits zielte man darauf ab – analog zur viel beschrieenen Friedensbereitschaft der ‚Frontsoldaten' –, den Friedenswillen der kommenden Generationen zum Garanten des friedlichen Zusammenlebens Frankreichs und Deutschlands zu erheben und damit vor der Negativfolie der Jahre 1914–1918 eine Zukunft zu verheißen, in der Deutschland und Frankreich friedlich in der Mitte Europas zusammenleben würden.[193]

Im Sinne dieser von Dieter Tiemann und Holger Skor bereits ausführlich dargestellten Friedenspropaganda[194] konzentrierten sich die HJ-Auslandskontakte denn

190 So Hitler in seiner berühmten Rede vor deutschen Pressevertretern am 10. 11. 1938 in München: Hildegard von Kotze/Helmut Krausnick (Hg.): „Es spricht der Führer". 7 exemplarische Hitler-Reden, Gütersloh 1966, S. 268–286, Zitat S. 272.

191 Vgl. dazu jüngst: Holger Skorr: „Brücken über den Rhein". Frankreich in der Wahrnehmung und Propaganda des Dritten Reiches 1933–1939, Essen 2011. Zu den deutsch-französischen Frontkämpferbeziehungen vgl. auch Prost, Les anciens combattants, S. 177–186. Die Adressaten dieser Friedensdemagogik saßen nicht nur im Ausland. Auch in der Inlandspropaganda wurden Kriegsveteranen – einleuchtenderweise vor allem Kriegsversehrte – als Träger eines sich aus der Kriegserfahrung ableitenden Friedenswillens eingesetzt, so z. B. im Rahmen der Kampagne für das Referendum zum Austritt Deutschlands aus dem Völkerbund im November 1933. Zur NSKOV vgl. auch die Dissertation von Nils Löffelbein: „Ehrenbürger der Nation". Die Kriegsbeschädigten des Ersten Weltkrieges in Politik und Propaganda des Nationalsozialismus, Heinrich-Heine-Universität Düsseldorf, 2011.

192 Tiemann, Deutsch-französische Jugendbeziehungen, S. 295.

193 Vgl. ebd., S. 295 f.

194 Skor, Brücken über den Rhein; Tiemann, Deutsch-französische Jugendbeziehungen.

auch auf die Kinder ehemaliger Kriegsteilnehmer[195] oder auf die ausländischen, d. h. primär französischen, Veteranenverbände selbst, so u. a. auf die UF, deren Vorsitzenden, Henri Pichot, man beispielsweise im Juli 1935 – noch ganz zu Beginn der deutsch-französischen Frontkämpferkontakte – auf dem deutschen Soldatenfriedhof St. Quentin vor einer Jungvolk-Wandergruppe sprechen ließ:

> *Der Mann, der vor Ihnen steht und der Sie an dieser geweihten Stelle willkommen heißt, ist ein ehemaliger französischer Frontsoldat; offen und herzlich will er mit Ihnen sprechen. 52 Monate lang sind Ihre Väter und wir uns als Feinde gegenübergestanden. Erbarmungslos haben wir gegeneinander gekämpft. Jeder von uns hat seine Pflicht getan.*
> *Aber auf beiden Seiten hat man auch die Wirklichkeit des Krieges erkannt. Gewiß, Aufopferung und männliches Heldentum kommen wie in allen großen Katastrophen der Menschheit auch in diesen blutigen Kämpfen zur Geltung. Aber die, die dabeigewesen sind, können trotzdem nicht vergessen, wie viel Unmenschliches doch auch in dieser haßerfüllten Zerfleischung der Männer und Völker liegt. Wenn wir den Krieg verabscheuen, so deswegen, weil wir ihn gründlich kennengelernt haben. Hüben wie drüben haben wir Zeugnis abgelegt von unserem Mut, unserer Opferwilligkeit, von unserer Bereitwilligkeit, alle Mühen des Krieges pflichtgetreu auf uns zu nehmen. Der Krieg zerstört und vernichtet. Sie stehen hier auf einem Boden, der durchpflügt ist von Eisen und getränkt vom Blut der Gefallenen.*[196]

Hier sind alle wichtigen Motive des „esprit ancien combattant“ konzentriert: die Anerkennung des „männlichen Heldentums“ auf beiden Seiten, die konziliante Phrase „Jeder von uns hat seine Pflicht getan“, dazu die Einsicht in die Unmenschlichkeit des Krieges, ja die Abscheu vor der „hasserfüllten Zerfleischung der Männer und Völker“. Im Namen der „Toten, die in diesen gewaltigen Friedhöfen ruhen“, appellierte der französische Frontkämpfer schließlich an die nachfolgenden Generationen: „Verständigt euch endlich untereinander; [...] fallt nicht noch einmal übereinander her!“[197] Pichot hielt es ganz offensichtlich für evident, dass von den endlosen Gräberfeldern und den vom Krieg zerstörten Landschaften rundherum keine andere als eine pazifistische Botschaft ausgehen könne. Er verkannte, dass Bilder keine rezipientenunabhängige (gleichsam immanente) Bedeutung haben, sondern dass sie prinzipiell offen, multipel interpretierbar sind und dass für den Interpretationsakt des Betrachters kulturell eingeübte Deutungsmuster eine entscheidende Rolle spielen.

195 Vgl. ebd., S. 342. Die größte französische Jugendgruppe, die von 1933 bis 1939 Deutschland besuchte, bestand aus 120 Söhnen und Töchtern ehemaliger Frontkämpfer der UF, die im Juli/August 1936 auf Einladung der Deutsch-Französischen Gesellschaft drei Wochen durch Deutschland fuhren, vgl. Skor, Brücken über den Rhein, S. 410. Für April 1938 plante die RJF eine mehrwöchige Rundreise von 1000 französischen Frontkämpferkindern; vgl. Tiemann, Deutsch-französische Jugendbeziehungen, S. 351. Die Reise fand nicht statt, veranschaulicht aber die Fokussierung auf die Kinder von gegnerischen Frontsoldaten, von deren Besuch man sich das größte Echo versprach.

196 Die Stimme der Frontgeneration. La voix de la génération du feu. Henri Pichot: Es ist endlich Zeit!, in: Sohlbergkreis. Deutsch-Französische Monatshefte, 1934/35, H. 10/11, S. 275 f., Zitat S. 275.

197 Ebd.

So sehr mit anderen Worten die HJ-Führung auch – komplementär zur Auslandspropaganda vor allem der NSKOV – unter dem „Leitmotiv des Frontkämpfer-Themas"[198] den Friedenswillen der deutschen Jugend zu demonstrieren suchte,[199] so sehr die Verbrüderung von deutscher und französischer Jugend gerade auch auf den Schlachtfeldern von Verdun zelebriert wurde,[200] die nationalistische Grundstruktur des hegemonialen Gedenkdiskurses im Dritten Reich ermöglichte eine genau entgegengesetzte Instrumentalisierung des Gedächtnisraumes Westfront. Die ‚Frontfahrten' der HJ dienten nämlich nicht etwa der Immunisierung der Jugend gegen Militarismus und Kriegshetze, sondern ganz im Gegenteil der erlebnispädagogischen Vertiefung jenes kriegsbejahenden ‚Frontgeistes', der im Dritten Reich Konjunktur hatte. So entwickelten sich bezeichnender Weise die ‚Wallfahrten' an die Stätten unvergänglichen deutschen Heldentums erst zu einem wichtigen Pfeiler des HJ-Weltkriegsgedenkens, als durch die deutsche Expansionspolitik der deutsch-französischen Annäherung längst der Boden entzogen worden war.

Die Zahl der HJ-Gruppenfahrten auf die Schlachtfelder in Frankreich und Belgien lässt sich für die Jahre 1933 bis 1935 nur schwer einschätzen. Angesichts der außenpolitischen Spannungen zwischen Deutschland und Frankreich im Anschluss an die ‚Machtergreifung' wird man jedoch von einer deutlich niedrigeren Fahrtenzahl ausgehen müssen als in den Jahren 1936/37, für die wegen der Genehmigungspflicht von Gruppenfahrten Jugendlicher ins Ausland – wenigstens der Größenordnung nach – belastbareres Zahlenmaterial vorliegt und pro Jahr von 15 bis maximal 20 HJ-Gruppenfahrten ausgegangen werden kann.[201] 1938 sollte die Zahl der Fahrten nach Frankreich und Belgien noch einmal deutlich ansteigen (so waren insgesamt 81 Gruppenfahrten in die beiden westlichen Nachbarländer geplant) und 1939 mit 16 Frankreich- und 44 Belgienfahrten auf einem konstant hohen Niveau

198 Siehe Tiemann, Deutsch-französische Jugendbeziehungen, S. 343.

199 Vgl. z. B. Der Reichsjugendführer an die amerikanische Öffentlichkeit [Interview der Associated Press, Louis P. Lochner, mit Baldur von Schirach], in: RJP, 1935, Nr. 78, S. 1–3, wo Schirach auf die Frage nach den Gefahren der manifest militarisierten Jugenderziehung antwortete: „[...] Die deutsche Jugend wäre wahnsinnig, wenn sie einen Krieg wollte; sie hat die furchtbaren Auswirkungen des Krieges viel zu deutlich gespürt, das Andenken an den Krieg wird viel zu sehr in ihr wachgehalten, als dass sie jemals aus irgendeinem verwerflichen Drang nach kriegerischem Ruhm das Gebäude der friedlichen Arbeit zerstören würde, das wir alle gemeinsam vom Führer bis zum letzten Pimpfen in Deutschland aufzuführen versuchen." (S. 2.). Vgl. außerdem das Interview mit Hartmann Lauterbacher anlässlich seiner Frankreichfahrt im August 1937, „C'est la première fois mais non la dernière nous l'espérons bien que nous venons à Paris!" nous dit le „bras droit" de Baldur von Schirach, in: Paris-Midi, 27. 8. 1937. Der Besuch des Stabschefs der RJF stand ganz im Zeichen der Kontakte zu französischen Frontkämpferverbänden, mit deren Vertretern sich die Amtschefs und Gebietsführer der HJ sowohl in Paris als auch in Verdun trafen (vgl. PAAA, Botschaft Paris 1061b). Einen allgemeinen Eindruck von der Frankreichpolitik der HJ vermittelt das Frankreich-Heft des Führerorgans „Wille und Macht" vom 15. 10. 1937.

200 So z. B. im Sommer 1937, als Teilnehmer eines deutsch-französischen Gemeinschaftslagers die Schlachtfelder von Verdun und Reims besuchten und auch am Grabmal des unbekannten Soldaten in Paris einen Kranz niederlegten. Der politische Charakter dieses Jugendaustauschs wird durch die Tatsache unterstrichen, dass die Jugendgruppe sowohl vom Reichskanzler als auch vom französischen Präsidenten Lebrun empfangen wurde, vgl. Sport ... plus camping égal rapprochement international, in: La Flèche, 11. 9. 1937, vgl. auch PAAA, Botschaft Paris 1061b.

201 Vgl. die Genehmigungsschreiben für Gruppenfahrten Jugendlicher (PAAA, R 98894, R 98895, R 98896, R 98897, Botschaft Paris 1061d).

(über ein Fünftel aller HJ-Auslandsfahrten) bleiben.[202] Während die hohe Zahl für 1938 u. a. Ausdruck der außenpolitischen Ambitionen der RJF war, die HJ als Werbeträger des Dritten Reiches zu etablieren, und die Reiseziele nicht näher spezifiziert waren – ein Abstecher zur ‚Front' oder zu einem der ‚Heldenfriedhöfe' hätte allerdings in allen Fällen ganz sicher zum Fahrtprogramm gehört –, wurden die Auslandsfahrten nach Frankreich und Belgien im Jahr 1939 von vornherein in erster Linie auf den Besuch der Schlachtfelder ausgerichtet. Hier wird die Handschrift des Arbeitsausschusses Langemarck erkennbar: Die sich aus den Fahrten einer HJ-Abordnung zu den Langemarck-Feiern der RSF 1937 und 1938 auf dem Friedhof von Langemarck entwickelnde, zentrale Organisation von so genannten Frontfahrten trat nun komplementär an die Seite der ansonsten auf Gebiets- bzw. Bannebene durchgeführten Auslandsreisen. Die vier 1938 vom Arbeitsausschuss organisierten Flandernfahrten von jeweils 30 HJ-Führern dienten genauso wie die vom Arbeitsausschuss initiierten Frontfahrten der Gebiete (jedes Gebiet sollte 1939 mindestens eine Fahrt ins ehemalige Kriegsgebiet unternehmen[203]) primär der Ausbildung von HJ-Führern und Kriegsteilnehmern und damit der Vorbereitung einer systematischen ‚Pilgeraktivität', die in den Folgejahren auch größere HJ-Gruppen auf die Schlachtfelder des Ersten Weltkriegs führen sollte.[204]

Obwohl mit der Auslösung des Zweiten Weltkriegs die Pläne des Arbeitsausschusses zur Forcierung der ‚Frontfahrten' hinfällig geworden waren und damit insgesamt von 1933 bis 1939 eher nur eine begrenzte Zahl von Hitler-Jungen bzw. vor allem HJ-Führern in den Genuss einer Wallfahrt zum Urquell des Nationalsozialismus gekommen ist, erfüllten die Fahrten zu den Schützengräben im ehemaligen (und zukünftigen) Feindesland mittelbar eine wichtige Doppelfunktion im Gedenkdiskurs der NS-Jugend. Über die zahlreichen in der HJ-Presse veröffentlichten Berichte aus Flandern, Verdun oder Langemarck[205] erreichte der *spiritus loci* der Schlachtfelder auch die daheimgebliebenen Hitler-Jungen und -Mädel: Durch die Erlebnisberichte ihrer Kameraden sollten auch sie einerseits ein möglichst authentisches Bild des modernen Krieges bekommen, andererseits die Größe des Opfers der

202 PAAA, R 98897 und R 98919. 1938 hatten die 39 Belgien- und 42 Frankreichfahrten an den insgesamt geplanten 380 HJ-Auslandsreisen einen Anteil von 21,3 Prozent. Die 60 für 1939 vorgesehenen Fahrten machten 21,5 Prozent der insgesamt 279 Gruppenfahrten aus. Wie viele dieser Fahrten angesichts der angespannten außenpolitischen Situation nach dem ‚Anschluss' Österreichs und der Sudetenkrise im Herbst 1938 tatsächlich stattgefunden haben, ist schwer zu sagen. Tiemann z. B. geht für 1938 von keiner einzigen HJ-Fahrt nach Frankreich aus, vgl. Tiemann, Deutsch-französische Jugendbeziehungen, S. 352. Die Fahrten nach Belgien hingegen dürften als weitaus unproblematischer wesentlich häufiger auch wirklich stattgefunden haben.

203 Vgl. z. B. Frontkämpfer erzählen vor der HJ, in: RJP, 1939, Nr. 44, S. 3; tatsächlich wurden von den Gebietsführungen Hamburg, Württemberg, Mark-Brandenburg, Saarpfalz, Sachsen sowie den Obergauführungen Hessen-Nassau, Niedersachsen, Westmark und Westfalen (zwei Fahrten) im Juli/August 1939 entsprechende Fahrten durchgeführt (vgl. PAAA, R 98920, R 98919).

204 Vgl. Harald Gloth: Frontkämpfer und HJ-Führer in Flandern, in: RJP, 1939, Nr. 155, S. 2 f.

205 Z. B.: Im Niemandsland. Hamburger Hitlerjungen auf großer Frankreichfahrt, in: Vormarsch der Jugend, Beilage zum VB, Reichsausgabe, 5. 9. 1931; Wallfahrt ins alte Kriegsgebiet, in: RJP, 1934, Nr. 134, S. 1; Günther Greiner: Heldengräber im Ampezzotal, in: Der Ostdeutsche Sturmtrupp, 1934, 2. Mai-Ausgabe ; Pfann-Ahli: Hessische Hitlerjungen an den Gräbern ihrer Väter in Frankreich, in: Die Fanfare. Gebiet Hessen-Nassau, Dezember 1934; Flandern—, in: Die HJ, 2. 2. 1935; Jungen vor Verdun, in: Ebd., 16. 3. 1935, S. 7; Auf den Schlachtfeldern vor Verdun, in: RJP, 1935, Nr. 97, S. 3; Die Front, in: Ebd., 1935, Nr. 110, S. 3; Kreuze im Westen, in: Thüringer Sturmtrupp, 1935,

Gefallenen und die sich daraus ableitende Größe ihrer Verpflichtung zur *imitatio heroica* ermessen lernen:

> *Wir erleben da ein Ringen um diesen Strich Erde. Wir hören das nervenaufpeitschende, nervenzerreißende Trommelfeuer, sehen die grünen, gelben und roten Leuchtkugeltrauben, hören das Tacken der Maschinengewehre, das Peitschen der Geschosse, das Krachen der Handgranaten, sehen das Blitzen der Bajonette und hören das Röcheln der Sterbenden,*[206]

heißt es in einer emblematischen Passage, oder an anderer Stelle:

> *Und dann sind wir hinuntergestiegen in die Schützengräben, die Unterstände. Jetzt erleben wir, was Krieg ist. Härte und Grausamkeit wurden seine letzten Zeugen. Granaten, Geschosse ... und Blut, das diese braune Erde tränkte und diese harten Steine netzte. Furchtbar muß die Seele dieser Menschen zerrüttet worden sein in dieser Hölle, wo stets Gefahr und überall der Tod lauerte.*[207]

Vom Duktus und auch inhaltlich ununterscheidbar von den bündischen Fahrtberichten der 20er und frühen 30er Jahre beschrieben die Berichte der HJ-Frontfahrten das Schlachtfeld des totalen Krieges, „die Hölle, wo stets Gefahr und überall der Tod lauerte". Die Erfahrungswelt der ‚Front', in deren Trommelfeuer der Krieg – laut NS-Ursprungsmythos – den ‚Frontsoldaten' als neuen Menschen des Tausendjährigen Reichs gebar, sollte den Hitler-Jungen, so weit irgend möglich, zugänglich gemacht werden. Turmhoch sollte das ewige Heldentum der Feldgrauen über der zu den Ursprüngen NS-Deutschlands ‚wallfahrenden' Jugend thronen und sie für den ‚Anruf' des ‚Jenseits', d. h. der gefallenen Helden, empfänglich machen:

> *Wasser ... klitschiger Lehm ... und drinnen nichts als zwei Schießscharten für Maschinengewehre. Ich* [ein erzählender Hitler-Junge] *lehne am Schlitz ... Kamerad, hörst du mich? Hier drinnen habe ich gestanden ... draußen sind die Feinde gekommen – Kamerad, hörst du zu ...*
> *Brüllen und Tosen, ich habe nichts, nichts mehr gespürt ... nur neben mir einer, der den Gurt zuführte ...* [...] *Kamerad, einen ganzen Tag war das schon so ... sie haben uns zugedeckt mit Feuer und mit Gas ... und wir haben geschossen ... geschossen ... über mir ist einer nach dem anderen umgefallen, nur mich hat's verschont ... bis auf einmal, da habe ich etwas gesehen, und dann ein glühender Strahl ...* [...] *Und dann war's aus, Kamerad ...* [...]

1. August-Ausgabe; Junkersdorf: Auf den Spuren des Weltkrieges, in: RJP, 1935, Nr. 125, S. 5; Gerhard Pantel: Befehl Deutschland. Ein Tagebuch vom Kampf um Berlin, in: Die HJ, 4. 4. 1936, S. 12 f.; Siegfried Schieder: Flandern, in: Ebd., 11. 4. 1936; Fritz Hornof: Mit 11 Kameraden in Flandern, in: Die Fanfare, Gebiet Westmark, Oktober 1936; Hans van Bracht: Kreuze in Flandern, in: Niederrheinische Fanfare, Juni 1937; Hans Henne: Unser Langemarck. Zehn Bannführer fuhren nach Flandern, in: Die HJ, 20. 11. 1937, S. 3 f.; Harald Gloth: Frontkämpfer und HJ-Führer in Flandern, in: RJP, 1939, Nr. 155, S. 2 f.

206 Im Niemandsland, Hamburger Hitlerjungen auf großer Frankreichfahrt, in: Vormarsch der Jugend, Beilage zum VB, 5. 9. 1931.

207 Wallfahrt ins alte Kriegsgebiet, in: RJP, 1934, Nr. 134, Beilage Der Hitlerjunge, S. 1.

Alle anderen sind schon weg. Ich krieche heraus und laufe ... falle hin ... laufe ... falle hin. Herrgott, wie muß das damals gewesen sein.[208]

Komplementär zu dem Einblick in das Wesen des Krieges, den sich die ästhetisch am Formenkreis des soldatischen Realismus orientierten, heroisierenden Schilderungen der ‚heiligen Stätten' des Krieges versprachen, funktionierte die Instrumentalisierung der deutschen Soldatenfriedhöfe. Anders als beim Besuch der Schlachtfelder und der erlebnispädagogischen Erkundung der äußeren Merkmale des Großen Krieges trat nun das kontemplative Moment in den Vordergrund: das ehrfürchtige Schweigen der Besucher des Gräberfeldes, die heilige Ruhe des Ortes, die in der Bildersprache der endlosen Reihen schlichter Gräber zum Ausdruck kommende Namenlosigkeit des Sterbens waren die zentralen Motive, die von den Berichterstattern hervorgehoben wurden:

Tausende von Kreuzen draußen am Felde ohne Namen... Dieses Namenlose ist das erschütternd Große an diesen Kreuzen... [...] *Scheu gleitet der Blick im Kreis*[209]
Wenig leise und stille Worte. [...] *Unsere Augen gingen immer wieder über die Kreuze, deren Zahl unfaßbar schien. Die Reihen wuchsen von Norden nach Süden von Osten nach Westen, gerade ausgerichtet. Sie ruhten da wie die Tausenden junger Deutscher überall in Flandern.*[210]
Nun liegen sie hier unter deutschen Eichen zur letzten Ruhe gebettet. Unabsehbar wächst das Gräberfeld vor unseren Augen. Die langen Reihen machen uns still. Es ist eine große Ruhe um uns, und nur über das weite wogende Feld roten Mohns fährt leise der Wind.[211]

Suggestiv unterstrichen die Friedhofsanlagen einerseits die ungeheuren Opfer, die der Weltkrieg von Deutschland gefordert hatte, andererseits die nicht minder große Opferbereitschaft der Gefallenen, die als „deutsche Märtyrer"[212] in den Bereich des Numinosen entrückt wurden. Da wo ihr Blut geflossen war, war ‚heiliges Land', ‚geheiligter Boden'. Ihre Gräber zu besuchen, wurde als kultische Handlung gesehen, in deren Verlauf die Jungen in die tiefere Wahrheit deutschen Soldatentums initiiert wurden: Nirgendwo sonst ließ sich schließlich das ständige: „Sie starben, damit wir leben"[213] eindringlicher dokumentieren als in dem Wall aus Kreuzen,[214] der – wie von 1914 bis 1918 das ‚feldgraue Heer' – schützend um Deutschland lag, jederzeit mahnend, den ‚Frontgeist' und insbesondere „die heldische Pflichterfüllung als das kostbarste Vermächtnis unserer Toten"[215] zu bewahren. Dieser zentrale Topos des NS-Weltkriegsgedenkens, die Stilisierung der opferbereiten Pflichterfüllung zum

208 Siegfried Schieder: Flandern, in: Die HJ, 11. 4. 1936.
209 Ebd.
210 Hans Henne: Unser Langemarck. Zehn Bannführer fuhren nach Flandern, in: Ebd., 20. 11. 1937, S. 3 f., S. 3.
211 Harald Gloth: Frontkämpfer und HJ-Führer in Flandern, in: RJP, 1939, Nr. 155, S. 2 f., Zitat S. 3.
212 Flandern—, in: Die HJ, 2. 2. 1935, S. 8.
213 So z. B. der Hefttitel der „Kameradschaft", 1936, H. 7.
214 Vgl. z. B. Wolf Justin Hartmann: Hölzerne Kreuze, in: Wille und Macht, 17. 3. 1935, S. 8–11; Willi Fr. Könitzer: Ring um Deutschland, in: RJP, 1936, Nr. 53.
215 Ausspruch Schirachs, zitiert in: Frontkämpfer erzählen vor der HJ, in: Ebd., 1939, Nr. 44, S. 3.

Selbstzweck, erklärt, warum der Anblick der Schlachtfelder und Soldatenfriedhöfe eben anders als von Pichot erhofft nicht zu einer „Nie-wieder-Krieg!"-Reaktion führte, sondern vielmehr dem wehrerzieherischen Dauerappell zur *imitatio heroica* Nachdruck verlieh: Wenn das übermenschliche Opfer der deutschen ‚Frontsoldaten', das sich in den Friedhöfen so eindrücklich in die Landschaft eingeschrieben hatte, nicht umsonst gewesen sein sollte, musste die deutsche Jugend ihnen in Einsatz- und Opferbereitschaft nacheifern und den radikalnationalistisch gedeuteten Soldaten des Großen Krieges zu ihrem Rollenvorbild machen. Jede Fahrt der HJ zu den Weiheorten eines so verstandenen Gefallenenkultes war dementsprechend gleichbedeutend mit dem Ablegen eines „heiligen Gelöbnis"[216] zur Nachfolge und damit instrumentell für die geistige Wehrhaftmachung der HJ.

Im Sinne einer kultischen Ersatzhandlung bestand über die Berichte von den Frontfahrten hinaus eine Möglichkeit, die Daheimgebliebenen an der Transzendenzerfahrung der Verbundenheit mit den Gefallenen teilhaben zu lassen: Der Boden, auf dem die Feldgrauen gekämpft hatten und gefallen waren, die Erde, in der sie gebettet lagen und die durch ihren Opfertod zum Heiligtum des deutschen Volkes geworden war, ließ sich – vergleichbar mit einer Reliquienüberführung – „heim ins Reich" holen. Es war gängige Praxis, Erde von den Schlachtfeldern beispielsweise bei der Pflanzung von Langemarck- oder Horst-Wessel-Eichen zu vergraben – der Saatcharakter des soldatischen Opfertodes, das Fortleben der Toten im Deutschland der Zukunft wurde so besonders betont. Bei der Grundsteinlegung ihrer Reichsführerakademie in Braunschweig, in deren Mauern kommende HJ-Führergenerationen ausgebildet werden sollten, ließ die RJF im Januar 1936 bewusst „Erde von Langemarck" im Grundstein einmauern, und auch in der Konzeption der wohl wichtigsten Denkmalanlage der HJ, dem Hans-Mallon-Grabmal auf Rügen, spielte die ‚Beisetzung' der blutgetränkten Erde aller Schlachtfelder des Ersten Weltkriegs eine wichtige Rolle.[217] Da nirgendwo sonst die Einheit von Weltkriegs-Toten und den ‚Blutzeugen' der HJ denkmalspolitisch so eindrucksvoll verdichtet wurde, soll auf das Grab- und Ehrenmal des 1931 ums Leben gekommenen pommerschen Hitler-Jungen Hans Mallon etwas genauer eingegangen werden.

Das Hans-Mallon-Grabmal

Von 1933 bis 1935 errichtete die HJ überall in Deutschland Ehrenmale und Gedenkstätten für ihre 21 ‚Blutzeugen'. Angefangen mit dem Schlageter und den für „Deutschlands Erwachen" in der ‚Kampfzeit' ‚gefallenen' Hitler-Jungen geweihten HJ-Ehrenmal in Kaiserswerth bei Düsseldorf (Oktober 1933) bis zum Herbert-Norkus-Denkmal bei Grimma in Sachsen (Juni 1935) entstand ein Netz von Kultorten, dessen Knotenpunkte neben den regionalen Denkmälern vor allem die Grä-

216 Z. B. Wallfahrt ins alte Kriegsgebiet, in: Ebd., 1934, Nr. 134; Jungen vor Verdun, in: Die HJ, 16. 3. 1934.

217 Vgl. Siegfried Schieder: Flandern, in: Ebd., 11. 4. 1936, S. 9, der die Absicht betont, eine Langemarck-Eiche zu pflanzen. In Hannover wurde bereits 1933 von der HJ Erde von Langemarck einer Horst-Wessel-Eiche beigefügt, vgl. Rundfunkbericht vom Langemarck-Friedhof (DRA, B00. 71. 91283). Zur Grundsteinlegung in Braunschweig: Die Grundsteinlegung zur 1. Jugendführerakademie, in: RJP, 1936, Nr. 21, S. 1–3.

ber der jungen Helden waren. Hier konzentrierte sich regional der Kult um die toten Helden der ‚Kampfzeit' vor allen Dingen um den 9. November herum.[218]

Im Kontext dieser symbolpolitischen Besetzung des öffentlichen Raumes, die der HJ immer auch dazu diente, ihren Anteil am Erfolg der ‚braunen Revolution' – und damit ihren Machtanspruch im sich konsolidierenden Dritten Reich – zu untermauern,[219] kam es zu der höchst bemerkenswerten Zusammenarbeit zwischen dem Gebiet Ostsee der HJ und dem Volksbund Deutsche Kriegsgräberfürsorge, als deren Resultat in den Jahren 1935 bis 1937 das Hans-Mallon-Grabmal bei Bergen auf Rügen entstand – das erste und einzige Grabmal, das der Volksbund für die NS-Bewegung entwarf und baute. Die Vorteile dieses Gemeinschaftsunternehmens für beide Seiten liegen so klar auf der Hand, dass es letztendlich bedeutungslos ist, von welcher Seite die Initiative ausgegangen war.[220] Das Gebiet Ostsee gewann im Volksbund Deutsche Kriegsgräberfürsorge einen Kooperationspartner, dessen Expertise in Konzeption und Bau von Grab- und Ehrenstätten seinesgleichen suchte. Es konnte daher sicher sein, für seinen im Sommer 1931 auf dem Rückmarsch von einer Sonnwendfeier ums Leben gekommenen Fahnenträger Hans Mallon ein deutschlandweit einmaliges Ehrenmal zu bekommen, das zu Ehren des ganzen Gebietes den Heldentod eines pommerschen Hitler-Jungen glorifizierte und darüber hinaus noch nicht einmal etwas kostete, da der Volksbund die nicht unbeträchtlichen Baukosten komplett übernahm.

Der Volksbund auf der anderen Seite hatte die Aussicht, durch die Zusammenarbeit mit der HJ die von ihm schon länger projektierte gedenkpolitische Arbeit mit der Jugend ein Stück weit in die Tat umzusetzen und sich gleichzeitig mit der Errichtung einer Grabanlage für einen NS-Blutzeugen ein neues Arbeitsfeld zu erschließen. Ein Arbeitsfeld, das ihm insofern umso wichtiger sein musste, als es ihm die denkmalsästhetische Verdichtung des wichtigsten Kernsatzes der NS-Weltkriegsinterpretation – die direkte Kontinuitätslinie von den Helden in Feldgrau zu den ‚Märtyrern' in Braun – erlaubte und ihn damit an einen zentralen Punkt des nationalsozialistischen Opfermythos führte.

Wenn das Mallon-Grabmal als Beispiel für die Gedenkarbeit des Arbeitsausschusses Langemarck angeführt wird, so deshalb, weil sich der Arbeitsausschuss unmittelbar nach seiner Gründung des Ehrenmales bemächtigte und es als exemplarische Grab- und Ehrenanlage feierte. Neben der (unvollendeten) Langemarck-Jugendherberge in Eisenach, stellt das Hans-Mallon-Ehrenmal das größte denkmalspolitische Projekt der im Rahmen des Arbeitsausschusses betriebenen Gedenkpolitik dar.

218 Vgl. Ein Mahnmal der deutschen Jugend. Der Reichsjugendführer, Baldur von Schirach, entzündet die Schlageterflamme auf den trutzigen Ruinen der Barbarossa-Pfalz in Kaiserswerth, in: Völkische Jugend. Kampfblatt der deutschen Jugend, Oktober 1933; zu Grimma: Wallfahrtsstätte der deutschen Jugend, in: Junger Wille, 1935, 2. Juni-Ausgabe; weitere Beispiele: Schlageter-Stein in Oldenburg, vgl. Weihe des Schlageter-Steines, in: Nordmark-Jugend, 6.6.1934; Ehrenmal für Christian Crößmann, in: Die Fanfare. Gebiet Hessen-Nassau, April 1934.

219 Vgl. dazu konkret für das Hans-Mallon-Denkmal die Rede von Gebietsführer Schmitz bei der Grundsteinlegung, in der er vor den versammelten Honoratioren den Machtanspruch der HJ deutlich betonte, Morgendliche Feier für Hans Mallon, in: Die junge Garde. Das Kampfblatt der pommerschen Jugend, 1935, H. 13.

220 Die Anfänge des Hans-Mallon-Denkmals liegen im Dunkeln und können nicht rekonstruiert werden, da weder die entsprechenden Unterlagen des Volksbundes noch jene des Gebietes Ostsee überliefert sind.

Abb. 20: Das Hans-Mallon-Ehrenmal in Bergen auf Rügen. Fotografie aus der Zeitschrift „Kriegsgräberfürsorge", Februar 1939

Das Konzept der etwa 40 Meter langen, 8 Meter breiten und 12 Meter hohen Hans-Mallon-Ehrenhalle, die sich äußerlich an die „alte deutsche Bauweise aus Urväterzeit“[221] anlehnte, stand ganz im Zeichen der Kontinuitäts-These der Nationalsozialisten. (Abb. 20). Schon in der Person des Münchener Architekten Tischler, aus dessen Feder der Entwurf stammte, offenbarte sich der Anspruch der Erbauer, auf der höchsten Erhebung Rügens, dem Rugard, der von 1914 bis 1933 reichenden Epoche deutschen Heldentums ein Denkmal zu setzen. Kein geringerer als der „Erbauer des berühmten Langemarck-Denkmals“ zeichnete verantwortlich für die erste Gedenkstätte, die der Volksbund in Deutschland errichtete: Wie der Langemarck-Friedhof sollte nun die Grabstätte Hans Mallons Zeugnis ablegen vom Opfer der Jugend an allen Fronten.[222]

Da passte es besonders gut, dass man gerade Hans Mallon als Personifizierung des ‚deutschen Schicksals‘ der jüngeren Vergangenheit inszenieren konnte: Die Lebensdaten des 1914 geborenen jungen Nationalsozialisten deckten sich nämlich fast vollständig mit dem Zeitraum des großen zwanzigjährigen ‚Ringens um Deutschland‘, und auch sein Familienschicksal ließ sich vorzüglich mit dem Master-Narrativ in Deckung bringen. Als ehemaliger Frontsoldat und Freikorpskämpfer konnte der noch 1930 – so will es jedenfalls die HJ-Presse – infolge seiner Kriegsverletzungen verstorbene Vater Mallons als Verkörperung des Heldentums der Kriegsgeneration gelten, deren Opfern die Kriegsjugend- und Nachkriegsjugendgeneration ihre eigenen Toten zur Seite gestellt habe.[223] Vater und Sohn Mallon – vereint im Opfertod für Deutschland – hatten als Inkarnation der Einheit der Generationen überindividuelle Bedeutung.

Wie wurde dieser generationsübergreifenden Kontinuität des Helden- und Opfertums nun ganz konkret im Hans-Mallon-Ehrenmal Ausdruck verliehen? Am Ende der einschiffigen Weihehalle (Abb. 21) befand sich das Tiefgrab mit dem Sarkophag des Hitler-Jungen aus grünem Porphyr. Jeder Besucher, der in die Krypta hinabstieg, passierte, bevor er die sterblichen Überreste des NS-Märtyrers erreichte, zehn Gedenkplatten aus Porphyr, auf denen die Namen von „zehn deutschen Kampffronten des Weltkrieges“[224] den Tod Mallons – als deutschen ‚Kreuzweg‘ „hinauf in die Höhe, in das Feuer und in das Licht“[225] – an die Gefallenen der Jahre 1914–1918 anbanden. Hinter den Gedenkplatten befand sich jeweils eine Urne, die

221 Franz Hallbaum: Das Hans-Mallon-Ehrenmal der Hitler-Jugend bei Bergen auf Rügen, in: Kriegsgräberfürsorge, 19 (1939), H. 2, S. 20–23, Zitat S. 20. Vgl. auch Rainer Stommer: Die inszenierte Volksgemeinschaft, Marburg 1985, S. 206.

222 Neben den obligatorischen Auslassungen des Gebietsführers Schmitz bei der Grundsteinlegung: „Es soll ein Geschlecht heranwachsen, welches dem Opfergang der freiwilligen Regimenter von Ypern und Langemarck verschworen ist“. Morgendliche Feier für Hans Mallon, in: Die junge Garde, 1935, H. 13, verwiesen auch die „drei Hammerschläge“ auf den Grundstein, begleitet von den Worten: „Den Toten zum Gedächtnis, den Lebenden zur Mahnung, den Kommenden zur Nacheiferung“, auf das Kriegsgefallenen-Gedenken. Zur Grundsteinlegung vgl. Otto Margraf: Feierliche Grundsteinlegung für das Hans-Mallon-Ehrenmal auf dem Rugard bei Bergen (Rügen), am Sonntag, 30. 6. 1935, in: Kriegsgräberfürsorge, 15 (1935), H. 8, S. 126–128.

223 Vgl. Wilhelm Utermann: Hans-Mallon Grabmal auf Rügen, in: Die HJ, 26. 6. 1937, S. 3 f.; Günter Kaufmann: Der Jugend Opfer für Deutschlands Erneuerung, in: Ders., Langemarck, S. 151–155.

224 Wilhelm Utermann: Hans-Mallon Grabmal auf Rügen, in: Die HJ, 26. 6. 1937, S. 4.

225 Willi Fr. Könitzer: Das Ehrenmal auf dem Rugard bei Bergen, Insel Rügen, in: Kriegsgräberfürsorge, 17 (1937), H. 7/8, S. 106–108, S. 107.

Abb. 21: Die Krypta des Hans-Mallon-Ehrenmals in Bergen auf Rügen. Fotografie aus der Zeitschrift „Kriegsgräberfürsorge", Februar 1939

im Laufe der Zeit von der HJ mit von den Schlachtfeldern stammender ‚heiliger' Erde gefüllt werden sollte. Geschickt wurde so die endgültige Fertigstellung des Heldenmals aufgeschoben und in die Verantwortung der HJ übertragen. Weitere Weihehandlungen anlässlich der ‚Beisetzung' der symbolisch heimgeholten Kriegsgefallenen[226] erneuerten die Verpflichtung der Jugend auf den Tatenruhm der toten Krieger und unterstrichen eindrucksvoller, als es in jeder anderen Denkmalanlage Deutschlands möglich gewesen wäre, die zeitlose Geltung der „herrlichen Eddaworte",[227] die an exponierter Stelle – und zwar über der Tür zum Weiheraum – die Besucher der Weihestätte empfingen: „Besitz stirbt, Sippen sterben, Du selbst stirbst wie sie. Eines nur ist, das ewig ist: Der Toten Tatenruhm."

Mit dieser die „unzertrennliche Blutsbrüderschaft"[228] der Gefallenen von 1914 bis 1933 betonenden Denkmalssprache verkörperte das Hans-Mallon-Grabmal vollkommen die innerhalb der RJF vom Arbeitsausschuss Langemarck betriebene Erinnerungspolitik. Es verwundert daher nicht, dass die Versuche des Gebietes Ostsee, als Trägerin des Ehrenmals eine Hans-Mallon-Stiftung unter Vorsitz des Gebietsführers ins Leben zu rufen, scheiterten und das Denkmal stattdessen von der RJF und namentlich vom Arbeitsausschuss übernommen wurde, unter dessen Leitung es sich zu einem zentralen Kultort nicht nur der pommerschen, sondern der gesamten Hitler-Jugend entwickelte.[229]

Ganz ähnlich wie das Hans-Mallon-Denkmal entwickelte sich auch das Projekt der Langemarck-Jugendherberge bei Eisenach aus einer regionalen Initiative heraus. (Abb. 22). Bereits im April 1934 hatte die HJ Eisenach damit begonnen, Geld für ein ambitioniertes Denkmalsprojekt – ein Mahnmal für Langemarck und für die 21 ‚gefallenen' Hitlerjungen mit angeschlossener Jugendherberge – zu sammeln,[230] doch die Realisierung durch das zur RJF gehörige Jugendherbergswerk verschleppte sich. Erst als sich der Arbeitsausschuss Langemarck der Pläne des Weimarer Architekten Rainer Runge annahm, konnte das Bauvorhaben auf dem Eisenacher Petersberg beschleunigt werden. Zum 22. Oktober 1939, dem 25. Jahrestag des Beginns

226 Eine solche Weihehandlung fand z. B. im November 1937 statt, als die HJ-Führer Pommerns feierlich „Erde von der Westfront" „zu Füßen ihres toten Fahnenträgers" beisetzten, vgl. Erde von der Westfront am Mallonmal. Pommerns HJ-Führer in der HJ-Stadt. Nächtliche Feier an geweihter Erde, in: Pommersche Zeitung, 15. 11. 1937.

227 Rede des Bundesführers Dr. Eulen zur Weihe des Ehrenmals auf dem Rugard in der Nacht vor der Sommersonnenwende 1937, in: Kriegsgräberfürsorge, 17 (1937), H. 7/8, S. 108.

228 Bundesführer Eulen hatte u. a. ausgeführt: „Alle diese Männer und Jungen, die in den Jahren des Kampfes von 1914 bis 1933 ihr Leben für Deutschland ließen, sind eine unzertrennliche Blutsbrüderschaft. Sie sind die Wache, die nicht müde wird, sie sind die Schwadronen, die nicht aufhören zu reiten, sie sind das Schwert, das scharf bleibt, sie sind die Fundamente des Dritten Reiches unseres Führers, die fest in die Ewigkeit hineingebaut sind" und damit exemplarisch belegt, wie sehr die NS-Interpretamente Eingang in die Gedenkpolitik des bürgerlichen Volksbundes gefunden hatten, vgl. ebd.

229 Vgl. Stadtarchiv Bergen, Nr. 1822 I; vgl. auch die Artikel: Frontkämpfer erzählen vor der HJ, in: RJP, 1939, Nr. 44, S. 3; Frontsoldaten vor HJ, in: Die HJ, 4. 3. 1939, S. 10; sowie besonders das vom Langemarck-Ausschuss herausgegebene Buch Günter Kaufmanns „Langemarck. Das Opfer der Jugend an allen Fronten" (1938). Im November 1938 verschickte der Arbeitsausschuss gemeinsam mit dem Volksbund ein Kunstblatt des Hans-Mallon-Males an alle Gefolgschaften, Fähnlein, Mädelgruppen und Jungmädelgruppen, vgl. Reichsbefehl 35/III, 19. 11. 1938; der HJ-Propagandafilm „Marsch zum Führer" von 1940, der den seit 1935 durchgeführten Adolf-Hitler-Marsch der HJ zum Reichsparteitag nach Nürnberg dokumentierte, setzte das Denkmal in Szene, vgl. Alfred Schütze: Marschtritt Deutschland. Wir drehen den Film vom Adolf-Hitler-Marsch, Stuttgart 1939, S. 20 ff.

230 Vgl. Kurt Balzer: Eisenach baut eine Langemarck-Halle, in: Nachrichtenblatt der Vereinigung ehemaliger 234er, Oktober 1934, S. 43.

der 1. Ypern-Schlacht, sollte Richtfest für den burgartigen Festungsbau, „in seiner mächtigen Baumasse ein Abbild der unerschütterlichen Kraft und des Geistes, der seinerzeit unsere Kämpfer des Weltkrieges beseelte", gefeiert werden.[231] Aber der Beginn des Zweiten Weltkriegs verhinderte, wie auch im Fall der systematischen Wallfahrten auf die Schlacht- und Gräberfelder des Ersten Weltkriegs, den Abschluss des monumentalen Bauprojektes.

Abb. 22: Modell der geplanten Langemarck-Jugendherberge in Eisenach, 1939

231 Langemarck-Jugendherberge, Eisenach, in: Unser Bauschaffen, hg. vom Reichsverband für Deutsche Jugendherbergen, Inspektion Mitte, 1939; vgl. auch Nachrichten aus dem Kameradenkreise, in: Nachrichtenblatt der Vereinigung ehemaliger 234er, Mai 1939, S. 28.

VI. Schlussbemerkungen

„Wir wollen unseres Daseins Sinn verkünden: Uns hat der Krieg behütet für den Krieg." – diese beiden Gedichtzeilen des späteren Reichsjugendführers Baldur von Schirach aus dem Jahr 1929 erwiesen sich am 1. September 1939 als geradezu prophetisch. Gerade einmal zwanzig Jahre nach Ende eines Krieges, von dem ein Großteil der Engländer und Franzosen gehofft hatte, dass er als der „der des ders", als „dernière des dernières", als „war to end all wars" in die Geschichte eingehen würde, entfesselte das Dritte Reich einen neuen Weltkrieg, der an Gewalt und Schrecken den Krieg von 1914–1918 noch weit in den Schatten stellte.

Es gab keine lineare Entwicklung, keinen Automatismus, von der deutschen Kriegsniederlage 1918 zur ‚Machtergreifung' der NSDAP 1933 und dem ‚Ausbruch' des Zweiten Weltkriegs. Die NS-Partei entwickelte sich nicht zur einzigen Volkspartei der Weimarer Republik, weil Deutschland den Krieg verloren hatte und Hitler wurde nicht (nur) deswegen Reichskanzler, weil er sich als ‚unbekannter Gefreiter' zum Sachwalter der zwei Millionen Kriegsgefallenen zu stilisieren wusste. Dennoch kann kein Zweifel daran bestehen, dass die erste deutsche Republik nicht nur durch den Krieg geboren wurde, sondern dass sie darüber hinaus den Krieg in den gerade einmal fünfzehn Jahren ihres Bestehens zu keinem Zeitpunkt wirklich hinter sich lassen konnte. In vielerlei Hinsicht prägten die Auseinandersetzungen um die Vergangenheit – der Dauerstreit um den Versailler Vertrag bzw. die Folgeverträge, der permanente ‚Dolchstoß'-Vorwurf an die Adresse der SPD und das linksbürgerliche Lager und die anhaltende Kontroverse über den Sinn des Krieges und das ‚Fronterlebnis' – die politische Kultur Weimars stärker als der Streit um die Zukunft des Landes. Und die kulturellen Praktiken, mit denen weite Teile der deutschen Gesellschaft den massenhaften Tod der Väter, Brüder und Freunde sozialpsychologisch in den Griff zu bekommen versuchten (Gefallenen- und Heldenkult) spielten tendenziell der sich heroisch inszenierenden NS-Bewegung in die Hände. Sie trugen dazu bei, die Symbol- und Gedächtnispolitik des NS-Regimes nach 1933 auch für diejenigen Sozialmilieus anschlussfähig zu machen, die der NS-Ideologie ablehnend gegenüber standen.

Die Rezeption und die Deutung des Ersten Weltkriegs in der organisierten (männlichen) Jugend der Weimarer Republik und im Nationalsozialismus standen im Mittelpunkt der vorliegenden Untersuchung. Dabei wurde der Frage nachgegangen, welche Rolle der Erste Weltkrieg und insbesondere der Frontkämpfer der Jahre 1914–1918 als soldatisch-männliches Identifikationsangebot und Rollenvorbild in der Jugendkultur der Zwischenkriegszeit gespielt haben und entlang welcher Argumentationslinien sich die transgenerationelle Übertragung des mythischen Fronterlebnisses sowie der mit ihm verknüpften Normative an die Nachkriegs- und später an die HJ-Generation vollzogen hat. Die inhärent politische Dimension des Weltkriegsgedenkens der Jugend in den Weimarer Jahren und insbesonders im Kontext des verstaatlichten Gefallenengedenkens nach 1933 wurde reflektiert, der gesamtgesellschaftliche Rahmen, in dem sich die kommunikative Aneignung und/oder Transformation der von der Kriegsgeneration entwickelten Deutungsnarrative durch die Jugend vollzog, wurde beschrieben. Das Kriegs- und Gefallenengedenken der behandelten Jugendverbände schwebte nicht im luftleeren Raum, sondern war jederzeit eingebettet in die komplexen Deutungsprozesse, in denen die Erfahrungen des vierjährigen totalen Krieges immer wieder neu verhandelt und bewertet wurden. Die vorliegende Untersuchung der Weltkriegs-Rezeption der Jugend wirft daher ein Schlaglicht auf die psychosozialen Rahmenbedingungen des Kriegsgedenkens in Deutschland insgesamt.

In einem ersten Schritt konnte gezeigt werden, dass der Erste Weltkrieg für die autobiographische Selbstkonstruktion weiter Teile der (bürgerlichen) Kriegsjugendgeneration eine entscheidende Rolle gespielt hat. Wichtige Protagonisten des Weltkriegsgedenkens der Hitler-Jugend, allen voran Reichsjugendführer Baldur von Schirach, waren in einer nationalen Deutungskultur aufgewachsen, die sich unter Kriegsbedingungen radikalisiert hatte. Sie hatten die heroischen Werte, die sie als Akteure der HJ-Erziehung zum Krieg an die ihnen anvertrauten Jugendlichen und Kinder weitergeben sollten, früh internalisiert. Angesichts des überraschenden, niederschmetternden ‚Zusammenbruchs der Welt der Väter' gelang es ihnen nicht, ihr durch die Kriegserfahrung an der ‚Heimatfront' geprägtes binäres Weltbild zu revidieren. Die Entwertung des Opfers der zwei Millionen deutschen Gefallenen durch den als Demütigung empfundenen Versailler Vertrag verstärkte ganz im Gegenteil in ihren Reihen die bedingungslose Wertschätzung soldatischer Wert- und Normvorstellungen und führte zu der kultischen Verehrung der gefallenen Helden. Die militante, (bildungs)bürgerliche Erinnerungskultur, in der sie sich bewegten und politisch sozialisiert wurden, konservierte wesentliche Elemente der agressiven deutschen Kriegskultur und trug sie in die Weimarer Republik hinein.

In welchem Maße zentrale Topoi dieser heroisierenden Gedenkdiskurse auch über das relativ enge Sozialmilieu des nationalen Bürgertums hinaus anschlussfähig waren, wurde im zweiten Analyseteil untersucht. Durch den Vergleich ausgewählter Bünde der bürgerlichen Jugendbewegung mit dem Katholischen Jungmännerverband Deutschlands und dem sozialdemokratischen Jungbanner konnte gezeigt werden, dass sich insbesondere gegen Ende der 1920er Jahre in der organisierten (männlichen) Jugend insgesamt ein Opferdiskurs durchsetzte, der die Gefallenen des Ersten Weltkriegs immer weniger als Kriegsopfer, sondern zunehmend als Opferhelden imaginierte. Besonders deutlich fiel diese Verschiebung vom Opfer- zum Heldengedenken im KJMV aus. Dominierte in der ersten Hälfte der 1920er Jahre ein viktimisierender Diskurs, so wurde ab 1927 der Soldat zunehmend zum selbstbestimmt Opfernden, der sein Leben altruistisch für Volk und Vaterland eingesetzt hatte. Der Krieg wurde damit psychologisiert und zum ‚inneren Erlebnis' stilisiert. Das Opfer bzw. die mutmaßliche Opferbereitschaft der deutschen Soldaten von 1914–1918 entwickelte sich zum wichtigsten Wert der katholischen Jugenderziehung. „Das Reich ist, wo wir opfern" – das Motto der Trierer Reichstagung des KJMV 1931 spiegelt diese Entwicklung. Das eingeforderte Opfer war nicht etwa als Mittel an einen zu erfüllenden Zweck gebunden, sondern im Opfer selbst erfüllte sich schon der Zweck.

Parallel zu dem Opferkult der katholischen Jugend, in dessen Mittelpunkt zunehmend das Opfer der Gefallenen des Ersten Weltkriegs rückte, entwickelte sich im KJMV ein ausgesprochen positives Soldatenbild. Soldatische Tugenden wie Mannhaftigkeit, Stärke und Opferbereitschaft wurden spürbar aufgewertet. Der deutsche

Soldat von 1914–18 wurde das pädagogische Leitbild der katholischen Jugendorganisationen. Die katholische Sturmschar – schon ihr Name sollte an die Sturmtruppen des Ersten Weltkriegs erinnern – bezeichnete sich bewusst als ‚graues Heer', an dessen ‚feldgrauen' Idealismus man anzuknüpfen gedachte.

Im sozialdemokratisch dominierten Jungbanner waren der Heroisierung der Gefallenen durch die pazifistische Tradition der Arbeiterbewegung engere Grenzen gesetzt. Dennoch ist auch in der Jugendorganisation des größten Wehrverbandes der Weimarer Republik die Zunahme der Akzeptanz heroisierender Deutungsmuster nicht zu verkennen: Eine Arbeiterjugendorganisation, die ihre Mitglieder stolz als ‚Frontkrieger' bzw. ‚Soldaten' der Republik bezeichnete, mit ihrem Unbehagen gegenüber einem angeblich ‚unheroischen' Pazifismus nicht hinter dem Berg hielt und für die die ‚höllische Achtung', die sie der ‚Frontkämpfergeneration' schulde, eine vorpolitische Selbstverständlichkeit darstellte, bezeichnete einen deutlichen Bruch mit dem Antimilitarismus der Arbeiterbewegung. Dass das Jungbanner – wie auch der KJMV – mit Walter Flex' *Wanderer zwischen beiden Welten* und Philipp Witkops *Kriegsbriefen gefallener Studenten* seinen Angehörigen zur Vorbereitung und Durchführung von Heimabenden zwei Bücher empfahl, die zentral um das sakrifizielle Opfer der deutschen Soldaten kreisten – und die daher bis an den rechten Rand des politischen Spektrums konsensfähig waren –, ist nur ein Beispiel dafür, dass soldatische Opferbereitschaft auch im republikanischen Lager zunehmend positiv besetzt war.

Es ist wichtig, in diesem Zusammenhang noch einmal darauf hinzuweisen, dass KJMV und Jungbanner zu keinem Zeitpunkt ihre kriegskritischen Überzeugungen aufgegeben haben. Für beide blieb der Krieg immer die größte vorstellbare Katastrophe der Menschheitsgeschichte und die Forderung nach einer aktiven Friedenspolitik wurde von ihnen stets aufs Neue erhoben. Insofern unterschied sich ihre Rezeption des Ersten Weltkriegs deutlich von den z. T. sozialdarwinistisch-bellizistischen Tendenzen im bürgerlich-bündischen Lager. Die entschiedene Ablehnung der Schrecken des Krieges schloss allerdings – und das ist elementar – die gleichzeitige Heroisierung der Gefallenen und das Bekenntnis zu soldatischen Wert- und Normvorstellungen keinesfalls aus. Wenn sich die Ablehnung des Krieges zwingend aus den traumatischen Erfahrungen des vierjährigen ‚Völkerringens' ergab, so war die Heroisierung der Gefallenen eine Antwort auf das gerade vor dem Hintergrund der Kriegsniederlage besonders brennende sozialpsychologische Bedürfnis, das Trauma des massenhaften Soldatentodes zu bewältigen. Stärker als alles andere war es diese im diskursiven Kontinuum zwischen den Extrempolen Radikalpazifismus und Radikalnationalismus konsensfähige, gemäßigte Heroisierung der Kriegsgefallenen, welche der zunehmenden Militarisierung des Jugendlebens gegen Ende der Weimarer Republik zugrunde lag und einen Resonanzraum für das nach 1933 forcierte, staatliche Weltkriegsgedenken schuf.

Die Untersuchung der Konjunkturen, Semantik und Funktionen des HJ-Weltkriegsgedenkens von 1926–1945 zeigte vier Phasen der Weltkriegsrezeption in der HJ: einer ersten Phase relativer Indifferenz gegenüber dem Vermächtnis der ‚Front' (1926–1931) folgte eine Phase der selbstbewussten Usurpation des ‚Fronterlebnisses', in der der ‚Geist der Feldgrauen' bewusst gegen die Kriegsveteranen instrumentalisiert wurde (1931–1934). Ab Sommer 1934 änderte sich dies radikal und das

HJ-Weltkriegsgedenken erfüllte bis 1940 eine wichtige Funktion im Rahmen der zur Staatsräson avancierten ‚Wiederherstellung der Ehre des deutschen Frontsoldaten'. Nach der letzten größeren Konjunktur des Weltkriegsgedenkens im Jahr 1940 nahm das Interesse an den Jahren 1914–1918 rapide ab. Von 1941–1945 spielte der Erste Weltkrieg in der HJ keine nennenswerte Rolle mehr.

Warum das Gedenken an die Gefallenen des Ersten im Zweiten Weltkrieg zurücktrat, bedarf wohl keiner weiteren Erklärung. Wie es jedoch gerade auch vor dem Hintergrund der massiven Thematisierung des Großen Krieges in weiten Teilen der bürgerlichen Jugendkultur zu verstehen ist, dass ausgerechnet die Jugendorganisation derjenigen Partei, die sich wie keine zweite als Verwirklichung des ‚Fronterlebnisses' verstand, erst relativ spät eine nennenswerte Gedenkpraxis entwickelte und wie und warum sich der HJ-Weltkriegsdiskurs in den Jahren 1931 bis 1935 so deutlich verschob, waren zentrale Fragen der vorliegenden Untersuchung.

In gewisser Weise befand sich die Hitler-Jugend Anfang der 1930er Jahre in einem Dilemma: auf der einen Seite war das ‚Fronterlebnis' – nicht zuletzt durch die Propaganda der Mutterpartei – zum mythischen Bezugspunkt des rechten Lagers insgesamt geworden. Auf der anderen Seite drohte der in der ‚Frontliteratur' artikulierte Anspruch der so genannten Frontgeneration, die Geschicke Deutschlands zu bestimmen, den revolutionären Geltungs- und Gestaltungsanspruch der NS-Jugend zu konterkarieren. Die Gefahr war umso größer, als die überlebenden Kriegsteilnehmer keineswegs alle ‚in gleichem Schritt und Tritt' mit dem ‚unbekannten Gefreiten' an der Spitze der NSDAP marschierten, sondern sich auch auf Seiten des politischen Gegners, beispielsweise im Reichsbanner Schwarz-Rot-Gold, stark engagierten.

Die Antwort der NS-Jugend auf diese Herausforderung war offensiv: sie entwickelte – und das gilt für HJ und SA gleichermaßen – einen Gedenkdiskurs, der die zwei Millionen Gefallenen ehrte, sich letztlich aber von den überlebenden Kriegsteilnehmern distanzierte. Indem sie sich selbst als Trägerin des ‚Vermächtnisses der Front' in Szene setzte, sprach sie Traditions- und Wehrverbänden wie dem Kyffhäuser-Bund und dem Stahlhelm jegliche Berechtigung ab, das ‚Fronterlebnis' als Legitimationsfolie für politische Forderungen zu instrumentalisieren. Der politische Kampfbegriff ‚Frontsoldat' wurde radikal semiotisiert und damit usurpiert: jeder, der im Kampf für die deutsche ‚Volksgemeinschaft' revolutionäre Opferbereitschaft an den Tag legte, durfte sich als ‚Frontsoldat' fühlen.

Die Übernahme des Frontsoldaten-Mythos durch die NS-Aktivisten aus Kriegsjugend- und Nachkriegsgeneration funktionierte nur im Kontext des eskalierenden Kampfes um den öffentlichen Raum. Mit ihren ‚Blutzeugen' hatten SA und HJ eigene Heldenfiguren, die Kampf- und Opferbereitschaft der NS-Aktivisten öffentlichkeitswirksam dokumentierten. NS-Märtyrerkult und Weltkriegsgedenken waren damit unmittelbar aufeinander bezogen. Die Entwicklung eines eigenen, zielgruppenspezifischen Gedächtniskultes ermöglichte der NS-Jugend aus dem Schlagschatten der Kriegsgefallenen zu treten und sich selbstbewusst und eben nicht im Modus epigonaler Verehrung zum ‚Fronterlebnis' zu positionieren. Dass ein derartiges, emanzipatives Gedenkschema im Rahmen des sich zuspitzenden Generationenkonfliktes einerseits und der allgegenwärtigen Ermahnung, die Jugend müsse sich dem Opfer der Kriegsgefallenen würdig erweisen, andererseits, insbesondere für Angehörige der bürgerlichen Jugend attraktiv gewesen ist, kann angenommen werden. Die

NS-Bewegung war jedenfalls die einzige politische Kraft, der es gelang, den Frontsoldaten-Mythos integrativ auf Jugendliche und junge Erwachsene auszuweiten und damit politisch zu operationalisieren. Im HJ-(SA-)Weltkriegsdiskurs wurde letztlich ein revolutionärer Anspruch artikuliert, der sich paradoxerweise gerade gegen die ehemaligen Veteranen richtete. Damit war der Generationenkonflikt der späten Weimarer Jahre auch auf dem diskursiven Schlachtfeld des Kriegsgedenkens angekommen.

Mit der ‚Machtergreifung' stieg die ‚Wiederherstellung der Ehre des deutschen Frontsoldaten' zur Staatsräson auf. Mit einer Reihe von symbolpolitischen Maßnahmen machte sich das Regime Repräsentationsansprüche keinesfalls nur der politisch rechts stehenden Kriegsteilnehmer zunutze. Im Rahmen der systematischen Aufwertung der Kriegsgeneration in der Öffentlichkeit spielte die Hitler-Jugend eine besondere Rolle: Sie verkörperte am reinsten die revolutionäre Jugendlichkeit der NS-Bewegung; wenn sie sich stellvertretend für das Regime vor der Generation der ‚Frontsoldaten' verneigte, demonstrierte sie daher besonders eindrücklich, dass die Zeit der revolutionären Bestrebungen endgültig vorbei war. In diesem Sinne wandten sich die öffentlichkeitswirksamen Inszenierungen des HJ-Weltkriegsgedenkens beispielsweise zum Langemarck-Tag immer auch an die Adresse der Kriegsteilnehmer. Der Kotau der NS-Jugend vor dem Heldentum der Soldaten von 1914–18 stellte dabei in gewisser Weise das Primat des Alters wieder her und befriedete damit – jedenfalls dem Anspruch nach – den nicht zuletzt von der NS-Propaganda der ‚Kampfzeit' massiv geschürten Generationenkonflikt.

Hatte sich noch in der ‚Kampfzeit' mit dem Appell zur *imitatio heroica* ein Aufruf zu politischer Gewalt im Kampf gegen das verhasste System verbunden, erhielt das Gefallenengedenken nun eine staats- und systemstabilisierende Zielrichtung. Opferbereitschaft, Disziplin und Tapferkeit wurden abstrakt eingefordert. Die *imitatio* fand damit nur noch bedingt auf der Handlungsebene statt, vielmehr war sie ein pädagogischer Appell zur Charakterbildung. Damit verlor der HJ-Weltkriegsdiskurs viel von seiner Spezifität und näherte sich an die pädagogischen Gedenkdiskurse der untersuchten Weimarer Jugendverbände an.

Dies hatte entscheidende Auswirkungen auf die Anschlussfähigkeit der im HJ-Kriegsgedenken transportierten Werte für Jugendliche aus anderen Jugendorganisationen. Denn mit der Betonung mutmaßlich unpolitischer Werte wie Opferbereitschaft, männlicher Tapferkeit und Kameradschaft setzte die HJ nahtlos einen heroisierenden Diskurs fort, der in der Weimarer Jugend vom Jungbanner über den KJMV bis zur bürgerlichen Jugend konsensfähig gewesen war. Damit konnte das HJ-Weltkriegsgedenken, in dem der Kernbestand der NS-Ideologie, d. h. Antisemitismus und Lebensraumpolitik, vollkommen fehlte, von der überwiegenden Mehrzahl der Hitler-Jungen als vorpolitische Selbstverständlichkeit akzeptiert werden.

Im Kontext der vom Regime forcierten ‚Wehrhaftmachung' der ‚Volksgemeinschaft' erfüllte die Rezeption des Weltkriegs in der HJ nicht nur eine gedächtnispolitische, sondern immer auch eine dezidiert wehrerzieherische Funktion: Unter der Ägide des Kriegsteilnehmers Helmut Stellrecht entwickelte sich der ‚Frontsoldat der Materialschlacht' zum hegemonialen Leitbild der HJ-Erziehung zum Krieg. Seine Tugenden, Männlichkeit, Pflichtbewusstsein und Härte. Härte gegenüber dem

Feind, vor allem aber gegen sich selber, transportierten komplementär zum Opferkult des Langemarck-Gedenkens ein funktionales, männliches Soldatenbild. Im Vergleich zu den Soldatenbildern der überwiegenden Mehrheit der Weimarer Jugendorganisationen stellte der Mann als „Kältemaschine" (Helmut Lethen) zweifelsohne eine signifikante Radikalisierung bzw. Brutalisierung der Repräsentation soldatischer Männlichkeit dar. Dennoch erwies er sich im Kontext der allgemeinen Wertschätzung soldatischer Wert- und Normvorstellungen Anfang der 1930er Jahre als anschlussfähig genug, um einen mutmaßlich unpolitischen Kult des Soldatischen zu befördern, an dem beispielsweise auch die katholische Jugend weitgehend partizipierte, und der maßgeblich dazu beitrug, die Soldaten der Zukunft mit dem von ihnen erwarteten Rollenverhalten vertraut zu machen.

Ein kriegsadäquates Rollenverhalten wurde nicht nur von den männlichen Jugendlichen in der HJ und den jungen Männern der Wehrmacht erwartet. Auch das weibliche Geschlecht hatte in der kämpfenden ‚Volksgemeinschaft' eine wichtige Funktion zu erfüllen. Analog zu der Heroisierung des ‚Frontsoldaten' in der HJ wurde im BDM das ‚unbekannte Heer der Frauen', das die ungeheuren Kriegsanstrengungen von 1914–1918 überhaupt erst möglich machte, zum Vorbild der weiblichen Jugend stilisiert. Insbesondere die Lazarettschwestern des Ersten Weltkriegs spielten in dieser spezifisch weiblichen Rezeption des Krieges eine zentrale Rolle. Sie verkörperten das Bild der Frau als ‚Kampfgefährtin' des Mannes, die aktiv am ‚Überlebenskampf des Volkes' partizipiert und mit viel Risiko- und Einsatzbereitschaft den Krieg zu ihrem eigenen macht. Dieses relativ moderne Frauenbild korrespondierte gut mit den Gestaltungsansprüchen einer selbstbewussten BDM-Generation und forderte im Kriegsfall ein Verhalten von ihnen, das nicht alle, aber doch erstaunlich viele weibliche Jugendliche im Zweiten Weltkrieg bereitwillig an den Tag legten: Einsatz für Deutschland.

Während sich im Dritten Reich die Rezeption des Ersten Weltkriegs in Schule und HJ insgesamt intensivierte, war es insbesondere der Langemarck-Mythos, der für die NS-Jugend zur Chiffre des ‚Opfers der Jugend an allen Fronten' aufstieg und den institutionellen Rahmen für die sich systematisierende Instrumentalisierung des Großen Krieges in der HJ-Erziehung bildete. Die Untersuchung dieses Prozesses hat gezeigt, dass Langemarck in den Jahren 1933/34 durch die zahlreichen ehemaligen ‚Bündischen' in HJ und DJ einerseits, und Bestrebungen der studentischen Langemarck-Lobby, mit ihrer Gedenkarbeit im Dritten Reich anzukommen, andererseits, von außen in die NS-Jugend hineingetragen wurde. Die weitgehende semantische und personelle Kontinuität zwischen dem Langemarck-Gedenken der Weimarer Republik und dem des Dritten Reichs steht exemplarisch für die erinnerungskulturellen Brücken, die vom bürgerlichen Gefallenengedenken der 1920er Jahre ins Dritte Reich führten.

Die Geschichte der Langemarck-Rezeption im Dritten Reich ist vor allem die Geschichte eines Deutungskampfes zwischen der Reichsjugendführung und der Reichsstudentenführung. Die Art und Weise in der HJ und NS-Studenten von 1934 bis 1940 um die Deutungshoheit in Sachen Langemarck konkurrierten, wirft ein Schlaglicht auf die politische Dimension des Weltkriegsgedenkens im ‚Frontsoldatenstaat' Hitlers insgesamt. Im Wettstreit um die gerade in totalitären Systemen so wertvolle Ressource öffentliche Aufmerksamkeit bot das Langemarck-Gedenken den NS-Jugendorganisationen eine Plattform, auf der sie sich als ‚Erben der Front' in Szene setzen und damit ihren politischen Gestaltungsanspruch für die Zukunft unterstreichen konnten. Die Bemühungen der RJF, Langemarck zum Organisationsmythos der HJ zu machen, waren keineswegs ein opportunistisches Zugeständnis an einen populären, bildungsbürgerlichen Schlachtenmythos, sondern der Versuch, als Jugendorganisation eine autonome Gedenkpolitik zu entwickeln und sich zum NS-Ursprungsmythos ‚Fronterlebnis' zu positionieren. Im Langemarck-Gedenken ließ sich dabei einerseits der politisch gewünschte Respekt vor dem ‚Heldentum der Front' demonstrieren. Andererseits konnotierte der Langemarck-Mythos so viel jugendliche Einsatz- und Opferbereitschaft, dass sich im ‚Sturm der jungen Regimenter' der Kampfeswille der deutschen Jugend insgesamt und der HJ im Besonderen feiern ließ. Latent setzte sich daher im Langemarck-Gedenken die generationelle Selbstabgrenzung von der Generation der Kriegsteilnehmer fort.

Diese Studie erhebt nicht den Anspruch, die Rezeption des Ersten Weltkriegs in der deutschen Jugend von 1918 bis 1945 in allen ihren Facetten zu behandeln. Insbesondere das Weltkriegsgedenken der weiblichen Jugend in Weimarer Republik und Drittem Reich bleibt nach wie vor – so wie der gesamte Komplex Gedächtnis und Geschlecht – ein wichtiges Desiderat der Kulturgeschichte des Ersten Weltkriegs. Auch die kontrastierende Untersuchung anderer Jugendverbände der Weimarer Zeit, insbesondere der Sport- und Körperertüchtigungsorganisationen, wie auch der links vom Jungbanner stehenden sozialdemokratischen und kommunistischen Verbände kann sicher noch dazu beitragen, ein genaueres Bild von den multiplen Rezeptionsformen des Ersten Weltkriegs in der Nachkriegsjugend zu zeichnen. Dennoch kann hier abschließend festgehalten werden: Anknüpfend an die gegen Ende der 1920er Jahre in weiten Teilen der Jugend entstandene, heroische Deutungskultur des Weltkriegs gehörte der appellative Bezug auf die ‚Helden von 1914–1918' zum Kernbestand der Jugenderziehung im Deutschland der Zwischenkriegszeit. Durch die in diesem Zusammenhang transportierten soldatischen Werte wie, Opferbereitschaft, Kameradschaft und männliche Tapferkeit, war der Krieg in die Jugendkultur der 1930er Jahre eingeschrieben. Eine vordergründig unpolitische Faszination von soldatischen Lebensentwürfen und damit einhergehend die Bereitschaft, im Falle eines neuerlichen Krieges der ‚Heldengeneration' der Frontsoldaten des Ersten Weltkriegs in nichts nachzustehen, war die für die deutsche und europäische Geschichte verhängnisvolle Folge.

VII. Anhang

Quellen- und Literaturverzeichnis

Archive

Archiv der deutschen Jugendbewegung, Burg Ludwigstein
 A 168/1
 B 207–136

Archiv der Republik Wien
 Reichsstatthalter, Hauptbüro Schirach
  Karton 24/129
  Karton 49/253, 254
  Karton 54a/283
  Karton 55/285–289, 1302, 1303

Bundesarchiv Berlin-Lichterfelde
 NS 18, Nr. 693
 NS 26, Nr. 342, 356, 359
 NS 28, Nr. 81, 89
 NS 38, Nr. 2011, 2032, 2069, 2218, 2257, 2974, 3579, 3617, 3618, 3629, 3819, 4146, 5103
 Oberstes Parteigericht, G 0088
 R 43 II, Nr. 296, 296 1, 296 a, 512, 519, 1287
 R 72, Nr. 694, 1887
 R 78, Nr. 1191
 RY 12 II 113/1

Bundesarchiv Koblenz
 Nachlass Klein, Kleine Erwerbung 832–1
 R 129/68
 Zsg 129/63

Bundesarchiv-Militärarchiv Freiburg
 RH 34, Nr. 54, 128

Deutsches Rundfunkarchiv Wiesbaden
 Nr. B00.48.92224, B00.46.28420, B00.50.18037, B00.71.91023, B00.71.91283, B00.71.91347

Hauptstaatsarchiv Düsseldorf
 RW 23/238

Hauptstaatsarchiv Wiesbaden
 483, Nr. 643, 4101a-4108b

Politisches Archiv des Auswärtigen Amtes Berlin
 Botschaft Paris 1061b, 1061d
 R 98894, R 98895, R 98896, R 98897, R 98919, R 98920

Staatsarchiv Augsburg
HJ-Gebiet Schwaben 5
HJ-Gebiet Schwaben 6

Staatsarchiv Detmold
L 113/44

Staatsarchiv München
Pol. Dir. 6840, 6841

Staatsarchiv Würzburg
NSDAP 998

Stadtarchiv Bergen
Nr. 1822 I

Stadtarchiv Plauen
III IV IE 77

Periodika

Der Angriff. Tageszeitung der Deutschen Arbeitsfront, 1927–1939.
Der Aufmarsch. Blätter der deutschen Jugend, 1929–1932.
Die Bewegung. Zeitung der deutschen Studenten, 1935–1945.
Das Buch der Jugend. Ein Auswahl-Verzeichnis empfehlenswerter Bücher für die deutsche Jugend, hg. von der Reichsjugendführung, der Reichsamtsleitung des NSLB und der Reichsstelle zur Förderung des deutschen Schrifttums, Stuttgart, in den Ausgaben 1934/35, 1935/36, 1936/37, 1937/38, 1940.
Deutsche Freischar. Rundbrief der Bundesführung, 1928–1933.
Deutsche Jugendkraft. Zeitschrift für willensstärkende Leibesübungen und vernunftgemäße Gesundheitspflege, 1930–1932.
Deutsche Kriegsopferversorgung. Monatsschrift der Frontsoldaten und Kriegshinterbliebenen der Nationalsozialistischen Kriegsopferversorgung NSKOV, 1933–1939.
Das Deutsche Mädel. Die Zeitschrift des Bundes Deutscher Mädel in der HJ, 1934–1938.
Deutsche Studenten-Zeitung, 1933–1935.
Der deutsche Sturmtrupp. Kampfblatt der werktätigen Jugend Großdeutschland, 1933–1934.
Die Deutsche Zukunft. Führerzeitschrift, 1931–1933.
Die Fanfare. Hitler-Jugend-Illustrierte, 1933–1937.
Die Fanfare. Hitler-Jugend-Zeitung für die Gebiete Westfalen, Westmark, Hessen-Nassau, Mittelrhein, Kurhessen und Ruhr-Niederrhein, 1933–1937.
Die Gefolgschaft. Jungenzeitschrift der Deutschen Freischar, 1930.
Die Heerfahrt. Bundeszeitung des Großdeutschen Jugendbundes (später: Jungenblatt der Freischar Junger Nation), 1926–1933.
Die HJ. Kampfblatt der Hitler-Jugend, 1935–1939.
H.J.Z. Hitler-Jugend Zeitung. Kampfblatt schaffender Jugend, ab 1930 H.J.Z. Sturmjugend, 1927–1931.
Innere Front. Nationalsozialistische Parteikorrespondenz (NSK), 1939–1945.

Jugendführung. Werkblatt für Jungführer (ab 1930: Jungführer), 1924–1936.
Das junge Deutschland, hg. vom Reichsausschuss der deutschen Jugendverbände, 1926–1933.
Das junge Deutschland. Amtliches Organ des Jugendführers des Deutschen Reichs, 1933–1944.
Die junge Front. Führerblätter der Hitlerjugend, 1929–1930.
Die junge Front. Organ der Gebiete 18 der Hitlerjugend, 1934–1935.
Junge Front. Wochenzeitung ins Deutsche Jungvolk, 1932–1935.
Die junge Garde. Kampfblatt der Hitler-Jugend, 1933–1937.
Die junge Gefolgschaft. 1935–1936.
Junge Nation. Bundesblatt der Hitler-Jugend, 1933.
Der junge Nationalsozialist. Bundesblatt der Hitler-Jugend, 1932.
Die junge Welt. Die Reichszeitschrift der Hitler-Jugend, 1939–1944.
Die Jungenschaft. (Deutsche Freischar) 1930–1933.
Die Jungenschaft. Blätter für Heimabendgestaltung im Deutschen Jungvolk, 1933–1939.
Junger Wille. Kampfblatt der sächsischen Jugend, 1933–1937.
Jungvolk. Blätter deutscher Jungen, 1932–1934.
Jungwacht, 1924–1934.
Die Kameradschaft. Blätter für Heimabendgestaltung der Hitler-Jugend, 1933–1939.
Die Kommandobrücke. Befehlsblatt der Hitler-Jugend, 1931.
Die Kommenden. Überbündische Wochenschrift der Deutschen Jugend, 1926–1933.
Kriegsgräberfürsorge. Mitteilungen und Berichte vom Volksbund Deutsche Kriegsgräberfürsorge e. V., 1928–1939.
Kyffhäuser, 1933–1940.
Die Mädelschaft. Blätter für Heimabendgestaltung im Bund Deutscher Mädel, 1933–1939.
Der Morgen. Nationalsozialistische Jugendblätter, 1935–1937.
Nachrichtenblatt der Vereinigung ehemaliger 234er, 1933–1940.
Nachrichtenblatt der Vereinigung ehemaliger 239er, 1931–1941.
Nachrichtenblatt des Bundes Jungdeutschland, 1926–1933.
Nationale Jugend. Zeitschrift des Großdeutschen Jugendbundes, 1923–1926.
Nationalsozialistischer Jugendpressedienst, 1932–1934.
Die Niederrheinische Fanfare, 1935–1939.
Nordmark-Jugend, 1934–1939.
NSK. Nationalsozialistische Parteikorrespondenz, 1933–1939.
Der Ostdeutsche Sturmtrupp. Kampfblatt der ostdeutschen Jugend, 1933–1934.
Der Pimpf. Nationalsozialistische Jugendblätter, 1937–1943.
Das Reichsbanner. Zeitung des Reichsbanners Schwarz-Rot-Gold, 1924–1933.
Reichsbefehl der Reichsjugendführung der NSDAP. Befehle und Mitteilungen für Führer und Führerinnen der Hitler-Jugend, 1937–1945.
Reichs-Jugend-Pressedienst, 1934–1939.
Reichssturmfahne. Das Kampfblatt der Württembergischen Hitler-Jugend, 1934–1939.
Schulfunk. Zweiwochenschrift für die Erziehungsarbeit, 1933–1939.
Die Spielschar. Amtliche Zeitschrift für die Feier und Freizeitgestaltung, 1936–1944.
Stimmen der Jugend. Blätter der katholischen Jungmännerbewegung, 1921–1932.
Sturmschar. Rundbrief der Sturmschar des Katholischen Jungmännerverbandes Deutschlands, 1930–1937.
Sturmschar-Treffen. Berichte vom Reichstreffen der Sturmschar des Katholischen Jungmännerverbandes Deutschlands, 1932.
Der Thüringer Sturmtrupp. Kampfblatt der deutschen Jugend, 1933–1936.
Verordnungsblatt der Reichsjugendführung der NSDAP, 1933–1945.

Völkischer Beobachter, 1920–1927.
Völkischer Beobachter. Reichsausgabe, 1927–1932.
Völkischer Beobachter. Norddeutsche Ausgabe, 1933–1945.
Die Wacht. Zeitschrift katholischer Jünglinge, 1924–1933.
Wille und Macht. Führerorgan der nationalsozialistischen Jugend, 1933–1944.

Zeitgenössische Schriften und Dokumentationen

Abt, Fritz: Heraus! Wir Jungen!, Leipzig 1935.
Alverdes, Paul: Die Freiwilligen, München 1934.
Amtliche Kriegsdepeschen. Nach Berichten des Wolffschen Telegr.-Bureaus, Bd. 1, Berlin 1915.
Barbusse, Henri: Das Feuer. Tagebuch einer Korporalschaft, Zürich 1918.
Barthel, Max: Die Mühle zum Toten Mann, Berlin 1927.
Baumann, Hans: Der große Sturm, Potsdam 1935.
Baumann, Hans: Vorwort, in: Ders. (Hg.): Morgen marschieren wir. Liederbuch der deutschen Soldaten, hg. im Auftrag der Wehrmacht, Potsdam 1939.
Becker, Karl-Heinz (Hg.): Frontkämpferinnen erzählen, Düsseldorf 1937.
Beer, Rüdiger: Heinrich Brüning, Berlin 1931.
Bennewitz, Gert: Die geistige Wehrerziehung der deutschen Jugend, Berlin 1940.
Beumelburg, Werner: Ypern 1914, Oldenburg/Berlin 1925.
Beumelburg, Werner: Die Gruppe Bosemüller, Oldenburg 1930.
Binding, Rudolf: Aus dem Kriege, Frankfurt am Main 1925.
Binding, Rudolf: Deutsche Jugend vor den Toten des Krieges, in: Werner Kindt (Hg.): Grundschriften der Deutschen Jugendbewegung, Düsseldorf 1963, S. 431–435.
Boberach, Heinz (Hg.): Meldungen aus dem Reich. Die geheimen Lageberichte des Sicherheitsdienstes der SS 1938–1945, Bd. 4, Herrsching 1984.
Bolm, Hermann: Hitler-Jugend in einem Jahrzehnt. Ein Glaubensweg der niedersächsischen Jugend, Berlin u. a. 1938.
Bröger, Karl: Aus meiner Kriegszeit, Nürnberg 1915.
Bröger, Karl: Kamerad, als wir marschiert. Kriegsgedichte, Jena 1916.
Bröger, Karl: Soldaten der Erde. Neue Kriegsgedichte, Jena 1918.
Bröger, Karl: Deutschland. Ein lyrischer Gang in drei Kreisen, Konstanz 1923.
Bröger, Karl: Bunker 17. Geschichte einer Kameradschaft, Jena 1929.
Brüning, Heinrich: Memoiren. 1918–1934, Stuttgart 1970.
Bruns, Friedrich Wilhelm: Der Sturmtruppführer von 1918, Leipzig/Berlin 1936.
Buchrucker, Bruno Ernst: Im Schatten Seeckts. Die Geschichte der „Schwarzen Reichswehr“, Berlin 1928.
Carossa, Hans: Rumänisches Tagebuch, Leipzig 1924.
Clemens, Jakob (Hg.): Ruf von Trier. Bericht über die VI. Reichstagung des Katholischen Jungmännerverbandes 1931 zu Trier, Düsseldorf 1931.
Dingräve, Leopold: Wo steht die junge Generation?, Jena 1931.
Doehle, Heinrich: Orden und Ehrenzeichen im Dritten Reich, Berlin 1939.
Dörner, Claus: Freude. Zucht. Glaube. Handbuch für die kulturelle Arbeit im Lager, 3. Aufl., Potsdam 1941.
Domarus, Max: Hitler. Reden und Proklamationen 1932–1945. Kommentiert von einem deutschen Zeitgenossen, 2 Bde. in 4 Teilbden, Wiesbaden 1973.
Dombrowski, Hanns: Orden, Ehrenzeichen und Titel des nationalsozialistischen Deutschlands, Berlin 1940.

Dürr, Dagobert: Adolf Hitler der deutsche Arbeiter und Frontsoldat, München 1932.
Dwinger, Edwin Erich: Die letzten Reiter, Jena 1935.
Erlasse für den Deutsch- und Geschichtsunterricht der Höheren Schulen Hamburgs, in: Zeitschrift für deutsche Bildung, 1933, S. 452–459.
Ettighoffer, Paul: Das Soldatentum der Schwester Kläre. Tatsachenbericht über eine deutsche Frau im Weltkriege, Düsseldorf 1936.
Fink, Fritz: Langemarck-Feldherrenhalle, Weimar 1938.
Flex, Walter: Der Wanderer zwischen beiden Welten. Ein Kriegserlebnis, München 1917.
Flex, Walter: Gesammelte Werke, 8. Aufl., München 1944.
Frenzel, Herbert: Eberhard Wolfgang Möller, München 1938.
Die Front des grauen Stahlhelms. Helden- und Führertum im Spiegel unserer Weltkriegsbücher, Leipzig/Berlin 1936.
Gaulle, Charles de: Discours et Messages, Bd. 1: 1940–1946, Paris 1971.
Gerstner, Hermann: Requiem für einen Gefallenen, München 1936.
Gläser, Ernst: Jahrgang 1902, Potsdam 1928.
Goebbels, Joseph: Die zweite Revolution. Briefe an Zeitgenossen, Zwickau 1926.
Goltz, Rüdiger von der: Kein neues Langemarck, in: Karl August Walther (Hg.): Das Langemarckbuch der Deutschen Studentenschaft, Leipzig 1933, S. 206–208.
Gründel, Günther: Die Sendung der jungen Generation. Versuch einer umfassenden revolutionären Sinndeutung der Krise, München 1932.
Hansen, Helmut: Die Fahne besiegt den Tod! Die Kantate von Tod und Leben, München 1936.
Himmler, Heinrich: Posener Rede vom 2. 10. 1943, in: Der Prozess gegen die Hauptkriegsverbrecher vor dem Internationalen Militärgerichtshof, 42 Bde., Nürnberg 1947–1949, Bd. 29, Dokument PS-1919.
Hitler, Adolf: Mein Kampf, Bd. 1–2, München 1925–1926.
Hitler, Adolf: Sämtliche Aufzeichnungen, 1905–1924, hg. von Eberhard Jäckel/Axel Kuhn, Stuttgart 1980.
Hitler, Adolf: Reden. Schriften. Anordnungen. Februar 1925 bis Januar 1933, hg. vom Institut für Zeitgeschichte, Bd. 4.2, München u. a. 1996.
Hitler, Adolf: Reden. Schriften. Anordnungen. Februar 1925 bis Januar 1933, hg. vom Institut für Zeitgeschichte, Bd. 4.3, München u. a. 1997.
Hitler, Adolf: Reden. Schriften. Anordnungen. Februar 1925 bis Januar 1933, hg. vom Institut für Zeitgeschichte, Bd. 5.1, München u. a. 1996.
Hoerner-Heintze, Suse: Mädels im Kriegsdienst. Ein Stück Leben, Leipzig 1934.
Hoerner-Heintze, Suse: Ein Mädel an der Front, Berlin 1938.
Hoerner-Heintze, Suse: Die große Kameradin. Schicksal der Frontschwester Anni Pinter. Biographischer Roman, Berlin 1939.
Höß, Rudolf: Kommandant in Auschwitz. Autobiographische Aufzeichnungen, Stuttgart 1958.
Hoffmann, Heinrich (Hg.): Mit Hitler im Westen, 101.-200. Tsd., Berlin 1940.
Johannsen, Ernst: Vier von der Infanterie. Ihre letzten Tage an der Westfront 1918, Hamburg 1929.
Jünger, Ernst: Der Arbeiter. Herrschaft und Gestalt, Stuttgart 1982.
Das Jungbanner. Jugendpflege im Reichsbanner Schwarz-Rot-Gold, Magdeburg 1930.
Kaufmann, Günter: Langemarck. Das Opfer der Jugend an allen Fronten, Stuttgart 1938.
Kaufmann, Günter: Das kommende Deutschland. Die Erziehung der Jugend im Reich Adolf Hitlers, 2. Aufl., Berlin 1940.
Kleinau, Wilhelm: Schäumender Most, in: Der Stahlhelm, 6. 5. 1932.

Kotze, Hildegard von/Helmut Krausnick (Hg.): „Es spricht der Führer". 7 exemplarische Hitler-Reden, Gütersloh 1966.
Kreppel, Friedrich: Nie wieder Langemarck, in: Werner Kindt (Hg.): Grundschriften der Deutschen Jugendbewegung, Düsseldorf 1963, S. 436–437.
Langemarck. Deutsches Jungvolk, Jungbann 202 „Andreas Hofer". Zusammenstellung der Spielschar des Jungbanns, Berlin 1933.
Langemarck-Gedanken, hg. vom Langemarck-Ausschuss Hochschule und Heer, Berlin 1932.
Langsdorff, Werner: Flieger am Feind. 71 deutsche Luftfahrer erzählen, Gütersloh 1934.
Lauterbacher, Hartmann: Erlebt und mitgestaltet. Kronzeuge einer Epoche 1923–1945. Zu neuen Ufern nach Kriegsende, Preussisch Oldendorf 1984.
Mann, Klaus: Kind dieser Zeit, Berlin 1932.
Maschmann, Melitta: Fazit. Kein Rechtfertigungsversuch, Stuttgart 1963.
Matzke, Frank: Jugend bekennt: So sind wir!, Leipzig 1930.
Menzel, Herybert: Das große Gelöbnis, München 1935.
Metzsch, Horst: Krieg als Saat, Leipzig 1934.
Michaly, Jo: „... da gibt's ein Wiedersehen". Kriegstagebuch eines Mädchens 1914–1918, Freiburg 1982.
Mierisch, Helene: Kamerad Schwester 1914–1919, Leipzig 1934.
Möller, Eberhard Wolfgang: Douaumont oder: Die Heimkehr des Soldaten Odysseus, Berlin 1929.
Möller, Eberhard Wolfgang: Berufung der Zeit. Kantaten und Chöre, Berlin 1935.
Moka, Hansgeorg: Die Langemarck-Arbeit der Deutschen Studentenschaft, in: Karl-August Walther (Hg.): Das Langemarckbuch der Deutschen Studentenschaft, Leipzig 1933, S. 210–213.
Nationalsozialistische Kriegsopferversorgung/Reichsdienststelle: Anleitung für den Aufbau von Veranstaltungen, o.D. vermutlich Anfang 1939.
Niermann, Johannes: Der Weg des Soldaten Johannes. Aus seinen Briefen und Tagebüchern, o. O. 1940.
Nobel, Alphons: Brüning, Leipzig 1932.
Pantel, Gerhard: Fähnlein Langemarck, München 1934.
Pflugk-Harttung, Elfriede (Hg.): Frontschwestern. Ein deutsches Ehrenbuch, Berlin 1936.
Protokoll. Sozialdemokratischer Parteitag in Leipzig 1931, Bonn 1974.
Raynal, Paul: Das Grab des unbekannten Soldaten. Tragödie in drei Akten, Straßburg 1926.
Remarque, Erich Maria: Im Westen nichts Neues, Berlin 1929.
Renn, Ludwig: Krieg, Frankfurt am Main 1929.
Rüdiger, Jutta: Ein Leben für die Jugend. Mädelführerin im Dritten Reich, Das Wirken der Reichsreferentin des BDM (Bund Deutscher Mädel), Preußisch Oldendorf 1999.
Sanitätsbericht über das deutsche Heer, Teil 3: Die Krankenbewegung bei dem Deutschen Feld- und Besatzungsheer, Berlin 1934.
Schauwecker, Franz: Aufbruch der Nation, Berlin 1929.
Schirach, Baldur von: Die Feier der neuen Front, München 1929.
Schirach, Baldur von: Die Hitler-Jugend. Idee und Gestalt, Berlin 1934.
Schirach, Baldur von: Die Fahne der Verfolgten, Berlin 1935.
Schirach, Baldur von: Die Hitler-Jugend. Idee und Gestalt, Leipzig 1936.
Schirach, Baldur von: Revolution der Erziehung. Reden aus den Jahren des Aufbaus, München 1938.
Schirach, Baldur von: Geleitwort, in: Werner Fantur: Narvik, Berlin 1941.
Schirach, Baldur von: Ich glaubte an Hitler, Hamburg 1967.
Schütze, Alfred: Fahnen in dunklen Straßen, Berlin 1935.
Schütze, Alfred: Von Langemarck nach Potsdam. Der Marsch einer Jugend, Berlin 1937.

Schütze, Alfred: Marschtritt Deutschland. Wir drehen den Film vom Adolf-Hitler-Marsch, Stuttgart 1939.
Schumann, Gerhard: Heldische Feier, München 1935.
Schumann, Harry: Geist von Langemarck, Dresden 1934.
Schwarz, Hans: Die Wiedergeburt des heroischen Menschen, Berlin 1930.
Schwarz, Wolfgang: Soldaten des Sieges. Ein chorisches Gedicht, München 1935.
Schwarzlose, Adolf: Der Weltkrieg im Spiegel des deutschen Schrifttums, in: Jungschriften-Warte, 40 (1935), H. 8.
Schwink, Otto: Die Schlacht an der Yser und bei Ypern im Herbst 1914, Oldenburg 1918 (zuerst erschienen 1917).
Die Sommerlager der Hitler-Jugend 1939. Eine Zusammenstellung sämtlicher Lager der HJ und des BDM in allen Gebieten Großdeutschlands, hg. von der Reichsjugendführung, Berlin 1939.
Springenschmid, Karl: Helden in Tirol. Geschichten von Kampf und Tod in den Bergen, Stuttgart 1934.
Stellrecht, Helmut: Trotz allem! Ein Buch der Front, München 1931.
Stellrecht, Helmut: Soldatentum und Jugendertüchtigung, Berlin 1935.
Stellrecht, Helmut: Die Wehrerziehung der deutschen Jugend, Berlin 1936.
Die Stimme der Frontgeneration. La voix de la génération du feu. Henri Pichot: Es ist endlich Zeit!, in: Sohlbergkreis. Deutsch-Französische Monatshefte, 1934/35, H. 10/11, S. 275–276.
Suhrkamp, Peter: Söhne ohne Väter und Lehrer, in: Die neue Rundschau, 43 (1932), S. 681–696.
Tiede, Heinrich Maria: Ingeborg. Ein deutsches Mädchen im Großen Kriege, Leipzig 1936.
Trotha, Adolf von: Persönliches, Briefe, Reden und Aufzeichnungen, 1920–1937, hg. von Bendix von Bargen, Berlin 1938.
Unruh, Franz von: Nationalistische Jugend, in: Die neue Rundschau, 43 (1932), S. 577–592.
Unser Bauschaffen, hg. vom Reichsverband für Deutsche Jugendherbergen, Inspektion Mitte, 1939.
Unser Liederbuch. Lieder der Hitler-Jugend, hg. von der Reichsjugendführung, 3. Aufl., München 1939.
Ursachen und Folgen. Vom deutschen Zusammenbruch 1918 und 1945 bis zur staatlichen Neuordnung Deutschlands in der Gegenwart, hg. von Herbert Michaelis u. a., Bd. 10: Das Dritte Reich: Die Errichtung des Führerstaates. Die Abwendung von dem System der kollektiven Sicherheit, Berlin 1965.
Ursachen und Folgen. Vom deutschen Zusammenbruch 1918 und 1945 bis zur staatlichen Neuordnung Deutschlands in der Gegenwart, hg. von Herbert Michaelis u. a., Bd. 13: Das Dritte Reich: Auf dem Weg zum Zweiten Weltkrieg. Von der Besetzung Prags bis zum Angriff auf Polen, Berlin 1968.
Ursachen und Folgen, Vom deutschen Zusammenbruch 1918 und 1945 bis zur staatlichen Neuordnung Deutschlands in der Gegenwart, hg. von Herbert Michaelis u. a., Bd. 23: Das Dritte Reich. Der militärische Zusammenbruch und das Ende des Dritten Reiches. Der Selbstmord Hitlers. Das Kabinett Dönitz. Die Kapitulation. Die Anfänge der Besatzungspolitik. Die Potsdamer Konferenz. Die Niederlage Japans, Berlin 1976.
Volkmann-Leander, Bernhard von: Soldaten oder Militärs, München 1932.
Wachenheim, Hedwig (Hg.): Ludwig Frank. Ein Vorbild der deutschen Arbeiterjugend, Berlin 1924.
Walther, Karl-August (Hg.): Das Langemarckbuch der Deutschen Studentenschaft, Leipzig 1933.
Wehner, Josef Magnus: Langemarck – ein Vermächtnis, München 1932.

Wenzel, Anne-Marie: Deutsche Kraft in Fesseln, Potsdam 1931.
Witkop, Philipp (Hg.): Kriegsbriefe gefallener Studenten, München 1929.
Wittek, Erhard: Durchbruch anno achtzehn, Stuttgart 1933.
Wittek, Erhard: Männer. Ein Buch des Stolzes, Stuttgart 1936.
Zöberlein, Hans: Der Glaube an Deutschland. Ein Kriegserleben von Verdun bis zum Umsturz, München 1931.

Sekundärliteratur

Afflerbach, Holger: Falkenhayn. Politisches Denken und Handeln im Kaiserreich, München 1994.
Aley, Peter: Jugendliteratur im Dritten Reich. Dokumente und Kommentare, Gütersloh 1967.
Aly, Götz: Hitlers Volksstaat. Raub, Rassenkrieg und nationaler Sozialismus, Frankfurt am Main 2005.
Arning, Holger: Die Macht des Heils und das Unheil der Macht. Diskurse von Katholizismus und Nationalsozialismus im Jahr 1934 – eine exemplarische Zeitschriftenanalyse, Paderborn u. a. 2008.
Arnold, Thomas/Jutta Schöning/Ulrich Schröter: Hitlerjunge Quex. Einstellungsprotokoll, München 1980.
Assmann, Aleida: Der lange Schatten der Vergangenheit. Erinnerungskultur und Geschichtspolitik, München 2006.
Assmann, Aleida: Geschichte im Gedächtnis. Von der individuellen Erfahrung zur öffentlichen Inszenierung, München 2007.
Assmann, Jan: Das kulturelle Gedächtnis. Schrift, Erinnerung und politische Identität in frühen Hochkulturen, München 1997.
Audoin-Rouzeau, Stéphane: La guerre des enfants 1914–1918, Paris 1993.
Audoin-Rouzeau, Stéphane/Annette Becker: 14–18, retrouver la Guerre, Paris 2000.
Audoin-Rouzeau, Stéphane/Annette Becker/Christian Ingrao/Henry Rousso (Hg.): La violence de guerre 1914–1945. Approches comparées des deux conflits mondiaux, Paris 2002.
Baird, Jay W.: To Die for Germany. Heroes in the Nazi Pantheon, Bloomington 1990.
Baird, Jay W.: The Great War and Literary Reaction: Hans Zöberlein as Prophet of the Third Reich, in: George Kent (Hg.): Historians and Archivists, Fairfax 1991, S. 45–62.
Baird, Jay W.: Hitler's Muse. The Political Aesthetics of the Poet and Playwright Eberhard Wolfgang Möller, in: German Studies Review, 17 (1994), Nr. 2, S. 269–285.
Barr, Niall: The Lion and the Poppy. British Veterans, Politics and Society. 1921–1939, Westport (Conn.) 2005.
Barth, Boris: Dolchstoßlegenden und politische Desintegration. Das Trauma der deutschen Niederlage im Ersten Weltkrieg 1914–1933, Düsseldorf 2003.
Bartoletti, Susan Campbell: Jugend im Nationalsozialismus. Zwischen Faszination und Widerstand, Bonn 2007.
Bartov, Omer: Hitler's Army. Soldiers, Nazis, and War in the Third Reich, Oxford u. a. 1991. (Deutsche Ausgabe: Hitlers Wehrmacht. Soldaten, Fanatismus und die Brutalisierung des Krieges, Reinbek 1995).
Bartov, Omer u. a. (Hg.): Les sociétés en guerre 1911–1946, Paris 2003.
Bauer, Kurt: Nationalsozialismus. Ursprünge, Anfänge, Aufstieg und Fall, Wien 2008.

Beaupré, Nicolas/Anne Dumenil/Christian Ingrao (Hg.): 1914–1945. L'ère de la guerre, 2 Bde., Paris 2004.
Beaupré, Nicolas: Deutsch-Französische Geschichte, Bd. 8: Das Trauma des Großen Krieges 1918–1932/33, Darmstadt 2009.
Beaupré, Nicolas: Écrire en guerre, écrire la guerre. France, Allemagne 1914–1920, Paris 2006.
Becker, Jean-Jacques/Gerd Krumeich: La Grande Guerre. Une histoire franco-allemande, Paris 2008. (Deutsche Ausgabe: Der Große Krieg. Deutschland und Frankreich 1914–1918, Essen 2010).
Behrenbeck, Sabine: Der Kult der toten Helden. Nationalsozialistische Mythen, Riten und Symbole 1923 bis 1945, Vierow 1996.
Beil, Christine: Der ausgestellte Krieg. Präsentationen des Ersten Weltkriegs 1914–1939, Tübingen 2004.
Bendick, Rainer: Kriegserwartung und Kriegserfahrung. Der Erste Weltkrieg in deutschen und französischen Schulgeschichtsbüchern (1900–1939/45), Pfaffenweiler 1999.
Benjamin, Walter: Das Kunstwerk im Zeitalter seiner technischen Reproduzierbarkeit, Frankfurt am Main 1963.
Berghahn, Volker R.: Der Stahlhelm. Bund der Frontsoldaten 1918–1935, Düsseldorf 1966.
Berghahn, Volker R.: Europa im Zeitalter der Weltkriege. Die Entfesselung und Entgrenzung der Gewalt, Frankfurt am Main 2002.
Bernett, Hajo: Die deutsche Turn- und Sportjugend im letzten Jahr der Weimarer Republik, in: Hans-Georg John (Hg.): Jugendsport im ersten Drittel des 20. Jahrhunderts, Clausthal-Zellerfeld 1988, S. 37–69.
Bessel, Richard: Die Heimkehr der Soldaten: Das Bild der Frontsoldaten in der Öffentlichkeit der Weimarer Republik, in: Gerhard Hirschfeld/Gerd Krumeich/Irina Renz (Hg.): „Keiner fühlt sich hier mehr als Mensch ...". Erlebnis und Wirkung des Ersten Weltkriegs, Essen 1993, S. 221–239.
Bessel, Richard: Germany after the First World War, Oxford 1993.
Bessel, Richard: The ‚Front Generation' and the Politics of Weimar Germany, in: Mark Roseman (Hg.): Generations in Conflict. Youth Revolt and Generation Formation in Germany 1770–1968, Cambridge 1995, S. 121–146.
Boberach, Heinz: Inventar archivalischer Quellen des NS-Staates. Die Überlieferung von Behörden und Einrichtungen des Reichs, der Länder und der NSDAP, Teil 1 und 2 München u. a. 1995.
Bösch, Frank: Militante Geselligkeit. Formierungsformen der bürgerlichen Vereinswelt zwischen Revolution und Nationalsozialismus, in: Wolfgang Hardtwig (Hg.): Politische Kulturgeschichte der Zwischenkriegszeit 1918–1939, Göttingen 2005, S. 151–182.
Bohrer, Karl-Heinz: Die Ästhetik des Schreckens. Die pessimistische Romantik und Ernst Jüngers Frühwerk, München 1978.
Brandt, Susanne: Vom Kriegsschauplatz zum Gedächtnisraum: Die Westfront 1914–1940, Baden-Baden 2000.
Breuer, Stefan/Ines Schmidt: Die Kommenden. Eine Zeitschrift der Bündischen Jugend (1926–1933), Schwalbach/Ts. 2010.
Broszat, Martin: Der Staat Hitlers, München 1969.
Broszat, Martin: Resistenz und Widerstand, in: Ders. u. a. (Hg.): Bayern in der NS-Zeit, Bd. 4: Herrschaft und Gesellschaft im Konflikt, München/Wien 1981, S. 691–709.
Browning, Christopher R.: Ganz normale Männer. Das Reserve-Polizeibataillon 101 und die „Endlösung" in Polen, Reinbek 1993.
Bruendel, Steffen: Volksgemeinschaft oder Volksstaat. Die „Ideen von 1914" und die Neuordnung Deutschlands im Ersten Weltkrieg, Berlin 2003.

Brunotte, Ulrike: Zwischen Eros und Krieg. Männerbund und Ritual in der Moderne, Berlin 2004.
Buddrus, Michael: „Wir sind nicht am Ende, sondern in der Mitte eines großen Krieges" Eine Denkschrift aus dem Zivilkabinett der Regierung Dönitz vom 16. Mai 1945, in: Vierteljahrshefte für Zeitgeschichte, 44 (1996), H. 4, S. 605–627.
Buddrus, Michael: Totale Erziehung für den totalen Krieg. Hitlerjugend und nationalsozialistische Jugendpolitik, München 2003.
Busch, Stefan: „Und gestern, da hörte uns Deutschland". NS-Autoren in der Bundesrepublik. Kontinuität und Diskontinuität bei Griese, Beumelburg, Möller und Ziesel, Würzburg 1998.
Bussemer, Thymian: Propaganda und Populärkultur. Konstruierte Erlebniswelten im Nationalsozialismus, Wiesbaden 2000.
Bussemer, Thymian: Propaganda. Konzepte und Theorien, Wiesbaden 2005.
Cancik-Lindemaier, Hildegard: Opfer. Religionswissenschaftliche Bemerkungen zur Nutzbarkeit eines religiösen Ausdrucks, in: Hans Joachim Althaus u. a. (Hg.): Der Krieg in den Köpfen. Beiträge zum Tübinger Friedenskongress Krieg – Kultur – Wissenschaft, Tübingen 1988, S. 109–120.
Cooper, Joel: Cognitive Dissonance. Fifty Years of a Classic Theory, London u. a. 2007.
Creveld, Martin van: The Culture of War, New York 2008.
Crouthamel, Jason: The Great War and German Memory. Society, Politics and Psychological Trauma 1914–1945, Exeter 2009.
Daniel, Ute: Einkreisung und Kaiserdämmerung. Ein Versuch, der Kulturgeschichte der Politik vor dem Ersten Weltkrieg auf die Spur zu kommen, in: Barbara Stollberg-Rilinger (Hg.): Was heißt Kulturgeschichte des Politischen?, Berlin 2005, S. 279–328.
Delabar, Walter: „Aufhören, aufhören, he, aufhören – hört doch einmal auf!". Hans Zöberlein: Der Glaube an Deutschland, in: Thomas F. Schneider/Hans Wagener (Hg.): Von Richthofen bis Remarque: Deutschsprachige Prosa zum 1. Weltkrieg, Amsterdam, New York 2003, S. 399–421.
Demm, Eberhard: Deutschlands Kinder im Ersten Weltkrieg. Zwischen Propaganda und Sozialfürsorge, in: Militärgeschichtliche Zeitschrift, 60 (2001), S. 51–98.
Dieckert, Jürgen: Die Turnerjugendbewegung, Stuttgart 1968.
Diehl, Paula: Macht – Mythos – Utopie. Die Körperbilder der SS-Männer, Berlin 2005.
Dithmar, Reinhard: Langemarck – ein Kriegsmythos in Dichtung und Unterricht, Ludwigsfelde 2002.
Doetzer, Oliver: „Diese Kriegsspiele, die es dann bei der HJ gab, die waren zum Teil denn doch sehr grausam". Männlichkeit und Gewalterfahrung in Kindheiten bürgerlicher Jungen im Nationalsozialismus, in: Kritische Annäherungen an den Nationalsozialismus in Norddeutschland, hg. vom Arbeitskreis zur Erforschung des Nationalsozialismus in Schleswig-Holstein, Kiel 2003, S. 8–25.
Donson, Adrew: Why did German Youth Become Fascists? Nationalist Males Born 1900 to 1908 in War and Revolution, in: Social History, 31 (2006), Nr. 3, S. 337–358.
Donson, Andrew: Youth in the Fatherless Land. War Pedagogy, Nationalism, and Authority in Germany, 1914–1918, Cambridge (Mass.) u. a. 2010.
Dube, Christian: Religiöse Sprache in Reden Adolf Hitlers. Analysiert anhand ausgewählter Reden aus den Jahren 1933–1945, Kiel 2004.
Dülffer, Jost/Gerd Krumeich (Hg.): Der verlorene Frieden. Politik und Kriegskultur nach 1918, Essen 2002.
Echternkamp, Jörg: 1914–1945. Ein zweiter Dreißigjähriger Krieg? Vom Nutzen und Nachteil eines Deutungsmodells der Zeitgeschichte, in: Sven Oliver Müller/Cornelius Torp (Hg.): Das Deutsche Kaiserreich in der Kontroverse, Göttingen 2009, S. 265–280.

Ehrenthal, Günther: Die deutschen Jugendbünde. Ein Handbuch ihrer Organisation und ihrer Bestrebungen, Berlin 1929.
Ehrke-Rotermund, Heidrun: „Durch die Erkenntnis des Schrecklichen zu seiner Überwindung“? Werner Beumelburg: Gruppe Bosemüller (1930), in: Thomas F. Schneider/Hans Wagener (Hg.): Von Richthofen bis Remarque. Deutschsprachige Prosa zum Ersten Weltkrieg, Amsterdam/New York 2003, S. 299–319.
Eicher, Thomas/Barbara Panse/Henning Rischbieter (Hg.): Theater im „Dritten Reich“. Theaterpolitik, Spielplanstruktur, NS-Dramatik, Leipzig 2000.
Eisenberg, Christiane: ‚English sports' und Deutsche Bürger. Eine Gesellschaftsgeschichte 1800–1939, Paderborn u. a. 1999.
Esser, Hartmut: Soziologie. Spezielle Grundlagen, Bd. 1: Situationslogik und Handeln, Frankfurt am Main 1999.
Evans, Richard J.: The Coming of the Third Reich, London 2003.
Falter, Jürgen/Michael Kater: Wähler und Mitglieder der NSDAP. Neue Forschungsergebnisse zur Soziographie des Nationalsozialismus 1925 bis 1933, in: Geschichte und Gesellschaft, 19 (1993), S. 155–177.
Falter, Jürgen: The Young Membership of the NSDAP between 1925 and 1933. A Demographic and Social Profile, in: Conan Fischer (Hg.): The Rise of National Socialism and the Working Classes in Weimar Germany, Oxford/Providence 1996, S. 79–98.
Fasse, Norbert: Katholiken und NS-Herrschaft im Münsterland, Bielefeld 1997.
Fehlemann, Silke: „Heldenmütter“? Deutsche Soldatenmütter in der Zwischenkriegszeit, in: Gerd Krumeich (Hg.): Nationalsozialismus und Erster Weltkrieg, Essen 2010, S. 227–242.
Feldman, Gerald D.: The Great Disorder. Politics, Economics and Society in the German Inflation, 1914–1924, New York 1993.
Festinger, Leon: Theorie der kognitiven Dissonanz, Bern u. a. 1978.
Fiedler, Gudrun: Jugend im Krieg. Bürgerliche Jugendbewegung, Erster Weltkrieg und sozialer Wandel 1914–1923, Köln 1989.
Fransecky, Tanja von: Der Langemarck-Mythos und seine Funktion als ideologischer Wegbereiter des Dritten Reiches, in: Ingeborg Siggelkow (Hg.): Erinnerungskultur und Gedächtnispolitik, Frankfurt am Main 2003, S. 51–78.
Frei, Norbert: Der Führerstaat. Nationalsozialistische Herrschaft 1933 bis 1945, 5. Aufl. München 1997.
Fried, Johannes: Der Schleier der Erinnerung. Grundzüge einer historischen Memorik, München 2004.
Frieser, Karl-Heinz: Blitzkrieg-Legende. Der Westfeldzug 1940, München 1995.
Fritzsche, Peter: Wie aus Deutschen Nazis wurden, München 2002.
Fröschle, Ulrich: „Radikal im Denken, schlapp im Handeln“. Franz Schauwecker: Aufbruch der Nation (1929), in: Thomas F. Schneider/Hans Wagener (Hg.): Von Richthofen bis Remarque. Deutschsprachige Prosa zum Ersten Weltkrieg, Amsterdam/New York 2003, S. 261–298.
Führer, Karl: Der Deutsche Reichskriegerbund Kyffhäuser 1930–1934. Politik, Ideologie und Funktion eines ‚unpolitischen' Verbandes, in: Militärgeschichtliche Mitteilungen, 1984, H. 2/36, S. 57–76.
Geinitz, Christian: Kriegsfurcht und Kampfbereitschaft. Das Augusterlebnis in Freiburg. Eine Studie zum Kriegsbeginn, Essen 1998.
Gerstenberg, Günther: Freiheit! Sozialdemokratischer Selbstschutz im München der zwanziger und frühen dreißiger Jahre, München 2001.
Geyer, Michael: Das Stigma der Gewalt und das Problem der nationalen Identität in Deutschland, in: Christian Jansen/Lutz Niethammer/Bernd Weisbrod (Hg.): Von der

Aufgabe der Freiheit. Politische Verantwortung und bürgerliche Gesellschaft im 19. und 20. Jahrhundert. Festschrift für Hans Mommsen zum 5. November 1995, Berlin 1995, S. 673–698.
Geyer, Michael: Urkatastrophe, Europäischer Bürgerkrieg, Menschenschlachthaus – Wie Historiker dem Epochenbruch des Ersten Weltkriegs Sinn geben, in: Rainer Rother (Hg.): Der Weltkrieg 1914–1918. Ereignis und Erinnerung. Katalog zur Ausstellung im Deutschen Historischen Museum Berlin, Berlin 2004, S. 24–33.
Geyer, Michael: How the Germans Learned to Wage War. On the Question of Killing in the First and Second World Wars, in: Alon Confino/Paul Betts/Dirk Schumann (Hg.): Between Mass Death and Individual Loss. The Place of the Dead in Twentieth-Century Germany, Oxford/New York 2008, S. 25–50.
Gies, Horst: Geschichtsunterricht als deutschkundliche Weihestunde, in: Reinhard Dithmar (Hg.): Schule und Unterricht im Dritten Reich, Neuwied 1989, S. 39–58.
Giesecke, Hermann: Vom Wandervogel bis zur Hitler-Jugend, München 1981.
Götz von Olenhusen, Irmtraud: Jugendreich, Gottesreich, Deutsches Reich. Junge Generation, Religion und Politik 1928–1933, Köln 1987.
Götz von Olenhusen, Irmtraud: Vom Jungstahlhelm zur SA: Die Nachkriegsgeneration in den paramilitärischen Verbänden der Weimarer Republik, in: Wolfgang Krabbe (Hg.): Politische Jugend in der Weimarer Republik, Dortmund 1993, S. 146–181.
Gollbach, Michael: Die Wiederkehr des Weltkriegs in der Literatur, Kronberg/Ts. 1978.
Gotschlich, Helga: Zwischen Kampf und Kapitulation. Zur Geschichte des Reichsbanners Schwarz-Rot-Gold, Berlin (Ost) 1987.
Gotto, Klaus: Die Wochenzeitung Junge Front/Michael, Mainz 1970.
Grabbe, Hans-Jürgen/Sabine Schindler (Hg.): The Merits of Memory. Concepts, Contexts, Debates, Heidelberg 2008.
Grenz, Dagmar: Kämpfen und arbeiten wie ein Mann – sich aufopfern wie eine Frau. Zu einigen zentralen Aspekten des Frauenbildes in der nationalsozialistischen Mädchenliteratur, in: Dagmar Grenz/Gisela Wilkending (Hg.): Geschichte der Mädchenlektüre. Mädchenliteratur und die gesellschaftliche Situation der Frauen vom 18. Jahrhundert bis zur Gegenwart, Weinheim/München 1997, S. 217–240.
Gross, Gerhard: Tank, in: Gerhard Hirschfeld/Gerd Krumeich/Irina Renz (Hg.): Enzyklopädie Erster Weltkrieg, aktualisierte und erweiterte Studienausgabe, Stuttgart 2009, S. 917–919.
Grundhewer, Herbert: Die Kriegskrankenpflege und das Bild der Krankenschwester im 19. und frühen 20. Jahrhundert, in: Johanna Bleker/Heinz-Peter Schmiedebach (Hg.): Medizin und Krieg. Vom Dilemma der Heilberufe 1865 bis 1985, Frankfurt am Main 1987.
Halbwachs, Maurice: Les cadres sociaux de la mémoire, Paris 1925.
Hämmerle, Christa (Hg.): Kindheit im Ersten Weltkrieg, Wien u. a. 1993.
Hämmerle, Christa: „Es ist immer der Mann, der den Kampf entscheidet, und nicht die Waffe …“. Die Männlichkeit des k.u.k. Gebirgskriegers in der soldatischen Erinnerungskultur, in: Hermann J. W. Kuprian/Oswald Überegger (Hg.): Der Erste Weltkrieg im Alpenraum. Erfahrung, Deutung, Erinnerung, Innsbruck 2006, S. 35–59.
Hafeneger, Benno/Michael Fritz (Hg.): Wehrerziehung und Kriegsgedanke in der Weimarer Republik. Ein Lesebuch zur Kriegsbegeisterung junger Männer, Bd. 2: Jugendverbände und -bünde, Frankfurt am Main 1992.
Haffner, Sebastian: Geschichte eines Deutschen. Die Erinnerungen 1914–1933, Stuttgart/München 2000.
Hardtwig, Wolfgang (Hg.): Politische Kulturgeschichte der Zwischenkriegszeit 1918–1939, Göttingen 2005.

Heinsen Becker, Gudrun: Karl Bröger und die Arbeiterdichtung seiner Zeit. Die Publikumsgebundenheit einer literarischen Richtung, Nürnberg 1977.
Hellfeld, Matthias: Bündische Jugend und Hitlerjugend. Zur Geschichte von Anpassung und Widerstand 1930–1939, Köln 1987.
Herbert, Ulrich: Best. Biographische Studien über Radikalismus, Weltanschauung und Vernunft 1903–1989, Bonn 1996.
Hettling, Manfred/Michael Jeismann: Der Weltkrieg als Epos. Philipp Witkops „Kriegsbriefe gefallener Studenten", in: Gerhard Hirschfeld/Gerd Krumeich/Irina Renz (Hg.): „Keiner fühlt sich hier mehr als Mensch ...". Erlebnis und Wirkung des Ersten Weltkriegs, Essen 1993, S. 175–198.
Hillesheim, Jürgen/Elisabeth Michael: Lexikon nationalsozialistischer Dichter. Biographie – Analyse – Bibliographie, Würzburg 1993.
Hirschfeld, Gerhard/Gerd Krumeich/Dieter Langewiesche/Hans-Peter Ullmann (Hg.): Kriegserfahrungen. Studien zur Sozial- und Mentalitätsgeschichte des Ersten Weltkriegs, Essen 1997.
Hirschfeld, Gerhard/Gerd Krumeich/Irina Renz (Hg.): „Keiner fühlt sich hier mehr als Mensch ...". Erlebnis und Wirkung des Ersten Weltkriegs, Essen 1993.
Hirschfeld, Gerhard/Gerd Krumeich: Die Geschichtsschreibung zum Ersten Weltkrieg, in: Dies./Irina Renz (Hg.): Enzyklopädie Erster Weltkrieg, aktualisierte und erweiterte Studienausgabe, Stuttgart 2009.
Hirschfeld, Gerhard/Gerd Krumeich/Irina Renz (Hg.): Enzyklopädie Erster Weltkrieg, aktualisierte und erweiterte Studienausgabe, Stuttgart 2009.
Hirschfeld, Gerhard: Der Führer spricht vom Krieg. Der Erste Weltkrieg in den Reden Adolf Hitlers, in: Gerd Krumeich (Hg.): Nationalsozialismus und Erster Weltkrieg, Essen 2010, S. 35–51.
Hobsbawm, Eric: Das Zeitalter der Extreme, München 1995.
Hochlandlager Aidling/Riegsee 1934. Erstes Großzeltlager der Hitlerjugend im Oberland. Dokumentation, „wir sind zum Sterben für Deutschland geboren", hg. von Thomas Wagner, Gemeinde Riegsee, Riegsee 2005.
Hoegen, Jesko von: Der Held von Tannenberg. Genese und Funktion des Hindenburg-Mythos, Köln u. a. 2007.
Hofmann, Karl: Eine katholische Generation zwischen Kirche und Welt. Studien zur Sturmschar des Katholischen Jungmännerverbandes Deutschlands, Augsburg 1993.
Hoge, Charles/Jennifer Auchterlonie/Charles Milliken: Mental Health Problems, Use of Mental Health Services, and Attrition From Military Service After Returning From Deployment to Iraq or Afghanistan, in: Journal of the American Medical Association, 295 (2006), Nr. 9, S. 1023–1032.
Horne, John: Kulturelle Demobilmachung 1919–1939. Ein sinnvoller historischer Begriff?, in: Wolfgang Hardtwig (Hg.): Politische Kulturgeschichte der Zwischenkriegszeit 1918–1939, Göttingen 2005, S. 129–150.
Hübner-Funk, Sibylle: Loyalität und Verblendung. Hitlers Garanten der Zukunft als Träger der zweiten deutschen Demokratie, Potsdam 1998.
Hüppauf, Bernd: Schlachtenmythen und die Konstruktion des „Neuen Menschen", in: Gerhard Hirschfeld/Gerd Krumeich/Irina Renz (Hg.): „Keiner fühlt sich hier mehr als Mensch ...". Erlebnis und Wirkung des Ersten Weltkriegs, Essen 1993, S. 43–84.
Hull, Isabell: Absolute Destruction. Military Culture and the Practice of War in Imperial Germany, Ithaca/London 2005.
Huxley, Aldous: Notes on Propaganda, in: Harper's Monthly Magazine, December 1936, S. 32–41.

Ingrao, Christian: Étudiants allemands. Mémoire de guerre et militantisme nazi: Étude de cas, in: 14–18 aujourd'hui – today – heute: Démobilisations culturelles après la Grande Guerre, 5 (2003), S. 55–71.

Jackson, Julian: France. The Dark Years, 1940–1944, Oxford 2001.

Jaeger, Hans: Generationen in der Geschichte. Überlegungen zu einer umstrittenen Konzeption, in: Geschichte und Gesellschaft, 3 (1977), S. 429–452.

Jahnke, Karl-Heinz: Hitlers letztes Aufgebot. Deutsche Jugend im sechsten Kriegsjahr 1944/45, Essen 1993.

Jahr, Christoph: Militärgerichtsbarkeit, in: Gerhard Hirschfeld/Gerd Krumeich/Irina Renz (Hg.): Enzyklopädie Erster Weltkrieg, aktualisierte und erweiterte Studienausgabe, Stuttgart 2009, S. 715–716.

Janz, Oliver: Das symbolische Kapital der Trauer. Nation, Religion und Familie im italienischen Gefallenenkult des Ersten Weltkriegs, Tübingen 2009.

Johnson, Eric/Karl-Heinz Reuband: What We Knew. Terror, Mass Murder und Everyday Life in Nazi Germany. An Oral History, Cambridge (Mass.) 2005.

Joll, James: 1914. The Unspoken Assumptions. An Inaugural Lecture, London 1968.

Jürgens, Birgit: Zur Geschichte des BDM (Bund Deutscher Mädel) von 1923 bis 1939, Frankfurt am Main 1994.

Jureit, Ulrike (Hg.): Generationen. Zur Relevanz eines wissenschaftlichen Grundbegriffs, Hamburg 2005.

Jureit, Ulrike: Generationenforschung, Göttingen 2006.

Kaiser, Alexandra: Von Helden und Opfern. Eine Geschichte des Volkstrauertags, Frankfurt am Main/New York 2010.

Kannonier-Finster, Waltraud: Eine Hitler-Jugend. Sozialisation, Biographie und Geschichte in einer soziologischen Fallstudie, Innsbruck 2004.

Kater, Michael: Studentenschaft und Rechtsradikalismus in Deutschland 1918–1933. Eine sozialgeschichtliche Studie zur Bildungskrise in der Weimarer Republik, Hamburg 1975.

Kater, Michael: Generationskonflikt als Entwicklungsfaktor in der NS-Bewegung vor 1933, in: Geschichte und Gesellschaft, 11 (1985), S. 217–243.

Kater, Michael: Hitler-Jugend, Darmstadt 2005.

Keegan, John: Die Maske des Feldherrn. Alexander der Große, Wellington, Grant, Hitler, Weinheim/Berlin 1997.

Keim, Wolfgang: Erziehung unter der Nazi-Diktatur, Bd. 2: Kriegsvorbereitung, Krieg und Holocaust, Darmstadt 1997.

Kenkmann, Alfons: Wilde Jugend. Lebenswelt großstädtischer Jugendlicher zwischen Weltwirtschaftskrise, Nationalsozialismus und Währungsreform, Essen 2002.

Kern, Wolfgang: Die innere Funktion der Wehrmacht 1933–1939, Berlin (Ost) 1979.

Kershaw, Ian: Der Hitler-Mythos. Führerkult und Volksmeinung, Stuttgart 1999.

Kershaw, Ian: Hitler, Bd. 1: 1889–1936, München 2002.

Kershaw, Ian: Hitler and the Uniqueness of Nazism, in: Journal of Contemporary History, 39 (2004), Nr. 2, S. 239–254.

Ketelsen, Uwe-K.: Die Jugend von Langemarck. Ein poetisch-politisches Motiv der Zwischenkriegszeit, in: Thomas Koebner/Rolf-Peter Janz/Frank Trommler (Hg.): „Mit uns zieht die neue Zeit". Der Mythos Jugend, Frankfurt am Main 1985, S. 68–96.

Kienitz, Sabine: Beschädigte Helden. Zur Politisierung des kriegsinvaliden Soldatenkörpers in der Weimarer Republik, in: Jost Dülffer/Gerd Krumeich (Hg.): Der verlorene Frieden. Politik und Kriegskultur nach 1918, Essen 2002, S. 199–214.

Kienitz, Sabine: Beschädigte Helden. Kriegsinvalidität und Körperbilder 1914–1923, Paderborn u. a. 2008.

Kiesel, Helmuth: Ernst Jünger. Die Biographie, München 2007.
Kindt, Werner (Hg.): Die deutsche Jugendbewegung 1920 bis 1933. Die bündische Zeit. Quellenschriften, Düsseldorf 1974.
Klönne, Arno: Jugend im Dritten Reich. Die Hitler-Jugend und ihre Gegner, 3., aktualisierte Aufl., Köln 2008 (zuerst 1982).
Klönne, Irmgard: Kontinuitäten und Brüche: Weibliche Jugendbewegung und Bund Deutscher Mädel, in: Dagmar Reese (Hg.): Die BDM-Generation. Weibliche Jugendliche in Deutschland und Österreich im Nationalsozialismus, Berlin 2007, S. 41–88.
Klopffleisch, Richard: Lieder der Hitlerjugend. Eine psychologische Studie an ausgewählten Beispielen, Frankfurt am Main u. a. 1995.
Kneip, Rudolf: Jugend der Weimarer Zeit. Handbuch der Jugendverbände 1919–1938, Frankfurt am Main 1974.
Koch, Lars: Der Erste Weltkrieg als kulturelle Katharsis. Anmerkungen zu den Werken von Walter Flex, in: Jahrbuch des Archivs der deutschen Jugendbewegung 20 (2002), S. 178–195.
Koch, Lars: Der Erste Weltkrieg als Medium der Gegenmoderne. Zu den Werken von Walter Flex und Ernst Jünger, Würzburg 2006.
Koebner, Thomas/Rolf-Peter Janz/Frank Trommler (Hg.): „Mit uns zieht die neue Zeit". Der Mythos Jugend, Frankfurt am Main 1985.
Köhler, Henning: Arbeitsdienst in Deutschland. Pläne und Verwirklichungsformen bis zur Einführung der Arbeitsdienstpflicht im Jahre 1935, Berlin 1967.
Kösters, Christoph: Katholische Kirche im nationalsozialistischen Deutschland. Aktuelle Forschungsergebnisse, Kontroversen und Fragen, in: Rainer Bendel (Hg.): Die katholische Schuld? Katholizismus im Dritten Reich zwischen Arrangement und Widerstand, Mainz 2004, S. 25–46.
Kolb, Eberhard: Der Frieden von Versailles, München 2005.
Kollmeier, Kathrin: Ordnung und Ausgrenzung. Die Disziplinarpolitik der Hitler-Jugend, Göttingen 2007.
Koselleck, Reinhart: Gebrochene Erinnerungen? Deutsche und polnische Vergangenheiten, in: Jahrbuch der Deutschen Akademie für Sprache und Dichtung, Göttingen 2000, S. 19–32.
Krabbe, Wolfgang: Die gescheiterte Zukunft der ersten Republik. Jugendorganisationen bürgerlicher Parteien im Weimarer Staat (1918–1933), Opladen 1995.
Kracauer, Siegfried: Das Ornament der Masse (1927), Frankfurt am Main 1977.
Kramer, Alan: The First World War and German Memory, in: Heather Jones/Jennifer O'Brien/Christoph Schmidt-Supprian (Hg.): Untold War. New Perspectives in First World War Studies, Leiden/Boston 2008, S. 385–416.
Krassnitzer, Patrick: Historische Forschung zwischen „importierten Erinnerungen" und Quellenamnesie. Zur Aussagekraft autobiographischer Quellen der Weltkriegserinnerung im nationalsozialistischen Milieu, in: Michael Epkenhans (Hg.): Militärische Erinnerungskultur. Soldaten im Spiegel von Biographien, Memoiren und Selbstzeugnissen, Paderborn u. a. 2006, S. 212–222.
Krumeich, Gerd: Kriegsgeschichte im Wandel, in: Gerhard Hirschfeld/Gerd Krumeich/Irina Renz (Hg.): „Keiner fühlt sich hier mehr als Mensch ...". Erlebnis und Wirkung des Ersten Weltkriegs, Essen 1993, S. 11–24.
Krumeich, Gerd: Langemarck, in: Etienne François/Hagen Schulze (Hg.): Deutsche Erinnerungsorte, München 2001, S. 292–309.
Krumeich, Gerd (Hg.): Versailles 1919. Ziele-Wirkung-Wahrnehmung, hg in Zusammenarbeit mit Silke Fehlemann, Essen 2001.

Krumeich, Gerd: Einleitung: Die Präsenz des Krieges im Frieden, in: Jost Dülffer/Gerd Krumeich (Hg.): Der verlorene Frieden. Politik und Kriegskultur nach 1918, Essen 2002.

Krumeich, Gerd: Einleitung. Schlachtenmythen in der Geschichte, in: Ders./Susanne Brandt (Hg.): Schlachtenmythen. Ereignis – Erzählung – Erinnerung, Köln u. a. 2003, S. 1–18.

Krumeich, Gerd: Nationalsozialismus, in: Gerhard Hirschfeld/Gerd Krumeich/Irina Renz (Hg.): Enzyklopädie Erster Weltkrieg, aktualisierte und erweiterte Studienausgabe, Stuttgart 2009, S. 997–1001.

Krumeich, Gerd (Hg.): Nationalsozialismus und Erster Weltkrieg, Essen 2010.

Kruse, Wolfgang: Krieg und nationale Integration. Eine Neuinterpretation des sozialdemokratischen Burgfriedensschlusses 1914/15, Essen 1993.

Kühne, Thomas: Der nationalsozialistische Vernichtungskrieg im kulturellen Kontinuum des Zwanzigsten Jahrhunderts, in: Archiv für Sozialgeschichte, 40 (2000), S. 440–486.

Kühne, Thomas: Kameradschaft. Die Soldaten des nationalsozialistischen Krieges und das 20. Jahrhundert, Göttingen 2006.

Kunz, Andreas: Wehrmacht und Niederlage. Die bewaffnete Macht in der Endphase der nationalsozialistischen Herrschaft 1944–1945, München 2005.

Kunz, Monika: Das Bild der Krankenschwester in literarischen Zeugnissen der Kriegskrankenpflege, unveröffentlichte Magisterarbeit, Freie Universität Berlin 1991.

Laqueur, Walter: Die deutsche Jugendbewegung. Eine historische Studie, Studienausgabe, Köln 1978.

Latzel, Klaus: Vom Sterben im Krieg. Wandlungen in der Einstellung zum Soldatentod vom Siebenjährigen Krieg bis zum II. Weltkrieg, Warendorf 1988.

Latzel, Klaus: Deutsche Soldaten – nationalsozialistischer Krieg? Kriegserlebnis – Kriegserfahrung 1939–1945, Paderborn/München 1998.

Lethen, Helmut: Verhaltenslehren der Kälte. Lebensversuche zwischen den Kriegen, Frankfurt am Main 1994.

Levsen, Sonja: Elite, Männlichkeit und Krieg. Tübinger und Cambridger Studenten 1900–1929, Göttingen 2006.

Linder, Ann: Princes of the Trenches. Narrating the German Experience of the First World War, Columbia (SC) 1996.

Linse, Ulrich: Das wahre Zeugnis. Eine psychohistorische Deutung des Ersten Weltkrieges, in: Klaus Vondung (Hg.): Kriegserlebnis. Der erste Weltkrieg in der literarischen Gestaltung und symbolischen Deutung der Nationen, Göttingen 1980, S. 90–114.

Löffelbein, Nils: „Die Kriegsopfer sind Ehrenbürger des Staates!" Die Kriegsinvaliden des Ersten Weltkriegs in Politik und Propaganda des Nationalsozialismus, in: Gerd Krumeich (Hg.): Nationalsozialismus und Erster Weltkrieg, Essen 2010, S. 207–226.

Löffelbein, Nils: „Ehrenbürger der Nation". Die Kriegsbeschädigten des Ersten Weltkrieges in Politik und Propaganda des Nationalsozialismus, Diss. Düsseldorf 2011.

Lönnecker, Harald: Das geschändete Gefallenen-Ehrenmal am Burschenschaftsdenkmal in Eisenach: http://www.burschenschaftsdenkmal.de/fileadmin/user_upload/Denkmal/Dokumente/loennecker_langemarckdenkmal.pdf (letzter Zugriff am 27. 7. 2012).

Loewenberg, Peter: The Psychohistorical Origins of the Nazi Youth Cohort, in: The American Historical Review, 76 (1971) Nr. 5, S. 1457–1502.

Longerich, Peter: Die braunen Bataillone. Geschichte der SA, München 1989.

Longerich, Peter: „Davon haben wir nichts gewusst!" Die Deutschen und die Judenverfolgung 1933–1945, München 2006.

Lorenz, Thomas: „Die Weltgeschichte ist das Weltgericht!" Der Versailler Vertrag in Diskurs und Zeitgeist der Weimarer Republik, Frankfurt am Main/New York 2008.

Mannheim, Karl: Das Problem der Generationen, in: Kölner Vierteljahreshefte für Soziologie, 7 (1928), S. 157–184.
Marshall, Samuel: Men against Fire. The Problem of Battle Command in Future Wars, Washington 1947.
Mason, Timothy W.: Sozialpolitik im Dritten Reich. Arbeiterklasse und Volksgemeinschaft, Opladen 1977.
Mazower, Marc: Der dunkle Kontinent, Europa im 20. Jahrhundert, Berlin 2000.
Meinecke, Friedrich: Die deutsche Katastrophe. Betrachtungen und Erinnerungen, Wiesbaden 1946.
Merkl, Peter: Political Violence under the Swastika: 581 Early Nazis, Princeton 1975.
Merkl, Peter: The Making of a Stormtrooper, Princeton 1980.
Merrit, Anna/Richard Merrit (Hg.): Public Opinion in Semisovereign Germany. The HICOG Surveys, 1949–1955, Chicago u. a. 1980.
Merton, Robert King/Volker Meja/Nico Stehr: Soziologische Theorie und soziale Struktur, Berlin 1995.
Messerschmidt, Manfred: Die Wehrmacht im NS-Staat, Hamburg 1969.
Miller-Kipp, Gisela (Hg.): „Auch Du gehörst dem Führer." Die Geschichte des Bundes Deutscher Mädel (BDM) in Quellen und Dokumenten, 2. Aufl., Weinheim/München 2002.
Miller-Kipp, Gisela: „Der Führer braucht mich". Der Bund Deutscher Mädel (BDM). Lebenserinnerungen und Erinnerungsdiskurs, Weinheim/München 2007.
Mommsen, Hans (Hg.): Der Erste Weltkrieg und die europäische Nachkriegsordnung. Sozialer Wandel und Formveränderung der Politik, Köln u. a. 2000.
Mommsen, Hans, Einleitung, in: Ders. (Hg.): Der Erste Weltkrieg und die europäische Nachkriegsordnung. Sozialer Wandel und Formveränderungen der Politik, Köln u. a. 2000, S. 7–12.
Mommsen, Hans: Generationenkonflikt und politische Entwicklung in der Weimarer Republik, in: Jürgen Reulecke (Hg.): Generationalität und Lebensgeschichte im 20. Jahrhundert, München 2003, S. 115–126.
Mommsen, Hans: Militär und zivile Militarisierung in Deutschland 1914 bis 1938, in: Ute Frevert (Hg.): Militär und Gesellschaft, Stuttgart 1997, S. 265–276.
Mommsen, Wolfgang J.: Der Topos vom unvermeidlichen Krieg. Außenpolitik und öffentliche Meinung im Deutschen Reich im letzten Jahrzehnt vor 1914, in: Jost Dülffer (Hg.): Bereit zum Krieg. Kriegsmentalität im wilhelminischen Deutschland. Beiträge zur historischen Friedensforschung, Göttingen 1986, S. 194–224.
Mommsen, Wolfgang J.: Die nationalgeschichtliche Umdeutung der christlichen Botschaft im Ersten Weltkrieg, in: Gerd Krumeich/Hartmut Lehmann (Hg.): „Gott mit uns." Nation, Religion und Gewalt im 19. und frühen 20. Jahrhundert, Göttingen 2000, S. 249–261.
Mosse, George L.: Zum deutschen Soldatenlied, in: Klaus Vondung (Hg.): Kriegserlebnis. Der Erste Weltkrieg in der literarischen Gestaltung und symbolischen Deutung der Nationen, Göttingen 1980, S. 331–333.
Mosse, George L.: Fallen Soldiers. Reshaping the Memory of the World Wars, New York u. a. 1990. (Deutsche Ausgabe: Gefallen für das Vaterland. Nationales Heldentum und namenloses Sterben, Stuttgart 1993).
Müller, Gerhard: Für Vaterland und Republik. Monographie des Nürnberger Schriftstellers Karl Bröger, Pfaffenweiler 1986.
Müller, Hans-Harald: Der Krieg und die Schriftsteller. Der Kriegsroman der Weimarer Republik, Stuttgart 1986.

Müller, Sven Oliver: Deutsche Soldaten und ihre Feinde. Nationalismus an Front und Heimatfront im Zweiten Weltkrieg, Frankfurt am Main 2007.

Münch, Matti: Verdun. Mythos und Alltag einer Schlacht, München 2006.

Murray, Williamson: Does Military Culture Matter?, in: Orbis. A Journal of World Affairs, 43 (1999), Nr. 1, S. 27–42.

Neuß, Raimund: Anmerkungen zu Walter Flex. Die „Ideen von 1914" in der deutschen Literatur: Ein Fallbeispiel, Schernfeld 1992.

Niedhart, Gottfried: Sangeslust und Singediktatur im nationalsozialistischen Deutschland, in: Gottfried Niedhart/George Broderick (Hg.): Lieder in Politik und Alltag des Nationalsozialismus, Frankfurt am Main u. a. 1999, S. 5–13.

Overmans, Rüdiger: Kriegsverluste, in: Gerhard Hirschfeld/Gerd Krumeich/Irina Renz (Hg.): Enzyklopädie Erster Weltkrieg, aktualisierte und erweiterte Studienausgabe, Stuttgart 2009, S. 663–666.

Pahlke, Georg: Trotz Verbot nicht tot. Katholische Jugend in ihrer Zeit, Bd. 3: 1933–1945, Paderborn 1995.

Peukert, Detlev J. K.: Die Erwerbslosigkeit junger Arbeiter in der Weltwirtschaftskrise in Deutschland 1929–1933, in: Vierteljahrsschrift für Sozial- und Wirtschaftsgeschichte, 72 (1985), S. 305–328.

Peukert, Detlev J. K.: Alltagsleben und Generationserfahrung von Jugendlichen in der Zwischenkriegszeit, in: Dieter Dowe (Hg.): Jugendprotest und Generationenkonflikt in Europa im 20. Jahrhundert. Deutschland, England, Frankreich und Italien im Vergleich, Bonn 1986, S. 139–150.

Peukert, Detlev J. K.: Jugend zwischen Krieg und Krise: Lebenswelten von Arbeiterjungen in der Weimarer Republik, Köln 1987.

Pignot, Manon: Allons enfants de la patrie. Génération Grande Guerre, Paris 2012.

Plum, Günter: Gesellschaftsstruktur und politisches Bewusstsein in einer katholischen Region 1928–1933. Untersuchung am Beispiel des Regierungsbezirks Aachen, Stuttgart 1972.

Pross, Harry: Jugend. Eros. Politik. Die Geschichte der deutschen Jugendverbände, Bern u. a. 1964.

Prost, Antoine/Jay Winter: Penser la Grande Guerre. Un essai d'historiographie, Paris 2004.

Prost, Antoine: Les anciens combattants et la société francaise 1914–1939, 3 Bde., Paris 1977.

Prost, Antoine: Les limites de la brutalisation. Tuer sur le front occidental, 1914–1918, in: Vingtième siècle. Revue d'histoire, 81 (2004), Nr. 1, S. 5–20.

Prümm, Karl: Die Literatur des soldatischen Nationalismus der 20er Jahre 1918–1933. Gruppenideologie und Epochenproblematik, Kronberg/Ts. 1974.

Pyta, Wolfram: Geteiltes Charisma. Hindenburg, Hitler und die deutsche Gesellschaft im Jahre 1933, in: Andreas Wirsching (Hg.): Das Jahr 1933. Die nationalsozialistische Machteroberung und die deutsche Gesellschaft, Göttingen 2009, S. 47–69.

Pyta, Wolfram: Die Privilegierung des Frontkämpfers gegenüber dem Feldmarschall. Zur Politikmächtigkeit literarischer Imagination des Ersten Weltkrieges in Deutschland, in: Ute Daniel/Inge Marszolek/Wolfram Pyta/Thomas Welskopp (Hg.): Politische Kultur und Medienwirklichkeiten in den 1920er Jahren, München 2010, S. 147–180.

Ras, Marion E. P. de: Körper, Eros und weibliche Kultur. Mädchen im Wandervogel und der Bündischen Jugend 1900–1933, Pfaffenweiler 1988.

Reese, Dagmar (Hg.): Die BDM-Generation. Weibliche Jugendliche in Deutschland und Österreich im Nationalsozialismus, Berlin 2007.

Reichardt, Sven: Faschistische Kampfbünde. Gewalt und Gemeinschaft im italienischen Squadrismus und in der deutschen SA, Köln u. a. 2002.

Reichardt, Sven: Gewalt, Körper, Politik. Paradoxien in der deutschen Kulturgeschichte der Zwischenkriegszeit, in: Wolfgang Hardtwig (Hg.): Politische Kulturgeschichte der Zwischenkriegszeit 1918–1939, Göttingen 2005, S. 205–239.

Reichel, Peter: Der schöne Schein des Dritten Reiches. Faszination und Gewalt des Faschismus, München u. a. 1991.

Retzlaff, Birgit/Jörg-Johannes Lechner: Bund Deutscher Mädel in der Hitlerjugend. Fakultative Eintrittsgründe von Mädchen und jungen Frauen in den BDM, Hamburg 2008.

Reulecke, Jürgen: „Ich möchte einer werden so wie die ...". Männerbünde im 20. Jahrhundert, Frankfurt am Main/New York 2001.

Ritter, Gerhard: Europa und die deutsche Frage. Betrachtungen über die geschichtliche Eigenart des deutschen Staatsdenkens, München 1948.

Ritzi, Christian (Hg.): Hitler-Jugend. Primär- und Sekundärliteratur der Bibliothek für Bildungsgeschichtliche Forschung, Berlin 2003.

Rohe, Karl: Das Reichsbanner Schwarz-Rot-Gold. Ein Beitrag zur Geschichte und Struktur der politischen Kampfverbände zur Zeit der Weimarer Republik, Düsseldorf 1966.

Rohe, Karl: Politische Kultur und ihre Analyse. Probleme und Perspektiven der politischen Kulturforschung, in: Historische Zeitschrift, 250 (1990), H. 2, S. 321–346.

Rosenthal, Gabriele (Hg.): Die Hitlerjugend-Generation. Biographische Thematisierung als Vergangenheitsbewältigung, Essen 1986.

Rother, Rainer (Hg.): Geschichtsort Olympiagelände 1909–1936–2006, Berlin 2006.

Rother, Rainer/Karin Herbst-Meßlinger (Hg.): Der Erste Weltkrieg im Film, München 2009.

Rusinek, Bernd-A.: Der Kult der Jugend und des Krieges. Militärischer Stil als Phänomen der Jugendkultur in der Weimarer Zeit, in: Jost Dülffer/Gerd Krumeich (Hg.): Der verlorene Frieden. Politik und Kriegskultur nach 1918, Essen 2002, S. 171–198.

Rusinek, Bernd-A.: Krieg als Sehnsucht. Militärischer Stil und „junge Generation" in der Weimarer Republik, in: Jürgen Reulecke (Hg.): Generationalität und Lebensgeschichte im 20. Jahrhundert, München 2003, S. 127–144.

Saehrendt, Christian: Der Stellungskrieg der Denkmäler. Kriegerdenkmäler im Berlin der Zwischenkriegszeit (1919–1939), Bonn 2004.

Sanker, Jens-Markus: „Stahlhelm unser Zeichen, schwarz-weiß-rot das Band ...". Der Stahlhelm-Studentenring Langemarck. Hochschulpolitik in feldgrau 1926–1935, Würzburg 2004.

Schacter, Daniel/Kenneth Norman/Wilma Koutstaal: The Cognitive Neuroscience of Constructive Memory, in: Annual Review of Psychology, 49 (1998), S. 289–318.

Schellack, Fritz: Nationalfeiertage in Deutschland von 1871 bis 1945, Frankfurt am Main u. a. 1990.

Schellenberger, Barbara: Katholische Jugend und Drittes Reich, Mainz 1975.

Schiefer, Lothar: Das Schlageter-Denkmal. Vom Soldatengrab zum Forum, in: Michael Hütt/Hans-Joachim Kunst/Florian Matzner/Ingeborg Pabst (Hg.): Unglücklich das Land, das Helden nötig hat. Leiden und Sterben in den Kriegsdenkmälern des Ersten und Zweiten Weltkrieges, Marburg 1990, S. 50–56.

Schilling, René: Kriegshelden. Deutungsmuster heroischer Männlichkeit in Deutschland 1813–1945, Paderborn u. a. 2002.

Schivelbusch, Wolfgang: Die Kultur der Niederlage. Der amerikanische Süden 1865, Frankreich 1871, Deutschland 1918, Berlin 2001.

Schley, Cornelius: Die Sozialistische Arbeiterjugend Deutschlands (SAJ). Sozialistischer Jugendverband zwischen politischer Bildung und Freizeitarbeit, Frankfurt am Main 1987.

Schneider, Thomas F.: Erich Maria Remarques Roman „Im Westen nichts Neues". Text, Edition, Entstehung, Distribution und Rezeption (1928–1930), Tübingen 2004.
Schörken, Rolf: Jugend, in: Wolfgang Benz/Hermann Graml/Hermann Weiß (Hg.): Enzyklopädie des Nationalsozialismus, 5. Aufl., München 2007, S. 223–241.
Scholl, Inge: „Wir wurden in einer merkwürdigen Weise ernstgenommen", in: Gisela Miller-Kipp: „Der Führer braucht mich". Der Bund Deutscher Mädel (BDM): Lebenserinnerungen und Erinnerungsdiskurs, Weinheim/München 2007, S. 60–62.
Schrader, Bärbel: Der Fall Remarque: Im Westen nichts Neues. Eine Dokumentation, Leipzig 1992.
Schruttke, Tatjana: Die Jugendpresse des Nationalsozialismus, Köln u. a. 1997.
Schubart, Friederike: Zehn Jahre Weimar – Eine Republik blickt zurück, in: Heinrich August Winkler (Hg.): Griff nach der Deutungsmacht. Zur Geschichte der Geschichtspolitik in Deutschland, Göttingen 2004, S. 134–159.
Schubert-Weller, Christoph: „Kein schönrer Tod ...". Die Militarisierung der männlichen Jugend und ihr Einsatz im Ersten Weltkrieg 1890–1918, Weinheim 1998.
Schüddekopf, Otto-Ernst: Linke Leute von rechts. Die nationalrevolutionären Minderheiten und der Kommunismus in der Weimarer Republik, Stuttgart 1960.
Schulte, Regina: Die verkehrte Welt des Krieges. Studien zu Geschlecht, Religion und Tod, Frankfurt am Main/New York 1998.
Schulze, Hagen: Freikorps und Republik, Boppard 1969.
Schumann, Dirk: Europa, der Erste Weltkrieg und die Nachkriegszeit: Eine Kontinuität der Gewalt?, in: Journal of Modern European History, 1 (2003), Nr. 1, S. 24–43.
Schwilk, Heimo: Ernst Jünger. Ein Jahrhundertleben. Die Biographie, München 2007.
Skor, Holger: „Brücken über den Rhein". Frankreich in der Wahrnehmung und Propaganda des Dritten Reiches, 1933–1939, Essen 2011.
Sloterdijk, Peter: Kritik der zynischen Vernunft, Frankfurt am Main 1983.
Sösemann, Bernd: „Auf Bajonetten lässt sich schlecht sitzen". Propaganda und Gesellschaft in der Anfangsphase der nationalsozialistischen Diktatur, in: Thomas Stamm-Kuhlmann u. a. (Hg.): Geschichtsbilder. Festschrift für Michael Salewski zum 65. Geburtstag, Stuttgart 2003, S. 381–409.
Sösemann, Bernd: Das ideologische, rechtliche und kommunikationshistorische Profil der verordneten „Volksgemeinschaft", in: Ders. (Hg.): Propaganda. Medien und Öffentlichkeit in der NS-Diktatur. Eine Dokumentation und Edition von Gesetzen ..., Bd. 1, Stuttgart 2011, S. XIX-LX.
Sontheimer, Kurt: Antidemokratisches Denken in der Weimarer Republik, München 1962.
Sprenger, Matthias: Landsknechte auf dem Weg ins Dritte Reich? Zu Genese und Wandel des Freikorpsmythos, Paderborn u. a. 2008.
Stachura, Peter D.: Nazi Youth in the Weimar Republic, Santa Barbara (Calif.) u. a. 1975.
Stachura, Peter D.: The Hitler Youth in Crisis. The Case of Reichsführer Kurt Gruber, October 1931, in: European Studies Review, 6 (1976), Nr. 3, S. 331–356.
Stachura, Peter D.: The German Youth Movement 1900–1945. An Interpretative and Documentary History, New York 1981.
Stadelmeier, Martin: Zwischen Langemarck und Liebknecht. Arbeiterjugend und Politik im 1. Weltkrieg, Bonn 1986.
Stambolis, Barbara/Jürgen Reulecke (Hg.): Good-bye memories? Lieder im Generationengedächtnis des 20. Jahrhunderts, Essen 2007.
Stambolis, Barbara: Mythos Jugend. Leitbild und Krisensymptom, Schwalbach/Ts. 2003.
Stein, Oliver: „Ein ganzes Volk in Waffen ist nicht zu unterschätzen". Das deutsche Militär und die Frage von Volksbewaffnung, Miliz und vormilitärischer Ausbildung 1871–1914, in: Rüdiger Bergien/Ralf Pröve (Hg.): Spießer, Patrioten, Revolutionäre. Militä-

rische Mobilisierung und gesellschaftliche Ordnung in der Neuzeit, Göttingen 2010, S. 71–94.
Stibbe, Matthew: Germany, 1914–1933. Politics, Society and Culture, Harlow u. a. 2010.
Stommer, Rainer: Die inszenierte Volksgemeinschaft, Marburg 1985.
Strachan, Hew: Ausbildung, Kampfgeist und die zwei Weltkriege, in: Bruno Thoß/Hans-Erich Volkmann (Hg.): Erster Weltkrieg – Zweiter Weltkrieg. Ein Vergleich. Krieg, Kriegserlebnis, Kriegserfahrung in Deutschland, Paderborn u. a. 2002, S. 265–286.
Struve, Walter: Elites against Democracy. Leadership Ideals in Bourgeois Political Thought in Germany 1890–1933, Princeton (NJ) 1973.
Tautz, Joachim: Militaristische Jugendpolitik in der Weimarer Republik. Die Jugendorganisationen des Stahlhelm, Bund der Frontsoldaten, Jungstahlhelm und Scharnhorst, Bund deutscher Jungmannen, Regensburg 1998.
Teichler, Hans-Joachim: „Lernen zu gehorchen, den Mund zu halten, Autorität anzuerkennen ...". Das Reichskuratorium für Jugendertüchtigung und der deutsche Sport, in: Hans-Georg John (Hg.): Jugendsport im ersten Drittel des 20. Jahrhunderts, Clausthal Zellerfeld 1988, S. 70–83.
Tenfelde, Klaus: Generationelle Erfahrungen in der Arbeiterbewegung bis 1933, in: Klaus Schönhoven/Bernd Braun (Hg.): Generationen in der Arbeiterbewegung, Oldenburg 2005, S. 17–50.
Ther, Vanessa: „Humans are Cheap and the Bread is Dear". Republican Portrayals of the War Experience in Weimar Germany, in: Heather Jones/Jennifer O'Brien/Christoph Schmidt-Supprian (Hg.): Untold War. New Perspectives in First World War Studies, Leiden/Boston 2008, S. 357–384.
Theweleit, Klaus: Männerphantasien, Frankfurt am Main 1986.
Tiemann, Dieter: Deutsch-französische Jugendbeziehungen der Zwischenkriegszeit, Bonn 1989.
Tooze, Adam: Ökonomie der Zerstörung. Die Geschichte der Wirtschaft im Nationalsozialismus, Bonn 2007.
Toury, Jacob: Das Reichsbanner Schwarz-Rot-Gold. Stiefkind der Republik. Zur Gründungsgeschichte republikanischer Wehren, in: Ders. (Hg.): Deutschlands Stiefkinder. Ausgewählte Aufsätze zur deutschen und deutsch-jüdischen Geschichte, Gerlingen 1997, S. 11–92.
Traverso, Enzo: À feu et à sang. De la guerre civile européenne 1914–1945, Paris 2007.
Uellenberg, Wolfgang: Die Auseinandersetzungen sozialdemokratischer Jugendorganisationen mit dem Nationalsozialismus in der Ausgangsphase der Weimarer Republik, Bonn 1981.
Ulbricht, Justus: Der Mythos vom Heldentod. Entstehung und Wirkungen von Walter Flex' „Der Wanderer zwischen beiden Welten", in: Jahrbuch des Archivs der deutschen Jugendbewegung, 16 (1986/87), S. 111–156.
Ulrich, Bernd: Die Desillusionierung der Kriegsfreiwilligen von 1914, in: Wolfram Wette (Hg.): Der Krieg des kleinen Mannes, München 1992, S. 110–126.
Ulrich, Bernd/Benjamin Ziemann (Hg): Frontalltag im Ersten Weltkrieg. Ein historisches Lesebuch, Essen 2008.
Ulrich, Bernd/Benjamin Ziemann (Hg.): Krieg im Frieden. Die umkämpfte Erinnerung an den Ersten Weltkrieg. Quellen und Dokumente, Frankfurt am Main 1997.
Unruh, Karl: Langemarck. Legende und Wirklichkeit, Koblenz 1986.
Varga, Lucie: Die Entstehung des Nationalsozialismus. Sozialhistorische Anmerkungen, in: Dies.: Zeitenwende. Mentalitätshistorische Studien 1936–1939, Frankfurt am Main 1991, S. 115–137.

Verhey, Jeffrey: The Spirit of 1914. Militarism, Myth and Mobilization in Germany, Cambridge 2000. (Deutsche Ausgabe: Der „Geist von 1914" und die Erfindung der Volksgemeinschaft, Hamburg 2000)
Verstraete, Pieter-Jan: Soldatenfriedhof Langemarck. Geschiedenis en mythe van een militaire begraafplaats, Groningen 2009.
Vogt, Stefan: Nationaler Sozialismus und Soziale Demokratie. Die sozialdemokratische junge Rechte 1918–1945, Bonn 2006.
Voigt, Carsten: Kampfbünde der Arbeiterbewegung. Das Reichsbanner Schwarz-Rot-Gold und der Rote Frontkämpferbund in Sachsen 1924–1933, Köln u. a. 2009.
Volkmann, Peer Oliver: Heinrich Brüning (1885–1970). Nationalist ohne Heimat, Düsseldorf 2007.
Vollmer, Jörg: Imaginäre Schlachtfelder. Kriegsliteratur in der Weimarer Republik. Eine literatursoziologische Untersuchung, Berlin 2003.
Vondung, Klaus (Hg.): Kriegserlebnis. Der Erste Weltkrieg in der literarischen Gestaltung und symbolischen Deutung der Nationen, Göttingen 1980.
Vondung, Klaus: Die Apokalypse in Deutschland, München 1988.
Wahl, Hans Rudolf: Die Religion des deutschen Nationalismus. Eine mentalitätsgeschichtliche Studie zur Literatur des Kaiserreichs: Felix Dahn, Ernst von Wildenbruch, Walter Flex, Heidelberg 2002.
Watzinger, Karl Otto: Ludwig Frank. Ein deutscher Politiker jüdischer Herkunft, Sigmaringen 1995.
Weber, Thomas: Hitlers erster Krieg. Der Gefreite Hitler im Weltkrieg. Mythos und Wahrheit, Berlin 2010.
Wehler, Hans-Ulrich: Deutsche Gesellschaftsgeschichte, Bd. 3: Von der „Deutschen Doppelrevolution" bis zum Beginn des Ersten Weltkrieges 1849–1914, München 1995.
Wehler, Hans-Ulrich: Deutsche Gesellschaftsgeschichte, Bd. 4: Vom Beginn des Ersten Weltkriegs bis zur Gründung der beiden deutschen Staaten 1914–1949, München 2003.
Wehler, Hans-Ulrich: Die Urkatastrophe. Der Erste Weltkrieg als Auftakt und Vorbild für den Zweiten Weltkrieg, in: Der Spiegel, 2004, H. 8, 16. 2. 2004, S. 82–89.
Weidermann, Volker: Das Buch der verbrannten Bücher, Köln 2008.
Weisbrod, Bernd: Die Politik der Repräsentation. Das Erbe des Ersten Weltkriegs und der Formwandel der Politik in Europa, in: Hans Mommsen (Hg.): Der Erste Weltkrieg und die europäische Nachkriegsordnung. Sozialer Wandel und Formveränderungen der Politik, Köln u. a. 2000, S. 13–41.
Welzer, Harald: Täter. Wie aus ganz normalen Menschen Massenmörder werden, Frankfurt am Main 2005.
Werner, Frank: „Hart müssen wir hier draußen sein". Soldatische Männlichkeit im Vernichtungskrieg 1941–1944, in: Geschichte und Gesellschaft, 34 (2008), S. 5–40.
Wette, Wolfram: Zur psychologischen Mobilmachung der deutschen Bevölkerung 1933–1939, in: Wolfgang Michalka (Hg.): Der Zweite Weltkrieg. Analysen, Grundzüge, Forschungsbilanz, München/Zürich 1989, S. 205–223.
Wette, Wolfram (Hg.): Der Krieg des kleinen Mannes, München 1992.
Wildt, Michael: Generation des Unbedingten. Das Führungskorps des Reichssicherheitshauptamtes, Hamburg 2002.
Wildt, Michael: Geschichte des Nationalsozialismus, Göttingen 2008.
Wilkending, Gisela: Mädchen-Kriegsromane im Ersten Weltkrieg, in: Dagmar Grenz/Gisela Wilkending (Hg.): Geschichte der Mädchenlektüre. Mädchenliteratur und die gesellschaftliche Situation der Frauen vom 18. Jahrhundert bis zur Gegenwart, Weinheim/München 1997, S. 151–172.

Williams, John: Corporal Hitler and the Great War 1914–1918. The List Regiment, London/New York 2005.

Williams, Warren E.: Versuch einer Definition paramilitärischer Organisationen, in: Volker R. Berghahn (Hg.): Militarismus, Köln 1975, S. 139–151.

Wimmer, Fridolin: Politische Lieder im Nationalsozialismus, in: Geschichte in Wissenschaft und Unterricht, 48 (1997), H. 2, S. 82–100.

Winkle, Ralph: Der Dank des Vaterlandes. Eine Symbolgeschichte des Eisernen Kreuzes 1914 bis 1936, Essen 2007.

Winkle, Ralph: Kriegserfahrung und Anerkennungserwartungen – zur Bedeutung symbolischer Gratifikationen im Nationalsozialismus, in: Rheinisch-westfälische Zeitschrift für Volkskunde, 54 (2009), S. 131–149.

Winkler, Heinrich August: Der Weg in die Katastrophe. Arbeiter und Arbeiterbewegung in der Weimarer Republik 1930 bis 1933, Berlin/Bonn 1987.

Winter, Jay/Jean-Louis Robert: Capital Cities at War. Paris, London, Berlin 1914–1919, Cambridge, 2 Bde., 1997 und 2007.

Wohl, Robert: The Generation of 1914, London 1980.

Wolfrum, Edgar: Geschichte als Waffe. Vom Kaiserreich bis zur Wiedervereinigung, Göttingen 2001.

Wortmann, Michael: Baldur von Schirach. Hitlers Jugendführer, Köln 1982.

Wortmann, Michael: Baldur von Schirach – Studentenführer, Hitlerjugendführer, Gauleiter in Wien, in: Ronald Smelser/Enrico Syring/Rainer Zitelmann (Hg.): Die braune Elite, Bd. 1, Darmstadt 1999, S. 246–257.

Zelnhefer, Siegfried: Die Reichsparteitage der NSDAP. Struktur und Bedeutung der größten Propagandafeste im nationalsozialistischen Feierjahr, Nürnberg 1991.

Ziemann, Benjamin: Front und Heimat. Ländliche Kriegserfahrungen im südlichen Bayern 1914–1923, Essen 1997.

Ziemann, Benjamin: Republikanische Kriegserinnerung in einer polarisierten Öffentlichkeit. Das Reichbanner Schwarz-Rot-Gold als Veteranenverband der sozialistischen Arbeiterschaft, in: Historische Zeitschrift, 267 (1998), H. 2, S. 357–398.

Ziemann, Benjamin: Das „Fronterlebnis“ des Ersten Weltkrieges – eine sozialhistorische Zäsur? Deutungen und Wirkungen in Deutschland und Frankreich, in: Hans Mommsen (Hg.): Der Erste Weltkrieg und die europäische Nachkriegsordnung. Sozialer Wandel und Formveränderungen der Politik, Köln u. a. 2000, S. 43–82.

Ziemann, Benjamin: Der deutsche Katholizismus im späten 19. und im 20. Jahrhundert. Forschungstendenzen auf dem Weg zu sozialgeschichtlicher Fundierung und Erweiterung, in: Archiv für Sozialgeschichte, 40 (2000), S. 402–422.

Ziemann, Benjamin: Die Konstruktion des Kriegsveteranen und die Symbolik seiner Erinnerung 1918–1933, in: Jost Dülffer/Gerd Krumeich (Hg.): Der verlorene Frieden, Essen 2002, S. 101–118.

Ziemann, Benjamin: Germany after the First Word War – A Violent Society? Results and Implications of Recent Research on Weimar Germany, in: Journal of Modern European History, 1 (2003), Nr. 1, S. 80–95.

Zilien, Johann: Der Volksbund Deutsche Kriegsgräberfürsorge e. V. in der Weimarer Republik. Ein Beitrag zum politischen Denkmalkult zwischen Kaiserreich und Nationalsozialismus, in: Archiv für Kulturgeschichte, 75 (1993), H. 2, S. 445–478.

Zingerle, Arnold: Die „Systemehre“. Stellung und Funktion der „Ehre“ in der NS-Ideologie, in: Ludgera Vogt/Arnold Zingerle (Hg.): Ehre. Archaische Momente in der Moderne, Frankfurt am Main 1994, S. 96–116.

Zwicker, Stefan: „Nationale Märtyrer“. Albert Leo Schlageter und Julius Fucik. Heldenkult, Propaganda und Erinnerungskultur, Paderborn u. a. 2006.

Bildquellen

Abb. 1 aus:	Die Heerfahrt, März 1929.
Abb. 2 aus:	Die Heerfahrt, Mai 1929.
Abb. 3 aus:	Die Heerfahrt, Juli 1928.
Abb. 4 aus:	Der junge Nationalsozialist, November 1932.
Abb. 5 aus:	Die Jungenschaft, 13. 5. 1936.
Abb. 6 aus:	Der Ostdeutsche Sturmtrupp, 1. Juni-Ausgabe 1. 9. 1934.
Abb. 7 aus:	Die Fanfare, Januar 1935.
Abb. 8 aus:	Kyffhäuser, 30. 6. 1935.
Abb. 9 aus:	Kyffhäuser, 10. 2. 1935.
Abb. 10 aus:	Die Jungenschaft, 11. 3. 1936.
Abb. 11 aus:	Die HJ, 9. 11. 1935.
Abb. 12 aus:	Die HJ, 11. 4. 1936.
Abb. 13–15 aus:	Die HJ, 21. 11. 1936.
Abb. 16:	Pressearchiv Heinrich Hoffmann, HH 43810. Bibliothek für Zeitgeschichte in der Württembergischen Landesbibliothek, Stuttgart.
Abb. 17–18 aus:	Die Bewegung, 19. 11. 1940.
Abb. 19 aus:	Amtliches Nachrichtenblatt des Jugendführers des Deutschen Reiches und der Reichsjugendführung der NSDAP, VI/15, 22. 7. 1938.
Abb. 20–21 aus:	Kriegsgräberfürsorge, 19 (1939), H. 2.
Abb. 22 aus:	Unser Bauschaffen. Mitteldeutsche Jugendherbergen, hg. vom Reichsverband für Deutsche Jugendherbergen, Magdeburg 1939.

Abkürzungen

AdR (Archiv der Republik, Wien)
BA (Bundesarchiv)
BA–MA (Bundesarchiv, Abteilung Militärarchiv)
BDM (Bund Deutscher Mädel)
DDR (Deutsche Demokratische Republik)
DDZ (*Die Deutsche Zukunft*)
DHV (Deutschnationaler Handlungsgehilfen-Verband)
DJ (Deutsches Jungvolk)
DKOV (*Deutsche Kriegsopferversorgung*)
DNB (Deutsches Nachrichtenbüro)
DNVP (Deutschnationale Volkspartei)
DRA (Deutsches Rundfunkarchiv Wiesbaden)
DSt (Deutsche Studentenschaft)
EK (Eisernes Kreuz, I. und II. Klasse)
HJ (Hitler-Jugend)
HJZ (*Hitler-Jugend-Zeitung*)
HStA (Hauptstaatsarchiv)
JM (Jungmädel)
KJMV (Katholischer Jungmännerverband)
KPD (Kommunistische Partei Deutschlands)
k.u.k. (kaiserlich und königlich; Bezugnahme zur Doppelmonarchie Österreich-Ungarn)
NS (Nationalsozialismus)
NSDAP (Nationalsozialistische Deutsche Arbeiterpartei)
NSDStB (Nationalsozialistischer Deutscher Studentenbund)
NSK (Nationalsozialistische Parteikorrespondenz)
NSKOV (Nationalsozialistische Kriegsopferversorgung)
NSLB (Nationalsozialistischer Lehrerbund)
NSS (Nationalsozialistischer Schülerbund)
OKH (Oberkommando des Heeres)
OKW (Oberkommando der Wehrmacht)
OPG (Oberstes Parteigericht)
OSAF (Oberste SA-Führung)
PAAA (Politisches Archiv des Auswärtigen Amtes, Berlin)
PTSD (posttraumatische Belastungsstörung)
RB (Reichsbanner Schwarz-Rot-Gold)
REM (Reichsministerium für Wissenschaft, Erziehung und Volksbildung)
RIR (Reserve Infanterieregiment)
RJF (Reichsjugendführung)
RJP (*Reichs-Jugend-Pressedienst*)
RM (Reichsmark)
RMI (Reichsministerium des Innern)
RSF (Reichsstudentenführung)
SA (Sturmabteilung)

SAJ (Sozialistische Arbeiterjugend Deutschlands)
SD (Sicherheitsdienst)
SPD (Sozialdemokratische Partei Deutschlands)
SS (Schutzstaffel)
StA (Staatsarchiv)
UF (Union fédérale)
UNC (Union nationale d'anciens combattants)
VB (*Völkischer Beobachter*)

Personen